Spanish for Life

WORKTEXT

Tammy Jandrey Hertel
The Pennsylvania State University
Juniata College

Jennifer A. Zachman
The Pennsylvania State University

Andrew Wolff
The Pennsylvania State University

HH Heinle & Heinle
Thomson Learning™

United States • Australia • Canada • Denmark • Japan • Mexico • New Zealand
Philippines • Puerto Rico • Singapore • Spain • United Kingdom

The publication of the *Spanish for Life* Worktext was directed by the Heinle & Heinle College Foreign Language Publishing Team:

Wendy Nelson, Senior Acquisitions Editor
Stephen Frail, Marketing Manager
Esther Marshall, Senior Production & Development Editor Supervisor
Jennifer Aquino, Developmental Editor

Also participating in the publication of this program were:

Publisher: **Vincent P. Duggan**
Associate Marketing Manager: **Kristen Murphy-Lojacono**
Senior Manufacturing Coordinator: **Mary Beth Hennebury**
Project Manager: **Kristin Swanson**
Composition: **Greg Johnson, Art Directions**
Illustrator: **Len Shalansky**
Cover Designer: **Ha Nguyen**
Cover Illustration: **Christie's Images/Superstock**
Text Printer/Binder: **Webcom**

Heinle & Heinle Publishers
20 Park Plaza
Boston, MA 02116

UK/EUROPE/MIDDLE EAST
Thomson Leaning
Berkshire House
168-173 High Holborn
London, WCIV 7AA,
United Kingdom

LATIN AMERICA
Thomson Learning
Seneca, 53
Colonia Polanco
11560 México D.F. México

JAPAN
Thomson Learning
Placeside Building, 5F
1-1-1 Hitotsubashi, Chiyoda-ku
Tokyo 100 0003, Japan

AUSTRALIA/NEW ZEALAND
Nelson/Thomson Learning
102 Dodds Street
South Melbourne
Victoria 3205 Australia

ASIA (excluding Japan)
Thomson Learning
60 Albert Street #15-01
Albert Complex
Singapore 189969

SPAIN
Thomson Learning
Calle Magallanes, 25
28015-Madrid
España

CANADA
Nelson/Thomson Learning
1120 Birchmount Road
Scarborough, Ontario
Canada MIK 5G4

ISBN: 0-8384-0738-2

Printed in Canada

1 2 3 4 5 6 7 8 9 03 02 01 00 99

Scope and Sequence

Capítulo		Communicative Functions	Vocabulary
Capítulo preliminar: Bienvenidos a la clase de español: El mundo de habla española	**1**	• Present yourself • Ask someone's name • Ask for clarification in the class-room • Give information about yourself	• Introductions • Classroom questions • Expressions of courtesy • Titles
Capítulo 1: ¿Cómo somos? Los hispanos en los EE.UU.	**5**	• Describe your friends • Talk about what you need in the classroom • Introduce people	• Descriptive adjectives (nationali-ties, physical characteristics, personality traits) • Items in the classroom / in a back-pack • Greetings
Capítulo 2: La vida cotidiana: Cuba	**17**	• Discuss things in daily life: **la vida cotidiana** • Discuss buildings and places in a town or city • Express location • Make plans for the immediate future • Describe the classrooms and items used while studying	• Expressions with **estar** • Buildings and places • Extended family members • Family celebrations • Expressions with **tener** • Classroom vocabulary
Capítulo 3: Celebrar y descansar: México	**29**	• Describe week and weekend activities • Discuss birthday and holiday celebrations • Discuss favorite activities as they relate to seasons of the year • Talk about vacations	• Weekend activities • Places to go on weekends • Birthdays and holidays • Outdoor activities • Weather
Capítulo 4: Diversión, trabajo y aprendizaje: La República Dominicana	**41**	• Discuss pastimes and entertain-ment • Talk about what you do at certain times of the day • Invite friends to do activities with you	• Hobbies • Subjects of interest • Time vocabulary • Phrases to invite / accept an invita-tion / reject an invitation

Preface

Features of the Worktext

The *Spanish for Life* Worktext was designed for use in courses that emphasize Spanish for basic communication, and as such, is ideal for non-credit and non-major introductory Spanish courses, conversation-track introductory Spanish courses, continuing education or adult education basic Spanish courses, and self-study Spanish courses. The *Spanish for Life* Worktext contains eighteen chapters, as well as a preliminary chapter. Each chapter's country and grammatical focus correspond directly to the *Spanish for Life* Textbook. The Worktext provides additional vocabulary, organized by theme, as well as opportunities to use this material in authentic contexts while keeping in mind the grammar of the Textbook.

Each of the eighteen chapters is divided into four sections. The first three share the same structure, while the fourth section synthesizes the various thematic elements of the chapter and provides additional opportunities for communication.

Chapter Layout

Each of the first three sections includes the following:

- ***Vocabulario:*** All vocabulary lists are organized by chapter themes.
- ***Diálogo:*** This is a contextualized dialogue that can be read or listened to by students. It incorporates the grammar of the main text and the vocabulary of the section. The dialogue is followed by **¿Comprendes?** questions that evaluate students' comprehension of the dialogue.
- ***¡Practiquemos!:*** These sections consist of exercises practicing the vocabulary of the section. Activity types include crossword puzzles, matching exercises, and associations.
- ***¡Escuchemos!***: This contextualized listening activity requires students to listen for specific information or to respond to personalized questions they hear. Listening selections are inspired by real-world situations and include radio announcements, advertisements, surveys, and answering-machine messages.
- ***¡Hablemos!***: This is an open-ended, personalized speaking task that challenges students to use the vocabulary in an authentic context. These tasks include giving mini-presentations, answering personalized questions, and describing situations relevant to students' lives.
- ***¡Te toca a ti!***: This section consists of group/pair activities in which students communicate real-world information. These exercises often take the form of surveys, role plays, and games.
- ***Nota cultural***: This includes practical cultural information related to the theme of the section and/or the chapter's country of focus.
- ***Expresiones idiomáticas***: These idiomatic expressions incorporate the theme and/or vocabulary of the section. Examples of each expression are also provided.

The final section, **Síntesis**, contains the following:

- ***¡A leer!***: This section consists of a reading selection, followed by **¿Comprendes?**, comprehension and opinion questions. Readings include a variety of author-generated advertisements, magazine articles, announcements, and other "real-world" material.
- ***Expansión de vocabulario: Mapa semántico:*** A semantic map exercise guides students to organize chapter vocabulary by thematic groupings. (See sample on p. viii.)
- ***Expansión oral***: This is an open-ended, culminating speaking activity that allows students to use some or all of the vocabulary, themes and functions in an authentic context.
- ***Traducciones:*** These real-world translation exercises have students translate written documents, advertisements, etc., or act as interpreters for a friend/colleague.

- ***Enlace cultural:*** This consists of an interactive, web-based activity. Students are guided in manageable steps to (1) search the Internet for specific information using either the course web page or a Spanish-language search engine, (2) summarize the information (often personal preferences) in a chart and make decisions based on their findings, (3) compare information with classmates and reach conclusions based on what they have learned from the web and their classmates.
- ***Hablemos mejor:*** This consists of a pronunciation lesson, followed by listening to and repeating the target sounds.
- ***Vocabulary list:*** This is a comprehensive list of all the vocabulary used in the chapter, organized by theme.

End Matter

- Appendix A contains the tapescripts for the ¡Escuchemos! activities.
- There is a comprehensive Spanish-English/English-Spanish vocabulary list in the back of the worktext as well.

Acknowledgments

We would like to thank our friends, colleagues, and families for their support and encouragement during the writing process. We are also grateful to our cats for providing us with needed distractions and for sitting on unedited manuscripts. We would like to thank our talented and patient editor, Jennifer Aquino, for her continued encouragement and helpful feedback. Finally, we would like to thank everyone involved in the production process: Esther Marshall, production and development editor supervisor; Tom Pozen, production assistant; Kristin Swanson, project manager; Susan Lake, copyeditor; Linda McPhee Smith and Camilla Ayers, proofreaders. And finally, I would like to acknowledge the very valuable contributions of my colleagues who reviewed the manuscript: Ralph Tarnasky, Aims Community College; Marius Cucurny, Orange Coast College; Theresa Johnson, St. Louis University.

Example of a Semantic Map

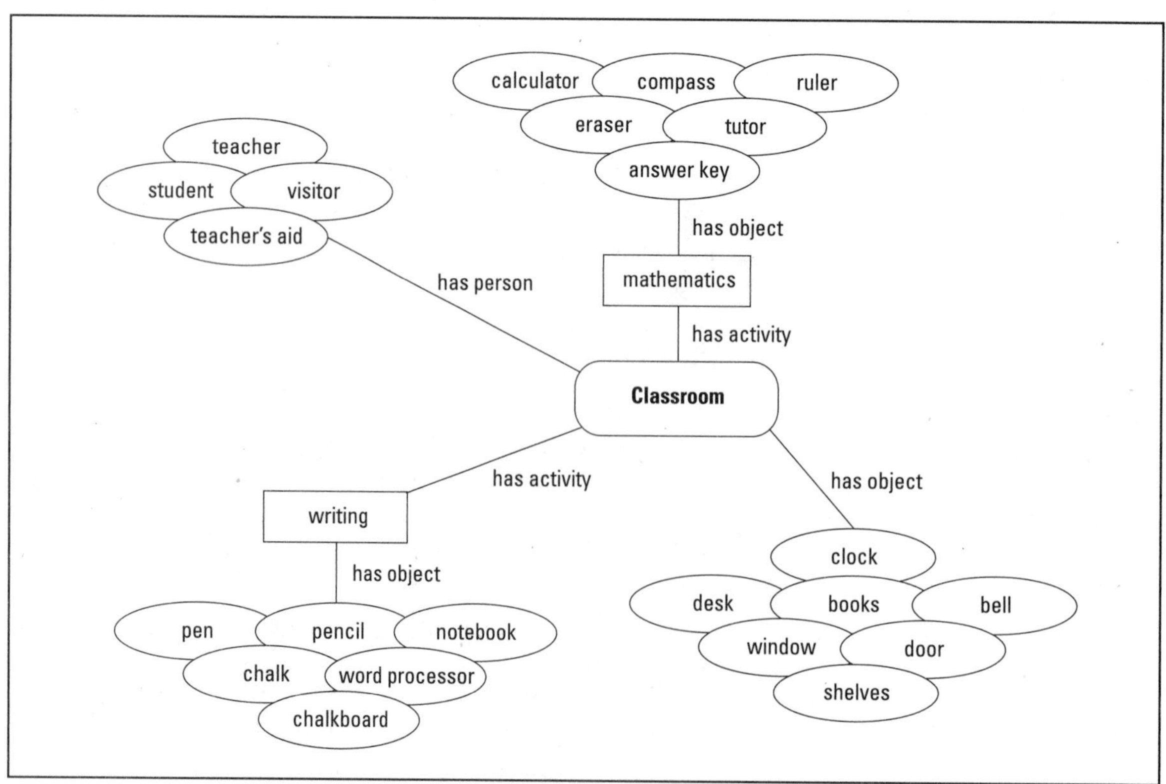

Nombre ______________________ Fecha ______________

Bienvenidos a la clase de español: El mundo de habla española

CAPÍTULO
Preliminar

In this chapter you will learn:

COMMUNICATIVE FUNCTIONS

- To present yourself
- To ask someone's name
- To ask for clarification in the classroom
- To give information about yourself

VOCABULARY

- Introductions
- Classroom questions
- Expressions of courtesy
- Titles

A. Bienvenidos a la clase de español

Vocabulario

Más vocabulario para las presentaciones	***More Vocabulary for Introductions***
Mi nombre es ______.	*My name is ______.*
Soy ______.	*I'm ______.*
¿Cuál es tu nombre? / ¿Cómo te llamas?	*What is your name?*
Preguntas y respuestas importantes	***Important Questions and Answers***
¿Cómo se dice ______ en español?	*How do you say ______ in Spanish?*
¿Qué quiere decir ______?	*What does ______ mean?*
¿Cómo se escribe ______?	*How do you spell ______?*
¿Cómo?	*Pardon me? (when you haven't heard)*
¿Puede repetir?	*Could you repeat that?*
Otra vez, por favor.	*Again, please.*
No comprendo.	*I don't understand.*
No sé.	*I don't know.*
Cortesías	***Courtesy Phrases***
De nada.	*You're welcome.*
Lo siento.	*I'm sorry.*
(Muchas) Gracias.	*Thank you (very much).*
No hay de que.	*You're welcome. / It was nothing.*
Perdón.	*Excuse/Pardon me.*
Por favor.	*Please.*

Nombre ______________________________ Fecha ______________

Cortesías	***Courtesy Phrases***
Repita, por favor.	*Please repeat.*
Sí, cómo no.	*Yes, of course.*
Títulos	***Titles***
profesor(a)	*professor*
señor	*Mr.*
señora	*Mrs.*
señorita	*Miss*
Para rellenar un formulario oficial	***To Fill Out an Official Form***
¿Cuál es tu ______?	*What is your ______?*
el apellido	*last name / surname*
la dirección	*address*
la edad	*age*
el nombre	*(first) name*
el número de teléfono	*telephone number*
Otras frases importantes	***Other Important Phrases***
¡Bienvenido(a)!	*Welcome!*
Vamos a aprender español.	*Let's learn Spanish.*

1. Diálogo.

El primer día de clase. It is the first day of class and Professor García has just arrived. Before addressing the class she puts the heading *Important Questions/Answers* on the board (in English and in Spanish) and writes down the vocabulary (from the list above). Now listen as she introduces herself, welcomes her students, and gives them some instructions.

PROFESORA: Hola, clase. Bienvenidos a la clase de español. Soy Profesora García. ¿Cómo están? ¿Qué tal, señor?

ESTUDIANTE 1: Bien, gracias.

PROFESORA: ¿Y tú, señorita? ¿Qué tal?

ESTUDIANTE 2: No comprendo. ¿Qué quiere decir «¿Qué tal?»?

PROFESORA: Quiere decir *(It means)* «How are you?».

ESTUDIANTE 2: Repite, por favor.

PROFESORA: Sí, cómo no. En español se dice «¿Qué tal?» y en inglés se dice «How are you?».

ESTUDIANTE 2: Ah, comprendo. Muchas gracias.

PROFESORA: De nada. Bien, hoy necesito coleccionar *(I need to collect)* un poco de información sobre *(about)* mis estudiantes. Por favor, en este papel, pongan *(put)* su nombre y su apellido. También pongan su dirección, número de teléfono y edad.

ESTUDIANTE 1: Perdón, ¿cómo se escribe «edad»?

PROFESORA: Se escribe e-d-a-d.

ESTUDIANTE 1: Gracias, profesora.

PROFESORA: No hay de que. Bien. ¿Todos terminados *(finished)*? Bien, ahora vamos a aprender español.

¿Comprendes?

1. How does Student 2 ask what **¿Qué tal?** means? ______________________________

____

Nombre ______________________________ Fecha ______________________

2. What polite phrases and words do the professor and students use throughout the dialogue? ______

____

3. What information does the professor collect from her students? ______________________

____

2. ¡Practiquemos!

La palabra o frase correcta. Which word or phrase would you need in each of the following situations? Match each situation with the appropriate word or phrase.

_____ 1. The professor asks **¿Cuál es tu nombre?**

_____ 2. You don't know how to spell a word.

_____ 3. You didn't hear what someone said.

_____ 4. You don't understand.

_____ 5. A student thanks you.

_____ 6. You don't know what **información** means.

_____ 7. You want to know how to say *Excuse me* in Spanish.

_____ 8. You don't know the answer.

a. ¿Cómo se dice *Excuse me* en español?

b. Mi nombre es... .

c. No comprendo.

d. ¿Cómo se escribe... ?

e. No sé.

f. ¿Cómo? Repita, por favor.

g. ¿Qué quiere decir **información**?

h. De nada.

3. ¡Escuchemos!

Información administrativa. Your professor needs to gather some information about his/her students and has decided that it would also be a good opportunity to include a few pop quiz questions about the vocabulary you have recently learned. Listen to each of the following questions as they are read to you and write your information in the space provided.

1. ____
2. ____
3. ____
4. ____
5. ____

4. ¡Hablemos!

Información personal. Using the vocabulary from your main text as well as that which you have learned in this section of the work text, work with a partner and practice responding to each of the following questions or statements. **¡Ojo!** In some cases there may be more than one response.

- ¿Cuál es tu nombre? name
- ¿Cuál es tu color favorito?
- ¿Qué tal?
- Buenos días.
- Mucho gusto. Igualmente
- ¿Cuál es tu apellido? — last name
- ¿Cómo se escribe tu apellido?
- Hasta luego.

Nombre ______________________________ Fecha ______________________

5. ¡Te toca a ti!

Una representación dramática. Your instructor would like you to present a short skit to the class. Work in groups of three to create a short dialogue in which two people are walking down the street and run into another person that only one of them knows. Everyone must greet each other and the two people who do not know each other must be introduced. You may include any other vocabulary you have learned thus far to make your dialogue creative. After you have finished, your instructor may ask some of the groups to present their skits to the class.

Nota cultural: ¿Sabías que... ?

In Hispanic countries, when friends pass each other on the street they may often stop and chat for a moment. If they do not have time to chat they will say **Hasta luego** or **Adiós** as they pass each other. In a similar situation, people in the U.S. would say *Hi* or *How are you?* as they pass one another on the street. In Hispanic cultures, however, it is considered rude to say **Hola** if you are not going to stop.

Nombre ______________________ Fecha ______________

¿Cómo somos? Los hispanos en los Estados Unidos

In this chapter you will learn:

COMMUNICATIVE FUNCTIONS

- Describe your friends
- Talk about what you need in the classroom
- Introduce people

VOCABULARY

- Descriptive adjectives (nationalities, physical characteristics, personality characteristics)
- Items in the classroom / in a backpack
- Greetings

Transparency A–6
Country Profile, **Los Estados Unidos**

A. ¿Cómo son mis amigos?

Vocabulario

Transparencias: J–1: **Las descripciones;** J–2: **¿Qué piensas?**; J–4: **El carácter**

Nacionalidades	***Nationalities***
costarricense	*Costa Rican*
español	*Spanish*
paraguayo	*Paraguayan*

Características físicas	***Physical Characteristics***
atlético	*athletic*
alto	*tall*
bajo	*short*
delgado	*thin*
de estatura mediana	*of medium height*
gordito	*chubby*
guapo	*handsome, good-looking*
moreno	*brown, dark-haired*
pelirrojo	*redhead*
rubio	*blond*

Características de personalidad	***Personality Traits***
activo	*active*
cómico	*funny*
divertido	*fun*
exigente	*demanding*
extrovertido	*extroverted*
inteligente	*intelligent*
interesante	*interesting*
introvertido	*introverted*
organizado	*organized*
responsable	*responsible*
simpático	*nice*
tímido	*timid*

Nombre ______________________ Fecha ______________

1. Diálogo A.

¿Cómo son tus amigos? You are eating dinner at your friend Juan's house. Juan has invited three of his Hispanic friends to join you. While you are waiting for their arrival, Juan tells you about his friends.

JUAN: Hola, bienvenido a mi casa.
TÚ: Gracias.
JUAN: Mis amigos van a llegar en un momento. Yo voy a presentarte *(I am going to introduce you)* a tres hispanos muy interesantes.
TÚ: ¿Cómo son?
JUAN: Bueno, Miguel es costarricense. Él es muy inteligente. Físicamente es pelirrojo, de estatura mediana, un poco gordito y guapo. Es inteligente y muy simpático.
TÚ: ¿Es introvertido o extrovertido?
JUAN: Miguel es muy extrovertido. Mi amigo Luis, al contrario *(on the other hand)*, es muy introvertido y normalmente es bastante tímido.
TÚ: ¿Cómo es?
JUAN: Es muy activo y atlético. Es alto, delgado y moreno. Físicamente es lo contrario *(the opposite)* de María. María es rubia y baja.
TÚ: ¿Cómo es María de personalidad?
JUAN: Es divertida y cómica. Es una persona muy responsable y organizada.
TÚ: ¿De dónde son Luis y María?
JUAN: Luis es paraguayo y María es española.
TÚ: ¡Qué bien! Los tres son muy interesantes.

¿Comprendes?

1. What word does Juan use for "introduce"? ______________________
2. How does Juan describe the appearance of his three friends? ______________________
____
____
3. How does Juan describe the personality of his friends? ______________________
____
____

2. ¡Practiquemos!

A. El verbo *ser* y los adjetivos. In your main text you learned the importance of making sure that the adjective agrees in gender and number with the noun it describes and also that the verb agrees with the subject. Match the following subjects with their description.

c 1. Alberto — a. soy costarricense.
f 2. Tú *(masc.)* — b. eres divertida.
g 3. Marta y Ana — c. es puertorriqueño.
a 4. Yo — d. son cómicos.
g 5. La profesora — e. son guapas.
h 6. Nosotros — f. eres muy simpático.
d 7. Javier y Luis — g. es exigente.
b 8. Tú *(fem.)* — h. somos españoles.

Nombre ______________________ Fecha ______________

B. Mi amigo es... Imagine that you are in a situation similar to Juan's in the dialogue above. Now it is you who needs to describe your Hispanic friends. Use the adjectives from the vocabulary list to describe the four people pictured below. Be sure to include each person's nationality. **¡Ojo!** *(Careful!)* Ana and Andrea are sisters **(hermanas)**, so you will need to use the plural form of **ser** and plural adjectives (although they may have different personalities). Be creative in imagining their personalities. The first one is started for you.

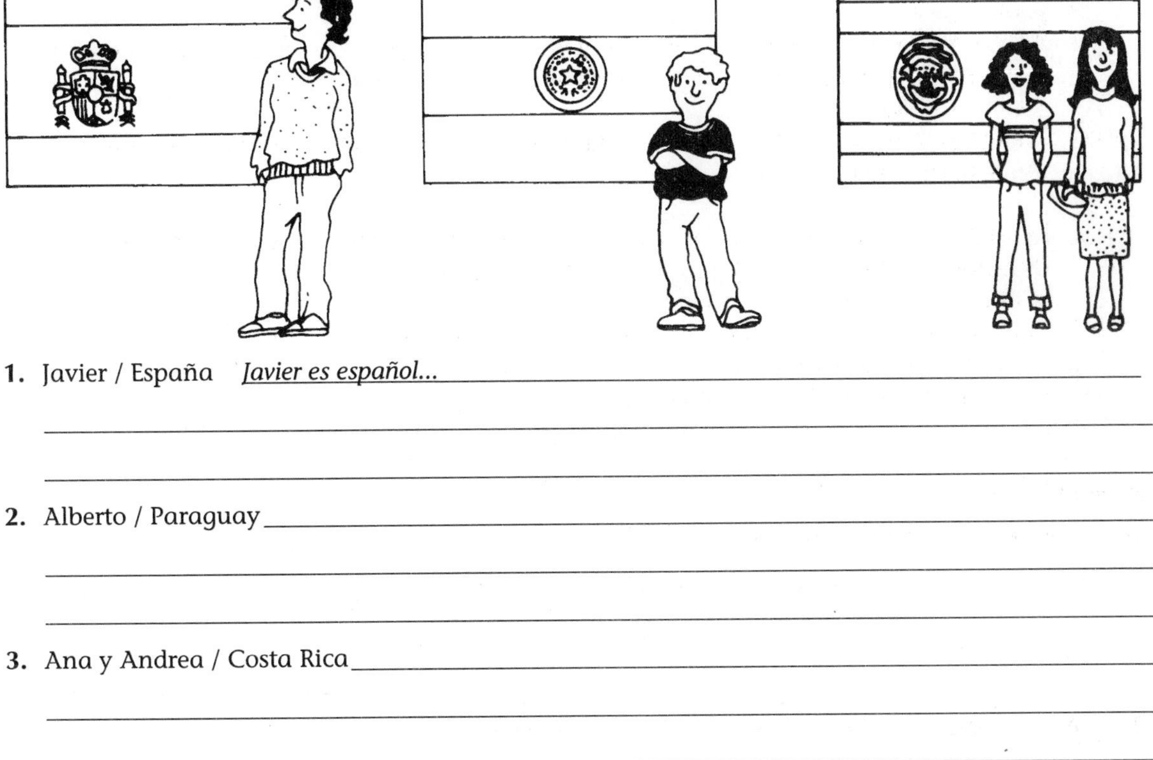

1. Javier / España *Javier es español...* ______________________

2. Alberto / Paraguay ______________________

3. Ana y Andrea / Costa Rica ______________________

3. ¡Escuchemos!

¿Cómo son? Los hispanos famosos. In your main text you learned about famous Hispanics who work or live in the U.S. Now look at the drawings and names of famous people below and match them to the descriptions you hear. You may not understand every word you hear so listen for specific cues such as profession, nationality, physical description, etc.

______________ ______________ ______________

______________ ______________ ______________

cantante - singer

Nombre ______________________________ Fecha ____________________

4. ¡Hablemos!

¿Cómo es Ud.? Imagine that you work for a company that needs to hire a Spanish speaker for the public relations department. You need to find someone who is responsible, organized, outgoing, etc. Before beginning your search, make a list of the most important characteristics for the job—you should use the dictionary to expand your vocabulary. When you have finished, do a mock interview with your partner. One of you will play the role of the interviewer and the other will be the potential job candidate. When you are finished, switch roles.

The interviewer should be sure to:

- Ask the person where he/she is from
- Ask if he/she is responsible, organized, etc.
- Ask if he/she is outgoing, fun, etc.

The job candidate should:

- Describe his/her personality
- Give his/her nationality
- Answer any questions the interviewer asks

⇄ 5. ¡Te toca a ti!

¿Cómo somos? Your instructor would like everyone in the class to get to know each other better. You need to write a short description of yourself for the class and then compare it with that of another classmate.

Paso 1. Write your description. Be sure to include:

- Where you are from / your nationality
- What you look like
- What you are like (personality)

Paso 2. Now that you have finished, compare your **autoretrato** *(self-portrait)* with a classmate's. Decide what you have in common and how you are different. Then write a minimum of five sentences that you can present to the class. ¡**Ojo**! You will need to incorporate the new vocabulary words: **también** *(also / as well)* and **pero** *(but)*.

MODELOS: For things you have in common:
Yo soy introvertido(a) y María ***también*** *es introvertida.*
For differences: *Yo soy bajo(a)* ***pero*** *Miguel es alto.*

Nota cultural: ¿Sabías que... ?

It is a stereotype and a misconception to think that all people of Hispanic origin have dark hair and skin. In fact, the physical characteristics of Hispanic peoples vary widely. In parts of Latin America, people's features often reflect their indigenous heritage. It is also common to see African heritage reflected in the appearance of people from the Caribbean. European ancestry is often visible in Hispanics as well, for example, in Spaniards and Argentineans.

Expresiones idiomáticas

ser uña y carne: *to go together, be very connected emotionally to someone, like hand in glove*

Miguel y María **son uña y carne.** *Miguel and María* ***go together like hand in glove.***

ser (como) un libro abierto: *to be (like) an open book*

Ana **es como un libro abierto.** *Ana* ***is like an open book.***

Nombre ______________________ Fecha ______________

B. En la sala de clase

Vocabulario

Transparency D–2: **¿Qué llevas a la universidad?**

La sala de clase	***The Classroom***
los asientos (las sillas)	*seats (chairs)*
el borrador	*eraser (for both pencils and chalkboards)*
el escritorio	*desk*
la mesa	*table*
la nota	*grade*
la pantalla	*screen*
la pizarra	*chalkboard*
el proyector	*projector*
la tiza	*chalk*

Lo que necesita el estudiante	***What the Student Needs***
los apuntes	*course notes*
la asistencia	*attendance*
el bolígrafo (el lapicero)	*pen*
la carpeta	*folder*
la composición (el ensayo)	*composition/essay*
la computadora/el ordenador	*computer*
el cuaderno	*notebook*
la grapadora	*stapler, paper clip*
el lápiz	*pencil*
el libro (de texto)	*book (textbook)*
el papel	*paper*
la participación	*participation*
la tarea	*the homework*

1. Diálogo B.

El primer día de clase. It is the first day of Spanish class and the instructor welcomes the students and tells them what they need for class.

PROFESORA: Hola, clase. Bienvenidos *(Welcome)* a la clase de español.
ESTUDIANTES: Hola, profesora.
PROFESORA: Bueno, en esta clase es necesario el libro de texto *Spanish for Life.*
UN ESTUDIANTE: ¿Qué otras cosas necesitamos *(do we need)* para la clase?
PROFESORA: Bueno, las cosas normales. Son importantes los cuadernos porque los estudiantes toman *(take)* muchos apuntes. También, la computadora es muy importante para escribir *(to write)* composiciones.
UNA ESTUDIANTE: ¿Es preferible escribir las tareas con lápiz o con bolígrafo?
PROFESORA: Con bolígrafo. También son importantes las carpetas y las grapadoras para guardar *(to keep, save)* los papeles de la clase.
UN ESTUDIANTE: ¿Cómo sacamos *(How do we get)* una buena nota?
PROFESORA: Son importantísimas la participación y la asistencia. Bueno, ¿listos para empezar *(ready to begin)*?
ESTUDIANTES: ¡Sí!

¿Comprendes?

1. How does the instructor welcome her students? ______________________

____

2. Which objects are necessary for the class, according to the instructor? ______________

____

3. What do the students need to do to get a good grade? ______________________

____

Nombre ______________________________ Fecha ______________

2. ¡Practiquemos!

Las cosas que se usan juntos. Match each classroom item below with its logical counterpart, e.g., chalk is used with chalkboard, attendance is necessary for participation, etc.

_____	**1.** la tiza	**a.**	el cuaderno / la carpeta
_____	**2.** la silla	**b.**	la asistencia
_____	**3.** el proyector	**c.**	la pizarra
_____	**4.** la composición	**d.**	el escritorio
_____	**5.** el bolígrafo	**e.**	el papel
_____	**6.** los apuntes	**f.**	la computadora
_____	**7.** la participación	**g.**	la pantalla

3. ¡Escuchemos!

Los números de teléfono. You have decided to set up a study group for your class. You need to compile a list of your classmates' phone numbers so that you can inform them of the meeting place. Listen to their phone numbers on the audiocassette and write them in the space provided.

1. María: 2355151	**4.** Marcos: 8678585	**7.** Marta: 3951412
2. Juan: 3109384	**5.** Luis: 8541517	**8.** Paco: 5423011
3. Ana: 2567453	**6.** Pablo: 6492229	**9.** Teresa: 7831816

4. ¡Hablemos!

¿Qué necesitamos?

A. Working with a classmate, decide which items you will need to complete the following tasks.

MODELO: Para escribir en la pizarra necesitamos *tiza* y *borrador*. chalk + eraser

1. Para escribir una composición necesitamos cuaderno, bolígrafo y papel.
2. Para tomar apuntes (take notes) necesitamos cuaderno, lapiz y boligrafo.
3. Para recibir una buena nota necesitamos estudiar, participar y ______.
4. Para hacer *(to do)* la tarea necesitamos el libro, el cuaderno y el lapiz.

B. Now decide what items are necessary to have a properly equipped classroom.

En la sala de clase son importantes:

MODELO: *la profesora, los estudiantes...*

____

____

____

5. ¡Te toca a ti!

En la tienda. It is the beginning of the semester and you need to buy items for your class. Work with a partner to create a dialogue between a store clerk **(dependiente[a])** and a student who is buying school supplies. **¡Ojo!** The student should only spend $20.

MODELO:

ESTUDIANTE:	*Necesito* (I need) *dos bolígrafos, por favor.*
DEPENDIENTE(A):	*Son dos dólares.*
ESTUDIANTE:	*También necesito un cuaderno.*
DEPENDIENTE(A):	*El cuaderno es un dólar. Dos más uno son tres dólares, por favor.*

Nota cultural: ¿Sabías que... ?

- In your main text you have already learned the difference between the informal **tú** and the formal **Ud.** Professors and people who are older than you should always be addressed as **Ud.**, unless they tell you to **tutear** (*use the* **tú** *form with*) them.
- When you are introduced to someone, the usage of **tú** or **Ud.** often depends on the situation. In a group of friends, for example, you may use **tú** but in a business or professional setting you should use **Ud.** unless otherwise directed.
- Use the **tú** form with your peers, children, and pets. Most Spanish speakers do not distinguish between formal and informal when addressing a group of people. **Uds.** is generally used to address a group, except in Spain, where **Uds.** is used for a formal group and **vosotros(as)** is used to address a group of friends.

In certain parts of the Hispanic world—Argentina, Colombia, and Costa Rica, for example—there is another form for you: **vos. Vos** is used only to address people with whom the speaker has a close relationship. Although you will not learn the verb conjugations for the **vos** form, you should be aware that it exists and has its own corresponding verb form.

Expresiones idiomáticas

ser el (la) primero(a) de la clase: *to be at the top of the class, be the best in the class*

Marta **es la primera de la clase.** — *Marta* ***is the best in the class.***

Es que...: *It's just that . . .*

Es que la clase es un poco difícil. — ***It's just that*** *the class is a little difficult.*

C. Hola, ¿qué tal?

Vocabulario

Saludos y despedidas	***Greetings and Ways of Saying Good-bye***
Adiós.	*Bye.*
así así / más o menos / regular	*so, so / okay*
Buenos días.	*Good morning. / Good day.*
Buenas noches.	*Good evening. / Good night.*
Buenas tardes.	*Good afternoon.*
Chau.	*Ciao.*
¿Cómo estás?	*How are you? (informal)*
¿Cómo te va?	*How's it going? (informal)*
¿Cómo está Ud.?	*How are you? (formal)*
¿Cómo están Uds.?	*How are you? (formal, informal)*
Hasta luego.	*See you later.*
Hasta mañana.	*See you tomorrow.*
Hasta pronto.	*See you soon.*
Hasta la vista.	*See you soon.*
Hola.	*Hello. / Hi.*
Muy bien, gracias ¿y tú/Ud.?	*Very well, thank you. And you?*
Nos vemos.	*We'll be seeing each other.*
¿Qué tal?	*How are you?*

Nombre ______________________ Fecha ______________

Para presentar	To Introduce
¿Cómo te llamas?	*What's your name? (informal)*
¿Cómo se llama Ud.?	*What's your name? (formal)*
Me llamo...	*My name is . . .*
Mi nombre es...	*My name is . . .*
¿De dónde eres?	*Where are you from? (informal)*
¿De dónde es Ud.?	*Where are you from? (formal)*
Soy de...	*I am from . . .*
Quisiera presentarle(s) a...	*I would like to introduce you to . . . (formal)*
Te presento a...	*This is . . . (introductions)*
Mucho gusto.	*Nice to meet you.*
Encantado/a.	*Delighted to meet you.*
Igualmente.	*Likewise.*

1. Diálogo C.

Los amigos nuevos. Juan and María are walking along the street when they run into Juan's friend Marta. Juan introduces his two friends.

JUAN: Hola, Marta. ¿Qué tal?
MARTA: Hola, Juan. Muy bien, gracias, ¿y tú? ¿Cómo estás?
JUAN: Bien, gracias. Te presento a mi amiga María.
MARÍA: Hola. ¿Cómo te llamas?
MARTA: Me llamo Marta. Mucho gusto.
MARÍA: Igualmente. ¿De dónde eres, Marta?
MARTA: Yo soy de Puerto Rico, ¿y tú?
MARÍA: Yo soy de México.
MARTA: Ah, Uds. dos son mexicanos.
JUAN: Sí.
MARTA: Bueno, pues tengo que irme *(I have to go)*. Otra vez *(Again)*, encantada, María. Hasta luego.
MARÍA: Igualmente. Adiós.
JUAN: Hasta pronto, Marta.

¿Comprendes?

1. How does Juan introduce his two friends? ______________________
2. How do María and Marta greet each other? ______________________
3. Where are Juan and María from? ______________________

2. ¡Practiquemos!

¿Cómo responderías? Imagine that you are at a Hispanic friend's party and meeting many new people. How would you respond to each of the following questions/statements?

MODELO: ¿Cómo te llamas? *Me llamo...*

1. Hola. ¿Qué tal? ______________________
2. Mucho gusto. ______________________
3. ¿De dónde eres? Yo soy ______________________
4. ¿Cómo estás? ______________________
5. Hasta luego. ______________________

Nombre ______________________________ Fecha ____________________

3. ¡Escuchemos!

Hola, ¿qué tal? Listen to the following dialogue between two friends who meet on the street. Then, listen a second time and fill in the words or phrases that are missing from the transcription below.

Rafael: Hola, Luis. ¿______________________?

Luis: ______________________, gracias, ¿y tú? ¿Cómo estás?

Rafael: ______________________.

Luis: ¿Por qué?

Rafael: ______________________ de español es muy exigente. Escribimos *(We write)* muchas composiciones.

Luis: ¿______________________ es el profesor?

Rafael: Es de la República Dominicana.

Luis: Ah, yo también ______________________.

Rafael: Sí, es verdad. ¿Puedes ayudarme *(Can you help me)* con las tareas?

Luis: Sí, con mucho gusto. ¿______________________ mañana?

Rafael: Sí. Gracias y ______________________.

Luis: Chao.

4. ¡Hablemos!

Una encuesta *(Survey)*. You have a friend who is interested in doing a survey about Hispanic students studying at your university. The problem is that your friend doesn't speak Spanish. He/She would like you to help create questions and record them so that he/she can practice asking the questions. Create the questions based on the information that your friend needs (listed below) and then tape them or practice them with a classmate.

Your friend wants to:

- Greet the person
- Find out where the person is from
- Introduce himself/herself
- Get the person's phone number
- Ask the person's name
- Say good-bye

5. ¡Te toca a ti!

Presentaciones en la sala de clase. Your instructor wants his/her students to get to know each other better. You will need to work with one student, get to know him/her, and present him/her to the rest of the class.

Paso 1. Gathering the information. Create a list of questions that you will ask your partner.

You should be sure to:

- Greet your partner
- Introduce yourself
- Find out where your partner is from
- Find out how your partner describes his/her personality

Paso 2. Present your partner to the rest of the class. You may use the model below as a guide.

MODELO: Hola, clase. Les presento a ______. Él/Ella es de ______.
Él/Ella es ______ *(physical characteristics)*. Él/ella es ______ *(personality traits)*.

Variation: Don't tell the class who you interviewed and see if the class can guess from your description.

Nombre ______________________ Fecha ______________

Nota cultural: ¿Sabías que... ?

In Hispanic cultures the body language used when meeting and greeting people is different from that used in the U.S. Hispanic men and women who know each other well may kiss each other on the cheek. Among women it is also common to give a kiss on the cheek. In Latin America people generally give one kiss while in Spain they give two. Men generally shake hands and/or pat each other on the back.

The notion of personal space is also different in Hispanic culture. When Hispanic people talk and interact they generally stand closer than people in the U.S.

Expresiones idiomáticas

ser (una persona) encantador(a): *to be a charming/enchanting person*

Juan es **una persona encantadora.** — *Juan* ***is a charming person.***

estar a gusto: *to be comfortable, be at ease*

Estoy muy **a gusto** en esta fiesta. — *I am (feel)* ***very comfortable*** *at this party.*

D. Síntesis

¡A leer! Los hispanos en los Estados Unidos

When confronted with a text written in Spanish, your first inclination as a language learner may be to grab your dictionary and start looking up each and every word in the text. This can be time consuming and unproductive. A better strategy is to look for cognates (words that are similar in Spanish and English) and words that you recognize and to try to deduce the meaning from cues in the text such as the title, headings, pictures, etc. This is a technique that you should employ for all the readings in *Spanish for Life.* The **Antes de leer** or *Before reading* section below will help you prepare for the reading.

Antes de leer You may work alone or with a partner as you go through the reading. After considering the reading title and the theme of this chapter, **Los hispanos en los Estados Unidos**, ask yourself what you think the reading will be about. Next, before trying to answer the **¿Comprendes?** questions, be sure to read the text several times. Skim it first—looking for cognates, main ideas, etc.—then read more carefully and see if you can answer the questions below.

LA INFLUENCIA HISPANA EN LOS ESTADOS UNIDOS

La cultura latina es cada día más importante en los Estados Unidos. En 1995, por ejemplo, la población[1] hispánica de los Estados Unidos llegó[2] a unos 27 millones de habitantes: más que la población de muchos países[3] hispanos como Bolivia, Costa Rica, Venezuela y la República Dominicana. En muchas ciudades como Miami, Los Ángeles, El Paso, Albuquerque y Nueva York, el español se escucha[4] con frecuencia por la calle.[5] Lo cierto es que nuestra cultura "americana" tiene una influencia muy importante de la cultura hispana.

[1]**población:** *population* [2]**llegó:** *arrived/reached* [3]**países:** *countries* [4]**se escucha:** *is heard* [5]**por la calle:** *in the street*

¿Comprendes? In groups of two or three, discuss the questions below.

1. According to the passage above, describe the influence of Hispanic culture in the U.S.

2. How does the Hispanic population of the U.S. compare to the population of Bolivia and Costa Rica?
3. Why do you think the text highlights Miami and Los Angeles? Which Hispanic populations might be represented in these cities?

■ **Expansión de vocabulario: Mapa semántico.** Creating semantic maps (see the example in the Preface) is a good way to organize and study new vocabulary in Spanish. Semantic maps are graphical representations that link groups of similar words together; they are comprised of three elements: nodes, subnodes, and links. Begin with a main or central concept, like "describing people." Write this central concept in the middle of the page with a circle around it. Now think about ways to categorize words related to the central concept, e.g., nationality, physical description, and personality traits. These categories will become your first links; in them you can then add the new vocabulary you have learned.

Create a semantic map with the vocabulary you have learned in this chapter. See if you can use your dictionary to add more words to your categories. When you have finished you will have constructed a network of interrelated vocabulary words and demonstrated how these words are related to the central concept as well as to each other.

■ **Expansión oral: Hispanos famosos.** In this chapter you have learned about some famous Hispanics in the U.S. Based on your knowledge, work with a partner to name and describe one or two famous Hispanic people who have made contributions in each of the following categories. Then give each person's Hispanic heritage and describe his/her physical traits and what you think his/her personality might be like.

la música   los deportes   la televisión   el cine *(film)*   la política

MODELO: La música: *Julio Iglesias es español. Físicamente es alto y moreno. Probablemente es extrovertido y serio.*

■ **Traducciones: Presentaciones.** You and your friend Matt are walking down the street, you run into your friend Lupe. Lupe and Matt have never met so you introduce them. Then you need to act as their interpreter because Lupe does not speak English and your friend Matt does not speak Spanish.

TÚ: Hola, Lupe. Te presento a mi amigo Matt.

LUPE: Hola, Matt. Encantada. ¿Cómo estás?

TÚ *(en inglés):* ______________________________

MATT: Very well, thank you. And you?

TÚ *(en español):* ______________________________

LUPE: Así, así, gracias. ¿De dónde eres, Matt?

TÚ *(en inglés):* ______________________________

MATT: I am from Boston.

TÚ *(en español):* ______________________________

LUPE: ¡Muy interesante! Mi amiga Ana es de Boston también. Bueno, mucho gusto. Hasta luego.

TÚ *(en inglés):* ______________________________

MATT: Likewise. See you soon.

TÚ *(en español):* ______________________________

Nombre ______________________ Fecha ______________

■ **Enlace cultural: Los hispanos en los Estados Unidos.** What do the following topics or dates have to do with Hispanics in the U.S.?

1. Chicano **2.** La comida Tex-Mex **3.** Salsa (el baile) **4.** Univisión **5.** ¿ ? **6.** ¿ ?

Use an encyclopedia, a book on Hispanics in the U.S., or the web to find this information. If you use the web, you may start by visiting the sites: **http://spanishforlife.heinle.com.** You may also use a search engine in Spanish such as **http://espanol.yahoo.com.** In addition to the list of topics above, find information about two other topics concerning Hispanics in the U.S. that have intrigued you while studying this chapter.

■ **¡Hablemos mejor!**

The Spanish vowel system. One of the best ways to improve your spoken Spanish is to rid your speech of "extra" vowels. Unlike English, which has many vowel sounds, Spanish has only five. You can hear their equivalents in each of the following words:

saw	/a/	so	/o/
say	/e/	sue	/u/
see	/i/		

Any other vowel sounds, such as the *u* in *put* or the *i* in *sit,* do not exist in Spanish and will tend to anglicize your Spanish. Listen to the following examples, paying careful attention to the vowel sounds. Then listen a second time, repeating each word as you hear it.

a	pan	agua	casa	para	amiga	habla
e	mesa	este	semana	mes	ella	ele
i	sí	aquí	mi	listo	importante	dinero
o	los	como	poco	jota	tomo	contar
u	uno	gusto	mucho	luz	lunes	estudio

Nombre ______________________ Fecha ______________

La vida cotidiana: Cuba

In this chapter you will learn:

COMMUNICATIVE FUNCTIONS

- Discuss things in daily life: **la vida cotidiana**
- Discuss buildings and places in a town or city
- Explain location
- Make plans for the immediate future
- Describe what is in a classroom
- Describe items you use when you study

VOCABULARY

- Expressions with **estar**
- Buildings and places
- Extended family members
- Family celebrations: weddings, aniversaries, and reunions
- Expressions with **tener**
- Classroom vocabulary

A–3: **Los mapas: El Caribe**
A–11: **Los mapas:** Country Profile, **Cuba**

A. ¿Cómo estás en el centro y en el trabajo?

Vocabulario

Transparencies: F–1: **Los lugares: Los lugares públicos**; F–2: **Los lugares: Un pueblo**; F–3: **Los lugares públicos: ¿Dónde está?**; F–4: **Los lugares: La ciudad**

Expresiones con *estar*	***Expressions with* estar**
estar...	*to be . . .*
a dieta/régimen	*on a diet*
a punto de + *inf.*	*about to (do something)*
al día	*caught up / up to date*
de acuerdo con	*in agreement with*
de buen/mal humor	*in a good/bad mood*
de moda	*in fashion*
de vacaciones	*on vacation*
pendiente de	*waiting for*

Preposiciones de lugar (con *estar*)	***Prepositions of Place (Used with* estar)**
a la izquierda/derecha de	*on the left/right of*
al lado de	*next to*
cerca de	*close to*
delante de	*in front of*
detrás de	*behind*
en la Calle/Avenida ____	*on ____ Street/Avenue*
en la esquina de	*on the corner of*
entre	*in between*
frente a	*across from*
lejos de	*far from*

Nombre ______________________ Fecha ______________

Lugares	Places
¿Te gustaría (ir al / a la...)?	*Would you like (to go to the . . .)?*
ir de compras	*to go shopping*
el centro	*center (of town) / downtown*
el cine	*movie theater*
la estación de autobuses/ trenes/policía	*bus/train/police station*
la farmacia	*pharmacy*
el hospital	*hospital*
el hotel	*hotel*
la librería	*bookstore*
el mercado	*market*
el museo	*museum*
el parque	*park*
la plaza	*square*
el teatro	*theater*
la tienda	*store*

1. Diálogo A.

Planes. Juana calls Ángela at work to ask how she is and if she wants to do something later that day. Listen to their conversation.

JUANA: Hola, Ángela. ¿Cómo estás?
ÁNGELA: Estoy estupenda, gracias.
JUANA: Estás de muy buen humor hoy. ¿Por qué estás tan *(so)* contenta?
ÁNGELA: ¡Porque mañana estoy de vacaciones!
JUANA: ¡Ah, qué bien! Te llamo para preguntarte *(I'm calling to ask you)* si te gustaría ir al centro conmigo esta tarde.
ÁNGELA: No sé. Estoy a punto de ir de vacaciones y estoy muy ocupada.
JUANA: ¡Vamos! ¿Quizás *(Perhaps)* vamos al centro o a un restaurante?
ÁNGELA: A un restaurante, ¡no! Estoy a dieta.
JUANA: Bueno, pues entonces vamos de compras en el centro. Hay *(There is)* una tienda nueva que está muy de moda.
ÁNGELA: Muy bien, estoy de acuerdo. Después voy a ir a la farmacia para comprar medicina y también a la estación de trenes para ver el horario *(schedule)* de trenes. ¿Estás en casa ahora?
JUANA: Sí, pero voy ahora para tu oficina. ¿Dónde está?
ÁNGELA: Está en la esquina de la Avenida del Arte y la Avenida Nacional, a la izquierda del parque.
JUANA: Ah, está frente al museo, ¿no?
ÁNGELA: Sí, exactamente. Mi oficina está en el quinto piso *(fifth floor)* entre la recepción y la ventana grande.
JUANA: Muy bien. Hasta pronto.
ÁNGELA: Excelente. Estoy pendiente de tu llegada *(your arrival)*. Hasta pronto.

¿Comprendes?

1. Why is Ángela in such a good mood? ______________________

2. Where do Juana and Ángela decide to go? ______________________

3. Where is Ángela's office building located in relation to the places mentioned? ______________________

Nombre ______________________ Fecha ______________

2. ¡Practiquemos!

¿Cómo están las personas de la oficina? Using adjectives of condition and expressions with **estar** from the list provided, write short sentences that describe how the people at your job are feeling or that describe their situation. **¡Ojo!** Make sure that the adjectives agree in gender and number with the subject given.

de mal humor   de moda   enfermo(a)   cansado(a)   de vacaciones   triste
orgulloso(a)   a dieta   aburrido(a)

MODELO: Juan has a fever and feels like he wants to leave work.
Está enfermo.

1. María is having a bad day at work. ______________
2. Miguel is only having a carrot and water for lunch. ______________
3. Martín is on the beach while all of his friends are at work. ______________
4. Adela has just bought a new dress from a trendy store. ______________
5. Ana has just received an A+ on her composition. ______________
6. Juan has just lost his favorite compact disk. ______________
7. Teresa and Ana are in a very monotonous class. ______________
8. Antonio and Alberto have just returned from a long run. ______________

3. ¡Escuchemos!

¿Dónde está? Francisco is new to the city and asks Antonio where certain things are. Listen to their conversation. Then listen again, filling in the missing words.

FRANCISCO: Oye, Antonio, ¿dónde está el parque?

ANTONIO: Está muy ____________ de aquí. ¿Sabes dónde está el ____________?

FRANCISCO: Sí. Está frente a la ____________.

ANTONIO: Bueno, pues el parque está ____________ del museo.

FRANCISCO: Ah, muy bien. Y ____________, ¿dónde está?

ANTONIO: Está ____________ la Calle Washington y la Avenida Central.

FRANCISCO: Bueno, muchas gracias.

ANTONIO: De nada. Hasta luego.

4. ¡Hablemos!

¿Sabes dónde está el museo? Imagine that a friend has come to visit you. Since you are busy during the day and can't show your friend around, you need to tell him/her where certain things are located. Using your city/town as a frame of reference, describe to your friend where the following places are located: **el mercado, el parque, el museo, la librería, tu tienda favorita, tu restaurante favorito, ¿ ?**

MODELO: TU AMIGO(A): *¿Dónde está el cine?*
TÚ: *El cine está frente a la estación de autobuses, en la Calle San Martín.*

Nombre ______________________ Fecha ______________

5. ¡Te toca a ti!

Una invitación. Imagine that you, like Juana in the first dialogue, call your friend at work/school to see how he/she is doing. Invite your friend to go somewhere and describe where the place is located. Be sure to:

- ❑ Greet your friend
- ❑ Ask how he/she is doing
- ❑ Invite him/her to go somewhere with you
- ❑ Decide on a place
- ❑ Discuss where the place is located

Nota cultural: ¿Sabías que... ?

La plaza is very important in Hispanic culture. Most cities and towns are structured around the **plaza**, which is most often found in the center of town. The square is usually surrounded by government buildings and sometimes stores and cafés. In some countries, the word **zócalo** is used instead of **plaza**. Do you remember the name of the important **plaza** in **La Habana**, which is mentioned in the main text?

Expresiones idiomáticas

estar en el quinto infierno: *to be out in the sticks/boonies, be in an isolated place*

La estación de autobuses **está en el quinto infierno.** — *The bus station* ***is out in the boonies.***

estar en el séptimo cielo: *to be in seventh heaven, very happy*

Estoy de vacaciones y **estoy en el séptimo cielo.** — *I'm on vacation and* ***I'm in seventh heaven.***

B. Celebraciones con la familia: La fiesta de cumpleaños

Vocabulario

Transparencies: E–2: **La familia: La familia 2**; E–3: ***La familia: Varias familias***

Más vocabulario de la familia	***More Family Vocabulary***
Hay ____ personas en mi familia.	*There are ____ people in my family.*
la familia grande/pequeña	*large/small family*
la familia nuclear/extendida	*nuclear/extended family*
el/la ahijado(a)	*godson/goddaughter*
el/la bisabuelo(a)	*great-grandfather/great-grandmother (pl. great-grandparents)*
el/la cuñado(a)	*brother-in-law/sister-in-law*
el/la esposo(a)	*spouse*
el/la gemelo(a)	*twin*
el/la hermanastro(a)	*step brother/step sister*
la madrastra	*stepmother*
la madrina	*godmother*
el/la medio(a) hermano(a)	*half brother/half sister*

Más vocabulario de la familia	***More Family Vocabulary***
el/la nieto(a)	*grandson/granddaughter (pl. grandchildren)*
el padrastro	*stepfather*
el padrino	*godfather (pl. godparents)*
el/la suegro(a)	*father-in-law/mother-in-law*

Los animales domésticos	***Domestic Animals / Pets***
el gato	*cat*
la mascota	*pet*
el pájaro	*bird*
el perro	*dog*
el pez (*pl.* peces)	*fish*

Las celebraciones familiares	***Family Celebrations***
el aniversario	*anniversary*
la fiesta de cumpleaños	*birthday party*
el/la invitado	*guest*
el pastel de cumpleaños	*birthday cake*
el regalo	*gift*
la reunión de familia	*family reunion*
la vela	*candle*

Verbos	***Verbs***
arreglar	*to arrange, organize*
ayudar	*to help*
cantar	*to sing*
colocar (c→qu)	*to put, place*
dar	*to give*
decorar	*to decorate*
esperar	*to wait*
estar casado(a) / divorciado(a)	*to be married/divorced*
gritar	*to shout*
jugar (u→ue, g→gu)	*to play*
preparar	*to prepare*
regalar	*to give a gift*
sorprender	*to surprise*
tener ____ años	*to be ____ years old*

1. Diálogo B.

Una reunión de familia. The García family—Mrs. García, Marcos **(tiene quince años)**, Esteban **(tiene diez años)**, and Ana **(tiene cinco años)**—is planning a family reunion that is also a birthday party for their father. Listen as they discuss the plans for the party.

Sra. García: ¡Hijos —Marcos, Ana, Esteban— vengan aquí *(come here)*! Vamos a hablar de la fiesta.
Ana: ¿Quién va a venir?
Sra. García: Bueno, van a venir muchas personas, casi toda la familia extendida.
Esteban: ¿Por qué van a venir tantas personas para la fiesta de cumpleaños de papá?
Sra. García: No es sólo la fiesta de papá; también es nuestra reunión de familia.
Marcos: ¿Cuántos invitados van a venir en total?
Sra. García: Vamos a ser unas 60 en total.
Esteban: ¿Va a venir el tío Javier, el hermano de papá?
Sra. García: Sí, y su esposa Marta, mi cuñada. También van a venir los abuelos (mis suegros) y los bisabuelos.
Esteban: ¡Excelente! Yo soy su ahijado. ¡Son los mejores *(best)* padrinos del mundo *(world)*!
Ana: ¿Los abuelos? ¡Qué bien! Yo soy su nieta favorita y siempre dan muchos regalos.
Sra. García: Bueno, Ana, mañana es el cumpleaños de tu padre. Los abuelos van a dar un regalo a él.
Ana: Sí, mamá. ¿Vamos a jugar con los primos gemelos?
Sra. García: Sí, Ana, sí, mañana. Pero esta noche vamos a preparar el pastel de cumpleaños.
Marcos: Pero mamá, yo voy a mirar la televisión esta noche.
Sra. García: Primero vas a ayudar y después vas a mirar la televisión.
Esteban: ¿Cuándo vamos a colocar las velas en el pastel?

Nombre ______________________ Fecha ______________

SRA. GARCÍA: Mañana por la mañana.
ANA: Oye, mamá. Mañana, ¿cómo vamos a sorprender a papá?
SRA. GARCÍA: Vamos a esperar en la cocina. Cuando papá entre *(enters)*, vamos a gritar «¡Sorpresa!» y cantar «Cumpleaños feliz».
LOS HIJOS: ¡Qué ilusión! *(How exciting!)*

¿Comprendes?

1. How does Ana ask who is coming to the party? ______________________

____

2. According to Mrs. García, how many people are coming to the party and why is it going to be so big? ______________________

____

3. How are they going to surprise their father? ______________________

____

2. ¡Practiquemos!

La familia. Match each relationship description to the corresponding family member.

h	**1.** El hijo de mi madre es mi	**a.**	padrinos.
______	**2.** La madre de mi padre es mi	**b.**	abuela.
______	**3.** La hija de mis tíos es mi	**c.**	hermanastros.
______	**4.** Los padres de mi esposo son mis	**d.**	prima.
______	**5.** El hermano de mi esposo es mi	**e.**	suegros.
______	**6.** Los hijos de mis hermanos son mis	**f.**	nietos.
______	**7.** La hija de mi padre es mi	**g.**	hermana.
______	**8.** Los hijos de mis hijos son mis	**h.**	hermano.
______	**9.** Los hijos de mi madrastra son mis	**i.**	sobrinos.
______	**10.** Yo soy el ahijado de mis	**j.**	cuñado.

3. ¡Escuchemos!

La familia de Ana. Listen as Ana describes her family. Then decide if the statements below are true (T) or false (F).

______ **1.** Ana tiene cinco hermanos.

______ **2.** Miguel y Martín son gemelos.

______ **3.** Los padres de Ana se llaman Marcos y Cristina.

______ **4.** Antonia, la hermana de Ana, está divorciada.

______ **5.** La sobrina de Ana es muy divertida.

______ **6.** El cuñado de Ana siempre está de buen humor.

______ **7.** La familia de Ana va a tener una fiesta la semana que viene.

______ **8.** Los tíos y los primos de Ana no van a ir a la fiesta.

Nombre ______________________________ Fecha ______________

4. ¡Hablemos!

La familia de mi compañero(a). Work with a classmate to find out about his/her family. Using the information below as a guide, first decide which questions to ask. Then, after you have finished interviewing your classmate, prepare a short paragraph comparing your family to that of your classmate. Use the model below for your **comparación.**

Information you should get from your classmate:

- ❑ If he/she has a large or small family
- ❑ How many people there are in the family
- ❑ How many brothers/sisters he/she has
- ❑ Names and ages of family members
- ❑ If the family has dogs, cats, or other pets

MODELO: *Mi familia es grande, pero la familia de mi compañero(a) es pequeña. Hay seis personas en mi familia pero, en contraste* (in contrast), *hay cuatro personas en la familia de mi compañero(a)...*

5. ¡Te toca a ti!

Predicciones para el año 2020. Working with two or more classmates, make predictions about the future and compare your predictions with those of your classmates. Each of you should share your answers to the following questions and prepare two additional questions to ask your classmates.

- ❑ ¿Dónde vas a vivir?
- ❑ ¿Dónde vas a trabajar?
- ❑ ¿Cuánto dinero vas a ganar?
- ❑ ¿Qué música de los años 90 va a ser «clásica»?
- ❑ ¿Quién va a ser presidente de los EE.UU.?
- ❑ ¿Con quién vas a vivir?
- ❑ ¿Qué carro vas a manejar?
- ❑ ¿Dónde van a vivir tus hermanos/primos, etc.?
- ❑ ¿Quién va a ser el actor / la actriz más famoso(a)?
- ❑ ¿Qué va a ser el momento histórico más importante al fin de este decenio?

Nota cultural: ¿Sabías que... ?

In most Hispanic cultures people use not only their father's last name (as we do in the U.S.) but also their mother's last name. Thus, each person has a first name and two last names. The last name is composed of the father's first last name **(primer apellido)** and then the mother's first last name. Thus, if **Juan García Sánchez** and **Mariana Meléndez Alonso** had a child and named him **Martín**, his full name would be **Martín García Meléndez, García** being his **primer apellido** and **Meléndez** being his **segundo apellido.** When women get married they generally keep their last name. Hispanics living in the U.S. will generally use only their first last name or hyphenate their last names.

Expresiones idiomáticas

ser como de la familia: *to be like one of the family, be close*

Miguel es un amigo muy bueno; **él es como de familia.** — *Miguel is a very good friend;* ***he's like one of the family.***

venirle de la familia: *to get it (a trait) from one's family ("it runs in the family")*

Miguel es muy cómico; **le viene de la familia.** — *Miguel is very funny;* ***it runs in the family.***

Nombre ______________________ Fecha ______________

C. Tenemos que estudiar

Vocabulario

Expresiones con *tener*	*Expressions with* tener
tener frío/calor	*to be hot/cold (a person)*
tener ganas de + *inf.*	*to feel like (doing something)*
tener hambre/sed	*to be hungry/thirsty*
tener miedo	*to be afraid*
tener prisa	*to be in a hurry*
tener que + *inf.*	*to have to (do something)*
tener suerte	*to be lucky*
tener vergüenza	*to be ashamed/ embarrassed*

Más vocabulario de la clase	*More Classroom Vocabulary*
el cassette (la cinta)	*cassette tape*
el diccionario	*dictionary*
los ejercicios (escritos/orales)	*(written/oral) exercises*
la luz (*pl.* luces)	*light(s)*
el mapa	*map*
la pared	*wall*
la prueba	*quiz*
la puerta	*door*
el reloj	*clock*
repasar	*to review*
el repaso	*review*
la ventana	*window*

1. Diálogo C.

La tarea para mañana. Juan has missed class today. He is very nervous so he calls his friend Marta for help/advice.

JUAN: Hola, Marta. ¿Hay tarea para mañana en la clase de español?
MARTA: Sí, hay una tarea de varios ejercicios que tenemos que hacer.
JUAN: ¿Es difícil la tarea?
MARTA: No. Es bastante fácil. Pero también tenemos una prueba mañana del vocabulario nuevo.
JUAN: ¡Oh no! ¡Pero en la lista de vocabulario nuevo hay 50 palabras! Yo no estoy al día con el vocabulario. Tengo mucho miedo.
MARTA: No te preocupes *(Don't worry.)*. Vamos a comer y después estudiamos juntos *(together)*. Yo tengo hambre y además *(besides)*, tengo ganas de salir de casa.
JUAN: Pero tengo vergüenza. Tú hablas cien veces mejor que *(times better than)* yo. Tienes mucha suerte porque tu esposo es cubano y tú practicas español en casa, no sólo *(not only)* en clase como yo.
MARTA: Yo voy a ayudarte *(to help you)*. Simplemente tenemos que estudiar y repasar los verbos. Tenemos que usar el diccionario y los cassettes para practicar. Vamos al café de mi cuñado. Allí hay aire acondicionado; no estudio bien cuando tengo calor.
JUAN: Bien. Nos vemos en cinco minutos.
MARTA: Tienes mucha prisa ¿no? Yo tengo que tomar el autobús. ¿Qué tal si nos vemos en cuarenta y cinco minutos.
JUAN: Muy bien y gracias.
MARTA: De nada. Hasta pronto.

¿Comprendes?

1. What do Juan and Marta have to do for class tomorrow? ______________________

____

2. How does Juan feel about the quiz and his Spanish studies in general? ______________

____

3. What do Juan and Marta decide to do? ______________________

____

Nombre ______________________ Fecha ______________

2. ¡Practiquemos!

¿Qué tienes? Imagine that you find yourself in each of the following situations. Describe how you feel, using the expressions with **tener** found in the vocabulary list.

MODELO: You spill your soda in the middle of class.
Tengo vergüenza.

1. It is the middle of summer and your third-floor apartment doesn't have air conditioning. ______________________
2. You are late for a friend's party. ______________________
3. You have a big exam tomorrow and haven't really had time to study. ______________________
4. You are visiting a friend in Minnesota in the winter and you forgot your coat. ______________________
5. It is 2:00 in the afternoon and you haven't eaten anything since breakfast. ______________________
6. You just won $50 from a lottery ticket. ______________________

3. ¡Escuchemos!

La nota final. Listen as your instructor describes the number of points **(puntos)** possible for each component of your Spanish class. As you are a diligent student, you will write the points next to their corresponding category on the syllabus. When you finish, add the total number of points possible. You should have a total of 460 **puntos**.

______ **1.** La participación

______ **2.** La asistencia

______ **3.** Las tareas con el cassette

______ **4.** Las composiciones

______ **5.** Las pruebas

______ **6.** Los exámenes

______ **7.** Los ejercicios escritos

______ Puntos en total

4. ¡Hablemos!

Tres verdades... ¡y una mentira! Make a list of four things you "have to" do this coming weekend, e.g., **Tengo que estudiar, limpiar la casa**, etc. Make three of your statements true and the fourth one a lie **(una mentira)**. Then, working in a group of three or four (or as an entire class), share your four statements with your classmates, who will decide which one is false. When you are finished, come up with two more statements, guessing what **el profesor / la profesora** has to do this weekend, e.g., **La profesora tiene que preparar un examen.** The class will vote on whether or not it is true **(cierto)** or a lie **(mentira)**. Your instructor can then confirm.

⇄ 5. ¡Te toca a ti!

¡Excusas, excusas! Imagine that your friend has called to make weekend plans with you and that you are very busy with a million things to do. Each time your friend suggests something (e.g., **Vamos al cine mañana por la noche, Vamos de compras esta tarde, Vamos al centro la semana que viene**, etc.), you refuse with an excuse (e.g., **Es imposible, tengo que estudiar esta noche.**). Work in pairs to create a dialogue between two friends who can't seem to agree on a plan.

Expresiones idiomáticas

ir al grano: *to get to the point*

No tengo mucho tiempo para hablar, así que voy directamente **al grano**. — *I don't have a lot of time to talk, so **I'll get** directly **to the point**.*

tener cariño a alguien/algo: *to be fond of someone/something*

Yo tengo mucho cariño a mi sobrina. — ***I am very fond of** my niece.*

Nota cultural: ¿Sabías que... ?

Undergraduates in Hispanic countries generally have extremely organized plans of study in their respective majors. They often have to take courses in a specific order and are allowed to take fewer elective courses outside of their major. Grades are most often determined only by mid-term and final exams (as opposed to papers, quizzes, projects, etc.), although this of course varies from professor to professor. While there is a trend to incorporate more components into the final grade, exams are still the norm.

D. Síntesis

¡A leer! Una invitación

Antes de leer. Take a moment to think about the themes and vocabulary you have studied in this chapter. Working with a partner, see how many pieces of information you can remember from the chapter. Then, skim the reading below, using the techniques you learned in Chapter 1 to see if you can answer the questions that follow.

Una invitación: La fiesta de cumpleaños

¿Qué vamos a celebrar? El cumpleaños de Ana García. Ella va a cumplir[1] seis años.

¿Cuándo? El veintiséis de septiembre

¿Dónde? En el Parque José Martí

Indicaciones:[2] El parque está en el centro, en la Calle de la Independencia. El parque está frente a la Plaza Central y al lado del Museo de Arte Moderno.

¿Qué actividades vamos a hacer?

Por la tarde vamos a comer pastel, cantar «feliz cumpleaños» y dar regalos a Ana. Los niños van a jugar en el parque. También vamos a hablar, celebrar y bailar. Por la noche podemos[3] ir al cine, al teatro o al museo.

¡Esperamos verlos a todos[4] en la fiesta!

[1]**va a cumplir:** *is going to turn* / [2]**Indicaciones:** *Directions* / [3]**podemos:** *we can* / [4]**Esperamos verlas a todos:** *We hope to see you all*

¿Comprendes? In groups of two or three, discuss the following questions.

1. Even though you have not yet learned how to say the months of the year in Spanish, can you determine the date of the party? (Hint: The month is a cognate.)
2. Where is the park located?
3. What activities are planned for the party?

■ **Expansión de vocabulario: Mapa semántico.** Draw a semantic map to organize the verbs and other vocabulary you learned in this chapter. You could start with **estar** and your principle nodes could be types of vocabulary used with **estar**, i.e., "prepositions of location," "how people are feeling," etc. Organize the map however you like, trying to include at least 40 words.

■ **Expansión oral: Una fiesta increíble.** Work with a partner to complete the following dialogue/role play. One of you is planning a party at a downtown location tomorrow afternoon and would like to invite your classmate. Your classmate, however, is very busy and keeps trying to decline the invitation.

The person throwing the party should:

- Invite the person to the party (**¿Te gustaría venir a la fiesta?**)
- Explain where the party is going to be. Include what the location is next to, across from, etc.
- Explain all the fun activities that are going to occur
- Explain that it is okay for the person to bring family members to the party
- Explain what things you are going to do in the **centro** after the party

The person trying to decline the invitation should:

- Explain why he/she cannot go (e.g., **Estoy a punto de ir de vacaciones**, **Estoy de mal humor**, **Estoy ocupado[a] con mi familia**, etc.)
- Ask questions about what people at the party are going to do
- Ask where the party is located
- Decide if he/she has been convinced and accept or reject the invitation

■ **Traducciones:** You are visiting **La Habana** when another tourist asks you where the university is located. Since you don't know, the two of you will have to ask someone who lives there. Since the tourist does not speak Spanish and has several other questions, you will have to translate for him/her.

Tú: Buenas tardes, señor. ¿Dónde está la universidad?

Señor: Está a la derecha de la catedral.

Tú *(en inglés)*: ______________________________

Turista: Thank you. Where is the Museo Nacional?

Tú *(en español)*: ______________________________

Señor: El Museo Nacional está en la esquina de la Avenida Nacional y la Calle Central.

Tú *(en inglés)*: ______________________________

Turista: Thank you very much for your help.

Tú *(en español)*: ______________________________

Señor: De nada. Adiós.

■ **Enlace cultural: ¿Qué sabes de Cuba?** What do the following topics have to do with Cuba?

1. President Kennedy **2.** October 22, 1962 **3.** Guantanamera
4. Che Guevara **5.** baseball **6.** U.S. occupation of Cuba, 1898–1902

Use an encyclopedia, a book on Hispanics in the U.S., or the Web to find this information. If you use the Web, you can start by visiting **http://spanishforlife.heinle.com** and looking at the sites listed there for this activity. Or, you may want to try the Spanish search engine **http://www.espanol.yahoo.com**. Compare your information with that of a classmate.

■ **¡Hablemos mejor!**

Combining Vowel Sounds in Spanish. When unaccentuated "weak" vowels (**u** and **i**) combine with each other or with "strong" vowels, the vowels link and are pronounced as a *single syllable.* Listen to the part of the tape that corresponds to this section of the workbook. Then listen again and repeat the words as you hear them. Concentrate on pronouncing the two vowels as a single syllable.

bien ciudad baile chau

When two strong vowels combine (**eo**, **ee**, **ae**, or **ao**) or an accentuated weak vowel (**ú**, **í**) pairs with a strong vowel (**ío**, **aí**, **aú**), both vowels are pronounced as separate syllables. The tendency for English speakers is to insert a space or break between these vowels; in Spanish, however, there should be no break. Listen to the words below, then listen again and repeat the words as you hear them.

aún empleo cae lee

Vowel combinations that link words present several possibilities. When identical vowels end one word and begin the next, they generally merge into a single sound; and combinations of different vowels can form diphthongs or separate syllables. Regardless of how these vowel combinations act, however, they are *never* separated by breaks or pauses. You can "Hispanize" your Spanish by avoiding breaks between vowels that link words and blending them together. Listen to the sentences below; then listen a second time and practice saying them.

Esto es mi libro de español.

Estoy bien, gracias. ¿Y usted?

¿Dónde está tu coche?

Nombre ______________________ Fecha ______________________

Celebrar y descansar: México

In this chapter you will learn:

COMMUNICATIVE FUNCTIONS

- Describe the activities you do during the week and on the weekends
- Discuss how you celebrate birthdays and holidays
- Discuss your favorite activities
- Tell what you like to do during different seasons of the year
- Tell what you like to do when you are on vacation

VOCABULARY

- Verbs that describe weekend activities
- Places to go on weekends
- Birthdays and holidays
- Outdoor activities
- Weather

 Transparencias A–2: **Los mapas: México y la América Central**; A–7: **Los mapas:** Country Profile, **México**

A. El fin de semana

Vocabulario

Transparencias M–3: **La rutina diaria: El fin de semana**; F–5: **Los lugares: El campo**; G–5: **Los pasatiempos: Pasatiempos**; G–6: **Los pasatiempos: Deportes** (1); G–8: **Los pasatiempos: Deportes** (2); G–9: **Los pasatiempos: En la playa**

Actividades del fin de semana	***Weekend Activities***
descansar	*to rest*
hablar por teléfono	*to talk on the phone*
ir de compras	*to go shopping*
lavar la ropa	*to wash clothes*
limpiar (la casa, el apartamento)	*to clean (the house, the apartment)*
montar en bicicleta	*to ride a bike*
pasar tiempo con (los amigos, la familia)	*to spend time with (friends, family)*
pasear	*to take a walk*
platicar/charlar	*to chat*
sacar vídeos	*to rent movies*

Nombre ____________________ Fecha ____________________

¿Adónde vas durante el fin de semana?	***Where do you go on the weekend?***
al bar	*to the bar*
al campo	*to the country*
al cine	*to the movies*
al club	*to the club*
a la discoteca	*to the discotheque*
a la iglesia	*to church*
al lago	*to the lake*
a las montañas	*to the mountains*
al parque	*to the park*
a la playa	*to the beach*
a la sinagoga	*to the synagogue*
al teatro	*to the theater*
al templo	*to temple*

Otras expresiones	***Other Expressions***
cada día / fin de semana	*every (each) day/weekend*
entre semana	*during the week*
la fiesta	*party*
hoy	*today*
mañana	*tomorrow*
el ocio	*free/leisure time*
pasado mañana	*the day after tomorrow*
la película	*film*
Pienso bailar/cantar/descansar, etc.	*I plan on dancing/singing/resting, etc.*
los planes	*plans*
¿Qué piensas hacer... ?	*What do you plan on doing . . . ?*

1. Diálogo A.

El fin de semana. Miguel and Luis run into each other in the park on Friday afternoon and discuss their weekend plans. Listen to their conversation.

MIGUEL: Hola, Luis, ¿cómo estás?

LUIS: Muy bien gracias. Oye, ¿tienes planes para el fin de semana?

MIGUEL: Bueno, sí. Tengo que hacer muchas cosas. Mañana tengo que lavar la ropa y limpiar la casa.

LUIS: ¿Qué piensas hacer el sábado por la noche? Yo pienso ir al teatro o a una discoteca. Entre semana estoy siempre en casa. Este fin de semana pienso salir *(to go out)*. ¿Deseas ir al teatro conmigo?

MIGUEL: No, imposible. El sábado por la noche tengo que pasar tiempo con mi familia. ¿Tienes planes para el domingo?

LUIS: No, pero me apetece *(I feel like)* hacer algo en la naturaleza. ¿Vamos al lago, a la playa o a las montañas?

MIGUEL: Sí, buena idea. ¿Por qué no vamos a pasar la tarde en las montañas? Podemos *(We can)* montar en bicicleta o pasear.

LUIS: Sí, excelente. Por la noche mi amigo Juan y yo vamos a sacar vídeos. Si no tienes planes, vamos los tres *(the three of us)* a mi casa y miramos vídeos.

MIGUEL: Sí, después de pasar todo el día en las montañas, mirar vídeos es un buen descanso.

LUIS: Bueno, de acuerdo. Voy a llamarte *(call you)* por teléfono pasado mañana.

Nombre ______________________ Fecha ______________

MIGUEL: Muy bien. Entonces, ¿el domingo por la mañana vamos a hablar por teléfono y hacer planes concretos para la tarde?
LUIS: Sí, hasta pronto.

¿Comprendes?

1. What does Miguel have to do on Saturday afternoon and evening? ______________________
2. Why does Luis want to go out Saturday night? ______________________
3. What do Luis and Miguel agree to do? ______________________

2. ¡Practiquemos!

Planes para el fin de semana. You have a very busy weekend planned, but when you go to look at your calendar you realize that a spilled beverage has blurred some of the words. Using the following list, find the verb that is missing from each activity. ¡Ojo! Be sure to conjugate the verbs in the **yo** form: **charlar**, **descansar**, **hablar**, **ir**, **lavar**, **limpiar**, **montar**, **pasar**, **sacar**, **tomar**.

chat rest speak go wash clean ride spend rent drink/eat

	El sábado	El domingo
Por la mañana	1. *Lavo* la ropa. 2. limpio la casa.	6. descanso en casa. 7. tomo un café.
Por la tarde	3. monto en bicicleta. 4. charlo con mis amigos.	8. hablo por teléfono. 9. voy al campo.
Por la noche	5. saco vídeos.	10. paso tiempo con la familia.

3. ¡Escuchemos!

Un fin de semana típico. Listen as Ana describes her typical weekend activities and write each activity in the appropriate space below. The first two activities are listed for you.

	El viernes	El sábado	El domingo
Por la mañana	1. *Va al parque.* 2. *Pasea.*	1. ______ 2. ______	1. ______ 2. ______
Por la tarde	1. ______ 2. ______	1. ______ 2. ______	1. ______
Por la noche	1. ______	1. ______ 2. ______	1. ______ 2. ______

Nombre ______________________________ Fecha ______________

4. ¡Hablemos!

¿Qué haces durante el fin de semana? Imagine that a friend is planning to visit you this weekend. You have a very busy weekend planned and must tell your friend what you will be doing so that he/she can decide whether or not he/she wants to join you. Use the vocabulary listed on pages 29–30 as well as the vocabulary from your main text to describe what you typically do on Saturday and Sunday. Include at least two activities for each time of day.

	El sábado	**El domingo**
Por la mañana	1. ____________ 2. ____________	1. ____________ 2. ____________
Por la tarde	1. ____________ 2. ____________	1. ____________ 2. ____________
Por la noche	1. ____________ 2. ____________	1. ____________ 2. ____________

5. ¡Te toca a ti!

Nuestros planes para el fin de semana. Using the list of typical weekend activities that you created in the previous exercise, compare your activities with those of a classmate.

Paso 1. First, create questions that you can ask your partner. Your questions can be general: **¿Qué haces el sábado por la mañana?** or specific: **¿Cuándo descansas?**, **¿Limpias la casa el sábado?**

Paso 2. When you have finished interviewing your classmate, write five sentences comparing your weekend routine and your partner's. Then present those sentences to the class.

MODELOS: *Yo limpio la casa los sábados por la mañana, pero mi compañero(a) limpia la casa los sábados por la tarde.*
Nosotros descansamos los domingos por la tarde.
Yo saco vídeos los domingos por la noche, pero mi compañero(a) estudia.

Transparency N-5: **En el restaurante: La *Guía del ocio***

Nota cultural: ¿Sabías que... ?

When visiting a Hispanic country you should be sure to consult not only tourist guides, but also the weekly local guides of events that can be found in large cities. These guides can normally be purchased at kiosks, are published weekly, and contain everything from movie listings to art exhibitions, theater productions, and sporting activities. In Mexico City this guide is called *Semanario del ocio*. In Madrid it is called *Guía del ocio*.

Expresiones idiomáticas

en la semana de tres jueves: *when pigs fly, i.e., never*

—¿Piensas bailar salsa en la fiesta? — *Do you plan on dancing salsa at the party?*
—Sí, **en la semana de tres jueves.** — *Yes, **when pigs fly**.*

ser de película: *to be incredible, fantastic*

Esta fiesta **es de película.** — *This party **is fantastic**.*

Nombre ______________________ Fecha ______________

B. Días festivos

Vocabulario

Los cumpleaños	***Birthdays***
las decoraciones	*decorations*
la fecha de nacimiento	*birthdate*
¡Felicidades!	*Congratulations! / Happy birthday!*
¡Feliz cumpleaños!	*Happy birthday!*
los invitados	*guests*
el pastel	*cake*
los preparativos / las preparaciones	*preparations*
los regalos	*gifts*
las velas	*candles*
Los días festivos	***Holidays***
el Año Nuevo	*New Year's Day*
el baile	*dance*
las campanas	*bells*
el concurso	*contest*
el desfile	*parade*
el Día de la Independencia	*Independence Day*
el día del santo	*Patron Saint's Day (of a town or person)*
la feria	*fair*
la fiesta del pueblo	*town/city holiday/celebration*
los fuegos artificiales	*fireworks*
el horario	*schedule*
la misa	*mass*
la Navidad	*Christmas*
la Noche Vieja	*New Year's Eve*
el premio	*prize*
Verbos	***Verbs***
bromear	*to joke*
celebrar	*to celebrate*
colgar (o→ue)	*to hang*
invitar	*to invite*
mostrar (o→ue)	*to show, point out*
probar (o→ue)	*to try, test, taste*
recordar (o→ue)	*to remember*
regalar	*to give (a gift)*
sonar (o→ue)	*to ring (bells)*
soñar (o→ue) con	*to dream about*

Nombre ______________________________ Fecha ______________

1. Diálogo B.

La fiesta de cumpleaños. Mark, an exchange student from the U.S. who is studying in Mexico, and his friend Juan are decorating for a birthday party. Listen as they compare and contrast birthdays and holidays in the U.S. and Mexico.

MARK: Bueno. El pastel ya está listo. ¿Qué más tenemos que hacer?

JUAN: Tenemos que colgar las decoraciones.

MARK: ¿Por qué no cuelgas tú las decoraciones mientras que *(while)* yo preparo las velas para la tarta?

JUAN: Muy bien. Oye, ¿cuándo es tu cumpleaños?

MARK: Mi cumpleaños es el 4 de julio, el mismo *(same)* día que celebramos el Día de la Independencia en los Estados Unidos.

JUAN: ¡Qué casualidad! *(What a coincidence!)* Mi cumpleaños es el 16 de septiembre, el Día de la Independencia de México.

MARK: ¡Qué interesante! ¿Qué actividades hay normalmente para celebrar los días festivos en México?

JUAN: Bueno, normalmente hay una misa por la mañana y después comida y concursos diferentes, por ejemplo, de poesía o de baile, con premios muy buenos. Por la noche siempre hay un baile y finalmente todo termina con fuegos artificiales.

MARK: ¡Qué bueno! El día del santo es muy importante también, ¿no?

JUAN: Sí. ¿Recuerdas el anuncio que vimos *(that we saw)* esta mañana?

MARK: Sí. Es el horario para la fiesta de un pueblo que está cerca de aquí, ¿no?

JUAN: Sí. El pueblo normalmente celebra el día de su santo patrón con una gran fiesta. Por la mañana suenan las campanas y hay un desfile muy grande. La semana que viene *(next week)* vamos a ir al pueblo. Yo te muestro *(I will show you)* el pueblo, probamos la comida y bailamos en el concurso de baile. Siempre sueñas con ganar un premio de baile, ¿verdad?

MARK: ¡Ahora bromeas conmigo! ¡Vamos, menos plática y más preparación! ¿No recuerdas que en este momento preparamos una fiesta? Los invitados van a llegar pronto.

JUAN: Bien, pero para tu cumpleaños voy a regalar un vídeo con lecciones de baile.

¿Comprendes?

1. What is Juan supposed to do while Mark prepares the candles? ______________________________

____

2. When are Juan's and Mark's birthdays? With which important holidays do their birthdays coincide?

____

3. What does Juan have planned for Mark next week? ______________________________

____

2. ¡Practiquemos!

Las fechas de los días festivos. Match the following holidays with their respective dates.

______	1. mi cumpleaños	a.	el 16 de septiembre
______	2. el Día de la Independencia de México	b.	el 25 de diciembre
______	3. la Navidad	c.	el 31 de diciembre
______	4. la Noche Vieja	d.	el 4 de julio
______	5. el Año Nuevo	e.	______________
______	6. el Día de la Independencia de los Estados Unidos	f.	el primero de enero

Nombre ______________________ Fecha ______________

3. ¡Escuchemos!

Las fechas de nacimiento. You are leaving Mexico City after living there with a family for a semester. Since you became very close with the family and their friends, you want to keep track of their birthdays and ages. Listen as your host mother gives you the birthdates of various people and write them down.

1. Marta ______________________
2. Jorge ______________________
3. Guillermo ______________________
4. María ______________________
5. Julio ______________________
6. Lelia ______________________
7. Ana ______________________
8. Roberto ______________________

4. ¡Hablemos!

Mi cumpleaños. Imagine that you are spending some time in Mexico and that your Mexican friends are interested in learning about how holidays are celebrated in the U.S. Choose your favorite national holiday and describe why you like it and what you and your family and friends normally do on that day. Be sure to include:

- The date of the holiday
- What you do on that day
- Where you go on that day
- Why it is your favorite holiday
- What activities you do to prepare (decorate, prepare food, etc.)
- With whom you normally spend that holiday

Variation: After you are finished, you may work with a partner to compare and contrast your results.

5. ¡Te toca a ti!

Los preparativos para una fiesta. Working with one or more classmates, imagine that you have to organize a birthday party for a friend in the class. Your friend's birthday is September 12, but he/she will be spending that day with his/her family. You and your partners need to:

- Choose a date/day of the week
- Decide what items you will need
- Discuss buying a present
- Decide where you will have the party
- Decide the tasks each of you will do to prepare
- Decide who you will invite to the party
- Decide what fun activities you will plan for the party

Nota cultural: ¿Sabías que... ?

In Mexico, as in other Hispanic cultures, the population is predominantly Catholic. Catholic celebrations such as saints' days and Holy Week are an extremely important part of popular culture. In addition to their birthdays, people often celebrate their patron saint's day as well. A person's patron saint may be the saint who corresponds to his or her name or the saint whose saint day falls on the person's birthdate. Cities and towns have patron saints and they commonly have large celebrations to celebrate the day of their patron saint. You will learn more about this topic in the reading at the end of this chapter.

Expresiones idiomáticas

cada uno para su santo: *everyone for himself/herself*

Tú no vas a pagar; **cada uno para su santo.** — *You're not going to pay;* ***it's everyone for himself/herself.***

ser un aguafiestas: *to be a party pooper, wet blanket*

No vamos a invitar a Miguel; **es un aguafiestas.** — *We're not going to invite Miguel;* ***he's a party pooper.***

Nombre ______________________________ Fecha ____________________

C. Las vacaciones y las estaciones

Vocabulario

Transparencias: H–3: **El tiempo: El tiempo**; H–4: **El tiempo: El tiempo en España**; H–5: **El tiempo: El tiempo en América Latina**; G–8: **Los pasatiempos: En el lago**; G–9: **Los pasatiempos: En la playa**

Más expresiones del tiempo	***More Weather Expressions***
la bruma	*mist, sea mist, haze*
los centígrados	*centigrade*
está despejado	*it's clear (sky)*
la humedad	*humidity*
está húmedo	*it's humid*
está lloviendo	*it's raining (right now)*
la lluvia	*rain*
está nevando	*it's snowing (right now)*
la niebla/neblina	*fog*
la nieve	*snow*
la nube	*cloud*
hay nubes	*there are clouds*
está nublado	*it's cloudy*
el relámpago	*lightning*
hay tormenta	*it's storming*
tronar (o→ue)	*to thunder*

Verbos y actividades	***Verbs and Activities***
bucear	*to snorkel, deep-sea dive*
el esquí acuático	*waterskiing*
el esquí alpino	*downhill skiing*
esquiar (i→í)	*to ski*
ir de vacaciones	*to go on vacation*
nadar	*to swim*
patinar	*to skate (usually roller skating)*
patinar sobre hielo	*to ice skate*
la piscina	*pool*
practicar un deporte	*to practice a sport (as a habit)*
tomar el sol	*to sunbathe, lie out in the sun*

Verbos como *gustar*	***Verbs Like* gustar**
agradar	*to please*
importar	*to matter, be important*
interesar	*to interest, be interesting*
molestar	*to bother*

1. Diálogo C.

¿Qué tiempo te gusta más? Listen as Mark, the exchange student from the U.S., and his two Mexican friends Ana and Jorge discuss what type of weather they prefer and the activities they enjoy during different seasons.

MARK: Hace un día precioso. El cielo está totalmente despejado; no hay ni una *(not even one)* nube. Es un día perfecto para ir a la playa. ¿Te gusta nadar, Ana?

ANA: Sí, me gusta nadar, pero me encanta hacer el esquí acuático. Por eso siempre voy de vacaciones en el verano y normalmente voy a la playa.

JORGE: A mí no me gusta el esquí acuático porque me molesta el agua. Me gusta más el esquí alpino.

MARK: Ah, entonces no te importa el frío, ¿verdad?

JORGE: No, al contrario *(on the contrary)*. Me agrada mucho la nieve. Es muy bonito ver *(to see)* todo cubierto de blanco *(everything covered in white)*. También me gusta patinar sobre hielo. Yo siempre voy de vacaciones en el invierno y normalmente voy a las montañas.

ANA: ¡Qué horror! No me agrada nada el frío. Me encanta el calor. Me gusta tomar el sol y también bucear. Mark, ¿qué te gusta más, el frío o el calor?

MARK: Bueno, como soy de Vermont, no me importa el frío. Normalmente el clima de aquí, de México, me agrada, pero no me gusta la humedad. A veces la lluvia me molesta un poco. Cuando está lloviendo, normalmente estoy muy triste.

ANA: ¡Qué pena! *(What a shame!)* Me gusta la niebla y también me gustan las tormentas. Normalmente estoy muy contenta cuando truena y hay relámpagos.

JORGE: Entonces te gusta más el verano que el invierno.

ANA: Sí, me gusta la primavera porque hace fresco, pero me encanta el verano cuando hace calor. Me gusta hacer las actividades en la naturaleza.

JORGE: A mí me gusta la naturaleza también y realmente el tiempo no me importa. Me agradan todas las estaciones.

Nombre ______________________ Fecha ______________

MARK: A mí me gusta más el otoño. Normalmente no hay mucha humedad y me gusta mirar y jugar al fútbol.
ANA: Ah, ¿el fútbol o el fútbol americano?
MARK: ¡El fútbol, por supuesto!

¿Comprendes?

1. How does Mark describe today's weather? ______________________
2. Does Ana prefer cold or hot weather? Why? ______________________
3. Does Jorge have a favorite season? ______________________

2. ¡Practiquemos!

¿Qué haces cuando hay tormenta? Imagine that a friend from Mexico is coming to spend a year in the U.S. Your friend is interested in hearing about the climate of your area, as well as what you like to do during each season. For each weather condition listed, indicate which season it would be where you live and which activity you would normally do in that season.

MODELO: En *el invierno* normalmente está nevando y yo *voy a las montañas para hacer el esquí alpino.*

1. En el invierno normalmente hace frío y yo ______________.
2. En el otoño normalmente hace fresco y yo ______________.
3. En la primavera normalmente hay mucha lluvia y yo ______________.
4. En ______________ normalmente hay muchas tormentas y yo ______________.
5. En ______________ normalmente está despejado y yo ______________.
6. En ______________ a veces está húmedo y yo ______________.
7. En ______________ a veces está nublado y yo ______________.
8. En ______________ hace calor y yo ______________.

3. ¡Escuchemos!

Las vacaciones. Listen as Martín describes his ideal vacation. Then decide if the statements that follow are **cierto** or **falso**.

_____ 1. La estación favorita de Martín es la primavera.
_____ 2. A Martín le gusta ir de vacaciones en el mes de julio.
_____ 3. En la playa normalmente está nublado.
_____ 4. La temperatura normalmente está a 35°.
_____ 5. Por la tarde Martín normalmente mira la televisión.
_____ 6. A Martín no le gusta nadar.
_____ 7. Por la noche a veces hay tormentas.
_____ 8. Cuando truena y hay relámpagos Martín normalmente tiene miedo.

4. ¡Hablemos!

Mis vacaciones ideales. Now it is your turn to describe your ideal vacation. Like Martín in the previous listening exercise, describe the following aspects of your ideal vacation:

- Where it would take place
- What season it would be in
- Who would be with you
- What month it would be in
- What activities you would do
- What the weather would be like in the morning, afternoon, and evening

5. ¡Te toca a ti!

Voy de vacaciones. Imagine that you would like to take a vacation but do not know where to go or which activities you would really like to do. In order to get some ideas you visit a travel agency. Work with a partner to complete the following role play. One of you will be the travel agent and the other the client.

The travel agent should:

- Ask what kind of weather the client likes / doesn't like
- Ask what the client's favorite season is
- Ask what the client likes to do
- Suggest a vacation package

The client should:

- Talk about when he/she plans to go on vacation
- Discuss which types of weather he/she prefers
- Explain what activities he/she enjoys
- Discuss which season he/she prefers and why

Nota cultural: ¿Sabías que... ?

When people think of vacationing in Mexico, often such places as Acapulco, Cancún, and Puerto Vallarta come to mind. Mexico, however, like many other countries in Central and South America, has begun to promote "eco-tourism" in its many nature and wildlife reserves. Visitors can still enjoy the lovely beaches that Mexico has to offer, but they can also go bird-watching, study the flora and fauna, and watch for nesting sea turtles. One such reserve is located on the western tip of the Yucatan Peninsula in the Gulf of Mexico, near Merida. The biosphere reserve **Ría Celestun** is a representative zone of an ecosystem that has not been altered by human intervention. It is home to the American flamingo and many species of waterfowl and shorebirds. Mexico has over 25 such biosphere reserves. Mexico, as well as Central and South America, offers many opportunities for the environment-conscious traveler, and eco-tourism is fast becoming the new form of travel for the twenty-first century. You can find more information about the biosphere reserve mentioned here by visiting the web site: **http://spanishforlife.heinle.com**.

Expresiones idiomáticas

llover a cántaros: *to rain cats and dogs*

Hoy no vamos al parque; **está lloviendo a cántaros.** — *Today we are not going to the park;* ***it is raining cats and dogs.***

estar/andar en las nubes: *to be daydreaming, have one's head in the clouds*

Miguel siempre **está en las nubes.** — *Miguel always* ***has his head in the clouds.***

Nombre ______________________ Fecha ______________________

D. Síntesis

■ **¡A leer! El día del santo**

Antes de leer. Working with a partner, take a moment to think about Mexico and its religious traditions. See how many pieces of information you can gather. Then skim the reading below, using the techniques you learned in Chapter 1, and see if you can answer the questions that follow.

LOS DÍAS DE LOS SANTOS

Entre el 90 y 95 por ciento de los habitantes de España y Hispanoamérica es católico, y esto se ve[1] en casi todo aspecto de la sociedad. Las fiestas en honor de los santos, las celebraciones de las pascuas[2] y de la Navidad y la tradición del compadrazgo[3] son algunos ejemplos de la influencia de la religión en la vida cotidiana. Es también muy evidente en el pueblo de Cholula, México, donde hay más de 200 iglesias.

En México, tal como en otros países hispanos, mucha gente celebra los días de sus santos. Para cada día del año, la iglesia católica tiene un santo. Muchas veces, un bebé recibe[4] el nombre de un santo. Luego,[5] en el día de ese[6] santo, hay una celebración muy similar a la fiesta que tienen para un cumpleaños.

[1]**esto se ve:** *this is seen* / [2]**las pascuas:** *Easter* / [3]**del compadrazgo:** *of having godfathers* / [4]**recibe:** *receives* / [5]**Luego:** *Later, Then* / [6]**ese:** *that*

¿Comprendes? In groups of two to three, discuss the questions below.

1. Why do Catholic traditions have such an influence on Hispanic cultures?
2. What are some of the Catholic holidays that are celebrated in Hispanic cultures?
3. Explain the importance of a person's saint day and how it is celebrated.

■ **Expansión de vocabulario: Mapa semántico.** Draw a semantic map to organize the verbs and other vocabulary that you learned in this chapter. Your principle nodes could be "weekend activities," "holidays," "birthdays," and "weather." Organize the map however you like and try to include at least 40 words.

■ **Expansión oral: Nuestros planes.** You and two classmates have decided to take a vacation together. Based on your likes and dislikes, as well as the likes and dislikes of your classmates, decide where you will go and when. Be sure to discuss all of the following information.

Paso 1. Working with your partners, find out about each others' likes and dislikes with regard to the following:

- Activities you like to do on vacation
- What month/season you prefer to go on vacation and why
- If you plan to be on vacation during a special holiday, what you would like to do to celebrate
- Where you would like to go, and what you would like to visit there

Paso 2. After the three of you have come to a decision, write a short paragraph describing your vacation plans and present this information to the class. The class will then vote on the most exciting and creative "vacation package."

■ **Traducciones: Una entrevista en México.** John is a social worker interested in learning about Mexican culture, specifically what people do during their free time and vacations. Today John has asked you to interpret for him as he interviews María.

JOHN: Hello, María, pleased to meet you.

TÚ *(en español)*: hola Maria. igualmente

Nombre ______________________ Fecha ______________

John: What do you normally like to do on the weekends?

Tú *(en español):* Normalmente Que te gustas hacer los fines de semana?

María: Me gusta ir a la playa, tomar el sol y hacer el esquí acuático.

Tú *(en inglés):* I like to go to the beach, sunbathe & waterski

John: How does your town celebrate its patron saint's day?

Tú *(en español):* Como celebrar tu pueblo el dia de su santo?

María: Normalmente hay una misa por la mañana, por la tarde hay un concurso de baile y un desfile y por la noche hay fuegos artificiales.

Tú *(en inglés):* Usually there's morning mass, afternoon dance contest, and parade and there's fireworks @ night.

John: Thank you very much.

Tú *(en español):* Muchos gracias.

María: De nada. Hasta luego.

■ **Enlace cultural: Una visita a México.** Imagine that you would like to take a trip to Mexico. You must decide where you would like to go and what you would like to do. You will use the Internet to find possible vacation locations. You can then plan your ideal vacation based on the weather and activities you find for various places in Mexico.

Begin by going to the site **http://spanishforlife.heinle.com**. You may also use a search engine in Spanish such as: **http://espanol.yahoo.com**.

Paso 1. Search for places that may interest you and that have activities you would like to do. Be sure to find out what the weather tends to be like during the season you prefer for your trip.

Paso 2. List three places that interest you the most and include the relevant information listed below:

Ciudad/Pueblo	*Posibles actividades*	*Tiempo*	*Otra información (días festivos, santo patrón, ferias)*

Paso 3. Share your findings with a partner and explain where you have decided to go and why.

■ **¡Hablemos mejor!**

Diphthongs. When either of the weak vowels (**i**, **u**) is not accented and is combined with one of the strong vowels (**a**, **e**, or **o**), a diphthong is formed; that is, the two vowels work together to form a single syllable. A diphthong can also be formed when both weak vowels are combined (**iu** or **ui**). Native-sounding Spanish is careful *not* to separate the vowels of a diphthong. First, listen to the portion of the tape that corresponds to this section. Then, when the words are read a second time, repeat them, being careful to pronounce the diphthongs as closely to the native speaker's model as possible.

ia: gracias estudiante
ie: bien tienes
io: adiós nervioso
iu: ciudad viudo
ua: cuarenta cuando
ue: bueno nueve

ai: baile aire
ei: veinte seis
oi: boina oiga
ui: Luis fui
au: chau causa

Nombre ______________________ Fecha ______________

Diversión, trabajo y aprendizaje: La República Dominicana

In this chapter you will learn:

COMMUNICATIVE FUNCTIONS
- Discuss pastimes and entertainment
- Talk about what you do at certain times of the day
- Invite friends to do activities with you

VOCABULARY
- Hobbies
- Subjects of interest
- Time vocabulary
- Phrases to invite / accept an invitation / reject an invitation

Transparencies: A–3: **Los mapas: El Caribe**; A–11: **Los mapas:** Country Profile, **La República Dominicana**

A. El tiempo libre: La diversión

Vocabulario

Transparency G–5: **Los pasatiempos: Pasatiempos**

Verbos y pasatiempos	***Verbs and Pastimes/Hobbies***
apetecer (*like* gustar)	*to appeal to*
aprender cosas nuevas	*to learn new things*
cantar	*to sing*
cazar	*to hunt*
cocinar	*to cook*
coleccionar estampillas, muebles antiguos, etc.	*to collect stamps, antique furniture, etc.*
coser	*to sew*
dibujar	*to draw*
escribir/leer cuentos, novelas	*to write/read short stories, novels*
explorar	*to explore*
hacer ejercicio aeróbico	*to do aerobic exercise*
hacer un viaje	*to take a trip*
investigar	*to investigate / do research*
ir de excursión	*to go on an excursion*

Nombre ______________________________ Fecha ________________

Verbos y pasatiempos	***Verbs and Pastimes/Hobbies***
levantar pesas	*to lift weights*
pasarlo bien	*to have a good time*
pintar	*to paint*
salir con amigos	*to go out with friends*
tocar un instrumento (el violín, la guitarra eléctrica, el bajo, la flauta, la batería)	*to play an instrument (the violin, electric guitar, bass, flute, percussion)*
tomar clases de (baile, arte, idiomas)	*to take (dance, art, language) classes*
tomar fotos (la fotografía)	*to take photos (photography)*
viajar	*to travel*

Temas de interés	***Themes of Interest***
la arquitectura	*architecture*
el arte	*art*
la astronomía	*astronomy*
la ciencia	*science*
la escultura	*sculpture*
la filosofía	*philosophy*
la geografía	*geography*
la historia	*history*
el medio ambiente	*environment*
la mitología	*mythology*
la novela (de ciencia ficción, policíaca)	*(science fiction, detective) novel*
la película (de acción, de horror, cómica, de suspenso)	*(action, horror, comedy, suspense) movie*
la pintura	*painting*
la poesía	*poetry*
la política (internacional)	*(international) politics*

1. Diálogo A.

El tiempo libre. Juana and Ángela are discussing what they like to do in their free time. Listen to their conversation and then answer the questions that follow.

JUANA: Ángela, ¿qué te gusta hacer en tu tiempo libre?

ÁNGELA: A mí me encanta aprender cosas nuevas. Ahora tomo clases de baile y también leo muchas novelas de ciencia ficción.

JUANA: ¿Te gusta la ciencia ficción?

ÁNGELA: Sí, me gustan también las películas de suspenso y misterio.

JUANA: A mí no me gusta la ciencia ficción. Cuando tengo tiempo libre me gusta pintar y dibujar.

ÁNGELA: Ah, eres muy artística y creativa entonces. Yo no soy nada artística; me gusta más hacer actividades activas como, por ejemplo, levantar pesas, hacer ejercicio aeróbico y explorar la naturaleza. Creo que viene de familia. Mis hermanos también son muy activos: les gusta mucho cazar e ir de excursión.

JUANA: A mí no me gusta hacer cosas muy activas. En cambio, me encantan las actividades sedentarias y tranquilas. Me gusta coser y coleccionar estampillas. Me gusta también la música; toco el violín y la flauta.

ÁNGELA: ¡Qué interesante! Entonces, te gusta viajar, visitar museos de arte y escuchar grupos de música, ¿verdad?

JUANA: Sí, me encanta viajar. Cuando viajo siempre tomo muchas fotos. Me gusta también investigar la historia, la geografía y la arquitectura de países diferentes.

Nombre ______________________ Fecha ______________

Ángela: Ah, a mí también me gusta viajar. Tenemos (To have) algo en común.

Juana: Sí. ¡Qué bien! ¡Tenemos que viajar juntas! El mes que viene, voy a hacer un viaje a la ciudad de Santo Domingo. ¿Te gustaría venir?

Ángela: Sí, excelente. Debemos ir a ver un partido de béisbol, bailar el merengue e ir de excursión en los parques nacionales. ¡Vamos a pasarlo bien!

Juana: Sí, pero antes de ir debemos investigar la geografía, el clima y la política de la República Dominicana.

Ángela: Sí, buena idea. Vamos a la biblioteca para coleccionar información.

¿Comprendes?

1. What types of things does Ángela like to do in her free time? ______________________
2. What does Juana like to do in her free time? ______________________
3. What do the two of them decide to do together and what preparations do they need to make? Viajar juntas

2. ¡Practiquemos!

Las asociaciones. Match each of the following statements to the word or sentence that most logically follows the statement.

G	1. Me encanta el arte.	a. Hago muchos viajes internacionales.
A	2. Me gusta ir de excursión en países diferentes.	b. Me gustan las películas de acción.
D	3. Leo muchas novelas.	c. Tomo una clase de filosofía.
B	4. Voy frecuentemente al cine.	d. Me encantan las de ciencia ficción.
E	5. A mi amiga le gusta bailar y cantar.	e. Le encanta la música.
F	6. Me encantan las actividades activas.	f. Hago ejercicio aeróbico frecuentemente.
C	7. Me gusta aprender cosas nuevas.	g. Pinto y dibujo mucho.

3. ¡Escuchemos!

La librería fantástica. Listen to the following advertisement for **La librería fantástica**. What kinds of books can you find there? Mark the subjects from the list below that are mentioned in the advertisement.

✓ geografía	___ astronomía	✓ historia	___ música
✓ viajes	✓ pintura	___ mitología	___ medio ambiente
___ arquitectura	✓ fotografía	___ poesía	✓ novelas de ciencia ficción

4. ¡Hablemos!

Una semana de vacaciones. Imagine that you have to convince a friend from the Dominican Republic to spend a week with you in your town or city. Describe the activities that you normally do during the week. Be sure to include:

- Activities that you like to do (include active things as well as more sedentary activities)
- Places that you like to go

Nombre ______________________ Fecha ______________

- Types of museums in your town/city (for example: Is there a **Museo de ciencia** or a **Museo de arte?**)
- Your favorite hobbies
- Classes you are taking and the interesting subjects you are learning about

5. ¡Te toca a ti!

¿Qué te gusta hacer en tu tiempo libre? Interview a classmate about his/her favorite hobby. Find out the following information:

- What would he/she like to do in his/her free time?
- Where would he/she usually do this activity and with whom?
- Does he/she have other pastimes and what are they?
- Does he/she prefer active or sedentary/tranquil activities?

Nota cultural: ¿Sabías que... ?

Although it is becoming more common to find commercial gymnasiums in Hispanic countries, people generally get their exercise by walking. With the exception of some large cities, it is uncommon to find people jogging in the street. If you are visiting a Hispanic country and are interested in jogging or running, be sure to find out where people tend to do this (for example, in a park or on the beach) and the appropriate clothing to wear.

Expresiones idiomáticas

un viaje relámpago: *a quick visit, a lightning fast trip*

No tengo mucho tiempo para hacer turismo; es sólo **un viaje relámpago.**	*I don't have a lot of time for tourism; it's just* ***a quick trip.***

tomar algo con filosofía: *to take something with a grain of salt*

Debes **tomar sus consejos con filosofía.**	*You should* ***take his advice with a grain of salt.***

B. La rutina diaria: El trabajo

Vocabulario

Transparency H-2: **El tiempo: La hora y la temperatura**

Más vocabulario de la hora	***More Time Vocabulary***
antes de	*before*
desde la/las ______ hasta la/las ______	*from ______ (time) to ______ (time)*
el despertador	*alarm clock*
después de	*after*
entre la una (las dos, etc.) y las tres (las cuatro, etc.)	*between one o'clock (two o'clock, etc.) and three o'clock (four o'clock, etc.)*
el insomnio	*insomnia*
llegar a la hora / a tiempo	*to arrive on time*
llevar reloj	*to have / be wearing a watch*
la madrugada	*dawn, daybreak, early morning*
el/la madrugador(a)	*early riser, early bird*

madrugar	*to get up early*
el reloj	*watch, clock*
Son las dos en punto.	*It's two o'clock on the dot.*
tarde	*late*
temprano	*early*
toda la mañana/tarde/noche	*all morning/afternoon/evening (night)*
todas las mañanas/tardes/noches	*every morning/afternoon/evening (night)*
todo el día	*all day*
el/la trasnochador(a)	*night owl*
trasnochar	*to stay up/out all night*
La rutina diaria típica	***The Typical Daily Routine***
almorzar (o→ue)	*to eat lunch*
asistir a clase	*to go to class*
cenar	*to eat dinner/supper*
desayunar	*to have/eat breakfast*
ir a la cama	*to go to bed*
ir al gimnasio	*to go to the gym*
ir al trabajo	*to go to work*
regresar de la escuela / universidad / del trabajo	*to return from school / the university / work*

1. Diálogo B.

No soy madrugador. Listen as Luis meets his friend Carlos early in the morning and tells him about a problem he is having.

LUIS: Hola, Carlos. ¿Adónde vas tan temprano?
CARLOS: ¡Hola, Luis! Voy al gimnasio, ¿y tú?
LUIS: Voy al trabajo.
CARLOS: Ah, ¿te gusta tu trabajo?
LUIS: Sí, pero estoy muy cansado.
CARLOS: ¿Por qué estás tan cansado?
LUIS: Mi trabajo empieza a las siete de la mañana y yo no soy madrugador.
CARLOS: Ah, ¿de veras? A mí me encanta madrugar. Yo desayuno todos los días a las seis de la mañana.
LUIS: ¡Qué horror! Para mí es muy difícil madrugar. ¡Es horrible! Tengo que desayunar cuando llego a la oficina porque en casa no tengo tiempo. El despertador suena a las seis pero no salgo de la cama hasta las seis y media. Normalmente voy directamente al trabajo sin desayunar.
CARLOS: ¿A qué hora vas a la cama normalmente? ¿Eres trasnochador?
LUIS: Bueno, depende. Normalmente voy a la cama a las dos. No me gusta trasnochar pero siempre tengo insomnio.
CARLOS: Ah, allí está el problema.
LUIS: Sí, pero ¿qué debo hacer?
CARLOS: Bueno, ¿conoces al doctor García?
LUIS: No, ¿por qué?
CARLOS: El doctor García es especialista y sabe mucho del insomnio. Debes pasar por su oficina. Yo sé que él ayuda *(helps)* a muchas personas.
LUIS: Buena idea. Mañana voy a ver al doctor García. Oye, ¿te apetece salir conmigo este fin de semana? ¿Vamos a una discoteca o al cine?
CARLOS: Sí, pero tienes que recordar que yo no soy trasnochador.

Nombre ______________________ Fecha ______________

Luis: Sí, sí, vamos a regresar a casa temprano. Por cierto *(By the way)*, ¿llevas reloj? ¿Qué hora es?
Carlos: Son las siete menos cinco.
Luis: ¡Qué horror! ¡Tengo que ir! Debo llegar al trabajo a las siete en punto. ¡Ya voy a llegar tarde!

¿Comprendes?

1. Why is Luis so tired? ______________________
2. How does Carlos say that he likes to get up early? madrugar ______________________
3. Why does Luis rush off at the end of the dialogue? ______________________

2. ¡Practiquemos!

La rutina de Miguelito. You are caring for your friend's six-year-old son, Miguelito, for several days. Your friend has left you a list of what Miguelito should do at various times of the day but Miguelito has torn up the half of the list that states the time he is to do each activity. You must match his activities (which are in chronological order) to the times he is supposed to do them.

F	1. desayunar	a. a las cuatro de la tarde
D	2. ir a la escuela	b. a las ocho de la tarde
C	3. regresar de la escuela	c. a las tres de la tarde
A	4. jugar en el parque	d. a las nueve menos cuarto de la mañana
B	5. cenar eat dinner	e. a las once de la noche
E	6. ir a la cama	f. a las ocho de la mañana

3. ¡Escuchemos!

La rutina de Ana. Listen as Ana describes her daily routine. Then answer the questions that follow.

1. ¿Madruga Ana normalmente entre semana? ______________________
get up early
2. ¿A qué hora desayuna Ana? 7 ______________________
3. ¿Qué hace Ana entre las ocho y las nueve y media de la mañana? Studio ______________________
4. ¿A qué hora va Ana a la universidad? 10 ______________________
5. ¿Con quién almuerza Ana? ______________________
6. ¿Qué hace Ana después de almorzar? biblioteca ______________________
7. ¿A qué hora regresa (return) Ana de la universidad? a la seis ______________________
8. ¿Es Ana madrugadora durante los fines de semana? ______________________

 4. **¡Hablemos!**

Mi rutina diaria. Using Ana's model in the previous listening exercise, describe your daily routine. Be sure to include:

- At what times you do certain things
- Whether or not you do certain things every day or only on certain days
- Who you see / do things with on a daily basis
- If your routine is different on the weekends

⇄ 5. **¡Te toca a ti!**

Una encuesta: la rutina diaria de mis compañeros de clase. You have been enlisted by a local newspaper to do a survey about the daily routines of people in your class. You will need to interview at least three students and then compare their answers to find out at what time of day people typically do certain activities.

Paso 1. Decide which activities/ideas you want to include in your survey. Limit yourself to three or four, but remember that you have to interview at least three students.

Paso 2. Create the questions you will need for the interview based on the activities/ideas you have chosen.

MODELOS: *¿A qué hora vas a la universidad los lunes?*
¿Madrugas durante los fines de semana?

Paso 3. Interview your subjects and compile the information. After you have finished, summarize the information and present it to the class as the "average" student's daily routine **(la rutina del estudiante típico)**.

Nota cultural: ¿Sabías que... ?

In most Hispanic cultures, weekend evening activities tend to begin later than in the U.S. People often eat a late dinner and may not go out to a bar or discotheque until 11:00 P.M. or midnight. People often **trasnochan** as discotheques tend to stay open until past 4:00 A.M. In addition, show times for movies and theater events are later in the evening than in the U.S. Also, as you learned in your main text, official schedules for entertainment (movies, theater, etc.) use the 24-hour clock.

Expresiones idiomáticas

Éstas no son horas de (hacer algo): This is no time to (do something).

Son las cuatro de la mañana; **éstas no son horas de llamar por teléfono.**	*It's four o'clock in the morning;* ***this is no time to make a telephone call.***

Más vale tarde que nunca: Better late than never.

Por fin llegas. Bueno, **más vale tarde que nunca.**	*Finally, you arrive. Well,* ***better late than never.***

Nombre ______________________________ Fecha ____________________

C. Unas invitaciones a aprender y pasarlo bien

❖ Vocabulario

Expresiones para invitar (similares a *te gustaría*)	***Expressions to Invite (Similar to* te gustaría)**
¿Te agradaría?	*Would it be appealing to you?*
¿Te importaría?	*Would you mind?*
¿Te interesaría?	*Would it interest you?*
¿Te molestaría?	*Would it bother you?*

Las excusas	***Excuses***
Debo...	*I should . . .*
Es imposible.	*It's impossible.*
Lo siento.	*I'm sorry.*
Mi horario no me lo permite.	*My schedule doesn't permit it.*
No puedo.	*I can't.*
¡Qué pena!	*What a shame!*
¿Te gustaría aprender?	*Would you like to learn?*
Tengo mil cosas que hacer.	*I have a million things to do.*
Tengo que...	*I have to . . .*

Los idiomas / Las lenguas	***Languages***
el alemán	*German*
el chino	*Chinese*
el francés	*French*
el italiano	*Italian*
el japonés	*Japanese*
el ruso	*Russian*

Las ciencias	***Sciences***
la biología	*biology*
la física	*physics*
la psicología	*psychology*
la química	*chemistry*

Otras materias	***Other Subjects***
la administración de empresas	*business administration*
las matemáticas	*mathematics*
el periodismo	*journalism*

1. Diálogo C.

Los cursos del verano. Listen as Marta and Juan get ready to plan their summer schedules. They have decided that this summer they will take fun courses that interest them outside of their field.

JUAN: ¿Te interesaría aprender otro idioma?
MARTA: Sí, a mí me agradaría saber hablar japonés.
JUAN: No me molestaría saber hablar japonés, porque algún día *(some day)* me encantaría viajar a Japón. Pero para mí es imposible tomar la clase de japonés. Mi horario no me lo permite.
MARTA: ¡Qué pena! ¿Te interesaría tomar la clase de chino entonces?
JUAN: No puedo. Voy a tomar la clase de matemáticas y las dos clases son a la misma hora.
MARTA: Ah. Yo también voy a tomar la clase de matemáticas. ¿Conoces al profesor? ¿Es simpático?
JUAN: No, yo no conozco al profesor, pero sé que es una clase interesante. Muchos estudiantes toman la clase.
MARTA: Ah, bien. ¿Piensas tomar una clase de ciencias, también?
JUAN: No me molestaría pero no puedo. Debo tomar la clase de periodismo.
MARTA: Buena idea. A mí también me interesaría tomar la clase de periodismo. ¿Sabes a qué hora empieza?
JUAN: Empieza a las once de la mañana.
MARTA: ¿Sí? ¡Qué pena! No puedo.
JUAN: ¿Por qué no?
MARTA: Porque durante el verano voy a trabajar por las mañanas en la oficina de mi padre. Cuando trabajo con él siempre tengo muchas cosas que hacer y no puedo salir temprano de la oficina.
JUAN: Yo debo trabajar durante el verano también. Vamos a tener un verano muy ocupado pero muy interesante.
MARTA: Sí, un poco de trabajo, un poco de aprendizaje y por supuesto un poco de diversión en la playa.

Nombre ______________________ Fecha ______________

¿Comprendes?

1. Why can't Juan take the Japanese class? ______________________
2. Which class are Juan and Marta going to take together? ______________________
3. What three elements will fill their summer, according to Marta? ______________________

2. ¡Practiquemos!

¿Cómo responderías? Imagine that you are being interviewed by a college that is in the process of projecting course enrollment. The interviewer wants to know if you are interested in taking the following courses in the coming semester. How do you respond? Answer negatively to at least two of the sentences.

1. ¿Te interesaría tomar una clase de chino a las ocho de la mañana los lunes, miércoles y viernes? ______________________
2. ¿Te agradecería una clase de química los miércoles por la tarde? ______________________
3. ¿Te gustaría aprender un idioma nuevo? ¿Cuál te interesaría más y por qué? ______________________
4. ¿Te molestaría tomar una clase de ciencias naturales durante el fin de semana? ______________________
5. ¿Te importaría tomar un curso de administración de empresas los martes y jueves por la noche? ______________________

3. ¡Escuchemos!

¿Te gustaría conocer el extranjero? Listen as Ana, a student from the Dominican Republic, and her academic advisor, Professor García, discuss Ana's plans to study abroad. Then, listen a second time and fill in the blanks in their conversation. **¡Ojo!** Pay attention to the different meanings of **saber** and **conocer**, which you learned in your main text.

PROFESORA GARCÍA: ¿Ana, ______________ estudiar en el extranjero?

ANA: Sí, ______________ pero no ______________ dónde.

PROFESORA GARCÍA: ¿______________ hablar ______________?

ANA: No. Yo ______________ París pero no ______________ hablar francés.

PROFESORA GARCÍA: ¿______________ estudiar en Francia?

ANA: No. ______________ estar tan lejos de mi familia.

PROFESORA GARCÍA: Bueno. A ver, ¿______________ hablar inglés?

ANA: Sí, un poco, pero no ______________ los Estados Unidos.

PROFESORA GARCÍA: Ah, entonces ______________ estudiar en los Estados Unidos

ANA: Sí, ______________.

 **4. ¡Hablemos!**

Un(a) estudiante extranjero(a). Imagine that you are studying abroad and want to find a native speaker with whom you can practice your Spanish. The Office of International Students has a service that helps students arrange these types of **intercambios**. You need to call the service and leave a message about your interests so that you can be matched with someone who has interests similar to your own. What would you tell them about yourself, your interests, and your hobbies? Create a short speech of five to six sentences that you can leave on the message.

Variation: Work with a group of five to six classmates. Each will present their "message" one at a time while the others take notes. When everyone has finished, each person will make matches for possible **intercambios** within the group. Does everyone in the group come to the same conclusions? Why or why not?

⇄ **5. ¡Te toca a ti!**

¿Qué te gustaría estudiar? Many students have difficulty choosing their courses and often seek the advice of an academic advisor. Work with a partner to create a situation similar to that of Ana and Professor García in the dialogue above. In this case, however, the student is seeking advice about what courses to take the following semester. One of you will be a young student who has not yet decided on a major, and the other, an academic advisor.

The advisor should:

Find out about the student's interests, hobbies, likes and dislikes, and then recommend at least four classes

The student should:

Answer the advisor's questions, suggest what he/she might like to study, and agree or disagree with the advisor's recommendations

Nota cultural: ¿Sabías que... ?

Skipping classes at a university level is quite common in Hispanic cultures. As you learned in an earlier **Nota cultural,** grades are usually based on final exams. For this reason it is not uncommon for students to skip class and get copies of course notes from a classmate. Classes are often quite large and professors usually do not take attendance.

In Hispanic cultures, young people generally live with their parents until they have finished their university studies. Unless a student attends a university that requires him/her to live in another city, young adults will often live with their parents until they find a job and are financially stable and/or get married.

Expresiones idiomáticas

saber algo de memoria: *to know something by heart/memory*

No tengo que estudiar el vocabulario. Sé todas las palabras **de memoria**.	*I don't have to study the vocabulary.* ***I know*** *all the words* ***by heart****.*

saber algo de sobra: *to know something only too well*

Miguel **sabe de sobra** que tenemos un examen mañana.	*Miguel* ***knows only too well (is well aware)*** *that we have an exam tomorrow.*

Nombre ______________________ Fecha ______________

D. Síntesis

■ **¡A leer! Un concierto**

Antes de leer. Take a moment to consider what you learned in your main text about the Dominican Republic and its culture. What pastimes, types of music, and famous people were mentioned? Working with a partner, see how many pieces of information you know/remember. Then look at the heading and title of the article below and see if you can guess what type of article it is. Then skim the reading, using the techniques you learned in Chapter 1, and see if you can answer the questions that follow.

MÚSICA: Conciertos del fin de semana

¿Quién? Juan Luis Guerra
¿Cuándo? Sábado a las 20h
¿Dónde? Parque Nacional

EL MÚSICO DEL PUEBLO

Sabemos de sobra que en la República Dominicana la música es una parte muy importante de nuestra cultura. Bailar merengue y escuchar música es un pasatiempo favorito de la gente. Uno de los músicos y artistas más importantes es Juan Luis Guerra. Juan Luis Guerra se considera como[1] poeta del pueblo. Este músico hace mucho para avanzar el merengue en todo el mundo. Como muchos dominicanos, Juan, de joven[2] aspiraba[3] a jugar al béisbol (su papá fue[4] pelotero[5] profesional). Pero en la vida de Juan Luis la música es más importante que el béisbol. Como adulto, va a la famosa Berklee College of Music en Massachusetts. Y hoy en día tiene fama mundial. Una de sus canciones más populares es «Ojalá que[6] llueva café». Venga Ud. a escucharle en vivo[7] este sábado.

[1]**se considera como:** *is considered* / [2]**de joven:** *as a young boy* / [3]**aspiraba:** *aspired* / [4]**fue:** *was* / [5]**pelotero:** *ballplayer* / [6]**Ojalá que:** *If only it would* / [7]**Venga Ud. a escucharle en vivo:** *Come hear him live*

¿Comprendes? In groups of two or three, discuss the questions below.

1. What did Juan Luis Guerra want to do when he was a child and why?
2. What is the important contribution that this artist has made to music?
3. From the context of the reading, can you figure out the English word for **músico**?

■ **Expansión de vocabulario: Mapa semántico.** Draw a semantic map to organize the verbs and other vocabulary that you learned in this chapter. You could start with **La rutina diaria** and your principle nodes could be **Pasatiempos y diversión**, **Aprendizaje**, and **Trabajo**. You could then add different sub-nodes. A sub-node of **Trabajo** could be words and expressions that have to do with time (as a means of organizing your typical workday). Organize the map however you like and try to include at least 45 words.

■ **Expansión oral: ¿Qué vamos a hacer?** Working with a partner, imagine what type of dialogue would take place between the two of you in the following situations:

- A friend invites the other to do a favorite activity this weekend: see a baseball game, go to a movie or a dance, go to the gym, eat out, etc.
- A boss asks his/her employee what time his/her classes are this semester in order to plan the work schedule.
- A person calls a movie theater to find out what movies are showing and when. The cinema worker should invent a title for each movie and a description of what type of movie it is.
- A professor asks his/her student what he/she plans to do during Spring Break.

Nombre ______________________ Fecha ______________

Traducciones: Una entrevista. Imagine that you are working for a television station in the Dominican Republic. The station you are working for wants to run an interview between Jay Leno and Sammy Sosa that was originally broadcast in the U.S. Your job is to provide subtitles in Spanish for this interview.

LENO: What activities do you like to do when you don't play baseball?

____

SOSA: I like to do many different things. I like to learn new things a lot. For example, the environment is very important to me.

____

LENO: Nature interests you a lot, right? Which do you like more: active or tranquil pastimes?

____

SOSA: For me, all pastimes are important. For example, I like to go on excursions but I also love to go to the cinema and to read novels.

____

LENO: What types of movies and novels do you like?

____

SOSA: I like suspense films and science fiction novels.

____

LENO: Very interesting! Thanks for coming, Sammy.

____

SOSA: You're welcome, Jay. Thanks for inviting me.

____

Enlace cultural: Nuestro itinerario. Imagine that you and a friend are planning a trip to the Dominican Republic. Work with a partner to find information about the Dominican Republic on the Internet. You may start by visiting the web site **http://spanishforlife.heinle.com**. You may also use a search engine in Spanish such as **http://espanol.yahoo.com**.

You and your partner should find and discuss the following information:

- Possible cities you would like to visit and why
- Activities you would like to do in these cities
- Types of museums you might visit in these cities
- Subjects/Themes of interest you would like to investigate before you go
- Cultural themes that interest you: **el baile**, **el arte**, **la música**, etc.

¡Hablemos mejor!

The letters *n* and *ñ*. In Spanish it is very important to distinguish between the letter **n** and the letter **ñ**. The mark above the **n** is called the *tilde*. The **ñ**, however, is not just an **n** with a funny accent mark—it is a separate letter of the alphabet. Correct pronunciation of the **ñ** is important to distinguish it from the regular **n**. In many cases, failing to correctly pronounce the **ñ** changes the meaning of what you are trying to say.

The **ñ** is an easy sound to make—it is like the **ny** combination found in the English word *canyon*. Listen to the following examples, paying careful attention to the **ñ** as it is pronounced in each word. Then listen again, repeating each of the items along with the tape. Be sure to look up the meanings of any words you do not know.

cumpleaños mañana España otoño puertorriqueño panameño señor señora cuñado

Nombre ______________________ Fecha ______________

¡Buen provecho! En Puerto Rico

In this chapter you will learn:

COMMUNICATIVE FUNCTIONS

- Order food in a restaurant
- Dine at a friend's house
- Go shopping in a market
- Discuss food preferences

VOCABULARY

- Food ordering phrases
- Drinks and dishes
- Objects on the table and courtesy phrases at the table
- Meals
- Fruits, vegetables, and other market vocabulary

 Transparency A–10: Country Profile, **Puerto Rico**

A. En un restaurante

❖ Vocabulario

Transparencias: B–1: **Bebidas calientes y frías**; B–2: **El desayuno y la merienda**; N–1: **Menú: Restaurante La Barraca**; N–3: **En un restaurante**; N–5: **La Guía del ocio**

Para pedir	***Ordering***
algo más	*anything else*
el/la cliente	*customer*
el/la cocinero(a)	*cook, chef*
la cuenta	*check*
me gustaría... / quisiera...	*I would like . . .*
el menú / la carta	*menu*
una mesa para (dos, tres, etc.)	*table for (two, three, etc.)*
el/la mesero(a)	*waiter/waitress*
para empezar (e→ie)	*to start*
pensar + *inf.* (e→ie)	*to plan to, be going to (do something)*
preferir (e→ie)	*to prefer*
la propina	*tip*
recomendar (e→ie)	*to recommend*
la reservación	*reservation*
tomar	*to drink, eat*

Nombre ______________________ Fecha ______________

Las bebidas	Drinks
el agua de frutas	*fruit-flavored water*
un café	*coffee*
cargado	*strong*
con cafeína	*with caffeine*
descafeinado	*decaffeinated*
la cerveza	*beer*
el jugo de naranja	*orange juice*
el licor fuerte	*hard alcohol*
la limonada	*lemonade*

Los platos	Dishes
el arroz con habichuelas	*rice and beans*
el arroz con pollo	*chicken with rice*
el asado de puerco	*pork roast*
el bacalao	*cod*
los camarones	*shrimp*
el guiso de carne de res	*beef stew*
la langosta	*lobster*
los mariscos	*seafood*
las papas a la francesa	*french fries*
los tostones	*fried plantains*

Los postres	Desserts
el arroz con leche	*rice pudding*
el bizcocho	*cake (in Puerto Rico)*
el pastel/pai	*pie*

1. Diálogo A.

En un restaurante. Juan y María almuerzan en un restaurante. Escucha su diálogo.

MESERO: Hola, buenas tardes.
JUAN: Hola, una mesa para dos, por favor.
MESERO: Aquí tienen su mesa. ¿Quieren algo para empezar? ¿Unas bebidas, por ejemplo?
MARÍA: Quisiera una limonada, por favor.
JUAN: Y a mí me gustaría un jugo de naranja.
MESERO: Muy bien. *(Waiter leaves and returns with the drinks.)* Aquí tienen las bebidas. ¿Qué van a pedir?
JUAN: ¿Qué recomienda Ud.?
MESERO: Bueno, el cocinero recomienda el bacalao; está muy rico hoy y también tenemos un plato especial con una variedad de mariscos.
MARÍA: No me gusta el pescado. Pienso tomar arroz con pollo.
JUAN: Y para mí, arroz con habichuelas y tostones.
MESERO: Muy bien, ¿y de postre?
MARÍA: Yo quisiera un arroz con leche y un café descafeinado.
JUAN: Me gustaría el bizcocho y un café, con cafeína. *(Waiter leaves and returns with food. When Juan and María are finished eating the waiter stops by.)*
MESERO: ¿Necesitan algo más?
MARÍA: No, gracias. La cuenta, por favor.

¿Comprendes?

1. ¿Cómo pide Juan una mesa? Una mesa para dos
2. ¿Qué recomienda el mesero? Bacalao, variedad de mariscos
3. ¿Piden Juan y María un plato que recomienda el mesero? ¿Por qué sí o no? No gusta el pescado. ⇒ No le gusta
4. ¿Qué piden para tomar con sus postres? un cafe

Nombre ______________________________ Fecha ________________

2. ¡Practiquemos!

¿Para beber? ¿Qué bebidas prefieres pedir con los siguientes platos?

Las papas a la francesa ____________ El arroz con pollo ____________

El bizcocho de chocolate ____________ Los camarones ____________

El asado de puerco ____________ El pescado ____________

El guiso de carne de res ____________ El arroz con habichuelas ____________

3. ¡Escuchemos!

Mi comida preferida. Escucha mientras tu amiga Marta habla de la comida que más prefiere. Decide si las frases a continuación son ciertas (C) o falsas (F).

_____ 1. Marta normalmente prefiere comer en su casa.

_____ 2. A Marta le gustan mucho los mariscos.

_____ 3. Marta piensa que el pescado de Puerto Rico no es muy bueno.

_____ 4. Marta nunca quiere comer postre.

_____ 5. A Marta no le gusta el bizcocho.

_____ 6. A Marta le gusta empezar con una limonada.

_____ 7. Marta siempre quiere tomar café con el postre.

_____ 8. Marta piensa que la cerveza y el licor fuerte son buenísimos.

4. ¡Hablemos!

Mis preferencias. Ahora, según el modelo de Marta, tú vas a hablar de los tipos de comida que prefieres comer en un restaurante.

- ¿Prefieres comer en su casa o en un restaurante?
- ¿Cuál es tu restaurante favorito? ¿Qué tipo de comida sirven? ¿Qué pides normalmente?
- ¿Piensas que el pescado y los mariscos son buenos?
- ¿Qué bebida te gusta tomar para empezar?
- ¿Cuáles son tus platos favoritos?
- ¿Prefieres el té o el café? ¿Normalmente pides café (té) con cafeína o descafeinado?
- ¿Cuál es tu postre favorito?
- ¿ ?

5. ¡Te toca a ti!

En el restaurante. Trabaja con un(a) compañero(a) de clase para realizar un diálogo entre un(a) mesero(a) y un(a) cliente de un restaurante. Es necesario incluir la siguiente información:

El/La cliente debe:

- Pedir una mesa
- Pedir recomendaciones del / de la mesero(a)
- Pedir una bebida, un plato y un postre
- Pedir la cuenta

Nombre ____________________ Fecha ____________________

El/La mesero(a) debe:

- Pedir las preferencias del / de la cliente (carne o pescado, etc.)
- Recomendar algún plato específico
- Tomar la pedida *(Take the order)*
- Preguntar al / a la cliente si quiere algo más

Nota cultural: ¿Sabías que... ?

- In general, people in the Hispanic world eat their large meal at mid-afternoon, usually between two and four. Dinner, **la cena**, is usually light and eaten in the late evening. Breakfast varies by region, but often consists of sweet bread or pastries and coffee. In Puerto Rico, however, mealtimes are similar to those in the U.S. Lunch is eaten between noon and one in the afternoon and dinner, around six in the evening.
- In restaurants in Hispanic countries it is usually necessary to ask for the bill, **la cuenta**. A server bringing the bill without being asked is considered rude, as pressuring customers to leave quickly.
- **Invitar** has a special connotation in Spanish. If someone "invites" you for a drink or a meal, it usually means that he/she will pay.

Expresiones idiomáticas

comer con los ojos: *to have eyes bigger than one's stomach*

Pides mucho, Mario. ¡Pienso que **comes con los ojos!** — *You're ordering a lot, Mario. I think* ***your eyes are bigger than your stomach!***

tener una hambre canina: *to be very hungry, "as hungry as a horse"*

Voy a pedir mucho. **¡Tengo una hambre canina!** — *I'm going to order a lot.* ***I'm as hungry as a horse!***

B. A la mesa

Vocabulario

Transparency N–2: **Los cubiertos**

Poner la mesa	***Setting the Table***
los cubiertos	*silverware*
la cuchara	*spoon*
el cuchillo	*knife*
el mantel	*tablecloth*
el plato	*plate, dish*
la servilleta	*napkin*
el tenedor	*fork*
el vaso	*glass*

Las cortesías	***Courtesies***
¡A comer!	*Time to eat!*
el/la anfitrión (anfitriona)	*host/hostess*
el brindis	*toast (to celebrate)*
¡Buen provecho!	*Enjoy your meal!*
delicioso	*delicious*
el/la invitado(a)	*guest*
lleno	*full*
pasar	*to pass*
la pimienta	*pepper*
sabroso	*tasty*
la sal	*salt*
¡Salud!	*Cheers!*

Nombre ________________________________ Fecha ____________________

Las comidas | ***Meals***

el almuerzo (almorzar [o→ue])	*lunch (to have lunch)*
la barbacoa	*barbecue*
el desayuno (desayunar)	*breakfast (to have breakfast)*
la cena (cenar)	*dinner (to have dinner)*
la merienda (merendar [e→ie])	*snack (to snack)*

1. Diálogo B.

A la mesa. Juan va a comer en casa de María. Escucha su diálogo.

MARÍA: Hola, Juan. Gracias por venir a almorzar. Estoy muy contenta.
JUAN: Yo también. ¿Te puedo ayudar a poner la mesa?
MARÍA: Sí. Primero pongo el mantel. Después necesitamos los platos, los vasos y los cubiertos.
JUAN: ¿Qué cubiertos quieres poner?
MARÍA: Bueno, pienso que necesitamos los cuchillos y los tenedores pero no las cucharas. Ah, y también las servilletas.
JUAN: Muy bien. Todo está preparado.
MARÍA: ¡A comer!
JUAN: ¡Buen provecho!
MARÍA: ¿Qué tal está la comida?
JUAN: Todo está delicioso. El arroz está especialmente sabroso. ¿Puedes pasar la sal y la pimienta?
MARÍA: Por supuesto, aquí tienes. ¿Quieres algo más?
JUAN: No, no puedo, estoy muy lleno. Ah, por cierto *(by the way)*, me gustaría invitarte a mi casa mañana para la cena. ¿Puedes venir?
MARÍA: Hmm... la cena... no puedo...
JUAN: Pues entonces... ¿puedes merendar conmigo en el café del centro?
MARÍA: Sí. ¡Estupendo! Hasta mañana.

¿Comprendes?

1. ¿Qué quiere hacer Juan para ayudar a María? ______________________________

   ____

2. ¿Qué dice Juan de la comida? ______________________________
3. ¿Qué piensan hacer Juan and María mañana? ______________________________

   ____

2. ¡Practiquemos!

En casa de un amigo. Estás en casa de tu amigo Juan y van a cenar. Selecciona uno de los siguientes verbos para cada espacio: **estoy**, **está**, **están**, **soy**, **es**, **son**, **puedes**, **vienen**, **piensas**.

TÚ: El bacalao ______ muy rico.
JUAN: Gracias, ______ muy contento de que te guste. El bacalao ______ mi pescado favorito. ¿______ pasar la sal?
TÚ: Sí. ¿Te gustan los mariscos? Los mariscos ______ muy típicos de Puerto Rico, ¿no?
JUAN: Sí. ¿Sabes por qué? Como Puerto Rico es una isla, los mariscos siempre ______ muy frescos *(fresh)* porque ______ directamente del mar.
TÚ: Ah, claro que sí. ¿______ tú que es difícil preparar los mariscos?
JUAN: No, qué va *(of course not)*. Para mí es muy fácil porque es mi profesión. Tú ya sabes que ______ cocinero en un restaurante.
TÚ: Ah, es verdad. ¡Gracias por invitarme a cenar!

Nombre ______________________________ Fecha ____________________

3. ¡Escuchemos!

Poner la mesa. Para cada dibujo *(drawing)* vas a escuchar dos frases. Selecciona la frase que mejor describa el dibujo (número 1 o número 2)

a. ______ b. ______ c. ______ d. ______ e. ______ f. ______

4. ¡Hablemos!

Los preparativos para una barbacoa. Vas a tener una barbacoa para entre 10 y 15 amigos esta tarde, pero no tienes tiempo para ir al supermercado. Tienes la comida, pero no tienes suficientes platos, cubiertos, vasos, etc.

Paso 1. Escribe una lista de todas las cosas que necesitas y la cantidad *(quantity)* de cada cosa.

Paso 2. Llama a tu mejor amigo(a) para explicar la situación y decir lo que necesitas.

5. ¡Te toca a ti!

La conversación a la hora de la cena. Tú y un(a) amigo(a) cenan en una de sus casas. Una persona es el/la anfitrión (anfitriona) y la otra persona es el/la invitado(a). Incluye la siguiente información en el diálogo:

Anfitrión (Anfitriona):

- Preguntar al / a la invitado(a) si quiere algo más
- Preguntar al / a la invitado(a) cómo está la comida, si le gusta la comida

Invitado(a):

- Pedir la sal / la pimienta
- Pedir una servilleta
- Hacer comentarios sobre la comida

Nombre ______________________ Fecha ______________

Los dos:

- Usar el vocabulario de **las cortesías**

Nota cultural: ¿Sabías que... ?

Table etiquette in Hispanic cultures is a bit different from that of the U.S. People generally rest both their forearms on the table when eating instead of putting one hand in their lap. Also, when everyone has finished eating, it is common to stay seated at the table and converse for a while, especially after the afternoon meal. This is referred to as **la sobremesa**.

Expresiones idiomáticas

meter la cuchara: *to stick one's nose in someone else's business*

Marcos siempre **mete la cuchara**; nunca digo nada cuando él está.

Marcos always ***sticks his nose in other people's business****; I never say anything when he's around.*

comer del mismo plato: *to be very good friends, to be like two peas in a pod*

Ellas **comen del mismo plato**. ¡Siempre están juntas!

They are very good friends. *They're always together!*

C. En el mercado

Vocabulario

Transparencies: I–5: **Frutas y verduras** (1); I–6: **Frutas y verduras** (2); I–7: **En el mercado**; I–8: **En el supermercado**

Las frutas	***Fruits***
el aguacate	*avocado*
la ciruela	*plum*
el durazno	*peach*
las fresas	*strawberries*
el guineo/plátano	*banana*
el mango	*mango*
la papaya	*papaya*
la sandía	*watermelon*
la toronja	*grapefruit*
las uvas	*grapes*

Las verduras	***Vegetables***
la calabacita	*squash (often zucchini)*
la calabaza	*pumpkin*
la cebolla	*onion*
la col	*cabbage*
la coliflor	*cauliflower*
el pepino	*cucumber*
el pimiento	*(bell) pepper*
los pitipuás / los guisantes	*peas*
la zanahoria	*carrot*

Otro vocabulario del mercado	***Other Market Vocabulary***
al aire libre	*open-air*
aquí tiene	*here you are*
la cáscara	*peel, rind, skin*
comprar	*to buy*
¿Cuánto cuestan?	*How much do they cost?*
ir de compras	*to go shopping*
un kilo	*kilogram (= 2.2 pounds)*
medio	*half*
las otras	*the other ones*
¡Qué barato!	*How cheap/inexpensive!*
la semilla	*seed*
el/la vendedor(a)	*seller, vendor*
vender	*to sell*

Nombre ______________________________ Fecha ______________

1. Diálogo C.

En el mercado. Escucha la siguiente conversación entre la señora Trujillo y un vendedor de frutas y verduras en el mercado.

EL VENDEDOR: Buenos días, ¿qué quiere comprar?
LA SEÑORA TRUJILLO: Buenos días. ¡Las cebollas son grandísimas! ¿Cuánto cuestan?
El vendedor: Un peso el kilo. ¿Cuántas quiere?
LA SEÑORA TRUJILLO: Quisiera dos kilos. Y también un kilo de coliflor, dos pimientos, algunas zanahorias y algunas calabacitas. Las calabacitas cuestan más que los pitipuás, ¿no?
EL VENDEDOR: No, las calabacitas siempre cuestan menos que los pitipuás.
LA SEÑORA TRUJILLO: Gracias. También me gustaría comprar una papaya, una sandía, medio kilo de guineos, un kilo de mangos, uno de toronjas y dos de uvas. Sus uvas siempre son las mejores del mercado, y nunca cuestan tanto como las otras.
EL VENDEDOR: Gracias, señora. ¿Necesita algo más?
LA SEÑORA TRUJILLO: No, nada más, gracias.
EL VENDEDOR: Diez pesos, por favor.
LA SEÑORA TRUJILLO: ¡Qué barato! Aquí tiene, gracias. Hasta luego.
EL VENDEDOR: Gracias a Ud. Hasta luego.

¿Comprendes?

1. ¿Cómo describe la señora Trujillo las cebollas? Son grandisimas.
2. Compara el precio de las calabacitas y los pitipuás. Las calabacitas cuestan menos que los pitipuás.
3. ¿Qué dice la señora Trujillo de las uvas? Las uvas siempre son las mejores del mercado y

2. ¡Practiquemos!

¿Cuál prefieres? Vas a comer en la casa de unos amigos mañana y ellos quieren saber tus preferencias gastronómicas. Completa las frases a continuación con las siguientes expresiones: **más que**, **menos que**, **tanto/tan como**.

MODELO: las uvas / las fresas
Las fresas son *más* ricas *que* las uvas.

1. las calabacitas / los pitipuás
   Las calabacitas son menos ricas que los pitipuás.
2. la sandía / la papaya
   La sandía es menos rica que la papaya.
3. los guineos / las ciruelas
   Los guineos son mas ricos que las ciruelas.
4. las zanahorias / la col
   Las zanahorias son tan ricas como la col.
5. los mangos / los duraznos
   Los mangos son mas ricos que los duraznos.

3. ¡Escuchemos!

Preguntas personales. Escucha y contesta las siguientes preguntas sobre tus preferencias en cuanto a las frutas, las verduras y los mercados.

1. Los guineos
2. la col
3. dos
4. comprar
5. ______________________

4. ¡Hablemos!

Descripciones. Imagina que no sabes ningún vocabulario de frutas y verduras, pero tienes que describir unas frutas y verduras para que un(a) amigo(a) te comprenda. Escribe una lista de cinco frutas y cinco verduras y describe cómo son.

Variación: Puedes hacer esta actividad en grupos de dos. Una persona describe y la otra persona dice cuál es la fruta o verdura.

MODELO: *Es una fruta pequeña. Puede ser verde o roja y puede tener semillas. (las uvas)*

5. ¡Te toca a ti!

Situaciones. Trabaja con otra persona para representar *(enact)* las siguientes situaciones.

Una persona es el/la vendedor(a) de frutas en un mercado y la otra persona quiere comprar frutas para preparar una ensalada de frutas. El diálogo debe incluir:

- Un saludo (e.g., **Buenos días**, **Hola**)
- La cantidad de cada fruta (e.g., **un kilo**, **medio kilo**)
- El precio de la fruta
- Una despedida (e.g., **Adiós**, **Hasta luego**)

Uds. son dos colegas que quieren preparar una ensalada de verduras para un picnic de su trabajo. Necesitan decidir:

- Las verduras que quieren incluir
- Las cantidades de cada verdura
- Dónde van a comprar las verduras
- Quién va a preparar la ensalada

Nota cultural: ¿Sabías que... ?

Open-air markets with a wide variety of products are common in the Spanish-speaking world. People often shop at small fruit or vegetable vendors who sell only specific items, and bargaining is usually acceptable. Grocery shopping is also often done at large supermarkets with a variety of items and fixed prices.

Expresiones idiomáticas

dar calabazas: *to brush off, reject*

Jaime siempre **da calabazas** a todas.	*Jaime always **rejects** everyone.*

estar de mala uva: *to be in a bad mood*

No quiero ir al mercado con Paco; **está de mala uva** hoy.	*I don't want to go to the market with Paco; **he's in a bad mood** today.*

Nombre ______________________________ Fecha ____________________

D. Síntesis

■ ¡A leer! Unos platos típicos del mundo hispano

Antes de leer. Ya sabes mucho vocabulario de comida del mundo hispano. Vas a leer una descripción de otros platos típicos de diferentes regiones. ¿Qué platos conoces del mundo hispano? ¿Conoces algún plato que sea popular en muchos países diferentes? Lee la selección a continuación para aprender más.

> La comida del mundo[1] hispano varía mucho de región en región, pero también hay muchas semejanzas[2] entre la comida de diferentes regiones. En Puerto Rico, por ejemplo, uno de los platos más típicos es el arroz con habichuelas. En Cuba un plato similar se llama «moros y cristianos», en Costa Rica «gallo pinto», y en México «arroz con frijoles». Otro plato popular en muchos países[3] hispanos es el arroz con pollo. El pescado y también los mariscos como los camarones, el pulpo[4] y los calamares son comunes en muchas regiones. Entonces si Ud. visita un país hispano, ya sabe que puede pedir uno de estos[5] platos típicos de muchas regiones del mundo hispano.
>
> [1]**mundo:** *world* / [2]**semejanzas:** *similarities* / [3]**países:** *countries* / [4]**pulpo:** *octopus* / [5]**estos:** *these*

¿Comprendes? En grupos de dos o tres, hablen de las preguntas a continuación.

1. ¿Cuáles son algunos platos típicos de muchas regiones del mundo hispano?
2. ¿Cómo se llama en inglés el plato que tiene muchos nombres diferentes en español?
3. ¿Pueden pensar en otros platos típicos de los países hispanos? ¿De qué región o país son?

■ **Expansión de vocabulario: Mapa semántico.** En una hoja de papel, dibuja un mapa semántico con la idea central de **La comida**. Los tres nodos principales deben ser **En un restaurante**, **A la mesa** y **En el mercado**. Incluye el vocabulario que es más importante para ti, y usa por lo menos 40 palabras.

■ **Expansión oral: Las preferencias gastronómicas.** Con un(a) compañero(a), hablen de sus preferencias.

Paso 1. Trabaja con otro(a) estudiante para saber:

- Sus comidas favoritas
- Sus comidas menos preferidas
- A qué hora come el desayuno, el almuerzo y la cena
- Su restaurante favorito
- Si come mucho en restaurantes o si prefiere comer en casa
- Dónde compra la comida que prepara en casa

Paso 2. Ahora piensa en una preferencia que los dos tienen en común, y otra que tú y tu compañero(a) no tienen en común.

Paso 3. Ahora deben presentar esta información a la clase y luego hacer unas conclusiones sobre las preferencias de la clase en general.

■ **Traducciones: Ayuda con el menú.** Tú y un(a) compañero(a) de trabajo están en un restaurante en San Juan. Tu compañero(a) no habla español; entonces tienes que traducir sus frases del inglés al español para hablar con la mesera. También, tienes que decirle a la mesera lo que quieres tú. Usa todo el vocabulario de comida y bebida del Capítulo 5 para pedir.

Nombre desear = want/desire Fecha

Mesera: Buenas tardes. ¿Qué desean beber?
Tú *(en inglés):* Good afternoon. What would you like to drink

Compañero(a): Water, please.
Tú *(en español):* agua por favor.

Mesera: Bien. ¿Y de comer?
Tú *(en inglés):* Good. and to eat

Compañero(a): What do you recommend?
Tú *(en español):* ¿Que recomendia?

Mesera: Pues, es muy rico el arroz con pollo.
Tú *(en inglés):* The rice with chicken is very delicious

Compañero(a): Fine, I'll have the chicken and rice.
Tú *(en español):* ~~Bueno~~. Yo ~~tengo~~ el arroz con pollo
Bien Quiero

Mesera: ¿Desean algo más?
Tú *(en inglés):* Want anything else?

Compañero(a): No, nothing else, thank you.
Tú *(en español):* No, nada Gracias
mas

Mesera: De nada. En un momento traigo sus bebidas.

■ **Enlace cultural: Unos menús auténticos.** Vas a tener la oportunidad de ~~mirar~~ see unos menús auténticos de algunos restaurantes de diferentes países hispanos. Ve al sitio **http://spanishforlife.heinle.com**.

Paso 1. Busca uno o dos menús diferentes. Puedes usar los sitios de la página de *Spanish for Life,* o puedes usar un buscador en español, como **http://www.ole.es/** o **www.espanol.yahoo.com**. Usa los términos de búsqueda **menú**, **restaurante** o **gastronomía**.

Paso 2. Ahora, con uno de los menús, escribe el nombre del restaurante y decide qué te gustaría pedir:

Nombre del restaurante: ____________________

Bebida(s): ____________________

Plato principal: ____________________

Postre: ____________________

Nombre ______________________________ Fecha ______________

Paso 3. Trabaja con dos compañeros(as) de clase. Imaginen que están en uno de los restaurantes y desempeñen los papeles *(act out the roles)* de mesero(a) y clientes. Luego, unos grupos van a presentar su situación en frente de la clase.

■ ¡Hablemos mejor!

The Spanish letter *g*. In Spanish the letter **g** represents two different sounds. One sound is the same as the English *g*, as in *go*. This sound is produced when **g** is followed by **a**, **o**, or **u**. The other sound is approximately the same as the English *h*, as in *hat*. This sound is produced when **g** is followed by **i** or **u**. Listen to the following examples, paying careful attention to the letter **g** as it is pronounced in each word. Then listen to the words a second time, repeating each of the items along with the tape.

guapo	gato	gente	guineos
agitar	Bogotá	gitano	magia
gustar	guisante	algo	ganar

Nombre ______________________ Fecha ______________

La vida casera: En El Salvador

In this chapter you will learn:

COMMUNICATIVE FUNCTIONS

- Describe what people are doing at home, household chores
- Prepare and tell someone how to prepare food
- Discuss moving into a new house or office

VOCABULARY

- Household chores
- Food preparation
- Furniture and moving

Transparency A–16: Country Profile, **El Salvador**

A. ¿Qué están haciendo en casa?

Vocabulario

Transparency: C–6: **Los quehaceres domésticos**

Los quehaceres de la casa	***Household Chores***
fregar (g→gu)	*to scrub, wash*
hacer la cama	*to make the bed*
ordenar	*to put in order*
recoger (g→j)	*to pick up*
secar (c→qu)	*to dry*
trapear el suelo/piso	*to mop*
vaciar (i→í)	*to empty*

Cosas que se usan para hacer los quehaceres	***Thing Used to Do Chores***
el balde	*bucket*
el cesto de la ropa sucia	*laundry basket*
el cubo para basuras	*trash/garbage can*
el detergente	*detergent*
la esponja	*sponge*
el recogedor	*dustpan*
el trapeador	*mop*
el trapo	*rag*

Otro vocabulario relacionado con los quehaceres	***Other Vocabulary Related to Chores***
el ama de casa	*housewife*
bien cuidado	*well taken care of*
la criada	*maid*
el hogar	*home, household*
la limpieza	*cleaning*
limpio	*clean*
la mano	*by hand*
la mugre	*dirt*
mugriento	*filthy*
ordenado	*neat, orderly*
el polvo	*dust*
sucio	*dirty*

Nombre ______________________________ Fecha ________________

1. Diálogo A.

¿Qué están haciendo en casa? La madre de Pedro está en San Salvador y está llamando a su casa en Santa Ana para saber lo que están haciendo todos los miembros de la familia. También quiere que su familia haga *(does)* todos los quehaceres porque van a tener una fiesta en casa mañana.

PEDRO: Aló.
MADRE: Hola, mi hijo, ¿cómo están todos?
PEDRO: Bien, en este momento estamos haciendo los quehaceres en preparación para la fiesta.
MADRE: Perfecto. ¿Qué está haciendo Cristina?
PEDRO: Pues, está limpiando la cocina. Creo que está fregando los platos.
MADRE: ¿Y Marcos y Sergio?
PEDRO: Marcos está haciendo las camas en los dormitorios, y Sergio está recogiendo su ropa sucia.
MADRE: Y tu papá, ¿está lavando la ropa?
PEDRO: No, está en el baño, trapeando el suelo.
MADRE: Qué bien. Bueno, necesito salir ahora porque tengo una reunión, pero nos vemos mañana.
PEDRO: Sí. Ah, una pregunta. ¿Dónde están las esponjas y los trapos? No podemos encontrarlos.
MADRE: Creo que están en el sótano.
PEDRO: Bien. Hasta luego, mamá.
MADRE: Adiós, Pedro.

¿Comprendes?

1. ¿Por qué está haciendo los quehaceres toda la familia? la fiesta.
2. ¿Qué están haciendo Cristina, Marcos y Sergio? Cristina esta limpiando la cocina, Marcos esta haciendo las camas, y Sergio esta recogiendo su ropa sucia
3. ¿Está lavando la ropa el padre, como piensa la madre? No.

2. ¡Practiquemos!

¿Qué quehaceres te gustan menos? Pon en orden de preferencia personal los quehaceres a continuación. 1 = me gusta menos 8 = me gusta más

6 fregar los platos
7 secar los platos
4 recoger la ropa sucia
5 hacer la cama
2 lavar la ropa a mano
1 trapear el suelo
3 vaciar el cubo para basuras
8 ordenar todo en la cocina

3. ¡Escuchemos!

Una encuesta telefónica. Te llama un representante de una compañía que vende productos de limpieza. Escucha y contesta las siguientes preguntas que te hace sobre tus preferencias y hábitos en cuanto a los quehaceres.

1. Normalmente fin de semana
2. Cuatro horas
3. No, nadie
4. ______________________________
5. Once a week.

Nombre ______________________________ Fecha ____________________

4. ¡Hablemos!

Distracciones. ¿Te distraes *(Do you get distracted)* fácilmente? ¿Sigues haciendo los quehaceres o te distraes haciendo otra cosa? Reacciona a las distracciones a continuación.

- Estás trapeando el suelo de la cocina y te llama un(a) amigo(a) para invitarte a tomar un café.
- Estás fregando los platos y llega un(a) amigo(a) para ver si quieres dar un paseo.
- Estás secando los platos y te llama tu novio(a) para invitarte a salir a la playa inmediatamente.
- Estás lavando la ropa a mano y te llama tu madre para ver si puedes venir a su casa a ayudarla a limpiar su casa.
- Estás recogiendo ropa sucia y recuerdas que tu programa favorito está en la tele.

5. ¡Te toca a ti!

Una conversación. Trabaja con un(a) compañero(a) de clase para realizar el siguiente diálogo. Una persona es el/la «Estudiante» y la otra el/la «Criado(a)».

Estudiante: Estás viviendo con una familia en San Salvador. Necesitas decirle a su criado(a) las cosas a continuación. (No traduzcas las frases palabra por palabra.)

- Greet the servant and ask how he/she is.
- Ask where you should put your dirty clothes.
- Say that you would like your clothes washed, but not dried.
- Say that you would like to wash some clothes by hand and ask where the detergent is.
- Thank the servant and say good-bye.

Criado(a): Hay un(a) nuevo(a) estudiante que vive en la casa donde trabajas y te hace unas preguntas. Responde a lo que dice con lo siguiente:

- Greet the student.
- Tell him/her to put the dirty clothes in the basket in the bathroom.
- Agree to wash (and not dry) the clothes.
- Say that the detergent is next to the washing machine.
- Say "You're welcome" and "Good-bye."

Nota cultural: ¿Sabías que... ?

- While the traditional role of Hispanic women has been that of **ama de casa**, this is changing in the Spanish-speaking world just as it is in the U.S. As a result, men are assuming more responsibility for household chores.
- It is also more common in Hispanic countries for middle- and upper-class households to employ a servant to help with chores. Servants either live with the family or come on a day-to-day basis.

Expresiones idiomáticas

se está haciendo el muerto: *he/she is playing dead (because there is work to do)*

Felipe **se está haciendo el muerto** porque no quiere limpiar.	*Felipe **is playing dead** because he doesn't want to clean.*

estar hecho(a) una pocilga: *to be a pigsty*

¡Esta casa **está hecha una pocilga**!	*This house **is a pigsty**!*

Nombre ______________________________ Fecha ______________

B. Cocinar en casa

Vocabulario

Transparency: C–5: **El cuarto de baño/la cocina**

Verbos de preparación	***Verbs of Preparation***
añadir	*to add*
batir	*to beat*
calentar (e→ie)	*to heat, warm up*
cocer (cocinar)	*to cook*
cortar	*to cut*
disolver (o→ue)	*to dissolve*
freír (e→i)	*to fry*
hervir (e→ie)	*to boil*
hornear	*to bake*
mezclar	*to mix*
ponerlo a fuego lento	*to cook it on low*
revolver (o→ue)	*to stir*

Lo que se usa para cocinar	***What Is Used to Cook***
la cacerola	*pot, casserole dish*
la licuadora	*the blender*
la moledora de basura	*garbage disposal*
la olla	*pot*
la receta	*recipe*
el/la sartén	*pan*
el tazón	*mixing bowl*

Cantidades	***Quantities***
una cucharada	*tablespoon*
una cucharadita	*teaspoon*
una docena	*dozen*
una gota	*drop*
una pizca	*pinch*
una taza	*cup*

1. Diálogo B.

Cocinar en casa. Ahora la madre de Pedro está en casa y está preparando todo para la fiesta. En este momento está ayudando a Pedro a preparar un flan.

PEDRO: ¿Qué hago primero?
MADRE: Pon dos cucharadas de azúcar en una sartén y caliéntalo por unos minutos, a fuego lento. Luego pon el azúcar en una cacerola.
PEDRO: ¿Lo pongo en una cacerola grande o pequeña?
MADRE: Pequeña. Y luego pon cuatro huevos en la licuadora. Bate los huevos, y después añade una taza de leche, media taza de azúcar y una cucharadita de vainilla. Después mezcla todo por un minuto.
PEDRO: ¿Y después lo pongo en la cacerola?
MADRE: Sí, pero no lo pongas en el horno. Primero pon esa cacerola en una cacerola más grande con un poco de agua. Luego hornea el flan por más o menos una hora. ¿Entiendes?
PEDRO: Sí, entiendo. Voy a empezar a prepararlo ahora. Gracias, mamá.
MADRE: Gracias a ti, Pedro. Voy ahora a comprar pan, pero ya vuelvo. ¡Suerte!
PEDRO: Gracias, nos vemos.
MADRE: Hasta luego.

¿Comprendes?

1. ¿Cuáles son los ingredientes del flan? ______________________________
2. ¿Qué va a usar Pedro para batir los huevos y mezclar todos los ingredientes? ______________
3. ¿Por cuánto tiempo hornea Pedro el flan? ______________________________

Nombre ______________________ Fecha ______________

2. ¡Practiquemos!

Preparar papusas. Imagina que estás en la cocina de Lorena, la madre de Pedro. Ella te enseña a cocinar papusas, un plato típico de El Salvador. Empareja tus preguntas de la primera columna con las respuestas de Lorena de la segunda columna.

______ **1.** ¿Qué hago con la harina de maíz?

______ **2.** ¿Y luego hago tortitas pequeñas?

______ **3.** Bien, ¿y después?

______ **4.** ¿Luego las frío?

______ **5.** ¿Añado aceite a la sartén?

______ **6.** ¿Cuánto tiempo debo freírlas?

______ **7.** ¿Y cómo las sirvo?

______ **8.** Muchas gracias. ¡Tengo hambre!

a. Pon otra tortita encima del relleno.

b. Sí, añade una cucharada de aceite.

c. Sí, y pon el relleno *(filling)*, el queso y los frijoles en las tortitas.

d. Unos dos o tres minutos cada lado *(side)*.

e. Con cebolla y repollo *(cabbage)*.

f. Mezcla la harina con un poco de agua.

g. Sí, yo también.

h. Sí, fríe las papusas en una sartén.

3. ¡Escuchemos!

Una receta. Tu amiga española, Susana, deja un mensaje en tu contestador automático *(answering machine)* con su receta para una tortilla española. Escucha sus instrucciones y llena los espacios de la receta parcial a continuación.

La tortilla española

INGREDIENTES

2 patatas grandes

aceite de oliva

una ______ *de sal*

1 ______

______ *huevos*

PREPARACIÓN

1. ______ *las patatas y la cebolla en pedazos muy finos.*
2. ______ *las patatas y la cebolla en una sartén con aceite, y* ______ *todo de unos 10 a 15 minutos.*
3. *En un tazón,* ______ *los huevos con la sal.*
4. ______ *las patatas y la cebolla a los huevos, y* ______ *todo.*
5. *Pon todo en la sartén y* ______ *la tortilla de unos 15 a 20 minutos, dándole la vuelta unas veces.*
6. *Sírvela con pan.*

4. ¡Hablemos!

Mi receta favorita. Describe a un(a) compañero(a) de clase cómo preparar tu plato favorito.

Paso 1. Antes de hablar, busca el vocabulario necesario en un diccionario.

Paso 2. Describe la receta a tu compañero(a) y escucha la receta de él/ella.

Paso 3. Lee tu receta a la clase, sin decir el nombre del plato. La clase tiene que adivinar *(guess)* qué es.

Nombre ______________________________ Fecha ______________

5. ¡Te toca a ti!

Una cena especial. Estás organizando una cena especial para tus compañeros de trabajo.

Paso 1. Trabajando con un(a) compañero(a), decide:

- ¿Cuándo van a tener la cena?
- ¿Dónde va a ser?
- ¿Quién va a preparar la comida?
- ¿A quiénes van a invitar?
- ¿Qué van a comer?
- ¿Qué van a tomar?

Paso 2. Es mucho trabajo preparar la cena. Entonces necesitan la ayuda de sus compañeros de trabajo. Escriban mensajes o, si prefieren, hablen con ellos, pidiendo su ayuda.

MODELO: *Felipe, por favor, prepara una ensalada de frutas para la cena.*

____

____

____

> **Nota cultural: ¿Sabías que... ?**
>
> In general, people in the Spanish-speaking world tend to prepare food in their homes and eat out less than we do in the United States, particularly for their main afternoon meal. Prepared foods, or boxed, easy-to-prepare foods such as macaroni and cheese or seasoned rice packets, are also not as common.

Expresiones idiomáticas

algo se está cociendo: *something's brewing/cooking*

Ellos se están riendo mucho; **algo se está cociendo** por allá. — *They're laughing a lot;* ***something's brewing*** *over there.*

muchas manos en un plato hacen mucho garabato: *too many cooks spoil the broth*

¡Sal de mi cocina! **Muchas manos en un plato hacen mucho garabato.** — *Get out of my kitchen!* ***Too many cooks spoil the broth.***

C.

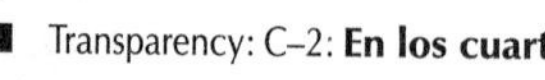

Vocabulario

Transparency: C–2: **En los cuartos**

Los muebles	***Furniture***
el archivero	*filing cabinet*
el armario	*wardrobe, closet*
el bafle (el parlante)	*speaker (of a stereo)*
la banqueta	*footstool*
el baúl	*trunk*
la cama de agua	*water bed*
la cama matrimonial	*double bed*
la cama sencilla	*single bed*
la computadora	*computer*
la cuna	*crib*
el escritorio	*desk*
el espejo	*mirror*
el estante	*bookshelf*
la impresora	*printer*
la litera	*bunk bed*
el monitor	*monitor*
el sillón reclinable	*recliner*
el sofá (el desván)	*sofa, couch*
el tocador	*dresser*

Nombre ______________________________ Fecha ______________

Otro vocabulario	***Other Vocabulary***
la caja	*box*
la camioneta	*van*
la compañía de mudanzas	*moving company*
desempacar (c→qu)	*to unpack*
embalar	*to pack*
hacer la mudanza	*to move (to a new house, office, etc.)*
mover (o→ue)	*to move (an object)*

1. Diálogo C.

La mudanza. El señor Ruiz está haciendo la mudanza a una nueva oficina. Él tiene problemas con la espalda *(back)*, y su hijo Jaime está ayudando.

EL SEÑOR RUIZ: Gracias por ayudarme, Jaime.
JAIME: De nada, papá. Primero, ¿dónde pongo el escritorio?
EL SEÑOR RUIZ: Ponlo enfrente de la ventana. Y el archivero...
JAIME: Voy a ponerlo aquí, al lado del escritorio, ¿no?
EL SEÑOR RUIZ: Mmm... no lo pongas allí. Muévelo un poco a la izquierda. Bien.
JAIME: ¿Y el monitor y la impresora?
EL SEÑOR RUIZ: Ponlos en esa esquina *(that corner)*.
JAIME: ¿Y la mesa? ¿La pongo aquí?
EL SEÑOR RUIZ: No, quiero ponerla más cerca de la computadora. Perfecto.
JAIME: Sólo nos quedan *(are left)* los estantes. ¿Dónde los quieres poner?
EL SEÑOR RUIZ: Sí, estoy pensándolo, pero es muy pequeña esta oficina. Ponlos en esa esquina. Bien. Muchísimas gracias, Jaime.
JAIME: De nada, dime si necesitas más ayuda en el futuro.
EL SEÑOR RUIZ: Gracias. Ahora necesito desempacar todas mis cajas...

¿Comprendes?

1. ¿Dónde quiere poner el escritorio el señor Ruiz? ______________________________
2. ¿Qué mueble va a poner Jaime al lado del escritorio? ______________________________
3. Además del *(In addition to the)* escritorio y el mueble mencionado arriba, ¿qué otros muebles hay en su oficina? ______________________________

2. ¡Practiquemos!

Mudarse de casa. Imagina que estás haciendo la mudanza a una casa nueva. Un(a) amigo(a) te está ayudando a mover los muebles. Empareja cada pregunta que hace tu amigo(a) con tu respuesta lógica. (Las respuestas están en la página 72.)

____ **1.** ¿Dónde pongo el desván?
____ **2.** ¿Dónde quieres poner estas sillas?
____ **3.** ¿Pongo la caja al lado del desván?
____ **4.** ¿Vas a poner el baúl en la sala?
____ **5.** ¿Estás moviendo el tocador ahora?
____ **6.** ¿Y dónde debo poner los estantes?

a. Quiero ponerlas en la cocina.
b. Ponlos al lado del escritorio.
c. No, voy a ponerlo en mi dormitorio.
d. Sí, pero pesa *(it weighs)* mucho.
e. Ponlo enfrente de la ventana.
f. No, ponla al lado del sillón.

3. ¡Escuchemos!

La sala. Tu amigo(a) va a mudarse a tu ciudad, pero sus muebles van a llegar antes de él/ella. Te pide el favor de dibujar *(draw)* un plan de su sala mientras escuches sus preferencias. Luego vas a usar el plan para mover los muebles para tu amigo(a). Escucha sus instrucciones y, en la caja a continuación, dibuja un sofá, tres sillones, un estante, un televisor, dos mesitas, un escritorio y una silla.

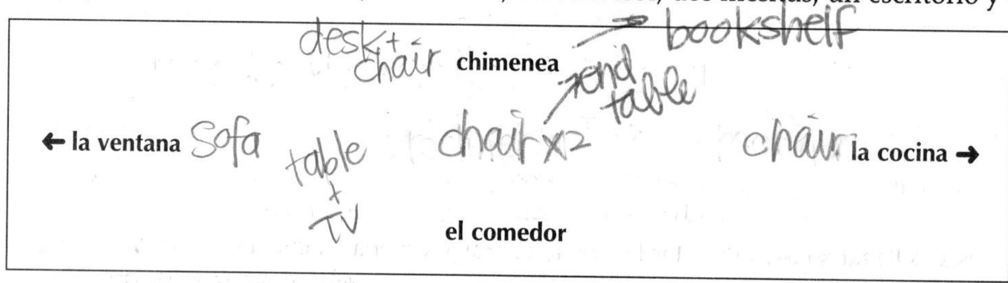

4. ¡Hablemos!

Haciendo una mudanza. Describe cómo prefieres hacer una mudanza y cómo prefieres organizar los muebles. Puedes hablar de lo siguiente:

- Cuando haces una mudanza, ¿haces todo tú mismo(a) *(yourself)*, o te ayudan otras personas? Si te ayudan otros, ¿son amigos, familia o una compañía de mudanzas?
- ¿Te gusta hacer la mudanza, o prefieres quedarte en el mismo *(stay in the same)* apartamento o la misma casa?
- Cuando haces una mudanza, ¿tiras *(do you throw)* muchas cosas a la basura o llevas todo a la nueva casa? ¿Y desempacas todo inmediatamente o lo haces poco a poco?
- ¿Prefieres tener el televisor enfrente del sofá y de los sillones, o lo tienes en otro lugar?
- ¿Tienes la mesa en el comedor, en la cocina o en los dos? ¿Y en qué cuarto comes más?

5. ¡Te toca a ti!

Mi sala. Piensa en tu sala. Vas a describirla a un(a) compañero(a) y él/ella va a dibujarla. Para ayudarlo(la), primero dibuja (en un papel aparte) un bosquejo *(sketch)* como el de la actividad de **Escuchemos**. Usa los mandatos informales y los pronombres de complemento directo cuando sea necesario.

MODELO: *Tengo un desván. Ponlo al lado de la cocina. Y pon una mesita enfrente del desván.*

Nota cultural: ¿Sabías que...?

As you have learned, the name for *double bed* in Spanish is **cama matrimonial**. While many students of Spanish find this amusing, it could be said to reflect the conservatism that has traditionally characterized many Spanish-speaking cultures. While this conservatism has lessened in some cultures, the vocabulary remains!

Expresiones idiomáticas

estar en tu casa: *to make yourself at home*

Bienvenida, **estás en tu casa.** — *Welcome,* ***make yourself at home.***

tirar la casa por la ventana: *to go all out*

Tuvieron una fiesta anoche y vaya, **¡tiraron la casa por la ventana!** — *They had a party last night and, wow,* ***they went all out!***

Nombre ______________________________ Fecha ________________

D. Síntesis

■ ¡A leer! Un servicio le limpieza

Antes de leer. Piensa un momento en la información que aprendiste en este capítulo sobre los quehaceres y la limpieza. Vas a leer un anuncio de un periódico sobre un servicio de limpieza. ¿Qué información piensas leer en el anuncio? (¿Los servicios que ofrece?) ¿Qué tono va a tener el anuncio? ¿Cuál es el propósito *(purpose)* de los anuncios? Ahora lee el anuncio y contesta las preguntas a continuación.

> **Limpiecito: Un servicio de limpieza exclusivo a domicilio**
>
> Nuestra compañía de limpieza ofrece los siguientes servicios:
>
> ➜ Planchar ➜ Fregar y secar los platos ➜ Lavar la ropa
>
> ➜ Cocinar ➜ Limpiar baños, cocinas, suelos... ➜ Y mucho más...
>
> ¿No le gustaría llegar a casa por la tarde con la casa bien ordenada, cuidada y limpia? ¿No está cansado de tener un hogar mugriento? Sólo tiene que llamarnos hoy, y mañana su casa ya será otra.[1] Venimos a la hora y el día que quiera.
>
> 78-22-33: Un número indispensable para su salud mental

[1]**su casa ya será otra:** *your house will be like new*

¿Comprendes? En grupos de dos o tres, discutan las preguntas a continuación.

1. De los servicios que ofrece Limpiecito, ¿cuál es el más importante para ti?
2. Según el anuncio *(According to the ad)*, ¿cuáles son los aspectos positivos de sus servicios?
3. ¿Estás de acuerdo con la frase «Un número indispensable para su salud mental»? ¿Por qué sí o no?

■ **Expansión de vocabulario: Mapa semántico.** En un papel, dibuja un mapa semántico con la idea central de **La casa**. Dibuja como nodos principales **Los quehaceres, La preparación de la comida** y **La mudanza y los muebles**. Incluye el vocabulario que es más importante para ti, y usa por lo menos 50 palabras.

■ **Expansión oral: Preferencias caseras.** Con un(a) compañero(a), háganse preguntas para obtener la información siguiente.

Paso 1. Trabaja con otro(a) estudiante para saber:

- Si le gusta cocinar, y si no, si cocina de todos modos *(anyway)*
- Los platos que más le gusta cocinar y cómo los prepara
- Si le gusta hornear
- Si sabe preparar algún plato de un país hispano
- Si prefiere comer en el comedor, en la cocina o en la sala
- En qué cuarto prefiere estudiar, leer, mirar la tele, hablar por teléfono, hablar con amigos, tomar una siesta, escuchar música, etc.

Paso 2. ¿Cuáles son tres cosas que tienen en común? Presenten una cosa a la clase.

Traducciones. En la cocina. Estás en la cocina de tu amigo salvadoreño, Lalo, quien va a explicar cómo preparar el agua de limón. También está allí tu amiga estadounidense, Lisa. El problema es que Lisa no habla español, y Lalo no habla inglés. Tienes que traducir para tus dos amigos.

LALO: Primero, toma más o menos diez limones y córtalos en dos.

TÚ *(en inglés):* First, take more or less 10 lemons and cut in two

Nombre ______________________________ Fecha ____________________

Lisa: Should we wash them first?

Tú *(en español)*: ¿Debemos primero?

Lalo: No, no es necesario. Luego pon el jugo de los limones en un jarro *(pitcher)*.

Tú *(en inglés)*: No, it's not necessary. Then set lemon juice in a pitcher

Lalo: Y añade una taza de azúcar y más o menos ocho tazas de agua.

Tú *(en inglés)*: And add 1 cup of sugar and about 8 cups of water.

Lalo: Después mezcla el agua con una cuchara, ¡y tómala!

Tú *(en inglés)*: Then mix the water with a spoon and drink it.

Lisa: Should we add ice?

Tú *(en español)*: ¿Debemos añadir hielo?

Lalo: Si prefieres, pero no es necesario.

Tú *(en inglés)*: Yes its prefered but not necessary

■ **Enlace cultural: Buscando recetas.** Ahora vas a buscar en la red unas recetas de comida hispana que te gustaría preparar. Ve al sitio **http://spanishforlife.heinle.com**.

Paso 1. Busca recetas que te interesen. Puedes usar los sitios de la página de *Spanish for Life,* o puedes usar un buscador en español, como **www.espanol.yahoo.com** o **http://www.ole.es/**.Usa los términos de búsqueda «recetas», «comida» o el país cuya *(whose)* comida te interese.

Paso 2. Ahora, escoge por lo menos una receta para cada una de las siguientes categorías y escribe los nombres de los platos en los espacios.

Bebida(s): ______________________________

Ensalada o sopa: ______________________________

Plato principal: ______________________________

Postre: ______________________________

Paso 3. Presenta tu «menú» a la clase. La clase va a escoger el menú que más le guste. Si quieres, puedes preparar uno de los platos para la clase (¡o para tu familia o tus amigos!).

■ **¡Hablemos mejor!** Let's speak better

The Spanish letter *c*. In Spanish, the letter **c**, like **g**, represents two different sounds. One sound is the same as the English *k,* as in *kite*. This sound is produced when **c** is followed by **a**, **o**, or **u**. In Latin America, when **c** is followed by **e** or **i**, it is pronounced like the English *s,* as in *sit*. In most of Spain, **c** followed by **e** or **i** is pronounced like the English *th,* as in *think*.

Listen to the following examples, paying careful attention to the letter **c** as it is pronounced in each word. Then listen to the words again, repeating each of the items along with the tape. The words will be pronounced as they are in Latin America. When you are finished you may want to practice pronouncing them as they are pronounced in Spain.

hacer	la cena	la cama	la casa
los cuartos	sacar	la cacerola	sacudir
la cocina	el comedor	la preparación	una receta
una cucharada	la licuadora	cocer	una docena

Nombre ______________________________ Fecha ______________________

De viaje: En Colombia

In this chapter you will learn:

COMMUNICATIVE FUNCTIONS

- Travel by bus
- Reserve a hotel room
- Receive information at a tourist office
- Exchange money
- Describe a recent vacation

VOCABULARY

- Travel by bus
- Hotel
- Tourist office
- Money exchange house
- Travel activities

Transparency A–18: Country Profile, **Colombia**

A. ¡Viajemos por autobús!

Vocabulario

En la estación de autobuses	***At the Bus Station***
el andén	*platform*
el boleto (el billete)	*ticket*
¡Buen viaje!	*Have a good trip!*
con destino a	*with destination to*
de ida y vuelta	*round trip*
de lujo	*luxury*
embarcar en (c→qu)	*to board*
el equipaje	*luggage*
el guardaequipaje	*luggage storage*
la hora de llegada	*arrival time*
la hora de salida	*departure time*
el horario	*schedule*
ir directo a	*to go directly to*
la primera clase	*first class*
la segunda clase	*second class*
sencillo (de ida)	*one way*
la taquilla	*ticket window/counter*
Las comodidades	***Amenities***
el aire acondicionado	*air conditioning*
cómodo	*comfortable*
pasar una película	*to show a movie*
En el autobús	***On the Bus***
el asiento	*seat*
el/la conductor(a)	*driver*
el/la pasajero(a)	*passenger*
el pasillo	*aisle*

Nombre ______________________________ Fecha ____________________

1. Diálogo A

En la estación de autobuses. Sara está en la estación de autobuses de Bogotá y necesita comprar un boleto para viajar a Barranquilla. Está en la taquilla.

Sara: Buenos días.
Empleado: Buenos días. ¿En qué puedo servirle?
Sara: ¿Cuándo sale el próximo autobús con destino a Barranquilla?
Empleado: Salió uno hace cinco minutos. El próximo sale al mediodía.
Sara: Uf, cuando llamé ayer me dijeron que a las 11:00. Bueno, ¿cuánto cuesta el de ida?
Empleado: 25.500 pesos. *(Nota: 1.64 pesos colombianos = 1 dólar americano)*
Sara: ¿Tiene aire acondicionado?
Empleado: Sí. Es de primera clase. También pasan una película.
Sara: Sí, entonces quisiera comprar un boleto.
Empleado: ¿Prefiere un asiento en el pasillo o al lado de la ventana?
Sara: En el pasillo, por favor. Aquí tiene. *(Le da el dinero.)*
Empleado: Gracias. Aquí tiene su boleto. El autobús sale del andén número seis.
Sara: Gracias. ¿Y hay un guardaequipajes por aquí?
Empleado: Sí, al lado de la cafetería.
Sara: Gracias, hasta luego.
Empleado: A Ud. Buen viaje.

¿Comprendes?

1. ¿Cuándo sale el autobús? ______________________________
2. Describe el autobús que va a tomar Sara. ______________________________
____
3. ¿Adónde tiene que ir Sara para embarcar en el autobús? ______________________________
____

2. ¡Practiquemos!

Comprar un boleto. A continuación hay partes de una conversación entre un(a) empleado(a) de la estación de autobuses y un(a) pasajero(a). Empareja las preguntas de la primera columna con las respuestas de la segunda columna.

_____ 1. ¿Cuándo llega el autobús a Barranquilla?
_____ 2. ¿De dónde sale?
_____ 3. ¿Dónde quiere su asiento?
_____ 4. ¿Tiene aire acondicionado?
_____ 5. ¿En qué puedo servirle?
_____ 6. ¿Un boleto sencillo?
_____ 7. ¿Ya salió el autobús para Cali?

a. Del andén número ocho.
b. No, es de segunda clase.
c. No, de ida y vuelta.
d. Sí, salió hace diez minutos.
e. Quisiera un boleto con destino a Cartagena, por favor.
f. Al lado de la ventana.
g. A las 12:00.

Nombre ______________________ Fecha ______________

3. ¡Escuchemos!

Un anuncio de radio. Escucha el siguiente anuncio comercial de la compañía de autobuses Colotur. Luego contesta las preguntas a continuación.

1. ¿Cuáles son tres de los destinos mencionados en el anuncio?
2. ¿Cuáles son tres de los servicios o amenidades de los autobuses?
3. ¿Son de primera o segunda clase?
4. ¿Cuáles son dos cosas que hizo el cliente durante su viaje?
5. ¿Te gustaría viajar en la línea de autobuses Colotur? ¿Por qué sí o por qué no?

4. ¡Hablemos!

Preferencias de transporte. Contesta las siguientes preguntas sobre tus preferencias en cuanto al transporte.

- ¿Qué modo de transporte prefieres usar cuando viajas en EE.UU.: coche, autobús, tren o avión? ¿Por qué?
- ¿Viajaste por autobús alguna vez? ¿Adónde viajaste? ¿Qué servicios ofreció el autobús? ¿Miraste una película? ¿Tomaste algo? ¿Costó mucho el boleto?
- ¿Viajaste a otro país alguna vez? ¿Qué modos de transporte usaste allí? Describe tu experiencia.

5. ¡Te toca a ti!

¿Cierto o falso?

Paso 1. Escribe cinco frases sobre viajes que hiciste. **¡Ojo!** Algunas de las frases deben ser ciertas, pero otras deben ser falsas.

MODELO: *Yo viajé por autobús a México el verano pasado.*

1. ______________________
2. ______________________
3. ______________________
4. ______________________
5. ______________________

Paso 2. Ahora, trabajando en un grupo de tres o cuatro, lee tus frases en voz alta. Tus compañeros(as) tienen que decidir si las frases son ciertas o falsas. ¿Conoces bien a tus compañeros(as) de clase? ¿Y ellos(as) te conocen bien a ti?

Nota cultural: ¿Sabías que... ?

- Public transportation, particularly by bus and/or train, is generally much more convenient and affordable in Spanish-speaking countries than it is in the U.S. First-class buses tend to be quite nice, with air conditioning, movies, and sometimes even beverage service or complimentary coffee, soda, and snacks.
- Bus schedules, like schedules for movies, television, and other events, are usually written with the 24-hour clock. For example, a bus leaving at 1:00 P.M. is posted as leaving at 13:00.

Nombre ______________________________ Fecha ______________

Expresiones idiomáticas

ni modo: *nothing can be done about it now*

¿No hay más autobuses esta noche? Pues, **ni modo**; voy a un hotel. — *Aren't there any more buses tonight? Well,* ***nothing can be done about that now****; I'll go to a hotel.*

ser de primera: *to be first-class / first rate / very good*

Ese conductor **es de primera**. Es profesional y muy amable. — *That driver* ***is very good****. He's professional and very friendly.*

B. Al llegar al destino

Vocabulario

Transparencies: L–3: **En el hotel (1)**; L–4: **En el hotel (2)**; L–5: **La Guía Michelin**

En el hotel	*At the Hotel*
la caja de seguridad	*safety deposit box*
desocupar (dejar)	*to check out*
el estacionamiento	*parking*
el/la gerente	*manager*
el gimnasio	*gym*
la habitación doble/sencilla	*double/single room*
el/la huésped	*guest*
la llamada de larga distancia	*long-distance call*
la recepción	*front desk / reception*
el/la recepcionista	*receptionist*
la piscina	*pool*
el servicio de lavandería	*laundry service*
la tarjeta (la llave electrónica)	*card (electronic key)*
la televisión con cable	*cable television*
la ubicación	*location*

En la casa de cambio	*At the Money Exchange House*
los billetes	*bills (e.g., dollar bills)*
el cajero automático	*ATM machine*
cambiar	*to change*
el cambio	*change*
el cheque de viajero	*traveler's check*
cobrar una comisión	*to charge a commission*
la tasa (de cambio)	*rate (of exchange)*

En la oficina de turismo	*At the Tourist Office*
el mapa (el plano)	*map*
folleto	*brochure*
el tour (la gira)	*tour*
la excursión	*excursion, day trip*

1. Diálogo B

En la recepción del hotel. Escucha la siguiente conversación entre Sara, quien llegó a Barranquilla, y el recepcionista de un hotel.

RECEPCIONISTA: Buenas tardes, señora. ¿En qué puedo servirle?
SARA: Buenas tardes. ¿Cuánto cobran por una habitación sencilla?
RECEPCIONISTA: 177.500 pesos.
SARA: Mmm… no sé si puedo gastar tanto.
RECEPCIONISTA: Pues, les ofrecemos muchos servicios a nuestros clientes. Tenemos servicio de lavandería, aire acondicionado, piscina, restaurante, estacionamiento, caja de seguridad en la habitación y gimnasio. También hay una casa de cambio y una oficina de turismo muy cerca si Ud. necesita cambiar dinero o si quiere obtener información sobre excursiones o tours de la ciudad o mapas de la ciudad.
SARA: Bueno. Me gustaría una habitación sencilla.
RECEPCIONISTA: Bien, aquí está su tarjeta, y es la habitación 205. ¿Algo más?
SARA: Sí, mi viaje por autobús fue horrible, y no me dieron una merienda. Entonces tengo mucha hambre. Mi amigo me dijo que hay un buen restaurante chino cerca de aquí. ¿Lo conoce Ud.?

Recepcionista: Sí, fui allí la semana pasada. Es un restaurante muy bueno, pero caro.
Sara: Gracias. ¿Hay un cajero automático cerca de aquí?
Recepcionista: Sí, hay un banco allí en la esquina.
Sara: Gracias, chao.
Recepcionista: Chao, hasta luego.

¿Comprendes?

1. ¿Cuáles son los servicios y comodidades que ofrece el hotel? ______________________
____
2. ¿Qué puede hacer Sara en la oficina de turismo? ______________________
____
3. ¿Por qué necesita un cajero automático Sara? ______________________
____

2. ¡Practiquemos!

Preferencias hoteleras. ¿Qué te importa más cuando seleccionas un hotel? Pon en orden de importancia los siguientes servicios y comodidades.

_____ piscina	_____ aire acondicionado	_____ estacionamiento gratis
_____ restaurante	_____ bar	_____ televisión con cable
_____ precio	_____ gimnasio	_____ caja de seguridad
_____ ubicación	_____ servicio al cuarto	_____ servicio de lavandería

3. ¡Escuchemos!

Recomendaciones para Bogotá. Tu amigo Jorge volvió de Bogotá y te dejó un mensaje en tu contestador automático. Tú vas a viajar a Bogotá en dos semanas también, y por eso necesitas la información que te dio Jorge. Llena los espacios a continuación con la información necesaria.

1. El hotel
   Nombre ______________________ Teléfono ______________________
   Servicios ____
2. La casa de cambio
   Nombre ______________________ Ubicación ______________________
3. La oficina de turismo
   Ubicación ______________________ Servicios ______________________

4. ¡Hablemos!

Problemas. Imagina que estás en las siguientes situaciones y tienes que responder. ¿Cómo vas a reaccionar? ¿Qué vas a decir?

- El gerente de un hotel te dijo que necesitas desocupar la habitación al mediodía pero quieres desocuparla a la 1:00.
- El hotel te cobró una llamada a larga distancia que no hiciste.
- La tarjeta (llave electrónica) no funciona *(doesn't work)*.

Nombre ______________________ Fecha ______________

- Estás en una casa de cambio y te cobraron una comisión, aunque *(even though)* antes te dijeron que generalmente no cobran comisión.
- El cajero de la casa de cambio te dio billetes muy grandes y quieres cambio más pequeño.
- Estás en una oficina de turismo y el folleto que te dieron está en francés.

5. ¡Te toca a ti!

Diálogos. Trabaja con un(a) compañero(a) de clase para realizar los siguientes diálogos.

- En un hotel: Una persona es el/la cliente y la otra es el/la recepcionista. El/La cliente necesita pedirle al / a la recepcionista información sobre el hotel y debe hacer una reservación.
- En una casa de cambio: Una persona es el/la cliente y la otra es el/la cajero(a). El/La cliente debe cambiar dinero (después de pedir la tasa y preguntar si hay comisión), y el/la cajero(a) necesita pedir su nombre y su pasaporte y darle su cambio.
- En una oficina de turismo: Una persona es turista y la otra trabaja en la oficina de turismo. El/La turista tiene que pedirle al / a la empleado(a) información, mapas, etc., de la ciudad, y el/la empleado(a) debe darle la información que necesita.

Nota cultural: ¿Sabías que... ?

Exchange rates can vary greatly at different banks and money exchange houses. It is advisable to shop around for the best rate before changing money. Also, ATM machines usually have the best rates because they give current bank rates. The same is true for charges made on credit cards.

Expresiones idiomáticas

tirar el dinero por la ventana: *to throw money out the window/away*

Ayer Paco fue de compras y **tiró su dinero por la ventana.** — *Yesterday Paco went shopping and **threw his money away**.*

poderoso caballero es don Dinero: *money talks*

Me trataron bien en ese hotel porque **poderoso caballero es don Dinero.** — *They treated me well in that hotel because **money talks**.*

C. ¿Qué hiciste en tu viaje?

Vocabulario

Transparencias: G-9: **En la playa**; F-5: **El campo**; G-8: **En el lago**

En la playa	***At the Beach***
la arena	*sand*
bucear	*to scuba dive*
la crema bronceadora	*sunscreen, tanning lotion*
el equipo	*equipment*
esnorquelear	*to snorkel*
las gafas (los anteojos de sol)	*sunglasses*
la lancha	*boat*
el mar (el océano)	*sea, ocean*
nadar	*to swim*
las olas (fuertes)	*(strong) waves*
quemado	*burned*
tomar el sol	*to sunbathe*
el traje de baño	*bathing suit*

Nombre ______________________________ Fecha ____________________

En el centro	***Downtown***
el campo	*country (rural area)*
dar un paseo	*to go for a walk*
ir de compras	*to go shopping*
pasarlo bien	*to have fun*

En la naturaleza	***In Nature***
las cataratas (la cascada)	*waterfall (large/small)*
escalar	*to scale, climb*
esquiar (i→í)	*to ski*
hacer un picnic	*to have a picnic*
ir de camping	*to go camping*
ir de excursión	*to go on a hike*
ir en canoa	*to go canoeing*
ir en lancha	*to go in a boat, go boating*
el lago	*lake*
la montaña	*mountain*
pescar (c→qu)	*to fish*
el río	*river*
subir	*to climb*

1. Diálogo C

¿Qué hiciste en tu viaje? Mateo volvió de su viaje a las montañas de Colombia hace unos días y está diciéndole a su amigo Sergio lo que hizo allí.

Sergio: Hola, Mateo. ¿Qué tal tu viaje?
Mateo: Excelente. Hice muchísimas cosas muy divertidas.
Sergio: Pues, dime lo que hiciste. ¿Escalaste muchas montañas?
Mateo: Sí, escalé montañas, pesqué en el río, fui en canoa, fui de camping…
Sergio: ¿Conociste a alguien interesante?
Mateo: Sí, conocí a una mujer muy simpática. Un día hicimos un picnic, y después nadamos bajo una cascada.
Sergio: ¡Qué romántico! ¿Cuándo vuelves a Colombia a verla?
Mateo: No, no fue así. Sólo somos amigos. Y además, me dijo que tiene novio.
Sergio: Bueno, te creo entonces. Pero me parece que lo pasaste muy bien. Me gustaría viajar allí contigo algún día.
Mateo: Claro, sólo hace unos días que volví de allí, pero ya quiero volver.

¿Comprendes?

1. ¿Qué actividades hizo Mateo en Colombia? ______________________________
2. ¿Qué actividades hicieron Mateo y su nueva amiga? ______________________________
3. ¿Cuánto tiempo hace que Mateo volvió de Colombia? ______________________________

2. ¡Practiquemos!

¿Cuánto tiempo hace que… ? Para cada actividad a continuación, escribe cuánto tiempo hace que la hiciste. Si nunca hiciste una actividad, escribe «Nunca ______».

MODELO: nadar en el mar
Hace un año que nadé en el mar.

1. esquiar en las montañas ______________________________
2. ir de camping ______________________________

3. tomar el sol ______________________________
4. pescar en un lago ______________________________
5. hacer un picnic ______________________________
6. esnorquelear ______________________________
7. bucear ______________________________
8. ir de compras ______________________________
9. ir en canoa ______________________________
10. subir una montaña ______________________________

3. ¡Escuchemos!

Las playas de Magdalena. Escucha el siguiente anuncio turístico sobre las playas de Magdalena, Colombia, y pon una X al lado de las cosas mencionadas.

_____ ir en lancha	_____ bucear	_____ olas fuertes	_____ ir de compras
_____ tomar el sol	_____ ir de excursión	_____ la arena	_____ el mar
_____ pasarlo bien	_____ ir en canoa	_____ pescar	_____ escalar

4. ¡Hablemos!

Una nueva agencia de viajes. Tienes una nueva agencia de viajes y el agente te hace unas preguntas sobre tus preferencias en cuanto a las vacaciones y los viajes. Contesta sus preguntas.

- ¿Prefieres pasar tus vacaciones en la playa, en las montañas, en el campo, en la ciudad o en casa? ¿Por qué?
- Cuando haces un viaje, ¿prefieres relajarte *(to relax)* o hacer muchas actividades?
- ¿Te gusta más ir en tours y excursiones de grupo, o salir solo(a) para explorar un nuevo lugar?
- ¿Tienes un destino favorito? ¿Qué actividades haces allí?
- ¿Adónde te gustaría viajar en el futuro? ¿Por qué?

5. ¡Te toca a ti!

Hace... viajé a...

Paso 1. Trabajando con un(a) compañero(a) de clase, describe un viaje que hiciste hace poco. Incluye información sobre adónde fuiste, cuánto tiempo hace que fuiste allá, cuánto tiempo pasaste allá, con quién(es) fuiste y qué actividades hiciste. Tu compañero(a) también te va a describir un viaje que hizo él/ella. Escucha bien lo que te dice, porque luego vas a describirlo a la clase.

Paso 2. Describe el viaje de tu compañero(a) a la clase y escucha la información que dicen los otros estudiantes.

Paso 3. Ahora vota por el viaje más exótico de la clase, el viaje más tranquilo y el viaje más activo.

Nota cultural: ¿Sabías que... ?

It is not uncommon for women to go topless at some beaches in the Spanish-speaking world, particularly in Spain. Be sure to ask a native about the proper clothing etiquette before going to a beach.

Nombre ______________________ Fecha ______________

Expresiones idiomáticas

cuando a Roma fueres, haz lo que vieres: *when in Rome, do as the Romans*

No me gusta pescar, pero **cuando a Roma fueres, haz lo que vieres.** — *I don't like to fish, **but when in Rome, do as the Romans.***

hacer olas: *to make waves, rock the boat, cause problems*

No **hagas olas**; hace mucho que lo pasamos bien. — *Don't **make waves**; we've been having fun for a while now.*

D. Síntesis – dont do

■ ¡A leer! El horario de autobuses

Antes de leer. Piensa en la información que aprendiste en este capítulo sobre los autobuses y los viajes. Vas a leer un horario de autobuses de Colombia. ¿Qué información normalmente ves en un horario de autobuses? ¿las horas de salidas y llegadas? ¿los destinos? ¿las comodidades que ofrece? Lee el horario y contesta las preguntas a continuación.

COLOTUR: LE OFRECEMOS MÁS POR MENOS.

Servicio diario de primera clase entre Bogotá y Cali

Salida-Bogotá	*Llegada-Cali*	*Salida-Cali*	*Llegada-Bogotá*
07,30	09,45	08,05	09,50
10,00*	11,45	11,15*	13,30
13,10	15,25	15,00**	17,15
17,30**	19,45	19,05	21,20
20,00	22,15	21,30	23,45

*Servicio exprés (sólo lunes a viernes)
**Servicio de lujo (incluye bebidas, meriendas y asientos espaciosos)
Todos nuestros autobuses de primera clase tienen aire acondicionado, sanitorio y televisores.

¿Comprendes? En grupos de dos o tres, hablen de las preguntas a continuación.

1. Si quieres viajar a Cali y necesitas llegar antes de las 4:00 de la tarde, ¿a qué hora necesitas salir de Bogotá?
2. Es sábado y estás en Cali. Necesitas llegar a Bogotá antes de las 2:00 de la tarde. ¿A qué hora debes salir de Cali?
3. Vas a viajar de Cali a Bogotá con un amigo a quien no le importa tirar el dinero por la ventana, y no les importa cuándo lleguen a Bogotá. ¿A qué hora van a salir? ¿Por qué?

Nombre ______________________ Fecha ______________

■ **Expansión de vocabulario: Mapa semántico.** En otro papel, dibuja un mapa semántico con la idea central de «Viajes». Dibuja como nodos principales «En la estación de autobuses», «En el hotel», «En la casa de cambio», «En la oficina de turismo», «En la playa», «En el centro» y «En la naturaleza». También puedes incluir vocabulario de otras categorías que aprendiste en el libro de gramática (por ejemplo, «En el aeropuerto»).

■ **Expansión oral: Busca una persona que...** Busca personas que contesten «sí» a las siguientes preguntas. Cuando una persona contesta «sí», debe firmar *(sign)* su nombre en el espacio. No repitas ningún nombre y habla con muchas personas diferentes.

1. ¿Viajaste a un país hispano alguna vez? ______________________

2. ¿Te gusta viajar por autobús? ______________________

3. ¿Viajas mucho por EE.UU.? ______________________

4. ¿Escalaste una montaña alguna vez? ______________________

5. ¿Buceaste alguna vez? ______________________

6. ¿Te gustaría viajar a Colombia? ______________________

7. ¿Hace mucho tiempo que no hiciste un viaje? ______________________

8. ¿Vas a hacer un viaje este mes? ______________________

■ **Traducciones: En la casa de cambio.** Estás en una casa de cambio con una amiga, Deb, quien no habla español. Ella necesita cambiar un cheque de viajero y tú traduces para ella.

CAJERO: Buenos días. ¿En qué puedo servirles?

TÚ *(en inglés):* ______________________

DEB: What is the exchange rate for American dollars?

TÚ *(en español):* ______________________

CAJERO: Es 1.640 pesos el dólar.

TÚ *(en inglés):* ______________________

DEB: Do they charge a commission?

TÚ *(en español):* ______________________

CAJERO: No.

DEB: OK, here is my check.

TÚ *(en español):* ______________________

CAJERO: ¿Puedo ver su pasaporte, por favor?

TÚ *(en inglés):* ______________________

(Deb le da el pasaporte y él le da su cambio y su pasaporte.)

CAJERO: Aquí tiene. Gracias y hasta luego.

TÚ *(en español):* ______________________

■ **Enlace cultural: Buscar un hotel.** Imagina que vas a viajar a Barranquilla, Colombia, y que necesitas buscar un hotel. Ve al sitio **http://spanishforlife.heinle.com**.

Paso 1. Busca tres hoteles diferentes de Barranquilla. Puedes usar los sitios de la página de *Spanish for Life,* o puedes usar un buscador en español, como **http://www.ole.es/** o **www.espanol.yahoo.com**. Usa los términos de búsqueda «hoteles», «turismo», «Colombia» o «Barranquilla».

Paso 2. Selecciona tres hoteles y llena la tabla a continuación con la información que encontraste.

Nombre del hotel	Dirección	Teléfono	Servicios	Precio de una habitación doble

Paso 3. Ahora, basándote en la información de la tabla, decide qué hotel te gusta más y completa la frase a continuación para luego presentarla a la clase.

Prefiero ______________________

porque ______________________

____

____

Nombre ______________________________ Fecha ________________

■ ¡Hablemos mejor!

The Spanish letter *h*. The letter **h** is always silent in Spanish. The letter **j**, on the other hand, is pronounced approximately the same as the English *h*. Listen to the following examples, paying careful attention to how **h** and **j** are pronounced. Then listen to the words again, repeating each of the words along with the tape.

hotel	dejar	equipaje	de lujo	horario
pasajero	caja	habitación	anteojos	hacer
tarjeta	huésped	traje de baño	cajero	cheque de viajero
hola	jueves	hora	jugar	hablar

Nombre ______________________ Fecha ______________

¿Qué hiciste ayer? En Guatemala

In this chapter you will learn:

COMMUNICATIVE FUNCTIONS

- Discuss past activities and events
- Discuss morning, afternoon, and evening activities

VOCABULARY

- Breakfast
- Morning activities
- Afternoon activities
- Exercise
- Television
- Movies
- Music

 Transparency A-16: Country Profile, **Guatemala**

A. Por la mañana

Vocabulario

Transparencies: B-1: **Bebidas calientes y frías**; B-2: **El desayuno y la merienda**

Bebidas	***Drinks***
el atole	*thick, hot, cornmeal drink*
un café con leche	*coffee with milk (about 1/2 and 1/2)*
un chocolate (caliente)	*(hot) chocolate*
un cortado	*coffee with a small amount of milk*
un jugo	*juice*
un licuado (un batido)	*a shake (made with milk)*
un té	*tea*
de hierbabuena	*peppermint*
de manzanilla	*chamomile*
negro	*black*

Para el desayuno	***For Breakfast***
la avena	*oatmeal*
el cereal	*cereal*
los huevos	*eggs*
a la española	*with potatoes and onion* (una tortilla)
con chorizo	*with spicy sausage*
con jamón	*with ham*
con tocino	*with bacon*
rancheros (a la ranchera)	*with tomatoes, onions, peppers, etc.*
revueltos	*scrambled*
el pan dulce	*sweet bread, pastry*
el pan francés	*French toast*

Nombre ______________________________________ Fecha ____________________

Para el desayuno	*For Breakfast*
el pan tostado	*toast*
los panqueques (los hotcakes)	*pancakes*
el yogur	*yogurt*
Otras actividades de la mañana	***Other Morning Activities***
andar	*to walk*
charlar, platicar	*to chat*
conducir	*to drive*
darle de comer al gato/perro	*to feed the cat/dog*
ir a pie	*to walk, go on foot*
madrugar (g→gu)	*to get up early (at dawn)*
sacar a pasear al perro	*to walk the dog*
el transporte público	*public transportation*

1. Diálogo A

¿Qué hiciste esta mañana? Dos colegas, Laura y Diana, están charlando sobre lo que hicieron antes de llegar al trabajo esta mañana.

LAURA: Buenos días, Diana, ¿cómo estás?
DIANA: Pues, ya estoy cansada, aunque sólo son las 10:00 de la mañana. ¿Y tú?
LAURA: Muy bien. Pasé una mañana muy tranquila. Charlé con mi esposo, y él también me preparó un desayuno muy sabroso.
DIANA: ¡Qué bien! ¿Qué te preparó?
LAURA: Un café con leche, unos huevos revueltos con chorizo y pan tostado.
DIANA: ¡Qué rico! Yo no tuve tiempo para desayunar mucho. Sólo comí un pan dulce y un té negro.
LAURA: ¿Por qué no tuviste tiempo para desayunar más?
DIANA: Hice mil cosas esta mañana. Madrugué, y luego saqué a pasear al perro y les di de comer al perro y a los gatos. Luego mi mamá llamó por teléfono y tuve que charlar con ella un rato *(a little while)*. Después fui al mecánico para recoger mi coche, y por fin conduje al banco. Llegué aquí hace unos minutos.
LAURA: ¡Sí, tuviste una mañana bien ocupada!

¿Comprendes?

1. Describe la mañana de Laura. ______________________________
2. ¿Qué desayunó Laura? ______________________________
3. ¿Qué hizo Diana por la mañana? ______________________________

2. ¡Practiquemos!

Esta mañana yo... Llena los espacios a continuación para describir lo que hiciste esta mañana.

Después de levantarme *(getting up)* a las __________ de la mañana yo desayuné __________ y __________. También bebí __________. Luego __________ y __________. Después salí para __________. Para llegar __________ (¿fuiste a pie, fuiste en carro o usaste transporte público?). Pasé una mañana muy __________ y ahora estoy __________.

3. ¡Escuchemos!

¿Qué hicieron por la mañana? Escucha las actividades que hicieron las personas de los dibujos a continuación. Escribe el número de la frase que mejor corresponda a cada dibujo.

a. ______ b. ______ c. ______ d. ______ e. ______

f. ______ g. ______ h. ______ i ______ j. ______

4. ¡Hablemos!

¿Qué desayunas? Contesta las preguntas a continucación sobre tu rutina de la mañana.

- ¿Madrugas de vez en cuando? ¿Te gusta?
- ¿Desayunas todos los días? ¿Qué te gusta desayunar?
- ¿Qué bebes por la mañana? ¿Eres adicto(a) al café?
- ¿Prefieres desayunar en restaurantes o en casa? ¿Cuál es tu restaurante favorito para el desayuno?
- ¿Tienes mascotas? ¿Le(s) das de comer por la mañana? Si tienes perro, ¿lo sacas a pasear todas las mañanas?
- ¿Qué más haces por la mañana? Por ejemplo, ¿lees el periódioco, escuchas la radio o miras la televisión? ¿Te gustan las mañanas?

5. ¡Te toca a ti!

Un crimen. Ayer por la mañana hubo un asesinato *(murder)* en tu barrio y tienes que decirle a la policía **todas** las cosas que hiciste ayer por la mañana. Trabaja con un compañero(a) de clase para realizar un diálogo. Una persona es el/la policía que hace las preguntas y la otra contesta sus preguntas sobre lo que hizo durante la mañana.

Nota cultural: ¿Sabías que... ?

Early breakfasts in Spanish-speaking countries are usually light, consisting of coffee and/or juice and pastries or bread. Larger breakfasts are sometimes eaten later in the morning, in a café or restaurant.

Expresiones idiomáticas

a quien madruga, Dios le ayuda: *the early bird gets the worm*

No me gusta madrugar, pero **a quien madruga, Dios le ayuda.** — *I don't like to get up early, but* ***the early bird gets the worm.***

correrle atole por las venas: *to be very slow / as slow as molasses*

¡Vamos! **Te corre atole por las venas.** — *Let's go!* ***You're as slow as molasses.***

B. Por la tarde

Vocabulario

Transparency G-6: **Deportes (1)**

En la oficina	***At the Office***
a tiempo	*on time*
asistir a	*to attend*
la cita	*appointment*
el/la cliente	*client, customer*
el/la colega	*colleague*
el/la ejecutivo(a)	*executive*
escribir a máquina	*to type*
fotocopiar	*to photocopy*
el/la jefe(a)	*boss*
mandar/enviar un fax	*to send a fax*
mandar un mensaje por correo electrónico	*to send an email* message
una reunión	*a meeting*
la teleconferencia	*conference call*

Después del trabajo	***After Work***
descansar	*to rest*
hacer un recado/mandado	*to run an errand*
ir al gimnasio	*to go to the gym*
recoger a	*to pick up*
tomar/echar una siesta	*to take a nap*

Hacer ejercicio	***Exercising***
andar en bicicleta	*to ride a bicycle*
correr	*to run*
hacer abdominales	*to do sit-ups*
hacer aerobics	*to do aerobics*
hacer jogging	*to jog*
jugar a los deportes de equipo	*to play team sports*
jugar a los deportes individuales	*to play individual sports*
levantar pesas	*to lift weights*

1. Diálogo B

Ayer por la tarde. Silvia llega a casa a las 9:00 de la noche después de un día muy largo en la oficina. Habla con su esposo, Julio, sobre lo que hicieron los dos por la tarde.

SILVIA: Hola, mi amor, ¿cómo estás?
JULIO: Bien, ¿y tú? ¿Qué tal tu día?
SILVIA: Más o menos. Estoy muy cansada. Asistí a mil reuniones hoy, y tuve que mandar mil faxes y mensajes por correo electrónico. Además, un cliente no vino a nuestra cita y ni me pidió perdón cuando llamó una hora después. Pero tú, ¿qué hiciste?
JULIO: Pasé una tarde muy relajante *(relaxing)*. Asistí a una reunión a las 2:00, y luego salí temprano e hice unos recados. Después vine aquí y descansé un rato. Y luego fui al gimnasio donde levanté pesas y anduve en bicicleta.
SILVIA: ¡Qué suerte tienes! Tengo celos de ti. ¿Tomaste una siesta también?
JULIO: Pues, sí...
SILVIA: Bueno, entonces puedes prepararme la cena, ¿verdad?
JULIO: Claro que puedo preparártela.

Nombre ______________________ Fecha ______________

¿Comprendes?

1. ¿Qué hizo Silvia durante la tarde? ______________________

____

2. ¿Qué hizo Julio durante la tarde? ______________________

____

3. ¿Qué va a hacer Julio ahora? ______________________

____

2. ¡Practiquemos!

Asociaciones y definiciones. Empareja el vocabulario de la primera columna con las ideas de la segunda columna que se asocian con el vocabulario.

_____ **1.** levantar pesas	**a.** descansar
_____ **2.** colega	**b.** una persona importante en el trabajo
_____ **3.** tomar una siesta	**c.** para ser fuerte, tener músculos grandes
_____ **4.** jefe	**d.** ir al banco, al supermercado, etc.
_____ **5.** correr	**e.** una persona con quién trabajas
_____ **6.** hacer un recado	**f.** hacer ejercicio aeróbico

3. ¡Escuchemos!

¿Que hiciste ayer por la tarde? Contesta las preguntas que vas a escuchar.

1. ______________________
2. ______________________
3. ______________________
4. ______________________
5. ______________________

4. ¡Hablemos!

Situaciones de la tarde. ¿Qué haces en las siguientes situaciones? Usa la imaginación si nunca experimentaste *(experienced)* ninguna de esta situaciones.

- Tienes una cita con un cliente y no llega a tiempo. La cita es a las 2:00 de la tarde y ya son las 2:20. Tienes más trabajo que hacer en otra oficina. ¿Qué haces?
- Recibes un mensaje por correo electrónico de tu jefa que te dice que si recibes el mensaje antes de las 3:00 debes hacerle un mandado. Recibes el mensaje a 2:55, pero no quieres hacer el mandado. ¿Qué haces?
- Asistes a una reunión con tu jefa y unos colegas a la 1:00. Todavía no comiste y tienes muchísima hambre. Sabes que la reunión va a durar más de una hora. ¿Comes durante la reunión?
- Llegas a casa muy cansada y quieres tomar una siesta, o por lo menos descansar un poco. Pero no hiciste mucho ejercicio esta semana y debes hacerlo. ¿Qué haces?

⇄ 5. ¡Te toca a ti!

Una encuesta sobre el ejercicio

Paso 1. Pon en orden de preferencia personal las siguientes formas de ejercicio. 1 = tu forma menos favorita y 8 = tu forma más favorita

Ejercicio	Yo			
andar en bicicleta				
correr				
hacer abdominales				
hacer aerobics				
jugar a los deportes de equipo				
jugar a los deportes individuales				
levantar pesas				
nadar				

Paso 2. Ahora trabaja con tres compañeros(as) de clase. Comparte tus preferencias con ellos(as), y escribe sus nombres y preferencias en la tabla también. ¿Tienen muchas preferencias en común? Escribe una frase que describe los resultados.

MODELO: *A todos nos gusta andar en bicicleta y no nos gusta hacer adbominales.*

Paso 3. Presenta la conclusión a la clase. ¿Tienen los otros grupos conclusiones similares?

Nota cultural: ¿Sabías que... ?

The custom of resting in the late afternoon, and possibly taking a **siesta**, is still relatively common in Spain and in parts of Latin America. The same is true for the custom of small businesses closing for a few hours during the afternoon. This is especially true in some regions of Latin America, such as the Caribbean and other coastal areas of Central America, where there is excessive midday heat. People then work later into the evening when it is cooler.

Expresiones idiomáticas

no dar el menor descanso: *not to give a minute's peace*

Ayer pasé toda la tarde trabajando; mi jefa no me **dio el menor descanso.** — *Yesterday I spent the whole afternoon working; my boss **didn't give me a minute's peace.***

tomar un día de descanso: *to take a day off*

Trabajé mucho recientemente; voy a **tomar un día de descanso.** — *I worked a lot recently; I'm going **to take a day off.***

Nombre ______________________ Fecha ______________

C. Por la noche

Vocabulario

Transparencies: G-10: **Programas de televisión**; G-5: **Pasatiempos**

La televisión	***Television***
el canal	*channel*
de ciencia ficción	*science fiction*
la comedia	*comedy*
el concurso	*game show (contest)*
el control remoto	*remote control*
los deportes	*sports*
de detective	*detective (adj.)*
los dibujos animados (las caricaturas)	*cartoons*
las noticias	*news*
del oeste	*western*
el programa	*program*
el pronóstico de tiempo	*weather*
la telenovela	*soap opera*

Las películas	***Movies***
la cartelera	*marquis*
de acción	*action (adj.)*
de horror	*horror (adj.)*
el drama	*drama*
extranjero	*foreign*
las palomitas	*popcorn*
la pantalla	*screen*
romántico	*romantic*
los subtítulos	*subtitles*
de suspense	*suspense (adj.)*

La música	***Music***
los blues	*blues*
la clásica	*classical*
el country	*country*
el flamenco	*flamenco*
el jazz	*jazz*
el merengue	*merengue*
el rap	*rap*
el rock	*rock*
la salsa	*salsa*

1. Diálogo C

Una invitación. Carmen llama por teléfono a su amigo Antonio para invitarle al cine.

ANTONIO: ¿Bueno?
CARMEN: Hola, Antonio. Soy Carmen. ¿Cómo estás?
ANTONIO: Hola, Carmen. Estoy bien. ¿Y tú?
CARMEN: Bien. Oye, ¿te gustaría ir al cine esta noche?
ANTONIO: Pues, no sé, tengo mucho sueño.
CARMEN: Vamos, Antonio, no es una buena excusa. ¿Por qué no comemos un poco antes para darte más energía.
ANTONIO: Bien, tienes razón, y además, tengo que comer pronto porque tengo mucha hambre.
CARMEN: ¿Qué tienes ganas de comer?
ANTONIO: ¿Comida china?
CARMEN: Sí, pero ¿qué tipo de película quieres ver? ¿Una de horror?
ANTONIO: No, tengo miedo de las de horror. ¿Un drama?
CARMEN: Sí, está bien. Voy a mirar el periódico y luego podemos decidir.

¿Comprendes?

1. ¿Por qué Antonio no quiere ir al cine al principio? ______________________

____

2. ¿Qué van a hacer antes de ir al cine? ______________________

____

3. ¿Qué tipo de película tienen ganas de ver? ______________________

____

2. ¡Practiquemos!

Programas de televisión. Escribe tus programas favoritos de televisión según las categorías a continuación. Si no te gusta un tipo de programa, escribe «No tengo».

1. concurso ______________
2. ciencia ficción ______________
3. dibujo animado ______________
4. comedia ______________
5. de detective ______________
6. deportes ______________
7. de suspense ______________
8. del oeste ______________

3. ¡Escuchemos!

El horario del cine. Tienes ganas de ir al cine esta noche pero no sabes qué películas hay. Llamas al cine y escuchas un mensaje con información sobre las películas. Luego llena la tabla a continuación con la información que escuchas.

Nombre de la película	Las horas	Tipo de película
Amor y sus consecuencias	6:00 o 8:30	romántica

4. ¡Hablemos!

Actividades por la noche. Contesta las siguientes preguntas relacionadas con tus preferencias en cuanto a la televisión, el cine y la música.

- ¿Qué haces normalmente por la noche? ¿Miras mucha televisión? ¿Qué tipos de programas te gustan más/menos? ¿Cuál es tu programa favorito?
- ¿Vas al cine mucho? ¿Qué tipos de películas te gustan más/menos? ¿Cuáles son tus películas favoritas? ¿Y tu actor/actriz favorito(a)? ¿Te gustan las películas extranjeras? ¿Viste una película en español alguna vez? ¿Tienes ganas de ver alguna película en particular ahora?
- ¿Escuchas la música mucho por la noche? ¿Qué tipos de música te gustan? ¿Cuáles no te gustan? ¿Quién es tu cantante o grupo favorito? ¿Tienes muchos discos compactos? ¿Asistes a muchos conciertos? ¿Cuál fue el concierto más reciente al cual asististe?
- ¿Qué hiciste anoche? ¿Fue una noche típica para ti?

5. ¡Te toca a ti!

Una invitación. Trabajando en grupos de dos, una persona debe invitar a la otra persona al cine, a un concierto o a otro evento que les interese. La otra persona debe aceptar la invitación. Deben incluir los siguientes elementos en la conversación:

- Adónde van a ir
- Qué van a hacer allí
- A qué hora van a hacerlo
- Si van a comer antes
- Cómo van a llegar
- A qué hora van a ir

Nombre ______________________________ Fecha ______________________

Nota cultural: ¿Sabías que...?

Ricardo Arjona is a popular singer-songwriter from Guatemala. His songs often include political and social messages, and while his music has a wide range of influences, it is primarily pop/rock.

Expresiones idiomáticas

pasarla a todo dar: *to have a great/enjoyable time*

Me la pasé a todo dar en el concierto de Ricardo Arjona. — ***I had a great time*** *at the Ricardo Arjona concert.*

ser música para: *to be hopeless at (something)*

¡Ella **es música para** bailar! — ***She's hopeless at*** *dancing!*

D. Síntesis

¡A leer! El guía de televisión

Antes de leer. Reflexiona un momento en el vocabulario de televisión que aprendiste en este capítulo. Vas a leer un guía de televisión. ¿Qué información piensas encontrar en el guía? ¿las horas? ¿los nombres de programas? ¿descripciones de los programas? Ahora lee el guía y contesta las preguntas que siguen.

Canal	20:00	20:30	21:00
2	Las noticias	«Gente bonita»: La actriz Susana López y el cantante Mario Luzán	Película: «Llegan los extraterrestres»: ¿Crees en la vida de otro planeta?
5	«¡Gana mil dólares!»: con las estrellas de cine Mar Bello y Ana Mera	Fútbol: Guatemala contra México	«¿Quién asesinó a... ?»: El señor Sevilla busca el asesino de una ejecutiva.
7	Las noticias	«Los tres amigos locos»: Pepe, Juan y Carlos van a una clase de aerobics.	Película: «La noche de los muertos»: Los muertos viven.
10	«El amor y el engaño»: Sergio sale con Ana y Marta va a tener un bebé...	(continuación)	Concierto: ¡Ricardo Arjona en vivo! Con canciones de su nuevo disco

¿Comprendes? En grupos de dos o tres, hablen de las preguntas a continuación.

1. ¿Cuándo y en qué canal puedes ver un concurso?
2. ¿Cuándo y en qué canales puedes aprender de los eventos que pasan en el mundo?
3. ¿Qué películas puedes ver? ¿Qué tipos de películas crees que son?

4. ¿Qué tipos de progama pueden ser «El amor y el engaño», «Los tres amigos locos» y «¿Quién asesinó a... ?»?
5. ¿Qué programas te gustaría ver a las 20:00, a las 20:30 y a las 21:00 horas?

■ **Expansión de vocabulario: Mapa semántico.** En otro papel, dibuja un mapa semántico con la idea central de «Ayer». Dibuja como nodos principales «Por la mañana», «Por la tarde» y «Por la noche». También incluye como subnodos temas como «El desayuno», «En la oficina», etc. Incluye por lo menos 50 palabras.

■ **Expansión oral: ¿Qué hiciste ayer?**

Paso 1. Escribe una lista de seis actividades que hiciste ayer: dos que hiciste por la mañana, dos por la tarde y dos por la noche.

MODELO: *Ayer por la mañana dormí hasta las 8:00.*

Paso 2. Ahora busca personas que hicieron las mismas *(the same)* actividades que tú. Escribe sus nombres al lado de las frases. No repitas ningún nombre y habla con muchas personas diferentes.

Paso 3. Comparte tus resultados con la clase.

MODELO: *Cristina y yo dormimos hasta las 8:00.*

■ **Traducciones: En el gimnasio.** Estás en Guatemala, y vas a un gimnasio con tu amigo Bill. Uds. están hablando con una entrenadora del gimnasio. Bill no habla español, entonces tienes que traducir para él.

ENTRENADORA: Buenos días. ¿En qué puedo servirles?

TÚ *(en inglés):* ____________________

BILL: Ask her how much it costs to use the gym for just one day.

TÚ *(en español):* ____________________

ENTRENADORA: La primera vez no cuesta nada.

TÚ *(en inglés):* ____________________

BILL: Great. And what equipment do they have?

TÚ *(en español):* ____________________

ENTRENADORA: Tenemos máquinas de correr, equipo para levantar pesas individuales y máquinas de pesas. También tenemos piscina olímpica.

TÚ *(en inglés):* ____________________

BILL: Very good. I really feel like exercising now! Thank you.

TÚ *(en español):* ____________________

ENTRENADORA: De nada. ¿Puedo preguntarles quién les habló de nuestro gimnasio?

TÚ *(en inglés):* ____________________

BILL: My friend Carlos Ratia told us yesterday.

TÚ *(en español):* ____________________

ENTRENADORA: Bien. Gracias, y suerte.

Nombre ________________________________ Fecha ____________________

■ **Enlace cultural: ¡Vamos al cine!** Vas a explorar los cines del mundo hispano. Ve al sitio **http://spanishforlife.heinle.com**.

Paso 1. Busca películas que te interesen. Puedes usar los sitios de la página de *Spanish for Life,* o puedes usar un buscador en español, como **http://www.ole.es/** o **www.espanol.yahoo.com**. Usa los términos de búsqueda «cine», «películas», «cartelera» *(billboard)* o «diversiones».

Paso 2. Selecciona tres películas y llena la tabla a continuación con la información que encontraste.

Nombre de la película	**Dónde puedes verla (cine, ciudad, país)**	**Horario**	**Tipo de película**

Paso 3. Ahora, basándote en la información de la tabla, decide qué película te interesa más y completa la frase a continuación para luego presentarla a la clase. ¿Hay una película favorita de la clase?

Prefiero ____

porque ____

____

____

Nombre ______________________ Fecha ______________

¡Hablemos mejor!

The Spanish letter *ll*. The Spanish **ll** is pronounced the same as the Spanish consonant **y** in most countries. In most contexts they are both pronounced like the English *y*. But when they are the first sound that is produced after a silence or are after an **n**, as in **inyección**, they are pronounced like the English *j* as in *joke*. Listen to the following examples, paying careful attention to how **ll** and **y** are pronounced. Then listen to the words again, repeating each of the words along with the tape.

manzanilla	desayuno	un yogur	yo
ayudar	cuchillo	ayer	mayor
llorar	amarillo	llueve	calle
mayo	sello	sencilla	inyección

Nombre ______________________ Fecha ______________

La rutina diaria y las emociones: En Perú

In this chapter you will learn:

COMMUNICATIVE FUNCTIONS

- Discuss daily routine
- Talk about making plans
- Discuss clothing preferences and habits
- Express emotional reactions

VOCABULARY

- Daily routine, getting ready
- Making plans
- Clothing
- Emotional reactions

Transparency A–12
Country Profile, **Perú**

A. Preparándose y haciendo planes

Vocabulario

Transparencies: M–1: **La rutina diaria (1)**; M–3: **El fin de semana**

En casa por la mañana	***At Home in the Morning***
arreglarse	*to get ready*
cepillarse	*to brush (one's hair, teeth)*
ducharse	*to shower*
estirarse	*to stretch*
maquillarse	*to put on make-up*
morirse de hambre (o→ue, u)	*to be dying of hunger*
secarse (el pelo) (c→qu)	*to dry (one's hair)*

Haciendo planes	***Making Plans***
acordarse de (o→ue)	*to remember*
callarse	*to be quiet*
darse prisa	*to hurry*
encontrarse con (o→ue)	*to meet up with (by accident)*
enterarse de	*to find out about*
irse	*to leave (for somewhere)*
juntarse con	*to meet with*
llevarse bien con	*to get along well with*
mantenerse en contacto	*to stay in touch*
olvidarse de	*to forget about*
ponerse en forma	*to get into shape*
prepararse	*to prepare oneself, get ready*
quedarse en	*to stay/remain at*
reunirse con (u→ú)	*to meet/get together with*

Nombre ______________________________ Fecha ______________

1. Diálogo A

¿Qué vas a hacer hoy? Dos amigas, Ana y Mar, están hablando por teléfono sobre sus planes para el día (es sábado).

ANA: Buenos días, Mar. ¿Qué tal?
MAR: Bien, ¿y tú?
ANA: Bien. ¿Qué vas a hacer hoy?
MAR: No sé. Sólo me levanté hace media hora. ¿Por qué?
ANA: Tengo ganas de hacer algo. ¿Quieres reunirte con Jaime, Cristina y yo en un café?
MAR: Sí, me llevo muy bien con ellos y no me acuerdo de la última vez que nos vimos. Pero necesito por lo menos una hora para arreglarme.
ANA: ¡Una hora! ¿Por qué tanto?
MAR: Después de levantarme sólo desayuné. Tengo que bañarme, vestirme, maquillarme, cepillarme el pelo y los dientes...
ANA: Bien, ¡pero date prisa porque me muero de hambre!
MAR: ¿Nos vemos entonces en una hora en el Café exprés?
ANA: Sí, y yo puedo llamar a Jaime y Cristina. Adiós.
MAR: Chao, nos vemos.

¿Comprendes?

1. ¿Qué tiene ganas de hacer Ana? ______________________________
2. ¿Qué tiene que hacer Mar antes de reunirse con sus amigos? ______________________________
____
3. ¿Por qué se da prisa Ana?______________________________
____

2. ¡Practiquemos!

Mis actividades diarias. Pon las siguientes actividades en el orden en que normalmente las haces por la mañana. Si no haces una actividad, pon una **X** en el espacio.

_____ irse a la universidad	_____ cepillarse los dientes	_____ maquillarse
_____ bañarse	_____ cepillarse el pelo	_____ vestirse
_____ desayunar	_____ secarse el pelo	_____ leer el periódico

3. ¡Escuchemos!

La rutina de tu familia peruana. Imagina que vas a pasar un verano viviendo con una familia en Perú. Tu mamá peruana te llama por teléfono y te describe la rutina de la familia por la mañana. Escucha lo que dice e indica si las frases a continuación son ciertas o falsas.

1. La familia se levanta a las 8:00 de la mañana. C / F
2. Normalmente la familia no desayuna porque no tiene hambre. C / F
3. La mamá no se lleva bien con su hijo. C / F
4. El papá se baña y se arregla inmediatamente después de levantarse. C / F
5. Tú puedes bañarte antes de las 8:00 o después de bañarse el papá y el hermano. C / F
6. Después de bañarse, Esteban se reúne con amigos o se queda en casa. C / F

Nombre ______________________ Fecha ______________

4. ¡Hablemos!

¿Qué haces cuando… ? Tus amigos te respetan mucho y por eso te piden muchos consejos *(advice)*. Te preguntan qué haces en las siguientes situaciones.

¿Qué haces cuando… ?

- Te enteras de que el novio de tu mejor amiga sale con otra mujer
- Tus padres no se llevan bien con tu novio(a)
- Un amigo siempre se queda en casa y nunca quiere irse a ninguna parte
- Tu novio(a) siempre se calla o se va cuando Uds. pelean *(fight)*
- Te encuentras con un(a) ex-novio(a) y quiere juntarse contigo para tomar un café (y sabes que a tu novio(a) actual *(current)* no le va a gustar la idea).
- Tu mejor amigo de tu niñez *(childhood)* no se mantiene en contacto contigo

5. ¡Te toca a ti!

Un(a) nuevo(a) compañero(a) de casa. Trabajando en grupos de dos, imaginen que son nuevos(as) compañeros(as) de casa. Para organizar el horario de la casa (¡y del baño!), hablen de sus rutinas diarias por la mañana y pónganse de acuerdo *(reach an agreement)* en cuanto al uso del baño, la preparación del desayuno, si quieren ir juntos(as) a la universidad o al trabajo, etc.

MODELO: **Estudiante A:** *Me levanto a las 7:00, y luego desayuno.*
Estudiante B: *Perfecto, porque me levanto a las 7:00 también, pero me ducho primero…*

Nota cultural: ¿Sabías que… ?

When making plans with Hispanic friends, keep in mind that punctuality is often not expected for informal events. This is not the case, however, with more official activities, such as classes, appointments, or business meetings.

Expresiones idiomáticas

levantarse con el pie izquierdo: *to get up on the wrong side of the bed*

¡Qué día horrible! Creo que **me levanté con el pie izquierdo.** — *What a horrible day! I think* ***I got up on the wrong side of the bed.***

irse con la música a otra parte: *to go somewhere else, get out of here*

No me llevo bien con él; **me voy con la música a otra parte.** — *I don't get along with him;* ***I'm getting out of here.***

Nombre ______________________________ Fecha ______________

B. ¿Qué te pones?

Vocabulario

Transparencias: I–1: **La ropa**; I–2: **Los colores**; I–3: **La ropa de hombres**

Cuando hace frío o llueve	***When It's Cold or Rainy***
el abrigo	*coat*
las botas	*boots*
la camisa de manga larga	*long-sleeved shirt*
la chaqueta	*jacket*
la gorra	*hat*
los guantes	*gloves*
el impermeable	*raincoat*
el paraguas	*umbrella*
el rebozo	*scarf*
Cuando hace calor	***When It's Warm***
el bikini	*bikini*
la camisa de manga corta	*short-sleeved shirt*
la camisa sin mangas	*sleeveless shirt*
la falda corta (la minifalda)	*short skirt, mini-skirt*
los pantalones cortos	*shorts*
el traje de baño	*swimsuit*
Los zapatos y otros accesorios	***Shoes and Other Accessories***
la bata	*bathrobe*
la bolsa (el bolso)	*bag, purse*
el cinturón	*belt*
la prenda (de ropa)	*article (of clothing)*
las sandalias (las chanclas)	*sandals*
las zapatillas	*slippers*
los zapatos de tacón alto	*high-heeled shoes*
los zapatos de tenis	*tennis shoes*
Los materiales y los diseños	***Materials and Designs***
a rayas	*striped*
el algodón	*cotton*
el cuero	*leather*
de cuadras	*checked*
de lunares	*polka-dotted*
la franela	*flannel*
la lana	*wool*
el mahón	*denim*
la pana	*corduroy*
el rayón	*rayon*
la seda	*silk*

1. Diálogo B

¿Qué te pones? Mara y Chayo, dos amigas, están hablando por teléfono sobre la ropa que van a llevar a una fiesta esta noche.

MARA: Hola, Chayo. ¿Qué tal?
CHAYO: Bien, ¿y tú? ¿Ya estás lista para la fiesta de Marcos?
MARA: No. No sé qué llevar. ¿Qué vas a llevar tú?
CHAYO: Tampoco sé yo. Pero hace mucho calor. Entonces quizás llevo esa falda corta que compré la semana pasada en el centro comercial.
MARA: ¿Es de cuadras?
CHAYO: No, es a rayas, y de rayón.
MARA: Sí, ya me acuerdo. ¿Crees que debo llevar esos pantalones cortos que llevé a la fiesta de Jesús hace dos semanas, con mi camisa de seda?
CHAYO: ¿Fui contigo a esa fiesta? Ah, sí, ¿la camisa azul sin mangas? Me gusta mucho.
MARA: Gracias, ¿y qué zapatos vas a llevar? Creo que yo, sandalias.
CHAYO: Yo también, las de tacón alto.
MARA: Perfecto. Bueno, nos vemos en la fiesta. Oye, ¿quieres ir conmigo en el coche?
CHAYO: Sí, gracias. ¿Te espero enfrente de mi casa a las 10:00?

Nombre ______________________ Fecha ______________

MARA: Sí, o mejor, entre las 10:00 y las 10:15.
CHAYO: Bien, nos vemos.

¿Comprendes?

1. ¿Por qué llama Mara a Chayo? ______________________
2. ¿Qué va a llevar Chayo? ______________________
3. ¿Qué va a llevar Mara? ______________________

2. ¡Practiquemos!

Asociaciones y definiciones. Empareja el vocabulario de ropa de la primera columna con las actividades/ocasiones de la segunda columna.

_____ 1. falda corta y camisa sin mangas
_____ 2. guantes, abrigo y botas
_____ 3. impermeable y paraguas
_____ 4. zapatos de tenis, pantalones cortos y camisa de manga corta
_____ 5. una bata y zapatillas
_____ 6. traje de baño y sandalias
_____ 7. vestido de seda y zapatos de tacón

a. para ir a un baile elegante
b. para salir cuando hace frío
c. para ir a la playa con amigos
d. para jugar al tenis
e. para ir a una fiesta informal
f. para quedarse en casa por la mañana
g. para salir cuando llueve

3. ¡Escuchemos!

Ayudar a Mauricio. Tu amigo Mauricio está pasando el año en Lima, pero se le olvidaron unas prendas de ropa en su dormitorio en Arequipa. Él te llama para decirte dónde están las prendas que necesita. Escucha y dibuja las prendas donde él dice que están en su dormitorio, para luego poder encontrarlas en su casa.

El dormitorio de Mauricio

la puerta

la cama

el escritorio

la ventana

4. ¡Hablemos!

¿Qué ropa llevas cuando... ? Contesta las siguientes preguntas que te hace el dependiente de una tienda de ropa sobre tus preferencias en cuanto a la ropa.

- ¿Qué ropa llevas cuando te reúnes con tus amigos o con tu familia en una casa? ¿Y cuando vas a una fiesta? ¿a un bar o restaurante?
- ¿Qué llevas a la universidad? ¿al trabajo? ¿Y cuando te quedas en casa para estudiar o relajarte? ¿Te pones ropa diferente inmediatamente después de llegar a casa?
- ¿Qué tipo de zapatos prefieres llevar?
- ¿De qué material es la mayoría de tu ropa? ¿Y de qué color?

Nombre ______________________ Fecha ______________________

5. ¡Te toca a ti!

Ropa para un viaje. Imagina que vas a viajar con un(a) compañero(a) de clase a Cuzco, Perú, para unas vacaciones el mes que viene. Vas a estar allí por una semana, y tienes que decidir qué ropa vas a traer.

Paso 1. Piensa en el tiempo que va a hacer, y acuérdate de que Perú está en el hemisferio del sur. Entonces si es verano aquí es invierno allá. Si quieres, puedes consultar el siguiente sitio de la red para saber qué tiempo hace: **http://spanishforlife.heinle.com**.

Paso 2. Trabaja con otro(a) estudiante para escribir una lista de ropa que quieren llevar. Traten de *(try to)* no llevar mucha ropa porque van a viajar y la ropa puede pesar *(weigh)* mucho.

Paso 3. Comparen la lista que escribieron con las listas de los otros grupos de la clase y noten las diferencias. ¿Qué grupo quiere llevar más ropa que los otros grupos? ¿Y menos?

Nota cultural: ¿Sabías que...?

When going out at night (to clubs, dinner, bars, parties, etc.), people in Hispanic countries tend to dress up more than people generally do in the United States. Many clubs/bars even have dress codes that do not permit shorts, tennis shoes, casual sandals, and other informal attire. Also, wearing shorts is less common in the Hispanic world, with the exception of beach towns.

Expresiones idiomáticas

estar que levantas a un muerto: *to look so good that you could wake the dead (to look great)*

Esa falda es muy elegante. **¡Estás que levantas a un muerto!** — *That skirt is very elegant.* ***You look so good that you could wake the dead!***

¡Qué bien te ves!: *You look great!*

¡Qué bien te ves! ¿Adónde vas tan elegante? — ***You look great!*** *Where are you going dressed so elegantly?*

C. ¿Cómo te sientes?: Reacciones emocionales

Vocabulario

Reacciones positivas	***Positive Reactions***
alegrarse	*to become happy*
calmarse	*to become calm, calm oneself*
divertirse (e→ie, i)	*to have fun*
ponerse	*to become*
alegre	*happy*
contento	*happy, content*
reírse (e→í, i)	*to laugh*
relajarse	*to relax*
sentirse (e→ie, i)	*to feel*
emocionado	*excited*
lleno de energía	*full of energy*
sonreírse (e→í, i)	*to smile*
sorprenderse	*to be surprised*

Nombre ______________________________ Fecha ____________________

Reacciones negativas	Negative Reactions		
aburrirse	*to become bored*	ofenderse	*to become offended*
agitarse	*to become upset*	ponerse	*to become*
avergonzarse (o→üe) (z→c)	*to be embarrassed/ ashamed*	enojado	*angry*
		estresado	*stressed*
cansarse	*to become tired/sick (of something)*	impaciente	*impacient*
		nervioso	*nervous*
deprimirse	*to become depressed*	rojo	*red*
enfadarse	*to become angry*	tenso	*tense*
enfurecerse (c→zc)	*to become furious*	preocuparse	*to worry*
enojarse	*to become angry*	quejarse	*to complain*
entristecerse (c→zc)	*to become sad*	sentirse agotado	*to feel exhausted*
irritarse	*to become irritated*		

1. Diálogo C

¿Cómo te sientes? Claudia y su novio Rafael no se llevan bien últimamente *(lately)* y hablan de cómo se sienten para tratar de *(try to)* resolver sus problemas.

CLAUDIA: Rafael, ¿por qué nos llevamos tan mal últimamente? Me siento nerviosa porque no quiero perderte, pero...

RAFAEL: Pues, creo que no hablamos lo suficiente...

CLAUDIA: Hablamos ahora. Necesito decirte que me preocupo mucho por tus notas. Nunca estudias, y es por eso que no paso mucho tiempo contigo durante la semana.

RAFAEL: Pero me aburro si me quedo en casa estudiando mucho, y además, cuando sales tanto con tus amigas en vez de conmigo me deprimo.

CLAUDIA: Lo siento, no lo sabía *(I didn't know)*. Pero me divierto mucho con mis amigas, y me relajo también.

RAFAEL: ¿Y conmigo no te diviertes?

CLAUDIA: ¡Claro que me divierto contigo también! Pero necesito pasar tiempo con mis amigas también. ¿Entiendes?

RAFAEL: Sí, pero me ofendo a veces cuando no me invitas a salir con Uds.

CLAUDIA: Bien, en el futuro voy a invitarte más. Te llevas bien con mis amigas, ¿verdad?

RAFAEL: Sí, son muy divertidas. Y también te prometo *(I promise)* que voy a estudiar más.

CLAUDIA: Me alegro. ¿Empezamos esta noche? ¿Por qué no vienes a tomar un café con nosotras ahora, y luego vuelves a casa para estudiar?

RAFAEL: Sí, está bien. Me siento menos tenso ahora, después de hablar de todo.

CLAUDIA: Yo también.

¿Comprendes?

1. ¿Cómo se siente Rafael cuando Claudia sale mucho con sus amigas? ____________________

____

2. ¿Por qué le gusta a Claudia salir con sus amigas? ____________________

____

3. ¿Qué van a hacer Rafael y Claudia en el futuro? ____________________

____

Nombre ______________________ Fecha ______________

2. ¡Practiquemos!

Asociaciones. ¿Qué emociones asocias con las siguientes actividades o eventos?

MODELO: juntarse con familia en una fiesta
divertirse y alegrarse

1. reunirse con amigos ______________________
2. levantarse por la mañana ______________________
3. ponerse en forma ______________________
4. despedirse ______________________
5. casarse ______________________
6. dormirse ______________________

3. ¡Escuchemos!

¿Cómo se sienten? Escucha las siguientes descripciones de las emociones que se sienten las personas de los dibujos a continuación. Escribe el número de la descripción que corresponda a cada dibujo.

a. _____ **b.** _____ **c.** _____ **d.** _____

e. _____ **f.** _____ **g.** _____ **h.** _____

4. ¡Hablemos!

Me siento así cuando... Durante un día típico, describe cuándo tienes las siguientes reacciones emocionales.

MODELO: ponerse nervioso(a)
Me pongo nervioso(a) cuando tengo un examen.

- enojarse
- irritarse
- relajarse
- aburrirse
- sentirse agotado(a)
- divertirse
- quejarse
- ponerse rojo(a)
- reírse

Nombre ______________________ Fecha ______________

5. ¡Te toca a ti!

¿Qué haces cuando te sientes… ?

Paso 1. Completa las siguientes frases sobre lo que haces cuando tienes las siguientes emociones.

MODELO: Cuando me enojo *me callo y voy a mi habitación.*

1. Cuando me enfado ______________________
2. Cuando me siento estresado(a) ______________________
3. Cuando me aburro en una clase ______________________
4. Cuando me deprimo ______________________
5. Cuando me siento agotado(a) ______________________
6. Cuando me siento emocionado(a) ______________________
7. Cuando me preocupo de algo ______________________
8. Cuando me ofendo ______________________

Paso 2. Ahora compara tus respuestas con las de dos compañeros(as) de clase. ¿Son semejantes o diferentes la mayoría de sus reacciones? ¿Cuáles reacciones son más saludables *(healthy)*?

Paso 3. Presenta una diferencia y una semejanza del grupo a la clase.

MODELO: *Todos(as) comemos mucho cuando nos deprimimos, pero Sara y Steve dibujan cuando se aburren en una clase y yo me duermo.*

Nota cultural: ¿Sabías que… ?

Hispanics often express quite openly how they feel rather than holding their emotions inside of them. While this varies, of course, by individual, it can be observed in such phenomena as beeping car horns when they are impatient or "arguing" with friends when they are angry rather than ignoring the issue.

Expresiones idiomáticas

aburrirse como una ostra: *to be/get bored to death*

Me aburro como una ostra en esa clase.	***I get bored to death*** *in that class.*

pasarlo bomba: *to have a blast*

Siempre **lo paso bomba** en tus fiestas.	*I always* ***have a blast*** *at your parties.*

Nombre ______________________ Fecha ______________

D. Síntesis

■ **¡A leer! Vamos a un concierto.**

Antes de leer. Toma un momento para pensar en la información que aprendiste en este capítulo sobre cómo se hacen los planes. Vas a leer un anuncio para un concierto de música en Lima, Perú. ¿Qué información piensas leer en el anuncio? ¿el tipo de música? ¿la hora y la fecha? ¿el precio? Lee el anuncio para aprender más del concierto.

Concierto público: Las zampoñas

¿Qué?: Un concierto de música andina del mejor grupo de nuestra región: Las zampoñas

¿Cuándo?: Sábado, el 8 de agosto, a las 9:00 de la noche

¿Dónde?: La plaza principal de Lima

¿Quién?: Todos están invitados: ¡Vengan a pasarlo bomba!

¿Por qué?: Porque pueden reunirse con amigos, olvidarse de sus problemas, ponerse en forma (bailando, por supuesto), relajarse y divertirse.

¡Deben empezar a prepararse ya porque este concierto es el evento del año!

¿Comprendes?

En grupos de dos o tres, hablen de las preguntas a continuación.

1. Describe el evento del anuncio *(advertisement).*
2. ¿Por qué deben irse todos al evento?
3. ¿Te gustaría ir? ¿Por qué sí o no?

■ **Expansión de vocabulario: Mapa semántico.** En otro papel, dibuja un mapa semántico con la idea central de «La rutina diaria». Dibuja como nodos principales «Por la mañana», «Para hacer planes», «La ropa» y «Las reacciones emocionales». Incluye por lo menos 50 palabras.

■ **Expansión oral: Por la noche...** Imagina que trabajas para el periódico de tu universidad y que vas a escribir un artículo sobre la vida nocturna de los estudiantes.

Paso 1. Entrevista a un(a) compañero(a) de clase para saber qué hace en una noche típica.

Nombre:	
¿Se queda en casa o se reúne con amigos?	
¿Qué ropa lleva?	
Cuando sale, ¿cómo se arregla para salir?	
¿Adónde va?	
¿Qué hace allá?	
¿Cómo se siente?	

Nombre ______________________ Fecha ______________

Paso 2. Ahora van a trabajar en grupos de tres o cuatro para llegar a unas conclusiones. Basándose en la información que aprendieron de las entrevistas, ¿qué hacen los estudiantes de su universidad por la noche? Escriban una lista de tres generalizaciones.

Por la noche los estudiantes...

1. ______________________________

2. ______________________________

3. ______________________________

■ **Traducciones: Vivir con una familia peruana.** Hace una semana que tu amiga Janine vive con una familia peruana y ya hay unos problemas entre ella y su madre peruana. Janine habla muy poco español, entonces tú vas a traducir para ella.

TÚ: ¿Cuál es el problema?

MADRE: Janine se calla mucho y nunca expresa sus emociones; por eso es difícil saber cómo se siente.

TÚ *(en inglés):* ______________________________

JANINE: I'm quiet because I don't speak much Spanish. I get nervous and I become embarrassed when I speak.

TÚ *(en español):* ______________________________

MADRE: Sí, es cierto. Te pones roja cuando hablas mucho. Pero no debes preocuparte tanto por hablar perfectamente. ¡Me divierto ayudándote!

TÚ *(en inglés):* ______________________________

JANINE: I know. You laugh at me!

TÚ *(en español):* ______________________________

MADRE: Lo siento, Janine, pero me río contigo; no me río de ti.

TÚ *(en inglés):* ______________________________

JANINE: That's OK. I know that I need to relax more.

TÚ *(en español):* ______________________________

MADRE: Bien. Entonces vamos a hablar más y comunicarnos mejor. ¿De acuerdo?

TÚ *(en inglés):* ______________________________

JANINE: ¡Sí!

■ **Enlace cultural: ¡Vamos de compras!** Vas a ir de compras para buscar ropa. Ve al sitio **http://spanishforlife.heinle.com**.

Paso 1. Busca ropa que te interese. Puedes usar los sitios de la página de *Spanish for Life,* o puedes usar un buscador en español, como **http://www.ole.es/** o **www.espanol.yahoo.com**. Usa los términos de búsqueda «moda», «ropa», «comprar» o «tienda».

Nombre ______________________ Fecha ______________

Paso 2. Selecciona prendas de ropa y llena la tabla a continuación con la información que encontraste.

Prenda de ropa	Color	Tela	Precio

Paso 3. Ahora, describe la prenda que más te guste a la clase o a un grupo de estudiantes. ¿Hay un tipo de prenda que muchos estudiantes quieran comprar? ¿Cuál fue el criterio más importante cuando escogieron la ropa, el precio, la apariencia o la tela?

■ ¡Hablemos mejor!

The Spanish letter *q*. In Spanish, as in English, the letter **q** is always followed by the letter **u**. This **u** is never pronounced. The **qu** combination is pronounced roughly the same as the English *k* as in *kite*. When the **k** sound is followed by a **u** that is pronounced, the **u** is preceded by a **c**, not a **q**.

Listen to the following examples, paying careful attention to how **qu** and **cu** are pronounced. Then listen to the words again, repeating each of the words along with the tape. Be sure to look up the meanings of the words you do not know.

maquillarse	cuando	quedarse	chaqueta
de cuadras	quejarse	cuero	cual
quemarse	aquel	que	cualquier
máquina	cuota	cuestión	quien

Nombre ______________________ Fecha ______________

La salud y la niñez: En Argentina

In this chapter you will learn:

COMMUNICATIVE FUNCTIONS

- Describe childhood activities and characteristics
- Narrate past accidents, illnesses, and remedies
- Discuss nutrition and diet

VOCABULARY

- Children's personality characteristics
- Childhood activities
- Adverbs of frequency
- Accidents
- Illnesses and symptoms
- Remedies
- Nutrition and food groups

Transparency A–8
Country Profile, **Argentina**

A. De niño: ¿Cómo eras y qué hacías?

Vocabulario

Características	***Characteristics***
activo	*active*
bien/mal educado	*well-/ill-mannered (impolite)*
creador	*creative*
difícil	*difficult, picky*
enfermizo	*sickly*
inquieto	*restless*
mimado	*spoiled*
quejón	*grumpy*
saludable	*healthy*
sedentario	*sedentary*
torpe	*clumsy*
travieso	*mischievous*

Actividades	***Activities***
jugar (ue) a las muñecas	*to play with dolls*
jugar (ue) a la pelota	*to play catch*
jugar (ue) al aire libre / dentro	*to play outside/inside*
jugar a pillapilla	*to play tag*
jugar (ue) con	*to play with*
los juguetes	*toys*
los camiones	*trucks*
jugar (ue) en un columpio	*to play on a swing*
justicias y ladrones	*cops and robbers*
participar en / asistir a clases de	*to participate in classes of*
artes marciales	*martial arts*
baile	*dance*
natación	*swimming*
saltar la cuerda	*to jump rope*

Nombre ______________________ Fecha ______________

Adverbios que se usan con el imperfecto	*Adverbs Used with the Imperfect*
a menudo	*often*
a veces	*sometimes*
cada día/semana/lunes...	*each (every) day/week /Monday . . .*
con frecuencia	*frequently, often*
de vez en cuando	*once in a while*
frecuentemente	*frequently*
mucho	*a lot*
siempre	*always*
todos los días/lunes...	*every day/Monday . . .*

Otro vocabulario	*Other Vocabulary*
comer bien/mal	*to eat well/poorly*
enfermarse	*to get sick*
gozar de buena salud (z→c)	*to enjoy/have good health*
obedecer (c→zc)	*to obey*
portarse bien/mal	*to behave well/poorly*
la torpeza	*clumsiness*

1. Diálogo A

De niño. Hace sólo un mes que Paco y Rosa son novios y hablan de cómo eran y de qué hacían de niño.

PACO: ¿Cómo eras de niña, Rosa?
ROSA: Pues, era bastante traviesa. Nunca obedecía a mis padres. Siempre salía para jugar con mis amigos sin decirles nada a mis papás. Se enojaban conmigo a menudo. ¿Y tú?
PACO: No, yo era bien educado. Siempre me portaba bien. Pero era un niño bastante enfermizo, quizás porque no hacía mucho ejercicio. Era sedentario; miraba la tele con frecuencia, escuchaba la radio y tambien leía bastante. ¿Y tú? ¿Te enfermabas a menudo?
ROSA: No, gozaba de buena salud y era muy activa. Siempre jugaba al aire libre con mis vecinos. Saltábamos la cuerda y jugábamos a la pelota y a pillapilla. Yo también participaba en clases de baile y de natación cada semana.
PACO: ¡Vaya! ¡Hacías mucho! Quizás por eso eres una persona tan activa e interesante hoy día. ¿Todavía nadas y bailas a menudo?
ROSA: No, ya no soy tan activa. Pero sí me gusta estar al aire libre. ¿Y tú? Todavía eres tan sedentario?
PACO: Pues, no tanto; ahora gozo de buena salud.

¿Comprendes?

1. ¿Por qué cree Paco que era enfermizo de niño? ______________________
2. ¿Cómo era Rosa de niña? ______________________
3. ¿Qué actividades hacía Rosa? ¿Todavía las hace? ______________________

2. ¡Practiquemos!

¿Con qué frecuencia... ? Indica con qué frecuencia hacías las siguientes actividades de niño(a).

¿Con qué frecuencia... ? todos los días / a menudo / a veces / nunca

1. jugabas al aire libre ______________________

Nombre ________________________________ Fecha ____________________

2. te portabas mal ________________________________

3. te enfermabas ________________________________

4. participabas en clases de natación ________________________________

5. jugabas con las muñecas ________________________________

6. jugabas a la pelota ________________________________

7. saltabas la cuerda ________________________________

8. comías bien ________________________________

3. ¡Escuchemos!

Las actividades de Rosa. Ya sabes que Rosa era una niña muy activa. Escucha las siguientes descripciones de sus actividades y escribe el número de la frase que mejor corresponda a cada dibujo.

a. ______ b. ______ c. ______

d. ______ e. ______ f. ______

4. ¡Hablemos!

¿Qué hacías de niño(a)? Imagina que un amigo tuyo hace una investigación sobre la niñez de gente de diferentes culturas. Contesta las preguntas que te hace sobre tu vida de niño(a).

- ¿Eras sedentario(a) o activo(a)?
- ¿Gozabas de buena salud o eras enfermizo(a)?
- ¿Qué actividades hacías con frecuencia? ¿Y cuáles hacías sólo de vez en cuando? ¿Con quién(es) las hacías?
- ¿Preferías jugar al air libre o adentro?

Nombre ______________________________ Fecha ________________

⇄ 5. ¡Te toca a ti!

Características de la niñez

Paso 1. Llena la tabla a continuación, indicando cuáles de las características describen tu personalidad de niño(a), y cuáles posiblemente describan la personalidad de tu compañero(a) de clase de niño(a).

Característica	**Yo**	**Él/Ella**
enfermizo(a)		
torpe		
activo(a)		
sedentario(a)		
travieso(a)		
quejón(ona)		
inquieto(a)		
difícil		
creador(a)		

Paso 2. Ahora comparte tus respuestas con tu compañero(a) y escucha sus opiniones de tus características de niño(a). ¿Uds. se conocen bien?

Paso 3. Comparte tus conclusiones con la clase. ¿Cuáles eran las características más comunes de los estudiantes de la clase? ¿Y las menos comunes?

Nota cultural: ¿Sabías que... ?

In the Spanish-speaking world it is common to mark the end of childhood for girls when they turn fifteen. This rite of passage is called a **quinceañera** and is often celebrated with mass and a large party for family and friends.

Expresiones idiomáticas

jugar limpio/sucio: *to play fair (clean)/dirty*

¡Mamá! Felipe no **juega limpio.** — *Mom! Felipe isn't* ***playing fair.***

me/te/le/nos/os/les toca: *it's my/your/his/etc., turn*

Presta atención, Jaime; **te toca.** — *Pay attention, Jaime;* ***it's your turn.***

Nombre ______________________ Fecha ______________

B. Accidentes, enfermedades y remedios

Vocabulario

Transparency: K–2: **Las enfermedades**

Accidentes	***Accidents***
caerse	*to fall*
chocar con (c→qu)	*to crash into*
cortarse	*to cut oneself*
fracturarse	*to fracture*
quemarse	*to burn oneself*
resbalarse	*to slip*
romperse	*to break*
sufrir	*to suffer*
torcerse el tobillo (o→ue) (c→z)	*to twist one's ankle*
tropezar (e→ie) (z→c)	*to stumble*

Enfermedades y síntomas	***Illnesses and Symptoms***
las alergias	*allergies*
el asma	*asthma*
congestionado	*congested*
desmayarse	*to faint*
las diarreas	*diarrhea*
el escalofrío	*chills*
estornudar	*to sneeze*
la infección	*infection*
mareado	*dizzy*
marearse	*to become dizzy*
sonarse la nariz (o→ue)	*to blow one's nose*
tener náuseas	*to be nauseated*
vomitar	*to vomit*

Remedios	***Remedies***
el antibiótico	*antibiotic*
el anticongestivo	*decongestant*
el antihistamínico	*antihistimine*
la curita	*bandaid*
el/la farmacéutico(a)	*pharmacist*
la farmacia	*pharmacy*
el hielo	*ice*
la inyección	*injection, shot*
el jarabe	*cough syrup*
mejorarse	*to get better*
la penicilina	*penicillin*
la receta	*prescription*
la sala de emergencia	*emergency room*
la venda	*bandage*
el yeso	*cast*

1. Diálogo B

La salud de niño. Tres amigos argentinos, Teresa, Raquel y Martín, conversan sobre los accidentes y las enfermedades que sufrían de niño(a).

TERESA: Pues, yo, de niña era muy enfermiza. Tenía asma y alergias, y siempre estaba congestionada y estornudaba. Tenía que tomar un antihistamínico a menudo.

RAQUEL: Yo no. Siempre gozaba de buena salud. Ah, sí, sólo me mareaba y tenía náuseas cuando iba en coche largas distancias. ¿Y tú, Martín? ¿Te enfermabas mucho?

MARTÍN: No, no me enfermaba, pero sí tenía muchos accidentes. Era muy torpe. Siempre me caía cuando iba en bicicleta, tropezaba, me rompía los huesos… ¡Hasta me lastimaba cuando veía la tele!

RAQUEL: ¿Ibas a la sala de emergencia mucho?

MARTÍN: Sí, ¡y es allí que mi hermana conoció a su esposo! Él era enfermero y ella iba allí conmigo tanto que cuando yo era adolescente ya se conocían muy bien.

TERESA: ¡Qué chistoso! Él también te conocía bien a ti, ¿verdad?

MARTÍN: Sí, ¡sabía más de mí y de mi torpeza de lo que yo quería! ¡Tuve que convencerle de que no soy idiota!

RAQUEL: *(riéndose)* Bueno, ¿y cuándo vas a convencernos a nosotras?

Nombre ______________________ Fecha ______________

¿Comprendes?

1. ¿De qué enfermedades y síntomas sufría Teresa de niña? ______________________

____

2. ¿Se enfermaba mucho Raquel? ______________________

____

3. ¿Y qué pasó con la hermana de Martín como consecuencia de su torpeza? ______________________

____

2. ¡Practiquemos!

Síntomas, accidentes y remedios. Empareja los siguientes accidentes o síntomas con sus remedios.

______	1. cortarse	a. tomar un antibiótico
______	2. romperse el brazo	b. ponerse una curita
______	3. tener una infección	c. llevar un yeso
______	4. tener alergias y estornudar	d. ponerse hielo
______	5. estar congestionado	e. tomar un antihistamínico
______	6. torcerse el tobillo	f. tomar un anticongestivo

3. ¡Escuchemos!

Tu salud de niño(a). Escucha y contesta las siguientes preguntas que te hace tu nueva médica sobre tu salud de niño(a).

1. ______________________
2. ______________________
3. ______________________
4. ______________________
5. ______________________
6. ______________________
7. ______________________
8. ______________________

4. ¡Hablemos!

De niño(a) yo... Ya tuviste práctica escribiendo información sobre tu salud de niño(a), y ahora vas a hablar del mismo tema. Contesta las siguientes preguntas sobre tu salud de niño(a).

- Describe tu salud de niño(a). ¿Te enfermabas a menudo? ¿Qué síntomas tenías con más frecuencia? ¿Qué remedios usabas (o usaban tus padres) para mejorarte?
- ¿Te lastimabas mucho de niño(a)? Describe un accidente que sufriste. ¿Tuviste que ir al hospital o pudieron ayudarte tus padres? ¿Cómo te sentías?

Nombre ______________________ Fecha ______________

⇄ **5. ¡Te toca a ti!**

Niños torpes y enfermizos

Paso 1. Escribe una lista de tres a cinco frases sobre tu salud de niño(a).

MODELO: *Yo siempre tenía náuseas cuando viajaba por coche.*

Paso 2. Ahora busca personas de la clase que también hayan sufrido los mismos accidentes o enfermedades y escribe sus nombres al lado de las frases. Debes hacer las preguntas en forma de **tú**.

MODELO: *¿Siempre tenías náuseas cuando viajabas por coche? Sara*

Paso 3. Basándote en las conversaciones que tuviste, ¿cuál es el accidente o la enfermedad más frecuente para los niños?

Nota cultural: ¿Sabías que...?

Pharmacies play an important role in the Spanish-speaking world. Many people go to pharmacists for advice rather than to a doctor when they have a minor ailment. Most cities also have at least one pharmacy that is open all night, called **la farmacia de guardia**.

Expresiones idiomáticas

estar/sentirse fatal: *to feel horrible*

Tengo la gripe hoy y **me siento fatal.** — *I have the flu today and **I feel horrible**.*

¡Aguas!: *Be careful! (in a moment of danger)*

¡Aguas! ¡Allí viene un coche! — ***Be careful!** A car is coming!*

C. La nutrición y los cinco grupos alimenticios

Vocabulario

Transparency: K–3: **La nutrición**

Elementos en el pan y los cereales	***Elements in Bread and Cereals***
el almidón	*starch*
el carbohidrato	*carbohydrate*
la fibra	*fiber*

Elementos en las frutas y las verduras	***Elements in Fruits and Vegetables***
el ácido fólico	*folic acid*
el beta caroteno	*beta carotene*
los minerales	*minerals*
la vitamina C	*vitamin C*

Elementos en las carnes, el pescado y los mariscos	***Elements in Meats, Fish, and Seafood***
el colesterol	*cholesterol*
la grasa	*fat*
el hierro	*iron*
la proteína	*protein*

Elementos en los productos lácteos	***Elements in Dairy Products***
el calcio	*calcium*
la riboflavina	*riboflavin*
las vitaminas A y D	*vitamins A and D*

Las grasas	***Fats***	consumir	*to consume*
en los postres	*in desserts*	contener	*to contain*
los lípidos	*lipids*	deficiencia	*deficiency*
Otro vocabulario relacionado con la nutrición	***Other Vocabulary Related to Nutrition***	engordarse	*to gain weight*
adelgazar (z→c)	*to become thin, lose weight*	estar a dieta	*to be on a diet*
el alcohol	*alcohol*	el/la nutricionista	*nutritionist*
los alimentos bajos en grasa	*low-fat foods*	ponerse a dieta	*to begin a diet*
el azúcar	*sugar*	la presión arterial alta/baja	*high/low blood pressure*
bajar/subir de peso	*to lose/gain weight*	probar (o→ue)	*to try (a food)*
la cafeína	*caffeine*	la ración	*portion*
las calorías	*calories*	el sodio	*sodium*
		tomar vitaminas	*to take vitamins*
		el/la vegetariano(a)	*vegetarian*

1. Diálogo C

La dieta: antes y ahora. Dos amigos, Carlos y Manuel, están almorzando en un café y comparan sus dietas actuales con las de su niñez y su adolescencia.

CARLOS: Yo, de niño, comía muy bien. A mis padres les importaba mucho comer bien, entonces yo también tenía una dieta muy saludable.

MANUEL: Yo no. Comía muy mal. A mis padres no les parecía tan importante, y además, les faltaba tiempo para cocinar bien y comíamos mucho en restaurantes.

CARLOS: Sí, y mucha comida de restaurantes contiene mucha grasa y muchas calorías. Eso es mi problema ahora. Últimamente, siempre me falta tiempo para cocinar, pero tengo miedo de subir de peso. Creo que voy a ponerme a dieta.

MANUEL: ¿Por qué? Estás muy delgado. No te hace falta estar a dieta.

CARLOS: Sí, me hace falta. O por lo menos me hace falta tratar de comer menos grasa y más frutas y verduras.

MANUEL: Sí, creo que a todos nos hace falta eso. Pero no me gustan nada las verduras. ¿Y a ti?

CARLOS: Sí, me gustan más o menos. ¡Pero me encantan los postres!

MANUEL: A mí también. Bueno, ¿qué te parece compartir un pastel de chocolate ahora... ?

¿Comprendes?

1. ¿Cómo eran las dietas de Carlos y Manuel de niña? ______________________________
____
2. ¿Cómo son sus dietas ahora? ______________________________
____
3. ¿Por qué es irónico el final del diálogo? ______________________________
____

Nombre ______________________ Fecha ______________

2. ¡Practiquemos!

Recomendaciones nutricionales. Lee la información de los problemas nutricionales de las siguientes personas y hazles recomendaciones.

1. una mujer joven que siempre está cansada y nunca tiene energía: Le falta comer más ______________.
2. un jugador de fútbol americano que quiere subir de peso: Le falta comer más ______________.
3. un hombre de 30 años que quiere adelgazar: Le falta comer más ______________ y menos ______________.
4. una mujer que tiene la presión arterial alta: Le falta comer más ______________ y menos ______________.
5. una persona que no ve bien por la noche: Le falta comer más ______________.
6. una mujer que se fracturó el brazo dos veces: Le falta comer más ______________.

3. ¡Escuchemos!

Un anuncio. Escucha el siguiente anuncio comercial para un nuevo cereal y contesta las preguntas a continuación.

1. ¿Qué vitaminas y minerales contiene el cereal? ______________
2. ¿Cuántos gramos de fibra contiene? ¿Te parecen muchos? ______________
3. ¿De qué elementos contiene pocos? ______________
4. ¿Contiene colesterol? ______________
5. ¿Te interesa probar un cereal como Pasavena? ______________

4. ¡Hablemos!

Mi dieta de niño(a) y de adulto(a). Contesta las siguientes preguntas que te hace tu nutricionista.

- De niño(a), ¿te gustaban las frutas y las verduras? ¿Cuáles te fastidiaban? ¿Y ahora te gustan más? ¿Cuáles te encantan?
- ¿Comías más o menos grasa de niño(a)? ¿Qué comidas graseosas te gustaban de niño(a)? ¿Y ahora?
- ¿Te importaba comer bien de niño(a)? ¿Y te importa ahora? ¿Lees la información nutricional de la comida antes de comprarla? ¿Te importa más el número de calorías que tiene la comida o la cantidad de grasa que contiene?
- ¿Tomabas vitaminas de niño(a)? ¿Y ahora? Si no, ¿por qué?
- ¿De qué grupos no comías lo suficiente de niño(a)? ¿Y ahora? ¿Qué grupo te gustaba más? ¿Y ahora?

Nombre ______________________ Fecha ______________

5. ¡Te toca a ti!

La pirámide alimenticia

Paso 1. Trabajando con tres o cuatro estudiantes, indica en la tabla a continuación el número de porciones de cada grupo alimenticio que consumen tú y tus compañeros(as) de clase en un día típico.

Grupos	Yo				
Productos lácteos					
Frutas y verduras					
Pan y cereales					
Carne, pescado...					
Grasa					

Paso 2. Basándote en la información que aprendiste en el **Paso 1** y en la pirámide alimenticia, contesta las siguientes preguntas:

- ¿De qué grupo(s) les hace falta a Uds. comer más porciones? ______________________
- ¿Y de qué grupo(s) deben comer menos? ______________________

Paso 3. Compara sus resultados con los de la clase. ¿Te sorprenden los resultados? En general, ¿come bien o mal la clase?

Nota cultural: ¿Sabías que... ?

The beef cattle industry has not only played an important role in the history, culture, and economy of Argentina, but it has also influenced the country's gastronomy. Beef is a staple of the Argentine diet, particularly steaks **a la parrilla** *(grilled)*.

Expresiones idiomáticas

a diario una manzana es cosa sana: *an apple a day keeps the doctor away*

Come tu manzana, hijo, porque **a diario una manzana es cosa sana.** — *Eat your apple, son, because* ***an apple a day keeps the doctor away.***

comer y bailar, todo es empezar: *once you start you can't stop*

Me parece que no voy a comer una galleta, porque **comer y bailar, todo es empezar.** — *I don't think I'm going to eat a cookie because* ***once you start you can't stop.***

D. Síntesis

¡A leer! Datos sobre la nutrición

Antes de leer. Piensa un momento en el vocabulario de nutrición que estudiaste en este capítulo. Vas a leer la información nutricional de la leche descremada. ¿Qué información piensas ver? ¿los ingredientes? ¿las calorías? ¿las vitaminas y los minerales que contiene? ¿Qué vitaminas o minerales crees que tiene? Ahora lee la información para verificar tus ideas.

Nombre ______________________ Fecha ______________

La leche descremada Vida Sana

- Ultra-pasteurizada
- Homogeneizada
- Con las vitaminas A y D
- Los nutricionistas recomiendan consumir por lo menos de dos a cuatro raciones de leche u otros productos lácteos diarios, y aún más para los jóvenes y las mujeres.
- Previene la osteoporosis.

Datos de nutrición

Cantidad por ración: 1 taza
Raciones por envase: 4
Calorías: 80

		% Valor Diario*
Grasa total	0g	0%
Sodio	115mg	5%
Colesterol	0mg	0%
Carbohidrato total	11g	4%
Fibra dietética	0g	0%
Azúcares	11g	
Proteína	8g	17%
Vitamina A		10%
Vitamina C		4%
Calcio		30%
Vitamina D		25%

*Los porcentajes de Valores Diarios están basados en una dieta de 2.000 calorías.

¿Comprendes? En grupos de dos o tres, hablen de las preguntas a continuación.

1. ¿De qué elementos contiene poco?
2. ¿De qué elementos contiene muchos?
3. ¿Es saludable este producto? ¿Por qué sí o por qué no?

■ **Expansión de vocabulario: Mapa semántico.** En otro papel, dibuja un mapa semántico con la idea central de «La salud y la niñez». Dibuja como nodos principales «Actividades de niño(a)», «Características», «Enfermedades y síntomas», «Remedios» y «Nutrición». Incluye por lo menos 50 palabras.

■ **Expansión oral: Pasapalabras**

Paso 1. Escribe una lista de diez palabras de este capítulo.

Paso 2. Ahora, trabajando con un(a) compañero(a) de clase, descríbele cada palabra del vocabulario. Puedes usar sinónimos, definiciones o ejemplos para describir las palabras, pero no puedes decir nada en inglés. Hazlo tan rápido como puedas. Después, tu compañero(a) de clase te va a describir sus palabras y tienes que adivinarlas.

MODELO: *Es un grupo alimenticio que tiene mucho calcio. Por ejemplo, en el queso, el yogur…*
¿Qué es? (los productos lácteos)

■ **Traducciones: En la farmacia.** Estás en una farmacia en Buenos Aires con una colega enferma, Amy, quien no habla español. Ayúdala a hablar con la farmacéutica (Farm.).

FARM.: Buenos días. ¿En qué puedo servirles?

TÚ *(en inglés):* ______________________

AMY: I think I have the flu. I have diarrhea, and I'm nauseated and dizzy.

TÚ *(en español):* ______________________

FARM.: ¿Tiene escalofríos o le duelen los músculos?

TÚ *(en inglés):* ______________________

AMY: I don't have chills, but my muscles do hurt. And I think I have a fever.

TÚ *(en español):* ______________________

FARM.: Pues, voy a darle un antibiótico. También debe descansar mucho y tomar muchos líquidos. Con hacer todo eso debe mejorarse pronto.

TÚ *(en inglés):* ______________________________

AMY: Gracias.

■ **Enlace cultural: Una dieta saludable.** Imagina que estás en un país hispano y que vas a ir a un supermercado. Tienes poco dinero, entonces necesitas comprar la comida que está de oferta *(on sale),* y quieres tener una dieta saludable. Ve al sitio **http://spanishforlife.heinle.com**.

Paso 1. Busca comida que quieres comer de los cinco grupos alimenticios. Puedes usar los sitios de la página de *Spanish for Life,* o puedes usar un buscador en español, como **http://www.ole.es/** o **www.espanol.yahoo.com**. Usa los términos de búsqueda «supermercado», «comida» o «alimentos».

Paso 2. Selecciona comida para un día y llena la tabla a continuación con la información que encontraste.

Comida	Grupo(s) alimenticio(s)

Paso 3. ¿Vas a comer bien, con el número recomendable de raciones de cada grupo? Si no, ¿de qué grupo(s) necesitas comer más o menos?

■ ¡Hablemos mejor!

The Spanish letters *b, v, d,* and *g.* In Spanish the letters **b**, **v**, **d**, and **g** can each be pronounced in two slightly different ways. While pronouncing them incorrectly generally will not lead to incomprehensibility, it will be noticed by native speakers. One of the two sounds is produced when **b**, **v**, **d**, or **g** is the first letter after a silence or pause or after an **m** or **n** (and also after **l** in the case of **d**, such as **aldea**). The sound produced is called a "stop," and is pronounced much like in English, with a small burst of air: **un bombero**, **vaca**, **gasolina**.

When these letters occur between vowels (**ave**, **agua**) or after consonants other than those mentioned above, they are called "fricatives" and are pronounced with the lips slightly open, letting the air escape more gradually and less explosively. The fricative **d**, for example, is pronounced much like the English *th* as in *other,* and the fricative **g** is like the English *g* as in *sugar.*

Listen to the following examples, paying careful attention to how **b**, **v**, **d**, and **g** are pronounced. Then listen to the words again, repeating each of the words along with the tape.

convenir	tobillo	antibiótico	venda	vitaminas
una venda	vomitar	vitaminas	saludable	engordarse
gustar	la gripe	garganta	estómago	grasa
desmayarse	salud	cuerda	adentro	congestionado
dieta	lípidos	doler	deficiencia	adelgazar

Nombre ______________________ Fecha ______________

El medio ambiente: En Costa Rica y Honduras

In this chapter you will learn:

COMMUNICATIVE FUNCTIONS
- Describe past natural disasters
- Discuss environmental problems and issues
- Discuss possible solutions to environmental problems

VOCABULARY
- Natural disasters
- Ecological problems
- Causes of ecological problems
- Solutions to the problems

Transparencies: A–15: Country Profile, **Costa Rica**; A–17: Country Profile, **Honduras**

A. El poder de la naturaleza

Vocabulario

Desastres y fenómenos naturales	***Natural Disasters and Phenomena***
el aguacero	*downpour*
la avalancha	*avalanche*
las cenizas	*ashes*
el epicentro	*epicenter*
la erupción	*eruption*
el fuego	*fire*
el granizo	*hail*
el huracán	*hurricane*
el incendio	*fire (large)*
las inundaciones	*floods*
la lava	*lava*
las llamas	*flames*
la peste	*plague (disease)*
la plaga	*plague (troublesome horde/mass)*
de langostas	*of locusts*
de ratones	*of mice*
la racha (de viento)	*gust (of wind)*
racheado	*gusty*
la sequía	*drought*
el sismo	*earthquake*
el temblor	*tremor (caused by an earthquake)*
la tempestad	*storm, tempest*
el terremoto	*earthquake*
la tormenta	*storm*
el tornado	*tornado*
la ventisca (la tormenta de nieve)	*blizzard*
el volcán	*volcano*

Nombre ______________________________ Fecha ______________

Otro vocabulario	Other Vocabulary		
los cuerpos de rescate	*rescue crews*	experimentar	*to experience*
desalojar (evacuar)	*to evacuate*	fallecer (c→zc)	*to die, pass away*
la destrucción	*destruction*	los heridos	*injured (persons)*
destruir	*to destroy*	los meteorólogos	*meteorologists*
el difunto	*deceased, dead (person)*	poderoso	*powerful*
durar	*to last*	pronosticar (c→qu)	*to forecast*
estragar (g→gu)	*to devastate, ruin*	rescatar	*to rescue*
		la Tierra	*Earth*

1. Diálogo A

El terremoto. Dos amigos, Julio y César, hablan de dónde estaban cuando hubo un gran terremoto en su ciudad hace cinco años.

JULIO: Hoy hace cinco años que hubo el gran terremoto. ¿Te acuerdas de dónde estabas cuando pasó?

CÉSAR: Sí, claro. Estudiaba en mi dormitorio cuando empezó a temblar la tierra. Bajé rápido a la planta baja y estuve allí hasta que terminó el temblor. Por suerte no se destruyó *(nothing was destroyed)* nada en nuestra casa. ¿Y tú?

JULIO: También me acuerdo bien. Yo caminaba por la calle en el centro cuando sentí el temblor. Tenía mucho miedo porque había muchos edificios muy altos por todos lados. La otra gente lloraba y gritaba, pero sólo duró dos minutos.

CÉSAR: ¿Te lastimaste?

JULIO: Sólo me corté un poco cuando cayó un árbol enfrente de mí. Tuve mucha suerte.

CÉSAR: Sí, yo también. El sismo estragó un edificio cerca de mi casa y fallecieron muchas personas. Los cuerpos de rescate sí rescataron a unas, pero no a todas.

JULIO: Sí, y ni mencionamos los incendios que causó el terremoto. Debemos recordar a todos los difuntos hoy.

¿Comprendes?

1. ¿Dónde estaba César cuando empezó el sismo y adónde fue? ______________________

____

2. ¿Dónde estaba Julio y cómo se sentía? ______________________

____

3. ¿Murieron muchas personas en el terremoto? ______________________

____

2. ¡Practiquemos!

Una crucigrama. Completa la crucigrama a continuación usando el vocabulario de esta sección.

Horizontal

1. rachas muy fuertes de viento
2. cuando no llueve
3. lo que sale de un volcán activo
4. grupos que ayudan en una emergencia
5. cuando tiembla la Tierra
6. muertos

Vertical

7. cuando llueve demasiado
8. morir
9. salir de casa
10. tormenta del mar
11. tormenta de nieve
12. gran fuego

Nombre ______________________ Fecha ______________

3. ¡Escuchemos!

El huracán Carlos. Escucha las siguientes noticias de la radio sobre el huracán Carlos y contesta las preguntas a continuación.

1. ¿A qué hora empezó a llover ayer? ______________________
2. ¿A qué velocidad estaba el viento? ______________________
3. ¿Pronosticaron los meteorólogos el huracán? ______________________
4. ¿Hubo destrucción o difuntos? ______________________
5. ¿Qué tiene que hacer ahora la gente que vive allí? ______________________

4. ¡Hablemos!

Un desastre natural. Describe un desastre natural que experimentaste. **¡Ojo!** Ten cuidado con el uso del preterito y del imperfecto. Incluye por lo menos la siguiente información: ¿Qué pasó? ¿Dónde estabas? ¿Qué hacías? ¿Con quién estabas? ¿Cómo te sentías? ¿Qué destruyó el desastre? ¿Falleció alguien?

5. ¡Te toca a ti!

Desastres naturales recientes

Paso 1. Trabaja con dos o tres compañeros(as) de clase para escribir una lista de muchos desastres naturales que pasaron en los últimos 20 años.

Paso 2. Ahora, con tu grupo, escoge los tres desastres más importantes y escribe exactamente qué pasó (¿Dónde pasó? ¿Hubo mucha destrucción?...).

Paso 3. Comparte esta información con la clase. ¿Cuáles son los desastres que se mencionan con más frecuencia? ¿Hay uno que todos los grupos mencionen?

Nombre ______________________________ Fecha ____________________

Nota cultural: ¿Sabías que... ?

In the fall of 1998 Honduras, along with Nicaragua, was hit by Hurricane Mitch, one of the most powerful and devastating hurricanes ever to hit the Western hemisphere. Several feet of rain fell in a couple of days, which triggered mud slides and floods. Some estimate that more than 10,000 people died, and many were left homeless. The effects of the destruction will be felt in Honduras for quite some time; water-borne diseases and a lack of potable water are just some of the lingering problems.

Expresiones idiomáticas

una tormenta en un vaso de agua: *a tempest in a teapot*

Jaime se vuelve loco cuando ve un insecto; en una plaga de langostas él sería como **una tormenta en un vaso de agua.**
Jaime goes crazy when he sees an insect; in a plague of locusts he would be like ***a tempest in a teapot.***

no hay mal que por bien no venga: *every cloud has a silver lining, something good is bound to come of it*

El sismo destruyó mi cerámica, pero **no hay mal que por bien no venga.**
The earthquake destroyed my ceramics, but ***every cloud has a silver lining.***

B. Problemas ecológicos y sus causas

Vocabulario

Problemas	***Problems***
el aceite	*oil*
el agua potable	*potable/drinkable water*
el combustible fósil	*fossil fuel*
la congestión vehicular	*traffic jam, congestion*
desaparecer (c→zc)	*to disappear*
la desaparición	*disappearance*
la enfermedad respiratoria	*respiratory illness*
la escasez	*scarcity, lack*
el esmog	*smog*
las especies amenazadas	*endangered species*
el águila	*eagle*
la ballena	*whale*
el delfín	*dolphin*
el jaguar	*jaguar*
el lobo	*wolf*
la extinción	*extinction*
la gasolina	*gasoline*
el petróleo	*oil*
los recursos naturales	*natural resources*
la sobrepoblación	*overpopulation*

Causas de los problemas	***Causes of the Problems***
los aerosoles	*aerosols*
la basura	*garbage*
el botadero	*dump*
la caza furtiva	*poaching*
la contaminación (por ruido)	*(noise) pollution*
desperdiciar	*to waste*
el desperdicio	*waste, wasting*
las fábricas	*factories*
los fertilizantes	*fertilizers*
el humo	*smoke*
la maquiladora	*maquiladora factory*
la tala de árboles	*cutting of trees*
tirar basura	*to throw garbage/litter*
la urbanización	*urbanization*

Nombre ______________________ Fecha ______________

Otro vocabulario	Other Vocabulary		
actual(mente)	*current(ly)*	el daño	*damage*
dañar	*to damage*	los países en desarrollo	*developing countries*
dañino	*damaging*	el peligro	*danger*
		peligroso	*dangerous*

1. Diálogo B

Hace años... Dos viejos amigos, Carlos y Tita, recuerdan cómo era el mundo hace muchos años, sin muchos de los problemas ecológicos actuales.

CARLOS: Cuando éramos niños no había tantos problemas ecológicos, ¿verdad, Tita?

TITA: Sí, es cierto. No existía el esmog, y no teníamos que preocuparnos de las enfermedades respiratorias o de la escasez de los recursos naturales.

CARLOS: Sí, porque había menos fábricas antes de llegar la edad de la industrialización y la urbanización.

TITA: Y no te olvides del problema de la sobrepoblación. Ya hay muchas más personas en la Tierra para contaminarla y dañarla.

CARLOS: Pero siempre había unos problemas ecológicos, ¿no crees?

TITA: Sí, claro. Sólo hay que pensar en la extinción y las especies amenazadas. Los dinosaurios no desaparecieron en este siglo, por ejemplo.

CARLOS: Sí, y creo que lo que empezamos a hacer hace años también contribuye todavía a los problemas de hoy día. ¡Pero antes no era peligroso respirar el aire como es hoy día en unas ciudades grandes!

¿Comprendes?

1. Según Tita, ¿que problemas ecológicos no existían hace años? ______________________
2. Según el diálogo, ¿qué cambió en los últimos años para contribuir a estos problemas? ______________________
3. ¿Qué problema mencionan que sí existía hace muchos años? ______________________

2. ¡Practiquemos!

Asociaciones. ¿Qué problemas ecológicos asocias con las siguientes cosas?

1. las fábricas ______________________
2. la caza furtiva ______________________
3. los aerosoles ______________________
4. el desperdicio ______________________
5. la tala de árboles ______________________
6. los fertilizantes ______________________

Nombre ______________________________ Fecha ______________

3. ¡Escuchemos!

Problemas ecológicos. Escucha las siguientes descripciones de problemas ecológicos y emparéjalas con los problemas a continuación.

a. ______ la escasez de recursos naturales

b. ______ la sobrepoblación

c. ______ la congestión vehicular

d. ______ las especies amenazadas

e. ______ el esmog

f. ______ las enfermedades respiratorias

4. ¡Hablemos!

Un extraterrestre. Imagina que naciste en el año 1800 y que volviste a la Tierra para describirle a la gente de hoy cómo era el medio ambiente durante tu vida en comparación con el de hoy día. Incluye información sobre lo siguiente: ¿Qué problemas no existían durante tu vida que existen ahora? ¿Qué crees que causó estos problemas? ¿Qué problemas sí existían hace años?

5. ¡Te toca a ti!

El problema ecológico más importante

Paso 1. Trabajando con uno(a) o dos compañeros(as) de clase, habla de cuál puede ser el problema ecológico más importante y serio. Si hay diferencias de opinión en un grupo, defiende tu opinión para llegar a un acuerdo *(agreement)*.

Paso 2. Ahora trabaja con tu grupo para escribir una lista de las posibles causas del problema.

Paso 3. Comparte las conclusiones de tu grupo con la clase y defiende tus opiniones. ¿Cuál es el problema más importante para la clase entera? ¿Es posible solucionarlo? (Vas a hablar más de las soluciones en la próxima sección de este capítulo.)

Nota cultural: ¿Sabías que... ?

While Costa Rica and Honduras have made serious efforts to preserve their rainforests and the immense number of species that live there, they are not immune to the problem of endangered species. Endangered species in this region include several kinds of turtles, including the Loggerhead, the green turtle, the Hawksbill Turtle, and the Leathery Turtle. Other endangered species in Costa Rica and Honduras include the Red Spider Monkey, the Central American Squirrel Monkey, the Golden Toad, the Yellow-headed Parrot, the Golden-cheeked Warbler, the Central American River Turtle, and the Largetooth Sawfish.

Expresiones idiomáticas

para colmo: *to top it all off*

La semana pasada hubo incendios forestales, sequía, mucho esmog y, **para colmo**, hubo un terremoto el viernes.

Last week there were forest fires, drought, a lot of smog, and, ***to top it all off****, there was an earthquake on Friday.*

desaparecer sin dejar huella: *to disappear without a trace*

Los exploradores **desaparecieron sin dejar huella**.

The explorers ***disappeared without a trace****.*

Nombre ______________________ Fecha ______________

C. ¿Cómo se puede acabar con estos problemas?

Vocabulario

La ecología	***The Ecology***
apagar las luces (g→gu)	*to turn off the lights*
apoyar	*to support*
la atmósfera	*atmosphere*
conservar energía	*to conserve energy*
el control de la natalidad	*birth control*
el Día del Árbol	*Arbor Day*
el Día de la Tierra	*Earth Day*
donar	*to donate*
el ecoturismo	*ecotourism*
educar (c→qu)	*to educate*
la energía solar/del viento	*solar/wind energy*
evitar el uso de	*to avoid the use of*
el gas natural	*natural gas*
impedir (e→i, i)	*to impede, stop*
las leyes	*laws*
mejorar	*to improve*
plantar árboles	*to plant trees*
los productos orgánicos	*organic products*
los programas gubernamentales	*governmental programs*
la protección	*protection*
proteger (g→j)	*to protect*
protestar	*to protest*
reciclar	*to recycle*
el reciclaje de	*recycling of*
aluminio	*aluminum*
cartón	*cardboard*
papel	*paper*
periódicos	*newspapers*
plástico	*plastic*
vidrio	*glass*
recoger basura (g→j)	*to pick up / collect garbage*
reducir (c→zc)	*to reduce*
la regulación	*regulation*
las reservas naturales	*nature reserves*
reutilizar (z→c)	*to reuse*
tomar medidas	*to take measures*
el transporte público	*public transportation*

1. Diálogo C

¿Qué podemos hacer? Escucha la siguiente conversación entre Umberto y su colega, Mariana. Hablan sobre el Día de la Tierra y la ecología.

UMBERTO: Hola, Mariana. ¿Sabes que hoy es el Día de la Tierra?
MARIANA: No, no lo sabía. ¿Para qué es este día?
UMBERTO: Más que nada es para educar a la gente y trabajar juntos para acabar con los problemas del medio ambiente.
MARIANA: ¿Qué se hace para resolverlos?
UMBERTO: Pues, yo, por ejemplo, acabo de plantar un árbol y mi amiga Susana acaba de pasar la mañana recogiendo basura en la calle. Hay un millón de cosas que la gente puede hacer para ayudar.
MARIANA: ¿Qué más podemos hacer? Los problemas son tan graves...
UMBERTO: Todos podemos reciclar, reutilizar y reducir; ésa es «la regla de las tres R's». También podemos conservar energía, usar productos orgánicos, usar el transporte público y muchas otras cosas. Bueno, ya acabo mi sermón. ¿Quieres venir conmigo a una protesta esta tarde?
MARIANA: No, gracias. Ya se acabó mi tiempo libre hoy. Pero sí voy a pensar un poco más en todo esto.

Nombre ______________________________ Fecha ______________

¿Comprendes?

1. Según Umberto, ¿para qué es el Día de la Tierra? ______________________________

____

2. ¿Qué actividades hace la gente este día? ______________________________

____

3. ¿Qué más dice Umberto que puede hacer la gente para acabar con los problemas ecológicos?

____

2. ¡Practiquemos!

Soluciones y problemas. Empareja los siguientes problemas con las medidas que se pueden tomar para mejorarlos. **¡Ojo!** A veces hay más de una posibilidad; escoge la posibilidad más exacta.

_____ **1.** la contaminación del aire

_____ **2.** la extinción

_____ **3.** la congestión vehicular

_____ **4.** la deforestación

_____ **5.** la sobrepoblación

_____ **6.** la destrucción de la capa de ozono

_____ **7.** la escasez de combustibles fósiles

_____ **8.** el exceso de basura

a. reciclar, reducir y reutilizar

b. evitar el uso de aerosoles

c. plantar árboles

d. conservar energía y usar la energía solar o del viento

e. usar el transporte público

f. usar control de la natalidad

g. establecer leyes y programas para proteger las especies amenazadas

h. protestar contra las fábricas que contaminan la atmósfera

3. ¡Escuchemos!

Preguntas personales. Escucha y contesta las siguientes preguntas sobre tu opinión y experiencia personal con la ecología.

1. ____

____

2. ____

____

3. ____

____

4. ____

____

5. ____

____

Nombre ______________________ Fecha ______________________

4. ¡Hablemos!

En defensa de la ecología. Imagina que te importa muchísimo el medio ambiente y que tienes un amigo, Guillermo, a quien no le importan nada los problemas ecológicos. Lee lo que te dice Guillermo y responde a cada frase.

- No me importa nada el medio ambiente porque no me gusta pasar tiempo al aire libre.
- No reciclo porque es demasiado trabajo.
- No me gusta usar el transporte público porque es muy inconveniente.
- Es imposible acabar con el calentamiento global. ¿Por qué debemos tratar de detenerlo?
- No compro los productos orgánicos porque son muy caros.
- No conservo energía ni reduzco el uso de agua porque siempre vamos a tener muchos combustibles fósiles y mucha agua.

5. ¡Te toca a ti!

¿Les importa el medio ambiente?

Paso 1. Trabaja con tres otros(as) estudiantes para llenar la siguiente encuesta sobre lo que hacen Uds. para mejorar el medio ambiente. Pon una X al lado de cada frase que sea cierta para cada persona.

Actividad «verde»	Yo			
Uso el transporte público o voy a pie en vez de usar un carro.				
Reciclo aluminio, vidrio, plástico y periódicos.				
Me baño rápido para no desperdiciar mucha agua.				
Compro productos orgánicos a menudo.				
Planto un árbol cada año.				
Asisto a las actividades del Día de la Tierra.				
Nunca uso platos o vasos de papel o plástico.				
Traigo mis propias bolsas al supermercado.				
Siempre apago las luces cuando salgo de un cuarto.				
Evito el uso de productos que dañan la capa de ozono.				
Número total de actividades				

Paso 2. ¿Quién es la persona más «verde» del grupo? ¿Y qué actividades hacen la mayoría de tu grupo? ¿Qué actividad(es) no hace nadie?

Paso 3. Compara los resultados de tu grupo con los de los otros grupos de la clase. ¿Cuál es el grupo más «verde»?

Nota cultural: ¿Sabías que... ?

The use of public transportation is much more common in the Spanish-speaking world than in the U.S. It is very common for Hispanics to travel to work, school, or other destinations by bus, subway, or taxi. Therefore, it is easy and convenient to catch a bus or taxi on the street without consulting a bus schedule or calling a taxi.

Expresiones idiomáticas

ser verde: *to be green/ecological*

Catarina **es** muy **verde**; siempre recicla todo. — *Catarina **is** very **green**; she always recycles everything.*

tener mano para las plantas: *to have a green thumb*

Yo no **tengo mano para las plantas**; todas mis plantas están muertas. — ***I** don't **have a green thumb**; all of my plants are dead.*

D. Síntesis

¡A leer! El día de la tierra

Antes de leer. En este capítulo aprendiste mucho sobre el medioambiente. Un evento asociado con el medioambiente es el día de la tierra. Vas a leer un anuncio sobre las celebraciones del día de la tierra en Tegucigalpa, Honduras. ¿Qué información piensas leer en el anuncio? ¿Qué tipos de eventos hay para el día de la tierra en tu ciudad? Lee el anuncio para ver si los eventos en Tegucigalpa son diferentes o similares.

EL DÍA DE LA TIERRA

¡Mañana, domingo, el 20 de marzo, es el Día de la Tierra! En la plaza central de Tegucigalpa* se celebrarán[1] las siguientes actividades:

11:00	Ceremonia para empezar el día (con el alcalde[2] Jaime Escama)
12:00	Desfile[3]
13:00	Plantar árboles en el centro de la ciudad
14:00	Recoger basura de las calles y del río
16:00	Concierto (con varios grupos musicales: música de protesta, rock y música folklórica)
19:00	Bailes folkóricos
20:00	Ceremonia para concluir el día (con la Secretaria del Medio Ambiente, María Colón)

¡Todos están muy bienvenidos a todos estos eventos! Recuerden que la Tierra es de todos y que todos tenemos la responsabilidad de cuidarla.

*En caso de lluvias, los eventos serán en la Casa de la Cultura.

[1]**se celebrarán:** *will be celebrated* / [2]**alcalde:** *mayor* / [3]**Desfile:** *Parade*

¿Comprendes?

1. ¿Cómo empiezan las celebraciones? ______________________________

____

2. ¿Cuáles son dos actividades del día que tienen un efecto beneficioso para el medio ambiente?

____

3. ¿Qué actividad te interesa más y por qué? ______________________________

____

Nombre ______________________ Fecha ______________

■ **Expansión de vocabulario: Mapa semántico.** En otro papel, dibuja un mapa semántico con la idea central de «El medio ambiente». Dibuja como nodos principales «Desastres naturales», «Problemas ecológicos», «Causas» y «Soluciones». Incluye por lo menos 55 palabras.

■ **Expansión oral: Debates**

Paso 1. Trabajando con uno(a) o dos compañeros(as) de clase, hablen de los siguientes temas controversiales. Preparen argumentos para apoyar sus opiniones.

1. ¿Debe ser mandatorio el reciclaje?
2. ¿Debe regular el gobierno la cantidad de gasolina o agua que puede usar cada individuo?
3. ¿Debe regular el gobierno el número de hijos que tiene cada familia para controlar la sobrepoblación?
4. ¿Es responsable el individuo o el gobierno para pagar la reconstrucción después de un desastre natural?
5. ¿Deben ser ilegales la venta *(sale)* de productos que dañan la capa de ozono y contaminan el medio ambiente, como los aerosoles, los fertilizantes y las pesticidas?

Paso 2. Ahora trabajen con otro grupo para debatir las preguntas del **Paso 1**. Si están de acuerdo, hablen de sus argumentos. Si no están de acuerdo, defiendan sus opiniones hasta que un grupo se dé por vencido *(gives up)*.

Paso 3. Presenten sus resultados y argumentos a la clase.

■ **Traducciones: En caso de incendio o sismo.** Estás con un grupo de colegas estadounidenses en un hotel en Tegucigalpa. Ellos no comprenden español, entonces tienes que traducirles un póster sobre qué hacer si hay un incendio o un sismo.

En caso de incendio o sismo

- Si Ud. nota un incendio, necesita llamar inmediatamente a la policía y a la recepción.
- No debe usar los ascensores. Debe buscar una escalera cerca de tu habitación.
- En caso de incendio, no debe salir de la habitación si la puerta está caliente. Es recomendable poner una toalla debajo de la puerta para evitar la entrada de humo.
- En caso de sismo, debe bajar a la planta baja si es posible. No debe quedarse cerca de ventanas.

____

- ______________________________
- ______________________________
- ______________________________
- ______________________________

Nombre ______________________________ Fecha ____________________

■ **Enlace cultural: El ecoturismo en Costa Rica.** Vas a planear un viaje a la naturaleza costarricense. Primero ve al sitio **http://spanishforlife.heinle.com.**

Paso 1. Busca tres destinos diferentes de Costa Rica donde te gustaría pasar unas vacaciones. Puedes usar los sitios de la página de *Spanish for Life,* o puedes usar un buscador en español, como **http://www.ole.es/** o **www.espanol.yahoo.com.** Usa los términos de búsqueda «Costa Rica», «selva», «ecoturismo» o «turismo».

Paso 2. Llena la tabla a continuación con la información que encontraste sobre los tres destinos.

Destino	Descripción del destino

Paso 3. Compara los destinos que escogiste con los de un(a) compañero(a) de clase y explícale por qué te interesan. ¿Tienen un destino en común?

■ **¡Hablemos mejor!**

The Spanish letter *t*. The Spanish **t** is pronounced differently from the English *t*. In Spanish it is dental, meaning that the tip of the tongue touches the back of the upper front teeth. In English the *t* is alveolar, meaning that the tongue does not touch the teeth, but just in back of them. When the English *t* occurs between vowels, it is sometimes pronounced differently, as in the words *water* or *litter*. In Spanish this pronunciation sounds like the letter **r**, and thus can lead to miscommunication. One final difference that will be expanded upon in Chapter 12 is that the English *t* is often aspirated (followed by a brief burst of air), while the Spanish **t** is never aspirated.

Listen to the following examples, paying careful attention to how the **t** is prounounced. Then listen to the words again, repeating each of the words along with the tape.

contaminación	tornado	tirar	ambiente
epicentro	peste	desastre	natural
langosta	tempestad	temblor	terremoto
ventisca	rescate	destrucción	experimentar

Nombre ______________________ Fecha ______________

El arte de persuadir y entretener: En Nicaragua y Panamá

In this chapter you will learn:

COMMUNICATIVE FUNCTIONS

- Discuss advertisements and commercials
- Express opinions regarding cinema and literature

VOCABULARY

- Advertisements and commercials
- Cinema
- Literature

Transparencies: A-17: Country Profile, **Nicaragua**; A-15: Country Profile, **Panamá**

A. Los anuncios y el arte de vender

Vocabulario

Tipos de anuncios	***Types of Advertisements***
a página entera	*full-page*
el anuncio	*advertisement*
del periódico	*newspaper*
de revista	*magazine*
el anuncio comercial	*commercial*
breve	*brief*
el cartel	*billboard (poster)*
la cartelera	*billboard (structure)*
eficaz	*effective*
Verbos relacionados con los anuncios	***Verbs Related to Advertisements***
ahorrar	*to save (money)*
anunciar	*to announce, advertise*
convencer (c→z)	*to convince*
dirigirse a (g→j)	*to speak / address oneself to*
disuadir (conmover [o→ue])	*to sway*
estar de acuerdo	*to agree*
gastar	*to spend*
malgastar	*to waste (money)*
ofrecer (c→zc)	*to offer*
persuadir	*to persuade*
probar (o→ue)	*to try (for the first time)*
promocionar	*to promote*
valer la pena	*to be worthwhile, "pay"*
Otro vocabulario	***Other Vocabulary***
el/la comerciante	*businessman, business-woman*
la compañía	*company*
el/la consumidor(a)	*consumer*
dirigido a	*directed toward*
la empresa	*company*
el entretenimiento	*entertainment*
el estereotipo	*stereotype*
la estrategia	*strategy*

Nombre ______________________________ Fecha ________________

Otro vocabulario	Other Vocabulary
la imagen	*image*
el lema (el eslogan)	*slogan*
la marca	*brand*
la meta	*goal*
el negocio	*business*
en oferta	*on sale*
a precio reducido/ rebajado	*at a reduced price, on sale*
la propaganda	*propaganda*
el producto	*product*
el propósito	*purpose*
la publicidad	*publicity*
los valores	*values*

1. Diálogo A

Los anuncios y el arte de vender. Escucha el siguiente diálogo entre David y su nieto Jorge sobre los anuncios comerciales.

DAVID: Miras demasiada televisión, Jorge. Y esos anuncios comerciales, no sé cómo puedes mirarlos.
JORGE: Me gustan mucho los anuncios, abuelito. Venga a mirarlos conmigo ahora y le explico por qué me gustan.
DAVID: Bueno... este anuncio es muy feo. Promociona morales malos y su propósito es convencerle a la gente a malgastar su dinero.
JORGE: No es cierto. Mírelo como entretenimiento, no como algo para criticar. ¿No crees que es cómico el lema de este producto? Escúchelo.
DAVID: No, al contrario. Promociona estereotipos, y además, no me parece muy eficaz. No me conmovió a mí a comprar el producto.
JORGE: Bueno, abuelito, ya veo que no voy a disuadirte. Escríbale una carta a la empresa que produce el producto a ver qué le dice.
DAVID: No, no vale la pena. Su meta es llamar la atención, y si les escribo van a saber que sí lo hicieron.

¿Comprendes?

1. ¿Por qué no le gustan a David los anuncios comerciales? ______________________________
2. ¿Por qué le gusta a Jorge este anuncio? ______________________________
3. ¿Que sugiere Jorge al final? ¿Va a hacerlo David? ______________________________

2. ¡Practiquemos!

Los anuncios. Completa las siguientes frases, escogiendo vocabulario de la lista a continuación. Usa cada palabra una sola vez: **eficaz**, **oferta**, **consumidores**, **propósito**, **cartelera**, **estereotipos**.

1. El ______________ de los anuncios es vender productos.
2. Los productos que cuestan menos de lo normal están en ______________.
3. A veces los anuncios usan ______________, o sea, generalizaciones de un grupo de personas.
4. Si un anuncio convence a la gente a comprar un producto, decimos que es un anuncio ______________.
5. Una ______________ es un anuncio grande al lado de la carretera.
6. Muchos ______________ creen que los anuncios, y la televisión en general, destruyen los valores de la gente que los ve.

Nombre ______________________ Fecha ______________

3. ¡Escuchemos!

Superoferta. Escucha el siguiente anuncio de radio para un nuevo supermercado y contesta las preguntas a continuación.

1. Según el anuncio, ¿cómo son los precios en este supermercado? ______________________
2. ¿Qué otros aspectos positivos menciona el anuncio? ______________________
3. ¿Cúal es la meta del supermercado? ______________________
4. ¿Cuál es el eslogan del supermercado? (Se menciona al final del anuncio.) ______________________
5. En tu opinión, ¿es eficaz este anuncio? ¿Por qué? ______________________

4. ¡Hablemos!

Mis opiniones de los anuncios. Describe dos anuncios comerciales que te gustan y dos que no te gustan. Incluye la siguiente información para cada anuncio:

- ¿Cuál es el producto que anuncia?
- ¿Qué pasa en el anuncio? ¿Qué estrategia se usa?
- ¿A quién está dirigido el anuncio?
- ¿Contiene un estereotipo el anuncio?
- ¿Por qué te gusta o no el anuncio?

5. ¡Te toca a ti!

Los lemas de anuncios comerciales

Paso 1. Trabajando con un(a) compañero(a) de clase, escribe lemas para los productos a continuación. Primero, decide cuáles son los nombres de los productos. Piensa en los consumidores a quienes se van a dirigir y en las estrategias que van a usar. También presta atención a las formas correctas de los mandatos formales.

- Un desodorante para hombres
- Un refresco nuevo
- Un coche deportivo
- Un cereal de chocolate
- Un disco compacto con canciones de los años 80

Paso 2. Compara los lemas de tu grupo con los de otro grupo, y luego presenten el mejor lema a la clase.

Nota cultural: ¿Sabías que... ?

In some Spanish-speaking countries, such as Spain, television commercials are only included at the beginning and the end of programs so as not to interrupt the program itself. These commercial breaks are longer, usually between five to ten minutes each.

Nombre ______________________ Fecha ______________

Expresiones idiomáticas

ser una ganga: *to be a bargain*

Compre nuestro nuevo coche deportivo. ¡**Es una ganga**! — *Buy our new sports car.* ***It's a bargain!***

la plata / la lana: *money (in Latin America)*

No voy a comprar ese reloj; ¡es mucha **plata**! — *I'm not going to buy that watch; it's a lot of* ***money!***

B. El mundo cinematográfico

Vocabulario

Gente asociada con el mundo cinematográfico	*People Associated with the Movies*
el actor	*actor*
la actriz	*actress*
secundario	*supporting*
el/la cinéfilo(a)	*film buff*
el/la director(a) (de)	*director (of)*
luminotecnia	*lighting*
maquillaje	*make-up*
sonido	*sound*
vestuario	*costume*
el/la doble especial	*stuntman, stuntwoman*
la estrella	*star*
el/la guionista	*screenwriter*
el/la productor(a)	*producer*
el público	*audience*
el reparto	*cast*
Tipos de películas y filmes	***Types of Movies and Films***
con subtítulos	*with subtitles*
doblado	*dubbed*
doméstico	*domestic*
en blanco y negro	*in black and white*
extranjero	*foreign*
mudo	*silent*
La producción de películas	***Movie Production***
el argumento	*plot*
la banda sonora	*soundtrack*
la casa productora	*production house/ company*
desempeñar el papel	*to play the role*
el doblaje	*dubbing*
doblar	*to dub*
los efectos especiales	*special effects*
los efectos sonoros	*sound effects*
grabar	*to tape*
el guión	*script*
la música de fondo	*background music*
producir (c→zc)	*to produce*
el rodaje	*filming*
rodar (o→ue)	*to film*
Ir al cine	***Going to the Movies***
el anfiteatro	*amphitheater, auditorium*
la butaca	*seat (in a movie theater)*
el entreactos	*intermission*
el estreno	*premiere*
la fila	*row*
hacer cola	*to wait in line*
poner una película	*to show / put on a movie*
El éxito (o el fracaso) de las películas	***Success (or Failure) of Movies***
el éxito de taquilla	*box-office success*
fracasar	*to fail, be unsuccessful*
el fracaso	*failure*
ganar un premio	*to win an award/prize*
premiado	*award-winning*

Nombre ______________________ Fecha ______________

1. Diálogo B

Ir al cine. Escucha la siguiente conversación telefónica entre dos amigas, Luisa y Beatriz, sobre sus planes para ir al cine.

LUISA: ¿Qué tipo de película te gustaría ver?
BEATRIZ: Pues, creo que es mejor que veamos una película doméstica, porque no quiero leer subtítulos esta noche.
LUISA: ¿Por qué? Es posible que no haya una buena película doméstica ahora. Es sorprendente que produzcan tan pocas películas domésticas recientemente.
BEATRIZ: Sí, es cierto. Pero es bueno que nosotras vayamos a ver las pocas que hay.
LUISA: Bien. Y es probable que el Cinemundo sí ponga alguna buena.
BEATRIZ: Uy, pero siempre es necesario hacer cola por mucho tiempo allí. Y siempre tienen un entreactos muy largo. ¿No es mejor que vayamos a otro cine?
LUISA: ¡Qué difícil eres, Beatriz! Veo que es necesario que tú decidas todo. Llámame más tarde.

¿Comprendes?

1. ¿Qué tipo de película quiere ver Beatriz y por qué? ______________________

____

2. ¿Por qué no quiere Luisa ver este tipo de película? ______________________

____

3. ¿Por qué dice Luisa que es mejor que Beatriz decida todo? ______________________

____

2. ¡Practiquemos!

Favoritos personales. ¿Quién/Cuál es tu... favorito(a)?

1. actor ______________
2. actriz ______________
3. película doméstica ______________
4. banda sonora ______________
5. película extranjera ______________
6. director(a) ______________
7. película en blanco y negro ______________
8. guionista ______________

3. ¡Escuchemos!

El estreno de una película. Escucha el siguiente anuncio para una película nueva y luego llena la tabla a continuación con la información que falta.

Nombre de la película	
	Miguel Amparo
	Sergio Belén y Marta Fernández
Tipo de película	
País de origen de la película	
Argumento básico	
Fecha del estreno	

Nombre ______________________ Fecha ______________

4. ¡Hablemos!

Preferencias cinematográficas. Completa las siguientes frases con tus opiniones personales. **¡Ojo!** Usa correctamente el presente del subjuntivo o el presente del indicativo.

- Es mejor que las estrellas de cine...
- Es una lástima que los actores...
- Es cierto que las casas productoras...
- Es importante que los directores...
- Es verdad que las películas mudas...
- Es ridículo que en el cine...

5. ¡Te toca a ti!

Premios cinematográficos

Paso 1. En grupos de tres o cuatro, escriban una lista de todas las películas que vieron en el último año. También apunten las estrellas de esas películas.

Paso 2. Conversen sobre cuál de las películas es mejor, y por qué. También hablen de los mejores actores. Al final, voten por la película, el actor y la actriz que más les gusten.

Paso 3. Anuncien los resultados a la clase. ¿Qué película, actor y actriz reciben los premios de la clase y por qué?

Nota cultural: ¿Sabías que... ?

Along with Spanish-language films, movies from the U.S. are quite popular in the Spanish-speaking world. While in Latin America most U.S. films shown in theaters are subtitled, in Spain they are dubbed. On television they are usually dubbed in Latin America as well. In addition, going to the movies in Spanish-speaking countries is usually less expensive than it is in the U.S.

Expresiones idiomáticas

un desastre / una lata: *a bomb, a bad (movie)*

Anoche vi una película y fue **un desastre**. No me gustó nada. — *Last night I saw a movie and it was* ***a bomb****. I didn't like it at all.*

estar genial en: *to be wonderful in*

Ella **estuvo genial en** el papel de la hija abandonada. — *She* ***was wonderful in*** *the role of the abandoned daughter.*

Nombre ______________________________ Fecha ______________

C. El mundo literario

Vocabulario

Los géneros literarios	***Literary Genres***
el cuento	*short story*
el ensayo	*essay*
la novela	*novel*
la obra de teatro	*play*
el poema	*poem*
la poesía	*poetry*
la prosa	*prose*
Tipos de autores	***Types of Authors***
el/la cuentista	*short-story writer*
el/la dramaturgo(a)	*playwright*
el/la ensayista	*essayist*
el/la novelista	*novelist*
el/la poeta	*poet*
Movimientos literarios	***Literary Movements***
el modernismo (modernista)	*modernism (modernist)*
el naturalismo (naturalista)	*naturalism (naturalist)*
el posmodernismo (posmodernista)	*postmodernism (postmodernist)*
el realismo (realista)	*realism (realistic)*
el realismo mágico (mágico realista)	*magical realism (magical realistic)*
el romanticismo (romántico)	*romanticism (romantic)*
el surrealismo (surrealista)	*surrealism (surrealist)*
Otro vocabulario	***Other Vocabulary***
el/la antagonista	*antagonist*
criticar (c→qu)	*to criticize*
el desenlace	*denouement*
el estilo	*style*
investigar (g→gu)	*to research*
el/la narrador(a)	*narrator*
la obra maestra	*masterpiece*
las obras completas	*complete works*
el/la personaje	*character*
el/la protagonista	*protagonist*
el resumen	*summary*
la sátira	*satire*
el símbolo	*symbol*
el tema	*theme*
el tono	*tone*
la trama	*plot*
el verso	*verse, line of poetry*

1. Diálogo C

Preferencias literarias. Escucha el siguiente diálogo entre dos estudiantes universitarios, Julio y Flor, sobre sus preferencias literarias.

JULIO: ¿Qué género literario te gusta más?

FLOR: Creo que me gusta más la novela.

JULIO: ¿Qué tipo de novela? ¿Romántica, realista, postmodernista... ?

FLOR: Pues, me gusta mucho el realismo mágico. Por ejemplo, me encanta la novela de Laura Esquivel, *Como agua para chocolate.*

JULIO: Sí, a mí también me gusta. Pero más que nada me gusta la poesía modernista. Mi poeta favorito es Rubén Darío. Los símbolos que usa y su estilo son maravillosos e inteligentes. El agua, por ejemplo, puede representar mil cosas. ¿A ti te gusta la poesía?

FLOR: No me gusta mucho. Es que no lo entiendo muy bien. Algunos poemas me parecen interesantes u originales, pero prefiero leer novelas.

JULIO: Sí, pueden ser difíciles, pero eso es lo que me gusta. Tengo un libro de poemas románticos que creo que te gustaría. Te lo puedo dar ahora, u otro día si prefieres.

FLOR: Mejor otro día. Tengo que irme a clase ahora. Adiós.

Nombre ______________________ Fecha ______________

¿Comprendes?

1. ¿Cuál es el género literario favorito de Flor? ¿Y el movimiento? ______________________

____

2. ¿Y cuál es el género favorito de Julio? ¿Por qué le gusta? ______________________

____

3. ¿Por qué a Flor no le gusta la poesía? ______________________

____

2. ¡Practiquemos!

Emparejar. Empareja el vocabulario de la primera columna con las definiciones o descripciones de la segunda columna.

______ 1. la trama	a. el personaje principal
______ 2. la obra maestra	b. la mejor escritura de un autor
______ 3. el símbolo	c. una persona que escribe obras de teatro
______ 4. el resumen	d. la persona que cuenta lo que pasa en una obra
______ 5. el/la protagonista	e. lo que pasa en una obra
______ 6. el realismo	f. algo que representa algo diferente
______ 7. el/la dramaturgo(a)	g. una versión abreviada de lo que pasa
______ 8. el/la narrador(a)	h. su meta es pintar el mundo tal como es

3. ¡Escuchemos!

Preguntas personales. Escucha y contesta las siguientes preguntas sobre la literatura.

1. ______________________
2. ______________________
3. ______________________
4. ______________________
5. ______________________

4. ¡Hablemos!

Una entrevista. Imagina que vas a entrevistar a tu autor(a) favorito(a). ¿Qué preguntas le quieres hacer? Probablemente vas a estar un poco nervioso(a), entonces practica lo que vas a preguntar. (Opcional: Realiza la entrevista con un[a] compañero[a] de cuarto. Él/Ella puede desempeñar el papel del/de la autor[a] e inventar respuestas lógicas.)

5. ¡Te toca a ti!

Veinte preguntas: Obras y autores famosos

Paso 1. Piensa en una obra literaria o en un(a) autor(a) muy famoso(a).

Paso 2. Ahora vas a trabajar en un grupo de cuatro o cinco estudiantes. El group va a adivinar en qué obra o autor(a) estás pensando, y tú también vas a adivinar sus obras o autores(as). Unas reglas:

- Sólo pueden hacer pregunta de tipo «sí/no».
- Si la respuesta a tu pregunta es «sí», puedes hacer otra pregunta.
- Si la respuesta es «no», otra persona del grupo hace la próxima pregunta.

Paso 3. Cuando terminen con todos los miembros del grupo, una persona de cada grupo debe repetir el proceso con la clase entera. (Es mejor que lo haga la persona con la respuesta más interesante o cómica.)

Nota cultural: ¿Sabías que... ?

Rubén Darío, born in Nicaragua in 1867, is one of the most well-known and influential poets of Latin America. He is known for coining the term **modernismo** and for leading this Latin American literary movement. Three of his most famous works, which represent different stages in his life and career, include *Azúl*, *Prosas profanas*, and *Cantos de vida y esperanza.*

Expresiones idiomáticas

ser un poema: *to be lovely, exquisite, quite something*

¡Ese hombre **es un poema**! — *That man **is quite something**!*

¡Déjate de cuentos!: *Stop beating around the bush! Get to the point!*

Ya hace diez minutos que hablamos del tiempo. **¡Déjate de cuentos!** — *We've been talking about the weather for ten minutes already. **Get to the point!***

D. Síntesis

¡A leer! La nueva librería

Antes de leer. Aprendiste mucho de la literatura en este capítulo. Ahora vas a leer un anuncio para una nueva librería. ¿Qué información piensas aprender del anuncio? ¿los diferentes tipos de libros que tiene? ¿otros eventos de la librería? ¿Qué estrategias de vender piensas ver? Lee el anuncio para ver si tus predicciones son correctas.

LITERAMUNDO

¡Venga a la librería nueva, Literamundo! Es una librería para todos los gustos. Tenemos libros académicos, para niños, de literatura (poesía, novelas, cuentos, etc.), de cocina, de viajes y mucho más. También contamos con una colección inmensa de revistas y periódicos de todo el mundo.

Pero no es sólo un lugar para comprar libros; también tenemos:

- Un café con una gran selección de cafés, tés, panes y pasteles
- Exhibiciones de arte de artistas locales
- Lecturas de poesía y cuentos
- Música en vivo todas las noches

Literamundo: El lugar perfecto para leer, comprar, tomar un café, charlar con amigos, conocer a nuevos amigos, escuchar música... Visítenos y disfrute del nuevo centro social de tu ciudad. ¡No tarde!

Nombre ______________________________ Fecha ______________

¿Comprendes? En grupos de dos o tres, hablen de las preguntas a continuación.

1. ¿Qué tipos de libros tiene esta librería?
2. ¿Qué estrategias usa este anuncio para vender su producto? ¿Es eficaz el anuncio?
3. ¿Te gustaría visitar esta librería? ¿Por qué? ¿Hay una librería similar en tu ciudad?

■ Expansión oral: Un anuncio comercial

Paso 1. Trabajando en grupos de tres o cuatro, van a preparar un anuncio comercial original. Piensen en:

- ¿Qué producto van a vender?
- ¿Van a tener un lema para venderlo?
- ¿Qué estrategia(s) van a usar?

Paso 2. Practiquen el anuncio dos o tres veces. **¡Ojo!** Presten atención a las formas de los mandatos formales.

Paso 3. Presenten su anuncio a la clase. La clase va a decidir cuál es el anuncio más original.

■ **Expansión de vocabulario: Mapa semántico.** En otro papel, dibuja un mapa semántico con la idea central de «El arte de persuadir y entretener». Dibuja como nodos principales «Los anuncios», «El cine» y «La literatura». Incluye por lo menos 55 palabras.

■ **Traducciones: Los premios cinematográficos.** El mes próximo van a anunciar los ganadores de los premios cinematográficos «Cineopolis». Los premios de este programa se basan en los votos del público. Traduce la siguiente encuesta al inglés para que puedan votar tus amigos anglosajones.

¡Vote por sus películas, actores, actrices… favoritos!*

Película ____________	Película extranjera ____________
Actor ____________	Actriz ____________
Actor secundario ____________	Actriz secundaria ____________
Director(a) ____________	Guionista ____________
Productor(a) ____________	Efectos sonoros ____________
Efectos especiales ____________	Banda sonora ____________

*Mande esta encuesta a: Los premios Cineopolis, A.P. 59900, San José, Costa Rica, C.P. 400229

Nombre ______________________________ Fecha ____________________

■ **Enlace cultural: ¡Busquemos libros!** Vas a buscar libros en español que te interesen leer. Ve al sitio **http://spanishforlife.heinle.com**.

Paso 1. Busca tres libros en español (y no traducidos del inglés) que te interesen leer. Puedes usar los sitios de la página de *Spanish for Life,* o puedes usar un buscador en español, como **http://www.ole.es/** o **www.espanol.yahoo.com**. Usa los términos de búsqueda «librería», «libros», «novela», «poemas», etc.

Paso 2. Llena la tabla a continuación con información sobre los libros que escogiste.

Nombre del libro	Autor(a)	Género	Resumen breve de la trama

Paso 3. Ahora habla con un(a) compañero(a) de clase sobre los libros que escogieron. Explícale por qué te interesan estos libros. ¿Te interesan los libros que escogió tu compañero(a)? ¿Tienen un libro en común?

Nombre ______________________________ Fecha ____________________

■ ¡Hablemos mejor!

The Spanish letters *p, t,* and *c.* In Spanish the sounds **p**, **t**, and **c** [k] are pronounced slightly differently than in English. While in English these sounds are aspirated in syllable-initial positions (pronounced with a small puff of air sounding like an *h* at the end of the articulation), in Spanish they are never aspirated. While aspirating these sounds will usually not lead to incomprehensibility, it will sound "odd" to native Spanish speakers. Listen to the following examples, paying careful attention to how **p**, **t**, and **c** are prounounced. Then listen to the words again, repeating each of the words along with the tape.

cartel	página	empresa	gastar
persuadir	compañía	comercial	pena
estar de acuerdo	precio	producto	actor
la casa productora	trama	tono	poesía

Nombre ______________________ Fecha ______________

Los estudios en el extranjero: Venezuela

In this chapter you will learn:

COMMUNICATIVE FUNCTIONS

- Discuss hopes and fears with regard to studying abroad
- Express desires and concerns about your experience abroad
- Discuss administrative issues while abroad

VOCABULARY

- International travel requirements
- University departments
- Bank
- Post office

Transparencies A–4: **Los mapas: La América del Sur**; A–14: Country Profile, **Venezuela**

A. Los preparativos y el viaje al extranjero

Vocabulario

Transparencies O–2: **De viaje: En la agencia de viajes**; O–3: **De viaje: En el aeropuerto**; O–4: **De viaje: En el avión**

Información preliminar y preparativos	***Preliminary Information and Preparations***
la agencia de viajes	*travel agency*
el alojamiento	*housing*
la beca	*scholarship*
el carnet (de identidad/ de estudiante internacional)	*(identification/international student) card*
la carta de solicitud	*application letter*
el convenio de intercambio	*exchange agreement (between universities)*
los cursos	*courses*
el folleto	*brochure*
el pasaporte	*passport*
el programa de estudios intensivos	*intensive study program*
el programa de intercambio	*exchange program*
seleccionar/elegir un programa	*to select a program*
el visado	*visa*

En el aeropuerto	***At the Airport***
abrocharse el cinturón	*to fasten one's seatbelt*
el altavoz	*loudspeaker*
aterrizar (z→c)	*to land*
el avión	*airplane*
el/la azafato(a) (el/la auxiliar del vuelo)	*flight attendant*
el compartimiento de equipaje	*luggage compartment*
con destino a	*destined for*
despegar (g→gu)	*to take off*
el equipaje de mano	*carry-on luggage*
facturar	*to check (baggage)*
el/la pasajero(a)	*passenger*
la tarjeta de embarque	*boarding pass*
el vuelo	*flight*

Nombre ______________________________ Fecha ____________________

1. Diálogo A

En el avión. Juana y Ángela van a estudiar en un programa de estudios en Caracas, Venezuela. Mientras entran en el avión, hablan del programa y escuchan los mandatos del azafato. Escucha su conversación y contesta las preguntas a continuación.

ÁNGELA: En el altavoz nos dicen que abordemos.

JUANA: Muy bien. A ver, ¿tienes el pasaporte y el carnet de estudiante internacional?

ÁNGELA: Sí. El azafato nos manda que mostremos el pasaporte con la tarjeta de embarque, ¿no?

JUANA: Sí. *[Juana y Ángela embarcan en el avión.]*

AZAFATO: Buenas tardes, señoritas. ¿Prefieren Uds. que yo ponga su equipaje de mano en el compartimiento de equipaje?

ÁNGELA: Sí, gracias.

AZAFATO: De nada. Por favor, necesitamos que se sienten ahora. *[Ángela y Juan encuentran sus asientos y se sientan.]*

JUANA: ¡Qué ilusión! Estoy muy contenta que vayamos a estudiar juntas en Caracas.

ÁNGELA: Yo también. Es un programa excelente de estudios intensivos del español. Tenemos mucha suerte de que nuestra universidad tenga un convenio de intercambio con Venezuela.

JUANA: Sí. Es muy importante que recibamos la beca también. La beca nos ayuda mucho a pagar los cursos y el alojamiento.

AZAFATO: Buenas tardes, señoras y señores. Bienvenidos al vuelo 345 con destino a Caracas, Venezuela. Les rogamos que se abrochen los cinturones de seguridad. El avión va a despegar dentro de 15 minutos.

ÁNGELA: ¡Qué ilusión! Oye, ¿qué hacemos cuando el avión aterriza?

JUANA: Bueno, primero es necesario que pasemos la aduana. Después, el folleto aconseja que llamemos por teléfono a la oficina de estudiantes internacionales.

ÁNGELA: Ah, bueno. Juana, ¿vas a vivir con una familia o en una residencia estudiantil?

JUANA: En el folleto de la oficina de programas internacionales recomiendan que los estudiantes vivan con una familia para aprender mejor el español. Así que cuando mandé la carta de solicitud, pedí alojamiento con una familia.

ÁNGELA: ¡Yo también! Prefiero que nuestras familias vivan cercas.

JUANA: Yo también. Creo que voy a dormir un poco.

ÁNGELA: Buena idea. Tenemos cuatro horas antes de llegar.

¿Comprendes?

1. ¿Qué necesitan mostrar Juana y Ángela antes de abordar en el avión? ______________________

   ____

2. ¿Qué van a hacer Juana y Ángela en Caracas? ______________________

   ____

3. ¿Dónde van a vivir Juana y Ángela en Caracas? ______________________

   ____

2. ¡Practiquemos!

Un rompecabezas. El viaje de Ángela y Juana. Completa el siguiente rompecabezas *(crossword puzzle)* con el vocabulario y la información del diálogo.

Vertical

1. La acción que hace el avión al final del vuelo
2. La acción que hace el avión al principio del vuelo

Nombre ______________________ Fecha ______________

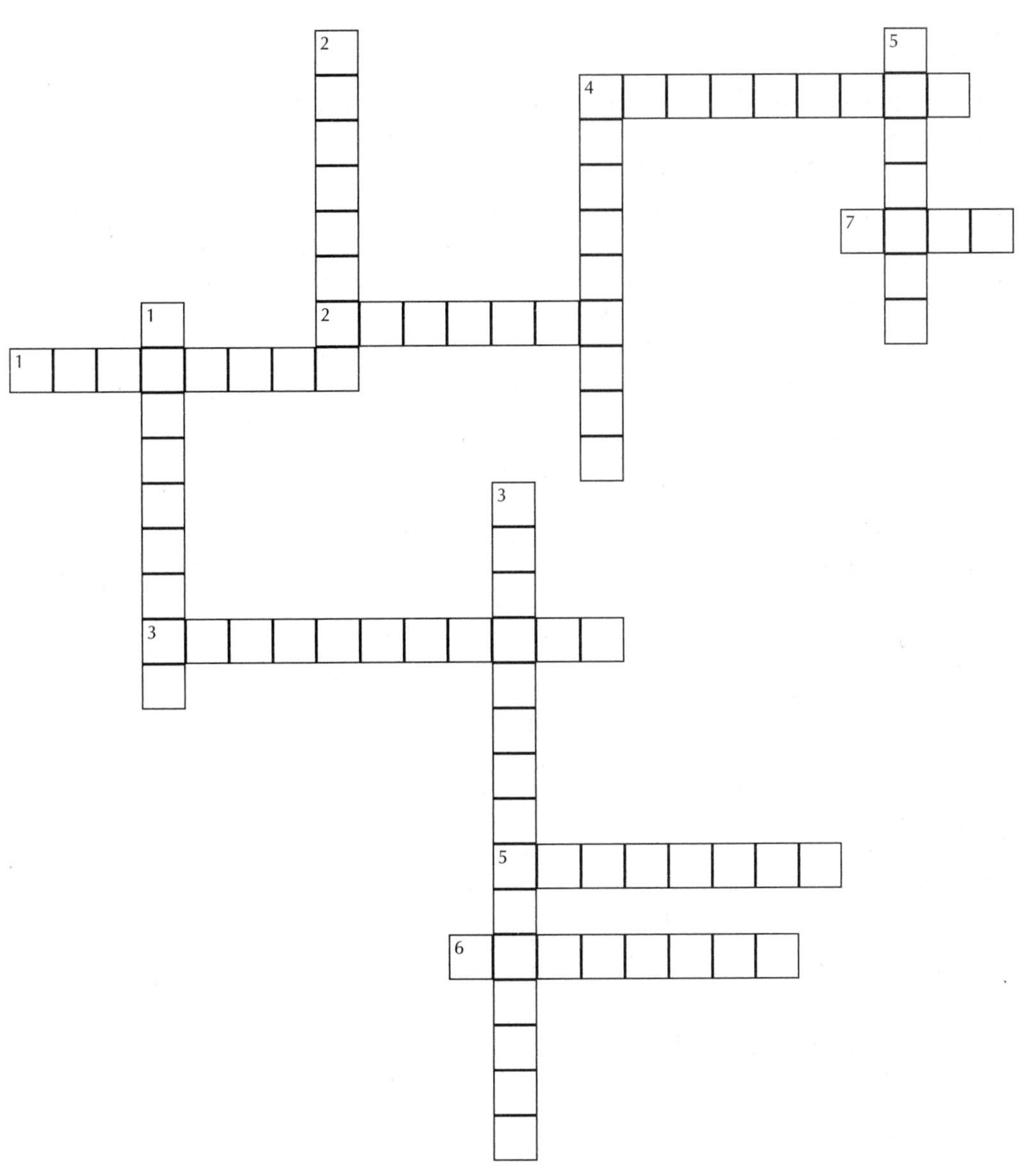

3. El lugar donde una persona compra el billete de avión
4. La cosa que una persona necesita para hacer un viaje internacional
5. Juana y Ángela encontraron información sobre el programa en el _____.

Horizontal

1. Antes de abordar un avión es necesario _____ el equipaje.
2. La persona que sirve a los pasajeros en un avión
3. Juana y Ángela van a tener _____ con una familia.
4. Las personas que viajan en el avión
5. Para abordar el avión Juana y Ángela necesitan mostrar su tarjeta de _____.
6. Los pasajeros del vuelo siempre tienen que abrocharse el _____.
7. La cosa que Juana y Ángela tienen para ayudarlas económicamente

3. ¡Escuchemos!

Publicidad: Programa de estudios en Venezuela. Escucha el siguiente anuncio sobre un programa de estudios en Venezuela y decide si las frases a continuación son ciertas o falsas.

C/F **1.** La Universidad Central de Venezuela no tiene ningún convenio con universidades estadounidenses.

C/F **2.** La Universidad Central de Venezuela ofrece programas de intercambio con cursos intensivos de español.

C/F **3.** Hay cursos de arte y cultura también.

C/F **4.** Sólo es posible vivir en una residencia estudiantil.

C/F **5.** La universidad ofrece becas para los estudiantes.

C/F **6.** Los estudiantes tienen que conseguir su pasaporte y visado.

C/F **7.** La universidad trabaja con una agencia de viajes para ayudar a los estudiantes a comprar los billetes de avión.

C/F **8.** El programa está localizado en Caracas.

4. ¡Hablemos!

Un anuncio de radio. Imagínate que trabajas para la oficina de estudiantes internacionales en tu universidad. La universidad quiere que haya más estudiantes internacionales, especialmente de países hispanos. Tú te encargas de la publicidad para tu oficina. Para amplificar el número de estudiantes hispanos, tienes que escribir un anuncio de radio. Este anuncio tiene que atraer a los estudiantes hispanos de varias partes del mundo (la universidad va a mandar el anuncio a México, España y Latinoamérica).

Paso 1. Haz una lista de la información que vas a incluir en el anuncio (si quieres, puedes escuchar otra vez al anuncio de la Universidad Central de Venezuela en la actividad anterior). Debes incluir por lo menos:

- Los cursos que los estudiantes internacionales pueden tomar, por ejemplo, inglés, historia, etc.
- Posibilidades de alojamiento
- Información administrativa: pasaporte, visado, becas, vuelos, etc.
- Otra información importante para convencer a un(a) estudiante hispano(a) que venga a tu universidad

Paso 2. Escribe tu anuncio y compártelo con, por lo menos, dos o tres estudiantes de la clase. Los miembros del grupo deben votar por el mejor anuncio.

5. ¡Te toca a ti!

En la oficina de programas de intercambio. Trabaja con otra persona para realizar el siguiente diálogo. Uno de Uds. es un(a) estudiante que quiere hacer un programa de intercambio en el extranjero. La otra persona es un(a) consejero(a) *(advisor)* de la oficina de programas internacionales. El/La estudiante debe conseguir la siguiente información:

- ¿Cuáles son las posibilidades de recibir una beca?
- ¿Qué tiene que hacer un estudiante para recibir una beca?
- ¿Dónde viven los estudiantes? ¿con una familia? ¿en una residencia?
- ¿Es necesario un pasaporte? ¿un visado?
- ¿Qué cursos pueden tomar los estudiantes?

Nombre ______________________ Fecha ______________

El/La consejero(a) debe darle al / a la estudiante la siguiente información:

- Los diferentes países y universidades que ofrecen un convenio de intercambio
- Los requisitos *(requirements)* para participar en el programa: carta de solicitud, etc.
- Los cursos que los estudiantes pueden tomar
- Los preparativos que el/la estudiante tiene que hacer: pasaporte, visado, billete para el vuelo

Nota cultural: ¿Sabías que... ?

If you are studying in a Spanish-speaking country and want to improve your Spanish through conversation with a native speaker, you should search for an **intercambio**. Literally translated as *exchange*, **intercambio** also means *language exchange*. It is common for universities to have a bulletin board where people can post notices and look for someone with whom to do a language exchange. Postings generally include the language of the native speaker and the language(s) he or she wishes to improve through the **intercambio**. If you were to do an **intercambio** with a native Spanish speaker you would probably have one hour of conversation in Spanish and then the next hour in English, so that each person has the opportunity to improve his/her second language through conversation with a native speaker.

Expresiones idiomáticas

viajar ligero de/con poco equipaje: *to travel light*

Sólo tengo una maleta. Siempre **viajo ligero de equipaje**. — *I only have one suitcase. **I always travel light**.*

hacer escala: *to make a stopover*

El avión **hace escala** en Buenos Aires. — *The plane **has/makes a stopover** in Buenos Aires.*

B. La llegada a la universidad

Vocabulario

Transparency: L–1: **En el extranjero: La hoja de inscripción**

Información académica y administrativa	***Academic and Administrative Information***
la carrera	*course of study for a degree*
la conferencia	*lecture*
el/la consejero(a) académico	*academic advisor*
los (cursos) electivos	*elective courses*
el/la director(a) del programa	*program director*
la especialización	*major field*
especializarse en (z→c)	*to major in*
las facultades (de)	*schools or departments (in a university) (of)*
antropología	*anthropology*
bellas artes	*fine arts*
ciencias económicas	*economics*
ciencias químicas, biológicas	*chemistry, biology*
derecho o leyes	*law*
filosofía y letras	*philosophy and letters*
la informática	*computer science*
lenguas modernas o clásicas	*modern or classical languages*
medicina	*medicine*
sociología	*sociology*

Nombre ______________________ Fecha ______________

la familia anfitriona	*host family*	**Más verbos de emoción**	***More Verbs of Emotion***
hacer la matricula (matricularse)	*to register for courses*	doler (o→ue)	*to hurt*
la hoja/el formulario de inscripción	*enrollment form*	entristecer (c→zc)	*to sadden*
la lectura	*reading*	estar contento	*to be happy*
rellenar un formulario	*to fill out a form*	estar triste	*to be sad*
los requisitos (los cursos obligatorios)	*required classes*	extrañar	*to surprise, seem strange*
el seguro médico	*medical insurance*		

1. Diálogo B

¡Perdí la reunión! La primera reunión para los estudiantes internacionales del programa de estudios en la Universidad Central de Venezuela fue ayer. Juana estaba enferma y no pudo asistir. Por eso, Juana habla con Ángela para enterarse de la información de la reunión.

JUANA: ¿Qué tal fue la reunión?

ÁNGELA: Muy informativa. La directora del programa nos dio mucha información importante. Tenemos que hacer muchas cosas administrativas.

JUANA: ¿Qué recomienda que hagamos primero?

ÁNGELA: Dice que rellenemos primero todos los formularios importantes: el formulario de inscripción, la hoja *(page, sheet)* del seguro médico, etc.

JUANA: ¿Y cuándo hacemos la matrícula?

ÁNGELA: No podemos matricularnos todavía, porque la directora insiste en que vayamos a ver al consejero académico antes de matricularnos.

JUANA: ¿Tú ya hablaste con él?

ÁNGELA: Sí. Él es muy agradable. Me habló de los requisitos y los posibles cursos electivos.

JUANA: ¿Cuáles son los cursos obligatorios?

ÁNGELA: Bueno, primero quieren que tomemos un curso especial de español intensivo. También recomiendan que tomemos una clase de cultura, en la facultad de filosofía y letras.

JUANA: ¿Me puedes explicar «las facultades»? Yo no entiendo ese sistema.

ÁNGELA: Sí, por supuesto. Mira, realmente es muy fácil. Las facultades son los diferentes departamentos o escuelas de estudio. Por ejemplo, estudiamos español en la facultad de lenguas modernas. Puedes estudiar pintura en la facultad de bellas artes; si quieres ser doctora, estudias en la facultad de medicina o si quieres ser abogada *(lawyer)*, estudias en la facultad de derecho.

JUANA: Ah, ahora entiendo. Oye, Ángela, ¿el consejero te habló del sistema de exámenes? Tengo miedo de que vaya a suspender.

ÁNGELA: No te preocupes. Sólo hay dos exámenes en cada clase. Un examen de mediados de curso y un examen final.

JUANA: ¿Qué electivos vas a tomar?

ÁNGELA: Como mi especialización es el arte, voy a tomar varios cursos en la facultad de bellas artes. ¿Y tú?

JUANA: Bueno, yo tengo que tomar muchas clases en la facultad de informática. Estoy triste de que no vayamos a tener ninguna clase juntas.

ÁNGELA: A mi también me entristece, pero por lo menos vamos a estar juntas en la clase de español. Bueno, te dejo *(I'll let you go)* porque tengo que hablar con mi familia anfitriona. Te aconsejo que vayas a ver al consejero esta tarde.

JUANA: Sí, buena idea. Gracias por la información. Hasta luego.

Nombre ______________________ Fecha ______________

¿Comprendes?

1. ¿Qué recomienda la directora que los estudiantes hagan primero? ______________________

2. ¿Qué tienen que hacer los estudiantes antes de matricularse? ______________________

3. ¿Cuántos exámenes hay en cada clase y cómo se llaman? ______________________

2. ¡Practiquemos!

Mis estudios en el extranjero. Empareja las palabras de la primera columna con la frase de la segunda columna que mejor corresponda.

______	**1.** el consejero académico	**a.** Es mejor que vivir en una residencia estudiantil.
______	**2.** la familia anfitriona	**b.** Rellenar el formulario con los cursos que uno quiere tomar
______	**3.** los electivos	**c.** La persona que recomienda los cursos que debo tomar
______	**4.** hacer la matrícula	**d.** Los cursos obligatorios
______	**5.** los requisitos	**e.** Los cursos que yo quiero tomar. No son obligatorios.
______	**6.** aprobar	**f.** Es necesario para visitar al doctor.
______	**7.** lenguas modernas	**g.** La facultad donde dan clases de español
______	**8.** el seguro médico	**h.** El contrario de **suspender**

3. ¡Escuchemos!

¡No funciona la fotocopiadora! Imagínate que estás en un programa de estudios en el extranjero. Llegas a la universidad y vas a la primera reunión. La directora necesita conseguir información de los alumnos, pero no puede fotocopiar el formulario porque la fotocopiadora no funciona. Primero, tienes que escribir las preguntas de la profesora. Ella va a repetir cada pregunta dos veces. Después contesta las preguntas.

1. ______________________
2. ______________________
3. ______________________
4. ______________________
5. ______________________

4. ¡Hablemos!

Yo te aconsejo que... Imagínate que acabas de volver de un programa de estudios en el extranjero. Tu amigo(a) va a ir el año que viene. ¿Qué le aconsejarías a tu amigo(a)? Incluye por lo menos la siguiente información. Sea creativo(a) e inventa cosas. **¡Ojo!** Intenta usar verbos diferentes en la primera parte de cada frase. Mira el *main text* para acordarte de los *verbs of volition/will.*

MODELO: *Te aconsejo/recomiendo/sugiero, etc., que hagas un intercambio con un nativo porque es muy útil para practicar el español.*

- ¿Qué debe hacer tu amigo(a) cuando llegue? ¿rellenar formularios? ¿matricularse?
- ¿Recomiendas que tu amigo(a) viva con una familia anfitriona o en una residencia estudiantil? ¿Por qué?
- ¿Recomiendas que tu amigo(a) hable con un consejero académico antes de hacer la matrícula? ¿Por qué?
- ¿Qué cursos debe tomar y por qué?
- ¿Cuántos(as) días/horas/semanas debe estudiar para los exámenes?
- ¿Debe tener seguro médico? ¿Por qué sí o por qué no?
- ¿En qué facultades se toman ciertas clases?

⇄ 5. ¡Te toca a ti!

Una encuesta: los estudios en el extranjero. Imagínate que quieres estudiar en un programa de intercambio, pero no sabes nada del tema. Algunos(as) de tus amigos(as) y compañeros(as) de clase estudiaron en el extranjero el semestre pasado y tú quieres que te den sugerencias.

Paso 1. Haz una lista de preguntas para conseguir la información que quieres. Debes hacer preguntas relacionadas con el alojamiento, los cursos y la información administrativa.

MODELOS: *¿Dónde estudiaste y con qué programa?*
¿Es mejor vivir con una familia o en una residencia?
¿Qué cursos debo tomar?

Paso 2. Compara tus preguntas con las de otra persona y haz una síntesis de las preguntas, seleccionando las cuatro preguntas más importantes.

Paso 3. Ahora Uds. deben juntarse con otro grupo para formar un grupo de cuatro. Un grupo va a preguntar y el otro tiene que contestar, inventando las respuestas. ¡Sean creativos! Una vez terminados, cambien los papeles *(roles)* y repitan el **Paso 2.**

Nota cultural: ¿Sabías que... ?

In most Hispanic countries the education system differs quite a bit from that of the U.S. **El colegio** refers not to *college* (a false cognate) but to a pre-university level of instruction. Depending on the context, **colegio** can mean *primary school, junior high*, or *high school*, and most often refers to a private institution. Public high schools are called **institutos** or **liceos**. **El título de bachiller** is the equivalent of a high school diploma. After completing the **bachillerato**, students either attend the university or enter into a trade or professional program: **una escuela de formación profesional**. Students who complete university studies receive **la licenciatura** (*B.A. degree*).

As Ángela explained to Juana in the dialogue at the beginning of this section, **la facultad** refers to a department or school within a university, i.e., the School of Medicine, School of Fine Arts, etc. The system of majors and minors in the U.S. has no exact equivalent in the Hispanic system. When students enter the university they must immediately select their **carrera** or path/field of study. The best way to express the U.S. idea of *major* is to use **especialización**, as listed in the vocabulary above.

Expresiones idiomáticas

hacer carrera: *to carve out a career, make a name for oneself*

Ella empieza a **hacer carrera** en la televisión.	*She is beginning* ***to make a name for herself*** *in television.*

dar una conferencia: *to give a lecture/talk*

El profesor **dio una conferencia** muy interesante.	*The professor* ***gave a*** *very interesting* ***lecture/talk.***

Nombre ______________________ Fecha ______________

C. Asuntos oficiales: los bancos y la oficina de correos en el extranjero

Vocabulario

En el banco	***In the Bank***
ahorrar	*to save*
el cajero automático	*cash/ATM machine*
el cheque de viajero	*traveler's check*
la cuenta	*account*
la cuenta corriente	*checking account*
la cuenta de ahorros	*savings account*
el documento de identidad	*identity card*
el efectivo	*cash*
el/la empleado(a) del banco	*bank clerk*
el estado de cuenta	*bank statement*
gastar	*to spend*
los gastos	*expenditures*
ingresar (depositar)	*to deposit (money)*
los ingresos	*deposits*
la libreta de ahorro	*bankbook, passbook*
llevar cuentas	*to balance accounts*
el recibo	*receipt*
sacar dinero (c→qu)	*to take out money*
la sucursal	*branch (of a bank, university, etc.)*

En la oficina de correos	***At the Post Office***
el aerograma	*aerogramme*
la carta	*letter*
el franqueo	*postage*
el paquete	*package*
el sobre	*envelope*

1. Diálogo C

En el banco. Juana y Ángela están en el banco para abrir una cuenta. Escucha su conversación con el empleado del banco.

EMPLEADO: Hola, señoritas. ¿En qué les puedo servir?

JUANA: Buenos días, señor. Necesitamos abrir una cuenta.

EMPLEADO: Sí, por supuesto. ¿Son Uds. de aquí, de Caracas?

ÁNGELA: No, somos de los Estados Unidos. Estamos aquí en un programa de intercambio. Nuestra directora aconseja que todos los estudiantes del programa abran una cuenta en Caracas.

EMPLEADO: Sí, entiendo. ¿Qué tipo de cuenta quieren abrir, una cuenta corriente o una cuenta de ahorros?

JUANA: Una cuenta corriente.

EMPLEADO: Muy bien. Yo les aconsejo que abran una que se llama «cuenta estudiantil». Esta cuenta corriente tiene muchas ventajas *(advantages)*. No es necesario que mantengan ningún balance mínimo, y Uds. reciben los cheques y también una tarjeta para sacar efectivo en cualquier cajero automático.

ÁNGELA: Muy bien. ¿Qué método recomienda Ud. que usemos para llevar cuentas?

EMPLEADO: Bueno, yo les voy a dar una libreta de ahorro y sugiero que vayan apuntando los gastos y los ingresos. Los cajeros automáticos también dan recibos para cada ingreso y gasto. Cada mes Uds. van a recibir un estado de cuenta por correo y allí va a estar su balance actual.

JUANA: Perfecto. ¿Qué información necesita Ud. para abrir la cuenta?

EMPLEADO: Bueno, necesito algún documento de identidad, por ejemplo, el pasaporte, y también un ingreso inicial.

ÁNGELA: ¿Podemos usar cheques de viajero para el ingreso inicial?

EMPLEADO: Sí, por supuesto. El banco también manda que rellenen este formulario. *[Ángela y Juana rellenan el formulario y entregan sus pasaportes y cheques de viajero. Después de un rato el empleado termina el asunto y entrega unos papeles a Ángela y Juana.]* Muy bien, señoritas. Aquí tienen sus recibos y sus libretas. Las tarjetas y los cheques van a llegar por correo dentro de una semana.

ÁNGELA: Muchas gracias, señor. *[Ángela y Juana salen del banco.]*

JUANA: Bueno, ¿qué quieres que hagamos ahora?

ÁNGELA: Yo tengo que ir a una sucursal de la oficina de correos para recoger un paquete. Espero que sea de mis padres.

ÁNGELA: Ah, yo también tengo que ir para comprar unas estampillas para unas tarjetas postales. ¿Te molesta que yo vaya contigo?

JUANA: Por supuesto que no. Me alegro de que me acompañes. Oye, ¿sabes cuánto cuestan las estampillas de correo aéreo?

ÁNGELA: Ni idea. Vamos. Puedes preguntar a alguien de la sucursal.

¿Comprendes?

1. ¿Qué tipo de cuenta quieren abrir Juana y Ángela? ____________________

____

2. ¿Qué les aconseja el empleado del banco y por qué? ____________________

____

3. ¿Adónde van Ángela y Juana al salir del banco? ¿Qué tienen que hacer allí? ____________

____

2. ¡Practiquemos!

El banco y la oficina de correos. Empareja las frases de la primera columna con las palabras de la segunda columna que mejor completen la frase.

_____ 1. Espero que mis padres me manden _____.

_____ 2. Mis amigos se alegran de que yo les mande muchas cartas por _____ desde Venezuela.

_____ 3. Es necesario que saque efectivo del _____.

_____ 4. A mi madre le molesta que yo _____ tanto dinero.

_____ 5. Como me gusta gastar, a mis padres les sorprende cuando yo _____.

_____ 6. No me choca que el banco siempre pida _____. Es cuestión de seguridad.

a. ahorro dinero
b. un documento de identidad
c. correo aéreo
d. cajero automático
e. un paquete
f. gaste

3. ¡Escuchemos!

Las cuentas diferentes. Vas a abrir una cuenta en un banco, pero no sabes qué tipo de cuenta debes seleccionar. Escucha mientras el empleado te describe los diferentes tipos de cuentas y apunta la información en el cuadro a continuación.

Nombre ______________________ Fecha ______________

Nombre de la cuenta	Balance necesario: ¿Sí o no? ¿Cuánto?	Cheques: ¿Sí o no? ¿Cuántos cheques puedo escribir al mes?	Tarjeta para el cajero automático: ¿Sí o no?
1.			
2.			
3.			

4. ¡Hablemos!

Un juego sin nombre. Imagínate que estás haciendo un juego y tienes que describir las siguientes cosas sin mencionar sus nombres. ¿Cómo las vas a describir?

MODELO: *Es necesario presentar esa cosa para abrir una cuenta. Normalmente tiene el nombre de la persona y una foto. (documento de identidad)*

1. empleado del banco
2. los ingresos
3. el sobre
4. el recibo
5. la cuenta corriente
6. el paquete
7. la tarjeta postal
8. el efectivo

Variación: Después de hacer las definiciones, compártelas con un(a) compañero(a) de clase. ¿Pueden adivinar *(guess)* el nombre de la cosa de tu compañero(a)?

5. ¡Te toca a tí!

En el banco. Trabaja con un(a) compañero(a) de clase para realizar la siguiente situación. Una persona va a ser el/la empleado(a) del banco y la otra, un(a) cliente que quiere abrir una cuenta.

El/La empleado(a) del banco debe:

- Describir los diferentes tipos de cuentas
- Contar las ventajas y desventajas *(disadvantages)* de cada cuenta
- Recomendar una cuenta, basándose en las necesidades del cliente

El/La cliente debe:

- Pedir información sobre los diferentes tipos de cuentas. ¿Hay un balance mínimo? ¿Cuántos cheques puede escribir? etc.
- Describir por qué quiere tener cheques y/o una tarjeta de cajero automático
- Decidir qué cuenta quiere abrir
- Darle al/a la empleado(a) la información necesaria: nombre, dirección, documento de identidad, etc.

Nota cultural: ¿Sabías que... ?

If you are in a Hispanic country and want to send many letters to friends in other countries, it is often more economical to purchase **aerogramas**. Also available in the U.S., aerogrammes are light-weight, postage-prepaid pieces of paper that function as both envelopes and letters. The letter is written on the inside and then the aerogramme is folded up to form an envelope and has a space for writing both the **dirección** and the **remite** (*return address*). Aerogrammes often offer a more economical price than regular airmail stamps.

Expresiones idiomáticas

cargar algo a la cuenta: *to put something on one's account*

No tengo efectivo. Por favor, **cárguelo a mi cuenta.** — *I don't have any cash. Please **charge it to my account.***

al final de cuentas: *after all*

No me molesta estar mucho tiempo en la clase de español; **al final de cuentas** voy a aprender mucho. — *It doesn't bother me to be in Spanish class a long time; **after all**, I'm going to learn a lot.*

D. Síntesis

¡A leer! La Universidad Central de Venezuela

Antes de leer. Toma un momento para reflexionar sobre la información que aprendiste en este capítulo sobre los estudios en el extranjero. Vas a leer un folleto con información de estudios en la Universidad Central de Venezuela. ¿Qué tipo de información piensas ver en el folleto? Con otra persona, haz una lista breve de toda la información posible (¡sin mirar las listas de vocabulario!). Ahora lee el folleto e intenta contestar las preguntas a continuación. ¿Acertaste en tus predicciones?

¡Ven a estudiar en la Universidad Central de Venezuela!
¡Deja que tu imaginación vuele! ¡Una experiencia increíble te espera!

Nuestro programa de estudios ofrece muchas oportunidades para los estudiantes que quieren hacer una especialización en español y también para las personas que simplemente quieren mejorar su habla y amplificar su conocimiento del país.

Alojamiento: Ofrecemos alojamiento con familias venezolanas o en una residencia estudiantil. El precio del alojamiento se incluye en el precio de inscripción al programa.

Excursiones: La Oficina de Estudiantes Internacionales ofrece excursiones a diferentes pueblos, ciudades y zonas por toda Venezuela. Recomendamos que los estudiantes también hagan excursiones por su cuenta para poder practicar el español y conocer mejor nuestro maravilloso país.

Cursos para cada nivel: Ofrecemos una gran variedad de cursos que el estudiante puede elegir. Cada clase tiene un máximo de diez personas, lo cual facilita atención individual para cada estudiante. Ve a continuación las múltiples posibilidades...

Nombre ______________________ Fecha ______________

	Nivel básico	Nivel avanzado
Cursos obligatorios	1. Español: Gramática y conversación Diez horas semanales * Cada estudiante hace un examen escrito de aptitud para determinar su ubicación de clase.	1. Español: Gramática avanzada Tres horas semanales Conversación: Cinco horas semanales * Cada estudiante hace un examen escrito y un examen oral de aptitud para determinar su ubicación de clase. 2. Cultura venezolana
Cursos electivos	Cultura, Historia del arte, Geografía, Historia de Venezuela	Literatura (varios temas), Lingüística (varios temas), Cine, Economía, La política en el mundo hispano
Semestres en que se ofrece el programa	Verano: Curso de 12 semanas. Empieza al principio de junio y termina al final de agosto Semestre de otoño o de primavera	Programa de un año. Las fechas coinciden con el calendario académico de la Universidad Central de Venezuela.

¿Comprendes? En grupos de dos o tres, contesten las preguntas a continuación.

1. ¿Ofrece excursiones el programa?
2. ¿Hay un número máximo de estudiantes para cada clase? ¿Por qué sí o por qué no? ¿Te parece buena idea?
3. ¿Qué método se utiliza para situar a los estudiantes en el nivel correcto?

■ **Expansión de vocabulario: Mapa semántico.** En otro papel, dibuja un mapa semántico con la idea central de «Estudios en el extranjero». Dibuja como nodos principales «El viaje en avión», «En la universidad» y «Cuestiones oficiales». También incluye como subnodos temas como «Preparativos para el viaje», «Facultades», «El banco», «La oficina de correos» y «Documentos oficiales». No tienes que limitarte al vocabulario presentado en este capítulo. Puedes incluir cualquier palabra que te parezca apropiado. Incluye por lo menos 60 palabras.

■ **Expansión oral: ¿Quiero estudiar en el extranjero?** Imagínate que quieres estudiar en el extranjero, y vas a investigar posibles programas en diferentes países.

Paso 1. Escribe una lista de por lo menos diez cosas que necesitas saber.

Paso 2. Compara tu lista con la de un(a) compañero(a) de clase. Entre los/las dos, tienen que decidir los cinco temas mas importantes.

Paso 3. Escribe una posible carta que pida la información del **Paso 2**. La salutación de la carta debe ser «Estimados señores» y la despedida, «Atentamente». **¡Ojo!** No se olviden de dar las gracias *(express thanks)* por la información.

■ **Traducciones: Una conversación con el consejero.** Estás en la Universidad Central de Venezuela en un programa de estudios. Tú ya hablaste con el consejero académico para matricularte pero tu amigo Mark no habló con él todavía. Mark sólo habla un poco de español y él quiere que vayas con él para traducir.

CONSEJERO: Hola, Mark, siéntate. ¿Qué cursos te interesan tomar?

TÚ *(en inglés)*: ______________________

MARK: I don't know. What courses do you recommend that I take?

TÚ *(en español)*: ______________________

CONSEJERO: ¿Cuál es tu especialización?

TÚ *(en inglés)*: ______________________

MARK: My major is history, but my advisor in the U.S. advises me to take some art history courses also.

Nombre ______________________ Fecha ______________

Tú *(en español):* ______________________

CONSEJERO: Primero es necesario que hagas un curso de lengua española. También te aconsejo que encuentres un intercambio para practicar la conversación.

Tú *(en inglés):* ______________________

MARK: Good idea! What electives should I take?

Tú *(en español):* ______________________

CONSEJERO: Recomiendo que tomes una clase muy buena que tenemos. Se llama «Historia del arte en el mundo hispano».

Tú *(en inglés):* ______________________

MARK: Very interesting! Thank you for your help.

Tú *(en español):* ______________________

CONSEJERO: De nada. Si tienes más preguntas, ven a verme.

Tú *(en inglés):* ______________________

■ **Enlace cultural. Estudios en el extranjero.** Tú y tu compañero(a) de clase quieren estudiar en el extranjero pero no saben ni el país ni el programa. Tienen que buscar información preliminar en la red.

Paso 1. Busca programas y países que te interesen. Puedes usar los sitios de la página de *Spanish for Life* **http://spanishforlife.heinle.com**, o puedes usar un buscador en español, como **http://www.ole.es** o **www.espanol.yahoo.com**. Usa los términos de búsqueda «programas de estudio», «programas de intercambio» o incluso *«study abroad»*.

Paso 2. Selecciona tres programas y llena la tabla a continuación con la información que encontraste.

País	Nombre de la universidad	Algunos posibles cursos	Posibilidades de alojamiento

Paso 3. Decidan qué programa les gusta más y por qué. Presenten sus ideas a la clase.

■ **¡Hablemos mejor!**

The Spanish Letter *x*. The Spanish letter **x** or **equis** is pronounced differently depending upon the origin of the word in which it is found. Many words in Spanish that are spelled with the letter **x** are derived from indigenous languages such as Nahuatl. In place names such as **Oaxaca** and the country name **México**, the **x** is pronounced like the **jota** or /h/ sound you have already learned. There are, however, exceptions to this rule. In the word **Xochimilco**, for example, the **x** is pronounced as an /s/. In words that are not of indigenous origin, such as **extraño**, for example, the **x** is pronounced as /ks/.

Listen to the following examples, paying careful attention to the **x** as it is pronounced in each word. Then listen again, repeating each of the items along with the tape.

México	Oaxaca	Xococo	Xochimilco	exclusive	axila
Taxco	Mexicali	Texas	extraño	oxígeno	
Extremadura	excelente	excusa	exceso	oxidación	

Nombre ______________________ Fecha ______________

Los monumentos y los museos: España

In this chapter you will learn:

COMMUNICATIVE FUNCTIONS

- Discuss art and monuments
- Talk about crafts and artisan work
- Ask for directions
- Use the Madrid subway

VOCABULARY

- Colors
- Art and crafts
- Jewelry
- Monuments

Transparency A–1: **Los mapas: España**

A. Los museos y el arte

Vocabulario

Para hablar del arte	***Talking about Art***
la acuarela	*watercolor*
el/la artista	*artist*
las colecciones	*collections*
el cuadro	*painting*
el cubismo	*cubism*
del siglo...	*of/from the . . . century*
la entrada	*entrance ticket*
la exposición	*exposition*
el fondo	*background*
el grabado	*engraving*
el horizonte	*horizon*
el impresionismo	*impressionism*
el lienzo	*canvas*
el medio de expresión	*artistic medium*
el museo	*museum*
la obra	*work*
el óleo	*oil*
ondulante	*wavy*
el pincel	*brush*
la pincelada	*brushstroke*
el/la pintor(a)	*painter*
la pintura	*painting (art form)*
el realismo	*realism*
el retrato	*portrait*
las salas	*rooms (of a museum)*
el surrealismo	*surrealism*

Nombre ______________________ Fecha ______________________

Los colores	***Colors***
el azul celeste	*sky blue*
el azul marino	*navy blue*
el burdeos	*burgundy*
la púrpura	*purple*
el rojo bermellón	*vermilion red*
el rojo cereza	*cherry red*
la tonalidad	*tonality*
el tono (claro/oscuro)	*(light/dark) tone*
el verde esmeralda	*emerald green*
el verde oliva	*olive green*

Para dar direcciones	***Giving Directions***
bajar	*to go down*
la escalera	*stairs, stairway*
la planta	*floor*
la planta baja	*first floor*
subir	*to go up*
tomar el ascensor	*to take the elevator*

1. Diálogo A

En el Centro de Arte Reina Sofía. Juana and Ana visitan el Museo Nacional Centro de Arte Reina Sofía en Madrid. Escucha su conversación y contesta las preguntas a continuación.

ANA: ¿Dónde tenemos que comprar las entradas?

JUANA: Me parece que allí en la taquilla. ¿Sabes si hay un precio especial para estudiantes?

ANA: Sí, creo que hay un descuento, pero no creo que sea más de 300 pesetas el descuento. *[Ana y Juana compran las entradas y entran en el museo.]*

JUANA: Bueno, ¿qué quieres ver primero?

ANA: Me gustaría empezar con la obra de Picasso, pero no sé dónde está. Tenemos que preguntar a un guardia.

JUANA: Perdone, señor, ¿nos puede ayudar? ¿Dónde se encuentra la obra de Picasso?

GUARDIA: Mirad, está en la segunda planta, en la sala seis.

ANA: ¿Cómo llegamos a la segunda planta?

GUARDIA: Tenéis que tomar el ascensor. Estamos en la planta baja. Para llegar al ascensor, tenéis que ir por la sala de exposiciones de dibujo. Justo a la salida de la sala, está el ascensor. Subís a la segunda planta. Al salir del ascensor tenéis que ir a la derecha. Allí están las salas de Picasso.

ANA: Muchas gracias. *[Ana y Juana suben a la segunda planta y entran en la sala de Picasso.]*

JUANA: Ah mira, aquí estamos. Me encanta la obra de Picasso. Mira, en esta sala tienen pintura y escultura.

ANA: ¡Qué interesante! Yo siempre asociaba a Picasso con el cubismo pero mira, allí hay un retrato.

JUANA: Sí, la verdad es que Picasso tuvo muchas etapas diferentes y trabajó en muchos medios de expresión: el dibujo, la pintura y la escultura. Mira, allí está una de sus obras más famosas, «Guernica».

ANA: Es impresionante. A ver... es óleo sobre lienzo.

JUANA: Sí, es muy interesante la tonalidad. Es una obra en blanco y negro pero hay tantos tonos diferentes...

ANA: Sí. ¿Sabes si tienen obras del impresionismo aquí?

JUANA: Es un museo de arte contemporáneo español, así que dudo que tengan cosas del impresionismo. ¿Te interesa ver las salas del surrealismo?

ANA: Buena idea. Me gustan mucho los tonos fuertes del surrealismo: el verde esmeralda, el rojo bermellón, el burdeos... Mira, dice el plano que las obras de Salvador Dalí están en la sala diez. Está a la derecha. *[Juana y Ana entran en la sala diez.]*

JUANA: Allí está una de sus obras más famosas, «La persistencia de la memoria».

ANA: Es realmente increíble. Mira cómo el azul celeste del fondo mezcla con el verde oliva para formar el horizonte. Me encanta la forma ondulante de los relojes.

JUANA: Sí, seguro que utilizó un pincel muy fino para pintar los números. Mira las pequeñas pinceladas de allí. ¿Sabes si hay tarjetas postales con copias de estas pinturas?

Nombre ______________________ Fecha ______________

ANA: Creo que hay algunas pero dudo que todas las obras estén en tarjetas postales. ¿Quieres que vayamos a ver la tienda de regalos?

JUANA: Sí, pero quiero comer primero. ¿Sabes si los precios de la cafetería son económicos?

ANA: Dudo que la comida de la cafetería sea barata. Las cafeterías de los museos siempre son muy caros. Vamos primero a la tienda y después salimos del museo para comer, ¿vale?

JUANA: Bien, vamos.

¿Comprendes?

1. ¿Qué dice Ana sobre el descuento para estudiantes? ______________________

____

2. ¿Por qué duda Juana que el museo tenga cosas del impresionismo? ______________________

____

3. ¿Por qué no van a comer Ana y Juana en la cafetería del museo? ______________________

____

2. ¡Practiquemos!

Mi última visita a un museo. ¿Cuándo fue la última vez que fuiste a un museo? ¿Qué obras viste? Llena los espacios a continuación con el vocabulario de la lista para contar tu experiencia.

Yo fui al museo de __________ (nombre) en la cuidad de __________. El museo tiene obras de muchos medios de expresión, por ejemplo, __________, __________ y __________. Mi obra favorita es una obra de __________ (artista). La obra se llama __________ y es un/una __________ (tipo de obra: escultura, pintura, etc.). Es una obra increíble. Me encanta el uso de los colores __________ y __________. También fui a la exposición de __________ y me gustó mucho. Algún día me gustaría también visitar el museo de __________ en la ciudad de __________.

3. ¡Escuchemos!

Una encuesta. ¿Qué tipo de arte te gusta más? Acabas de entrar en un museo cuando una persona te pide que hagas una encuesta. El museo quiere saber qué tipos de arte les gustan más a sus visitantes. Escucha las preguntas a continuación. Primero escribe las preguntas, y después contéstalas.

1. ______________________

____

2. ______________________

____

3. ______________________

____

4. ______________________

____

5. ______________________

____

6. ______________________

____

4. ¡Hablemos!

Una visita al museo. Imagínate que trabajas para el museo más importante de tu ciudad. Un grupo de turistas hispanos viene al museo y tú les tienes que dar una visita guiada del museo. Tienes que practicar la introducción que les vas a dar cuando lleguen al museo. Incluye por lo menos la siguiente información:

- Darles la bienvenida *(welcome)* al museo
- Decirles cómo se llama el museo y qué tipos de arte tiene: pintura, escultura, etc.
- Contarles de qué época son las obras; por ejemplo, ¿son del siglo XX, del siglo XIX?
- Decirles de dónde son las obras; ¿son de los Estados Unidos o de otro país?

5. ¡Te toca a ti!

Un juego: mi obra de arte favorito.

Paso 1. Para esta actividad, necesitas traer una foto, una tarjeta postal o un libro con tu obra de arte favorito. No muestres la obra a la clase. Escribe una descripción detallada de la obra, sin mencionar el nombre. Debes incluir la siguiente información:

- ¿Cómo se llama el artista?
- ¿Es un cuadro, un retrato, una escultura, etc.?
- Si es una obra de pintura, ¿qué tipo de pintura es? ¿óleo, acuarela, etc.?
- ¿De qué escuela es la obra, impresionismo, surrealismo u otra cosa?
- Describe la obra.
- ¿Qué se ve en ella o qué representa?
- ¿Qué colores se ven?

Paso 2. Da tu foto al/a la instructor(a). Él/Ella va a poner todas las obras en una mesa.

Paso 3. Cada estudiante tiene que dar su descripción a la clase. Todos los estudiantes tienen que adivinar qué obra describe. ¡La persona que empareja el mayor número de descripciones con las obras correctas gana el juego!

Nota cultural: ¿Sabías que... ?

You may have noticed that the museum guard in the dialogue at the beginning of this section used the **vosotros** form when speaking to Ana and Juana. As you learned earlier in the main text and in Chapter 1 of this module, the **vosotros** form is used only in Spain and is the informal plural form for *you*, which is used to address two or more people that you know. You may have wondered why the guard, who probably doesn't know Ana and Juana, used the **vosotros** form. In Spain, it is common for older people or people in authority to use the **vosotros** form when speaking with young people. Professors, for example, even at a university level, will often use **vosotros** to address their students. When an older person or a person in a position of authority addresses you as **tú** or addresses you and your friends as **vosotros**, you should still always respond with **Ud.** until the person tells you otherwise.

Expresiones idiomáticas

estar al rojo vivo: *to be (a thing) very tense or volatile, at the boiling point*

La situación **está al rojo vivo.**	*The situation* ***is very volatile.***

ponerse verde de envidia: *to turn/go green with envy*

Cuando le dijo que iba a Madrid, él **se puso verde de envidia.**	*When I told him I was going to Madrid,* ***he turned green with envy.***

Nombre ______________________ Fecha ______________

B. El mercado de artesanía

Vocabulario

Transparency: F–6: **Los lugares: Mapa de Madrid**

La artesanía	***Artisan Work***
el abanico	*fan (hand-held)*
el adorno	*decoration*
el anillo	*ring*
el azulejo	*glazed ceramic tile*
el bolso	*purse*
la cartera	*wallet*
la cerámica	*ceramic*
la cesta	*basket*
el collar	*necklace*
la colonia	*cologne*
el cuero	*leather*
el diseño	*design*
el encaje	*lace*
la espada	*sword*
el florero	*vase*
las joyas	*jewelry*
el joyero	*jewelry box*
la maceta	*flowerpot*
la máscara	*mask*
el oro	*gold*
la paja	*straw*
los pendientes	*earrings*
el perfume	*perfume*
la perla	*pearl*
la plata	*silver*
la pulsera	*bracelet*
el recuerdo	*souvenir*
la tela	*cloth*
el traje flamenco	*flamenco costume*

Para pedir direcciones	***Asking for Directions***
¿Cómo llego a... ?	*How do I get to . . . ?*
cruzar (z→c)	*to cross*
doblar	*to turn*
la manzana	*block*
seguir derecho/recto (e→i, i)	*to continue straight*

1. Diálogo B

A comprar recuerdos. Luis y Carlos están de viaje en Madrid. Regresan a los Estados Unidos en cuatro días y necesitan comprar recuerdos y regalos para sus familias y amigos. Acaban de salir del Museo del Prado y tienen que pedir indicaciones para llegar al mercado. Después, compran muchas cosas.

LUIS: Carlos, ¿sabes cómo llegar al mercado? Está cerca de la Plaza de España.
CARLOS: No tengo ni idea. Vamos a tener que pedirle indicaciones a alguien. Mira, preguntemos a esa señora. Perdone, señora, ¿nos puede decir cómo llegamos a la Plaza de España?
SEÑORA: Mira, está muy cerca de aquí. Sigues recto en el Paseo de la Castellana, hasta llegar a la Plaza Cibeles. Cruzas la Plaza y doblas a la izquierda. Sigues recto en la Gran Vía. Son por lo menos una docena de manzanas para llegar a la Plaza de España.
LUIS: Muchas gracias, señora.
SEÑORA: De nada, chicos. Que lo paséis bien. *[Carlos y Luis llegan al mercado.]*
CARLOS: Mira, Luis, allí está el mercado.
LUIS: ¡Qué guay *(How cool)*! ¡Tienen de todo! Mira, tienen joyas, cerámica... de todo.
CARLOS: ¿Qué piensas comprar?
LUIS: No sé. Tengo que comprar muchos regalos para mi familia.
CARLOS: Yo también. Quiero comprar unos recuerdos de España para mí también.
LUIS: Miremos primero las joyas. ¿Qué te parece?
CARLOS: Bien. Mira esos pendientes de plata. Le van a gustar mucho a mi madre.
LUIS: Bueno, yo voy a comprar una pulsera y un collar para mi hermana.
CARLOS: Ah, mira allí. Están las cestas que se hacen de paja. Son muy bonitas.

LUIS: Sí, pero son muy grandes y difíciles de meter en la maleta. Creo que voy a comprar varias macetas y floreros. Son muy elegantes y también lo suficientemente pequeños para meter en la maleta.

CARLOS: Sí, tienes razón, y además siempre se los decora con diseños muy bonitos. ¿Qué vas a comprar para ti mismo?

LUIS: Creo que una de esas carteras tan bonitas que se hacen de cuero y también una espada. Se dice que son muy típicas de la ciudad de Toledo. ¿Y tú?

CARLOS: Yo quiero comprar varios azulejos. También son muy típicos y se pueden utilizar como adorno y... ah... casi se me olvidó que tengo que comprar un abanico y un traje de flamenco para mi hermana pequeña. Ella vio una foto que yo le mandé de Sevilla, y dijo que quería uno también porque está tomando clases de baile flamenco.

LUIS: Bueno, ¡parece que vamos a llevar la mitad del mercado a los Estados Unidos!

¿Comprendes?

1. Según la señora, ¿por qué plaza tienen que cruzar Luis y Carlos para llegar a la Plaza de España?
____

2. ¿De qué se hacen las cestas? ______________________________
____

3. ¿Qué van a comprar Carlos y Luis como recuerdos de España para sí mismos? ______________
____

2. ¡Practiquemos!

No me acuerdo cómo se llama... Estás en el mercado de artesanía con un amigo. Tu amigo tiene muy mala memoria y no recuerda los nombres de algunas cosas. Intenta adivinar el nombre de la cosa que tu amigo describe.

1. Es la cosa que se usa para guardar y llevar el dinero. Normalmente se hace de cuero. __________
2. Es algo que una persona compra cuando está de vacaciones. Normalmente son cosas típicas del país. ______________________________
3. Es una cosa que se usa para las plantas. ______________________________
4. Son unas joyas que se llevan en las orejas. ______________________________
5. Muchas veces las cestas se hacen de esta cosa. ______________________________
6. Esta cosa se ve muchas veces en la ropa de mujeres como adorno. Es como una tela especial y normalmente es fino y blanco. ______________________________
7. Normalmente se guardan las joyas en esta cosa. Puede ser de madera o de cerámica. __________
8. Es un tipo de joya que se lleva en las manos. Los hombres y las mujeres lo pueden llevar. ______

3. ¡Escuchemos!

Una conversación con el artesano. Miguel está hablando con un artesano en un mercado de artesanía. Escucha su conversación y llena los espacios en blanco con las palabras correctas.

MIGUEL: Hola, buenas tardes. Quisiera comprar un __________ de España para mi madre.

ARTESANO: ¿A tu madre le gustan los __________? Tengo unos muy bonitos que son de __________.

MIGUEL: Son muy bonitos. También me gustaría comprar una __________ de __________.

ARTESANO: Buena idea. Tenemos unas muy bonitas, el __________ es muy típico de esta región.

MIGUEL: ¿Tiene Ud. alguna __________ de __________? Sería un buen regalo para mi hermano.

ARTESANO: Lo siento pero yo no tengo ninguna. En el __________ de la Plaza Santa Ana es posible que las tengan.

MIGUEL: ¿Me puede decir __________ __________ a la Plaza Santa Ana?

ARTESANO: Mira, tienes que __________ esta calle. Luego __________ a la derecha y sigues __________ por cuatro __________.

MIGUEL: Muchas gracias.

4. ¡Hablemos!

¿Cómo se llega al mercado? Imagínate que estás estudiando en Sevilla. Un amigo tuyo viene a visitarte durante el fin de semana. El viernes por la tarde tienes clase y no puedes acompañar a tu amigo al mercado. Usando el mapa a continuación, tienes que explicar a tu amigo cómo se llega al mercado desde tu casa. También le tienes que contar qué tipo de cosas se pueden comprar en el mercado (menciona por lo menos seis cosas y descríbelas).

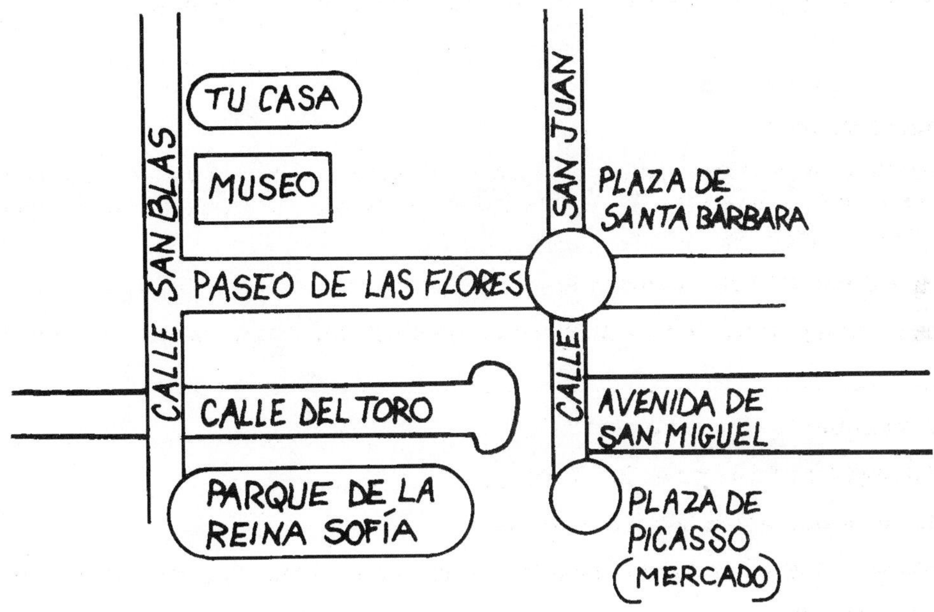

5. ¡Te toca a ti!

En el mercado. Trabaja con un(a) compañero(a) de clase para realizar el siguiente diálogo. Una persona es un(a) turista o un(a) estudiante que quiere comprar regalos y recuerdos. La otra persona es un(a) artesano(a).

El/La turista debe:

- Pedir varias cosas
- Pedir sugerencias
- Preguntar cuánto cuestan varios objetos

Nombre ______________________ Fecha ______________

El/La artesano(a) debe:

- Dar sugerencias de cosas que el/la cliente puede dar como regalos
- Explicar de qué se hacen ciertas cosas; por ejemplo, la cartera se hace de cuero, los pendientes de plata, etc.
- Explicar para qué se utilizan ciertas cosas; por ejemplo, en el florero se ponen flores, en la maceta se ponen plantas, etc.
- Decir cuántas pesetas cuesta cada cosa

Note: At the time of publishing, the exchange rate for the **peseta** is 150 **pesetas** to the dollar.

Nota cultural: ¿Sabías que... ?

The culture, architecture, and art of Spain owe much to Spain's multicultural history. The Moors ruled parts of Spain from the eighth century to the early part of the sixteenth century. For this reason, Arabic influence is visible in art, architecture, and even the Spanish language, which contains many words influenced by or borrowed from Arabic. In a city like Toledo, for example, the convergence of three cultures—the Christian, the Jewish, and the Arabic—is still visible today in the city's structure and architecture. Until the era of the Catholic kings, **Isabel** and **Fernando**, the three cultures lived together peacefully and their art and architecture were intermingled. **El arte mudéjar** refers to the artistic work of Arabic influence, often done under Christian rule. In Toledo, as in many other Spanish cities, it is common to find Arabic designs and ornaments in cathedrals and synagogues. If you are interested in learning more about Toledo, take a virtual tour at **http://spanishforlife.heinle.com**.

Expresiones idiomáticas

hablando en plata: *to speak bluntly, put something bluntly*

Mira, **hablando en plata**, es un florero muy feo. *Look, **to put it bluntly**, it's a very ugly vase.*

no es oro todo lo que reluce: *all that glitters is not gold*

Parece buena ganga, pero **no es oro todo lo que reluce.** *It seems like a good deal, but **all that glitters is not gold.***

C. Monumentos y espectáculos

Vocabulario

Transparency G-4: **Los pasatiempos: El metro de Madrid**

Los monumentos	***Monuments***
el acueducto	*aqueduct*
el alcázar	*fortress, palace*
el barrio	*neighborhood, zone of a city*
el campanario	*bell tower*
el castillo	*castle*
la catedral	*cathedral*
la fuente	*fountain*
la mezquita	*mosque*
el monasterio	*monastery*
el palacio (real)	*(royal) palace*
la sinagoga	*synagogue*
la torre	*tower*

Los espectáculos	***Shows***
agotarse las entradas	*to sell out (tickets)*
la butaca	*seat (of a theater)*
la cartelera de espectáculos	*entertainment guide*
la corrida de toros	*bullfight*

Nombre ______________________________ Fecha ____________________

el entreacto	*interval*	**Para dar instrucciones: el metro**	***Giving Instructions: The Subway***
el estreno	*premiere (theater debut)*	bajar	*to get off (the train)*
el intermedio	*intermission*	cambiar de tren	*to change trains*
el maquillaje	*make-up*	en la dirección de	*in the direction of*
las obras de teatro	*plays (theater works)*	la estación	*station*
tener éxito	*to be successful*	la línea	*line*
el vestuario	*costumes, wardrobe*	subir	*to get on (the train)*
la zarzuela	*traditional Spanish operetta*		

1. Diálogo C

Monumentos de España y espectáculos en Madrid. Marta y Juan hablan por teléfono de sus visitas a varias partes de España y hacen planes para ir al teatro.

JUAN: Hola, Marta. ¿Qué tal el viaje a Segovia que hiciste ayer?

MARTA: Fue fantástico. Vimos muchas cosas. Hay un maravilloso acueducto romano, una catedral gótica y un alcázar. El alcázar es una fortaleza que parece un castillo y se utilizaba para proteger la ciudad. Desde la torre más alta del alcázar hay una vista impresionante de la ciudad.

JUAN: ¡Qué interesante! Oye ¿qué es un acueducto? ¿Para qué motivo fue construido?

MARTA: Parece un puente *(bridge)* muy grande. Fue construido por los romanos. Lo utilizaban para traer agua de las montañas. Por cierto, ¿qué tal tu viaje a Toledo? ¿Qué viste?

JUAN: Fue excelente; vimos la mezquita y la sinagoga. La sinagoga es muy bonita. Tiene mucha decoración de influencia árabe. Oye, ¿te apetece hacer un poco de turismo aquí en Madrid esta tarde?

MARTA: Sí, buena idea. A mí me gustaría ver el palacio real. También me gustaría pasar por la Plaza de Cibeles. Allí hay unas fuentes muy bonitas.

JUAN: Sí, es verdad. Para ver fuentes bonitas, no hay nada como las de Cibeles. Si quieres, después de visitar el palacio real, podemos ir a ver algún espectáculo. ¿Te apetece, por ejemplo, ir a una corrida de toros?

MARTA: Según la cartelera de espectáculos no hay ninguna corrida de toros hoy. Pero esta noche hay un estreno de una zarzuela nueva. Dicen que va a tener mucho éxito y vale la pena verla simplemente por el increíble vestuario.

JUAN: Muy bien. ¿Quedamos en la estación del metro Ópera y vamos directamente al teatro para comprar las entradas? No quiero que se agoten las entradas.

MARTA: Sí, tienes razón. Debemos comprar las entradas esta tarde antes de ir al palacio. ¿Me puedes decir cómo llego en metro de mi casa a Ópera?

JUAN: Sí. Mira, es muy fácil. La estación que está más cerca de tu casa es Antón Martín. Entras en el metro y tomas la Línea uno en dirección de Plaza de Castilla. Bajas en Sol y cambias de tren. Tienes que subir en la Línea dos y tomas la dirección de Ópera. Bajas en Ópera y yo voy a estar esperándote en la salida del metro.

MARTA: Muy bien. Te veo en una hora. Chao.

JUAN: Hasta pronto.

¿Comprendes?

1. ¿Qué monumentos vieron Marta y Juan en sus viajes a Segovia y Toledo? ______________________

____

2. ¿Qué monumentos y/o espectáculos van a ver Marta y Juan esta tarde en Madrid? ______________

____

Nombre ______________________ Fecha ______________

3. En qué estación del metro vive Marta y a qué estación tiene que ir para reunirse con Juan? ______

____

2. ¡Practiquemos!

¿Para qué son? Las siguientes cosas fueron construidas por motivos muy diferentes y por personas diferentes. Empareja cada cosa o monumento de la primera columna con su descripción en la segunda columna.

______ **1.** La mezquita	**a.** Fue construido por los romanos para traer agua de las montañas.
______ **2.** El acueducto	**b.** Es una fortaleza construida para proteger la ciudad.
______ **3.** El palacio real	**c.** Es la parte más alta de un castillo, catedral o alcázar; normalmente hay una vista maravillosa desde allí.
______ **4.** El teatro	**d.** Es para el transporte rápido y subterráneo.
______ **5.** El metro	**e.** Es un templo religioso para los árabes musulmanes.
______ **6.** El alcázar	**f.** Es un edificio muy grande para ver espectáculos.
______ **7.** La fuente	**g.** Es una «casa» para los reyes.
______ **8.** La torre	**h.** Es un tipo de escultura que tiene agua.

3. ¡Escuchemos!

¡Ven a visitar la maravillosa ciudad de Sevilla! Escucha el siguiente anuncio de la oficina de turismo de Sevilla. Después de escucharlo dos veces, contesta las preguntas a continuación.

1. Sevilla es la capital de la región de __________.
2. En los monumentos de Sevilla se ve la influencia de tres culturas: __________, __________ y __________.
3. La catedral y el alcázar están en el barrio __________ __________.
4. La Giralda es el nombre del __________ de la catedral.
5. En el alcázar hay ejemplos de arte mudéjar y unos __________.
6. Una torre muy importante de Sevilla se llama la Torre del __________.
7. Una plaza muy famosa de Sevilla se llama la Plaza de __________.
8. La Calle Sierpes tiene muchas tiendas elegantes y está en el __________.

4. ¡Hablemos!

En el metro de Madrid. Imagina que tú y tu amigo(a) van a reunirse en la estación de Gran Vía para ir de compras. Tu amigo(a) vive cerca de la estación de Moncloa. Usando la parte del mapa del metro que ves a continuación, explica a tu amigo(a) cómo llegar de la estación de Moncloa a la estación de Gran Vía en el metro. Puedes seguir el modelo que se encuentra en el diálogo al principio de esta sección. **¡Ojo!** Hay varias posibilidades. Cuando termines, lee tus instrucciones a un(a) compañero(a) de clase. El/La compañero(a) va a seguir tus indicaciones para ver si llega bien al destino.

Nombre ______________________ Fecha ______________

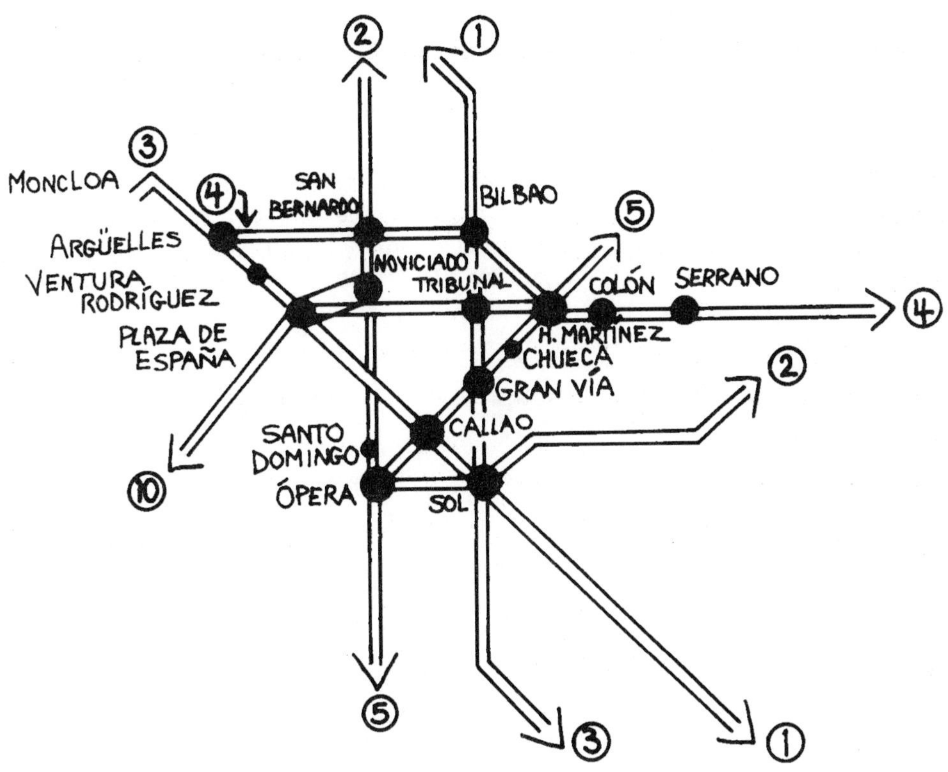

5. ¡Te toca a ti!

¿Qué monumentos vamos a ver? Trabaja con un(a) compañero(a) de clase para realizar el siguiente diálogo. Imagina que tú y tu compañero(a) de clase están de vacaciones en una ciudad grande (puede ser una ciudad de los Estados Unidos o de un país hispano). Uds. tienen que decidir qué van a hacer esta tarde o esta noche. El problema es que uno(a) de Uds. quiere ver un espectáculo o el/la otro(a) quiere visitar algunos monumentos. Una persona tiene que convencer a la otra que su idea sea mejor. ¡Sean creativos!

Nota cultural: ¿Sabías que... ?

The regions of Spain differ greatly with regard to climate, geography, and even language. The southern region of **Andalucía**, for example, is famous for its **ferias** or fairs and traditional dances, **el flamenco** and **la sevillana**, and has a very different climate from the northwestern region of **Galicia**. **Galicia's** humid climate and lush green landscapes contrast with the dry, warm climate of **Andalucía**. Similarly, the geography of the **meseta central**, famous for its flat, open plains, contrasts with the **Sierra Morena** and the **Sierra Nevada** mountain ranges in southern Spain. Language also reflects the variations between regions. Although Spanish is the first official language of Spain, Spaniards are very proud of their regional heritage, and this is reflected in their use of regional languages. In northeastern Spain for example, **catalán** is spoken by the inhabitants of the region of **Cataluña**. In **Galicia** the regional language is **gallego**, whereas in the Basque region it is **euskera** or **vasco**.

Expresiones idiomáticas

una mentira como una catedral: *a really big lie, a whopper, a doozy*

No lo creas; es **una mentira como una catedral.** *Don't believe it; it's **a big lie.***

hacer/construir castillos en el aire: *to build castles in the sky, get one's hopes up*

Es posible pero no **hagas castillos en el aire.** *It's possible but don't **get your hopes up**.*

Nombre ______________________ Fecha ______________________

D. Síntesis

■ ¡A leer! Museos

Antes de leer. Toma un momento para reflexionar sobre la información que aprendiste en este capítulo sobre el arte y los monumentos. Vas a leer una página del guía del ocio de la sección de museos. ¿Qué tipo de información piensas ver en el folleto? ¿el horario del museo? ¿la estación del metro que está más cerca del museo? ¿abreviaturas *(abreviations)*? Ahora lee la página del folleto y contesta las preguntas a continuación.

MUSEOS

Ciencias Naturales. c/ José Abascal, 2.[1] Metro Nuevos Ministerios. Horario: de mar. a vier. de 10 a 18h. Sáb. de 10 a 20h. Entrada: 400 pts.
Exposiciones permanentes: Historia de la Tierra y de la Vida, Al ritmo de la naturaleza.

Ciudad, museo de la. c/ Príncipe de Vergara, 140. Metro Cruz del Rayo. Horario: de mar. a vier. de 10 a 14h y de 17 a 10h. Sáb y dom. de 10 a 14h. Lun. cerr. Entrada libre.
Exposición permanente de la evolución urbanística de Madrid. Vídeos, representaciones tridimensionales y sistemas digitalizados.
Exposición temporal: «Seis fotógrafos madrileños».

Planetario de Madrid Parque Enrique Tierno Galván, s/n.[2] Lun. cerr. Entrada: 450 pts. Horario: de 11 a 13.45h y de 17 a 19.45h.
Horas de proyecciones: De mar. a dom. a las 11.30, 12.45, 17.30 y 18.45.
Película: «El universo vasto».
Exposiciones temporales: El color del universo. La Superficie[3] de Venus.

El Prado, Museo de. Paseo del Prado, s/n. Metro Banco de España. Horario: de mar. a sáb. de 9 a 19h. Dom., festivos[4] de 9 a 14h. Lun. cerr. Entrada: 500 Pts. Poseedores del carnet de estudiante 250 pts.
Colección permanente: El museo posee la más importante colección de pintores españoles: El Greco, Velázquez, Murillo, etc. También posee una importante representación de artistas europeos (Rubens, etc.). Escultura clásica griega y romana.
Exposición temporal: «Las Tres Gracias» de Rubens totalmente restaurado.

Reina Sofía, Centro de Arte. Santa Isabel, 52. Metro Sol y Sevilla. Horario: de 10 a 21h. Dom. de 10 a 14.30h. Mar. cerr. Entrada: 500 pts. Con carnet de estudiante 250 pts.
Colección permanente: El museo ofrece un recorrido por las diferentes tendencias del siglo XX, desde Picasso hasta nuestros días: Miró, Dalí, etc. La mejor pintura española contemporánea.
Exposición temporal: «Pintura de Solana». Su paleta y sus temas, siempre oscuros, han sido el testimonio de una visión de la España profunda.

[1]**c/:** la abreviatura de **calle** / [2]**s/n:** la abreviatura de **sin número** / [3]**Superficie:** *surface* / [4]**festivos:** *holidays*

¿Comprendes? En grupos de dos o tres, contesten las preguntas a continuación.

1. Muchos museos están cerrados (abreviatura **cerr.**) los lunes. ¿Qué museo está abierto los lunes pero cerrado los martes?
2. ¿Qué museos tienen precios especiales para estudiantes y cuánto cuesta a los estudiantes entrar en esos museos?
3. ¿Qué colección o exposición te gustaría visitar y por qué?

■ **Expansión de vocabulario: Mapa semántico.** En otro papel, dibuja un mapa semántico con la idea central de «Museos y otros elementos culturales». Dibuja como nodos principales «Arte», «Artesanía», «Monumentos» y «Espectáculos». También incluye como subnodos temas como «Pintura», «Joyas», etc. No tienes que limitarte al vocabulario presentado en este capítulo. Puedes incluir cualquier palabra que te parezca apropiado. Incluye por lo menos 60 palabras.

Nombre ______________________________ Fecha ____________________

■ **Expansión oral: ¿Qué museos y monumentos visitaste en tu último viaje?** Imagínate que trabajas para el periódico de tu universidad. El periódico quiere publicar un artículo sobre lo que hicieron algunos estudiantes la última vez que viajaron. Tú tienes que hacer las entrevistas para coleccionar la información preliminar.

Paso 1. Escribe una lista de preguntas que puedes utilizar en cada entrevista. Debes preguntar información sobre lo siguiente:

- ¿Adónde fue la persona?
- ¿Qué museos visitó?
- ¿Qué tipo de arte vio?
- ¿Compró algún regalo o recuerdo especial?
- ¿Vio algún monumento o espectáculo que le gustó?

Paso 2. Entrevista por lo menos a cinco personas de tu clase y apunta la información que te dan.

Paso 3. Escribe un pequeño ensayo sobre los tres viajes más interesantes. Presenta la información a la clase sin mencionar los nombres de las personas entrevistadas. ¿Puede la clase adivinar quién hizo cada viaje?

■ **Traducciones: Un viaje a España.** Un amigo tuyo trabaja para una agencia de viajes. La agencia está planeando un viaje a España para 20 personas y quiere hacer un folleto con descripciones de varias cuidades en España. Tu amigo encontró el siguiente párrafo sobre Sevilla pero está escrito en español. Tu amigo quiere que traduzcas el párrafo al inglés.

> La ciudad de Sevilla personifica el espíritu español por la variedad de su riqueza artística. La capital de Andalucía, Sevilla, es una ciudad internacionalmente conocida con una colección impresionante de monumentos, un calendario festivo rico y variado y una gran personalidad histórica. El visitante puede subir el campanario de la Giralda, estudiar la bella arquitectura de la catedral gótica y pasar horas descubriendo los magníficos adornos árabes del Alcázar. Para conocer Sevilla es necesario entrar en sus barrios, como el pequeño y agradable barrio de Santa Cruz y el de Triana, con sus casas blancas que dan al río.

____

____

____

____

____

____

____

____

____

____

____

____

Nombre ______________________________ Fecha ______________

■ **Enlace cultural: Una visita virtual.** ¿Sabías que si no puedes ir a un país hispano físicamente para visitar un museo o un monumento, puedes hacer una visita virtual? Muchos museos del mundo hispano tienen «guías electrónicas» de sus obras en la red. Tú y tu compañero(a) de clase van a hacer una visita virtual a tres museos o monumentos diferentes. Tienen que buscar los «museos virtuales» en la red.

Paso 1. Busca museos o ciudades que te interesen. Puedes usar los sitios de la página de *Spanish for Life*, **http://spanishforlife.heinle.com**, o puedes usar un buscador en español, como **http://www.ole.es** o **www.espanol.yahoo.com**. Usa los términos de búsqueda «museo» o «monumentos» combinados con el nombre de la ciudad o el país que quieres visitar.

Paso 2. Selecciona cuatro obras de arte y/o monumentos que les gustaron más y llena la tabla a continuación con la información que encontraron.

País	**Nombre de la obra de arte o el monumento**	**¿Dónde se encuentra? ¿En qué museo o ciudad?**	**Breve descripción**

Paso 3. Presenten sus ideas a la clase.

■ **¡Hablemos mejor!**

Spanish accentuation. Spelling in Spanish differs from English in that it sometimes uses written accents to indicate where the stress falls in a word. It is very easy to determine where the stress falls in Spanish: In words that have written accent marks the stress falls on the syllable with the accented letter (you will learn more about words with written accent marks in the next chapter); words that do not have written accents follow two very important rules that will help you determine which syllable is stressed.

1. Words that end in consonants, with the exception of the consonants **n** and **s**, are stressed on the last syllable.
2. Words that end in vowels, or in the consonants **n** or **s**, are stressed on the penultimate or second-to-last syllable.

By following these two simple guidelines (and keeping in mind that written accents take precedence over these guidelines), you will know how to pronounce any word in Spanish.

First read the following words and mark where the stress should fall according to the rules above. Then listen to the words, paying close attention to where the stress falls. You may then listen again and repeat.

catedral	el collar	subir	bajar	escultura	estreno
tonalidad	pincel	telas	cestas	pintura	
carteras	anillos	butaca	adorno	fondo	

Nombre ______________________ Fecha ______________

El mejor empleo: Chile

In this chapter you will learn:

COMMUNICATIVE FUNCTIONS

- Talk about looking for a job
- Discuss employment opportunities
- State desired characteristics of the perfect job and/or employee

VOCABULARY

- Items needed for a job search
- Personal qualities
- Professional abilities

Transparencies: A–4: **Mapas: La América del Sur**; A–13: **Mapas:** Country Profiles, **Chile**

A. Preparándose para la búsqueda de trabajo

Vocabulario

¿Dónde se busca un trabajo y otra información importante?	***Where to Look for a Job and Other Important Information?***
la agencia de trabajo temporal	*temp agency*
los avisos clasificados	*want ads, classified ads*
la bolsa de trabajo	*help wanted ads, job vacancy ads*
los candidatos	*job candidates*
la entrevista	*interview*
el/la jefe(a) de personal	*head of personnel*
el periódico	*newspaper*
el puesto vacante	*vacant position*
el servicio de búsqueda	*job search service*
el servicio de colocación de personal	*job placement service*

Los campos	***Fields***
la administración	*administration*
el campo editorial	*publishing*
el comercio	*commerce, trade*
el derecho	*law*
la economía	*economy*
la educación	*education*
las finanzas	*finance*
el gobierno	*government*
la industria	*industry*
la informática	*computer science*
el marketing (la mercadotecnia)	*marketing*
la medicina	*medicine*
la tecnología	*technology*

Nombre ______________________ Fecha ______________________

El currículum (vitae)	*Résumé*
los datos personales	*personal information*
el encabezamiento	*heading*
la estructura	*structure*
la experiencia profesional	*professional experience*
la formación académica	*education*
Las cartas	***Letters***
la carta de presentación	*cover letter*
la carta de recomendación	*letter of recommendation*
el destinatario	*addressee*
la solicitud de trabajo	*job application letter*

El saludo	*Opening a Letter*
Distinguido(a) señor(a)... (con/sin nombre)	*Dear Sir/Madame . . .*
Estimado(a) señor(a)... (con/sin nombre)	*Dear Mr./Ms. . . .*
Muy señor(es) mío(s) (sin nombre)	*Dear Sir(s)*
La fórmula de despedida	***Closing a Letter***
Agradeciendo de antemano su atención	*Thank you in advance for your attention*
En espera de su respuesta	*I look forward to hearing from you*
Lo/La saludo atentamente	*Regards*
Muy atentamente	*Sincerely*
Atentos saludos	*Regards*

1. Diálogo A

¿Cómo se prepara el currículum vitae? Juan acaba de mudarse a Santiago y se está quedando en la casa de su amiga Ana mientras busca trabajo. Ana lo ayuda a preparar su currículum y le da consejos sobre el proceso de buscar trabajo.

ANA: ¿Qué tipo de puesto buscas, Juan?

JUAN: Bueno, la verdad es que tengo mucha experiencia en los campos de la administración y de la informática, pero esta experiencia se puede aplicar a muchos tipos diferentes de trabajos. Quiero un puesto en que tenga que hacer una variedad de cosas diferentes y en que tenga mucho contacto con la gente. No me gustan los trabajos solitarios. ¿Dónde debo buscar? ¿en el periódico? ¿Hay algún periódico de Santiago que tenga una bolsa de trabajo?

ANA: Sí, en *El Mercurio* hay una sección de avisos clasificados. *[Ana abre el periódico a la sección de avisos clasificados.]* Mira, aquí está. Dividen los puestos en categorías diferentes: «Profesionales se necesitan», «Supervisores se necesitan» y también tienen una sección con anuncios de servicios de búsqueda y colocación de personal.

JUAN: ¿Crees tú que debo usar un servicio de éstos?

ANA: No es mala idea. Pero primero tienes que terminar el currículum y las cartas. Los jefes de personal siempre quieren entrevistar a los candidatos que tengan un currículum interesante y bien escrito.

JUAN: Ya tengo el currículum casi hecho. Sólo me falta revisarlo. Míralo y dime qué opinas.

ANA: A ver, la estructura me parece bien. Primero tienes el encabezamiento y los datos personales. Ah, pero es mejor que pongas primero la formación académica y después la experiencia profesional. Aquí las tienes al revés.

JUAN: Sí, es verdad. Debe estar en orden cronológico.

ANA: En general parece bien. Ahora te recomiendo que escribas una carta de presentación general. Luego, cuando sepas dónde vas a mandarla puedes añadir los nombres y cualquier información específica que sea necesario para cada puesto.

JUAN: Buena idea. ¿Qué saludos y fórmulas de despedida te parecen mejores para este tipo de carta?

ANA: A mí me gusta siempre «Estimada Señora Fernández» por ejemplo. Y para la despedida yo pondría «Agradeciendo de antemano su atención. La saludo atentamente» y tu nombre.

JUAN: ¿Y qué hago si no sé a quién debo dirigir la carta?

ANA: En este caso pones un saludo general como «Distinguidos señores» o «Muy señores míos».

JUAN: Muchas gracias por toda tu ayuda, Ana. ¿Me vas a ayudar a practicar para las múltiples entrevistas que voy a recibir?

ANA: ¡Por supuesto que sí!

¿Comprendes?

1. ¿Qué tipo de puesto busca Juan? ______________________________

____

2. Según Ana, ¿los jefes de personal siempre quieren entrevistar a qué tipo de candidato? __________

____

____

3. ¿Qué sugerencia le hace Ana a Juan en cuanto al currículum? ______________________________

____

2. ¡Practiquemos!

Tu búsqueda de trabajo. Tú, como Ana en el diálogo anterior, tienes un amigo que busca trabajo. Tu amigo te mandó un correo electrónico que te pregunta varias cosas sobre su búsqueda de trabajo. A continuación están las preguntas de tu amigo y tus respuestas. Pero hay un pequeño problema: al mandar el mensaje, tu computadora borró *(erased)* algunas de las palabras. Tienes que llenar los espacios (con el vocabulario de la lista, por supuesto) antes de poder mandar el mensaje otra vez.

Para: miguelgarcía@correo.com

De: yo

Re: Tu búsqueda de trabajo

> ¿Dónde debo empezar mi búsqueda?

Hay varias posibilidades. Puedes buscar en el periódico, en la sección de ____________ ____________, específicamente en la ____________ de ____________. Si quieres que alguien te ayude, puedes ir a un servicio de ____________ de ____________.

> ¿Qué categorías tengo que incluir en el currículum vitae?

Siempre debes empezar con el ____________ y los ____________ ____________. Después, el orden puede variar, porque hay muchas ____________ diferentes. Las otras categorías importantes son la ____________ ____________ y la ____________ ____________.

> ¿Qué saludos y fórmulas de despedida uso para las cartas de presentación?

Para ser profesional, debes empezar la carta con «____________ ____________» o «____________ ____________». Para cerrar la carta puedes poner «Los saludo ____________» o «Atentos ____________».

Espero que la búsqueda vaya bien. Hasta pronto.

Nombre ______________________________ Fecha ____________________

3. ¡Escuchemos!

La carta de presentación. Un amigo quiere que tú revises *(you revise)* la carta de presentación que piensa mandar. Tu amigo te mandó una copia por fax pero algunas palabras están borradas y no las puedes leer. Tu amigo va a leerte la carta por teléfono y tienes que escribir las palabras que faltan.

____________ Señora Fernández,

Le escribo en respuesta al ____________ publicado en el ____________ *El Mercurio* de la fecha 24 de abril, en el que anuncian el puesto vacante de Director de ____________ Internacional. Me gustaría ser considerado como ____________.

Como se puede ver en el ____________ ____________ adjunto *(enclosed)*, tengo mucha ____________ ____________ en los campos de la ____________, la educación y la ____________. Creo que mi experiencia y mi ____________ ____________ me hacen un buen candidato para el puesto.

Si necesita más información me puede contactar por teléfono o por correo electrónico. Si es necesario le puedo mandar cartas de ____________.

____________ ____________ de su respuesta, la ____________ atentamente.

4. ¡Hablemos!

La búsqueda de trabajo. Imagínate que vas a dar un seminario que se titula «Cómo prepararse para la búsqueda de trabajo» para la gente hispana que vive en tu ciudad.

Paso 1. Decide qué información vas a incluir. ¿Vas a hablar sólo de los diferentes aspectos del currículum, o también vas a hablar de las cartas de presentación? ¿Vas a mencionar las diferentes fuentes *(sources)* donde una persona puede encontrar anuncios de puestos vacantes?

Paso 2. Una vez que hayas apuntado toda la información que quieres incluir, piensa en el orden de la presentación. ¿Es una presentación clara y concisa? ¿Has incluido toda la información? Practica tu presentación en voz alta *(out loud)* en tu casa o con algunos(as) compañeros(as) de clase. Tus compañeros(as) de clase te pueden hacer preguntas o dar sugerencias y consejos sobre el contenido y la forma de la presentación.

5. ¡Te toca a ti!

El servicio de búsqueda. Trabaja con otro(a) estudiante para realizar un diálogo entre el/la secretario(a) de un servicio de búsqueda y un(a) cliente que está buscando trabajo. Sean creativos. Pueden incluir la siguiente información:

El/La secretario(a) debe:

- Coleccionar la información que va a ser parte del currículum: los datos personales, la formación académica, etc.
- Preguntar qué tipo de información profesional tiene la persona
- Preguntar qué tipo de trabajo busca la persona: temporal/permanente, en qué campo, etc.

El/La cliente debe:

- Dar la información que el/la secretario(a) pide
- Describir qué tipo de trabajo quiere
- Preguntar si el/la secretario(a) sabe de algún puesto vacante en su campo

Nota cultural: ¿Sabías que... ?

Professional writing in Spanish is often more formal and ornate than in English and also tends to be less direct. This is evident in the many possible ways of opening and closing a professional letter in Spanish. As you may have noticed in the vocabulary list at the beginning of this section, the phrases used for opening and closing professional correspondence in Spanish are more varied and more elaborate than their English equivalents. There is also a very clear distinction between the language used in professional correspondence and that used in personal letters. For example, in English you may use the salutation *dear* in either professional or personal correspondence; the Spanish equivalent varies, however, depending on the context. **Querido(a)** is used only with friends in personal or informal correspondence; in professional correspondence you must use **Distinguido(a)** or **Estimado(a)**. If you need to write a formal letter in Spanish for professional or business purposes, it is often a good idea to have a native speaker proofread it to make certain that you have used the necessary formality and proper writing etiquette.

Expresiones idiomáticas

tenerle mucha/gran estima a alguien: *to think very highly of someone, to hold someone in high regard or esteem*

Yo creo que a él le van a dar un ascenso. Su jefe **le tiene gran estima.**
*I think they are going to give him a promotion. His boss **thinks very highly of him.***

dar algo por bien empleado(a): *to consider something (time, effort, etc.) well spent*

Pasé un més preparando el currículum pero **lo doy por bien empleado.**
*I spent a month preparing my résumé but **I consider it time well spent.***

B. ¿Qué tipo de empleado se busca?

Vocabulario

Poner un anuncio/aviso	***To Place an Ad***
los beneficios	*benefits*
llenar el puesto	*to fill the position*
se busca...	*. . . is being searched for*
se necesita...	*. . . is needed*
se requiere...	*. . . is required*
el sueldo	*salary*
Las cualidades	***Qualities***
ser	*to be*
capaz	*capable*
carismático	*charismatic*
creativo	*artistic*
dedicado	*dedicated*
eficiente	*efficient*
emprendedor	*enterprising*
hábil para (las ciencias, la contabilidad, etc.)	*good at (science, accounting, etc.)*
honesto	*honest*
impulsivo	*impulsive*
íntegro	*honorable, having integrity*
listo	*clever*
organizado	*organized*

Las cualidades	*Qualities*
paciente	*patient*
preciso	*precise*
reflexivo	*reflexive (thoughtful)*
tener	*to have*
buena actitud	*good attitude*
creatividad	*creativity*
don de gentes/mando	*a way with people/ leadership*
entusiasmo	*enthusiasm*
paciencia	*patience*

Habilidades	*Abilities*
saber	*to know how to*
comportarse profesionalmente	*behave professionally*
expresarse claramente	*express oneself clearly*
hablar otros idiomas	*speak other languages*
tratar/mandar a la gente	*treat/lead people*
tener	*to have*
buenas aptitudes para la comunicación	*good communication ability*
conocimientos tecnológicos	*technological knowledge*
habilidad artística	*artistic ability*
habilidad manual	*the ability to work with one's hands*
interés por el puesto	*interest for the position*

1. Diálogo B

Se necesita Director de Relaciones Públicas. Marta y Adela son las jefas de un programa de estudios en Santiago. El programa se está poniendo más grande cada año y ahora necesitan un nuevo empleado para encargarse de relaciones públicas. Las dos se reúnen para hablar del puesto y del tipo de persona que quieren encontrar.

MARTA: Bueno, primero tenemos que pensar en el anuncio que vamos a poner en la bolsa de trabajo.

ADELA: Sí. ¿Qué título vamos a poner al puesto?

MARTA: Yo creo que algo simple y directo como «Director de Relaciones Públicas». ¿Qué te parece?

ADELA: Muy bien. Ahora, ¿qué vamos a poner en el anuncio?

MARTA: Antes de decidir, creo que sería buena idea hacer una lista de las habilidades que se necesitan y las cualidades que se requieren para el puesto. Después, podemos usar la lista para hacer el anuncio y también para hacer las entrevistas.

ADELA: Buena idea. En realidad, es un puesto bastante importante que tiene muchas facetas. La persona debe tener paciencia y la habilidad de poder hacer varias cosas a la vez.

MARTA: Así que tenemos que buscar una persona que sea muy organizada y eficiente.

ADELA: Exacto. Hay que tener en cuenta también que el primer contacto que tienen nuestros clientes va a ser con la persona que ocupe este puesto.

MARTA: Claro, necesitamos una persona que tenga buen actitud y mucho entusiasmo y que sepa tratar a la gente y comportarse profesionalmente.

ADELA: Sí, y el puesto requiere una persona que sepa hablar inglés y francés porque muchos de nuestros clientes no saben hablar español todavía.

MARTA: El puesto también requiere que la persona sepa expresarse claramente y que tenga buenas aptitudes para la comunicación. El director de relaciones públicas va a estar continuamente dando información a la gente sobre nuestro programa.

ADELA: Finalmente, en cuanto a cuestiones administrativas, tenemos que buscar a alguien que sepa usar la computadora, por supuesto, y que tenga conocimientos tecnológicos.

MARTA: Muy bien. Apunté toda la información. El anuncio casi se escribió ya. ¿Qué te parece? *[Marta le pasa a Adela un papel.]*

ADELA: A ver. ¿Lo leo en voz alta *(out loud)* para ver como suena?
MARTA: Sí, vamos.
ADELA: «Se necesita Director de Relaciones Públicas. Experiencia previa deseable. Se requiere iniciativa, experiencia con computadoras y la habilidad de hablar inglés y francés. Los candidatos deben saber llevarse bien con la gente y tener interés en promocionar la cultura chilena. Ofrecemos buen salario con beneficios y la oportunidad de trabajar con gentes de otros países. Enviar currículum vitae, con fotografía reciente y pretensiones de sueldo a: Ventura Lavalle 457... ».
MARTA: Excelente. ¿Lo mandamos al periódico?
ADELA: Sí. Espero que tengamos suerte.

¿Comprendes?

1. ¿Qué nombre van a dar Adela y Marta al puesto nuevo? ______________________

2. En cuanto a las cualidades, ¿qué tipo de persona buscan Adela y Marta? ______________________

3. ¿Qué habilidades necesita el candidato? ______________________

2. ¡Practiquemos!

Para trabajar como profesora se necesita la paciencia. ¿Qué cualidades se necesitan o se requieren en cada profesión? Para cada profesión escribe una habilidad y una cualidad. **¡Ojo!** Si no recuerdas las profesiones, puedes repasar el vocabulario del Capítulo 12. Al final de la lista tienes que añadir dos profesiones más que te interesen y poner sus correspondientes habilidades y cualidades.

Profesión	Habilidad	Cualidad
contador(a)		
secretario(a)		
joyero(a)		
periodista		
médico		
escritor(a)		
diplomático(a)		
¿ ?		
¿ ?		

3. ¡Escuchemos!

Unos anuncios de empleo. Escucha los siguientes anuncios para dos puestos vacantes. Escribe el título del puesto, y pon un círculo alrededor de las cualidades y habilidades que se mencionan para cada puesto.

1. ______________________________
(título del puesto)

Se requiere una persona que...

sea emprendedora	tenga buena actitud	tenga paciencia
tenga entusiasmo	sepa hablar francés	sepa tratar a la gente
sea eficiente	sepa expresarse	tenga habilidad manual

2. ______________________________
(título del puesto)

Se busca una persona que...

tenga conocimientos tecnológicos	tenga creatividad	sea organizada
tenga buenas aptitudes para la comunicación	sea impulsiva	sea eficiente
sea dedicada	sea carismática	sea paciente

4. ¡Hablemos!

Mis habilidades y cualidades. Imagínate que vas a buscar un trabajo nuevo o cambiar de profesión. Según tus habilidades y cualidades, ¿cuál es la profesión ideal para ti?

Paso 1. Haz una lista de tus mejores cualidades y habilidades. Piensa en las profesiones que mejor correspondan con tus puntos fuertes *(strengths).*

Paso 2. En un grupo de tres o cuatro personas, compartan sus ideas. Cada persona debe contarles a los/las demás sus cualidades y habilidades y la(s) profesión(ones) que seleccionó. Los otros miembros del grupo van a decir si están de acuerdo o no, y por qué.

5. ¡Te toca a ti!

Buscamos profesor particular de español. Tú y tu compañero(a) de clase quieren contratar a un profesor de español para ayudarlos(las) con sus estudios.

Paso 1. Hagan una lista de las cualidades y habilidades más importantes. Mencionen también por qué les parece importante cada cosa.

Paso 2. A continuación Uds. tienen una lista de cuatro candidatos que respondieron a su anuncio por un profesor particular. Tienen que decidir quién es el mejor candidato y por qué.

MARÍA: Es hablante nativa del español. También habla francés, pero no habla inglés. Tiene conocimientos tecnológicos y buenas aptitudes para la comunicación. Tiene experiencia profesional como profesora de español. Es organizada y paciente.

JUAN: Es hablante nativo del español. Habla inglés. Es dedicado pero impulsivo, listo y emprendedor. Tiene mucha creatividad pero no es paciente. Tiene experiencia profesional como profesor de inglés.

ANA: No es hablante nativo del español pero habla muy bien el español. Es de los Estados Unidos pero vivió durante mucho tiempo en Chile. Tiene experiencia como intérprete y traductora. Es paciente y creativa. Se expresa claramente y se comporta profesionalmente. Es dedicada y capaz.

MARTÍN: Es hablante nativo del español y habla perfectamente el inglés. No tiene experiencia profesional como profesor pero tiene mucho interés en el puesto. Es paciente, reflexivo, dedicado y íntegro. También tiene mucha creatividad y es muy eficiente y organizado.

Nombre ______________________ Fecha ______________

Nota cultural: ¿Sabías que... ?

You may have noticed that the ad composed by Marta and Adela (in the dialogue at the beginning of this section) requested that potential candidates send not only their résumé but also a photograph. If you answer an ad for work in a Hispanic country or fill out a job application, you may be asked to include or attach a recent photo. You may also be asked to include your age and/or marital status (**estado civil**). Although these practices are changing somewhat due to influence from the U.S., it is relatively common in Hispanic culture for potential employers to request this type of information from job candidates.

Expresiones idiomáticas

tener más paciencia que un santo: *to have the patience of a saint*

Es una oficina muy caótica. Para trabajar allí necesitas **tener más paciencia que un santo.**
It's a very chaotic office. To work there you need ***to have the patience of a saint.***

lo que dice (una persona) va a misa: *what (a person) says goes*

Lo que dice el jefe **va a misa.** — ***What the*** *boss* ***says goes.***

C. La entrevista

Vocabulario

Lo que debe intentar lograr el candidato	*What the Candidate Should Try to Achieve*
la buena apariencia externa	*good external appearance*
el conocimiento (de la compañía)	*knowledge (of the company)*
los gestos	*gestures*
la imagen	*image*
lograr un clima cordial	*to achieve a cordial atmosphere*
la madurez	*maturity*
la postura	*posture*
la preparación	*preparation*
la primera impresión	*first impression*
la puntualidad	*punctuality*
la serenidad (estar sereno)	*serenity (to be serene)*
la seriedad	*seriousness*
tener seguridad (en sí mismo)	*to be self-assured*
el tono	*tone*
la tranquilidad (estar tranquilo)	*tranquillity (to be calm)*

Lo que debe evitar el candidato	*What the Candidate Should Avoid*
la ambición excesiva	*excessive ambition*
la angustia	*anguish*
los defectos	*defects*
dudar	*to doubt*
la falta de interés	*lack of interest*
la falta de seguridad en sí mismo	*lack of self-assurance*
la negatividad	*negativity*
los nervios (estar nervioso)	*nerves (to be nervous)*
la pasividad	*passivity*
la respuesta escasa	*poor/limited answer*
ser negativo o crítico	*to be negative or critical*

¿Qué puede aportar el candidato a la compañía?	*What Can the Candidate Bring/Contribute to the Company?*
la dedicación (ser dedicado)	*dedication (to be dedicated)*
el desafío	*challenge*
la disciplina	*discipline*

¿Qué puede aportar el candidato a la compañía?	***What Can the Candidate Bring/Contribute to the Company?***
la eficacia (ser eficaz)	*effectiveness (to be efficient)*
los méritos	*merits*
los puntos fuertes	*strong points*
las virtudes	*virtues, strengths*

La gente y las cuestiones administrativas	***People and Administrative Questions***
el contrato	*contract*
desempeñar un cargo	*to hold/carry out a position*
el/la dueño(a)	*owner*
integrarse	*to integrate oneself*
el/la jefe(a)	*boss*
la promoción (el ascenso)	*promotion*
el sueldo	*salary*
los superiores	*superiors*
trabajar en equipo/solo	*to work on a team/alone*

1. Diálogo C

¿Cómo te fue la entrevista? Juan acaba de volver de su primera entrevista de trabajo, y le cuenta a Ana los detalles de la entrevista.

ANA: Hola, Juan. ¿Qué tal te fue la entrevista?

JUAN: Creo que me fue muy bien. La entrevista fue hecha por el dueño de la compañía. Yo estaba muy tranquilo y sereno. Creo que se notó que tengo seguridad en mí mismo.

ANA: Cuando llegaste, ¿había otros candidatos que esperaban?

JUAN: Sí, había como media docena de personas allí. Todas estaban examinando su conocimiento de la compañía. Algunos candidatos parecían ser muy negativos y otros estaban muy nerviosos. Se sintió un ambiente de angustia increíble. Esperamos media hora, y finalmente llamaron al primer candidato.

ANA: ¿Crees que lograste un clima cordial en la entrevista? ¿Diste una primera impresión de dedicación y preparación?

JUAN: Yo creo que sí. Intenté adoptar una postura natural, e intenté mirarle al jefe a los ojos mientras hablaba. También intenté dar una imagen de seriedad y madurez.

ANA: ¿Cuál fue la pregunta más difícil que se te hizo?

JUAN: Me pidió tres virtudes y un defecto. Fue difícil. Normalmente cuando te preguntan una cosa así, tiendes *(you tend)* a dar una respuesta escasa, cuando realmente lo que debes hacer es profundizar sobre tus méritos y puntos fuertes. Yo le dije que mi mayor defecto era la disciplina excesiva y así acabé convirtiendo el defecto en un mérito.

ANA: ¡Bien hecho! Siempre se aprecia ese tipo de respuesta. ¿Qué más te preguntó?

JUAN: Me preguntó si tengo tendencia a integrarme fácilmente a un grupo de trabajo y si prefiero trabajar solo o en equipo.

ANA: ¿Y qué contestaste?

JUAN: Dije que en todos mis trabajos anteriores tuve la oportunidad de trabajar en equipo y que siempre me integré fácilmente. También dije que me gusta tener variedad en el trabajo y por eso prefiero una combinación, es decir *(that is to say)*, me gusta trabajar en equipo, pero a veces, dependiendo del cargo que se necesita desempeñar, es mejor trabajar solo. Le mencioné también que para tener eficacia en un equipo de trabajo hay que ser muy bien organizado y dedicado.

ANA: Muy bien. ¿Se habló de contratos, posibilidades de promoción o del sueldo?

JUAN: Estos temas fueron mencionados, pero realmente hablamos más de mi personalidad, mis proyectos personales y la vida familiar.

ANA: Claro, esto es muy típico. Normalmente los superiores hacen este tipo de preguntas porque quieren llegar a conocerte no sólo como empleado sino como persona también. Parece que todo fue muy bien. Yo digo que dentro de poco vas a tener un trabajo nuevo.

JUAN: Espero que sí. ¡Ojalá que sea yo la persona que buscan!

Nombre ______________________ Fecha ______________

¿Comprendes?

1. ¿Qué tipo de ambiente se sintió en la sala de espera? ______________________
2. ¿Cuál fue la pregunta más difícil que el jefe le hizo a Juan en la entrevista? ______________________
3. ¿Se mencionaron los temas de contrato y del sueldo en la entrevista? ______________________

2. ¡Practiquemos!

Un rompecabezas. Completa el siguiente rompecabezas con el vocabulario y la información del diálogo.

Horizontal

1. Cuando tienes una entrevista debes llegar a la hora. Es muy importante la ______.
2. Los jefes siempre buscan un candidato que tenga ______ en sí mismo.
3. En un trabajo nuevo es importante poder ______ al equipo de trabajo.
4. En su entrevista Juan dijo que su mayor defecto era la ______ excesiva.
5. Muchas veces en una entrevista el candidato tiene que hablar de sus ______ y defectos.
6. Es un sinónimo de **virtudes** o **puntos fuertes**.
7. Normalmente al entrar en un puesto nuevo el empleado tiene que firmar un ______.

Vertical

1. En una entrevista es importante adoptar una ______ natural.
2. Es el contrario de **actividad**.
3. En el trabajo es importante llevarse bien con los ______.
4. Es una cualidad muy importante para los trabajos donde siempre haya muchas cosas que hacer.
5. Si no tienes seguridad en ti mismo, tienes tendencia a ______.

Nombre ______________________ Fecha ______________

3. ¡Escuchemos!

La entrevista. Tienes una entrevista mañana y estás nervioso(a). Llamas por teléfono a tu amigo Juan. Para tranquilizarte, Juan te menciona algunas posibles preguntas. Apunta sus preguntas y después, como práctica para tu entrevista, contéstalas.

1. ¿______________________?

____

2. ¿______________________?

____

3. ¿______________________?

____

4. ¿______________________?

____

5. ¿______________________?

____

4. ¡Hablemos!

Consejos para la entrevista del trabajo. Imagínate que tu mejor amigo(a) se está preparando para una entrevista de trabajo. Tu amigo(a) quiere que le aconsejes sobre los temas a continuación:

- ¿Cómo se hace una primera impresión muy buena?
- ¿Cómo se debe comportarse durante la entrevista?
- ¿Qué cosas negativas se deben evitar durante la entrevista?
- ¿Cómo se muestra interés en el puesto?
- ¿Cuáles son las cosas más importantes que se deben mencionar?
- ¿Se debe hablar de contratos, del sueldo o de oportunidades para el ascenso?

5. ¡Te toca a ti!

La entrevista. Trabaja con un(a) compañero(a) de clase para realizar el siguiente diálogo. Imagínate que uno de Uds. es un candidato para un trabajo muy importante y el otro, la persona de la compañía que hace la entrevista.

Paso 1. Antes de empezar, cada persona debe hacer una lista de la información que quiere incluir/preguntar/mencionar en la entrevista. Algunos posibles temas son los méritos y los defectos del candidato, las habilidades y cualidades que se necesitan para desempeñar el cargo, los contratos y otras cuestiones administrativas, etc.

Paso 2. Cuando cada persona haya terminado su lista, pueden empezar la entrevista. La entrevista debe durar por lo menos diez minutos.

Paso 3 (opcional). Cuando hayan terminado la entrevista, el/la jefe(a) puede comentar a la clase si piensa contratar al candidato o no, y por qué. El candidato puede aceptar o rechazar la oferta.

Nombre ________________ Fecha ________________

Nota cultural: ¿Sabías que... ?

As you learned in the **Nota cultural** of the previous section, employers in the Hispanic world are likely to request a photograph, marital status, and other personal information (in a résumé or job application) that would be considered inappropriate in the U.S. It is also very common for employers to ask questions about a candidate's personal life, family situation, and plans for the future. This information is considered very relevant and appropriate in the Spanish-speaking world. It is important not to judge Hispanic culture based on U.S. standards. In the Hispanic world, there is less of a notion of separation between personal and professional life. For this reason, employers strive to get to know their candidates better on a personal level. This is based on the idea that family situation and other individual concerns are part of the person as a whole and therefore have an effect on and are affected by one's professional obligations and aspirations.

Expresiones idiomáticas

torcer el gesto: *to make a face*

En una entrevista de trabajo, nunca debes **torcer el gesto.** — *In a job interview you should never* ***make a face.***

tomar postura: *to take a stand*

A mí me gusta un candidato que no tiene miedo de **tomar postura.** — *I like a job candidate who is not afraid* ***to take a stand.***

D. Síntesis

¡A leer! Las entrevistas de trabajo

Antes de leer. Toma un momento para reflexionar sobre la información que aprendiste en este capítulo sobre la búsqueda de trabajo y las entrevistas. Vas a leer un artículo que habla de lo que se debe hacer y evitar en una entrevista de trabajo. Lee el artículo y después intenta contestar las preguntas a continuación.

¿Cómo sobrevivir[1] una entrevista de trabajo?

Una de las cosas más importantes para sobresalir[2] en una entrevista de trabajo es la tranquilidad. Debes intentar de sentirte cómodo en la entrevista y evitar la angustia excesiva. Recuerda, ya has pasado la primera prueba al lograr la entrevista. Es decir, tu currículum ya les gusta a los jefes y les interesa conocerte. Piensa que la persona que está al otro lado de la mesa es como tú. Normalmente él o ella quiere lograr un ambiente cordial también.

Para sentirte lo más cómodo posible, prepárate bien para la entrevista. Investiga todo lo que puedas sobre la empresa. Y prepárate para la inevitable pregunta: «¿Cuáles son sus puntos fuertes y su mayor defecto?» A la hora de la entrevista, asegúrate[3] que presentas buena apariencia externa con ropa profesional y que llegues a la hora —la puntualidad es sumamente importante. Intenta demostrar interés para el puesto y seguridad en ti mismo y tus habilidades. Intenta evitar la respuesta escasa.

Estos consejos no te van a quitar toda la ansiedad que normalmente se experimenta[4] antes de una entrevista, pero por lo menos te dan la seguridad de que te has preparado lo mejor posible.

[1]**sobrevivir:** *to survive* / [2]**sobresalir:** *to excel* / [3]**asegúrate:** *assure yourself, make certain* / [4]**se experimenta:** *is felt*

Nombre ______________________ Fecha ______________

¿Comprendes? En grupos de dos o tres, contesten las preguntas a continuación.

1. Según el artículo ¿qué es una de las cosas más importantes para sobrevivir una entrevista de trabajo?
2. ¿Qué se debe hacer para sentirse preparado?
3. ¿Te parecen buenos los consejos que da el artículo? ¿Por qué sí o por qué no?

■ **Expansión de vocabulario: Mapa semántico.** En otro papel, dibuja un mapa semántico con la idea central de «Buscar trabajo». Dibuja como nodos principales «Preparación», «El mejor candidato» y «Entrevistas». También incluye como subnodos temas como «currículum», «habilidades», «cualidades», etc. No tienes que limitarte al vocabulario presentado en este capítulo. Puedes incluir cualquier palabra que te parezca apropiado. Incluye por lo menos 60 palabras.

■ **Expansión oral: ¿Cómo fue tu última entrevista de trabajo?** En grupos de tres o cuatro personas, cuenten las experiencias que tuvieron en sus entrevistas de trabajo más recientes. Deben hablar de los siguientes temas:

- ¿Para qué puesto fue la entrevista?
- ¿Qué cualidades y habilidades se buscaron en el candidato?
- ¿Qué preguntas te hicieron en la entrevista?
- ¿Estabas muy nervioso(a)?
- ¿Lograste un clima cordial?
- ¿Diste una primera impresión muy buena?
- ¿Conseguiste el puesto?

Cuando todos hayan contado sus experiencias, el grupo debe seleccionar «la entrevista más difícil/horrible», «la entrevista más rara» y «la entrevista más fácil».

■ **Traducciones: Un anuncio de trabajo.** Un amigo tuyo es jefe de una gran empresa y busca una secretaria bilingüe. Quiere poner un anuncio en un periódico en español para que lo vean muchos hispanos. Para ayudar a tu amigo, tienes que traducir el siguiente anuncio del inglés al español.

Wanted. Executive secretary who speaks Spanish and English. Company is looking for a dedicated and efficient person with good communication skills and computer knowledge. Applicant should have administrative experience and good leadership ability. Position requires a person who is precise, enterprising, and enthusiastic. Applicants should send résumé, cover letter, and two letters of reference.

Nombre ______________________ Fecha ______________

■ **Enlace cultural:** Imagínate que quieres ir a trabajar en un país hispano. Tienes que buscar un puesto que te interese en un país donde te gustaría vivir. Puedes buscar periódicos (con avisos clasificados) o servicios de colocación de personal en la red.

Paso 1. Busca puestos en el país que más te interese. Puedes usar los sitios de la página de *Spanish for Life,* **http://spanishforlife.heinle.com**, o puedes usar un buscador en español, como **http://www.ole.es** o **www.espanol.yahoo.com**. Usa los términos de búsqueda «bolsa de trabajo» o «periódico» combinados con el nombre de la ciudad o el país donde quieres trabajar.

Paso 2. Selecciona los tres puestos que más te gusten y llena la tabla a continuación con la información que encontraste.

País y ciudad	Nombre del puesto Nombre de la compañía	Habilidades y cualidades que se buscan	Es necesario mandar: ¿currículum? ¿carta? ¿foto?

■ **¡Hablemos mejor!**

Written accents. In Chapter 14 you learned the rules for determining where the stress falls in Spanish words that do not have written accents. In words that do have written accents, the stress falls on the syllable with the accent. Written accents show exceptions to the pronunciation rules you learned in the previous chapter. Therefore the pronunciation of words with written accents always takes precedence over those rules.

It is also important for you to know that written accents are sometimes used to differentiate the meanings between two words that are spelled the same. Although there is no audible difference when these words are spoken, the accent changes the meaning of the word in written form. For example, the **yo** form of the verb **saber** in the present tense (**sé**) has a written accent to distinguish it from the reflexive pronoun **se**. Similarly, **sí** with a written accent means *yes,* while **si** without a written accent means *if.* More examples of this type are listed below. As you listen to each pair of words you will notice that they sound the same. It is important, however, that you recognize the written differences.

de *(preposition)*	dé *(form of the verb **dar**)*
tu *(possessive pronoun "your")*	tú *(subject pronoun "you")*
te *(reflexive pronoun)*	té *("tea")*
el *(definite article "the")*	él *(subject pronoun "he")*
solo *(adjective)*	sólo *(adverb)*

Finally, all interrogative and exclamatory words must have an accent when written.

¿Cuándo? ¿Qué? ¿Cómo? ¿Cuál? ¿Quién? ¿Dónde?

These words do not have an accent when they are used as relative pronouns.

Nombre ______________________ Fecha ______________

Hogar dulce hogar: Bolivia

In this chapter you will learn:

COMMUNICATIVE FUNCTIONS

- Talk about looking for and renting an apartment
- Discuss buying a house
- Discuss moving and decorating
- Discuss where you have lived

VOCABULARY

- House and apartment amenities
- Decoration

Transparencies: A–4: **Mapas: La América del Sur**; A–13: **Mapas**: Country Profile, **Bolivia**

A. Vámonos: A buscar un apartamento

Vocabulario

Transparency: L–6: **En el extranjero: Buscar un apartamento**

Al buscar un apartamento	***Searching for an Apartment***
la agencia inmobiliaria	*real estate/rental agency*
el/la agente inmobiliario(a)	*real estate/rental agent*
alquilar (rentar/arrendar)	*to rent*
el alquiler (la renta)	*rent (per month)*
los anuncios por palabras	*classified ads*
el/la dueño(a)	*owner*
el/la inquilino	*tenant*
se alquila (se arrienda)	*for rent*
la vivienda	*housing (general)*
La ubicación	***The Location***
las afueras	*outskirts (of a city)*
la planta baja	*ground floor*
la primera planta, el segundo piso	*first/second floor*
los suburbios	*suburbs*
el vecindario (el barrio)	*neighborhood*
la zona	*zone*
Las amenidades y ventajas	***Amenities and Advantages***
el aire acondicionado	*air conditioning*
la alfombra (la moqueta)	*carpeting*
amueblado	*furnished*
el ascensor	*elevator*
el balcón	*balcony*
la calefacción (central)	*(central) heat*
el estacionamiento	*parking*
el garaje	*garage*
el piso (el suelo) de madera	*hardwood floor*
el teléfono	*telephone*
la terraza	*terrace*

Las amenidades y ventajas	*Amenities and Advantages*		
antiguo	*old, of antique quality*	moderno	*modern*
céntrico	*central*	nuevo	*new*
cómodo	*comfortable*	el número de habitaciones (dormitorios/alcobas)	*number of (bed)rooms*
completo	*complete*	soleado	*sunny*

1. Diálogo A

Busquémonos un apartamento en La Paz. Marta y Ana se van a mudar a la capital, La Paz, y tienen que buscar un apartamento. Escucha su conversación.

MARTA: No tengo ganas de buscar un apartamento ahora. He dormido muy mal y estoy cansada.
ANA: Siento que hayas dormido tan mal, pero es importante que encontremos un apartamento. Realmente no va a ser tan difícil. He mirado los avisos clasificados y hay muchas posibilidades interesantes. Vamos, no perdamos tiempo y hagámoslo ya.
MARTA: Tienes razón. Primero debemos decidir en qué zona queremos vivir, ¿verdad?
ANA: Sí. A mí me gustaría vivir en un lugar céntrico. Tú, ¿qué prefieres?
MARTA: Realmente no me importa la ubicación. Yo he vivido en los suburbios y en barrios más céntricos y cada cosa tiene su ventaja. Si tú prefieres que vivamos en el centro, me parece bien.
ANA: Muy bien. En los anuncios se suele poner el barrio. Mira, aquí hay uno muy céntrico y el precio del alquiler no está mal.
MARTA: Veamos... um... parece bien, pero no viene amueblado. ¿Tú tienes muebles?
ANA: Sí, he comprado muchos muebles para mi apartamento anterior. Usemos los míos y así no tenemos que buscar un apartamento amueblado.
MARTA: ¿Qué amenidades te parecen las más importantes?
ANA: Para mí es importante que el apartamento sea muy soleado. He vivido en apartamentos donde no había mucha luz y no me gustaba para nada.
MARTA: Entonces vamos a buscar uno que tenga muchas ventanas. ¿A lo mejor quieres una terraza o un balcón también?
ANA: ¡Sería ideal! Muchas veces hay unas vistas preciosas desde las terrazas, pero para tener una vista bonita hay que vivir en la quinta planta por lo menos, o incluso más alto.
MARTA: De acuerdo. Pero entonces, quiero que el edificio tenga ascensor.
ANA: Tienes razón, yo tampoco quiero subir la escalera hasta el quinto.
MARTA: ¿Prefieres un apartamento de estilo moderno o antiguo?
ANA: Prefiero el estilo antiguo pero es imprescindible que haya una cocina moderna.
MARTA: Claro, con lo que nos gusta cocinar.
ANA: Mira, aquí hay un anuncio para un apartamento céntrico, con terraza y cocina moderna. Parece perfecto para nosotras.
MARTA: ¿Qué tal el precio? ¿Vienen incluidas la calefacción y el agua?
ANA: Sí, y el estacionamiento también.
MARTA: Parece ideal. ¿Cuántas habitaciones hay?
ANA: ¡Qué pena! Sólo hay una habitación y un salón.
MARTA: Necesitamos por lo menos dos alcobas y un salón para estudiar y mirar la televisión. ¿Hay otro parecido que tenga dos alcobas?
ANA: No. Hay varios de tres habitaciones pero el alquiler es mucho más.
MARTA: Podríamos ir a consultar con un agente de inmobiliario.
ANA: Buena idea. Vámonos.

Nombre ______________________ Fecha ______________

¿Comprendes?

1. ¿Qué le dice Ana a Marta para animarla a buscar un apartamento? ______________________

2. ¿Le importa a Marta la ubicación? ¿Por qué sí o por qué no? ______________________

3. ¿Por qué quiere Ana un apartamento soleado? ______________________

2. ¡Practiquemos!

¿Buscas un apartamento? ¿Qué te importa más cuando estás buscando un apartamento? Pon en orden de importancia las siguientes amenidades y características.

______ un alquiler económico	______ la ubicación	______ la planta
______ que sea amueblado	______ el estacionamiento	______ un garaje
______ un ascensor	______ una terraza	______ el aire acondicionado
______ que tenga suelo de madera	______ que sea moderno	______ que sea soleado

3. ¡Escuchemos!

Una encuesta. Una agencia inmobiliaria quiere determinar qué tipo de apartamento es el más popular. Una agente te llama por teléfono para pedirte que participes en la encuesta. Primero te pide que apuntes cada pregunta que te hace. Cuando hayas apuntado cada pregunta, contéstalas para poder mandar las respuestas a la agencia.

1. ______________________

2. ______________________

3. ______________________

4. ______________________

5. ______________________

6. ______________________

4. ¡Hablemos!

Un anuncio de apartamento. Imagínate que eres el/la dueño(a) de un apartamento en el centro de Santa Cruz y necesitas encontrar unos inquilinos nuevos. Vas a hacer un anuncio por la radio para poder alquilar el apartamento más rápidamente.

Paso 1. Decide qué información vas a incluir. ¿Qué amenidades o aspectos del apartamento te parecen más importantes? ¿Qué amenidades vienen incluidas en el precio del alquiler? Apunta las diferentes características del piso.

Paso 2. Una vez que hayas apuntado toda la información que quieras incluir, practica leyendo tu anuncio en voz alta en tu casa o con tus compañeros(as) de clase.

Paso 3. Algunos estudiantes deben presentar su anuncio a la clase. Los demás van a decidir qué apartamento les interesa más y por qué.

⇄ 5. ¡Te toca a ti!

¡Busquémonos un apartamento nuevo! Imagínate que tú y un(a) compañero(a) de clase van a ser compañeros(as) de apartamento y tienen que buscar un apartamento en la cuidad donde viven. Tienen que ponerse de acuerdo en las tres cosas o características más importantes que quieran buscar.

Paso 1. Antes de hablar con tu compañero(a), contesta las siguientes preguntas:

- ¿Prefieres vivir en un lugar céntrico o en las afueras?
- Si tienes coche, ¿prefieres un garaje o un estacionamiento?
- Para ti, ¿qué cosa es más importante, un ascensor o una terraza?
- ¿Quieres un apartamento amueblado o tienes tus propios muebles?
- ¿Qué es lo más importante para ti cuando buscas un apartamento?

Paso 2. Ahora puedes reunirte con tu «futuro(a) compañero(a) de apartamento». Cada persona debe hablar del tipo de apartamento que más prefiere, según la información que apuntaron en el **Paso 1.** ¿Tienen opiniones y necesidades diferentes? Cada persona debe explicar por qué le gustan o no le gustan ciertas características. Pónganse de acuerdo con respecto a las tres cosas que van a ser las más importantes en su búsqueda. Es posible que una persona tiene que convencer a la otra o que una persona tiene que ceder *(give in, compromise)* en algún aspecto.

Nota cultural: ¿Sabías que... ?

In Spanish there are several different words that mean *apartment*. Although **apartamento** is generally understood throughout the Hispanic world, you may hear another word being used, depending upon the country or the region. In Mexico, as in Argentina and other Latin American countries, you may hear the word **departamento**. Spaniards, however, use the word **piso**. There are also many different words for *bedroom*. The use of these different words also varies according to country/region: **la recámera** (Mexico); **el dormitorio, el cuarto, la habitación** (all very widely used). Can you figure out which words are used in Bolivia? Hint: It may help to look at the classified ads section of a Bolivian newspaper such as *El Diario*.

In Bolivia, specifically, apart from hearing different words in Spanish for *apartment* and *bedroom*, you will also hear different languages. In addition to Spanish, *Aymara* and *Quechua* are also recognized as official languages.

Expresiones idiomáticas

estar por los suelos (una persona o los precios): *to be very down in the dumps (a person), be at rock bottom (prices)*

¡**Estoy por los suelos!** Llevo dos semanas buscando un apartamento y no he encontrado nada.
I'm down in the dumps! *I have been looking for an apartment for two weeks and I haven't found anything.*

estar (una cosa) para alquilar balcones: *to be a sight to see, be priceless*

¡Qué situación más cómica! ¡**Estuvo para alquilar balcones!**
What a funny situation! ***It was a sight to see!***

Nombre ______________________ Fecha ______________

B. ¡Compremos una casa!

Vocabulario

¿Qué tipo de casa?	***What Type of House?***
de ladrillo	*brick*
de madera	*wood*
de piedra	*stone*
Cuestiones económicas	***Economic Questions***
aceptar/rechazar la oferta	*to accept/reject the offer*
hacer la mudanza (mudarse)	*to move*
hacer una oferta	*to make an offer*
la hipoteca	*mortgage*
los pagos mensuales	*monthly payments*
el préstamo	*loan*
la propiedad	*property*
se vende	*for sale*
Las partes de la casa	***Parts of the House***
el ático	*attic, loft*
la chimenea	*chimney, fireplace*
la escalera	*stairway*
el jardín	*garden*
la pared	*wall*
el pasillo	*hallway*
el patio (interior/exterior)	*patio*
el porche	*porch*
la puerta principal	*front door*
el sótano	*basement*
el techo	*roof*
el timbre	*doorbell*
Los electrodomésticos	***Household Appliances***
la estufa (eléctrica/de gas)	*(electric/gas) stove*
la lavadora (de ropa)	*(clothes) washer*
el lavaplatos	*dishwasher*
el microondas	*microwave*
la nevera (el refrigerador)	*refrigerator*
la secadora (de ropa)	*(clothes) dryer*

1. Diálogo B

¡Hemos comprado una casa! Magdalena y su esposo, Juan, acaban de comprar una casa. Escucha mientras Magdalena y Juan hablan con su amiga Ana sobre su casa nueva.

MAGDALENA: Estoy tan contenta. ¡Por fin hemos comprado una casa!

ANA: Me alegro mucho. Habían estado buscando durante mucho tiempo, ¿verdad?

JUAN: Sí, fue una búsqueda muy larga. Cuando por fin encontramos la casa perfecta, habíamos visto por lo menos 20 casas.

ANA: ¿Cómo encontraron finalmente la casa perfecta?

MAGDALENA: Bueno, la verdad es que fue una situación muy peculiar. Habíamos visto el exterior de la casa varias veces pero nunca pudimos conseguir una cita con el agente. Finalmente hicimos una cita, pero cuando llegamos a la hora indicada el agente no estaba y se había quitado el letrero *(sign)*.

ANA: ¿Qué letrero?

MAGDALENA: El que decía «se vende». ¿Sabes? Pensábamos que ya se había vendido la casa. Nos íbamos a ir cuando de repente llegó el agente. Nos dijo que alguien había hecho una oferta pero que los dueños la habían rechazado. En fin, cuando finalmente vimos la casa, hicimos una oferta inmediatamente.

ANA: ¿Y los dueños la aceptaron?

JUAN: Sí, tuvimos mucha suerte. El banco nos dio una hipoteca con pagos mensuales muy económicos y todos los electrodomésticos de la casa venían incluidos en el precio de la casa. Hay una secadora y una lavadora en el sótano y también un lavaplatos.

ANA: ¡Qué bien! ¿Y cómo es la casa?

Nombre ______________________ Fecha ______________

MAGDALENA:	Es preciosa. Es de piedra y tiene un jardín precioso. Tiene chimenea en el salón y también tiene porche y patio interior.
JUAN:	Sí, y es una casa con mucho espacio. Tiene cuatro dormitorios y también un ático.
ANA:	¡Tengo muchas ganas de verla! ¿Cuándo me van a invitar?
JUAN:	Bueno, vamos a hacer la mudanza dentro de una semana...
ANA:	Muchas gracias, Juan, pero prefiero esperar hasta que hayan terminado de mudarse.
MAGDALENA:	¡Buena idea, Ana!

¿Comprendes?

1. ¿Cuánto tiempo habían estado buscando una casa Magdalena y Juan antes de encontrar la casa perfecta? ______________________
____
2. ¿Qué pasó cuando Juan y Magdalena intentaron visitar la casa? ______________________
____
3. ¿Cómo es la casa?______________________
____

2. ¡Practiquemos!

¡La casa de mis sueños! ¿Has soñado alguna vez con tu casa ideal? ¿Cómo era la casa? ¿De qué se había construido? ¿Qué elementos estructurales habían incluido los arquitectos? Llena los espacios a continuación con el vocabulario de la lista.

Una vez soñé con que vivía en la casa perfecta. La habían construido de ______________. En el exterior los arquitectos habían puesto ______________. En el interior se había incluido un(a) ______________, un(a) ______________ y un(a) ______________. Era la casa perfecta porque no se había olvidado ni un electrodoméstico: en la cocina había ______________ y en el sótano había ______________. Lo mejor de todo fue que yo no tenía que pagar ni un pago mensual. ¡La ______________ ya se había pagado!

3. ¡Escuchemos!

Hemos vendido la casa. Tu amiga María ha vendido su casa. Escucha mientras que ella te cuente cómo fue el proceso de la venta y decide si las frases a continuación son ciertas o falsas.

C/F **1.** María y su esposo han vendido la casa esta mañana.

C/F **2.** María está muy contenta de que la hayan vendido.

C/F **3.** Cuando llegaron los García para ver la casa, María había estado limpiando por tres horas.

C/F **4.** Los García ya habían visto el exterior de la casa y por eso pasaron directamente al interior.

C/F **5.** Los García hicieron muchas preguntas sobre los electrodomésticos.

C/F **6.** María les contestó que el lavaplatos no había estado funcionando.

C/F **7.** María y su esposo habían decidido vender los electrodomésticos con la casa.

C/F **8.** La oferta de los García fue la mejor oferta que María y su esposo habían recibido.

Nombre ______________________ Fecha ______________________

4. ¡Hablemos!

¡Quiero vender mi casa! Imagínate que tienes una casa y quieres venderla. Tienes que describir la casa al agente inmobiliario. Prepara una descripción de tu casa. Puedes usar las preguntas a continuación como una guía para tu descripción. Si no eres dueño(a) de una casa, puedes inventar la información.

- ¿Por cuánto tiempo has vivido en la casa?
- ¿De qué material se ha construido la casa?
- ¿Tiene ático, sótano, chimenea, etc.?
- ¿Hay jardín, porche o patio en el exterior?
- ¿De qué color se ha pintado las paredes interiores y exteriores?
- ¿Tiene electrodomésticos?
- ¿Has tenido alguna vez problemas con los electrodomésticos o funcionan todos bien?

5. ¡Te toca a ti!

Buscamos una casa. Tú y tu compañero(a) de clase han estado buscando una casa, por su cuenta *(on your own)*, durante mucho tiempo. Finalmente han decidido hablar con un agente inmobiliario. Trabaja en grupos de tres personas para realizar el siguiente diálogo. Una persona juega el papel del/de la agente y las otras dos son los/las clientes que quieren comprar una casa.

El/La agente debe preguntar:

- ¿Dónde quieren vivir los clientes?
- ¿Qué electrodomésticos quieren que tenga la casa?
- ¿Tienen preferencia en cuanto al exterior de la casa (de ladrillo, de piedra, etc.)?
- ¿Les gustaría tener patio, jardín o porche en el exterior de la casa?
- ¿Qué elementos quieren que tenga el interior de la casa (chimenea, ático, número de dormitorios, etc.)?

Los/Las clientes deben decir:

- Dónde quieren vivir
- Qué tipo de casa buscan
- Si necesitan una hipoteca
- Si la casa debe ser grande o pequeña
- Si quieren comprar los electrodomésticos con la casa
- Qué quieren que tenga la casa

Nota cultural: ¿Sabías que... ?

Because most Hispanic countries have warm climates, it is not very common for households to be equipped with clothes dryers. People generally hang their clothes out to dry. For this reason, many **patios interiores** are equipped with clotheslines.

Expresiones idiomáticas

dejarle a alguien de piedra: *to stun/shock someone*

El dueño **me dejó de piedra** cuando me dijo el precio de la casa. — *The owner **shocked me** when he told me the price of the house.*

tocar madera: *to knock on wood*

Nunca he tenido problemas con mis electrodomésticos, **toco madera.** — *I have never had any problems with my appliances, **knock on wood.***

Nombre ______________________ Fecha ______________

C. La casa se ha convertido en hogar

Vocabulario

Lo que personaliza la casa	***What Personalizes a House***
los adornitos	*knickknacks*
la alfombra	*rug*
los cojines	*cushions*
las cortinas	*curtains*
las decoraciones	*decorations*
empapelar las paredes	*to wallpaper the walls*
la mecedora	*rocking chair*
el papel pintado	*wallpaper*
la persiana	*(window) shades*
pintar las paredes	*to paint the walls*
reformar	*to remodel*
la renovación (la reforma)	*renovation, remodeling*
los vecinos agradables	*pleasant neighbors*
el vestíbulo	*foyer*
En el jardín	***In the Garden***
el banco	*(garden/park) bench*
el estanque	*pond*
la valla	*fence*
la verja	*iron gate*
Los flores y los árboles	***Flowers and Trees***
el arbusto	*bush*
la azucena	*white lily*
florecer (c→zc)	*to flower, bloom*
el girasol	*sunflower*
las hojas	*leaves*
el jazmín	*jasmine*
la margarita	*daisy*
plantar	*to plant*
la rosa	*rose*
el rosal	*rosebush*
el tulipán	*tulip*
la violeta	*violet*
Lo que se necesita para los nuevos miembros de la familia	***Things That Are Needed for New Members of the Family***
los animales de peluche	*stuffed animals*
el babero	*bib*
el chupete (el chupón)	*pacifier*
el cuarto de los niños/ del bebé	*nursery*
la cuna	*cradle, crib*
dar a luz	*to give birth*
el embarazo	*pregnancy*
estar embarazada	*to be pregnant*
los juguetes	*toys*
el pañal	*diaper*

1. Diálogo C

Lo mejor de nuestra casa. Después de ocho meses, Ana ha venido finalmente a visitar a su amiga Magdalena en su casa nueva.

ANA: Hola, Magdalena. ¡Qué bonita es la casa!

MAGDALENA: Me alegro que te guste. Hemos estado reformándola. Lo bueno de ser los dueños de la casa es que puedes hacer todo lo que quieras: pintar o empapelar las paredes, poner decoraciones y adornitos por todas partes y colgar cortinas y persianas. Lo peor es que lo tienes que pagar todo.

ANA: ¡Claro! Eso es lo difícil. Oye, el vestíbulo es precioso. ¿Dónde has comprado todas estas flores?

MAGDALENA: No las he comprado; son de mi jardín. ¿Quieres verlo? El jardín es lo que más me gusta de esta casa. Ven, podemos sentarnos en el banco y charlar un rato.

ANA: Me encanta el jardín. Tienes de todo: rosales, arbustos y muchísimas flores.

Nombre ______________________________ Fecha ______________________

Magdalena: Sí, va a ser realmente impresionante cuando todas estén floreciendo a la vez. Las que más me gustan son los girasoles y los tulipanes.

Ana: Sí, pero lo mejor de las flores es su fragancia. Por eso a mí me gustan las violetas y el jazmín. Oye, Magdalena, ¿cómo te va el embarazo? Por lo visto bien, ¿no? Pareces muy contenta y sana.

Magdalena: Sí, por lo general me va bastante bien. Me siento más tranquila ahora que hemos preparado todo. ¿Te apetece ver el cuarto del bebé?

Ana: Sí. Es verdad, no lo he visto todavía. *[Ana y Magdalena entran en la casa otra vez.]*

Magdalena: Mira, aquí está. A lo mejor nos falta alguna cosita, pero yo creo que hemos comprado todo lo necesario.

Ana: Sí. ¡Qué preparados son Uds.! Ya tienen la cuna, los pañales y muchos juguetes.

Magdalena: Sí. Queríamos tener todo lo más preparado posible. Ya tenemos hasta chupetes y baberos.

Ana: Ah, pero lo más gracioso son los animales de peluche.

Magdalena: Sí, pero no nos habíamos dado cuenta de lo caros que son.

Ana: Pero no deben de comprarlo todo. A mucha gente, como a mí, por ejemplo, le gusta también regalar cosas de este tipo, por lo común.

Magdalena: ¡Qué buena amiga eres!

¿Comprendes?

1. Según Magdalena, ¿qué es lo mejor de ser dueño de una casa? ______________________________

   ____

2. ¿Qué es lo que más le gusta a Magdalena de su casa? ______________________________

   ____

3. ¿Cómo le va el embarazo a Magdalena? ______________________________

   ____

2. ¡Practiquemos!

¿Para que son? Las siguientes cosas tienen funciones muy diferentes dentro de la vida casera. Empareja cada palabra o frase de la primera columna con su descripción en la segunda columna.

_____ **1.** el papel pintado
_____ **2.** la cuna
_____ **3.** florecer
_____ **4.** los vecinos
_____ **5.** dar a luz
_____ **6.** el vestíbulo
_____ **7.** reformar
_____ **8.** los adornitos

a. Lo que necesita un bebé para dormir
b. Lo que se hace para cambiar o modernizar una casa
c. Pequeñas cosas, por lo general, que se pone para decorar la casa
d. Lo que hace una mujer al final del embarazo
e. Por lo común, la primera cosa que se ve cuando se entra en una casa
f. Lo que hacen las flores
g. Personas agradables, por lo general
h. Lo que se usa para empapelar las paredes

Nombre ______________________________ Fecha ____________________

3. ¡Escuchemos!

¿Cómo te gustaría decorar tu casa? Escucha y contesta las siguientes preguntas sobre tus preferencias en cuanto a la decoración de una casa.

1. ____

____

2. ____

____

3. ____

____

4. ____

____

5. ____

____

4. ¡Hablemos!

¿Qué se necesita para los nuevos miembros de la familia? ¿Tienes hijos, sobrinos o hermanos pequeños? ¿Qué cosas has tenido que comprar, preparar o hacer para la llegada del bebé? Si no tienes experiencia con los niños, inventa la información. Contesta, por lo menos las siguientes preguntas:

Antes de la llegada del bebé...

- ¿Habías comprado una cuna o fue necesario comprar una?
- ¿Ya habías cambiado un pañal? ¿Cómo fue la primera vez que cambiaste un pañal?
- ¿Habías comprado muchos animales de peluche? ¿Cuál le gustó más al bebe?
- ¿Habías preparado todo o faltaba algo? ¿Habías comprado baberos, chupetes y juguetes, por ejemplo?

5. ¡Te toca a ti!

Mi casa perfecta y mi jardín ideal. Para esta actividad vas a tener que buscar una foto o un dibujo de una casa con jardín.

Paso 1. Prepara una descripción de la casa y el jardín representados en la foto. No incluyas toda la información.

Paso 2. Con varios compañeros(as) de clase, formen un grupo de cinco o seis personas. Cada persona debe poner su foto en el centro, sin nombre.

Paso 3. Cada persona presenta su descripción y los demás tienen que adivinar qué foto es.

Nota cultural: ¿Sabías que... ?

Apartment ownership is very common in the Hispanic world. People who live within the city limits do not generally live in houses, but instead in large apartment complexes (**inmuebles**). Apartments are bought and sold in much the same way that houses are in the U.S. (this practice is also common in large U.S. cities such as New York). Spanish speakers do not always make a clear distinction between *apartment* and *house*. People who own the apartment in which they live will often refer to it as their **casa**.

Expresiones idiomáticas

no ser todo rosas: *to not be a bed of roses*

Ser dueño de una casa **no es todo rosas.** — *Being a homeowner* ***is not a bed of roses.***

enrollarse como una persiana: *to go on and on, be long winded*

Nuestro vecino es muy agradable pero a veces **se enrolla como una persiana.** — *Our neighbor is very nice but sometimes* ***he's long winded.***

D. Síntesis

¡A leer! Un aviso de una agencia inmobilaria

Antes de leer. Toma un momento para reflexionar sobre la información que aprendiste en este capítulo sobre las casas y los apartamentos. Después, lee la siguiente lista de propiedades de una agencia inmobiliaria. ¿Qué tipo de información ves en cada aviso? ¿Cuáles son las cualidades de cada casa y apartamento? ¿las amenidades? ¿Qué significan las abreviaturas *(abreviations)*? Después, contesta las preguntas a continuación.

Agencia inmobiliaria Juan García, S.A.

SE VENDE

ARENAL: 2 casas de 3 y 4 dormitorios, bien situadas, nuevas, buenas vistas de las montañas, baños completos y de estilo moderno.

CENTRO: Buen apartamento soleado en la quinta planta. 4 dormitorios, salón, cocina, baño completo[1] y aseo.[2] Suelo de madera, terraza y estacionamiento.

AVDA. DE LA REPÚBLICA (ZONA SUBURBIA): Gran casa de madera con 4 dormitorios, 2 salones y 3 baños completos. Jardín y patio interior y chimenea.

SE ALQUILA

BARRIO DE SANTA ANA: Apartamento amueblado nuevo con 3 dormitorios, salón, cocina, 2 baños. Calefacción central. Garaje y terraza. Electrodomésticos nuevos.

BARRIO STA. MARGARITA: Ático no amueblado, 2 dormitorios, baño, aire acondicionado. Céntrico y soleado. Lavadora y teléfono.

[1]**baño completo:** *complete bath (with tub)* / [2]**aseo:** *half-bath (toilet and sink)*

Nombre ______________________ Fecha ______________

¿Comprendes? En grupos de dos o tres, contesten las preguntas a continuación.

1. ¿En qué barrios o zonas están las casas que se venden?
2. Si quieres aire acondicionado en tu apartamento, ¿en qué barrio vas a vivir?
3. ¿Qué diferencias hay entre los dos apartamentos que se alquilan?
4. ¿Qué casa te interesa más y por qué?

■ **Expansión de vocabulario: Mapa semántico.** En otro papel, dibuja un mapa semántico con la idea central de «Hogar dulce hogar». Dibuja como nodos principales «apartamento» y «casas». También incluye como subnodos temas como «las partes de una casa», «las amenidades», etc. No tienes que limitarte al vocabulario presentado en este capítulo. Puedes incluir cualquier palabra que te parezca apropiada. Incluye por lo menos 60 palabras.

■ **Expansión oral: ¿Dónde vives?** Imagínate que trabajas para el periódico de tu universidad. El periódico quiere publicar un artículo sobre las preferencias estudiantiles en cuanto a las viviendas. Tú tienes que hacer las entrevistas para coleccionar la información preliminar.

Paso 1. Escribe una lista de preguntas que puedes utilizar en cada entrevista. Debes preguntar sobre la siguiente información:

- ¿En qué barrio vive la persona?
- ¿Qué amenidades tiene su casa o apartamento?
- ¿Vive en una casa o en un apartamento?
- ¿Qué electrodomésticos le parecen los más importantes?
- ¿Tiene un jardín?
- ¿Le parecen importantes la decoración y los adornitos?

Paso 2. Entrevista por lo menos a cinco personas de tu clase. Apunta la información que te dicen.

Paso 3. Escribe un pequeño ensayo sobre las casas o los apartamentos que te parezcan más agradables. Presenta la información a la clase.

■ **Traducciones: Un anuncio de casa.** Un amigo tuyo quiere vender su casa. Por lo tanto, también quiere poner un anuncio en un periódico hispano para poder llegar a más gente. El problema es que tu amigo no habla español. Te ha dado una copia de su aviso en inglés y quiere que tú lo traduzcas al español.

FOR SALE

Three-bedroom house with lots of light. Central location. Pleasant neighbors. Brick house with fireplace, hardwood floors, and balcony. All new appliances, including microwave and dishwasher. New washer and dryer have just been installed in basement. Air-conditioned with central heating. Parking available in garage. House has a magnificent view of the mountains. House has an attic and the property includes a wonderful garden with a pond. Owner has planted many trees and rose bushes. Call to make an offer.

Nombre ______________________________ Fecha ____________________

■ **Enlace cultural:** Tú y un(a) compañero(a) de clase van a estudiar en un país hispano y necesitan alquilar una casa o apartamento. Primero tienen que ponerse de acuerdo en cuanto al país que quieren visitar. Después tienen que buscar periódicos (con avisos clasificados) o agencias inmobiliarias en la red.

Paso 1. Busquen periódicos que tengan avisos clasificados o agencias inmobiliarias para la ciudad donde quieran vivir. Pueden usar los sitios de la página de *Spanish for Life,* **http://spanishforlife.heinle.com**, o pueden usar un buscador en español, como **http://www.ole.es** o **www.espanol.yahoo.com**. Usa los términos de búsqueda «periódico» o «agencia inmobiliaria» combinados con el nombre de la ciudad o el país donde quieran vivir.

Paso 2. Seleccionen cuatro apartamentos o casas que les gusten y llenen la tabla a continuación con la información que encontraron.

Casa o apartamento / Número de dormitorios	Ubicación / Precio del alquiler	Amenidades y ventajas	Otra información interesante

Paso 3. Presenten sus ideas a la clase.

■ ¡Hablemos mejor!

Spanish word stress. In the previous two chapters you learned about the main rules for accents and stress in Spanish. Each word in Spanish is categorized according to where the stress falls in the word. It is important to learn the names of these categories since people may use them to explain where accents fall on any given word.

Nombre ______________________________ Fecha ____________________

1. **Palabras agudas:** words that are stressed on the last syllable
2. **Palabras llanas:** words that are stressed on the second-to-last or penultimate syllable
3. **Palabras esdrújulas:** words that are stressed on the third-to-last syllable. These words will always have written accents.
4. **Palabras sobresdrújulas:** words that are stressed on the fourth-to-last syllable. These words will always have written accents.

First read the following words to determine the category each word belongs in. Then listen to the words, paying close attention to where the stress falls. You may then listen again and repeat.

pintar	fácil	préstamo	secadora
jardín	jazmín	girasol	electrodoméstico
teléfono	dígamelo	dándomela	título

Nombre ______________________ Fecha ______________

El futuro, las computadoras y la tecnología: Ecuador y Guinea Ecuatorial

In this chapter you will learn:

COMMUNICATIVE FUNCTIONS

- Discuss what the future holds
- Talk about world and personal goals for the future
- Talk about horoscopes
- Talk about computers, technology, and the Internet

VOCABULARY

- Horoscopes
- Computers
- Technology

Transparencies: A–4: **Los mapas: La América del Sur**; A–12: **Los mapas:** Country Profile, **Ecuador**

A. A predecir el futuro: los horóscopos y las supersticiones

Vocabulario

La astrología y los signos del zodíaco	***Astrology and Signs of the Zodiac***
Acuario	*Aquarius*
Aries	*Aries*
Cáncer	*Cancer*
Capricornio	*Capricorn*
Escorpión	*Scorpio*
Gemenis	*Gemini*
Leo	*Leo*
Libra	*Libra*
Pisces	*Pisces*
Sagitario	*Sagittarius*
Tauro	*Taurus*
Virgo	*Virgo*
Los planetas	***The Planets***
el Júpiter	*Jupiter*
la luna	*moon*
el Marte	*Mars*
el Mercurio	*Mercury*
el Neptuno	*Neptune*
el Plutón	*Pluto*
el Saturno	*Saturn*
la Tierra	*Earth*
el Urano	*Uranus*
el Venus	*Venus*
Las supersticiones	***Superstitions***
el gato negro	*black cat*
la mala/buena suerte	*bad/good luck*
el martes trece	*Friday the thirteenth*
la pata de conejo	*rabbit's foot*
romper un espejo	*to break a mirror*
el trébol de cuatro hojas	*four-leaf clover*

Nombre ______________________ Fecha ______________

Metas personales para el futuro	***Personal Goals for the Future***
encontrar el gran amor de la vida	*to find the love of one's life*
tener éxito en la vida profesional/personal	*to be successful in one's professional/personal life*
Metas globales para el futuro	***World Goals for the Future***
crear una civilización en otro planeta	*to create a civilization on another planet*
la energía solar/del viento	*solar/wind energy*
invertir en el futuro (e→ie, i)	*to invest in the future*
la paz mundial	*world peace*
viajar a una galaxia distante	*to travel to a distant galaxy*
viajar en el espacio exterior	*to travel in outer space*

1. Diálogo A

Viajaremos a Júpiter tan pronto como logremos la paz mundial. Marta y Ana leen sus horóscopos y hablan del futuro. Escucha su conversación.

MARTA: Estás leyendo tu horóscopo. ¿Realmente crees en eso?

ANA: No sé pero es divertido. Me imagino que lo seguiré leyendo a menos que me digan que es malo para la salud. ¿Cuál es tu signo? Te lo leo en caso de que diga algo interesante.

MARTA: Soy Sagitario.

ANA: Mira. Dice: «Tendrá Ud. un día maravilloso con tal que no hable con su jefe. Su jefe le dará un proyecto nuevo muy grande y Ud. no está para proyectos hoy. Es mejor que Ud. se relaje hoy. Por la noche debe Ud. revisar su situación económica para que mañana pueda comprar el traje nuevo que le interesa tanto».

MARTA: ¡Qué gracioso! Entonces, mientras no vaya al trabajo, no me podrá pasar nada desagradable, ¿verdad? Y mientras yo no vaya a trabajar , ¿quién me pagará las cuentas?

ANA: Bueno, quizás cuando el planeta Saturno se mueve...

MARTA: ¡Qué gracioso! ¿Eres supersticiosa, Ana?

ANA: Supongo que un poquito. Siempre tengo mucho cuidado con los espejos y evito los gatos negros.

MARTA: ¡Qué interesante! Yo no soy nada supersticiosa. Incluso la semana próxima cuando venga el martes trece, haré mi vida normal como cualquier otro día. Yo prefiero pensar en lo que yo puedo hacer para cambiar el futuro en vez de lo que el futuro me reserva para mí.

ANA: Sí, tienes razón. El tuyo es una perspectiva mucho más optimista.

MARTA: Mira, por ejemplo, no pienso en cómo me afecta el movimiento de los planetas. Me interesa mucho más preguntarme si algún día tendremos la tecnología para poder viajar a Martes, por ejemplo, o a Júpiter.

ANA: Hablando de los viajes en el espacio exterior, yo he estado pensando que no se realizará este tipo de viaje hasta que tengamos la paz mundial. Sólo cuando hayamos coleccionado la tecnología y los mejores científicos de todo el mundo podremos llegar a visitar Plutón o construir una civilización en la luna.

MARTA: Exacto. Es necesario resolver las problemas de la Tierra antes de poder viajar a otros mundos. Bueno, ¡mira la hora! A menos que vaya ahora mismo voy a llegar tarde al trabajo.

ANA: Bueno, hasta luego. ¡Espera! Antes de que te vayas simplemente quería comentarte que en mi horóscopo dice que hoy encontraré el gran amor de mi vida.

MARTA: Bueno, espero que así sea. Hasta luego.

Nombre ______________________ Fecha ______________

¿Comprendes?

1. ¿Por qué dice Ana que va a leer el horóscopo de Marta? ______________________

____

2. ¿Qué responde Marta cuando oye su horóscopo? ______________________

____

3. ¿Estás de acuerdo con las opiniones de Marta y Ana en cuanto a la paz mundial y los viajes al espacio exterior? ¿Por qué sí o por qué no? ______________________

____

2. ¡Practiquemos!

¿Qué predices para el futuro? Completa las frases a continuación con tus predicciones para el futuro.

1. Lograremos la paz mundial tan pronto como ______________________.
2. Encontraré el gran amor de mi vida cuando ______________________.
3. Consideraré que tengo éxito en mi vida profesional en cuanto ______________________

______________________.
4. Viajaremos a Martes antes de ______________________.
5. Habré logrado uno de mis metas personales más importantes cuando ______________________

______________________.
6. No viviremos en la luna mientras ______________________.

3. ¡Escuchemos!

Un anuncio de radio: los horóscopos. Acabas de poner la radio por la mañana. El presentador está en medio de leer los horóscopos para hoy. Pon una X al lado de cada signo que le oyes mencionar y apunta una cosa que se predice para el signo.

Aries ______________________

Tauro ______________________

Gemenis ______________________

Cáncer ______________________

Leo ______________________

Virgo ______________________

Libra ______________________

Escorpión ______________________

Sagitario ______________________

Capricornio ______________________

Acuario ______________________

Piscis ______________________

4. ¡Hablemos!

Los horóscopos. Imagínate que trabajas para el periódico de tu universidad. La persona que normalmente escribe los horóscopos está enferma hoy y no ha podido escribirlos. Tienes que reunirte con tres compañeros de la oficina (tres compañeros(as) de clase) y dividir el trabajo. Cada persona tiene que escribir un horóscopo para tres signos. Lo que pasa es que Uds. no creen mucho en la astrología y han decidido tomarles el pelo *(pull their leg)* a sus lectores. Cada horóscopo va a tener por lo menos una condición absurda (ejemplo: Ud. ganará mucho dinero tan pronto como venda toda su ropa).

Nombre ______________________ Fecha ______________

Primero, Uds. tienen que decidir quién va a escribir para cada signo. Después, tienen que ser astrólogos y compartir la información con la clase. La clase va a votar por el horóscopo más absurdo. **¡Ojo!** Usa el subjuntivo con las cláusulas adverbiales que aprendiste en el *main text* (**tan pronto como**, **en cuanto**, etc.)

5. ¡Te toca a ti!

¿Qué predicen para el futuro? En grupos de tres o cuatro personas, describan cómo será el mundo y tu vida en 20 años.

Paso 1. Cada persona debe escribir por lo menos cinco predicciones. Incluye temas como la vida profesional, la vida personal, la Tierra, las metas globales, quién será el/la presidente, etc.

Paso 2. Cada miembro del grupo debe compartir *(share)* sus predicciones con los demás. Al final el grupo debe votar por las ideas que más les gusten.

Nota cultural: ¿Sabías que... ?

You may have noticed that in the vocabulary list **el martes trece** is translated as Friday the thirteenth. This is because in Hispanic culture when the thirteenth of any month falls on a Tuesday it is considered to be a day of bad luck. On the other hand, Friday the thirteenth has no superstition attached to it in Hispanic culture.

Expresiones idiomáticas

pedir la luna: *to ask for the impossible*

Desgraciadamente, a veces parece que desear la paz mundial es **pedir la luna**.
*Unfortunately, sometimes it seems that wishing for world peace is like **asking for the impossible.***

tragarle (a una persona) la tierra: *to vanish off the face of the earth, be swallowed by the earth/ground*

¡Fue una situación horrible! En aquel momento deseé que **me tragara la tierra**.
*It was a horrible situation! At that moment I wanted **to vanish off the face of the earth**.*

B. Compraré una computadora nueva

Vocabulario

Las partes de la computadora	***Parts of the Computer***
la alfombrilla de ratón	*mouse pad*
la alta definición/resolución	*high resolution*
el cierre automático	*automatic shutdown*
el disco	*disk*
el disco duro	*hard drive*
la impresora	*printer*
el indicador	*pointer*
el laptop (el ordenador portátil)	*laptop computer*
el lector de CD-ROM	*CD-ROM drive*
la memoria	*memory*
el módem	*modem*
la pantalla (el monitor)	*monitor*
el ratón	*mouse*
el teclado	*keyboard*

Nombre ______________________ Fecha ______________

Los programas de la computadora	*Computer Programs*
el antivirus	*anti-virus*
la aplicación	*application*
el archivo	*file*
la base de datos	*database*
la carpeta	*folder*
la copia de seguridad	*back-up*
el formato	*format*
los gráficos	*graphics*
el icono	*icon*
el menú plegable	*pull-down menu*
el paquete de aplicaciones	*applications package*
el proceso subordinado/ de fondo	*background process*
el protector de pantalla	*screen saver*
el software (el programa/ la programática)	*software*

Verbos relacionados con procesos del ordenador	*Verbs Related to Computer Processes*
arrancar (iniciar)	*to boot*
bajar archivos	*to download files*
cliquear (hacer clic)	*to click*
colgar (o→ue) (g→gu) (quebrar [e→ie])	*to get hung up*
copiar y pegar (g→gu)	*to copy and paste*
ejecutar (un programa)	*to run (a program)*
guardar	*to save*
imprimir	*to print*

Información general	*General Information*
actualizar (z→c) (subir de grado/hacer un upgrade)	*to upgrade*
anticuado	*antiquated*
lo más actual en tecnología	*most recent technology*
obsoleto (desfasado)	*obsolete, out of date*
pagar a plazos (g→gu)	*to pay in installments*
el programa de ventas	*sales program*
lo último en computadoras	*latest in computers*
el último modelo	*newest model*

1. Diálogo B

Tendré una computadora nueva en cuanto haya ahorrado suficiente dinero. Luis y Juan hablan de sus planes para comprar una computadora nueva.

JUAN: Hola, Luis. ¿Qué tal? ¿Qué revista miras?

LUIS: Hola, Juan. Estoy regular. He estado mirando un catálogo de computadoras.

JUAN: ¿Compras una computadora nueva? ¿Por qué? Yo creía que el tuyo era lo último en computadoras con pantalla de alta resolución, disco duro con mucha memoria, gráficos impresionantes y los más recientes ediciones de la programática actual.

LUIS: Sí, hace dos años era lo más actual en tecnología. Pero ¿sabes lo que pasa? La tecnología crece de una forma tan rápida que antes de que termines de pagarla estará obsoleta.

JUAN: Mira, Luis, no te deprimes. En cuanto oigas lo que te voy a contar estarás contento.

LUIS: Bueno, vamos, no me dejes colgado como una computadora anticuada. Cuéntamelo.

JUAN: Yo acabo de comprar una computadora nueva de una compañía que se llama *ÚltimoTech.* Tienen un programa especial de ventas para estudiantes.

LUIS: Y ¿cómo funciona el programa ese?

JUAN: Bueno, cuando compras una computadora te dejan pagar por plazos. Después de haber estado pagando durante un año, tienes la opción de cambiar tu computadora por un modelo más actual.

LUIS: Ya lo entiendo sin que me lo expliques. Tan pronto como lo cambies, perderás el dinero que invertiste en la original.

JUAN: En absoluto. Te quitan la cantidad que ya has pagado del precio del nuevo ordenador y sigues pagando a plazos.

LUIS: Parece ideal. ¿Viene todo incluido en el modelo que has comprado?

JUAN: Sí. El mío viene con módem, teclado, lector de CD-ROM, la programática instalada, un programa de antivirus y incluso impresora.

LUIS: Sí, pero supongo que en caso de que una persona quiera una computadora portátil, no será válida la oferta. Me quedaré con mi modelo anticuado.

JUAN: ¡Qué pesimista eres! Mira, Juan. Tú mismo lo has dicho. La tecnología avanza muy rápidamente y no puedes seguir con la misma computadora. Estoy seguro de que la oferta es válida para las portátiles también. ¿Por qué no vamos a la tienda a ver?

LUIS: Bien, vámonos.

¿Comprendes?

1. Según Luis, ¿cómo afecta el rápido crecimiento de la tecnología a los dueños de computadoras?
 ____
2. ¿Qué solución le ofrece Juan a Luis? ______________________________
 ____
3. ¿Qué partes tiene la computadora que Juan acaba de comprar? ______________________________
 ____

2. ¡Practiquemos!

¿Conoces bien las partes de la computadora? ¿Para qué las utilizarás? Empareja cada nombre de la primera columna con la descripción de la segunda columna que mejor corresponda.

_____	**1.** la computadora portátil	**a.**	Estará debajo del ratón.
_____	**2.** el ratón	**b.**	Organizaré mis archivos en una de estas cosas.
_____	**3.** el disco	**c.**	Lo haré cuando mi computadora esté desfasada.
_____	**4.** la impresora	**d.**	Guardaré mis archivos en él.
_____	**5.** la alfombrilla de ratón	**e.**	Lo utilizaré para hacer clic.
_____	**6.** el módem	**f.**	La llevaré conmigo cuando voy de viaje.
_____	**7.** actualizar	**g.**	Lo utilizaré para bajar archivos de la red y mirar el correo electrónico.
_____	**8.** la carpeta	**h.**	Imprimiré mis documentos con esta cosa.

3. ¡Escuchemos!

Un anuncio de ÚltimoTech. Escucha el siguiente anuncio de una compañía que vende computadoras. Decide si las frases a continuación son ciertas o falsas.

C/F **1.** En ÚltimoTech no se vende computadoras portátiles.

C/F **2.** La oferta especial incluye una impresora gratis para las personas que compren una computadora.

C/F **3.** Una pantalla y un lector de CD-ROM vienen incluidos con cada computadora.

C/F **4.** Un módem también vendrá incluido cuando una persona compre una computadora.

C/F **5.** ÚltimoTech no hace arreglos.

C/F **6.** En ÚltimoTech puedes actualizar tu computadora.

 **4. Hablemos!**

¡Quiero vender mi computadora! Imagínate que quieres vender tu computadora nueva, porque has comprado una portátil. Escribe un anuncio para el periódico que debe incluir una descripción de las diferentes partes de la computadora que vienen incluidas, la condición de cada parte, una descripción de la programática y las aplicaciones que están en el disco duro y, por supuesto, el precio.

Variación: Cuándo todos los estudiantes de la clase hayan terminado su anuncio, unos cuantos deben leer el suyo a la clase. Después la clase votará por la mejor oferta.

⇄ **5. ¡Te toca a ti!**

Un juego: ¿Qué soy? Imagínate que eres una parte de un ordenador. ¿Cómo eres? ¿Cómo te describes? Vas a describirte a la clase.

Paso 1. Cada estudiante de la clase debe seleccionar una palabra relacionada con las computadoras y escribir una descripción breve y un poco enigmática, en primera persona, como si fuera *(as if it were)* el objeto que hablaba. No le enseñes ni leas tu descripción a nadie.

MODELO: Soy un objeto bastante pequeño y me siento sobre una alfombrilla. El indicador no puede funcionar sin mí. ¿Qué soy? (el ratón)

Paso 2. Cada estudiante tiene que presentar su descripción a la clase. La clase debe intentar adivinar qué objeto es. El/La primer(a) estudiante que adivine correctamente gana un punto. Al final la persona con la mayor cantidad de puntos gana el juego.

Nota cultural: ¿Sabías que... ?

Many Hispanic countries have their own official web sites sponsored by the government or nonprofit cultural agencies. For example, the Embassy of Ecuador in Washington, D.C., maintains a web site that provides a wealth of information about Ecuador, including its economy, foreign affairs, government structure, political history, and culture. When you visit the embassy's page you may learn that although Ecuador is no larger than the state of Nevada, it has four different geographical regions, each with its own particular climate. For more information about Ecuador visit the site **http://spanishforlife.heinle.com**.

Expresiones idiomáticas

ser un ratón de biblioteca: *to be a bookworm*

Miguel está siempre leyendo libros de computadoras y tecnología. **Él es un ratón de biblioteca.**

Miguel is always reading books about computers and technology. ***He is a bookworm.***

chisme/chunche: *thingamabob, thingamajig*

Mi padre no sabe nada de las computadoras. Siempre me dice: «¿Por qué te fascina tanto ese **chisme**?»

My father doesn't know anything about computers. He's always saying to me, "Why are you so fascinated by that ***thingamabob****?"*

C. El ciberespacio

Vocabulario

El Internet / La red	The Internet
el anuncio (el cartel)	banner (ad)
la autopista de información	information superhighway
la contraseña (la clave de acceso)	password
la dirección Internet	Internet address
el espacio/sitio web	web space/site
el link (el enlace)	link
marcar/atajar un espacio web	to bookmark a web page
el motor de búsqueda (el buscador)	search engine
el navegador (el explorador)	browser
la página inicial/principal/ de entrada	home page
la página web	web page
el proveedor de servicios Internet	Internet service provider
el web (la telaraña)	web

La cibercultura y la comunicación electrónica	Cyberculture and Electronic Communication
el arte electrónico	electronic art
el chat (la tertulia/la conversación)	chat
el correo electrónico (el email)	email
el emoticón	emoticon
el escaparate electrónico	electronic store(front)
el servidor de listas	listserv

Verbos relacionados con el Internet	Verbs Related to the Internet
actualizar (z→c) (regenerar/ refresar) (la pantalla)	to refresh (the screen)
difundir	to broadcast
escanear (rastrear)	to scan
hacer un link (linkear/ enlazar)	to link
hojear (rastrear/ojear)	to browse
marcar (c→qu)	to dial up
marcar/atajar un espacio web	to bookmark a web page

1. Diálogo C

Un viaje por la autopista de información. Ana acaba de comprar una computadora nueva y está encantada. Su padre, por otro lado, es un poco «tecnofóbico». Escucha mientras Ana le explica a su padre las ventajas de la red.

ANA: Mira, papá. Acabo de recibir un correo electrónico de mamá. Me lo mandó desde el trabajo. Y me puso un emoticón muy mono. Parece ser una persona que sonríe.

PADRE: Yo te digo que esto de la tecnología es muy malo, a menos que sea para personas muy científicas. Oye, ¿qué es un emoticón?

ANA: Un emoticón es un símbolo que expresa una emoción. Por ejemplo, mira *[Ana enseña a su padre el símbolo :) para expresar una sonrisa.]*. ¡Ves qué divertido es! No seas tecnofóbico, papá. Todo es tan fácil y la red tiene muchas ventajas.

PADRE: ¿Que ventajas puede tener ese chisme? No lo utilizaré jamás, a menos que pueda escuchar mi voz y hacer lo que yo diga.

ANA: Pero, papá, ya existe esta posibilidad tecnológica. Ya están diseñando computadoras que hacen una cosa en cuanto se lo digas.

PADRE: Increíble. Pero esto de la telaraña, no lo entiendo.

ANA: Mira, papá, realmente es fácil. «Telaraña» se refiere a toda la información que existe en el ciberespacio. Cuando quieras buscar información, simplemente entras en la telaraña y la navegas.

PADRE: Pero ¿no necesitas una contraseña o algo para entrar? Seguro que no te darán una a menos que seas una persona joven. No querrán que haya viejos que navegan sueltos por allí.

ANA: Papá, qué gracioso eres. Cualquier persona pueda usar el Internet. Con tal que tengas un proveedor de servicios Internet, podrás entrar.

PADRE: Todavía no entiendo cómo se puede buscar información. Parece todo tan complicado.

ANA: No, mira, realmente es fácil. Hasta que lo intentes una vez no podrás hacerlo nunca. Te voy a enseñar cómo funciona el chisme. Por ejemplo, hoy me dijeron en la escuela que tengo que escribir un ensayo sobre Guinea Ecuatorial. Bueno, antes de ver la página web yo ni sabía que allí la lengua oficial es español.

PADRE: Y ¿cómo encontraste la página esta?

ANA: Fue fácil. Simplemente hice una búsqueda con un explorador y me salieron varios enlaces. He seguido un enlace y allí estaba la información. Lo atajé también para que lo pueda encontrar más fácilmente después.

PADRE: Bueno, a lo mejor no es tan difícil como pensaba antes. Oye, ¿no me dijiste alguna vez que hay juegos en el Internet?

ANA: Papá, no seas malo. Tengo que escribir mi ensayo.

¿Comprendes?

1. Al principio del diálogo, ¿qué condición pone el padre para que él utilice el Internet? __________

____

2. ¿Qué idea tiene el padre de las contraseñas? ______________________

____

3. ¿Crees que al final del diálogo el padre está convencido de la facilidad del Internet?__________

____

2. ¡Practiquemos!

Ayuda para los tecnofóbicos. Imagina que tú, como Ana, tienes que explicarles a tus padres (o a algún amigo) la función de las siguientes palabras. Intenta describir la función de cada palabra a continuación.

MODELO: el buscador
Existe para que podamos buscar temas en el ciberespacio.

el correo electrónico el enlace la contraseña el cartel el navegador

____

____

____

____

____

____

Nombre ______________________ Fecha ______________

3. ¡Escuchemos!

¿Utilizas mucho el Internet? Escucha y contesta las siguientes preguntas sobre tu uso del Internet.

1. ______________________
2. ______________________
3. ______________________
4. ______________________
5. ______________________

4. ¡Hablemos!

¿Cómo se usa el Internet? Imagínate que tienes que enseñar a varios amigos hispanos cómo utilizar el Internet. Prepara una pequeña presentación. Tus amigos tienen computadoras y ya están familiarizados con las cosas básicas. ¿Qué información vas a incluir? ¿Cómo vas a organizar la información para que la presentación sea clara.

5. ¡Te toca a ti!

Unas predicciones. ¿Has pensado alguna vez en los efectos que tendrá el Internet en la sociedad y la comunicación cultural? Para esta actividad, habla con tres compañeros(as) de clase para hacer predicciones sobre los efectos mundiales de la autopista de información.

Paso 1. Prepara tu propia lista de predicciones. Posibles temas: ¿Cómo afectará el Internet a la economía, a los gobiernos, a la cultura y a los medios de comunicación?

Paso 2. Con varios compañeros(as) de clase, comparen sus predicciones y seleccionen las tres que les parezcan las más interesantes.

Paso 3. Presenten sus ideas a la clase. ¿Están de acuerdo con Uds. los demás estudiantes?

Nota cultural: ¿Sabías que... ?

As Ana described in the dialogue above, the official language of Equatorial Guinea is Spanish. It surprises many people to learn that the population of this small African country—made up of a few islands and a small area of mainland between Cameroon and Gabon—is heir to Hispanic influence. Spain actually controlled the country up until it was granted partial autonomy in 1959. Equatorial Guinea has had full independence from Spain since 1968.

Expresiones idiomáticas

tener telarañas en los ojos: *to be blind (figuratively)*

No veo yo el enlace; debo **tener telarañas en los ojos.** — *I can't see the link;* ***I must be blind.***

la tecnología punta: *cutting-edge technology*

El Internet es realmente **la tecnología punta** de la comunicación. — *The Internet is really* ***the cutting-edge technology*** *of communication.*

Nombre ______________________ Fecha ______________

D. Síntesis

■ ¡A leer! Un anuncio tecnológico

Antes de leer. Toma un momento para reflexionar sobre la información que aprendiste en este capítulo sobre las computadoras y el Internet. Después, lee el anuncio de ÚltimoTech, una compañía que vende computadoras, y contesta las preguntas a continuación.

ÚltimoTech

¡En cuanto nos la pidas, te daremos la tecnología!

¿Está Ud. cansado de vivir en la Edad Media?[1]

¿Están hablando todos sus amigos del Internet sin que Ud. tenga la más remota idea de qué hablan?

¿Tiene Ud. tecnofobia?

Si ha contestado «sí» a por lo menos dos de esas preguntas, ÚltimoTech le puede ayudar. Tenemos computadoras de todo tipo. Cada computadora viene con pantalla, módem y programática instalada —todo lo que Ud. necesita para poder entrar en el mundo de la tecnología. También somos proveedor de servicios Internet. ¿Todavía Ud. no está convencido? ¿O es que no sabe Ud. lo que es un módem o un ratón? No se preocupe. En ÚltimoTech no sólo los vendemos sino que también se los enseñamos a Ud.

Contáctenos
Teléfono: 32-26-59
Correo electrónico: ultimotech@info.com

[1]**Edad Media:** *Middle Ages*

¿Comprendes? En grupos de dos o tres, contesten las preguntas a continuación.

1. ¿A qué tipo de persona va dirigido este anuncio?
2. ¿Qué cosas se venden y se proveen en ÚltimoTech?
3. ¿Te parece bien hecho el anuncio? ¿Por qué?

■ **Expansión de vocabulario: Mapa semántico.** En otro papel, dibuja un mapa semántico con la idea central de «Predecir el futuro». Dibuja como nodos principales «Astrología y supersticiones» y «Computadoras». También incluye como subnodos temas como «El zodíaco», «Partes de una computadora», etc. No tienes que limitarte al vocabulario presentado en este capítulo. Puedes incluir cualquier palabra que te parezca apropiada. Incluye por lo menos 60 palabras.

■ **Expansión oral: ¿Qué nos espera en el futuro?** Ahora que has estado pensando en los efectos que tendrá la tecnología en nuestro futuro, selecciona una ciudad hispana o estadounidense. Trabaja con varios(as) compañeros(as) de clase para hacer una descripción de cómo será esta ciudad en el año 2050.

Paso 1. Escribe una lista de posibles temas que quieran mencionar. Puedes usar algunos de los siguientes temas, por ejemplo:

- Los viajes al espacio exterior
- La comunicación

- La economía
- Los medios de transporte
- Las ciudades en otros planetas
- Las computadoras

Paso 2. Cada persona en el grupo debe hacer varias predicciones y explicar por qué piensa que el futuro será así.

Paso 3. Seleccionen las tres predicciones más interesantes y preséntenlas a la clase.

■ **Traducciones: Tu horóscopo.** Un amigo tuyo hispano te está visitando. A tu amigo le fascinan los horóscopos pero no puede leer inglés. Traduzca el horóscopo al español para tu amigo.

GEMINI

Today will be an amazing day for those born under the sign of **Gemini**. As soon as you walk out of your house, amazing things will happen to you. It is important that you visit a friend today so that he/she can give you some exciting news. In the evening you should relax and prepare yourself, for tomorrow you will meet the love of your life or a new amazing friend who will change your perception of the world.

Nombre ______________________ Fecha ______________

■ **Enlace cultural: Buscando por Internet.** En este ejercicio vas a utilizar el Internet para aprender más sobre el Internet. Tú y un(a) compañero(a) de clase van a buscar un artículo en una revista electrónica y presentar la información a la clase.

Paso 1. Busquen revistas en español que tienen como tema la tecnología o el Internet. Pueden usar los sitios de la página de *Spanish for Life,* **http://spanishforlife.heinle.com** o pueden usar un buscador en español, como **http://www.ole.es** o **www.espanol.yahoo.com**. Usen los términos de búsqueda «computadora» o «tecnología» combinados con «revista».

Paso 2. Seleccionen un artículo sobre un tema que les interese. Apunten la siguiente información y escriban un breve resumen del la información en el artículo. Al final, pueden presentar la información a la clase.

Nombre de la revista: ______________________

De qué país es: ______________________

Título del artículo: ______________________

Nombre del autor: ______________________

Palabras claves *(Key words)*: ______________________

Resumen: ______________________

Nombre ______________________ Fecha ______________

■ ¡Hablemos mejor!

Linking Spanish words. In this section you are going to learn about **enlace**, which refers to the linking of words. Native speakers of Spanish do not pause between words, but instead link vowels and consonants to form a continuous, fluid sound. Think of the last syllable of each word as connected to the first syllable of the following word. For example, **los alumnos**, when written phonetically, is actually **lo-sa-lum-nos**. The most important characteristic of **enlace** is that it obscures word boundaries. The more you practice **enlace**, the more fluid and native your Spanish will sound.

Listen to each of the following phrases, paying close attention to how the words are linked together. Then listen again and repeat.

El pintor está en el jardín.

En el futuro, viajaremos al espacio exterior.

Conoceré el amor de mi vida.

Voy a tener mucho éxito profesional.

La tecnología nos da muchas ventajas.

Nombre ______________________ Fecha ______________

Esperanzas y sueños: En Paraguay y Uruguay

In this chapter you will learn:

COMMUNICATIVE FUNCTIONS

- Discuss issues related to immigration
- Express what you would do as a world leader and defend your opinions
- Describe your ideal mate

VOCABULARY

- Immigration
- Government
- Controversial issues
- World problems
- Characteristics of an ideal mate
- Relationships and weddings

Transparency: A–9: Country Profiles, **Paraguay, Uruguay**

A. La movida mundial

Vocabulario

Por qué vienen los inmigrantes	***Why Immigrants Come***
conseguir (e→i, i) (gu→g)	*to get*
el empleo	*employment*
escapar (de)	*to escape (from)*
exiliado	*exiled*
el exilio	*exile*
obtener	*to get, obtain*
la oportunidad	*opportunity*
el puesto	*job, position*
la represión política	*political repression*
Obstáculos para los inmigrantes	***Obstacles for Immigrants***
el choque cultural	*culture shock*
el desempleo	*unemployment*
la discriminación	*discrimination*
el etnocentrismo	*ethnocentrism*
el monolingüismo	*monolingualism*
el prejuicio	*prejudice*
rechazar (z→c)	*to reject*
Otro vocabulario de la inmigración	***Other Immigration Vocabulary***
actualmente	*currently*
la adaptación	*adaptation*
adaptarse	*to adapt*
bilingüe	*bilingual*
el bilingüismo	*bilingualism*
la ciudadanía	*citizenship*
el/la ciudadano(a)	*citizen*
echar de menos, extrañar	*to miss*
enmigrar	*to emigrate*

Nombre ______________________________ Fecha ______________

Otro vocabulario de la inmigración	***Other Immigration Vocabulary***
la frontera	*border*
indocumentado	*undocumented*
inmigrar	*to immigrate*
legal	*legal*
la ley	*law*
el orgullo	*pride*
la patria	*homeland/native country*
la patrulla fronteriza	*border patrol*
el permiso de residencia y trabajo	*green card*
la política	*policy, politics*
regresar	*to return*
el siglo	*century*
vencer	*to conquer*

1. Diálogo A

Entrevista con un inmigrante. Escucha la siguiente entrevista con Miguel, un paraguayo que ahora vive en Chicago. La entrevistadora se llama Sara.

SARA: ¿Por qué vino Ud. a Chicago?
MIGUEL: Pues, vine por muchas razones, pero la principal fue porque quería que mi familia tuviera más oportunidades.
SARA: ¿Y no tenían Uds. esas oportunidades en Paraguay?
MIGUEL: Había oportunidades, pero yo no tenía un buen empleo. También tenemos muchos parientes y amigos que viven en Chicago, y ellos nos pidieron que viniéramos aquí.
SARA: ¿Y tiene un buen empleo aquí?
MIGUEL: Sí, trabajo como hombre de negocios internacionales.
SARA: ¡Qué bien! ¿Pero no era difícil que salieran Uds. de su patria y que se adaptaran a una cultura nueva?
MIGUEL: Sí, claro. Al principio sufrimos mucho del choque cultural. Yo también dudaba que aprendiéramos bien el inglés. ¡Pero ya somos bilingües todos!
SARA: ¿Quieren obtener la ciudadanía estadounidense?
MIGUEL: Posiblemente… pero no estoy seguro. Aunque tenemos muchos amigos y familia aquí, todavía extrañamos mucho a nuestros familiares de Paraguay. Les dije a mis padres que se mudaran aquí, pero dudo que lo hagan.
SARA: Pues, muchas gracias, Miguel. Le deseo mucha suerte con su futuro en nuestro país.
MIGUEL: Gracias, Sara. Ha sido un placer.

¿Comprendes?

1. ¿Por qué vino Miguel a vivir en EE.UU.? ______________________________

____

2. ¿Qué problemas o dificultades experimentó al venir a EE.UU.? ______________

____

3. ¿Quiere ser ciudadano de EE.UU.? ¿Por qué sí o por qué no? ______________

____

Nombre ______________________ Fecha ______________

2. ¡Practiquemos!

Una crucigrama. Completa la crucigrama a continuación usando el vocabulario de esta sección.

Vertical

1. El prejuicio puede resultar en ______.
2. echar de menos
3. conseguir
4. persona que va a vivir en otro país
5. no aceptar
6. trabajo

Horizontal

1. volver
2. sin papeles oficiales
3. habilidad de hablar dos lenguas
4. la creencia de que su cultura es la mejor
5. hoy día
6. residente legal de un país

3. ¡Escuchemos!

Preguntas personales. Escucha y contesta las siguientes preguntas personales sobre la inmigración.

1. ______________________
2. ______________________
3. ______________________
4. ______________________
5. ______________________

Nombre ______________________ Fecha ______________

4. ¡Hablemos!

Recomendaciones para un inmigrante recién llegado. Contesta las siguientes preguntas que te hace un inmigrante recién llegado. **¡Ojo!** Usa correctamente el imperfecto del subjuntivo cuando sea necesario.

- ¿Qué me recomendarías que hiciera para aprender más de la cultura estadounidense?
- ¿Adónde sería mejor que fuera para encontrar empleo aquí?
- ¿Dónde me aconsejarías que viviera en tu ciudad? ¿Hay un barrio bueno y barato?
- ¿Sería buena idea que asistiera a la escuela por la noche para mejorar mi inglés?
- ¿Qué recomendarías que hiciera para adaptarme mejor a tu cultura?

5. ¡Te toca a ti!

Situaciones. Trabaja con un(a) compañero(a) para realizar las siguientes situaciones:

- Una persona es un(a) inmigrante que sufrió de represión política. Tiene que convencerle a la otra persona, un(a) juez(a), de que debe quedarse en EE.UU.
- Un(a) inmigrante que ha sufrido muchos problemas en EE.UU. habla con un(a) amigo(a) estadounidense.
- Un(a) inmigrante habla con otro(a) inmigrante sobre las ventajas y desventajas de hacerse ciudadano(a) de EE.UU.

Nota cultural: ¿Sabías que... ?

It is estimated that by the year 2010 Hispanics will make up the largest minority in the U.S. While Hispanic immigrants from a wide variety of countries live all over the U.S., the largest groups of immigrants are from Mexico, Puerto Rico, and Cuba. The most concentrated population of Mexican Americans lives in the Southwest, Puerto Ricans in the Northeast (especially New York City), and Cuban Americans in Florida.

Expresiones idiomáticas

es ley de vida: *it's a fact of life*

Adaptarse a una nueva cultura es difícil. **Es ley de vida.** — *Adapting to a new culture is difficult.* ***It's a fact of life.***

el ciudadano de a pie: *the man in the street, the ordinary, average person*

Para **el ciudadano de a pie** es difícil encontrar un buen empleo. — *For* ***the average person*** *it's difficult to find a good job.*

Nombre ______________________ Fecha ______________

B. ¿Qué harías si fueras un líder mundial?

Vocabulario

Tipos de gobiernos	*Types of Governments*
el comunismo	*communism*
la democracia	*democracy*
la dictadura	*dictatorship*
el estado libre asociado	*free associated state*
la monarquía	*monarchy*
el socialismo	*socialism*
Líderes globales	***Global Leaders***
el/la dictador(a)	*dictator*
el/la presidente(a)	*president*
el/la primer(a) ministro(a)	*prime minister*
la reina	*queen*
el rey	*king*
el/la secretario(a) general de la ONU	*Secretary-General of the U.N.*
Cuestiones controversiales	***Controversial Issues***
la asistencia pública	*welfare*
el derecho de portar armas	*right to bear arms*
la eutanasia	*euthanasia*
los impuestos	*taxes*
la legalización de drogas	*legalization of drugs*
legalizar (z→c)	*to legalize*
la pena de muerte	*death penalty*
el seguro de enfermedad	*health insurance*

Problemas globales	*Global Problems*
la adicción	*addiction*
el asesinato	*murder*
el asesino	*murderer*
la corrupción	*corruption*
el crimen	*serious crime/murder*
el criminal	*criminal*
el delito	*crime*
los derechos humanos	*human rights*
la guerra	*war*
el narcotráfico	*drug trafficking*
el robo	*robbery*
la seguridad	*safety, security*
la tortura	*torture*
la violencia	*violence*
Otro vocabulario	***Other Vocabulary***
conservador	*conservative*
deshacerse de	*to get rid of*
estar a favor de	*to be in favor of*
estar en contra de	*to be against*
la justicia	*justice*
justo	*just, fair*
liberal	*liberal*
el partido político	*political party*
proveer	*to provide*

1. Diálogo B

Si fuera presidente(a)... Escucha la siguiente conversación entre Magda y Javier sobre lo que harían si fueran presidente(a) de EE.UU.

MAGDA: Si yo fuera presidenta cambiaría muchísimas cosas. Trabajaría muy duro contra la violencia y el narcotráfico.

JAVIER: Yo legalizaría las drogas. Creo que ésa sería la mejor manera para controlar el problema. También me desharía de la pena de muerte.

MAGDA: ¡Qué liberal eres! ¿Pero no crees que deshacerse de la pena de muerte resultaría en más asesinos?

JAVIER: No, porque los estados que tienen la pena de muerte ahora no tienen menos crimen.

MAGDA: Y ¿estarías a favor o en contra de la asistencia pública?

JAVIER: Creo que es necesario tener asistencia pública. Claro que sería mejor que trabajaran todos, pero eso no es realista. ¿Y tú?

Nombre ______________________ Fecha ______________

MAGDA: No, me cambiaría completamente el sistema de asistencia pública. Todos tendrían que trabajar de alguna manera. Pero yo sí apoyaría un sistema nacional de seguro de enfermedad.

JAVIER: Con eso estamos de acuerdo. Somos uno de los únicos países desarrollados que no provee seguro de enfermedad para todos.

MAGDA: Es cierto. Bueno, de todos modos, no me gustaría ser presidenta.

JAVIER: Yo tampoco. ¡Sería demasiada responsabilidad!

¿Comprendes?

1. ¿Qué haría Magda si fuera presidenta? ______________________

2. ¿Sería un presidente liberal o conservador Javier? Explica. ______________________

3. ¿Con qué están de acuerdo Magda y Javier? ______________________

2. ¡Practiquemos!

Gobiernos del mundo hispano. ¿Qué países hispanos tienen los siguientes tipos de gobiernos? Escribe los nombres de los países en los espacios y luego mira las respuestas al final del libro para verificar tus respuestas.

1. El comunismo ______________________
2. La democracia ______________________
3. La dictadura ______________________
4. La monarquía ______________________
5. El estado libre asociado ______________________

3. ¡Escuchemos!

¡Vote por Alicia Vargas! Escucha el siguiente anuncio para la candidata presidencial Alicia Vargas e indica si ella está a favor de o en contra de las siguientes cuestiones. Si no se menciona, indica «No sé».

La cuestión	A favor	En contra	No sé
La eutanasia			
El derecho de portar armas			
La legalización de las drogas			
Un sistema nacional de seguro de enfermedad			
La pena de muerte			
Más impuestos para pagar la asistencia pública			

 **4. ¡Hablemos!**

Si yo fuera presidente(a). ¿Qué harías en las siguientes situaciones si fueras presidente(a) de EE.UU.?

¿Qué harías si… ?

- Hubiera muchísimo narcotráfico en las zonas urbanas
- Hubiera mucha corrupción en la policía
- Hubiera muchas violaciones de los derechos humanos en un país vecino
- Un dictador cruel tomara control de muchos países del mundo
- El Congreso votara para legalizar las drogas

5. ¡Te toca a ti!

Un debate

Paso 1. Trabajando en grupos de cuatro, dos personas deben estar a favor de y dos en contra de cada una de las siguientes políticas. Sus opiniones verdaderas pueden ser diferentes de las que dan en esta actividad.

- El derecho de portar armas
- La legalización de drogas
- La eutanasia
- La pena de muerte
- La asistencia pública

Paso 2. Apunten los resultados de cada debate. ¿Qué pareja «ganó» la mayoría de los debates y cuáles fueron sus argumentos más fuertes? Presenten las conclusiones a la clase.

Nota cultural: ¿Sabías que… ?

In both Paraguay and Uruguay the president is elected by popular vote for a five-year, nonrenewable term. Historically, however, the military has exerted a great deal of power in the governments of both countries. Until recently, Paraguay was ruled by the military-backed Colorado party. In Uruguay, a military dictatorship was in power from 1973–1985.

Expresiones idiomáticas

hablando del rey de Roma: *speak of the devil*

Y **hablando del rey de Roma,** aquí está ahora. — *And **speak of the devil,** here he/she is now.*

en el amor y en la guerra todo vale: *all's fair in love and war*

No te quejes; **en el amor y en la guerra todo vale.** — *Don't complain; **all's fair in love and war.***

Nombre ______________________ Fecha ______________

C. Mi compañero(a) ideal

Vocabulario

Transparency: E–4: **La boda**

Características de un(a) compañero(a)	***Characteristics of a Mate***
activo	*active*
ambicioso	*ambitious*
arrogante	*arrogant*
atractivo	*attractive*
cariñoso	*affectionate*
comprensivo	*understanding*
divertido	*fun*
generoso	*generous*
gracioso	*funny*
idealista	*idealistic*
juguetón	*playful*
leal	*loyal*
paciente	*patient*
responsable	*responsible*
serio	*serious*
soñador	*dreamer*
trabajador	*hard-working*

Vocabulario de las relaciones románticas	***Romantic Relationship Vocabulary***
casado	*married*
el compromiso	*engagement*
el noviazgo	*courtship*
prometerse	*to get engaged*
el/la prometido(a)	*fiancé(e)*
romper con	*to break up with*
salir con	*to go out with*
soltero	*single*

La boda	***The Wedding***
la ceremonia	*ceremonia*
el ensayo general	*dress rehearsal*
el esmoquin	*tuxedo*
los invitados	*guests*
la luna de miel	*honeymoon*
el matrimionio	*marriage*
la misa	*mass*
el/la novio(a)	*groom/bride, boyfriend/girlfriend*
el pastel de boda (la torta de matrimonio)	*wedding cake*
el ramo	*bouquet*
la recepción	*reception*
el regalo	*gift*
el traje de novia	*wedding dress*

1. Diálogo C

Una boda. Escucha la siguiente conversación entre Anel y su madre sobre los planes para su boda.

MADRE: Dime, hija, ¿cómo va a ser tu boda? ¿A cuánta gente piensan Uds. invitar?
ANEL: Pues, más o menos a 20 personas.
MADRE: ¿Tan pequeñita tu boda? ¡Yo preferiría que fuera grandote! Nuestros parientes se enojarían si no los invitaran…
ANEL: Pero la boda no es para ellos, mamá, es para nosotros y queremos que sea más íntima. Además, más invitados sería más dinero.
MADRE: Pero nosotros vamos a pagarlo todo, Anel. ¿Cuándo vamos a buscarte un traje de novia? ¿Vamos ahora?
ANEL: Ahorita no, mamá. Tengo que reunirme con Esteban para planear nuestra luna de miel.
MADRE: ¿Adónde piensan ir?
ANEL: Creo que a Montevideo.
MADRE: ¿Tan cerquita? Deben ir a un lugar más exótico y romántico. ¿Por qué no van a una isla del Caribe?
ANEL: ¡Porque es carísimo, mamá! A menos que Uds. también paguen eso…

Nombre ______________________ Fecha ______________

¿Comprendes?

1. ¿A cuántas personas quiere invitar a la boda Anel? ¿Por qué? ______________________

____

2. ¿Qué quiere hacer la madre de Anel ahora? ______________________

____

3. ¿Adónde sugiere su madre que vayan para la luna de miel? ¿Por qué? ______________________

____

2. ¡Practiquemos!

Adjetivos. Piensa en cómo sería tu compañero(a) ideal y pon los siguientes adjetivos en orden de importancia para ti. Usa los números 1–12.

_____ divertido(a)	_____ atractivo(a)	_____ responsable	_____ arrogante
_____ trabajador(a)	_____ leal	_____ ambicioso(a)	_____ cariñoso(a)
_____ gracioso(a)	_____ generoso(a)	_____ paciente	_____ idealista

3. ¡Escuchemos!

Busco una compañera que... Escucha el siguiente mensaje telefónico que dejó un hombre con un servicio de relaciones románticas. Llena el formulario a continuación con sus datos personales.

Nombre	
Edad	
Profesión	
Características de él	
Características de su compañera ideal	

4. ¡Hablemos!

Un estudio psicológico. Un amigo tuyo es psicólogo y hace un estudio sobre las relaciones entre las mujeres y los hombres. Contesta las siguientes preguntas que te hace sobre tu vida amorosa.

- Describe las características de tu compañero(a) ideal.
- ¿Has salido con un hombre / una mujer con esas características?
- En las relaciones que has tenido, ¿terminaste tú la relación o lo hizo la otra persona? ¿Por qué se rompieron?
- En tu matrimonio ideal, ¿serían iguales las relaciones o llevaría una persona «los pantalones»? ¿Y tendrían papeles y responsabilidades diferentes?
- ¿Sales con una persona en particular ahora? Describe esa relación. ¿Es ideal?

Nombre ____________________ Fecha ____________________

5. ¡Te toca a ti!

Si te casaras mañana, ¿cómo sería tu boda?

Paso 1. Busca personas de la clase que contesten «sí» a las siguientes preguntas y escribe sus nombres en los espacios.

1. ¿Invitarías a más de 100 personas? ____________________

2. ¿Llevaría un esmoquin (tú o tu novio[a])? ____________________

3. ¿Tendrías un pastel de boda grandote? ____________________

4. ¿Habría música en vivo en la recepción? ____________________

5. ¿Irías a un lugar exótico para la luna de miel? ____________________

6. ¿Tendrías la ceremonia en un parque? ____________________

7. ¿Cantarías solo(a) en la ceremonia? ____________________

8. ¿Viajarías a Las Vegas para casarte? ____________________

Paso 2. Comparte la información que aprendiste con la clase. ¿Qué conclusiones puedes hacer de la boda ideal de los miembros de la clase? ¿Tendría la mayoría una boda grandote o escaparía a Las Vegas para casarse?

Nota cultural: ¿Sabías que... ?

- In many Spanish-speaking countries couples have two ceremonies. In addition to a religious ceremony, a civil ceremony is required for the marriage to be recognized by the government.
- A common custom at Hispanic weddings is for the bride to put pins in her bouquet and to give them to single women at the reception. If a single woman loses the pin it is said that she will get married soon thereafter.

Expresiones idiomáticas

ser una Celestina: *to be a matchmaker*

No **seas una Celestina**, Ana. No quiero salir con David. — *Don't* ***be a matchmaker****, Ana. I don't want to go out with David.*

ser un donjuán: *to be a womanizer*

Él **es un donjuán**; siempre sale con una mujer diferente. — ***He's a womanizer****; he's always going out with a different woman.*

Nombre ______________________ Fecha ______________

D. Síntesis

■ ¡A leer! Una invitación de boda

Antes de leer. En este capítulo aprendiste información sobre las bodas del mundo hispano. Ahora vas a leer una invitación de boda. ¿Qué información normalmente se incluye en una invitación de boda? ¿los nombres de la pareja y de sus padres? ¿la fecha y la hora? ¿el lugar? Lee el anuncio y luego contesta las preguntas a continuación.

Es con gran placer que le invitamos a celebrar con nosotros, la señora Lorena Martínez de Solozar y el señor Felipe Martínez Mendoza, la unión de nuestra querida hija, María Fernanda, con el estimado Luis Carlos, hijo de la señora Graciela Torrego de Córdoba y Rubén Córdoba Salinas. La ceremonia tendrá lugar el veintiocho de abril del año dos mil uno, a las dos de la tarde, en la iglesia de San Pablo. Se seguirá una recepción en el hotel Las Palomitas. La recepción empezará inmediatamente después de la ceremonia y la comida se servirá a las cuatro de la tarde. Esperamos que puedan compartir esta feliz ocasión con nosotros.

Se ruega contestación R.S.V.P.

¿Comprendes?

1. ¿Cómo se llaman los novios? ______________________
2. ¿Cuándo y dónde se van a casar? ______________________
3. ¿Hay que avisarles si no se puede ir a la boda? ______________________

■ **Expansión de vocabulario: Mapa semántico.** En otro papel, dibuja un mapa semántico con la idea central de «esperanzas y sueños». Dibuja como nodos principales «Inmigración», «Líderes, cuestiones y problemas mundiales» y «Mi compañero(a) ideal». Incluye por lo menos 60 palabras.

■ Expansión oral: La inmigración: prioridades.

Paso 1. Trabajando en grupos de tres o cuartro, decidan qué razones son las más importantes para inmigrar a EE.UU. Lean las siguientes descripciones de varios candidatos para la inmigración y pónganlas en orden de prioridad para entrar en EE.UU. Deben estar preparados para defender sus decisiones.

_____ Una mujer cubana, monolingüe, que sufre de la represión política

_____ Una mujer mexicana cuyo esposo vive y trabaja en Los Ángeles

_____ Una pareja española que quiere conseguir empleo como médicos en Nueva York

Nombre ______________________________ Fecha ____________________

_____ Un joven guatemalteco que sufre de tortura y violaciones de derechos humanos y que quiere escaparse de su patria

_____ Una familia paraguaya que no tiene empleo y que espera tener más oportunidades en EE.UU.

Paso 2. Presenten sus decisiones a la clase, defendiéndolas cuando sea necesario.

Paso 3. La clase entera debe llegar a un acuerdo en cuanto a las prioridades.

■ **Traducciones: Un anuncio personal.** Tienes un amigo que busca una novia que hable español, pero él no lo habla todavía. Tradúcele el siguiente anuncio personal.

DATOS PERSONALES

Nombre Catarina Solana
País de origen Uruguay
Ciudad Montevideo
Edad 25
Estado civil soltera
Altura 1 m 60 cm
Color de los ojos castaños
Color del pelo moreno
Profesión ejecutiva
Estudios realizados negocios internacionales
Hijos no
Tipo de relación buscada amorosa
Características de la persona deseada atractivo, divertido, responsable y ambicioso
Características de Ud. divertida, ambiciosa, juguetona y activa
Comentarios Busco un hombre que quiera tener una relación romántica y seria.
Dirección de correo electrónico csolana@moneluz.com

____

____

____

____

____

____

____

____

____

____

____

Nombre ______________________ Fecha ______________

■ **Enlace cultural: Buscando compañero(a).** Vas a buscar un(a) compañero(a) ideal en la red. Ve al sitio **http://spanishforlife.heinle.com**.

Paso 1. Busca tres personas de la red que te gustaría conocer. (¡No tienes que escribirles a las personas—sólo es una actividad de clase!). Puedes usar los sitios de la página de *Spanish for Life,* o puedes usar un buscador en español, como **http://www.ole.es/** o **www.espanol.yahoo.com**. Usa los términos de búsqueda «anuncios clasificados», «amigos», «amor» o «anuncios personales».

Paso 2. Llena la tabla a continuación con la información que encontraste. Si no sabes toda la información, déjalo en blanco.

Nombre	Edad	Características	Ocupación

Paso 3. Comparte tus selecciones con un(a) compañero(a) de clase. ¿Te gustaría conocer a las personas que escogió él/ella también?

Paso 4. Usando los anuncios que leíste como modelo, escribe una breve descripción de ti mismo(a) que podrías usar para un anuncio. Lee tu descripción a la clase. ¿Quién tiene la descripción más interesante?

■ **¡Hablemos mejor!**

Spanish intonation. Intonation refers to the changes in pitch used when we speak. There are several important similarities and differences between intonation patterns in Spanish and English. Three sentence types and intonation patterns include the following:

1. Simple declarative sentences: In English, intonation rises on the last stressed syllable and then falls. In Spanish, intonation simply falls on the last stressed syllable.
2. Information questions (such as *when . . . , where . . . ,* etc.): These follow the same patterns as declarative sentences in both English and Spanish.
3. Yes/No questions: In English, intonation rises on the last stressed syllable of a yes/no question and rises even more at the end of the question. In Spanish there is only one rise in intonation, at the end of the question.

Nombre ______________________ Fecha ______________

Listen to the following examples, paying careful attention to the intonation used for each sentence type. Then listen again, repeating each of the examples along with the tape.

Querían que viniéramos a los Estados Unidos.

Sufrieron de la represión política.

¿Cómo es tu compañero ideal?

¿Con quién te gustaría salir?

¿Piensas casarte pronto?

¿Viven muchos inmigrantes en tu ciudad?

Salí de mi patria hace cinco años.

Van a casarse el viernes.

¿Qué harías si fueras presidente?

¿Por qué legalizarías las drogas?

¿Te gustaría ser un líder global?

¿Apoyas la pena de muerte?

¡Escuchemos! Tapescript

Preliminar

A. Bienvenidos a la clase de español

3. ¡Escuchemos! Información administrativa.

1. ¿Cuál es tu nombre?
2. ¿Cuál es tu apellido?
3. ¿Cuál es tu número de teléfono?
4. ¿Cómo se dice *thank you* en español?
5. ¿Qué quiere decir **lo siento**?

Capítulo 1

A. ¿Cómo son mis amigos?

3. ¡Escuchemos! ¿Cómo son? Los hispanos famosos

1. Ella es de estatura mediana. Su nacionalidad es cubana. Tiene un programa en la televisión. Es rubia y extrovertida.
2. Él es puertorriqueño. Es famoso para su música. Es alto y moreno.
3. Ella es cantante. Es cubana y en su música se oye la influencia cubana. Es baja y morena. Es muy activa, atlética y delgada.

B. En la sala de clase

3. ¡Escuchemos! Los números de teléfono.

1. El número de teléfono de María es: dos tres cinco cinco uno cinco uno
2. El número de teléfono de Juan es: tres uno cero nueve tres ocho cuatro
3. El número de teléfono de Ana es: dos cinco seis siete cuatro cinco tres
4. El número de teléfono de Marcos es: ocho seis siete ocho cinco ocho cinco
5. El número de teléfono de Luis es: ocho cinco cuatro quince diecisiete
6. El número de teléfono de Pablo es: seis cuatro nueve veintidós veintinueve
7. El número de teléfono de Marta es: tres nueve cinco catorce doce
8. El número de teléfono de Paco es: cinco cuatro dos treinta once
9. El número de teléfono de Teresa es: seis ocho tres dieciocho dieciséis

C. Hola, ¿qué tal?

3. ¡Escuchemos! Hola, ¿qué tal?

RAFAEL: Hola, Luis. ¿Qué tal?
LUIS: Muy bien, gracias, ¿y tú? ¿Cómo estás?
RAFAEL: Regular.
LUIS: ¿Por qué?
RAFAEL: El profesor de español es muy exigente. Escribimos *(We write)* muchas composiciones.
LUIS: ¿De dónde es el profesor?
RAFAEL: Es de la República Dominicana.
LUIS: Ah, yo también soy dominicano.
RAFAEL: Sí, es verdad. ¿Puedes ayudarme *(Can you help me)* con las tareas?
LUIS: Sí, con mucho gusto. ¿Nos vemos mañana?
RAFAEL: Sí. Gracias y hasta mañana.
LUIS: Chao.

Capítulo 2

A. ¿Cómo estás en el centro y en el trabajo?

3. ¡Escuchemos! ¿Dónde está?

FRANCISCO: Oye, Antonio, ¿dónde está el parque?
ANTONIO: Está muy cerca de aquí. ¿Sabes dónde está el museo?
FRANCISCO: Sí. Está frente a la plaza.
ANTONIO: Bueno, pues el parque está detrás del museo.
FRANCISCO: Ah, muy bien, y la librería, ¿dónde está?
ANTONIO: Está en la esquina de la Calle Washington y la Avenida Central.
FRANCISCO: Bueno, muchas gracias.
ANTONIO: De nada. Hasta luego.

B. Celebraciones con la familia: La fiesta de cumpleaños

3. ¡Escuchemos! La familia de Ana.

Me llamo Ana García López. Tengo 18 años. Mi familia es grande. Tengo cuatro hermanos, un gato y un perro. Miguel y Martín son gemelos y tienen 20 años. Mis hermanas se llaman Adela y Antonia. Adela tiene 25 años y Antonia tiene 28. Mis padres se llaman Marcos y Cristina y tienen 58 y 56 años, respectivamente. Mi hermana Antonia está casada y tiene una hija. Mi sobrina se llama Teresa y es muy divertida. Mi cuñado, el esposo de Antonia, es muy interesante. Él es profesor de historia y siempre está de buen humor. La semana que viene vamos a hacer una fiesta para mis hermanos Miguel y Martín porque es su cumpleaños. Van a cumplir 21 años. Vamos a bailar, cantar y hablar mucho. Mis abuelos, mis tíos y mis primos van a venir a la fiesta. Estoy muy contenta porque yo voy a decorar la casa y preparar una comida deliciosa para la fiesta.

C. Tenemos que estudiar

3. ¡Escuchemos! Hola, ¿qué tal?

1. La participación — 94 puntos
2. La asistencia — 65 puntos
3. Las tareas con el cassette — 48 puntos
4. Las composiciones — 55 puntos
5. Las pruebas — 42 puntos
6. Los exámenes — 80 puntos
7. Los ejercicios escritos — 76 puntos

Capítulo 3

A. El fin de semana

3. ¡Escuchemos! Un fin de semana típico.

Normalmente estoy muy ocupada los viernes. Por la mañana voy al parque para pasear. Por la tarde tengo clase de español y después estudio en la biblioteca. Los viernes por la noche siempre voy al cine. Los sábados por la mañana limpio el apartamento y lavo la ropa. Por la tarde siempre tomo café con mis amigas y hablo por teléfono con mi familia. Por la noche normalmente tengo planes con mis amigos; vamos a la discoteca para bailar, por ejemplo. Los domingos por la mañana descanso y no hago nada. Por la tarde voy al campo para montar en bicicleta. Por la noche paso tiempo con mi familia y sacamos vídeos. Siempre tengo muchos planes cada fin de semana.

B. Días festivos

3. ¡Escuchemos! Las fechas de nacimiento.

1. Marta — el 25 de enero de 1985
2. Jorge — el 14 de octubre de 1955
3. Guillermo — el 4 de mayo de 1942
4. María — el 22 de septiembre de 1941
5. Julio — el 18 de febrero de 1975
6. Lelia — el 26 de noviembre de 1968
7. Ana — el 28 de abril de 1990
8. Roberto — el 8 de marzo de 1996

C. Las vacaciones y las estaciones

3. ¡Escuchemos! Las vacaciones.

A mí me encanta el calor. Yo normalmente voy de vacaciones en el mes de julio. El verano es mi estación favorita. Normalmente voy a la playa, a la casa de mis primos. En julio siempre hace calor y está despejado. No hay nubes y la temperatura está a 35 grados centígrados. Por la mañana a veces hay un poco de niebla, pero no me importa. Por la tarde normalmente tomo el sol y después me gusta hacer el esquí acuático. También me agrada nadar en la piscina con mis primos. Por la noche a veces hay tormenta. Me gusta mirar los relámpagos y escuchar cómo truena. Me encantan el verano y la playa. Son mis vacaciones ideales.

Capítulo 4

A. El tiempo libre: La diversión

3. ¡Escuchemos! La librería fantástica.

La librería fantástica es un lugar ideal para hacer investigaciones de sus temas de interés. Para las personas que viajan mucho tenemos libros de geografía, de viajes y de política internacional. Para las personas creativas tenemos libros de arte, específicamente de pintura, escultura y también de fotografía. Para las personas que piensan aprender cosas nuevas tenemos libros de filosofía, historia y ciencia. Finalmente, tenemos una variedad de novelas. Hay una colección estupenda de novelas de ciencia ficción. Ud. va a pasarlo bien en La librería fantástica. Es un viaje para la imaginación.

B. La rutina diaria: El trabajo

3. ¡Escuchemos! La rutina de Ana.

Entre semana, yo soy muy madrugadora: desayuno a las siete de la mañana. Normalmente entre las ocho y las nueve y media de la mañana estudio. A las diez asisto a mis clases en la universidad. Normalmente almuerzo con mis amigos a la una de la tarde. Por la tarde voy a la biblioteca desde las tres hasta las cinco para estudiar. Regreso a mi casa a las seis menos cuarto de la tarde. Miro la televisión o leo una revista después de cenar. Entre semana voy a la cama temprano. Durante los fines de semana, al contrario, no me gusta madrugar. Normalmente salgo con mis amigos por la noche y trasnochamos. No regresamos a casa hasta las cuatro de la mañana. Siempre es muy difícil madrugar los lunes.

C. Unas invitaciones a aprender y pasarlo bien

3. ¡Escuchemos! Hola, ¿qué tal?

PROFESORA GARCÍA: ¿Ana, te apetecería estudiar en el extranjero?
ANA: Sí, me interesaría pero no sé dónde.
PROFESORA GARCÍA: ¿Sabes hablar francés?
ANA: No. Yo conozco París pero no sé hablar francés.
PROFESORA GARCÍA: ¿Te gustaría estudiar en Francia?
ANA: No. Me molestaría estar tan lejos de mi familia.
PROFESORA GARCÍA: Bueno. A ver, ¿sabes hablar inglés?
ANA: Sí, un poco, pero no conozco los Estados Unidos.
PROFESORA GARCÍA: Ah, entonces te interesaría estudiar en los Estados Unidos.
ANA: Sí, me encantaría.

Capítulo 5

A. En un restaurante

3. ¡Escuchemos! Mi comida preferida.

Yo voy frecuentemente a comer en un restaurante. No me gusta preparar la comida en casa. Normalmente prefiero comer pescado o mariscos. Pienso que el pescado de Puerto Rico es excelente. Me gustan mucho los restaurantes donde sirven buenos postres. Mi postre favorito es el bizcocho. Con respecto a las bebidas, normalmente empiezo con una limonada pero con el postre prefiero tomar café. No me gustan la cerveza ni el licor fuerte.

B. A la mesa

3. ¡Escuchemos! Poner la mesa.

a. 1. María pone la mesa.
   2. María está a la mesa.
b. 1. El cuchillo, el tenedor y la cuchara son los cubiertos.
   2. Los cubiertos están en la mesa.
c. 1. El vino está en la copa.
   2. El café es una bebida.
d. 1. El bacalao es un pescado.
   2. El pescado está delicioso.
e. 1. ¿Puedes pasar una servilleta, por favor?
   2. La servilleta está en la mesa.
f. 1. La sal y la pimienta están en la mesa.
   2. Para María, la sal es muy importante.

C. En el mercado

3. ¡Escuchemos! Preguntas personales.

1. ¿Cuál es tu fruta favorita?
2. ¿Cuál es la verdura que menos te gusta?
3. ¿Cuántas frutas y verduras comes cada día?
4. ¿Dónde compras tus frutas y verduras normalmente?
5. ¿Siempre vas de compras tú o a veces va otro miembro de tu familia?

Capítulo 6

A. ¿Qué están haciendo en casa?

3. ¡Escuchemos! Una encuesta telefónica.

1. ¿Cuándo hace Ud. los quehaceres de la casa normalmente (e.g., los sábados por la mañana, por la noche)?
2. ¿Cuánto tiempo pasa haciendo los quehaceres cada semana?
3. ¿Ayudan otros miembros de su familia con los quehaceres?
4. ¿Cuál es el quehacer que más odia? ¿Por qué?
5. ¿Con qué frecuencia trapea el suelo y lava la ropa a mano?

B. Cocinar en casa

3. ¡Escuchemos! Una receta.

Hola, mi amiga. Soy Susana. Voy a leer mi receta para la tortilla española. Los ingredientes que necesitas son dos patatas grandes, una cebolla, aceite de oliva, una pizca de sal y cuatro huevos. Primero corta las patatas y la cebolla en pedazos muy finos. Luego pon las patatas y la cebolla en una sartén con aceite, y fríe todo de unos 10 a 15 minutos. Mientras tanto, en un tazón, bate los huevos con la sal. Después añade las patatas y la cebolla a los huevos, y mezcla todo. Pon todo en la sartén y cocina la tortilla de unos 15 a 20 minutos, dándole la vuelta unas veces. Finalmente, sírvela con pan. ¡Buena suerte! Hasta luego.

C. La mudanza

3. ¡Escuchemos! La sala.

Primero, dibuja el sofá enfrente de la ventana. Y pon dos sillones cerca del comedor, frente a la chimenea. Pon una mesita entre los sillones, y la otra mesita al lado del sofá, cerca de la chimenea. Quiero tener el televisor en esa mesa. Y el otro sillón, ponlo al lado de la cocina. Luego dibuja el estante a la derecha de la chimenea, y pon el escritorio y la silla a la izquierda de la chimenea.

Capítulo 7

A. ¡Viajemos por autobús!

3. ¡Escuchemos! Un anuncio de radio.

¿Va a hacer un viaje? ¡Debe viajar con la línea de autobuses Colotur! Tenemos servicio a muchos destinos por todo el país, incluyendo Barranquilla, Cartagena, Medellín, Cali y Bogotá. Nuestros autobuses de primera clase cuentan con asientos cómodos, aire acondicionado, refrescos, meriendas y películas. Escucha lo que dice uno de nuestros clientes: «La semana pasada viajé con Colotur por primera vez y mi viaje fue magnífico. Miré una película, tomé una merienda y un refresco y hablé con otro pasajero. ¡Me encanta Colotur!» En su próximo viaje, debe considerar Colotur. Lo esperamos.

B. Al llegar al destino

3. ¡Escuchemos! Recomendaciones para Bogotá.

Hola, soy Jorge. Ya volví de Bogotá y voy a darte información sobre un hotel, una casa de cambio y una oficina de turismo. El hotel se llama El hotel de la capital y su teléfono es: 44-53-29. No es de lujo, pero tiene televisión con cable, restaurante y piscina. La gerente me dijo que casi siempre tienen habitaciones, entonces no tienes que hacer una reservación. También te recomiendo una casa de cambio; se llama Casa de cambio exprés, y está en la plaza principal, en la Calle Independencia. Me dieron una tasa muy buena y no me cobraron una comisión. Finalmente, fui a una oficina de turismo al lado de la casa de cambio. Allí me dieron mapas y folletos de excursiones, y me dijeron mucha información interesante de Bogotá. Hice muchas cosas que me recomendaron y fue muy divertido. Pues, buena suerte con todo, ¡y buen viaje! Chao.

C. ¿Qué hiciste en tu viaje?

3. ¡Escuchemos! Las playas de Magdalena.

Venga a pasarlo bien en las bonitas playas caribeñas de Magdalena, Colombia. Magdalena tiene actividades para todos los gustos. Ud. puede tomar el sol en la arena blanca y limpia, o bucear en el mar tranquilo de la bahía. O si prefiere, puede ir en lancha o pescar. Si prefiere actividades terráneas, puede ir de excursión o de compras en el centro de la ciudad. Cuando Ud. planee sus próximas vacaciones, piensa en Magdalena. Aquí lo esperamos.

Capítulo 8

A. Por la manaña

3. ¡Escuchemos! ¿Qué hicieron por la mañana?

1. Javier sacó a pasear a su perro.
2. Magda tomó un té de manzanilla.
3. Cecilia desayunó huevos revueltos y pan tostado.
4. Liliana condujo a la oficina.
5. Mauricio fue a la universidad a pie.
6. Rosa charló con sus amigos en un café.
7. Coral tuvo que madrugar.
8. Fernando le dio de comer a su gato.
9. Memo no pudo levantarse; durmió hasta muy tarde.
10. Carlos trajo pan dulce a su trabajo.

B. Por la tarde

3. ¡Escuchemos! ¿Qué hiciste ayer por la tarde?

1. ¿Almorzaste con unos colegas ayer por la tarde?
2. ¿Asististe a muchas reuniones o teleconferencias?
3. ¿Hasta qué hora trabajaste?
4. ¿Qué hiciste cuando llegaste a casa?
5. ¿Fue una tarde típica para ti? ¿Por qué?

C. Por la noche

3. ¡Escuchemos! El horario del cine.

Buenas tardes. Hoy en el Cine Goya tenemos cuatro películas. La primera se llama *El amor y sus consecuencias.* Es una película romántica, y puede verla a las seis o a las ocho y media de la noche. Otra película se llama *La noche de los muertos;* puede verla a las ocho o a las diez y, como señala el título, es una película de horror. O, si prefiere las comedias, puede ver la nueva película *La prisa y la paciencia,* o a las siete y cuarto o a las nueve y media. Finalmente puede ver *Miedo,* una película de suspense y acción, o a las ocho o a las diez y cuarto. Venga a ver una de estas cuatro películas maravillosas esta noche. Si tiene hambre, tenemos las mejores palomitas de la ciudad. Si tiene sed tenemos refrescos bien fríos. Si tiene calor, tenemos aire acondicionado. ¡O sea, tiene que visitarnos pronto!

Capítulo 9

A. Preparándose y haciendo planes

3. ¡Escuchemos! La rutina de tu familia peruana.

Bueno, te voy a explicar entonces la rutina diaria de nuestra familia para darte una idea de cómo va a ser tu vida aquí. Todos nos levantamos más o menos a las 8:00 de la mañana, y normalmente tu hermano, Esteban, se muere de hambre. Entonces desayunamos y hablamos un rato. Todos nos llevamos muy bien. Luego yo salgo a caminar con una amiga para ponerme en forma, y tu papá y Esteban se arreglan, o sea, se bañan y se visten. Si quieres bañarte por la mañana puedes bañarte antes de las 8:00 o después de ellos. Después tu papá se da prisa para ir al trabajo, y Esteban o se reúne con amigos en un café o se queda en casa estudiando.

B. ¿Qué te pones?

3. ¡Escuchemos! Ayudar a Mauricio

Hola, muchas gracias por ayudarme con mi problema. Primero necesito mi gorra. Está encima de mi escritorio. Y debajo de esa gorra está mi impermeable, creo. Es blanco y de lunares rojos. Luego necesito mis pantalones cortos de mahón, que están al lado de mi cama. Y a la derecha de esos pantalones están mis zapatos de tenis. Luego, cerca de la puerta está mi cinturón negro de cuero. Finalmente, enfrente de la ventana está mi camisa a rayas. Es de manga larga. Mil gracias por todo. Te llamo muy pronto. Adiós.

C. ¿Cómo te sientes?: Reacciones emocionales

3. ¡Escuchemos! ¿Cómo se sienten?

1. Javier se pone nervioso porque tiene un examen mañana.
2. Magda no puede reunirse con sus amigos esta noche, y por eso se siente triste.
3. Cecilia empieza un nuevo trabajo mañana y se siente tensa y estresada.
4. Liliana se encontró con un viejo amigo hoy y está contenta; por eso se sonríe.
5. Fernando se alegra porque va a juntarse con sus amigos esta noche.
6. Rosa se enfada porque sus amigos no la llaman para salir.
7. Felipe se deprime porque siempre tiene que quedarse en casa estudiando.
8. Mauricio tiene mucho trabajo y se siente agotado.

Capítulo 10

A. De niño: ¿Cómo eras y qué hacías?

3. ¡Escuchemos! Las actividades de Rosa.

1. Rosa saltaba la cuerda todos los días con sus amigos.
2. A veces jugaba a la pelota con sus vecinos.
3. Cada día asistía a una clase de natación.
4. De vez en cuando jugaba con los camiones en su casa.
5. También participaba en clases de artes marciales.
6. Con frecuencia jugaba en el columpio del parque que estaba al lado de su casa.

B. Accidentes, enfermedades y remedios

3. ¡Escuchemos! Tu salud de niño(a)

1. ¿Te enfermabas mucho de niño(a)?
2. ¿Sufrías de alergias o de asma de niño(a)?
3. ¿Tenías muchas infecciones de los oídos?
4. ¿Tuviste que ir a la sala de emergencia alguna vez?
5. ¿Te mareabas mucho?
6. ¿Tenías náuseas o vomitabas mucho?
7. ¿Tenías que tomar un antibiótico, por ejemplo, la penicilina, con frecuencia?
8. ¿Te lastimabas frecuentemente?

C. La nutrición y los cinco grupos alimenticios

3. ¡Escuchemos! Un anuncio

Prueba Pasavena, un nuevo cereal que no sólo le va a encantar, pero que también contiene diez de las vitaminas y minerales que tu cuerpo necesita, incluso las vitaminas A, D y E, el hierro, el calcio, el ácido fólico y la riboflavina. Además, contiene cuatro gramos de fibra por porción y está bajo en grasa y sodio, y no contiene colesterol. Si quiere bajar de peso, o simplemente comer bien, empiece el día con Pasavena. ¡Le va a sorprender su sabor delicioso!

Capítulo 11

A. El poder de la naturaleza

3. ¡Escuchemos! El huracán Carlos

Ayer llegó el huracán Carlos, uno de los huracanes más poderosos de los últimos años. Las lluvias empezaron a las 5:00 de la tarde, y las rachas fuertes de viento un poco más tarde, a 200 kilómetros por hora. Las olas del mar llegaron a 15 metros de altura. Los meteorólogos pronosticaron sólo una tormenta tropical, pero ya sabemos que fue un huracán poderoso. Carlos destruyó muchas casas y unos negocios cerca del mar, pero no falleció nadie porque todos evacuaron sus casas antes de llegar la tormenta. Ahora sólo nos queda limpiar y preparar para el próximo huracán de la temporada.

B. Problemas ecológicos y sus causas

3. ¡Escuchemos! Problemas ecológicos

1. Es mucha contaminación del aire.
2. Resulta cuando hay mucho tráfico en poco espacio.
3. Es cuando muchas personas viven en un espacio limitado o cuando hay un exceso de personas.
4. Cuando hay mucha contaminación del aire la gente que vive allí puede tener este problema.
5. Es cuando hay muy pocos de ciertos tipos de animales o plantas.
6. Es cuando hay poco de un elemento, por ejemplo, de combustibles fósiles o agua potable.

C. ¿Cómo se puede acabar con estos problemas?

3. ¡Escuchemos! Preguntas personales

1. ¿Te importa mucho trabajar para acabar con los problemas ecológicos?
2. ¿Usas el transporte público? ¿Por qué sí o por qué no?
3. ¿Reciclas todos los productos posibles?
4. ¿Qué más haces para mejorar la condición del medio ambiente?
5. ¿Qué más te gustaría hacer?

Capítulo 12

A. Los anuncios y el arte de vender

3. ¡Escuchemos! Superoferta

Venga a comprar en el nuevo supermercado, ¡Superoferta! Allí va a encontrar precios superbajos porque todo está a precio reducido. Tenemos todas las marcas que le gustan, y también contamos con una panadería y una florería grandes. Además, tenemos una gran variedad de frutas y verduras frescas. Nuestra meta es darle los mejores productos a un precio rebajado. Visite nuestro supermercado y ahorre hoy. Superoferta: ¡Vale la pena!

B. El mundo cinematográfico

3. ¡Escuchemos! El estreno de una película

«El amor de mi vida» es la nueva película del director panameño, Miguel Amparo. Las estrellas de esta película romántica son Sergio Belén y Marta Fernández. El argumento trata del amor entre dos jóvenes del mismo pueblo panameño y de los problemas que sufren. La novia es de una familia pobre, pero orgullosa, y el novio es de una familia rica, pero con sus propios escándalos. Venga a ver esta película: su estreno es el 10 de junio en un cine cerca de su casa.

C. El mundo literario

3. ¡Escuchemos! Preguntas personales

1. ¿Qué género literario te gusta más?
2. ¿Quiénes son tus autores favoritos y por qué?
3. Describe tu novela favorita. ¿Cuál es la trama de la novela?
4. ¿Te gustan más los desenlaces tristes o felices?
5. ¿Cuál es el movimiento literario que más te gusta?

Capítulo 13

A. Los preparativos y el viaje al extranjero

3. ¡Escuchemos! Publicidad: Programa de estudios en Venezuela

¿Quiere Ud. aprender español? La Universidad Central de Venezuela también quiere que Ud. aprenda español. Tenemos varios programas de intercambio y convenios con muchas universidades de los Estados Unidos. Tenemos cursos intensivos de español y cursos de arte, cultura e historia venezolana. Ofrecemos dos posibilidades para el alojamiento: Ud. puede vivir con una familia venezolana o en una residencia estudiantil. ¿Está Ud. preocupado por el precio del programa? ¡No se preocupe! Tenemos becas para ayudarle a pagar sus estudios. Nosotros también ayudamos a los estudiantes a conseguir el pasaporte, el visado de estudiante y también el carnet de estudiante internacional que ofrece muchos descuentos. También trabajamos con una agencia de viajes para conseguir el mejor precio para su vuelo a Caracas. Pida Ud. nuestro folleto para más información. Venga a vernos en Caracas, Venezuela. Ud. va a pasarlo bien y aprender español al mismo tiempo.

B. La llegada a la universidad

3. ¡Escuchemos! ¡No funciona la fotocopiadora!

1. ¿Prefieres vivir en una residencia estudiantil o con una familia anfitriona?
2. ¿Necesitas seguro médico o no?
3. ¿Cuál es tu especialización?
4. ¿En qué facultad quieres tomar los electivos?
5. ¿Te gustan más las conferencias o las lecturas?

C. Asuntos oficiales: los bancos y la oficina de correos en el extranjero

3. ¡Escuchemos! Las cuentas diferentes

Buenas tardes. Ud. quiere abrir una cuenta, ¿verdad? Bueno, yo le voy a explicar los diferentes tipos de cuentas que tenemos. Primero tenemos «la cuenta simple». Es muy buena para los estudiantes. No hay ningún balance mínimo y Ud. puede escribir 12 cheques cada mes. Pero desafortunadamente la cuenta simple no ofrece tarjeta de cajero automático. Si Ud. quiere utilizar el cajero automático, yo le recomiendo que abra «la cuenta regular». Con la cuenta regular, tienes que mantener siempre un balance mínimo de 200 dólares. Puedes escribir seis cheques cada mes y también recibes la tarjeta de cajero automático. Finalmente tenemos «la cuenta de lujo». Con esta cuenta tienes que mantener un balance mínimo de 500 dólares. Ud. puede escribir todos los cheques que quiera (sin límite) y también recibe tarjeta de cajero automático.

Capítulo 14

A. Los museos y el arte

3. ¡Escuchemos! Una encuesta. ¿Qué tipo de arte te gusta más?

1. ¿Prefieres el surrealismo, el impresionismo o el realismo? ¿Por qué?
2. ¿Qué te gusta más, el dibujo o la escultura?
3. ¿Qué forma de pintura te parece más interesante, la acuarela o el óleo?
4. ¿Quién es tu artista favorito?
5. ¿Cómo se llama el último museo que visitaste y dónde está?
6. ¿Cuál es tu color favorito?

B. El mercado de artesanía

3. ¡Escuchemos! Una conversación con el artesano.

MIGUEL: Hola, buenas tardes. Quisiera comprar un recuerdo de España para mi madre.
ARTESANO: ¿A tu madre le gustan los pendientes? Tengo unos muy bonitos que son de perlas.
MIGUEL: Son muy bonitos. También me gustaría comprar una cesta de paja.
ARTESANO: Buena idea. Tenemos unas muy bonitas, el diseño es muy típico de esta región.
MIGUEL: ¿Tiene Ud. alguna cartera de cuero? Sería un buen regalo para mi hermano.
ARTESANO: Lo siento pero yo no tengo ninguna. En el mercado de la Plaza Santa Ana es posible que las tengan.
MIGUEL: ¿Me puede decir cómo llego a la Plaza Santa Ana?
ARTESANO: Mira, tienes que cruzar esta calle. Luego doblas a la derecha y sigues recto por cuatro manzanas.
MIGUEL: Muchas gracias.

C. Monumentos y espectáculos

3. ¡Escuchemos! ¡Ven a visitar la maravillosa ciudad de Sevilla!

Ud. no conoce España hasta que haga un viaje por el sur. La región de Andalucía está llena de encantos y maravillas. Ven a vernos en Sevilla, la capital de Andalucía. Tenemos unos monumentos increíbles donde se ve la influencia de la cultura árabe, judía y cristiana. Ud. puede caminar por el barrio de Santa Cruz y ver las antiguas casas. También en el barrio de Santa Cruz Ud. puede visitar la catedral gótica y el alcázar. La catedral ofrece un campanario maravilloso que se llama La Giralda. El alcázar ofrece ejemplos del arte mudéjar y unos jardines preciosos. No se olvide de visitar la histórica y famosa Torre del Oro. Ud. puede también dar un paseo en la Avenida de Isabel La Católica para ver la famosa Plaza de España. Sevilla también tiene sus encantos modernos. Por ejemplo, Ud. puede ir de compras en la famosa Calle Sierpes que está en el centro y tiene muchas tiendas elegantes.

Capítulo 15

A. Preparándose para la búsqueda de trabajo

3. ¡Escuchemos! La carta de presentación

Estimada Señora Fernández,

Le escribo en respuesta al **anuncio** publicado en el **periódico** *El Mercurio* de la fecha 24 de abril, en el que anuncian el puesto vacante de Director de **Educación** Internacional. Me gustaría ser considerado como **candidato**.

Como se puede ver en el **currículum vitae** adjunto, tengo mucha **experiencia profesional** en los campos de la **administración**, la educación y la **informática**. Creo que mi experiencia y mi **formación académica** me hacen un buen candidato para el puesto.

Si necesita más información me puede contactar por teléfono o por correo electrónico. Si es necesario le puedo mandar cartas de **recomendación**.

En espera de su respuesta, la **saludo** atentamente.

B. ¿Qué tipo de empleado se busca?

3. ¡Escuchemos! Unos anuncios de empleo

Se buscan candidatos para los siguientes puestos en la oficina de programas internacionales.

El primer puesto se titula Director de Publicidad. Esta persona es responsable por todos los anuncios y folletos informativos de nuestros programas. Buscamos una persona que sea emprendedora y que tenga entusiasmo para temas internacionales y creatividad. Como va a ser el jefe del departamento de publicidad, es importante que sepa tratar y mandar a la gente y expresarse profesionalmente.

El segundo puesto es el de Asistente a la Directora de Informática. Se necesita una persona que tenga amplios conocimientos tecnológicos y buenas aptitudes para la comunicación. La persona tiene que ser organizada y eficiente, y es necesario que tenga mucha paciencia.

C. La entrevista

3. ¡Escuchemos! La entrevista

1. ¿Cuáles son sus puntos fuertes? Describa tres principales.
2. ¿Cuál es su mayor defecto?
3. ¿Prefiere el trabajo en equipo o le gusta más trabajar solo(a)? ¿Por qué?
4. ¿Qué habilidades puede aportar Ud. a nuestra compañía?
5. ¿Qué cualidad cree Ud. que sea el más importante para desempeñar este cargo?

Capítulo 16

A. Vámonos: A buscar un apartamento

3. ¡Escuchemos! Una encuesta

1. ¿Ha vivido Ud. en un apartamento alguna vez? ¿Por cuánto tiempo?
2. ¿Prefiere Ud. vivir en un barrio céntrico o en las afueras?
3. ¿Qué has buscado con más frecuencia, un apartamento amueblado o sin muebles?
4. ¿Has pagado alguna vez un alquiler más alto para poder tener un garaje?
5. ¿Ha vivido Ud. alguna vez en un apartamento con terraza? ¿Le gustó?
6. ¿Prefiere Ud. el estilo moderno o antiguo?

B. ¡Compremos una casa!

3. ¡Escuchemos! Hemos vendido la casa.

Mi esposo y yo hemos vendido la casa esta tarde. Estoy contenta de que la hayamos vendido, pero ha sido un proceso muy complicado. Esta mañana, a las 10:00, vino los García para verla. Yo había pasado dos horas limpiando el sótano y el ático. Cuando llegaron los García, pasaron una hora mirando el exterior de la casa —el porche, el techo, la puerta principal. ¡Incluso examinaron el timbre! Les gustó mucho el exterior de la casa. Dijeron que siempre habían querido vivir en una casa de ladrillo. Finalmente, después de una hora, entraron en la casa. Examinaron todo con mucho detalle. Me hicieron mil preguntas sobre los electrodomésticos: ¿Dónde habíamos comprado la lavadora y la secadora? ¿Cuánto tiempo habíamos tenido la estufa y la nevera? ¿Si habíamos tenido alguna vez problemas con el lavaplatos? Yo les dije que todo funcionaba bien y que habíamos decidido vender todos los electrodomésticos con la casa. Finalmente, después de haber pasado cuatro horas estudiando la casa, nos hicieron una oferta. Fue la mejor oferta de todas que habíamos recibido, así que aceptamos en seguida. Estoy contenta pero muy cansada.

C. La casa se ha convertido en hogar

3. ¡Escuchemos! ¿Cómo te gustaría decorar tu casa?

1. ¿Qué flores te gustan más?
2. ¿Prefieres las paredes pintadas o empapeladas?
3. ¿Tienes un adornito favorito? ¿Qué es?
4. ¿Cómo son tus vecinos? ¿agradables? ¿simpáticos?
5. ¿Has reformado tu casa alguna vez? ¿Qué has hecho?

Capítulo 17

A. A predecir el futuro: los horóscopos y las supersticiones

3. ¡Escuchemos! Un anuncio de radio: los horóscopos

...Bueno, ahora llegamos al signo de Tauro. El pobre Tauro pasará un día muy malo hoy. Recibirá noticias malas. Por otro lado, Sagitario tendrá un día estupendo. Terminará un proyecto muy importante en la vida profesional. Virgo, ¿qué se puede decir? Los que son del signo de Virgo tendrán un día muy normal. Y ahora nos toca Gemenis, los gemelos. Gemenis, presta atención: conocerás un nuevo amigo hoy. Será una persona muy importante para ti. Acuario, hoy ganarás un premio y tendrás éxito en la vida profesional. Finalmente, Piscis. Hoy será un día muy importante para ti, Pisces. Es posible que encuentres el gran amor de tu vida. Eso es todo. Hasta mañana, mis queridos signos. Que los planetas los guíen.

B. Compraré una computadora nueva

3. ¡Escuchemos! Un anuncio de ÚltimoTech

ÚltimoTech es la compañía que quiere ayudarle a tener lo más actual en tecnología. Vendemos muchos tipos diferentes de computadoras. También tenemos computadoras portátiles. En este momento tenemos una oferta especial. Tan pronto como Ud. compre una computadora con ÚltimoTech le daremos una impresora gratis. Cada computadora que vendemos tiene un disco duro con mucha memoria. Y cuando Ud. compre una computadora con nosotros, vendrán incluidas las siguientes cosas: una pantalla grande de alta definición, un lector de CD-ROM, un paquete de aplicaciones con el software más reciente y, por supuesto, el teclado y el ratón. También vendemos discos y módems y hacemos arreglos y actualizaciones. Venga a vernos en ÚltimoTech. Cuando quieras, estaremos aquí para servirle.

C. El ciberespacio

3. ¡Escuchemos! ¿Utilizas mucho el Internet?

1. ¿Cuántas veces a la semana usas el Internet?
2. ¿Mantienes contacto con muchos amigos por correo electrónico?
3. ¿Para qué usas el Internet? ¿Qué tipo de información buscas normalmente?
4. ¿Tienes una página web?
5. ¿Te parece importante el Internet? ¿Por qué sí o por qué no?

Capítulo 18

A. La movida mundial

3. ¡Escuchemos! Preguntas personales.

1. ¿Cuál crees que es el obstáculo más grande para los inmigrantes en EE.UU.?
2. ¿Cuál es el grupo de inmigrantes más numeroso donde vives?
3. ¿Por qué crees que vinieron esos inmigrantes a tu región?
4. Si tuvieras que salir de EE.UU., ¿a qué país enmigrarías y por qué?
5. ¿Qué extrañarías más de EE.UU.?

B. ¿Qué harías si fueras un líder mundial?

3. ¡Escuchemos! ¡Vote por Alicia Vargas!

Me llamo Alicia Vargas y si me eligieran presidenta, haría muchos cambios necesarios en nuestro país. Primero, legalizaría la eutanasia en casos donde fuera imposible que la víctima volviera a tener una vida normal. No estoy de acuerdo, sin embargo, con el derecho de portar armas; o sea, creo que se debe investigar bien a una persona antes de venderle un arma. Tampoco apoyo la legalización de las drogas y no permitiría que el Congreso Nacional las legalizara. En cuanto al seguro de enfermedad, creo que es imprescindible seguir con el sistema nacional que hoy tenemos. No seguiría, sin embargo, con la pena de muerte. Como con el caso del aborto, la considero asesinato. Hay que deshacerse del crimen, pero la pena de muerte no es la respuesta. Vote por mí y la justicia reinará en nuestro país.

C. Mi compañero(a) ideal

3. ¡Escuchemos! Busco una compañera que...

Hola. Me llamo Juan Cervantes y soy paraguayo de 30 años. Trabajo como periodista para *El nuevo día de Asunción*. Soy activo, ambicioso e idealista. También me gusta mucho divertirme. Mi compañera ideal también sería activa y, además, sería cariñosa, graciosa y soñadora. Si tienes esas características y yo tengo las características que tú buscas, comunícate conmigo a través de la agencia. Adiós.

Worktext Answer Key

Capítulo preliminar Bienvenidos a la clase de español: El mundo de habla española

¿Comprendes?

1. ¿Qué quiere decir «¿Qué tal?»? 2. *Answers will vary.* 3. nombre, apellido, dirección, número de teléfono y edad

¡Practiquemos!

1. b 2. d 3. f 4. c 5. h 6. g 7. a 8. e

¡Escuchemos!

Answers will vary.

¡Hablemos!

Answers will vary.

¡Te toca a ti!

Answers will vary.

Capítulo 1 ¿Cómo somos? Los hispanos en los Estados Unidos

A. ¿Cómo son mis amigos?

¿Comprendes?

1. **presentar** 2. Miguel is a redhead of medium height, chubby and handsome. Luis is tall, thin and dark-haired. María is short and blond. *(Answer may also be in Spanish.)* 3. Miguel is intelligent and nice. Luis is introverted and timid. María is fun, funny, responsible and organized. *(Answer may be in Spanish.)*

¡Practiquemos!

A. 1. c 2. f 3. e 4. a 5. g 6. h 7. d 8. b
B. *Answers will vary.*

¡Escuchemos!

1. Cristina Saralegui 2. Ricky Martin 3. Gloria Estefan

¡Hablemos!

Answers will vary.

¡Te toca a ti!

Answers will vary.

B. En la sala de clase

¿Comprendes?

1. Bienvenidos 2. el libro de texto, cuadernos, computadora, bolígrafo, carpeta, grapadora *(Answer may be in English.)* 3. Participation and attendance *(Answer may be in Spanish.)*

¡Practiquemos!

A. 1. c 2. d 3. g 4. f 5. e 6. a 7. b

¡Escuchemos!

María: 235-5151 Juan: 310-9384 Ana: 256-7453 Marcos: 867-8585 Luis: 854-1517 Pablo: 649-2229 Marta: 395-1412 Paco: 542-3011 Teresa: 683-1816

¡Hablemos!

Answers will vary.

¡Te toca a ti!

Answers will vary.

C. Hola, ¿qué tal?

¿Comprendes?

1. Te presento a 2. Mucho gusto/Igualmente 3. México

¡Practiquemos!

Answers may vary but should be logical.

¡Escuchemos!

¿Qúe tal?, Muy bien, Regular, El profesor, De dónde, soy dominicano, Nos vemos, hasta luego

¡Hablemos!

Answers will vary.

¡Te toca a ti!

Answers will vary.

D. Síntesis

¿Comprendes?

Answers may vary in length and complexity.
1.It is growing and becoming more and more important. 2. It is greater. 3. *Answers will vary.*

Expansión de vocabulario.

Answers will vary.

Traducciones.

Hello Matt, pleased to meet you. How are you?; Muy bien, gracias. ¿Y tú?; So so, thanks. Where are you from, Matt?; Soy de Boston; Very interesting. My friend Ana is also from Boston. Well, nice to meet you. See you later.; Igualmente. Hasta pronto.

Enlace cultural.

Answers will vary.

Capítulo 2 La vida cotidiana: Cuba

A. ¿Cómo estás en el centro y en el trabajo?

¿Comprendes?

1. because tomorrow she starts her vacation 2. to a store/shopping 3. *Answers will vary.*

¡Practiquemos!

¿Cómo están las personas de la oficina? 1. está de mal humor/triste 2. está a dieta 3. está de vacaciones 4. está de moda 5. está orgullosa/de buen humor 6. está triste/de mal humor 7. están aburridas 8. están cansados

¡Escuchemos!

cerca, museo, plaza, detrás, la librería, en la esquina de

¡Hablemos!

Answers will vary.

¡Te toca a ti!

Answers will vary.

B. Celebraciones con la familia: La fiesta de cumpleaños

¿Comprendes?

1. ¿Quién va a venir? 2. *Answers will vary.*
3. esperar en la cocina, gritar sorpresa y cantar «cumpleaños feliz»

¡Practiquemos!

La familia. 2. b 3. d 4. e 5. j 6. i 7. g 8. f 9. c 10. a

¡Escuchemos!

1. F 2. T 3. T 4. F 5. T 6. T 7. T 8. F

¡Hablemos!

Answers will vary.

¡Te toca a ti!

Answers will vary.

C. Tenemos que estudiar

¿Comprendes?

1. do a **tarea** and study for a quiz 2. he's afraid about the quiz and thinks he is not very good at Spanish 3. to study together in a café

¡Practiquemos!

¿Qué tienes? *Answers will vary.* 1. Tengo calor 2. Tengo prisa 3. Tengo miedo 4. Tengo frío 5. Tengo hambre 6. Tengo suerte

¡Escuchemos!

1. 94 2. 65 3. 48 4. 55 5. 42 6. 80 7. 76

¡Hablemos!

Answers will vary.

¡Te toca a ti!

Answers will vary.

D. Síntesis

¿Comprendes?

1. September 26 2. downtown in front of Plaza Central and beside Museum of Modern Art 3. eat, drink, sing, give gifts

Expansión de vocabulario.

Answers will vary.

Expansión oral.

Answers will vary.

Traducciones.

It is to the right of the cathedral; Gracias, ¿dónde está el museo nacional?, The "museo nacional" is on the corner of the "Avenida Nacional" and the "Calle Central"; Muchas gracias por su ayuda.

Enlace cultural.

Answers will vary.

Capítulo 3 Celebrar y descansar: México

A. El fin de semana

¿Comprendes?

1. Many things: afternoon: wash clothes and clean the house; evening: spend time with his family. 2. because during the week he is always in the house and on the weekend he would like to go out 3. They agree to go to the mountains in the afternoon and in the evening rent videos.

¡Practiquemos!

2. Limpio 3. Monto 4. Hablo/Charlo 5. Saco 6. Descanso 7. Tomo 8. Hablo/Charlo 9. Voy 10. Paso

¡Escuchemos!

Viernes (tarde): 1. Tiene clase de español. 2. Estudia en la biblioteca. Viernes (noche): 1. Va al cine. Sábado (mañana): 1. Limpia el apartamento. 2. Lava la ropa. Sábado (tarde): 1. Toma café con amigos. 2. Habla por teléfono con su familia. Sábado (noche): 1. Tiene planes con sus amigos/Va a una discoteca para bailar. Domingo (mañana): 1. Descansa/No hace nada. Domingo (tarde): 1. Va al campo. 2. Monta en bicicleta. Domingo (noche): 1. Pasa tiempo con su familia. 2. Saca vídeos.

¡Hablemos!

Answers will vary.

¡Te toca a ti!

Answers will vary.

B. Días festivos

¿Comprendes?

1. hang the decorations 2. Juan: 16th of September *(Día de la independencia de México);* Mark: 4th of July *(Independence day in the U.S.)* 3. to go to the **fiesta de pueblo**.

¡Practiquemos!

2. a 3. b 4. c 5. f 6. d

¡Escuchemos!

1. Marta — el 25 de enero de 1985 2. Jorge — el 14 de octubre de 1955 3. Guillermo — el 4 de mayo de 1942 4. María — el 22 de septiembre de 1941 5. Julio — el 18 de febrero de 1975 6. Lelia — el 26 de noviembre de 1968 7. Ana — el 28 de abril de 1990 8. Roberto — el 8 de marzo de 1996

¡Hablemos!

Answers will vary.

¡Te toca a ti!

Answers will vary.

C. Las vacaciones y las estaciones

¿Comprendes?

1. Hace un día precioso. El cielo está totalmente despejado, no hay ni una nube. 2. She prefers hot weather because she likes to go to the beach, sunbathe and snorkel. 3. No, he likes all of the seasons.

¡Practiquemos!

Answers will vary.

¡Escuchemos!

1. f 2. c 3. f 4. c 5. f 6. f 7. c 8. f

¡Hablemos!

Answers will vary.

¡Te toca a ti!

Answers will vary.

D. Síntesis

¿Comprendes?

1. because 95 percent of the population is Catholic. 2. saint's days, Easter, Christmas 3. A person's patron saint is chosen based on the day he/she was born and the saint for that day. The celebration is similar to that of a birthday.

Expansión de vocabulario.

Answers will vary.

Expansión oral.

Answers will vary.

Traducciones.

Hola, María, encantado de conocerte; ¿Qué te gusta hacer (normalmente) los fines de semana?; *I like to go to the beach, sunbathe and waterski;* ¿Cómo celebra tu pueblo el día de su santo?; *Normally there is a mass in the morning. In the afternoon there is a dance contest and a parade and in the evening there are fireworks.*; Muchas gracias.

Enlace cultural.

Answers will vary.

Capítulo 4 Diversión, trabajo y aprendizaje: La República Dominicana

A. El tiempo libre: La diversión

¿Comprendes?

Answers may be in English or in Spanish.

1. She likes to learn new things, take dance classes, and read science fiction novels. 2. She likes to paint and draw. 3. They decide to take a trip to Santo Domingo. Before they go they need to investigate the climate, geography, and politics of the Dominican Republic.

¡Practiquemos!

1. g 2. a 3. d 4. b 5. e 6. f 7. c

¡Escuchemos!

The following are mentioned: geografía, viajes, política internacional, pintura, escultura, historia, fotografía, filosofía, ciencia, novelas de ciencia ficción

¡Hablemos!

Answers will vary.

¡Te toca a ti!

Answers will vary.

B. La rutina diaria: El trabajo

¿Comprendes?

Answers may be in English or Spanish (except #2).

1. His job begins early in the morning and he doesn't like to get up early. He also suffers from insomnia. 2. A mí me encanta madrugar. 3. He is late for work.

¡Practiquemos!

1. f 2. d 3. c 4. a 5. b 6. e

¡Escuchemos!

1. Sí. 2. Ana desayuna a las siete de la mañana. 3. Estudia. 4. Va a las diez. 5. Almuerza con sus amigos. 6. Va a la biblioteca para estudiar. 7. A las seis menos cuarto de la tarde. 8. No.

¡Hablemos!

Answers will vary.

¡Te toca a ti!

Answers will vary.

C. Unas invitaciones a aprender y pasarlo bien

¿Comprendes?

Answers may be in English or Spanish.
1. His schedule doesn't allow it. 2. math class
3. a little work, a little learning, and a little fun at the beach

¡Practiquemos!

Answers will vary but should include the vocabulary in the list. At least two answers should be negative.

¡Escuchemos!

te apetecería, me interesaría, sé, Sabes, francés, conozco, sé, Te gustaría, Me molestaría, sabes, conozco, te interesaría, me encantaría

¡Hablemos!

Answers will vary.

¡Te toca a ti!

Answers will vary.

D. Síntesis

¿Comprendes?

1. He wanted to be a baseball player because his father was a baseball player. 2. He has made an important contribution to promoting the exposure of merengue throughout the world. 3. musician

Expansión de vocabulario.

Answers will vary.

Expansión oral.

Answers will vary.

Traducciones

LENO: ¿Qué actividades te gusta hacer cuando no juegas al béisbol?

SOSA: Me gusta hacer muchas cosas diferentes. Me gusta mucho aprender cosas nuevas. Por ejemplo, el medio ambiente me importa mucho.

LENO: Te interesa mucho la naturaleza, ¿verdad? ¿Cuál te gustan más: los pasatiempos activos o tranquilos?

SOSA: Para mí, todos los pasatiempos son importantes. Por ejemplo, me gusta ir de excursión, pero también me encanta ir al cine y leer novelas.

LENO: ¿Qué tipos de películas y novelas te gustan?

SOSA: Me gustan las películas de suspenso y las novelas de ciencia ficción.

LENO: ¡Muy interesante! Gracias por venir, Sammy.

SOSA: De nada, Jay. Gracias por invitarme.

Enlace cultural.

Answers will vary.

Capítulo 5 ¡Buen provecho! En Puerto Rico

A. En un restaurante

¿Comprendes?

1. Una mesa para dos, por favor. 2. El bacalao y un plato con una variedad de mariscos *(Answer may also be in English.)* 3. No, porque a María no le gusta el pescado. 4. María pide café descafeinado y Juan pide café con cafeína.

¡Practiquemos!

Answers will vary.

¡Escuchemos!

1. F 2. C 3. F 4. F 5. F 6. C 7. C 8. F

¡Hablemos!

Answers will vary.

¡Te toca a ti!

Answers will vary.

B. A la mesa

¿Comprendes?

1. Quiere poner la mesa. 2. Dice que todo está delicioso y que el arroz está especialmente sabroso. 3. Piensan merendar en un café del centro.

¡Practiquemos!

está, estoy, es, Puedes, son, están, vienen, Piensas, soy

¡Escuchemos!

a. 1 b. 2 c. 1 d. 2 e. 1 f. 1

¡Hablemos!

Answers will vary.

¡Te toca a ti!

Answers will vary.

C. En el mercado

¿Comprendes?

1. grandísimas 2. Las calabacitas cuestan menos que los pitipuás. 3. Son las mejores y nunca cuestan tanto como las otras.

¡Practiquemos!

Answers will vary.

¡Escuchemos!

Answers will vary.

¡Hablemos!

Answers will vary.

¡Te toca a ti!

Answers will vary.

D. Síntesis

¿Comprendes?

1. arroz con habichuelas, moros y cristianos, gallo pinto, arroz con frijoles, arroz con pollo, el pescado, los mariscos (camarones, pulpo, calamares) 2. beans and rice 3. *Answers will vary.*

Expansión de vocabulario.

Answers will vary.

Expansión oral.

Answers will vary.

Traducciones.

Good evening. What would you like to drink?; Un vaso de agua, por favor; OK, and what would you like to eat?; ¿Qué recomienda Ud.?; The chicken and rice is very tasty; Bien, quiero el arroz con pollo; Would you like anything else?; No, nada más, gracias.

Enlace cultural.

Answers will vary.

Capítulo 6 La vida casera: En El Salvador

A. ¿Qué están haciendo en casa?

¿Comprendes?

1. Van a tener una fiesta mañana. 2. Cristina está limpiando la cocina y fregando los platos, Marcos está haciendo las camas y Sergio está recogiendo su ropa sucia. 3. No, está en el baño, trapeando el suelo.

¡Practiquemos!

Answers will vary.

¡Escuchemos!

Answers will vary.

¡Hablemos!

Answers will vary.

¡Te toca a ti!

Answers will vary.

B. Cocinar en casa

¿Comprendes?

1. azúcar, huevos, leche y vainilla 2. una licuadora 3. por más o menos una hora

¡Practiquemos!

1. f 2. c 3. a 4. h 5. b 6. d 7. e 8. g

¡Escuchemos!

cebolla, pizca, cuatro 1. Corta 2. Pon, fríe 3. bate 4. Añade, mezcla 5. cocina

¡Hablemos!

Answers will vary.

¡Te toca a ti!

Answers will vary.

C. La mudanza

¿Comprendes?

1. enfrente de la ventana 2. el archivero 3. un monitor, una impresora, una mesa, una computadora y estantes

¡Practiquemos!

1. e 2. a 3. f 4. c 5. d 6. b

¡Escuchemos!

In the drawing, the couch should be in front of the window, the two armchairs near the dining room, facing the fireplace; one end table should be between them, and the other end table should be next to the couch, close to the fireplace. The television set should be on that end table. The other (third) armchair should be next to the kitchen. The bookshelf should be to the right of the fireplace and the desk and chair to the left of the fireplace.

¡Hablemos!

Answers will vary.

¡Te toca a ti!

Answers will vary.

D. Síntesis

¿Comprendes?

1. *Answers will vary.* 2. Si usas el servicio tu casa es bien ordenada, cuidada y limpia. Veinen «a la

(Capítulo 6, continued)

hora y el día que quiera». Y es bueno para la salud mental. 3. *Answers will vary.*

Expansión de vocabulario.

Answers will vary.

Expansión oral.

Answers will vary.

Traducciones.

Answers may vary slightly. Possibilities include: First, take about ten limes and cut them in half. ¿Debemos lavarlos primero? No, it's not necessary. Then put the juice of the limes in a pitcher. And add a cup of sugar and about eight cups of water. Next mix the water with a spoon, and drink it! ¿Debemos añadir hielo? If you prefer, but it's not necessary.

Capítulo 7 De viaje: En Colombia

A. En la estación de autobuses

¿Comprendes?

1. al mediodía 2. Tiene aire acondicionado, es de primera clase y pasan una película. 3. al andén número seis

¡Practiquemos!

1. g 2. a 3. f 4. b 5. e 6. c 7. d

¡Escuchemos!

1. Barranquilla, Cartagena, Medellín, Cali y Bogotá 2. asientos cómodos, aire acondicionado, refrescos, meriendas y películas 3. primera clase 4. Miró una película, tomó una merienda y un refresco y habló con otro pasajero. 5. *Answers will vary.*

¡Hablemos!

Answers will vary.

¡Te toca a ti!

Answers will vary.

B. Al llegar al destino

¿Comprendes?

1. servicio de lavandería, aire acondicionado, piscina, restaurante, estacionamiento, caja de seguridad en la habitación y gimnasio 2. Puede obtener mapas e información sobre excursiones o tours de la ciudad. 3. Va a comer en un restaurante chino caro.

¡Practiquemos!

Answers will vary.

¡Escuchemos!

1. Nombre: El hotel de la capital, Teléfono: 44-53-29, Servicios: televisión con cable, restaurante y piscina 2. Nombre: Casa de cambio exprés, Ubicación: en la plaza principal, en la Calle Independencia 3. Ubicación: al lado de la casa de cambio, Servicios: dan mapas, folletos de excursiones y información

¡Hablemos!

Answers will vary.

¡Te toca a ti!

Answers will vary.

C. ¿Qué hiciste en tu viaje?

¿Comprendes?

1. Escaló montañas, pescó en el río, fue en canoa y fue de camping. 2. Hicieron un picnic y nadaron bajo una cascada. 3. Volvió hace unos días.

¡Practiquemos!

Answers will vary. Verbs should be in the preterit.

¡Escuchemos!

Items that were mentioned include: ir en lancha, bucear, ir de compras, tomar el sol, ir de excursión, la arena, el mar, pasarlo bien, pescar

¡Hablemos!

Answers will vary.

¡Te toca a ti!

Answers will vary.

D. Síntesis

¿Comprendes?

1. 07,30; 10,00; o 13,10 2. 08,05 3. 15,00, porque es de lujo y cuesta más

Expansión de vocabulario.

Answers will vary.

Expansión oral.

Answers will vary.

Traducciones.

Answers will vary slightly, but possibilities include: Good morning. How may I help you? **¿Cuál es la tasa para cambiar dólares americanos?** 1,640 pesos per dollar. **¿Cobran una comisión? Bien, aquí está mi cheque.** May I see your passport? **Gracias a Ud. Hasta luego.**

Enlace cultural.

Answers will vary.

Capítulo 8 ¿Qué hiciste ayer?: En Guatemala

A. Por la mañana

¿Comprendes?

1. Pasó una mañana muy tranquila. Charló con su esposo, y él también le preparó un desayuno muy sabroso. 2. un café con leche, unos huevos revueltos con chorizo y pan tostado 3. Hizo mil cosas. Madrugó, sacó a pasear al perro, les dio de comer al perro y a los gatos, charló con su mamá por teléfono, fue al mecánico, condujo al banco y fue al trabajo.

¡Practiquemos!

Answers will vary.

¡Escuchemos!

a. 3 b. 10 c. 4 d. 5 e. 1 f. 7 g. 9 h. 6 i. 2 j. 8

¡Hablemos!

Answers will vary.

¡Te toca a ti!

Answers will vary.

B. Por la tarde

¿Comprendes?

1. Asistió a mil reuniones, y tuvo que mandar mil faxes y mensajes por correo electrónico. Un cliente no vino a una cita. 2. Pasó una tarde muy relajante. Asistió a una reunión a las 2:00, salió temprano e hizo unos recados. Fue a casa y descansó (durmió una siesta). Luego fue al gimnasio donde levantó pesas y anduvo en bicicleta. 3. Va a prepararle la cena a Silvia.

¡Practiquemos!

1. c 2. e 3. a 4. b 5. f 6. d

¡Escuchemos!

Answers will vary.

¡Hablemos!

Answers will vary.

¡Te toca a ti!

Answers will vary.

C. Por la noche

¿Comprendes?

1. Tiene mucho sueño. 2. Van a comer comida china. 3. un drama

¡Practiquemos!

Answers will vary.

¡Escuchemos!

«La noche de los muertos», 8:00, 10:00, de horror; «La prisa y la paciencia», 7:15, 9:30, comedia; «Miedo», 8:00, 10:15, de suspense y acción

¡Hablemos!

Answers will vary.

¡Te toca a ti!

Answers will vary.

D. Síntesis

¿Comprendes?

1. 20:00, canal 5 2. 20:00, canales 2 y 7 3. «Llegan los extraterrestres», de ciencia ficción; «La noche de los muertos», de horror 4. telenenovela, comedia, de detective 5. *Answers will vary.*

Expansión de vocabulario.

Answers will vary.

Expansión oral.

Answers will vary.

Traducciones.

Answers will vary slightly, but possibilities include:
1. Good morning. How can I help you?
2. **¿Cuánto cuesta usar el gimnasio por un día?**
3. The first time it doesn't cost anything. 4. **Bien, ¿y qué equipo tienen?** 5. We have running machines/treadmills, free weights, and machine weights. We also have an Olympic-sized pool.
6. **Muy bien. ¡Ahora tiene muchas ganas de hacer ejercicio! Gracias.** 7. You're welcome. Can I ask you who told you about our gym? 8. **Su amigo Carlos Ratia nos lo dijo ayer.**

Capítulo 9 La rutina diaria y las emociones: En Perú

A. Preparándose y haciendo planes

¿Comprendes?

1. reunirse en un café con unos amigos
2. bañarse, vestirse, maquillarse, cepillarse el pelo y los dientes 3. porque se muere de hambre

¡Practiquemos!

Answers will vary.

¡Escuchemos!

1. C 2. F 3. F 4. F 5. C 6. C

¡Hablemos!

Answers will vary.

(Capítulo 9, continued)

¡Te toca a ti!
Answers will vary.

B. ¿Qué te pones?

¿Comprendes?
1. para saber qué va a llevar a la fiesta 2. una falda corta a rayas, de rayón (y sandalias de tacón alto) 3. pantalones cortos y una camisa azul de seda, sin mangas (y sandalias)

¡Practiquemos!
1. e 2. b 3. g 4. d 5. f 6. c 7. a

¡Escuchemos!
Drawings may vary slightly. There should be a hat on the desk and a white raincoat with red polka-dots under it. Jean shorts are next to the bed and tennis shoes to the right of them. There is a black leather belt near the door and a striped, long-sleeved shirt in front of the window.

¡Hablemos!
Answers will vary.

¡Te toca a ti!
Answers will vary.

C. ¿Cómo te sientes?: Reacciones emocionales

¿Comprendes?
1. Se deprime y se ofende, 2. Se divierte y se relaja. 3. Ella lo va a invitar a salir más con ella y sus amigas y él va a estudiar más.

¡Practiquemos!
Answers will vary.

¡Escuchemos!
a. 4 b. 7 c. 6 d. 1 e. 8 f. 3 g. 2 h. 5

¡Hablemos!
Answers will vary.

¡Te toca a ti!
Answers will vary.

D. Síntesis

¿Comprendes?
1. Es un concierto de música andina. 2. porque pueden reunirse con amigos, olvidarse de sus problems, relajarse y divertirse; y también porque es el evento del año 3. *Answers will vary.*

Expansión de vocabulario.
Answers will vary.

Expansión oral.
Answers will vary.

Traducciones.
Answers will vary slightly, but possibilities include: You are quiet a lot and never express your emotions; therefore it's difficult to know how you feel. **Se calla porque no habla mucho español. Se pone nerviosa y se avergüenza cuando habla.** Yes, that's true. You turn red when you speak a lot. But you shouldn't worry so much about speaking perfectly. I have fun helping you! **Yo sé. ¡Te ríes de mí!** I'm sorry, Janine, but I laugh with you, not at you. **Está bien. Sé que necesito relajarme más.** Good. Then we're going to speak more and communicate better with one another. Agreed?

Capítulo 10 La salud y la niñez: En Argentina

A. De niño: ¿Cómo eras y qué hacías?

¿Comprendes?
1. No hacía mucho ejercicio. 2. Gozaba de buena salud y era muy activa. 3. Jugaba al aire libre, saltaba la cuerda y jugaba a la pelota y a pilla-pilla. También participaba en clases de baile y de natación. Ahora no es tan activa.

¡Practiquemos!
Answers will vary.

¡Escuchemos!
a. 5 b. 2 c. 1 d. 6 e. 3 f. 4

¡Hablemos!
Answers will vary.

¡Te toca a ti!
Answers will vary.

B. Accidentes, enfermedades y remedios

¿Comprendes?
1. Sufría de asma y alergias, estaba congestionada y estornudaba. 2. No, gozaba de buena salud. 3. Conoció a su esposo en la sala de emergencia.

¡Practiquemos!
1. b 2. c 3. a 4. e 5. f 6. d

¡Escuchemos!
Answers will vary.

¡Hablemos!
Answers will vary.

¡Te toca a ti!
Answers will vary.

C. La nutrición y los cinco grupos alimenticios

¿Comprendes?

1. Carlos comía muy bien, y Manuel comía muy mal (en restaurantes). 2. Ahora Carlos no come bien porque come en restaurantes mucho, y los dos comen demasiada grasa y no muchas frutas y verduras. Les gustan los postres. 3. Van a pedir un postre después de hablar de comer mejor.

¡Practiquemos!

Answers will vary, but possibilities include: 1. hierro (carnes) 2. calorías, carne, carbohidratos 3. frutas; grasa 4. frutas y verduras; grasa, carne y productos lácteos (con grasa) 5. verduras (zanahorias) 6. productos lácteos / calcio

¡Escuchemos!

1. las vitaminas A, D, E, el hierro, el calcio, el ácido fólico y la riboflavina 2. cuatro; sí 3. grasa y sodio 4. no 5. *Answers will vary.*

¡Hablemos!

Answers will vary.

¡Te toca a ti!

Answers will vary.

D. Síntesis

¿Comprendes?

Answers will vary slightly. 1. grasa, sodio, colesterol, carbohidratos, fibra y la vitamina C 2. proteína, vitamina A, calcio y vitamina D 3. *Answers will vary, but may include:* No contiene mucho de los elementos malos como la grasa, el sodio, etc., pero sí contiene mucho calcio y las vitaminas A y D. Los nutricionistas la recomiendan, y previene la osteoporosis.

Expansión de vocabulario.

Answers will vary.

Expansión oral.

Answers will vary.

Traducciones.

Answers will vary slightly, but possibilities include: Good morning. How can I help you? **Creo que tengo gripe. Tengo diarreas y náuseas y estoy mareada.** Do you have the chills or do your muscles hurt? **No tengo escalofríos, pero sí me duelen los músculos. Y creo que tengo fiebre.** Well, I'm going to give you an antibiotic. You should also rest and drink a lot of liquids. With all of that you should get better soon.

Capítulo 11 El medio ambiente: En Costa Rica y Honduras

A. El poder de la naturaleza

¿Comprendes?

1. Estaba en su dormitorio y bajó a la planta baja. 2. Estaba en una calle del centro y tenía mucho miedo. 3. Sí, el terremoto destruyó un edificio al lado de la casa de César.

¡Practiquemos!

Horizontal: 1. tornado 2. sequía 3. lava 4. cuerpos de rescate 5. terremoto 6. difuntos *Vertical:* 7. inundaciones 8. fallecer 9. desalojar 10. huracán 11. ventisca 12. incendio

¡Escuchemos!

1. a las 5:00 de la tarde 2. a 200 kilómetros por hora 3. No, sólo pronosticaron una tormenta tropical. 4. Hubo destrucción (casas y negocios cerca del mar), pero no hubo difuntos. 5. limpiar y preparar para el próximo huracán

¡Hablemos!

Answers will vary.

¡Te toca a ti!

Answers will vary.

B. Problemas ecológicos y sus causas

¿Comprendes?

1. el esmog, las enfermedades respiratorias y la escasez de los recursos naturales 2. las fábricas, la industrialización, la urbanización y la sobrepoblación 3. la extinción y las especies amenazadas (por ejemplo, la desaparición de los dinasaurios)

¡Practiquemos!

Answers will vary.

¡Escuchemos!

a. 6 b. 3 c. 2 d. 5 e. 1 f. 4

¡Hablemos!

Answers will vary.

¡Te toca a ti!

Answers will vary.

C. ¿Cómo se puede acabar con estos problemas?

¿Comprendes?

1. Es para educar a la gente y trabajar juntos para acabar con los problemas del medio ambiente. 2. plantar árboles y recoger basura 3. Pueden reciclar, reutilizar y reducir. También pueden conservar energía, usar productos orgánicos y usar el transporte público.

¡Practiquemos!

1. h 2. g 3. e 4. c 5. f 6. b 7. d 8. a

¡Escuchemos!
Answers will vary.

¡Hablemos!
Answers will vary.

¡Te toca a ti!
Answers will vary.

D. Síntesis

¿Comprendes?
1. con una ceremonia con el alcalde 2. plantar árboles y recoger basura 3. *Answers will vary.*

Expansión de vocabulario.
Answers will vary.

Expansión oral.
Answers will vary.

Traducciones.
In the Case of a Fire or Earthquake. If you notice a fire, you need to immediately call the police and the front desk/reception. You should not use the elevators. You should look for a staircase near your room. In the case of / If there is a fire, you should not leave the room if the door is hot. It is recommended that you put a towel under your door to prevent smoke from entering. In the case of an earthquake / If there is an earthquake, go down to the ground/first floor if possible. Do not stand near windows.

Enlace cultural.
Answers will vary.

Capítulo 12 El arte de persuadir y entretener: En Nicaragua y Panamá

A. Los anuncios y el arte de vender

¿Comprendes?
1. Porque promociona morales malos y su propósito es convencerle a la gente a malgastar su dinero. 2. Porque es entretenimiento y su lema es cómico. 3. Sugiere que su abuelo le escriba una carta a la compañía que produce el producto del anuncio. No, porque no vale la pena.

¡Practiquemos!
1. propósito 2. oferta 3. estereotipos 4. eficaz 5. cartelera 6. consumidores

¡Escuchemos!
1. superbajos/reducidos 2. Tienen muchas marcas, una panadería, una florería grande, y una gran variedad de frutas y verduras frescas. 3. darle los mejores productos a un precio rebajado 4. Superoferta: ¡vale la pena! 5. *Answers will vary.*

¡Hablemos!
Answers will vary.

¡Te toca a ti!
Answers will vary.

B. El mundo cinematográfico

¿Comprendes?
1. una película doméstica porque no quiere leer subtítulos 2. Es posible que no haya ninguna película doméstica buena. 3. Es muy difícil ella; no quiere ir a Cinemundo porque hay que hacer cola por mucho tiempo.

¡Practiquemos!
Answers will vary.

¡Escuchemos!
«El amor de mi vida», Director, Estrellas, Romántica, Panamá, el amor entre dos jóvenes y los problemas que sufren, el 10 de junio

¡Hablemos!
Answers will vary.

¡Te toca a ti!
Answers will vary.

C. El mundo literario

¿Comprendes?
1. la novela; el realismo mágico 2. la poesía; porque le gustan los símbolos y porque es difícil de entender 3. porque no la entiende

¡Practiquemos!
1. e 2. b 3. f 4. g 5. a 6. h 7. c 8. d

¡Escuchemos!
Answers will vary.

¡Hablemos!
Answers will vary.

¡Te toca a ti!
Answers will vary.

D. Síntesis

¿Comprendes?
1. académicos, para niños, de literatura (poesía, novelas, cuentos, etc.), de cocina, de viajes y mucho más 2. *Answers will vary. Possibilities include:* dice que hay mucho que hacer en la librería, que el consumidor puede conocer a nuevos amigos. 3. *Answers will vary.*

Expansión oral.

Answers will vary.

Expansión de vocabulario.

Answers will vary.

Traducciones.

Vote for your favorite movies, actors, actresses... ! Movie/Film, Foreign film, Actor, Actress, Supporting actor, Supporting actress, Director, Screenwriter, Producer, Sound effects, Special effects, Soundtrack *Send this survey to: ...

Enlace cultural.

Answers will vary.

Capítulo 13 Los estudios en el extranjero: Venezuela

A. En el avión

¿Comprendes?

1. el pasaporte y la tarjeta de embarque 2. estudiar 3. con familias

¡Practiquemos!

Vertical: 1. aterrizar 2. despegar 3. agencia de viajes 4. pasaporte 5. folleto
Horizontal: 1. facturar 2. azafato 3. alojamiento 4. pasajeros 5. embarque 6. cinturón 7. beca

¡Escuchemos!

1. F 2. C 3. C 4. F 5. C 6. F 7. C 8. C

¡Hablemos!

Answers will vary.

¡Te toca a ti!

Answers will vary.

B. La llegada a la universidad

¿Comprendes?

1. rellenar los formularios importantes 2. ver al consejero académico 3. dos: el examen de mediados de curso y el examen final

¡Practiquemos!

1. c 2. a 3. e 4. b 5. d 6. h 7. g 8. f

¡Escuchemos!

Questions are as follows. Student answers to questions will vary. 1. ¿Prefieres vivir en una residencia estudiantil o con una familia anfitriona? 2. ¿Necesitas seguro médico o no? 3. ¿Cuál es tu especialización? 4. ¿En qué facultad quieres tomar los electivos? 5. ¿Te gustan más las conferencias o las lecturas?

¡Hablemos!

Answers will vary.

¡Te toca a ti!

Answers will vary.

C. En el banco

¿Comprendes?

1. una cuenta corriente 2. Les aconseja que abran una cuenta estudiantil porque no hay balance mínimo y reciben cheques y una tarjeta para sacar efectivo. 3. Van a la oficina del correos. Ángela tiene que recoger un paquete y Juana tiene que comprar estampillas.

¡Practiquemos!

1. e 2. c 3. d 4. f 5. a 6. b

¡Escuchemos!

1. la cuenta simple; no hay balance mínimo; 12 cheques cada més; no hay tarjeta para el cajero automático 2. la cuenta regular; balance mínimo de $200; seis cheques cada més; hay tarjeta 3. la cuenta de lujo; balance mínimo de $500; no hay límite de cheques; hay tarjeta

¡Hablemos!

Answers will vary.

¡Te toca a ti!

Answers will vary.

D. Síntesis

¿Comprendes?

1. sí 2. Sí, hay un número máximo porque facilita atención individual para cada estudiante. 3. Nivel básico: examen escrito de aptitud. Nivel avanzado: examen escrito y examen oral

Expansión de vocabulario.

Answers will vary.

Expansión oral.

Answers will vary.

Traducciones.

Hi, Mark, sit down. What courses are you interested in taking? **No sé. ¿Qué cursos recomienda Ud. que yo tome?** What is your major? **Mi especialización es la historia, pero mi consejero en los Estados Unidos me aconseja que tome algunos cursos de historia del arte también.** First you need to take a Spanish language course. I also advise you to find a language exchange to practice conversation. **¡Buena idea! ¿Qué electivos debo tomar?** I recomend that you take a really good class that we have. It's called "Art History of the Hispanic World." **¡Muy interesante! Gracias por su ayuda.** You're welcome. If you have more questions come and see me.

Enlace cultural

Answers will vary.

Capítulo 14 Los monumentos y los museos: España

A. Los museos y el arte

¿Comprendes?

Answers may vary. 1. Duda que sea más de 300 pesetas. 2. porque es un museo de arte contemporáneo español 3. Es demasiado cara.

¡Practiquemos!

Answers will vary.

¡Escuchemos!

Answers will vary.

¡Hablemos!

Answers will vary.

¡Te toca a ti!

Answers will vary.

B. A comprar recuerdos

¿Comprendes?

Answers may vary. 1. la Plaza Cibeles 2. Se hacen de paja. 3. Luis va a comprar una cartera de cuero y una espada. Carlos va a comprar varios azulejos.

¡Practiquemos!

1. una cartera 2. unos recuerdos 3. una maceta 4. unos pendientes 5. la paja 6. el encaje 7. un joyero 8. un anillo

¡Escuchemos!

recuerdo, pendientes, perlas, cesta, paja, diseño, cartera, cuero, mercado, cómo llego, cruzar, doblas, recto, manzanas

¡Hablemos!

Answers will vary.

¡Te toca a ti!

Answers will vary.

C. Monumentos y espectáculos

¿Comprendes?

1. Marta: el alcázar, el acueducto romano y la catedral gótica; Juan: la mezquita y la sinagoga 2. el palacio real, la fuente de la Cibeles y una zarzuela 3. Antón Martín, Ópera

¡Practiquemos!

1. e 2. a 3. g 4. f 5. d 6. b 7. h 8. c

¡Escuchemos!

1. Andalucía 2. árabe, judía, cristiana 3. Santa Cruz 4. campanario 5. jardines 6. Oro 7. España 8. centro

¡Hablemos!

Answers will vary.

¡Te toca a ti!

Answers will vary.

D. Síntesis

¿Comprendes?

1. el Centro de Arte Reina Sofía 2. El Prado: 250 pesetas, Centro de Arte Reina Sofía: 250 pesetas 3. *Answers will vary.*

Expansión de vocabulario.

Answers will vary.

Expansión oral.

Answers will vary.

Traducciones.

Answer may vary slightly: The city of Seville personifies the Spanish spirit through the variety of its artistic richness. The capital of Andalusia, Seville, is an internationally known city with an impressive collection of monuments, a rich and varied holiday calendar, and a great historic personality. Visitors can go up the bell tower of the Giralda, study the beautiful architecture of the Gothic cathedral and spend hours discovering the magnificent Arabic decorations of the Alcázar (fortress). To know Seville it is necessary to enter its neighborhoods, like the small, pleasant neighborhood of Santa Cruz (Holy Cross) and that of Triana, with its white houses that face the river.

Enlace cultural.

Answers will vary.

Capítulo 15 El mejor empleo: Chile

A. Preparándose para la búsqueda de trabajo

¿Comprendes?

1. Juan busca un puesto en que tenga que hacer una variedad de cosas diferentes y en que tenga mucho contacto con la gente. 2. a un candidato que tenga un currículum interesante y bien escrito 3. que ponga primero la formación académica y después la experiencia profesional

¡Practiquemos!

avisos clasificados, bolsa, trabajo, colocación, personal, encabezamiento, datos personales, estructuras, formación académica, experiencia profesional *(Final answers will vary.)*

¡Escuchemos!

Estimada, anuncio, periódico, Educación, candidato, currículum vitae, experiencia profesional, administración, informática, formación académica, recomendación, En espera, saludo

¡Hablemos!

Answers will vary.

¡Te toca a ti!

Answers will vary.

B. Se necesita Director de Relaciones Públicas

¿Comprendes?

1. Director de Relaciones Públicas 2. *Answers will vary.* 3. *Answers will vary.*

¡Practiquemos!

Answers will vary.

¡Escuchemos!

1. Director de Publicidad: sea emprendadora, tenga entusiasmo, sepa tratar a la gente, sepa expresarse 2. Asistente a la Directora de Informática: tenga conocimientos tecnológicos, tenga buenas aptitudes para la comunicación, sea organizada, sea eficiente, sea paciente

¡Hablemos!

Answers will vary.

¡Te toca a ti!

Answers will vary.

C. La entrevista

¿Comprendes?

1. Se sintió un ambiente de angustia. 2. Le pidió tres virtudes y un defecto. 3. Sí, los temas se mencionaron.

¡Practiquemos!

Horizontal: 1. puntualidad 2. seguridad 3. integrarse 4. disciplina 5. virtudes 6. méritos. 7. contrato
Vertical: 1. postura 2. pasividad 3. superiores 4. eficacia 5. dudar

¡Escuchemos!

Answers will vary.

¡Hablemos!

Answers will vary.

¡Te toca a ti!

Answers will vary.

D. Síntesis

¿Comprendes?

1. la tranquilidad 2. investigar la empresa, prepararse las preguntas 3. *Answers will vary.*

Expansión de vocabulario

Answers will vary.

Expansión oral

Answers will vary.

Traducciones

Answer may vary slightly: Se necesita secretaria ejecutiva que hable español e inglés. Una empresa busca una persona que sea dedicada y eficiente y que tenga buenas aptitudes para la comunicación y el conocimiento técnico. El candidato debe tener experiencia administrativa y el don de mando. El puesto requiere una persona que sea precisa y emprendedora y que tenga entusiasmo. Candidatos deben mandar currículum, carta de presentación y dos cartas de recomendación.

Enlace cultural

Answers will vary.

Capítulo 16 Hogar dulce hogar: Bolivia

A. Vámanos: A buscar un apartamento

¿Comprendes?

1. Ana dice que es importante que encuentren un apartamento y que no va a ser tan difícil. También dice: «Vamos, no perdamos tiempo y hagámoslo ya». 2. A Marta no le importa la ubicación porque ha vivido en varios sitios y cada cosa tiene su ventaja. 3. porque los apartamentos sin luz no le gustan para nada

¡Practiquemos!

Answers will vary.

¡Escuchemos!

Answers will vary.

¡Te toca a ti!

Answers will vary.

B. ¡Hemos comprado una casa!

¿Comprendes?

1. Habían estado buscando por mucho tiempo. Habían visto por lo menos 20 casas. 2. Cuando llegaron, el agente no estaba y Juan y Magdalena pensaban que ya se había vendido la casa porque el letrero se había quitado. 3. Según Magdalena, es preciosa, es de piedra, tiene chimenea, jardín, porche y patio interior, etc.

¡Practiquemos!

Answers will vary.

¡Escuchemos!
1. F 2. C 3. F 4. F 5. C 6. F 7. C 8. C

¡Hablemos!
Answers will vary.

¡Te toca a ti!
Answers will vary.

C. Lo mejor de nuestra casa

¿Comprendes?
1. Una persona puede hacer todo lo que quiera. 2. el jardín 3. Por lo general, le va bastante bien.

¡Practiquemos!
1. h 2. a 3. f 4. g 5. d 6. e 7. b 8. c

¡Escuchemos!
Answers will vary.

¡Hablemos!
Answers will vary.

¡Te toca a ti!
Answers will vary.

D. Síntesis

¿Comprendes?
1. Arenal, Centro, Avenida de la República (zona suburbia) 2. Barrio Santa Margarita 3. *Answers will vary.* 4. *Answers will vary.*

Expansión de vocabulario
Answers will vary.

Expansión oral
Answers will vary.

Traducciones
Answer may vary slightly: Se vende. Casa soleada con tres habitaciones. Ubicación céntrica. Vecinos agradables. La casa es de ladrillo y tiene chimenea, suelo de madera y balcón. Todos los electrodomésticos son nuevos y incluyen microondas y lavaplatos. Lavadora y secadora nuevas han sido instaladas en el sótano. Aire acondicionado y calefacción central. Hay aparcamiento en el garaje. La casa tiene una vista magnífica de las montañas. La casa tiene un ático y la propiedad incluye un jardín maravilloso con un estanque. El dueño ha planteado muchos árboles y rosales. Llame para hacer una oferta.

Enlace cultural
Answers will vary.

Capítulo 17 El futuro, las computadoras y la tecnología: Ecuador y Guinea Ecuatorial

A. A predecir el futuro: los horóscopos y las supersticiones

¿Comprendes?
1. en caso de que diga algo interesante 2. «¡Qué gracioso! Entonces, mientras no vaya al trabajo, no me podrá pasar nada desagradable.» 3. *Answers will vary.*

¡Practiquemos!
Answers will vary.

¡Escuchemos!
Answers will vary.

¡Te toca a ti!
Answers will vary.

B. Compraré una computadora nueva

¿Comprendes?
1. Antes de que los dueños terminen de pagar, la computadora estará obsoleta. 2. Habla de un programa nuevo de ventas de la compañía ÚltimoTech. 3. *Answers will vary.*

¡Practiquemos!
1. f 2. e 3. d 4. h 5. a 6. g 7. c 8. b

¡Escuchemos!
1. F 2. C 3. C 4. F 5. F 6. C

¡Hablemos!
Answers will vary.

¡Te toca a ti!
Answers will vary.

C. El ciberespacio

¿Comprendes?
1. cuando la computadora pueda escuchar su voz y hacer lo que él diga 2. El padre piensa que una persona mayor no puede recibir una contraseña. 3. *Answers will vary.*

¡Practiquemos!
Answers will vary.

¡Escuchemos!
Answers will vary.

¡Hablemos!
Answers will vary.

¡Te toca a ti!
Answers will vary.

D. Síntesis

¿Comprendes?

1. a las personas que tienen miedo de la tecnología (los tecnofóbicos) 2. *Answers will vary.* 3. *Answers will vary.*

Expansión de vocabulario

Answers will vary.

Expansión oral

Answers will vary.

Traducciones

Answer may vary slightly: Hoy será un día increíble para los que han nacido bajo el signo de Gemenis. Tan pronto como salgas de tu casa, te pasarán cosas impresionantes. Es importante que visites a un amigo hoy para que él/ella pueda darte unas noticias increíbles. Por la tarde debes relajarte y prepararte, porque mañana conocerá al amor de tu vida o a un amigo nuevo increíble quien cambiará tu percepción del mundo.

Enlace cultural

Answers will vary.

Capítulo 18 Esperanzas y sueños: En Paraguay y Uruguay

A. La movida mundial

¿Comprendes?

1. Quería que su familia tuviera más oportunidades (y un mejor empleo). También tiene muchos amigos y familia en Chicago. 2. Sufrió el choque cultural y dudaba que aprendiera bien el inglés. 3. No está seguro porque extraña a sus familiares en Paraguay y duda que sus padres vengan a vivir en Chicago.

¡Practiquemos!

Vertical: 1. discriminación 2. extrañar 3. obtener 4. inmigrante 5. rechazar 6. empleo

Horizontal: 1. regresar 2. indocumentado 3. bilingüismo 4. etnocentrismo 5. actualmente 6. ciudadano.

¡Escuchemos!

Answers will vary.

¡Hablemos!

Answers will vary.

¡Te toca a ti!

Answers will vary.

B. ¿Qué harías si fueras un líder mundial?

¿Comprendes?

1. Trabajaría muy duro contra la violencia y el narcotráfico y cambiaría el sistema de asistencia pública. 2. liberal, porque legalizaría las drogas y se desharía de la pena de muerte 3. con que es necesario tener un sistema nacional de seguro de enfermedad

¡Practiquemos!

1. Cuba 2. Argentina, Bolivia, Chile, Colombia, Costa Rica, Cuba, Ecuador, El Salvador, Guatemala, Honduras, México, Nicaragua, Panamá, Paraguay, Perú *(with some limitations),* la República Dominicana, Uruguay, Venezuela 3. ningún país 4. España (una monarquía democrática) 5. Puerto Rico

¡Escuchemos!

Eutanasia: a favor

Derecho de portar armas: en contra

Legalización de drogas: en contra

Sistema nacional de seguro de enfermedad: a favor

Pena de muerte: en contra

Más impuestos para la asistencia pública: no sé

¡Hablemos!

Answers will vary.

¡Te toca a ti!

Answers will vary.

C. Mi compañero(a) ideal

¿Comprendes?

1. más o menos a 20 personas, porque quiere que sea más íntima la boda y porque más invitados costarían más 2. buscar un traje de novia 3. a una isla del Caribe porque sería más exótica y romántica

¡Practiquemos!

Answers will vary.

(Capítulo 18, continued)

¡Escuchemos!

Nombre: Juan Cervantes

Edad: 30 años *Profesión:* periodista

Características de él: activo, ambicioso, idealista y divertido

Características de compañera ideal: activa, graciosa cariñosa y soñadora

¡Hablemos!

Answers will vary.

¡Te toca a ti!

Answers will vary.

D. Síntesis

¿Comprendes?

1. María Fernanda y Luis Carlos 2. 28 de abril de 2001, 2 P.M. la iglesia de San Pablo 3. sí

Expansión de vocabulario

Answers will vary.

Expansión oral

Answers will vary.

Traducciones

Personal Data/Information

Name: Catarina Solana

Country of origin: Uruguay

City: Montevideo

Age: 25

Civil Status: single

Height: 1 meter, 60 centimeters

Eye Color: brown/chestnut

Hair Color: brunette/dark

Profession: executive

Educational Experience/Studies Completed: international business

Children: none

Type of relationship sought: romantic

Characteristics of the desired person: attractive, fun, responsible, and ambitious

Your characteristics: fun, ambitious, playful, and active

Comments: I'm looking for a man who wants to have a serious romantic relationship.

Email address: csolana@moneluz.com

Enlace cultural

Answers will vary.

Vocabulario español-inglés

A
a dieta/régimen on a diet
a la izquierda/derecha de on the left/right of
a las mil maravillas fabulously
a menudo often
a punto de + inf. about to do something
a veces sometimes
abanico fan (hand-held)
abogado(a) lawyer
abrigo coat
abrocharse to fasten
aburrirse to become bored
académico *(adj.)* academic
accesorio accessory
accidente *(m.)* accident
aceite *(m.)* oil
aceptar to accept
ácido acid
acordarse de (ue) to remember
actitud *(f.)* attitude
actividad *(f.)* activity
activo *(adj.)* active
actor *(m.)* actor
actriz *(f.)* actress
actual *(adj.)* recent
actual(mente) current(ly)
actualizar to refresh
actualizar de grado to upgrade
actualmente currently
acuareal *(f.)* watercolor
Acuario Aquarius
acueducto aqueduct
adaptación *(f.)* adaptation
adaptarse to adapt
adelgazar (c) to become thin, lose weight
adicción *(f.)* addiction
administración *(f.)* administration
adornito knick-knack
adorno decoration
adverbio adverb
aerograma *(m.)* aerogram
aerosol *(m.)* aerosol
afueras outskirts
ágata *(m.)* agate
agencia agency
agencia de viajes *(f.)* travel agency
agitarse to become upset
agotado *(adj.)* exhausted
agotarse to sell out
agradable *(adj.)* pleasant
agradar to please
agradecer (zc) to thank
agua *(m.)* water
aguacate *(m.)* avocado
aguacero downpour
águila eagle
ahijado(a) godson/goddaughter
ahorrar to save
ahorro *(adj.)* saving
aire *(m.)* **acondicionado** air conditioning
al día caught up, up to date
al lado de next to
albañil(a) bricklayer
alcázar *(m.)* fortress, palace
alcohol *(m.)* alcohol
aldea (aldehuela) small village
alegrarse to become happy
alegre *(adj.)* happy
alemán(a) German
alergia allergy
alfarero(a) potter
alfombra carpeting
alfombrilla de ratón *(f.)* mouse pad
algodón *(m.)* cotton
aliarse con to ally oneself with
alimento food
almidón *(m.)* starch
almozar (ue) to eat lunch
almuerzo lunch
alojamiento housing
alquilar to rent
alta definición/resolución *(f.)* high resolution
altavoz *(m.)* louspeaker
alto *(adj.)* high, tall
aluminio aluminum
ama de casa housewife
amarillo *(adj.)* yellow
ambalar to pack
ambición *(f.)* ambition
ambicioso *(adj.)* ambitious
amenazado *(adj.)* endangered
amenidad *(f.)* amenity
amor *(m.)* love
amueblado *(adj.)* furnished
anaranjado *(adj.)* orange
andar *(irreg.)* to walk
andén *(m.)* platform
anfiteatro amphitheater, auditorium
anfitrión(a) host, hostess
angustia anguish
anillo ring
animal de peluche *(m.)* stuffed animal
aniversario birthday
antagonista *(m., f.)* antagonist
antes de before
antibiótico antibiotic
anticongestivo decongestant
anticuado *(adj.)* antiquated
antiguo *(adj.)* old, of antique quality
antihistamínico antihistamine
antivirus *(m.)* anti-virus
antropología anthropology
anunciar to annouce, advertise
anuncio ad, advertisement
añadir to add
Año Nuevo New Year's Day
apagar (gu) to turn off
apellido last name, surname
apetecer (zc) to appeal to
aplicación *(f.)* application
aportar to bring, contribute
apoyar to support
aprender to learn
árbol *(m.)* tree
arbusto bush
archivero filing cabinet
archivo file
arena *(m.)* sand
argumento plot
Aries Aries
armario wardrobe, closet
arquitectura architecture
arte *(m.)* art
arte marcial *(m.)* martial art
artesanía artisan work
artista *(m., f.)* artist
arrancar (qu) to boot
arreglar to arrange, organize
arreglarse to get ready
arrendar to rent
arrogante *(adj.)* arrogant
arroz *(m.)* rice
asado roast
ascensor *(m.)* elevator
asesinato(a) murderer
asiento seat
asistencia attendance, presence
asistir a clase to attend class
asistir a to attend
asma *(m.)* asthma
asociado *(adj.)* associated
asociar to associate
astronomía astronomy
ático attic
atlético *(adj.)* athletic
atmósfera atmosphere
atole *(m.)* thick, hot, cornmeal drink
atractivo *(adj.)* attractive
automático *(adj.)* automatic
autopista superhighway
autor(a) author
avalancha avalanche
avena oatmeal
avergonzarse (ue, c) to be embarrassed, ashamed
avión *(m.)* airplane
avisos clasificados want ads, classified ads
ayudar to help
azúcar *(m.)* sugar

azucena white lilly
azul *(adj.)* blue
azulejo glazed ceramic tile

B

babero bib
bacalao cod
bafle *(m.)* speaker (of a stereo)
baile *(m.)* dance
bajar download, to get off (the train), to go down
bajar de peso to lose weight
bajo *(adj.)* low, short
bajo bass (musical instrument)
bajo en grasa low-fat
balcón *(m.)* balcony
balde *(m.)* bucket
ballena whale
banco bench, bank
banda sonora soundtrack
banquero(a) banker
banqueta footstool
bar *(m.)* bar
barato *(adj.)* cheap, inexpensive
barbacoa barbecue
barrio neighborhood, zone of a city
base de datos *(f.)* database
basura garbage, litter
bata bathrobe
batería percussion
batido shake (made with milk)
batir to beat
baúl *(f.)* trunk
bebida drink
beca scholarship
bella arte *(f.)* fine art
beneficios benefits
bermellón *(m.)* vermilion
beta caroteno *(m.)* beta carotene
bien well
bien educado *(adj.)* well-mannered
¡Bienvenido(a)! Welcome!
bikini *(m.)* bikini
bilingüe *(adj.)* bilingual
bilingüismo bilingualism
billete *(m.)* bills, ticket
biología biology
bisabuelo(a) great-grandfather/great-grandmother (*pl.* great-grandparents)
bizcocho cake
blanco *(adj.)* white
blues *(m.)* blues
boda wedding
boleto ticket
bolsa bag
bolso purse
bota boot
botadero dump
breve *(adj.)* brief
brindis *(m.)* toast
bromear to joke
bruma mist, steam, haze
bucear to scuba dive, to snorkel, to deep-sea dive
bueno *(adj.)* good
burdeo *(adj.)* burgundy
búsqueda search
butaca seat (of a theatre)

C

cacerola pot, casserole dish
cada día / fin de semana every (each) day/week
caerse *(irreg.)* to fall
cafeína caffeine
caja box
caja *(f.)* **de seguridad** safety deposit box
cajero automático cash/ATM machine
calabacita squash
calabaza pumpkin
calcio calcium
calefacción *(f.)* heat
calentar to heat, warm up
calmarse to become calm
calor *(m.)* heat
caloría calorie
callarse to be quiet
cama *(f.)* bed
cama *(f.)* **de agua** waterbed
camarone *(m.)* shrimp
cambiar to change
cambio change
camíón *(m.)* truck
camioneta van
camisa shirt
campanario bell tower
campanas bells
campo country, field
canal *(m.)* channel
Cáncer Cancer
candidato candidate
cansarse to become tired
cantar to sing
capaz *(adj.)* capable
Capricornio Capricorn
característica characteristic
carbohidrato carbohydrate
cargado *(adj.)* strong
cariñoso *(adj.)* affectionate
carismático *(adj.)* charismatic
carne *(f.)* meat
carnet *(m.)* card
carpeta folder
carpintero(a) carpenter
carta menu, letter
carta de presentación *(f.)* cover letter
carta de recomendación *(f.)* letter of recommendation
carta de solicitud *(f.)* application letter
cartel *(m.)* banner (ad); billboard (the poster)
cartelera billboard (the structure), marquis, guide
cartera wallet
cartón *(m.)* cardboard
carrera course of study for a degree
casa home
casa *(f.)* **de cambio** money exchange house
casa productora production house/company
casado *(adj.)* married
cáscara skin, peel, rind
cassette *(m.)* cassette tape
castillo castle
casto *(adj.)* pure, chaste
cataratas waterfall
catedral *(f.)* cathedral
catorce fourteen
causa *(f.)* cause
caza furtiva poaching
cazar (c) to hunt
cebolla onion
celebrar to celebrate
celeste *(m.)* sky
cena dinner
cenar to have/eat dinner
ceniza ash
centígrados centigrade
céntrico *(adj.)* central
centro downtown, center of town
cepillarse to brush (one's hair, teeth)
cerámica ceramic
cerca de close to
cereal *(m.)* cereal
ceremonia ceremony
cereza cherry
certeza certainty
cerveza beer
cesta/o basket
chaqueta jacket
charlar to chat
chat *(m.)* chat
cheque check
cheque *(m.)* **de viajero** traveler's check
chimenea chimney
chino(a) Chinese
chocar (qu) con to crash into
choque *(m.)* shock
chorizo spicy sausage
chupete *(m.)* pacifier
chupón *(m.)* pacifier
cibercultura cyberculture
ciencia science
ciencia biológica biology
ciencia química chemistry
cierre *(m.)* closing, shutting
cierto *(adj.)* certain, true
cima top, summit
cinco five
cine *(m.)* movie theater
cinéfilo(a) film buff
cinematográfico cinematography
cinta cassette tape
cinturón *(m.)* belt
ciruela plum
cisne *(m.)* swan
cita appointment
ciudadanía citizenship
ciudadano(a) citizen
civilización *(f.)* civilization
claro *(adj.)* light
clase *(f.)* class
clásica classical music

clasico *(adj.)* classical
cliente *(m., f.)* customer
clínica clinic
cliquear to click
club *(m.)* club
cobrar to charge
cocer *(irreg.)* to cook
cocinar to cook
cocinero(a) cook, chef
cojine *(m.)* cushion
col *(f.)* cabbage
colección *(f.)* collection
coleccionar to collect
colega *(m., f.)* colleague
colesterol *(m.)* cholesterol
colgar (ue, gu) to hang, to get hung up
coliflor *(f.)* cauliflower
collar *(m.)* necklace
colocar (qu) to put, to place
colonia cologne
color *(m.)* color
columpio swing
combustible *(m.)* fuel
comedia comedy
comer to eat
comer mal to eat poorly
comercial *(adj.)* commercial
comerciante *(m., f.)* business person
comercio commerce, trade
cómico *(adj.)* funny
comida meal
comisión *(f.)* commission
¿Cómo? Pardon me? (when you haven't heard), How?
comodidades *(f.)* amenities
cómodo *(adj.)* comfortable
compañero(a) mate
compañia company
compartimiento de equipage *(m.)* luggage compartment
completo *(adj.)* complete
comportarse to behave
comprar to buy
comprensivo understanding
compromiso engagement
computadora computer
comunicación *(f.)* communication
comunismo communism
con with
con destino a destined for
con frecuencia frequently, often
concurso game show, contest
conductor(a) driver
conejo rabbit
conferencia lecture
congestión vehicular *(f.)* traffic jam/congestion
congestionado *(adj.)* congested
conmover (ue) to sway
conocimiento knowledge
conseguir (i, i) to get
consejero(a) adviser
consejo advice
conservador(a) conservative
conservar (i, i) to conserve
constructor(a) builder
construir (y) construct
consumidor(a) consumer
consumir to consume
contador(a) accountant
contaminación *(f.)* pollution
contener *(irreg.)* to contain
contento *(adj.)* happy
contra de against
contraseña password
contrato contract
control remoto *(m.)* remote control
controversial *(adj.)* controversial
convencer (zc) to convince
convenio agreement
conversación chat
copia copy
copiar y pegar (gu) to copy and paste
cortar to cut
cortarse to cut oneself
corte *(f.)* court
cortinas curtains
corto *(adj.)* short
correo electrónico email
correr to run
corrida de toros bullfight
corriente *(adj.)* checking
corrupción *(f.)* corruption
coser to sew
country *(m.)* country music
creador *(adj.)* creative
crear to create
creatividad *(f.)* creativity
creativo *(adj.)* artistic
crema bronceador *(f.)* sunscreen, tanning lotion
criada *(f.)* maid
crimen *(m.)* crime
criminal *(m.)* criminal
criticar (qu) to criticize
crítico *(adj.)* critical
cruzar (zc, c) to cross
cuadro frame, painting
cualidad *(f.)* quality
cuando when
¿Cuándo? When?
cuatro four
cubierto silverware
cubismo cubism
cubo *(m.)* **para basuras** trash can
cuchara spoon
cucharada tablespoon
cuchillo knife
cuenta check, account
cuentista *(m., f.)* short-story writer
cuento short story
cuerda rope
cuero leather
cuerpo body
cuestión *(f.)* issue
cuidar to take care of
cultismo learned word
cultural *(adj.)* cultural
cumpleaños *(m.)* birthday
cuna cradle, crib
cuñado(a) brother-in-law/sister-in-law
curioso *(adj.)* curious, interesting
curita bandaid
curso course

D

dañar to damage
dañino *(adj.)* damaging
daño damage
dar *(irreg.)* to give
darse *(irreg.)* **cuenta de** to realize
darse *(irreg.)* **prisa** to hurry
de acuerdo con in agreement with
de buen/mal humor in a good/bad mood
de cuadras checked
de estatura mediana of medium height
de hierbabuena peppermint
de ida y vuelta round trip
de lujo luxury
de lunares polka-dotted
de manzanilla chamomile
de moda in fashion
de nada You're welcome.
de vacaciones on vacation
de vez en cuando once in a while
deber to have to
decoraciones *(f.)* decorations
decorar to decorate
dedicación *(f.)* dedication
dedicado *(adj.)* dedicated
defasado *(adj.)* obsolete, out of date
defecto defect
deficiencia deficiency
dejar to check out (of a hotel)
delante de in front of
delfín *(m.)* dolphin
delgado *(adj.)* thin
delicioso *(adj.)* delicious
delito crime
democracia democracy
dentista *(m., f.)* dentist
dependiente *(m., f.)* clerk
deportes *(m.)* sports
deportista *(m., f.)* athlete
depositar to deposit
deprimirse to become depressed
derecho law, straight
derrotar a to defeat
desafío challenge
desalojar to evacuate
desaparición *(f.)* disappearance
desarrollo *(adj.)* developing
desastre *(m.)* disaster
desayunar to have/eat breakfast
desayuno breakfast
descafeinado *(adj.)* decaffeinated
descansar to rest
deseable *(adj.)* desirable
desempacar (qu) to unpack
desempeñar to hold, carry out
desempeñar el papel to play the role
desempleo unemployment
desenlace *(m.)* denouement

desfile *(m.)* parade
deshacerse *(irreg.)* **de** to get rid of
desmayarse to faint
desocupar to check out (of a hotel)
despejado *(adj.)* clear
desperdicio waste, wasting
desperdiciar to waste
despertador *(m.)* alarm clock
después de after
destinatario address
destrucción *(f.)* destruction
destruir (y) to destroy
desván *(m.)* sofa, couch
detergente *(m.)* detergent
detrás de behind
día *(m.)* day
día *(m.)* **de la Independencia** Independence Day
día *(m.)* **del santo** Patron Saint's Day (of a town/person)
día *(m.)* **festivo** holiday
Día del Arbol Arbor Day
diarrea diarrhea
dibujar to draw
dibujo animado cartoon
diccionario dictionary
dictador(a) dictator
dictadura dictatorship
diecinueve nineteen
dieciocho eighteen
dieciséis sixteen
diecisiete seventeen
diez ten
difícil *(adj.)* difficult, picky
difundir to broadcast
difunto *(adj.)* deceased, dead (person)
dinero money
diplómatico(a) diplomat
dirección *(f.)* address, direction
director(a) (de) director (of)
dirigido *(adj.)* directed toward
dirigirse to speak, address oneself to
disciplina discipline
disco disk
disco duro hard drive
discoteca discotheque
discriminación *(f.)* discrimication
diseño design
disolver (ue) to dissolve
distante *(adj.)* distant
disuadir to sway
divertido *(adj.)* fun
divertirse (ie, i) to have fun
divorciado *(adj.)* divorced
doblado *(adj.)* dubbed
doblaje *(m.)* dubbing
doblar to dub, to turn
doble especial *(m., f.)* stuntman/woman
doce twelve
docena dozen
doctor(a) doctor
documento document
doler (ue) to hurt
doméstico(a) domestic
donar to donate
¿Dónde? Where?
dos two
drama *(m.)* drama
dramaturgo(a) playwright
droga drug
ducharse to shower
duda doubt
dudar to doubt
dueño(a) owner
durar to last
durazno peach

E

echar de menos to miss
economía economy
económico *(adj.)* economic
ecoturismo ecotourism
edad *(f.)* age
educación *(f.)* education
educar (qu) to educate
efectivo cash
efecto especial *(m.)* special effect
efecto sonoro sound effect
eficacia effectiveness
eficaz *(f.)* effective
eficiente *(adj.)* efficient
ejecutar (un programa) to run (a program)
ejecutivo(a) executive
ejercicios (escritos/orales) (written/oral) exercises
electivo elective
electricista *(m., f.)* electrician
electrodoméstico household appliance
elegir (i, i) to choose
elemento element
embarazada pregnant
embarazo pregnancy
embarcar (qu) en to board
emigrar to emigrate
emocianado *(adj.)* excited
emoción *(f.)* emotion
empapelar to wallpaper
empezar (ie, c) to start
empleo employment
empleado(a) clerk
emprendedor *(adj.)* enterprising
empresa company, business
en blanco y negro in black and white
en la Calle/Avenida... on . . . Street/Avenue
en la esquina de on the corner of
en oferta on sale
en seguida immediately
encabezamiento *(m.)* heading
encaje *(m.)* lace
encontrar (ue) to find
encontrarse (ue) to meet up with (by accident)
energía energy
enfadarse to become angry
enfermarse to get sick
enfermedad *(f.)* illness
enfermero(a) nurse
enfermizo *(adj.)* sickly
enfurecerse (zc) to become furious
engordarse to gain weight
enlazar to link
enojado *(adj.)* angry
enojarse to become angry
ensayista *(m., f.)* essayist
ensayo essay, trest, trial
enseñar to teach
enterarse de to find out about
entrada entrance ticket
entre in between
entre semana during the week
entreacto intermission, interval
entretenimiento entertainment
entrevista interview
entristecer (zc) to sadden
entristecerse (zc) to become sad
entusiasmo enthusiasm
enviar to send
epicentro epicenter
equipaje *(m.)* luggage
equipaje de mano *(m.)* carry-on luggage
equipo equipment
erupción *(f.)* eruption
escalar to scale, climb
escalera stairway, stairs
escalofrío chill
escanear to scan
escapar to escape
escaparate *(m.)* store
escasez *(f.)* scarcity, lack
Escorpión *(m.)* Scorpio
escribir to write
escribir a máquina to type
escritor(a) writer
escritorio desk
escultura sculpture
eslogan *(m.)* slogan
esmoquin *(m.)* tuxedo
esnorquelear to snorkel
espacio space
espada sword
espantoso *(adj.)* frightening
especialización *(f.)* major, field
especializarse (c) to major in
especies *(f.)* species
espectáculo show
espejo mirror
esperar to wait
esponja sponge
esposo(a) spouse
esquí *(m.)* **acuático** water-skiing
esquí *(m.)* **alpino** downhill skiing
esquiar to ski
estación *(f.)* **de autobuses/trenes/policía** bus/train/ police station
estación *(f.)* station
estacionamiento parking
estado state
estado de cuenta *(m.)* bank statement
estampilla stamp
estanque *(m.)* pond

estante *(m.)* bookshelf
estar *(irreg.)* to be
estar *(irreg.)* **a dieta** to be on a diet
estar *(irreg.)* **de acuerdo** to agree
estereotipo stereotype
estilo style
estirarse to stretch
estornudar to sneeze
estragar (gu) to devastate, ruin
estrategia strategy
estrella star
estreno premiere
estresado *(adj.)* stressed
estudiante *(m., f.)* student
estudio *(m.)* study
estufa stove
etnocentrismo ethnocentrism
eucarística Eucharistic, having to do with Holy Communion
eutanasia euthanasia
evacuar to evacuate
evidente *(adj.)* evident, obvious
evitar to avoid
excursión *(f.)* excursion, day trip
exigente *(adj.)* demanding
exiliado *(adj.)* exiled
éxito success
éxito de taquilla *(m.)* box-office success
experimentar to experience
explorador *(m.)* browser
explorar to explore
exposición *(f.)* exposition
expresar express
expresarse to express oneself
expresión *(f.)* expression
extinción *(f.)* extinction
extrañar to surprise, to seem strange; to miss
extranjero *(adj.)* foreign
extranjero(a) foreigner
extrovertido *(adj.)* extraverted

F

fábrica factory
facultad *(f.)* school or department (in a university)
falda skirt
falta lack
fallecer (zc) to die, to pass away
familia family
farmacéutico(a) pharmacist
farmacia pharmacy
favor de in favor of
fax *(m.)* fax
fecha *(f.)* **de nacimiento** birthday
¡Felicidades! Congratulations! / Happy birthday!
¡Feliz cumpleaños! Happy birthday!
fenómeno phenomena
feria fair
fertilizante *(m.)* fertilizer
fibra fiber
fiesta party
fiesta de cumpleaños birthday party
fiesta del pueblo town/city holiday/celebration
fila row
film *(m.)* film
filosofía philosophy
finanzas *(m.)* finance
física physics
flamenco flamenco
flauta *(f.)* flute
florecer (zc) to flower, to bloom
florero vase
fólico folic
folleto brochure
fondo background
formato format
formulario form
fósil *(m.)* fossil
fotocopiar to photocopy
fotógrafo(a) photographer
fracasar to fail, to be unsuccessful
fracaso failure
fracturarse to fracture
francés(a) French
franela flannel
franqueo postage
frecuentemente frequently
fregar (gu) to scrub, to wash
freír (i, i) to fry
frente a across from
fresa strawberry
frío *(adj.)* cold
frontera border, frontier
fronteriza border
fruta fruit
fuego fire
fuegos *(m.)* **artificiales** fireworks
fuente *(f.)* fountain
fuerza *(f.)* strength
futuro future

G

gafas *(m.)* sunglasses
galaxia *(f.)* galaxy
ganar un premio to win an award/prize
garaje *(m.)* garage
gas *(m.)* gas
gasolina gasoline
gastar to spend
gasto expenditure
gato cat
gemelo(a) twin
Geminis Gemini
general *(adj.)* general
género genre
generoso *(adj.)* generous
gente *(f.)* people
geografía geography
gerente *(m., f.)* manager
gesto gesture
gimnasio gym
gira tour
girasol *(m.)* sunflower
global *(adj.)* global
gobierno government
gordito *(adj.)* chubby
gorra hat
gota drop
gozar (c) to enjoy
grabado engraving
grabar to tape
gracioso *(adj.)* funny
granizo hail
gráphico graphic
grasa fat
gritar to shout
guante *(m.)* glove
guapo *(adj.)* handsome, good-looking
guardaequipaje *(m.)* luggage storage
guardar to save
gubernamental *(adj.)* governmental
guerra war
guineo banana
guión *(m.)* script
guionista *(m., f.)* screenwriter
guisantes *(m.)* peas
guiso stew
guitarra *(f.)* guitar
gustar to like

H

habichuela bean
habíl para good at
habilidad *(f.)* ability
habitación *(f.)* **doble/sencilla** double/single room
hablar por teléfono to talk on the phone
hablar to talk
hacer *(irreg.)* to do
hacer clic to click
hacer cola to wait in line
hacer ejercicios to do exercises
hacer un viaje to take a trip
hambre *(f.)* hunger
herido *(adj.)* injured (persons)
hermanastro(a) stepbrother, stepsister
hervir (ie, i) to boil
hielo ice
hierro iron
hipoteca mortgage
historia history
hogar *(m.)* home, household
hoja enrollment form, leaf
hojear to browse
honesto *(adj.)* honest
horario schedule
horizonte *(m.)* horizon
hornear to bake
horrible horrible
hospital *(m.)* hospital
hotel *(m.)* hotel
hoy today
huella track
huésped *(m., f.)* guest
huevos eggs
humano human
humedad *(f.)* humidity
húmedo *(adj.)* humid
humo smoke
huracán *(m.)* hurricane

I

icono icon
idealista *(adj.)* idealistic
identidad identification
identitad *(f.)* identity
iglesia church
imagen *(f.)* image
impaciente *(adj.)* impatient
impedir (i, i) to impede/stop
imperfecto *(adj.)* imperfect
impermeable *(m.)* raincoat
importante *(adj.)* important
importar to be important, to matter
imposible *(adj.)* impossible
impresora printer
impresionismo impressionism
imprimir to print
impuesto tax
impulsivo *(adj.)* impulsive
incendio fire (large)
indicador *(m.)* pointer
indocumentado *(adj.)* undocumented
industría industry
infección *(f.)* infection
información *(f.)* information
informática computer science
ingeniero(a) engineer
ingresar to deposit
ingreso deposit
iniciar to boot
inmigrar to immigrate
inmigración *(f.)* immigration
inmigrante *(m., f.)* immigrant
inquieto *(adj.)* restless
inquilino(a) tenant
inscripción *(f.)* registration, enrollment
insomnio insomnia
integrarse to integrate oneself
íntegro *(adj.)* honorable, having integrity
inteligente *(adj.)* intelligent
intensivo *(adj.)* intensive
intentar to try
intercambio exchange
interés *(m.)* interest
interesante *(adj.)* interesting
interesar to be interesting, to interest
internacional *(adj.)* international
Internet *(m.)* Internet
intérprete *(m., f.)* interpreter
introvertido *(adj.)* introverted
inundación *(f.)* flood
invertir (ie, i) to invest
investigar (gu) to research, to investigate
invitado(a) guest
invitar to invite
inyección *(f.)* injection
ir *(irreg.)* **al cine** to go to the movies
ir *(irreg.)* **de compras** to go shopping
ir *(irreg.)* **de excursión** to go on an excursion
ir *(irreg.)* **de vacaciones** to go on vacation
irritarse to become irritated
irse *(irreg.)* to leave (for somewhere)
italiano(a) Italian

J

jaguar *(m.)* jaguar
jamón *(m.)* ham
japonés(a) Japanese
jarabe *(m.)* syrup
jardín *(m.)* garden
jazmín *(m.)* jasmine
jazz *(m.)* jazz
jefe(a) boss, head
joya jewelry
joyero jewelry box
joyero(a) jeweler
juez *(m., f.)* judge
jugar (ue, gu) (con) to play (with)
jugar (ue, gu) al aire libre to play outside
jugo juice
juguete *(m.)* toy
juguetón *(adj.)* playful
juicio judgment
juntarse con to meet with
Júpiter *(m.)* Jupiter
justicia cop, justice
justo just, fair
juzgar (gu) to judge

K

kilo kilogram

L

lácteo dairy
ladrillo brick
ladrón *(m.)* robber
lago lake
lana wool
lancha boat
langosta *(f.)* lobster
langosta locust
largo *(adj.)* long
lástima pity
lava lava
lavadora (de ropa) (clothes) washer
lavaplatos *(m.)* dishwasher
lavar la ropa to wash clothes
leal *(adj.)* loyal
leche *(f.)* milk
lector de CD-ROM *(m.)* CD-ROM drive
lectura reading
leer (y) to read
legal *(adj.)* legal
legalización *(f.)* legalization
legalizar (c) to legalize
lejos de far from
lema *(m.)* slogan
lengua language
Leo Leo
letra letter
levantar to lift
levantar pesas to lift weights
ley *(f.)* law
ley *(m.)* law
liberal *(adj.)* liberal
Libra Libra
libre *(adj.)* free
librería bookstore
libreta booklet
licuado shake (made with milk)
licuadora mixer
líder *(m., f.)* leader
lienzo canvas
limonada lemonade
limpiar (a casa, el apartamento) to clean (the house, the apartment)
limpieza cleaning
limpio *(adj.)* clean
línea line
linkear to link
lípido lipid
litera bunk bed
literario *(adj.)* literary
llama flame
llamada de larga distancia long-distance call
llegada arrival
lleno *(adj.)* full
llevar cuentas to balance accounts
llevar to bring, to take
llevarse bien con to along well with
llueve *(adj.)* rainy
lluvia rain
lo más most
lobo wolf
loco *(adj.)* crazy
locutor(a) announcer
lógico *(adj.)* logical
lograr to achieve
luminotecnia lighting
luna moon
lunes *(m.)* Monday
luz *(f.)* *(pl.* **luces***)* light

M

maceta flowerpot
madera wood
madrastra stepmother
madrina godmother
madrugar (gu) to get up early
madurez *(f.)* maturity
mágico realista magical realistic
mahón *(m.)* denim
mal educado *(adj.)* ill-mannered
malgastar to waste (money)
malo *(adj.)* bad
mañana morning, tomorrow
mandar to send
manga sleeve
mango mango
mantel tablecloth
mantenerse en contacto to stay in touch
manzana block
mapa *(m.)* map
maquillarse to put on make-up

mar *(m.)* sea, ocean
marca brand
marcar (qu) to bookmark, to dial up
mareado *(adj.)* dizzy
marearse to become dizzy
margarita *(f.)* daisy
marinero(a) sailor
marino navy
marisco seafood
marketing *(m.)* marketing
marrón *(adj.)* brown
Marte *(m.)* Mars
martes *(m.)* Tuesday
máscara mask
mascota pet
matemáticas mathematics
material *(m.)* material
matricularse to register for courses
matrimonio marriage
mecánico(a) mechanic
mecedora rocking chair
medicina medicine
médico *(adj.)* medical
médico(a) doctor
medida measure
medio *(adj.)* half, medium
medio ambiente environment
medio(a) hermano(a) half brother/sister
mejor better
mejorar to improve
mejorarse to get better
memoria memory
mensaje *(m.)* message
mensual *(adj.)* monthly
menú *(m.)* menu
mercado market
Mercurio Mercury
merengue *(m.)* merengue
merienda *(f.)* snack
merendar to snack
mérito merit
mesa table
mesero(a) waiter/waitress, server
meta goal
meteorólogo(a) meteorologist
metro subway
mezclar to mix
mezquita mosque
microondas microwave
miel *(f.)* honey
mimado *(adj.)* spoiled
mineral *(m.)* mineral
ministro(a) minister
misa mass
mitología mythology
modelo model
módem *(m.)* modem
modernismo modernism
modernista *(m., f.)* modernist
moderno *(adj.)* modern
modo de vivir *(m.)* lifestyle
moledora de basura garbage disposal
molestar to bother
monarquía monarchy
monasterio monastery
monitor *(m.)* monitor
monolingüismo monolingualism
montaña mountain
montar en bicicleta to ride a bike
monumento monument
moqueta carpeting
moreno *(adj.)* brown, dark-haired
morirse (ue) to die
mostrar (ue) to show, to point out
motor *(m.)* engine
mover (ue) to move (an object)
movimiento movement
(Muchas) gracias. Thank you (very much).
mucho a lot
mudanza move
mudo *(adj.)* silent
mueble *(m.)* furniture
muerte *(f.)* death
mugre *(m.)* dirt
mugriento *(adj.)* filthy
mundo world
muñeca doll
museo museum
música music
músico *(m., f.)* musician

N

nacimiento birth
nadar to swim
naranja orange
narcotráfico trafficking
nariz *(f.)* nose
narrador(a) narrator
natación *(f.)* swimming
natural *(adj.)* natural
naturaleza nature
naturalismo naturalism
naturalista naturalist
náusea nausea
navegador*(m.)* browser
Navidad *(f.)* Christmas
neblina fog
necesario *(adj.)* necessary
negatividad *(f.)* negativity
negativo *(adj.)* negative
negocio business
negro *(adj.)* black
Neptuno Neptune
nervio *(m.)* nerve
nervioso *(adj.)* nervous
nevera refrigerator
niebla fog
nieto(a) grandson/granddaughter (*pl.* grandchildren)
nieve *(f.)* snow
Noche *(f.)* **Vieja** New Year's Eve
nombre *(m.)* (first) name
noticias news
novela novel
novelista *(m., f.)* novelist
noviazgo courtship
novio *(m., f.)* groom/bride, boy/girlfriend
nube *(f.)* cloud
nublado *(adj.)* cloudy
nueve nine
nuevo *(adj.)* new
número de teléfono telephone number
nutrición nutrition
nutricionista *(m., f.)* nutritionist

O

obedecer (zc) to obey
obra work
obra completa complete work
obra de teatro *(f.)* play
obra maestra masterpiece
obsoleto *(adj.)* obsolete, out of date
obstáculo obstacle
obtener *(irreg.)* to get, obtain
obvio *(adj.)* obvious
ocho eight
ocio leisure time
ofenderse to become offended
oferta offer
oficina de correos post office
oficina office
ofrecer (zc) to offer
ojear to browse
ola wave
óleo oil
oliva olive
olla pot
olvidarse de to forget about
once eleven
ondulante *(adj.)* wavy
oportunidad *(f.)* opportunity
ordenado *(adj.)* neat, orderly
ordenador portátil *(m.)* laptop computer
ordenar to put in order
orgánico *(adj.)* organic
organizado *(adj.)* organized
orgullo pride
oro gold
oscuro *(adj.)* dark
otro *(adj.)* other

P

paciencia patience
paciente *(adj.)* patient
padrastro stepfather
padrino godfather (*pl.* godparents)
página entera full-page
página page
pago payment
país *(m.)* country
paisano(a) countryman/woman, compatriot
paja straw
pájaro bird
palacio palace
palomita popcorn
pan *(m.)* bread
pana corduroy
pañal *(m.)* diaper
panqueque *(m.)* pancake
pantalla screen, monitor
pantalones *(m.)* pants
papaya papaya
papel *(m.)* paper

papel pintado *(m.)* wallpaper
paquete *(m.)* package
paragua *(m.)* umbrella
pared *(f.)* wall
parlante *(m.)* speaker (of a stereo)
parque *(m.)* park
participar to participate
partido party
pasajero(a) passenger
pasaporte *(m.)* passport
pasar tiempo con (los amigos, la familia) to spend time with (friends, family)
pasar to pass
pasarlo bien to have a good time
pasado mañana the day after tomorrow
pasear to take a walk
paseo walk
pasillo aisle, hallway
pasividad *(f.)* passivity
pastel *(m.)* cake, pie
pastel *(m.)* **de cumpleaños** birthday cake
pata foot (pet)
patinar to skate (usually roller skating)
patinar sobre hielo to ice skate
patio patio
patria homeland, native country
patrulla patrol
paz *(f.)* peace
pedir (i, i) to order
película movie, film
peligro danger
peligroso *(adj.)* dangerous
pelo hair
pelota catch
peluquero(a) hairdresser
pena penalty
pendiente *(m.)* earring
penicilina penicillin
pepino cucumber
Perdón. Excuse/Pardon me.
perfume *(m.)* perfume
periódico *(m.)* newspaper
periodismo *(m.)* journalism
periodista *(m., f.)* journalist
perla pearl
permiso permission
permisio de residencia y trabajo *(m.)* green card
persiana shades
personaje *(m.)* character
personal *(adj.)* personal
persuadir to persuade
perro dog
pesas weights
pescado fish (edible)
pescar to fish
peste *(f.)* plague (disease)
petróleo oil
pez *(m.)* fish
pico beak, bill
piedra stone
pillapilla tag
pimienta pepper
pincel *(m.)* brush
pincelada *(f.)* brushstroke
pintar to paint
pintor(a) painter
pintura painting (art form)
Piscis Pisces
piscina pool
piso floor
pitipuás *(m.)* peas
pizca pinch
plaga plague (troublesome horde/mass)
plan *(m.)* **(planes)** plan(s)
planeta planet
plano *(m.)* map
planta baja ground floor
plantar to plant
plástico *(adj.)* plastic
plata silver
plátano banana
platicar to chat
plato plate, dish
playa beach
plaza square
plomero *(adj.)* plumber
Plutón *(m.)* Pluto
poder *(irreg.)* to be able to
poderoso *(adj.)* powerful
poema *(m.)* poem
poesía poetry
poeta *(m., f.)* poet
política politics
político political party
pollo chicken
polvo dust
poner *(irreg.)* to place
poner la mesa to set the table
poner una película to show/put on a movie
ponerse en forma to get into shape
ponerse to become
ponserse a dieta to begin a diet
Por favor. Please.
porche *(m.)* porch
¿Por qué? Why?
portar to bear
portarse bien/mal to behave well/poorly
portero(a) janitor, doorman/woman
posible *(adj.)* possible
positivo *(adj.)* positive
posmodernismo postmodernism
posmodernista *(m., f.)* postmodernist
postre *(m.)* dessert
postura *(f.)* posture
potable (agua) drinkable (water)
practicar (qu) un deporte to practice a sport
precio price
preciso *(adj.)* precise
preferir (ie, i) to prefer
prejuicio prejudice
premiado *(adj.)* award-winning
premio prize
preocuparse to worry
preparaciones preparations
preparar to prepare
prepararse to prepare oneself
preparativos preparations
presenciar to witness, be present for
presidente *(m., f.)* president
presión arterial *(f.)* blood pressure
préstamo loan
primero *(adj.)* prime
probabilidad *(f.)* probability
probable *(adj.)* probable
probar (ue) to try (for the first time), to try, to test, to taste
problema *(m.)* problem
proceso process
producción *(f.)* production
producir (j) to produce
producto product
productor(a) producer
profesión *(f.)* profession
profesional *(adj.)* professional
profesor(a) professor
programa *(m.)* program
programador(a) programmer
prometerse to get engaged
prometido(a) fiancée
promoción *(f.)* promotion
promocionar to promote
pronosticar (qu) to forecast
pronóstico de tiempo weather
propaganda propaganda
propina tip
propósito purpose
propriedad *(f.)* property
prosa prose
protagonista *(m., f.)* protagonist
protección *(f.)* protection
protector(a) benefactor
proteger (j) to protect
proteína protein
proveedor(a) provider
proveer *(irreg.)* provide
prueba quiz
psicología psychology
publicidad *(f.)* publicity
público audience
puerco pork
puerta door
puesto position, job
pulsera bracelet
puntualidad *(f.)* punctuality
púrpuro *(adj.)* purple

Q

¿Qué? What?
quebrar to get hung up
quedarse en to stay/remain at
quehacer *(m.)* chore
quejarse to complain
quejón *(adj.)* grumpy
quemado *(adj.)* burned
quemarse to burn oneself
¿Quién? Who?
química chemistry
quince fifteen

Vocabulario español-inglés

R
racha (de viento) *(f.)* gust (of wind)
racheado *(adj.)* gusty
ración *(f.)* portion
ramo *(m.)* bouquet
rap *(m.)* rap (music)
rastrear to browse; to scan
ratón *(m.)* mouse
raya stripe
rayón *(m.)* rayon
reacción *(f.)* reaction
real *(adj.)* royal
realismo mágico magical realism
realismo realism
realista realistic
rebajado *(adj.)* reduced
rebozo scarf
recado errand
recepción *(f.)* front desk, reception
recepcionista *(m., f.)* receptionist
receta recipe, prescription
rechazar (c) to reject
recibo receipt
reciclaje *(m.)* recycling
reciclar to recycle
recto straight
recogedor *(m.)* dustpan
recoger (j) (basura) to pick up/ collect (trash)
recomendar (ie) to recommend
recordar (ue) to remember
recuerdo souvenir
recurso resource
reducido *(adj.)* reduced
reducir (j) to reduce
reflexivo *(adj.)* reflexive, thoughtful
reformar to remodel
refresar (la pantalla) to refresh
regalar to give a gift
regalo gift
regenerar to refresh
regresar return
regulación *(f.)* regulation
reina queen
reírse (i, i) to laugh
relacionado con *(adj.)* related to
relámpago lightening
rellenar to fill out
reloj *(m.)* clock, watch
remedio remedy
rentar to rent
reparto cast
repasar to review
repaso review
representar to represent
represión *(f.)* repression
requisito required class
resbalarse to slip
rescatar to rescue
rescate rescue
reserva nature
reservación *(f.)* reservation
residencia residence
respiratorio *(adj.)* respiratory
responsable *(adj.)* responsible
restaurante *(m.)* restaurant
resumen *(m.)* summary
retrato portrait
reunión *(f.)* meeting
reunión *(f.)* **de familia** family reunion
reunirse con to meet, to get together with
reutilizar (c) to reuse
revista magazine
revolver (ue) to stir
rey *(m.)* king
riboflavina riboflavin
ridículo *(adj.)* ridiculous
rincón *(m.)* corner
río river
robo robbery
rock *(m.)* rock (music)
rodaje *(m.)* filming
rodar to film
rojo *(adj.)* red
romanticismo romanticism
romántico *(adj.)* romantic
romper to break
romperse to break
ropa clothes
rosa rose
rosal *(m.)* rosebush
rubio *(adj.)* blond
ruido noise
ruso(a) Russian

S
sabroso *(adj.)* tasty
sacar (qu) to take out
sacar (qu) vídeos to rent movies
Sagitario Sagittarius
sal *(f.)* salt
sala de emergencia emergency room
sala room (of a museum)
salida departure
salir *(irreg.)* to go out
salsa salsa
saltar to jump
salud health
¡Salud! Cheers!
saludable *(adj.)* healthy
sandalia sandal
sandía watermelon
sartén *(m.)* pan
sátira satire
Saturno Saturn
secadora (de ropa) (clothes) dryer
secar (qu) to dry
seco *(adj.)* dry
secretario(a) secretary
secundario *(adj.)* supporting
seda silk
sedentario *(adj.)* sedentary
seguir (i, i) to continue
seguridad *(f.)* safety
seguro insurance
seis six
selecciona to select
semana week
semilla seed
sencillo (de ida) one way
señor Mr.
señora Mrs.
señorita Miss
sentirse (ie, i) to feel
sequía drought
serenidad *(f.)* serenity
seriedad *(f.)* seriousness
serio *(adj.)* serious
servicio service
servilleta napkin
siempre always
siete seven
siglo century
sillón *(m.)* recliner
símbolo *(m.)* symbol
simpático *(adj.)* nice
sin less, without
sinagoga synagogue
síntoma *(m.)* symptom
sismo earthquake
sitio place
sobre *(m.)* envelope
sobrepoblacíon *(f.)* overpopulation
socialismo socialism
sociología sociology
sodio sodium
sofá *(m.)* sofa, couch
software *(m.)* software
solar *(adj.)* solar
soldado(a) soldier
soleado *(adj.)* sunny
soltero *(adj.)* single
soñador(a) dreamer
soñar con to dream about
sonar to ring bells
sonarse to blow
sonido sound
sonreírse (i, i) to smile
sorprendente *(adj.)* surprising
sorprender to surprise
sorprenderse to be surprised
sótano basement
Soy I am
subir climb, to get on (the train), to go up
subir de grado to upgrade
subir de peso gain weight
subtítulo subtitle
suburbio suburb
sucio *(adj.)* dirty
sucursal *(f.)* branch (of a bank, university, etc.)
suegro(a) father-in-law/mother-in-law
sueldo salary
suelo floor
suerte *(f.)* luck
sufrir to suffer
superstición *(f.)* superstition
surrealismo surrealism
surrealista *(m., f.)* surrealist

T
transporte *(m.)* transportation
tacón *(m.)* heel
tala cutting
taller *(m.)* (work) shop

taquilla ticket window
tarde *(adj.)* late
tasa *(f.)* **(de cambio)** rate (of exchange)
Tauro Taurus
taza cup
tazón *(m.)* mixing bowl
té *(m.)* tea
teatro theater
techo roof
teclado keyboard
técnico *(m., f.)* technician
tecnología technology
tela cloth
teleconferencia conference call
teléfono telephone
telenovela soap opera
telaraña web
tema *(m.)* theme
temblor *(m.)* tremor (caused by earthquake)
tempestad *(f.)* storm/tempest
templo temple
temporada season
temprano *(adj.)* early
tenedor *(m.)* fork
tener *(irreg.)* to have
tener *(irreg.)*... **años** to be . . . years old
tener *(irreg.)* **éxito** to be successful
tener *(irreg.)* **frío/calor** to be hot/cold (a person)
tener *(irreg.)* **ganas de + inf.** to feel like (doing something)
tener *(irreg.)* **hambre/sed** to be hungry/thirsty
tener *(irreg.)* **miedo** to be afraid
tener *(irreg.)* **prisa** to be in a hurry
tener *(irreg.)* **que + inf.** to have to (do something)
tener *(irreg.)* **suerte** to be lucky
tener *(irreg.)* **vergúenza** to be ashamed/embarrassed
tenis *(m.)* tennis
tenso *(adj.)* tense
terraza terrace
terremoto earthquake
terrible terrible
tertulia chat
tiburón *(m.)* shark
tienda store
tierra earth
Tierra Earth
timbre *(m.)* doorbell
tímido *(adj.)* timid
tío-abuelo paterno paternal great uncle
tipo type
tirar to throw
tobillo ankle
tocador *(m.)* dresser
tocar (qu) (un instrumento) to play (an instrument)
tocino bacon
todo el día all day
tomar to take, to drink, to eat
tomar clases to take classes
tomar el sol to sunbathe, lie out in the sun
tomar fotos (fotografía) to take photos (photography)
tonalidad *(f.)* tonality
tono tone
torcerse (ue, z) to twist
tormenta storm
tornado tornado
toronja grapefruit
torpe *(adj.)* clumsy
torpeza clumsiness
torre *(f.)* tower
tortura torture
tostado *(adj.)* toasted
tostone *(m.)* fried plantain
tour *(m.)* tour
trabajador *(adj.)* hard-working
traje *(m.)* costume
traje de baño *(m.)* bathing suit
trama plot
tranquilidad *(f.)* tranquility
transporte *(m.)* transportation
trapeador *(m.)* mop
trapear to mop
trapo rag
trasnochador(a) night owl
tratar treat
travieso *(adj.)* mischievous
trébol *(m.)* clover
trece thirteenth
tren *(m.)* train
tres three
triste *(adj.)* sad
tronar to thunder
tropezar (c) to stumble
tulipán *(m.)* tulip

U

ubicación *(f.)* location
último *(adj.)* newest
universidad *(f.)* university
uno one
Urano Uranus
usar to use
uso the use of
uva grape

V

vaciar to empty
valer la pena to be worthwhile/ to pay
valor *(f.)* value
valla fence
vaso glass
vecino(a) neighbor
vegetariano(a) vegetarian
vela candle
vencer (zc) to conquer
venda bandage
vendedor(a) seller, vendor, salesperson
vender to sell
ventana window
ventisca blizzard
Venus *(f.)* Venus
verbo verb
verdad *(adj.)* true
verde *(adj.)* green
verdura vegetable
verja iron gate
verso verse/line of poetry
vestíbulo foyer
vestuario costume, wardrobe
viajar to travel
viaje *(m.)* trip
viajero(a) traveler
vida life
vidrio glass
violeta violet
violín *(m.)* violin
Virgo Virgo
virtud *(f.)* virtue, strength
visado visa
vitamina vitamin
vivienda housing
vocabulario vocabulary
volcán *(m.)* volcano
vomitar to vomit
vuelo flight

W

web *(m.)* web

Y

ya que since
yeso cast
yogur *(m.)* yogurt

Z

zanahoria carrot
zapatilla slipper
zapato shoe
zarzuela traditional Spanish operetta
zona zone

Vocabulario inglés-español

A
a lot mucho
ability habilidad *(f.)*
about to do something a punto de + *inf.*
academic académico *(adj.)*
accept aceptar
accessory accesorio
accident accidente *(m.)*
account cuenta
accountant contador(a)
achieve lograr
acid ácido
across from frente a
active activo *(adj.)*
activity actividad *(f.)*
actor actor *(m.)*
actress actriz *(f.)*
ad anuncio
adapt adaptarse
adaptation adaptación *(f.)*
add añadir
addiction adicción *(f.)*
address dirección *(f.)*, destinatario *(m.)*
address oneself to dirigirse *(j.)*
administration administración *(f.)*
adverb adverbio
advertise anunciar
advertisement anuncio
advice consejo
adviser consejero
aerogram aerograma *(m.)*
aerosol aerosol *(m.)*
affectionate cariñoso *(adj.)*
after después de
against contra de
agate ágata *(m.)*
age edad *(f.)*
agency agencia
agree estar *(irreg.)* de acuerdo
agreement convenio
air conditioning aire *(m.)* acondicionado
airplane avión *(m.)*
aisle pasillo
alarm clock despertador *(m.)*
alcohol alcohol *(m.)*
all day todo el día
allergy alergia
ally oneself with aliarse con
aluminum aluminio
always siempre
ambition ambición *(f.)*
ambitious ambicioso *(adj.)*
amenity amenidad *(f.)*
amenities comodidades *(f.)*
amphitheater anfiteatro
angry enojado *(m.)*
anguish angustia
ankle tobillo
announce anunciar
announcer locutor(a)
antagonist antagonista *(m., f.)*
anthropology antropología
antibiotic antibiótico
antihistamine antihistamínico
antiquated anticuado *(adj.)*
antique antiguo *(adj.)*
anti-virus antivirus *(m.)*
appeal to apetecer (zc)
application aplicación *(f.)*
application letter carta de solicitud *(f.)*
appointment cita
Aquarius Acuario
aqueduct acueducto
Arbor Day el Día del Arbol *(m.)*
architecture arquitectura
Aries Aries
arrange arreglar
arrival llegada
arrogant arrogante *(adj.)*
art arte *(m.)*
artisan work artesanía
artist artista *(m., f.)*
artistic creativo *(adj.)*
ash ceniza
associate asociar
associated asociado *(adj.)*
asthma asma *(m.)*
astronomy astronomía
athlete deportista *(m., f.)*
athletic atlético *(adj.)*
ATM machine cajero automático
atmosphere atmósfera
attend asistir a
attendance asistencia
attic ático
attitude actitud *(f.)*
attractive attractivo *(adj.)*
audience público
auditorium anfiteatro, auditorio
author autor *(m.)*
automatic automático *(adj.)*
avalanche avalancha
avocado aguacate *(m.)*
avoid evitar
award-winning premiado *(adj.)*

B
background fondo
bacon tocino
bad malo *(adj.)*
bag bolsa
bake hornear
balance accounts llevar cuentas
balcony balcón *(m.)*
banana guineo, plátano
bandage venda
bandaid curita
bank banco
bank statement estado de cuenta *(m.)*
banker banquero(a)
banner (ad) anuncio/cartel *(m.)*
bar bar *(m.)*
barbecue barbacoa
basement sótano
basket cesto/a
bass (musical instrument) bajo
bathing suit traje de baño *(m.)*
bathrobe bata
be estar *(irreg.)*
be . . . years old tener *(irreg.)* ... años
be able to poder *(irreg.)*
be afraid tener *(irreg.)* miedo
be ashamed tener *(irreg.)* verguenza
be caught up, up to date -al día
be embarrassed avergonzarse (ue, c)
be hot/cold (a person) tener *(irreg.)* frío/calor
be hungry/thirsty tener *(irreg.)* hambre/sed
be important importar
be in a good/bad mood -de buen/mal humor
be in a hurry tener *(irreg.)* prisa
be interesting interesar
be lucky tener *(irreg.)* suerte
be on a diet estar *(irreg.)* a dieta
be on vacation -de vacaciones
be present for presenciar
be quiet callarse
be successful tener *(irreg.)* éxito
be surprised sorprenderse
be unsuccessful fracasar
be waiting for -pendiente de
be worthwhile valer la pena
beach playa
beak pico
bean habichuela
bear portar
beat batir
become poner(se) *(irreg.)*
become angry enojarse, enfadarse
become bored aburrirse
become calm calmarse
become depressed deprimirse
become dizzy marearse
become furious enfurecerse (zc)
become happy alegrarse
become irritated irritarse
become offended ofenderse
become sad entristecerse (zc)

become thin adelgazar (c)
become tired cansarse
become upset agitarse
bed cama
beer cerveza
before antes de
begin a diet ponserse *(irreg.)* a dieta
behave comportarse
behave well/poorly portarse bien/mal
behind detrás de
bell tower campanario
bells campanas
belt cinturón *(m.)*
bench banco
benefits beneficios
beta carotene beta caroteno *(m.)*
better mejor *(adj., adv.)*
bib babero
bikini bikini *(m.)*
bilingual bilingüe *(adj.)*
bilingualism bilingüismo
bill billete *(m.)*
bill (of a bird) pico
billboard (the poster) cartel *(m.)*
billboard (the structure) cartelera
biology ciencia biológica, biología
bird pájaro
birth nacimiento
birthday aniversario, cumpleaños, fecha de nacimiento
birthday cake pastel de cumpleaños *(m.)*
birthday party fiesta de cumpleaños
black negro *(adj.)*
blizzard ventisca
block manzana
blond rubio *(adj.)*
blood pressure presión arterial *(f.)*
bloom florecer (zc)
blow sonarse
blue azul *(adj.)*
blues blues *(m.)*
board embarcar (qu) en
boat lancha
body cuerpo
boil hervir (ie, i)
booklet libreta
bookmark marcar (qu)
bookshelf estante *(m.)*
bookstore librería
boot arrancar (qu), iniciar
boot bota
border frontera, fronteriza
boss jefe (a)
bother molestar
bouquet ramo
box caja
box-office success éxito de taquilla *(m.)*
boyfriend novio
bracelet pulsera
branch (of a bank, university, etc.) sucursal *(f.)*
brand marca
bread pan *(m.)*
break romperse
breakfast desayuno
brick ladrillo
bricklayer albañil(a)
bride novia
brief breve *(adj.)*
bring aportar
broadcast difundir
brochure folleto
brother-in-law cuñado
brown moreno *(adj.)*
brown, dark-haired moreno *(adj.)*
browse hojear, rastrear, ojear
browser navegador/explorador *(m.)*
brush (one's hair, teeth) cepillarse
brush pincel *(m.)*
brushstroke pincelada
bucket balde *(m.)*
builder constructor(a)
bullfight corrida de toros *(f.)*
bunk bed litera
burgundy burdeo *(adj.)*
burn oneself quemarse
burned quemado *(adj.)*
bush arbusto
business empresa, negocio
business person comerciante *(m.)*
buy comprar

C

cabbage col *(f.)*
caffeine cafeína
cake bizcocho, pastel *(m.)*
calcium calcio
calorie caloría
Cancer Cáncer
candidate candidato
candle vela
canvas lienzo
capable capaz *(adj.)*
Capricorn Capricornio
carbohydrate carbohidrato
card carnet *(m.)*
cardboard cartón *(m.)*
carpenter carpintero *(m., f.)*
carpeting alfombra, moqueta
carrot zanahoria
carry out desempeñar
carry-on luggage equipaje de mano *(m.)*
cartoon dibujo animado
cash efectivo
casserole dish cacerola
cassette tape cinta/cassette *(m.)*
cast reparto, yeso
castle castillo
cat gato
catch pelota
cathedral catedral *(f.)*
cauliflower coliflor *(f.)*
cause causa
CD-ROM drive lector de CD-ROM *(m.)*
celebrate celebrar
center of town centro
centigrade centígrados
central céntrico *(adj.)*
century siglo
ceramic cerámica
cereal cereal *(m.)*
ceremony ceremonia
certain cierto *(adj.)*
certainty certeza
challenge desafío
chamomile de manzanilla
change cambiar
change cambio
channel canal *(m.)*
character personaje *(m.)*
characteristic característica
charge cobrar
charismatic carismático *(adj.)*
chaste casto *(adj.)*
chat chat *(m.)*, tertulia *(f.)*, conversación *(f.)*
chat platicar (qu), charlar
cheap barato *(adj.)*
check cuenta/cheque *(m.)*
check out desocupar, dejar
checked de cuadras
checking corriente
Cheers! ¡Salud!
chef cocinero(a)
chemistry química, ciencia química
cherry cereza
chicken pollo
chill escalofrío
chimney chimenea
Chinese chino *(adj.)*
cholesterol colesterol *(m.)*
choose elegir (i, i)
chore quehacer *(m.)*
Christmas Navidad *(f.)*
chubby gordito *(adj.)*
church iglesia
cinematography cinematográfico
citizen ciudadano(a)
citizenship ciudadanía
civilization civilización *(f.)*
class clase *(f.)*
classical clasico *(adj.)*
classical music clásica
classified ads avisos clasificados
clean (the house, the apartment) limpiar (la casa, el apartamento)
clean limpio *(adj.)*
cleaning limpieza
clear despejado *(adj.)*
clerk empleado, dependiente *(m., f.)*
click cliquear, hacer *(irreg.)* clic
climb escalar, subir
clinic clínica
clock reloj *(m.)*
close to cerca de
closet armario
closing cierre *(m.)*
cloth tela
clothes ropa
clothes dryer secadora (de ropa)
clothes washer lavadora (de ropa)

cloud nube *(f.)*
cloudy nublado *(adj.)*
clover trébol *(m.)*
club club *(m.)*
clumsiness torpeza
clumsy torpe *(adj.)*
coat abrigo
cod bacalao
cold frío *(adj.)*
colleague colega *(m., f.)*
collect coleccionar
collection colección *(f.)*
cologne colonia
color color *(m.)*
comedy comedia
comfortable cómodo *(adj.)*
commerce comercio
commercial comercial *(adj.)*
commission comisión *(f.)*
communication comunicación *(f.)*
communism comunismo
company compañia, empresa
compatriot paisano
complain quejarse
complete completo *(adj.)*
complete work obra completa
computer computadora
computer science informática
conference call teleconferencia
congested congestionado *(adj.)*
Congratulations! ¡Felicidades!
conquer vencer (zc)
conservative conservador *(m.)*
conserve conservar
construct construir *(irreg.)*
consume consumir
consumer consumidor(a)
contain contener *(irreg.)*
contest concurso
continue seguir (i, i)
contract contrato
contribute aportar
controversial controversial *(adj.)*
convince convencer
cook cocer *(irreg.)*, cocinar
cook cocinero(a)
cop justicia
copy and paste copiar y pegar (gu)
copy copia
corduroy pana
corner rincón *(m.)*
cornmeal drink atole *(m.)*
corruption corrupción *(f.)*
costume vestuario, traje *(m.)*
cotton algodón *(m.)*
couch sofá *(m.)*, desván *(m.)*
country campo, país *(m.)*
country music country *(m.)*
countryman/woman paisano(a)
course curso
course of study for a degree carrera
court corte *(f.)*
courtship noviazgo
cover letter carta de presentación *(f.)*
cradle cuna
crash into chocar (qu) con
crazy loco *(adj.)*
create crear
creative creador *(adj.)*
creativity creatividad
crib cuna
crime delito, crimen *(m.)*
criminal criminal *(m.)*
critical crítico *(adj.)*
criticize criticar (qu)
cross cruzar (zc, c)
cubism cubismo
cucumber pepino
cultural al*(adj.)*
cup taza
curious curioso *(adj.)*
current(ly) actual(mente)
curtains cortinas
cushion cojine *(m.)*
customer cliente *(m., f.)*
cut cortar
cut oneself cortarse
cutting tala
cyberculture cibercultura

D

dairy lácteo
daisy margarita *(f.)*
damage dañar
damage daño
damaging dañino *(adj.)*
dance baile *(m.)*
danger peligro
dangerous peligroso *(adj.)*
dark oscuro *(adj.)*
database base de datos *(f.)*
day after tomorrow pasado mañana
day día *(m.)*
day trip excursión *(f.)*
death muerte *(f.)*
decaffeinated descafeinado *(adj.)*
deceased/dead (person) difunto *(adj.)*
decongestant anticongestivo
decorate decorar
decorations adornos, decoraciones *(f.)*
dedicated dedicado *(adj.)*
dedication dedicación *(f.)*
defeat derrotar a
defect defecto
deficiency deficiencia
delicious delicioso *(adj.)*
demanding exigente *(adj.)*
democracy democracia
denim mahón *(m.)*
denouement desenlace *(m.)*
dentist dentista *(m., f.)*
departure salida
deposit ingresar, depositar
deposit ingreso
design diseño
desirable deseable *(adj.)*
desk escritorio
dessert postre *(m.)*
destined for con destino a
destroy destruir *(y.)*
destruction destrucción *(f.)*
detergent detergente *(m.)*
devastate estragar (gu)
developing desarrollo *(adj.)*
dial up marcar (qu)
diaper pañal *(m.)*
diarrhea diarrea
dictator dictador(a)
dictatorship dictadura
dictionary diccionario
die morirse (ue, u), fallecer (zc)
difficult difícil *(adj.)*
dinner cena
diplomat diplómatico(a)
directed toward dirigido *(adj.)*
direction dirección *(f.)*
director (of) director(a) (de)
dirt mugre *(m.)*
dirty sucio *(adj.)*
disappearance desaparición *(f.)*
disaster desastre *(m.)*
discipline disciplina
discotheque discoteca
discrimination discriminación *(f.)*
dish plato
dishwasher lavaplatos *(m.)*
disk disco
dissolve disolver (ue)
distant distante *(adj.)*
divorced divorciado *(adj.)*
dizzy mareado *(adj.)*
do hacer *(irreg.)*
do exercises hacer *(irreg.)* ejercicios
do research investigar (gu)
doctor médico(a), doctor(a)
document documento
dog perro
doll muñeca
dolphin delfín *(m.)*
domestic doméstico *(adj.)*
donate donar
door puerta
doorbell timbre *(m.)*
doorman/woman portero(a)
doubt duda
doubt dudar
downhill skiing esquí alpino
download bajar
downpour aguacero
downtown centro
dozen docena
drama drama *(m.)*
draw dibujar
dream about soñar con
dreamer soñador(a)
dresser tocador *(m.)*
drink bebida
drink tomar
drinkable (water) potable (agua)
driver conductor(a)
drop gota
drought sequía
drug droga *(f.)*
drug trafficking narcotráfico

dry secar (qu)
dry seco *(adj.)*
dub doblar
dubbed doblado *(adj.)*
dubbing doblaje *(m.)*
dump botadero
during the week entre semana
dust polvo
dustpan recogedor *(m.)*

E

each day/week cada día / fin de semana
eagle águila
early temprano *(adj., adv.)*
earring pendiente *(m.)*
earth tierra
earthquake sismo, terremoto
eat breakfast desayunar
eat comer, tomar
eat dinner cenar
eat lunch almozar (c)
eat poorly comer mal
economic económico *(adj.)*
economy economía
ecotourism ecoturismo
educate educar (qu)
education educación *(f.)*
effective eficaz *(adj.)*
effectiveness eficacia
efficient eficiente *(adj.)*
eggs huevos
eight ocho
eighteen dieciocho
eleven once
elective electivo *(adj.)*
electrician electricista *(m., f.)*
element elemento
elevator ascensor *(m.)*
email correo electrónico
emergency room sala de emergencia
emigrate emigrar
emotion emoción *(m.)*
employment empleo
empty vaciar
endangered amenazado *(adj.)*
energy energía
engagement compromiso
engine motor *(m.)*
engineer ingeniero(a)
engraving grabado
enjoy gozar (c)
enrollment form hoja
enrollment inscripción *(f.)*
enterprising emprendedor *(adj.)*
entertainment entretenimiento
enthusiasm entusiasmo
entrance ticket entrada
envelope sobre *(m.)*
environment medio ambiente *(m.)*
epicenter epicentro
equipment equipo
errand recado
eruption erupción *(f.)*
escape escapar
essay ensayo
essayist ensayista *(m., f.)*
ethnocentrism etnocentrismo
Eucharistic, having to do with Holy Communion eucarística
euthanasia eutanasia
evacuate desalojar, evacuar
every day/week cada día / fin de semana
evident evidente *(adj.)*
exchange intercambio
excited emocionado *(adj.)*
excursion excursión *(f.)*
Excuse me. Perdón.
executive ejecutivo(a)
exercises (written/oral) ejercisc(escritos/orales)
exhausted agotado *(adj.)*
exiled exiliado *(adj.)*
expenditure gasto
experience experimentar
explore explorar
exposition exposición *(f.)*
express expresar
express oneself expresarse
expression expresión *(f.)*
extinction extinción *(f.)*
extraverted extrovertido *(adj.)*

F

fabulously a las mil maravillas
factory fábrica
fail fracasar
failure fracaso
faint desmayarse
fair feria
fair (just) justo *(adj.)*
fall caerse *(irreg.)*
family familia
family reunion reunión *(f.)* de familia
fan (hand-held) abanico
far from lejos de
fasten abrocharse
fat grasa
father-in-law suegro
fax fax *(m.)*
feel like (doing something) tener *(irreg.)* ganas de + inf.
feel sentirse (ie, i)
fence valla
fertilizer fertilizante *(m.)*
fiancée prometido(a)
fiber fibra
field campo
field (specialty) especialización *(f.)*
fifteen quince
five cinco
fourteen catorce
file archivo
filing cabinet archivero
fill out rellenar
film buff cinéfilo(a)
film película, film *(m.)*
film rodar
filming rodaje *(m.)*
filthy mugriento *(adj.)*
finance finanzas *(m.)*
find encontrar (ue)
find out about enterarse de
fine art bella arte *(f.)*
fire (large) incendio
fire fuego
fireworks fuegos artificiales *(m.)*
first name nombre *(m.)*
fish (edible) pescado *(m.)*
fish pescar (qu)
fish pez *(m.)*
flame llama
flamenco flamenco
flannel franela
flight vuelo
flood inundación *(f.)*
floor planta, piso, suelo
flower florecer (zc)
flowerpot maceta
flute flauta
fog niebla, neblina
folder carpeta
folic fólico
food alimento, comida
foot (paw) pata
footstool banqueta
forecast pronosticar (qu)
foreign extranjero *(adj.)*
foreigner extranjero(a)
forget about olvidarse de
fork tenedor *(m.)*
form formulario
format formato
fortress alcázar *(m.)*
fossil fósil *(m.)*
fountain fuente *(f.)*
four cuatro
foyer vestíbulo
fracture fracturarse
frame cuadro
free libre *(adj.)*
French francés *(adj.)*
frequently frecuentemente, con frecuencia
fried plantain tostone *(m.)*
frightening espantoso *(adj.)*
front desk recepción *(f.)*
fruit fruta
fry freír (i, i)
fuel combustible *(m.)*
full lleno *(adj.)*
full-page página entera
fun divertido *(adj.)*
funny cómico *(adj.)*, gracioso *(adj.)*
furnished amueblado *(adj.)*
furniture mueble *(m.)*
future futuro

G

gain weight engordarse
gain weight subir de peso
galaxy galaxia
game show concurso
garage garaje *(m.)*
garbage basura

garbage disposal moledora de basura
garden jardín *(m.)*
gas gas *(m.)*
gasoline gasolina
Gemini Geminis
general general *(adj.)*
generous generoso *(adj.)*
genre género
geography geografía
German alemán *(m., f.)*
gesture gesto
get conseguir (i, i), obtener *(irreg.)*
get along well with llevarse bien con
get better mejorarse
get engaged prometerse
get hung up colgar (gu), quebrar
get into shape ponerse *(irreg.)* en forma
get off (the train) bajar
get on (the train) subir
get ready arreglarse
get rid of deshacerse *(irreg.)* de
get sick enfermarse
get together with reunirse con
get up early madrugar (gu)
gift regalo
girlfriend novia
give dar *(irreg.)*
give a gift regalar
glass vaso, vidrio
glazed ceramic tile azulejo
global global *(adj.)*
glove guante *(m.)*
go down bajar
go on an excursion ir *(irreg.)* de excursión
go on vacation ir *(irreg.)* de vacaciones
go out salir *(irreg.)*
go shopping ir *(irreg.)* de compras
go up subir
goal meta
godfather (*pl.* **godparents)** padrino (*pl.* padrinos)
godmother madrina
godson/goddaughter ahijado(a)
going to the movies ir al cine
gold oro
good at habíl para
good bueno *(adj.)*
good-looking guapo *(adj.)*
governmental gubernamental *(adj.)*
government gobierno
grandson/granddaughter (*pl.* **grandchildren)** nieto(a) (*pl.* nietos)
grape uva
grapefruit toronja
graphic gráphico
great-grandfather/grandmother bisabuelo(a)
green card permisio de residencia y trabajo *(m.)*
green verde *(adj.)*
groom novio
ground floor planta baja
grumpy quejón *(adj.)*
guest huésped *(m., f.)*, invitado(a)
guide (book) cartelera
guitar guitarra
gust (of wind) racha (de viento) *(f.)*
gusty racheado *(adj.)*
gym gimnasio

H

hail granizo
hair pelo
hairdresser peluquero(a)
half medio *(adj.)*
half brother/half sister medio(a) hermano(a)
hallway pasillo
ham jamón *(m.)*
handsome guapo *(adj.)*
hang colgar (gu)
Happy birthday! ¡Felicidades!
Happy birthday! ¡Feliz cumpleaños!
happy contento *(adj.)*, alegre *(adj.)*
hard drive disco duro
hard-working trabajador *(adj.)*
hat gorra
have tener *(irreg.)*
have a good time pasarlo bien
have breakfast desayunar
have dinner cenar
have fun divertirse (ie, i)
have to (do something) tener *(irreg.)* que + inf.
have to deber
having integrity íntegro *(adj.)*
haze bruma
head (boss) jefe(a)
heading encabezamiento
health salud *(f.)*
healthy saludable *(adj.)*
heat calefacción *(f.)*, calor *(m.)*
heat calentar
heel tacón *(m.)*
help ayudar
high alto *(adj.)*
high resolution alta definición/ resolución *(f.)*
history historia
hold desempeñar
holiday día *(m.)* festivo
holiday/celebration for a town/city fiesta del pueblo
home casa, hogar *(m.)*
homeland patria
honest honesto *(adj.)*
honey miel *(f.)*
honorable íntegro *(adj.)*
horizon horizonte *(m.)*
horrible horrible *(adj.)*
hospital hospital *(m.)*
host anfitrióno
hostess anfitrióna
hotel hotel *(m.)*
household hogar *(m.)*
housewife ama de casa
household appliance electrodoméstico
housing alojamiento, vivienda
How? ¿Cómo?
human humano
humid húmedo *(adj.)*
humidity humedad *(f.)*
hunger hambre *(f.)*
hunt cazar (c)
hurricane huracán *(m.)*
hurry darse *(irreg.)* prisa
hurt doler (ue)

I

I am Soy
ice hielo
ice skate patinar sobre hielo
icon icono
idealistic idealista *(adj.)*
identification identidad *(f.)*
identity identitad *(f.)*
ill-mannered mal educado *(adj.)*
illness enfermedad *(f.)*
image imagen *(f.)*
immediately en seguida
immigrant inmigrante *(m., f.)*
immigrate inmigrar
immigration inmigración *(f.)*
impatient impaciente *(adj.)*
impede impedir (i, i)
imperfect imperfecto *(adj.)*
important importante *(adj.)*
impossible imposible *(adj.)*
impressionism impresionismo
improve mejorar
impulsive impulsivo *(adj.)*
in agreement with de acuerdo con
in between entre
in black and white en blanco y negro
in fashion de moda
in favor of favor de
in front of delante de
Independence Day día *(m.)* de la Independencia
industry industría
inexpensive barato *(adj.)*
infection infección *(f.)*
information información *(f.)*
injection inyección *(f.)*
injured (persons) herido *(adj.)*
insomnia insomnio
insurance seguro
integrate oneself integrarse
intelligent inteligente *(adj.)*
intensive intensivo *(adj.)*
interest interés *(m.)*
interest interesar
interesting curioso *(adj.)*, interesante *(adj.)*
intermission entreacto
international internacional *(adj.)*
Internet Internet *(m.)*
interpreter intérprete *(m., f.)*

interval entreacto
interview entrevista
introverted introvertido *(adj.)*
invest invertir (ie, i)
investigate investigar (gu)
invite invitar
iron hierro
iron gate verja
issue cuestión *(f.)*
Italian italiano(a)

J

jacket chaqueta
jaguar jaguar *(m.)*
janitor portero(a)
Japanese japonés(a)
jasmine jazmín *(m.)*
jazz jazz *(m.)*
jeweler joyero(a)
jewelry box joyero
jewelry joya
job puesto
joke bromear
journalism periodismo
journalist periodista *(m., f.)*
judge juez *(m., f.)*
judge juzgar (gu)
judgment juicio
juice jugo
jump saltar
Jupiter Júpiter *(m.)*
just justo *(adj.)*
justice justicia

K

keyboard teclado
kilogram kilo
king rey *(m.)*
knickknack adornito
knife cuchillo
knowledge conocimiento

L

lace encaje *(m.)*
lack escasez *(f.)*, falta
lake lago
language lengua
laptop computer ordenador portátil *(m.)*
last durar
last name apellido
late tarde*(adj.)*
laugh reírse (i, i)
lava lava
law derecho, ley *(m.)*
lawyer abogado(a)
leader líder *(m., f.)*
leaf hoja
learn aprender
learned word cultismo
leather cuero
leave (for somewhere) irse *(irreg.)*
lecture conferencia
legal legal *(adj.)*
legalization legalización *(f.)*
legalize legalizar (c)
leisure time ocio
lemonade limonada
Leo Leo
less sin
letter carta, letra
letter of recommendation carta de recomendación *(f.)*
liberal liberal *(adj.)*
Libra Libra
life style modo de vivir *(m.)*
life vida
lift levantar
lift weights levantar pesas
light claro *(adj.)*
light luz *(f.)* (*pl.* luces)
lightening relámpago
lighting luminotecnia *(m.)*
like gustar
line línea
line of poetry verso
link linkear, enlazar (c)
lipid lípido *(m.)*
literary literario *(adj.)*
litter basura
loan préstamo
lobster langosta
location ubicación *(f.)*
lock esclusa
locust langosta
logical lógico *(adj.)*
long largo *(adj.)*
long-distance call llamada de larga distancia
lose weight adelgazar (c)
lose weight bajar de peso
loudspeaker altavoz *(m.)*
love amor *(m.)*
low bajo *(adj.)*
low-fat bajo en grasa *(adj.)*
loyal leal *(adj.)*
luck suerte *(f.)*
luggage compartment compartimiento de equipage *(m.)*
luggage equipaje *(m.)*
luggage storage guardaequipaje *(m.)*
lunch almuerzo
luxury de lujo

M

magazine revista
magical realism realismo mágico
magical realistic mágico realista *(adj.)*
maid criada
major especialización *(f.)*
major in especializarse (c)
make-up factory maquiladora
manager gerente *(m., f.)*
mango mango
map mapa, plano *(m.)*
market mercado
marketing marketing *(m.)*
marquis cartelera
marriage matrimonio
married casado *(adj.)*
Mars Marte *(m.)*
martial art arte marcial *(m.)*
mask máscara
mass misa
masterpiece obra maestra
mate compañero(a)
material material *(m.)*
mathematics matemáticas
matter importar
maturity madurez *(f.)*
meal comida
measure medida
meat carne *(f.)*
mechanic mecánico(a)
medical médico *(adj.)*
medicine medicina
medium medio *(adj.)*
medium height de estatura mediana
meet reunirse con
meet up with (by accident) encontrarse (ue)
meet with juntarse con
meeting reunión *(f.)*
memory memoria
menu carta, menú *(m.)*
Mercury Mercurio
merengue merengue *(m.)*
merit mérito
message mensaje *(m.)*
meteorologist meteorólogo(a)
microwave microondas
milk leche *(f.)*
mineral mineral *(m.)*
minister ministro(a)
mirror espejo
mischievous travieso *(adj.)*
miss echar de menos, extrañar
Miss señorita
mist bruma
mix mezclar
mixer licuadora
mixing bowl tazón *(m.)*
model modelo
modem módem *(m.)*
modern moderno *(adj.)*
modernism modernismo
modernist modernista *(m., f.)*
monarchy monarquía
monastery monasterio
Monday lunes *(m.)*
money dinero
money exchange house casa de cambio *(f.)*
monitor monitor *(m.)*, pantalla
monolingualism monolingüismo
monthly mensual
monument monumento
moon luna
mop trapeador *(m.)*
mop trapear
morning mañana
mortgage hipoteca
mosque mezquita
most lo más
mother-in-law suegra

mountain montaña
mouse pad alfombrilla de ratón *(f.)*
mouse ratón *(m.)*
move (an object) mover (ue)
move mudanza
movement movimiento
movie película
movie theater cine *(m.)*
Mr. señor
Mrs. señora
murderer asesinato(a)
museum museo
music música
musician músico *(m., f.)*
mythology mitología

N

napkin servilleta
narrator narrador(a)
native country patria
natural natural *(adj.)*
naturalism naturalismo
naturalist naturalista *(m., f.)*
nature naturaleza, reserva
nausea náusea
navy marino
neat ordenado *(adj.)*
necessary necesario *(adj.)*
necklace collar *(m.)*
negative negativo *(adj.)*
negativity negatividad *(f.)*
neighbor vecino(a)
neighborhood barrio
Neptune Neptuno
nerve nervio
nervous nervioso *(adj.)*
new nuevo *(adj.)*
New Year's Day Año Nuevo
New Year's Eve Noche *(f.)* Vieja
newest último *(adj.)*
news noticias
newspaper periódico
next to al lado de
nice simpático *(adj.)*
night owl trasnochador *(m., f.)*
nine nueve
nineteen diecinueve
noise ruido
nose nariz *(f.)*
novel novela
novelist novelista *(m., f.)*
nurse enfermero(a)
nutrition nutrición *(f.)*
nutritionist nutricionista *(m., f.)*

O

oatmeal avena
obey obedecer (zc)
obsolete obsoleto *(adj.)*
obstacle obstáculo
obtain obtener *(irreg.)*
obvious evidente *(adj.)*, obvio *(adj.)*
ocean mar *(m.)*
offer oferta
offer ofrecer (zc)
office oficina
often a menudo, con frecuencia
oil óleo, aceite *(m.)*, petróleo
old viejo *(adj.)*
olive oliva
on . . . Street/Avenue en la Calle/ Avenida ...
on a diet a dieta/régimen
on sale en oferta
on the corner of en la esquina de
on the left/right of a la izquierda/derecha de
once in a while de vez en cuando
one uno
one way sencillo (de ida)
onion cebolla
operetta (traditional Spanish) zarzuela
opportunity oportunidad *(f.)*
orange naranja, anaranjado *(adj.)*
order pedir (i, i)
orderly ordenado *(adj.)*
organic orgánico *(adj.)*
organize arreglar
organized organizado *(adj.)*
other otro *(adj.)*
out of date defasado *(adj.)*
outskirts afueras
overpopulation sobrepoblacíon *(f.)*
owner dueño *(m., f.)*

P

pacifier chupete *(m.)*, chupón *(m.)*
pack ambalar
package paquete *(m.)*
page página
paint pintar
painter pintor *(m., f.)*
painting (art form) pintura
painting pintura, cuadro
palace alcázar *(m.)*, palacio
pan sartén *(m.)*
pancake panqueque *(m.)*
pants pantalones *(m.)*
papaya papaya
paper papel *(m.)*
parade desfile *(m.)*
Pardon me. perdón
Pardon me? (when you haven't heard) ¿Cómo?
park parque *(m.)*
parking estacionamiento
participate participar
party (political) partido, político
party fiesta
pass away fallecer (zc)
pass pasar
passenger pasajero(a)
passivity pasividad *(f.)*
passport pasaporte *(m.)*
password contraseña
paternal great uncle tío-abuelo paterno
patience paciencia
patient paciente *(adj.)*
patio patio
patrol patrulla
Patron Saint's Day (of a town/ person) día del santo *(m.)*
pay valer la pena
payment pago
peace paz *(f.)*
peach durazno
pearl perla
peas guisantes *(m.)*, pitipuás *(m.)*
peel cáscara
penalty pena
penicillin penicilina
people gente *(f.)*
pepper pimienta
peppermint de hierbabuena
percussion batería
perfume perfume *(m.)*
permission permiso
personal personal *(adj.)*
persuade persuadir
pet mascota
pharmacist farmacéutico(a)
pharmacy farmacia
phenomena fenómeno
philosophy filosofía
photocopy fotocopiar
photographer fotógrafo(a)
physics física
pick up recoger *(j.)*
picky difícil *(adj.)*
pie pastel *(m.)*
pinch pizca
Pisces Piscis *(m.)*
pity lástima
place colocar (qu)
place poner *(irreg.)*
place sitio
plague (disease) peste *(f.)*
plague (troublesome horde/ mass) plaga
plan plan *(m.)* (*pl.* planes)
planet planeta
plant plantar
plastic plástico *(adj.)*
plate plato
platform andén *(m.)*
play (with) jugar (ue, gu) (con)
play an instrument tocar (qu) (un instrumento)
play inside jugar (ue, gu) dentro el aire libre
play obra de teatro *(f.)*
play outside jugar (ue, gu) al aire libre
play the role desempeñar el papel
playful juguetón *(adj.)*
playwright dramaturgo(a)
pleasant agradable *(adj.)*
please agradar
Please. Por favor.
plot argumento, trama
plum ciruela
plumber plomero(a)
Pluto Plutón *(m.)*
poaching caza furtiva
poem poema *(m.)*
poet poeta *(m., f.)*

poetry poesía
point out mostrar
pointer indicador *(m.)*
politics política
polka-dotted de lunares
pollution contaminación *(f.)*
pond estanque *(m.)*
pool piscina
popcorn palomita
porch porche *(m.)*
pork puerco
portion ración *(f.)*
portrait retrato
position puesto
position puesto
positive positivo *(adj.)*
possible posible *(adj.)*
post office oficina de correos *(f.)*
postage franqueo
postmodernism posmodernismo
postmodernist posmodernista *(m., f.)*
posture postura
pot olla, cacerola
potter alfarero(a)
powerful poderoso *(adj.)*
practice a sport practicar (qu) un deporte
precise preciso *(adj.)*
prefer preferir (ie, i)
pregnancy embarazo
pregnant embarazada *(adj.)*
prejudice prejuicio
premiere estreno
preparations preparativos, preparaciones *(f.)*
prepare oneself prepararse
prepare preparar
prescription receta
presence asistencia
president presidente *(m., f.)*
price precio
pride orgullo
prime primero *(adj.)*
print imprimir
printer impresora
prize premio
probability probabilidad *(f.)*
probable probable *(adj.)*
problem problema *(m.)*
process proceso
produce producir (zc, j)
producer productor(a)
product producto
production house/company casa productora
production producción *(f.)*
profession profesión *(f.)*
professional profesional
professor profesor(a)
program programa *(m.)*
programmer programador(a)
promote promocionar
promotion promoción *(f.)*
propaganda propaganda
property propriedad *(f.)*
prose prosa
protagonist protagonista *(m., f.)*
protect proteger *(j.)*
protection protección *(f.)*
protein proteína
provide proveer *(irreg.)*
provider proveedor(a)
psychology psicología *(f.)*
public público
publicity publicidad *(f.)*
pumpkin calabaza
punctuality puntualidad *(f.)*
pure puro *(adj.)*
purple púrpuro *(adj.)*
purpose propósito
purse bolso
put colocar (qu)
put in order ordenar
put on a movie poner *(irreg.)* una película
put on make-up maquillarse

Q

quality cualidad *(f.)*
queen reina
quiz prueba

R

rabbit conejo
rag trapo
rain lluvia
raincoat impermeable *(m.)*
rainy llueve
rap (music) rap *(m.)*
rate (of exchange) tasa *(f.)* (de cambio)
rayon rayón *(m.)*
reaction reacción *(f.)*
read leer *(y.)*
reading lectura
realism realismo
realistic realista *(adj.)*
realize darse *(irreg.)* cuenta de
receipt recibo
recent actual *(adj.)*
reception recepción *(f.)*
receptionist recepcionista *(m., f.)*
recipe receta
recliner sillón *(m.)*
recommend recomendar (ie)
recycle reciclar
recycling reciclaje *(m.)*
red rojo *(adj.)*
reduce reducir (zc)
reduced reducido *(adj.)*, rebajado *(adj.)*
reflexive reflexivo *(adj.)*
refresh actualizar (c), regenerar, refresar (la pantalla)
refrigerator nevera
register for courses matricularse
registration inscripción *(f.)*
regulation regulación *(f.)*
reject rechazar (c)
related to relacionado con
remain at quedarse en
remedie remedio
remember acordarse de (ue), recordar (ue)
remodel reformar
remote control control remoto *(m.)*
rent alquilar, arrendar, rentar
rent movies sacar (qu) vídeos
represent representar
repression represión *(f.)*
required class requisito
rescue rescatar
rescue rescate *(m.)*
research investigar (gu)
reservation reservación *(f.)*
residence residencia
resource recurso
respiratory respiratorio *(adj.)*
responsible responsable *(adj.)*
rest descansar
restaurant restaurante *(m.)*
restless inquieto *(adj.)*
return regresar
reuse reutilizar (c)
review/to review repaso/repasar
riboflavin riboflavina
rice arroz *(m.)*
ride a bike montar en bicicleta
ridiculous ridículo *(adj.)*
rind cáscara
ring anillo
ring bells sonar
river río
roast asado
robber ladrón *(m.)*
robbery robo
rock (music) rock *(m.)*
rocking chair mecedora
romantic romántico *(adj.)*
romanticism romanticismo
roof techo
room (double/single) habitación *(f.)* doble/sencilla
room (of a museum) sala
rope cuerda
rose rosa
rosebush rosal *(m.)*
round trip de ida y vuelta
row fila
royal real *(adj.)*
ruin estragar (gu)
run (a program) ejecutar (un programa)
run correr
Russian ruso(a)

S

sad triste *(adj.)*
sadden entristecer (zc)
safety deposit box caja *(f.)* de seguridad
safety seguridad *(f.)*
Sagittarius Sagitario
sailor marinero(a)
salary sueldo
salesperson vendedor(a)

salsa salsa
salt sal *(f.)*
sand arena *(m.)*
sandal sandalia
satire sátira
Saturn Saturno
sausage chorizo
save guardar, ahorrar
saver protector(a)
saving ahorro
scale escalar
scan escanear, rastrear
scarcity escasez *(f.)*
scarf rebozo
schedule horario
scholarship beca
school or department (in a university) facultad *(f.)*
science ciencia
Scorpio Escorpión *(m.)*
screen pantalla
screenwriter guionista *(m., f.)*
script guión *(m.)*
scrub fregar (gu)
scuba dive bucear
sculpture escultura
sea mar *(m.)*
seafood marisco
search búsqueda
season temporada
seat (in a theater) butaca
seat asiento
secretary secretario(a)
sedentary sedentario *(adj.)*
seed semilla
seem strange extrañar
select seleccionar
sell out agotarse
sell vender
seller vendedor(a)
send mandar, enviar
serenity serenidad *(f.)*
serious serio *(adj.)*
seriousness seriedad *(f.)*
server mesero *(m., f.)*
service servicio
set the table poner *(irreg.)* la mesa
seven siete
seventeen diecisiete
sew coser
shades persiana
shake (made with milk) licuado, batido
shark tiburón *(m.)*
shirt camisa
shock choque *(m.)*
shoe zapato
short bajo *(adj.)*, corto *(adj.)*
short story cuento
short-story writer cuentista *(m., f.)*
shout gritar
show a movie poner *(irreg.)* una película
show espectáculo
show mostrar
shower ducharse
shrimp camarone *(m.)*
shutting cierre *(m.)*
sickly enfermizo *(adj.)*
silent mudo *(adj.)*
silk seda
silver plata
silverware cubierto
since desde, ya que
sing cantar
single soltero *(adj.)*
sister-in-law cuñada
six seis
sixteen dieciséis
skate (usually roller skating) patinar
ski esquiar
skin piel, cáscara
skirt falda
sky cielo, celeste *(m.)*
sleeve manga
slip resbalarse
slipper zapatilla
slogan lema *(m.)*, eslogan *(m.)*
small village aldea, aldehuela
smile sonreírse (i, i)
smoke humo
snack merienda
snack merendar
sneeze estornudar
snorkel esnorquelear
snow nieve *(f.)*
soap opera telenovela
socialism socialismo
sociology sociología
sodium sodio
sofa sofá *(m.)*, desván *(m.)*
software software *(m.)*
solar solar *(adj.)*
soldier soldado(a)
sometimes a veces
sound sonido
sound effect efecto sonoro
soundtrack banda sonora
souvenir recuerdo
space espacio
speak dirigirse *(j.)*
speaker (of a stereo) bafle *(m.)*, parlante *(m.)*
special effect efecto especial *(m.)*
species especies *(f.)*
spend gastar
spend time with (friends, family) pasar tiempo con (los amigos, la familia)
spoiled mimado *(adj.)*
sponge esponja
spoon cuchara
sports deportes *(m.)*
spouse esposo(a)
square plaza
squash calabacita
stairs escalera
stairway escalera
stamp estampilla
star estrella
starch almidón *(m.)*
start empezar (ie, c)
state estado
station (bus/train/police) estación de autobuses/trenes/policía *(f.)*
stay quedarse
stay in touch mantenerse *(irreg.)* en contacto
steam bruma
stepbrother/stepsister hermanastro(a)
stepfather padrastro
stepmother madrastra
stereotype estereotipo
stew guiso
stir revolver (ue)
stone piedra
stop impedir (i, i)
store escaparate *(m.)*, tienda
storm tormenta
stove estufa
straight derecho *(adj.)*, recto *(adj.)*
strategy estrategia
straw paja
strawberry fresa
strength fuerza
stressed estresado *(adj.)*
stretch estirarse
stripe raya
strong cargado *(adj.)*
student estudiante *(m., f.)*
study estudio
stuffed animal animal de peluche *(m.)*
stumble tropezar
stuntman/woman doble especial *(m., f.)*
style estilo
subtitle subtítulo
suburb suburbio
subway metro
success éxito
suffer sufrir
sugar azúcar *(m.)*
summary resumen *(m.)*
summit cima
sunbathe tomar el sol
sunflower girasol *(m.)*
sunglasses gafas *(m.)*
sunny soleado *(adj.)*
sunscreen crema bronceador *(f.)*
superhighway autopista
superstition superstición *(f.)*
support apoyar
supporting secundario *(adj.)*
surname apellido
surprise sorprender
surprising sorprendente *(adj.)*
surrealism surrealismo
surrealist surrealista *(m., f.)*
swan cisne *(m.)*
sway disuadir, conmover (ue)
swim nadar
swimming natación *(f.)*

swimsuit traje de baño *(m.)*
swing columpio
sword espada
symbol símbolo
symptom síntoma *(m.)*
synagogue sinagoga
syrup jarabe *(m.)*

T

table mesa
tablecloth mantel *(m.)*
tablespoon cucharada
tag pillapilla
take llevar, tomar
take a trip hacer *(irreg.)* un viaje
take a walk pasear
take care of cuidar
take classes tomar classes
take out sacar (qu)
take photos (photography) tomar fotos (fotografía)
talk hablar
talk on the phone hablar por teléfono
tall alto *(adj.)*
tanning lotion crema bronceador *(f.)*
tape grabar
taste probar (ue)
tasty sabroso *(adj.)*
Taurus Tauro
tax impuesto
tea té *(m.)*
teach enseñar
technician técnico *(m., f.)*
technology tecnología
telephone number número de teléfono
telephone teléfono *(m.)*
tempest tempestad *(f.)*
temple templo
ten diez
tenant inquilino(a)
tennis tenis *(m.)*
tense tenso *(adj.)*
terrace terraza
terrible terrible *(adj.)*
test ensayo
test probar (ue)
thank agradecer (zc)
Thank you (very much). (Muchas) gracias.
theater teatro
theme tema *(m.)*
thin delgado *(adj.)*
thirteen trece
three tres
thoughtful reflexivo *(adj.)*
throw tirar
thunder tronar
ticket boleto, billete *(m.)*
ticket window taquilla
timid tímido *(adj.)*
tip propina
toast brindis *(m.)*
toasted tostado *(adj.)*
today hoy
tomorrow mañana
tonality tonalidad *(f.)*
tone tono
top cima
tornado tornado
torture tortura
tour gira, tour *(m.)*
tower torre *(f.)*
toy juguete *(m.)*
track huella
trade comercio
traffic jam congestión vehicular *(f.)*
train tren *(m.)*
tranquility tranquilidad *(f.)*
transportation transporte *(m.)*
trash can cubo *(m.)* para basuras
travel agency agencia de viajes *(f.)*
travel viajar
traveler viajero(a)
traveler's check cheque de viajero *(m.)*
treat tratar
tree árbol *(m.)*
tremor (caused by earthquake) temblor *(m.)*
trial ensayo
trip viaje *(m.)*
truck camión *(m.)*
true cierto *(adj.)*
true verdad *(f.)*
trunk baúl *(f.)*
try (for the first time) probar (ue)
try intentar
Tuesday martes *(m.)*
tulip tulipán *(m.)*
turn doblar
turn off apagar (gu)
tuxedo esmoquin *(m.)*
twelve doce
twenty veinte
twin gemelo(a)
twist torcerse (ue,z)
two dos
type escribir a máquina
type tipo

U

umbrella paragua *(m.)*
understanding comprensivo *(adj.)*
undocumented indocumentado *(adj.)*
unemployment desempleo
university universidad *(f.)*
unpack desempacar (qu)
upgrade actualizar (c)/subir de grado
Uranus Urano
use of uso
use usar

V

value valor *(f.)*
van camioneta
vase florero
vegetable verdura
vegetarian vegetariano(a)
vendor vendedor(a)
Venus Venus *(f.)*
verb verbo
vermilion bermellón *(m.)*
verse verso
violet violeta
violin violín *(m.)*
Virgo Virgo
virtue virtud *(f.)*
visa visado
vitamin vitamina
vocabulary vocabulario
volcano volcán *(m.)*
vomit vomitar

W

wait esperar
wait in line hacer *(irreg.)* cola
waiter/waitress mesero(a)
walk andar *(irreg.)*
walk paseo
wall pared *(f.)*
wallet cartera
wallpaper empapelar
wallpaper papel pintado *(m.)*
want ads avisos clasificados
war guerra
wardrobe armario
wardrobe vestuario
warm up calentar
wash clothes lavar la ropa
waste (money) malgastar
waste desperdicio
waste desperdiciar
watch reloj *(m.)*
water agua *(m.)*
waterbed cama *(f.)* de agua
watercolor acuareal *(f.)*
waterfall cataratas
watermelon sandía
water-skiing esquí *(m.)* acuático
wave ola
wavy ondulante *(adj.)*
weather pronóstico de tiempo
web web *(m.)*, telaraña
wedding boda
week semana
weights pesas
Welcome! ¡Bienvenido(a)!
well bien
well-mannered bien educado *(adj.)*
whale ballena
What? ¿Qué?
when cuando, ¿Cuándo?
Where? ¿Dónde?
white blanco *(adj.)*
white lilly azucena

Who? ¿Quién?
Why? ¿Por qué?
win an award/prize ganar un premio
window ventana
with con
witness presenciar
wolf lobo
wood madera
wool lana
work obra
work shop taller *(m.)*
world mundo
worry preocuparse
write escribir
writer escritor(a)

Y

yellow amarillo *(adj.)*
yogurt yogur *(m.)*
You're welcome. de nada

Z

zone of a city barrio
zone zona

What the Effective Schools Research Says

Frequent Monitoring of Student Progress

Compiled by

Jo-Ann Cipriano Pepperl

Lawrence W. Lezotte

Published by:

Effective Schools Products, Ltd.
2199 Jolly Road, Suite 160
Okemos, Michigan 48864
(517) 349-8841 • FAX: (517) 349-8852
www.effectiveschools.com

What the Effective Schools Research Says:
Frequent Monitoring of Student Progress
Call for quantity discounts.

Manufactured and printed in the United States of America.

ISBN 1-883247-19-5

Dear Colleague:

How often should student progress be monitored?

I'm often asked this question, and I like to answer it with another. How often do you plan to change instruction as a result?

If you plan to change nothing, as happens all too often in our nation's schools, then assessment merely becomes a way to keep disadvantaged students in lower-level tracks. Frequent Monitoring of Student Progress, one of the most important and yet misunderstood of the correlates, means more than just giving standardized tests at the end of the school year.

The first and second generation on this correlate outlines the path we need to follow:

The First Generation: In the effective school, student academic progress is measured frequently through a variety of assessment procedures. The results of these assessments are used to improve individual student performance and also to improve the instructional program.

The Second Generation: In the first generation, the correlate was interpreted to mean that the teachers should frequently monitor their students' learning and, where necessary, the teacher should adjust his/her behavior. Several major changes can be anticipated in the second generation.

First, the use of technology will permit teachers to do a better job of monitoring their students' progress. This same technology will allow students to monitor their own learning and, where necessary, adjust their own behavior. The use of computerized practice tests, the ability to get immediate results on homework, and the ability to see correct solutions developed on the screen are a few of the available tools for assuring student learning.

A second major change that will become more apparent in the second generation is already underway. In the area of assessment, the emphasis will continue to shift from standardized, norm-referenced, paper-pencil tests and towards curricular-based, criterion-referenced measures of student mastery.

In the second generation, the monitoring of student learning will emphasize more authentic assessments of curriculum mastery. This generally means that there will be less emphasis on the paper-pencil, multiple-choice tests, and more emphasis on assessments of products of student work, including performances and portfolios.

Teachers will pay much more attention to the alignment that must exist between the intended, taught, and tested curriculum. Two new questions are being stimulated by the reform movement and will dominate much of professional educators' discourse in the second generation. "What is worth knowing? How will we know when they know it?"

In all likelihood, the answer to the first question will become clear relatively quickly, because we can reach agreement that we want our students to be self-disciplined, socially responsible, and just.

The problem comes with the second question, "How will we know when they know it?" Educators and citizens are going to have to come to terms with that question. The bad news is that it demands our best thinking and will require patience if we are going to reach consensus. The good news is that, once we begin to reach consensus, schools will be able to deliver significant progress toward these agreed-upon outcomes.

For schools ready to become learning communities—places where educators use a multitude of assessments to continually adjust instruction with the goal of bringing all students to mastery—this collection of research will prove invaluable.

Respectfully,

Lawrence W. Lezotte

Lawrence W. Lezotte
Educational Consultant and Commentator

Table of Contents

Section I

Section II

Section III

Section IV

Section I

General Issues of Monitoring Student Learning

General Issues of Monitoring Student Learning

The *Wall Chart of Education Statistics* burst into the 1980's by comparing the states in terms of student outcomes, breaking the federal government's traditional silence on the topic and spurring a new debate on how, why, and when we measure student progress. Though many complained that the chart failed to take student migration, unique histories of each state, and other important factors into account, it did shift the burden of responsibility to the states to assess education in terms of outcomes, and to launch their own internal report cards.

The way a state, district, or individual school does this accurately represents what the stakeholders care about the most. The old saying is indeed true—what gets measured, gets done.

- Most experts agree there needs to be a fundamental change in the role of testing in our society from gatekeeper to gateway of opportunity. The National Commission on Testing and Public Policy cautions that the enterprise of testing must be subject to greater public accountability. One study showed just how imperfect any one typical test can be for predicting future performance: 66 percent of those who failed could actually perform successfully, while 17 percent who passed were unable to repeat this success. The Commission warns that the testing industry today is largely unregulated and unaccountable, and we need to avoid classifying people on the basis of one instrument.

- Tests in education are currently used for four basic purposes: sorting and selecting; describing individual competence; diagnosis; and, sometimes, public accountability. Though tests can serve as an important part of the process, they cannot reform the process by themselves. Most standardized tests, for example, do not tell us what a child has learned—only how the child ranks in comparison with other students. Further, it's still assumed, as part of the central core of our assessment policy, that each child has an equal chance to learn the skills being tested. Research increasingly shows how off the mark this assumption can be.

- Assessment tools should empower students as learners, offering a broader, more genuine picture of their progress, and helping them see themselves as active, thoughtful, and independent learners. This demands that a reflectiveness be developed in both the teacher and the student, and highlights the greatest distinction between a testing culture and an assessment culture.

- Assessment should be thought of as a collection of evidence over time, instead of an isolated event. Grant Wiggins and Jay McTighe urge us to think of curriculum in terms of a spiral, with students continually refining ideas and performance, and developing increasingly sophisticated understanding. Tests should be faithful representations of real-life context, and students deserve quick feedback to allow them to engage in timely self-correction.

- We can ask vital questions to judge the quality of an assessment. Does its actual use match its intended use? Can the results provide for accurate generalizations? Is there equity for all to learn what is being assessed? Does it assess higher-level learning? Does it provide motivation for improved performance? Is it cost-effective? Is it efficient? The answers can force us to reflect on our assessment strategies.

- The most common format in testing today remains the multiple-choice assessment (reportedly used by 70 percent of schools), followed by performance assessments (used by 28 percent), and portfolios (used by 18 percent). It is unlikely that norm-referenced and criterion-referenced multiple-choice tests will be replaced; they do provide useful information, they're the most economical form of testing, and evidence is suggesting that their quality is increasing. However, most of the problems associated with them are the result of misuse, and are issues of training rather than testing and measuring. W. James Popham, the internationally respected leader in educational assessment, warns us that to stop using well-crafted multiple-choice tests is much like "throwing out the baby with the bath water." He points to the potential of *Item Response Theory* to help us create and maintain better banks of test items.

- Performance assessments and portfolios give students more responsibility in their learning, and encourage an expanded curriculum that emphasizes reasoning, problem solving, research skills, and oral and written communication. With all of these strengths goes a glaring weakness—they're difficult to score, and require time, effort, and training to score fairly. Several scoring techniques have been developed, including checklists, rubrics, rating scales, and anecdotal records, but few educators have received formal training in this specialized arena.

- Sadly, though schools are spending more time collecting data, it appears few are actually using it effectively. In a recent study on accountability and school performance conducted by the Center on Organization and Restructuring of Schools at the University of Wisconsin-Madison, out of 24 schools covering a wide range of locations, sizes, and socioeconomic status—and all required by the district or state to gather information on student performance—only seven had strong accountability systems.

Just as most educators have not been trained to think about teaching and learning as evidence-based tasks, most administrators lack the training to lead results-driven schools. If the current drive to develop authentic assessments simply results in using new instruments for old purposes, there will be no improvement in equity or quality of student learning. State agencies and the federal government must encourage the creation of a forum where these issues can be considered by capable educators and joined by those who have the expertise to understand the appropriate use of test data.

EFFECTIVE SCHOOLS RESEARCH ABSTRACTS

FREQUENT MONITORING OF STUDENT PROGRESS

CITATION: Resnick, Lauren B., "Matching Tests with Goals," *Social Policy* (September/October 1977): 4-10.

What Did the Researcher Do?

Tests in education are used for four basic purposes: sorting and selecting, describing individual competence, diagnosing educational needs, and public accountability. During the past century, various tests were developed to help achieve the first of these purposes. However, existing tests were and are often used for purposes other than those for which they were designed, a practice that the author terms, at best, inefficient and, at worst, a form of social abuse.

The author carefully reviews the development of the tests and the unspoken assumptions underlying them. She then relates this to the purposes for which tests are used and discusses the implications.

This research is grounded in the author's belief that tests can serve as an important part of the total educational process, but cannot, by themselves, corrupt or reform the process. We must therefore carefully consider what we want our schools to do, whom they are to serve, and how. Only as these goals and commitments are clarified can we expect any new approaches to assessment to have social impact.

What Did the Researcher Find?

Sorting and selection. Aptitude and intelligence tests were originally designed for sorting and selecting. Alfred Binet was asked to develop a procedure which would predict which children were likely to succeed in primary school. Children who failed the test would be offered what we now call "special education."

However, the predictive power of the test which Binet developed was based on certain key assumptions which were barely noted in Binet's time. The central assumption was that the educational program was and would remain a fixed one in which adaptation to individuals was neither possible nor desirable. The school system and its instructional methods were not called into question—only the capacity of children to profit from the standard program offered. A second assumption was that all children had about equal chances to learn the kinds of tasks that appeared on the test.

Resnick suggests that we could solve the problem created by the second assumption by changing the test items to accommodate the diverse social backgrounds of our school children. But in the process, we would invalidate the test as a selection device unless we also changed the schools accordingly. It is only by changing the school environment to accommodate social and intellectual differences that we can expect any real opportunity changes.

Most standardized achievement tests are built on the same basic principles as intelligence and aptitude tests. They do not tell us what the child has learned; they tell us how a child ranks in comparison with other students. Fundamentally, they are selection devices.

Describing individual competence. Criterion-referenced tests are designed to assess the content of a course or a unit of study. These tests, unlike norm-referenced achievement tests, should be indifferent to score distributions. In practice, criterion-referenced tests for objectives at the lower levels of Bloom's taxonomy are much easier to develop than those intended to measure the attainment of higher-level learning.

Diagnosis. A number of diagnostic instruments have been developed to ascertain specific educational needs in individuals. Depending upon how these tests are used, they may be either sorting and selecting devices or they may be diagnostic tests. If the educational program which a child is sent to as a result of a diagnostic test is an effective educational program, then it is a diagnostic test. If the program the child is sent to was designed to ease the burden on the regular classroom, then it is a sorting and selecting instrument. Most tests can be transformed from sorting and selecting to diagnostic without any improvements in the test itself or its administration. This transformation can usually be achieved by serious attention to the nature of the instructional program. Evaluation is especially critical to ensure that assignment to special or remedial classes actually improves the performance of the children who attend them.

Public accountability. Standardized norm-referenced achievement tests are often used by school boards, parents, legislators, and other groups for public accountability purposes. Their concern to know how well their children and schools are doing is legitimate. But because of how these tests are constructed, because they are selection and sorting instruments, they are not appropriate for this purpose.

What is needed is to develop a comprehensive definition of subject matter competence and then to design a criterion-referenced test to assess it. Work on this issue is just beginning.

What Are Possible Implications for School Improvement?

The goal of an effective schools project is to bring all children to at least minimum academic mastery. Minimum academic mastery is a score on a standardized test which predicts that the child will be demonstrably successful in the next grade or the next level. Can a score on a norm-referenced achievement test designed for sorting, selecting, or ranking indicate minimum academic mastery? The author would argue that it can not.

We must be careful not to use instruments for assessment goals for which they are ill-suited. This means that, in the vast majority of cases, school improvement projects based upon effective schools research must either purchase criterion-referenced tests which measure their curriculum or undertake a multiyear project of writing their own tests.

Most important, we must keep foremost in our minds and hearts that the needs of special groups of students will not be served by more carefully crafted diagnostic assessments if those are not accompanied by instructional programs to match.

— Robert E. Sudlow

EFFECTIVE SCHOOLS RESEARCH ABSTRACTS

FREQUENT MONITORING OF STUDENT PROGRESS

CITATION: Abrams, Joan D., "Making Outcome-Based Education Work," *Educational Leadership* (September 1985): 30-32.

What Did the Researcher Do?

In 1979, Superintendent Joan Abrams convinced the Board of Education and the community served by the Red Bank Borough Public Schools (New Jersey) to adopt an outcome-based education model as their instructional delivery system. The superintendent's recommendation reflected the following conditions in their school system: 1) they had a mandate to improve measured pupil achievement; 2) many youngsters were three or more years below grade level by the eighth grade; 3) a widening gap existed between middle-class and poor students in the areas of literacy and numeracy; 4) expectations were low especially for minority students; and 5) although levels of per pupil expenditure were relatively high, overall achievement was low.

In response, the district developed a model that assumed all children would be instructed using grade-level objectives. The grade-level objectives in communications and computation were drawn from state-mandated tests, skill specifications, norm-referenced tests, objectives endorsed by the community, and curricular areas teachers felt children should know.

Once the curriculum was well specified, teachers received training with the model. Its critical components, explained during training, included:

- Establishing instructional objectives;
- Developing a plan for teaching to those objectives;
- Using whole-class instruction;
- Administering formative tests to assess mastery;
- Providing additional instruction to those who have not evidenced mastery (correctives);
- Providing those who have mastered the objective with enrichment activities (extensions); and
- Using summative or mastery tests to establish pupil grades.

In addition, the district revised the remedial basic skills program to integrate it more closely with the district's developmental program. In this program, the teachers were instructed to emphasize the same objectives that are taught in the classroom.

In summary, the major components of the Red Bank program were curriculum alignment, task analysis, the use of formative tests, grade-level objectives, and a strong continuing in-service program.

What Did the Researcher Find?

Perhaps the most straightforward way to summarize what the researcher found is to represent the data that summarizes the gains in measured student achievement between 1979 and 1984.

Metropolitan Achievement Test Scores of 8th-Graders In Red Bank, New Jersey:

	Average Score	
	1979	**1984**
Math	8.0	12.2
Language	7.6	11.0
Reading	7.3	10.3
Science	7.6	10.0
Social Studies	7.3	9.9

In addition to these impressive results, Superintendent Abrams offered the following perspective on their programs: the differences they observed resulted from curriculum alignment, task analysis, early feedback, and high expectations for all students.

What Are Possible Implications for School Improvement?

The Red Bank story is an example of the potency of vision and leadership. Like this story, your school improvement effort must begin with a clear and shared sense of vision of what you and your district or school will accept as overt evidence of school improvement, whether increased test scores in basic skills or another measure of student success. The leadership must share this belief and begin to behave in ways that will move the district or school toward that vision. Continuing dialogue is needed regarding the mission or vision of school improvement.

Implied in the Red Bank story is the belief that to be effective and enduring, school improvement must be both comprehensive and long term. Do you or can you and your colleagues create this mindset around the school improvement effort? Can you get the stakeholder groups to support a long-term, incremental approach to school change?

Steps to solving the technical problems of curriculum specification and alignment must also be taken in the overall process. Teachers will then begin to feel an increased sense of understanding, commitment, and ultimately, improvement if and when they are clear about which student outcomes are expected and valued.

Finally, there is an implied message in the Red Bank story. The superintendent would not have proposed such an ambitious undertaking if she did not believe in the educational potential of the district's students. The Board of Education would not have supported the recommendation of the superintendent if they did not believe that more of their students could master the essential curriculum. Finally, administrators and teachers would not have joined the initiative if they did not believe a better outcome for students was possible. This is the power of high expectations in motivating change and achieving success.

— Lawrence W. Lezotte

EFFECTIVE SCHOOLS RESEARCH ABSTRACTS

FREQUENT MONITORING OF STUDENT PROGRESS

CITATION: *Educational Achievement: Explanations and Implications of Recent Trends.* Congressional Budget Office of the Congress of the United States, Superintendent of Documents, U.S. Government Printing Office, Washington, D.C. 20402, August 1987.

What Did the Researchers Do?

At the request of the Subcommittee on Education, Arts, and the Humanities of the Senate Committee on Labor and Human Resources, the Congressional Budget Office (CBO) prepared an analysis of the national trends in the educational achievement of elementary and secondary students. The first phase of this study was released in April 1986, and was titled *Trends in Educational Achievement* (also available from Superintendent of Documents). The second monograph, published in August, 1987, seeks to address the causes and implications of the trends reported earlier.

Educational Achievement includes an analysis of existing data from a wide variety of studies and settings. Like any secondary analysis, the study seeks to identify those areas where various data sources tend to yield consistent findings and those where the data sources tend to provide inconsistent and sometimes contradictory findings. Such secondary analyses are only as good as the data in the primary studies. In this monograph, certain areas are well documented with quality data; in other areas, caution is needed because the data are "thin" and more speculative. Nevertheless, this analysis can make a valuable contribution to the discourse on the "causes and cures" of low student achievement, a problem being discussed in most school improvement programs. In analyzing the available trend data, the researchers did not attempt to identify or explain regional, state, or local variations except in the most general sense.

What Did the Researchers Find?

While acknowledging that achievement tests are incomplete proxies for more comprehensive measures of educational attainment, the researchers present several interesting trends:

- The sizeable decline in test scores in the 1960's and 1970's was evident among many different types of students, in many subject areas, on diverse tests, in all parts of the nation, and in Catholic, as well as public schools.
- Tests administered to high school students generally showed the greatest decline, whereas tests administered in the first three grades showed little or no decline. Those administered in the middle grades tended to show moderate decline.
- There has been a widespread rise in test scores beginning in the mid-1970's and continuing up to the present time.
- To date, the current upturn in scores in the lower grades has been larger than that in the upper grades.
- One of the most consistent trends of the past decade has been the gains of black students in relation to nonminority students.
- Schools with high concentrations of minority students and those located in disadvantaged urban communities appear to be gaining appreciably, relative to the national average.

The researchers attempted to explain these trends by examining the available evidence around several specific factors. They used two criteria:

1) Were changes in the selected factors coincident with the changes in achievement?
2) Was the change in the explanatory factor, over time, consistent with the trends in achievement? "For example, have changes in the amount of homework done by typical students paralleled changes in average test scores?" (p. 22)

The general conclusion drawn from the available evidence suggests that these trends (declines followed by increases) resulted from the confluence of many causes, both educational and noneducational.

What Are Possible Implications for School Improvement?

Examining and discussing the national trend data presented in this analysis can serve to enrich the school improvement planning process in several ways. One question that should be asked is whether local data tend to parallel national trends. Local educators could feel reassured if local data currently parallel national trends. On the other hand, if the local situation does not follow the national trend, there is cause for a heightened concern for change.

A second possible implication centers around the methods of analysis which the researchers used either to reinforce or dismiss probable explanations for change in achievement (cross-sectional association and temporal consistency). Such analyses can help evaluate local efforts and local explanations as well. For example, the national trend data indicated that the decline in SAT's was reversed and began to rise long before graduation requirements were increased, indicating that the higher requirements themselves were not useful in explaining the achievement trend.

Those concerned with school improvement should make a careful review of the factors that could plausibly account for the achievement gains of recent years. This will help avoid long discussions of factors that have no bearing on the issue and make it possible to concentrate efforts around those sources most likely to influence student achievement.

Finally, and perhaps most important, this analysis of recent trends should serve to remind all of us interested in school improvement that we must take an incremental view of change. These trend data make clear that there are no "quick fixes" or simple answers. Steady progress in improving student achievement will only be realized by a continuous fine-tuning of our programs and procedures.

— Lawrence W. Lezotte

EFFECTIVE SCHOOLS RESEARCH ABSTRACTS

FREQUENT MONITORING OF STUDENT PROGRESS

CITATION: *Elementary and Secondary Education Indicators in Brief.* Office of Educational Research and Improvement, U.S. Department of Education, Superintendent of Documents, U.S. Government Printing Office, Washington, D.C. 20402, 1987.

What Did the Researchers Do?

One of the primary missions of the U.S. Department of Education is to provide information on the health and progress of American education with a collection and analysis of a wide-ranging set of statistical surveys and reports. This extensive database is too voluminous for practical use. Thus, in 1982, the Department developed a set of educational indicators that can serve as statistically valid measures of the nation's educational system. Local school officials should find these national data a useful context for judging local measures of educational success.

This report presents and discusses 17 indicators related to elementary and secondary education. Six of the indicators pertain to the outcomes of education; three to the resources available for education; and eight to the context of education. Because of space limitations, only selected indicators will be discussed in this abstract.

What Did the Researchers Find?

Outcome indicators. The National Assessment of Educational Progress defines five levels of reading proficiency in *The Reading Report Card* (1985): rudimentary, basic, intermediate, adept, and advanced. In 1984, 18 percent of 9-year-olds, 62 percent of 13-year-olds, and 84 percent of 17-year-olds were reading at the intermediate level or higher.

The National Assessment of Educational Progress defines four levels of writing proficiency in *The Writing Report Card* (1986): unsatisfactory, minimal, adequate, or elaborated. Writing performance among all races improves between the 4th and 11th grades; however, in 1984, most American students were unable to write at an "adequate level"—even in the 11th grade.

Using the *Bureau of Census, Current Population Reports, Series P-20*, the high school completion rates among black and Hispanic students continue to lag significantly behind white students. However, almost three-quarters of American 18- and 19-year-olds have completed high school.

Resource indicators. *The Center for Education Statistics, Statistics of Public Elementary and Secondary Day Schools* finds that the pupil/teacher ratio of the elementary level has dropped nearly one-third from 1959-60 (29 pupils per teacher) to 1985-86 (20 pupils per teacher). At the secondary level, the ratio had fallen nearly 20 percent from 1959-60 (22 pupils per teacher) to 1985-86 (16 pupils per teacher).

Context indicators. School enrollment (public and private enrollments) declined by 14 percent from 1970 to 1985. School enrollment rates for young children have increased from 10 percent in the mid-1960's to nearly 39 percent by 1985. Students from homes with lots of books and little TV-watching read much better than their counterparts. Sixty-one percent of all high school students in the Class of 1985 had experimented with an illegal drug. At least 79 percent of all teachers reported that they were somewhat or very satisfied with teaching as a career. Twenty-seven percent of the public cite lack of discipline and 31 percent of the teachers cite lack of parental interest as the major problem facing schools. Public opinion rating of schools slipped during the late 1970's and early 1980's, but has strengthened since then. Required courses in math and science for high school graduation have increased sharply since 1980.

What Are Possible Implications for School Improvement?

One of the characteristics of the effective school, as reported in the early studies of such schools, centers around the monitoring of pupil progress. It appears that effective schools pay closer attention to the results they are getting. When necessary, effective schools make deliberate adjustments so as to better those results. Two major conclusions can be drawn from this finding:

1) Schools ought to make systematic assessments of the educational indicators they value.

2) Such assessments should be made frequently.

The educational indicators previously mentioned can be helpful to the local school improvement effort because they are an indication of our society's educational values. They also suggest practical ways of collecting such data over time in order to get a sense of the trends, and they permit local data on the indicators to be placed in a national frame of reference.

When beginning a school improvement program, one of the most challenging, yet most important, steps is reaching an agreement on what will be accepted as evidence of school improvement. It is not possible to talk seriously about improvement unless one can describe where a school is now and where a school seeks to go in observable and measurable terms. Reviewing *Elementary and Secondary Education in Brief* can facilitate such discourse. These indicators represent at least some of the more valued "vital signs" of schools; as such, they can be used to assess the state of your school's health.

The indicators of outcome referred to above should put to rest the claim that effective schools research cares only about standardized achievement test results. The several other indicators discussed in this report rightly suggest that the indicators of effectiveness or improvement must reflect the breadth of what we value.

— Lawrence Lezotte

FREQUENT MONITORING OF STUDENT PROGRESS

CITATION: Ginsburg, Alan L., Jay Noell, and Valena White Plisko, "Lessons from the Wall Chart," *Educational Evaluation and Policy Analysis* 10, 1 (Spring 1988): 1-12.

What Did the Researchers Do?

When the U.S. Department of Education first published its *Wall Chart of State Education Statistics*, it broke the historic silence on reporting state-by-state comparisons of student outcomes. Referred to as the "Wall Chart," because of its large size, it was the first document ever to compare states on the basis of their public schools' education performance and to relate that performance to each state's educational resources and population characteristics. It laid out the facts in straightforward detail, exposed our national educational shortcomings, and focused attention on the states where educational policy originates.

The writers of this paper, all administrators in the Department of Education, are responsible for the design and publication of the annual state-by-state comparisons. However, the opinions expressed in the article do not necessarily reflect Department policies. The article reviews the development of the Wall Chart, describes its design, assesses its impact, and examines future directions in assessing student progress.

The Wall Chart was initiated after reports calling for educational reforms drew political leaders into reform debates. Certain state governors appealed directly to Terrell H. Bell, then Secretary of Education, to help develop a state-by-state report card on student performance; as a result, the Secretary requested the Office of Planning, Budget, and Evaluation to develop it. The success of its design hinged on its ability to measure student outcomes, and the outcomes selected for comparison were:

- Student test scores on the Scholastic Aptitude Test (SAT) and the American College Testing (ACT) program.
- The high school graduation rate computed by comparing the ratio of graduates in a state to its ninth-grade population four years earlier.

Completing the report were two sets of input variables. One set described resources available to schools, i.e. per-pupil expenditure, average teacher salaries, and pupil-teacher ratios. The second set described background characteristics of students and adults that could affect student performance, such as race/ethnicity, percentage in poverty, proportion classified as handicapped, and educational attainment of adults. The chart, with these different outcomes and input variables, would be designed to allow for comparison across states or comparison within a particular state over time.

What Did the Researchers Find?

The major complaints put forward when this first state-by-state comparison was made clustered around five issues. First, the SAT, more than the ACT, measures aptitude rather than achievement. However, the writers point to empirical support for the position that SAT scores, even though they may vary with aptitude, are affected by what a student is taught in school (Turnbull, 1985) and that both the ACT and the SAT seem to measure similar traits (.85 correlation).

Second, state rankings were strongly determined by the proportion of a state's college-bound students.

Third, the reporting of the graduation and dropout rates was inconsistent in that it did not take into consideration the migration of students in or out of the state, or those who eventually earned a GED.

Fourth, the use of these statistics and the omission of other performance measures were sending the wrong signal to states concerning what is important to teach.

In response to these criticisms the writers found that, even though different tests were given to a narrower or broader number of test-takers, depending on the state, and even though additional indicators need to be developed and made available to broaden the representation of students assessed, the reported SAT and ACT scores proved to be more reliable than generally realized. The fact that additional indicators are desirable does not negate the value of what was presented.

The final criticism claimed that the rankings in the Wall Chart fail to take into account each state's unique history and circumstances. The writers point out that the chart enabled each state to compare itself with its own previous performance, rather than against other states, and that actually there are less substantial and unique differences among states now than there were in the past.

If the Wall Chart was to be successful, it would have to be sufficiently credible to raise issues, focus debate, influence policy, and have staying power after the novelty wore off. In this regard, at least five positive effects of publishing the Wall Chart were found:

1) It completed the shift toward assessing education primarily in terms of outcomes and placed the responsibility for those outcomes with the state.

2) It reinforced findings that the level of money spent on education is not strongly associated with school outcomes and therefore channeled policy attention to effective school variables, such as quality of instruction and instructional leadership.

3) It highlighted the dropout problem, causing many school systems to revise their reporting procedures and make them more accurate.

4) It legitimized comparison of student performance and promoted individual states and consortiums of states to launch their own internal report cards.

5) It contributed to a redesign of the system for collection of federal education statistics on K-12 education.

The debate over the need for a state-by-state assessment has shifted. In the past, the provision of these comparisons was questioned. Now, the discussion centers on how they can be improved. An appointed study group has recommended that the National Assessment of Educational Progress (NAEP) become the basis for a new state-by-state assessment. This future report should be generated from a state-representative sample of 700,000 students assessed in nine core subjects. The writers recommend that the new chart not only include the above, but also multiple reports for different audiences; a course-specific subject matter focus; regular and frequent reporting cycles; an independent evaluation as to the use and accuracy of the report; a linking between national and state assessments; and support for intensive, small-scaled case studies on specific instructional variables and their effect on school outcomes.

What Are Possible Implications for School Improvement?

Published results such as the Wall Chart have brought dramatic attention to declining student outcomes even while indicators of inputs were increasing to record levels. The knowledge that expanded student outcome assessment will continue to be reported nationally should create additional motivation for schools and school districts to initiate and sustain their focus on student outcomes rather than simply on educational inputs.

— Ronald A. Valutis

FREQUENT MONITORING OF STUDENT PROGRESS

CITATION: Oakes, Jeannie, "What Educational Indicators? The Case for Assessing the School Context," *Educational Evaluation and Policy Analysis* 11, 2 (Summer 1989): 181-199.

What Did the Researcher Do?

What indicators are most valid and useful in monitoring the status of education, informing policy decisions, and providing better accountability mechanisms? Several studies, as well as many states' accountability systems, use only outcome indicators, such as test scores and high school completion rates. The author argues that indicators of school context (i.e. information about educational structures, processes, and the behavior of participants) are equally necessary. To improve and inform, we must monitor the conditions as well as outcomes of education.

Many policymakers, educators, and parents place a high value on the quality of resources, people, and activities that shape students' day-to-day school experiences. Thus, indicators of these characteristics have an inherent value as measures of school performance.

Context indicators may prevent schools from placing undue emphasis on these limited measures, thereby forestalling educators' tendencies to narrow their educational programs to "look good."

Even though we do not fully understand how schools produce the results we want, context information may provide clues to explain the outcomes we have measured. Measures of what goes on in schools can add important information to the discussions about how to improve them.

What Did the Researcher Find?

The author's arguments stem from a RAND study that examined alternative ways in which the National Science Foundation could monitor the quality of the nation's mathematics and science education. The author and others have suggested a system of context indicators, which can provide additional information to that furnished by outcome indicators. Context indicators assess whether schools and classrooms include the resources, organizational arrangements, curriculum, teaching strategies, and classroom processes that are likely to enable desired learnings to take place.

The use of these indicators provides the best hope for correcting the overemphasis of school programs which tilt toward the low-level knowledge and skills often tested—at least until we develop better outcome measures. Context measures would make indicator systems more useful, because they permit a disaggregation of data by student subgroups beyond the divisions by race, class, or gender into subgroups of those who have similar schooling experiences. Context indicators would also generate clues about areas of schooling that need improvement.

After a careful examination of research on schools, three global school conditions emerged as possible targets for indicator development:

1) Access to knowledge—the extent to which schools provide students with opportunities to learn various domains of knowledge and skills.
2) Press for achievement—institutional pressure that the school exerts to get students to work hard and achieve.
3) Professional teaching conditions—conditions that empower or constrain teachers and administrators as they attempt to create and implement instructional programs.

The author warns that these indicators should be viewed as enabling conditions that promote high quality teaching and learning, rather than having direct effects on outcomes.

Access to knowledge. Access is a combined function of school resources, structures, and culture, and can be directly linked with student outcomes. Tangible characteristics, such as the following, can be measured:

- Use of subject-area specialists or resource teachers.
- Overall instructional time (length of school year and hours of class time per day).

- Instructional time in various subject areas at the elementary level.
- Course offerings in academic subjects and the number of sections of each course at the secondary level.
- Classroom or course assignment practices and the curriculum associated with each ability group.
- Student mobility among groups and tracks (e.g., percentage of students moving upward from nonacademic or low-ability classes or course sequences).
- Availability of instructional materials, laboratories, computers, and equipment.
- Teachers' qualifications and experience (and at the secondary level, the match between teachers' backgrounds and their current teaching assignments).
- Availability of academic support programs.
- Academic enrichment and support (science fairs, field trips, museum programs, schoolwide assemblies).
- Parents' involvement in instruction at home or school.
- Opportunities for staff development.
- Staff beliefs about the importance of challenging academic study for all students.

Press for achievement. Underlying this indicator is the belief that all students are capable of learning the important knowledge and skills that schools want to teach. Although most research supports the link between expectations and student learning, what helps or hinders students most are the educational structures and processes that schools establish based on their expectations.

Assessing a school's press for achievement would entail measuring the following characteristics:

- Staff emphasis on academic achievement.
- High school graduation requirements.
- Students' participation in challenging academic work.
- Schoolwide recognition of academic accomplishments.
- Faculty expectations about students' ability to learn.
- The degree to which noninstructional constraints interfere with classroom activities.
- Administrative advocacy and support for challenging curriculum and instruction.
- The type and amount of academic homework assigned.
- The extent to which teaching and learning are central to teacher evaluation.

Professional teaching conditions. A professional teaching environment is a critical school-level characteristic, because it encompasses the working conditions most likely to attract high-quality teachers and to encourage those already in schools to remain. It is difficult to link professional teaching conditions directly to student outcomes, but there is evidence that a professional staff will implement strategies and programs to improve results.

Assessing a school's professional conditions for teaching would entail measuring the following tangible characteristics:

- Teachers' salaries.
- Teachers' pupil load and class size.
- Teachers' time available for professional, nonteaching work.
- Teachers' time spent on school-based goal setting, staff development, planning, curriculum development, instructional improvement, action research, etc.
- Teachers' participation in schoolwide decision making.
- Teachers' certainty about their ability to influence and achieve school goals.
- Teachers' autonomy and flexibility of staff in implementing curriculum and instruction.
- Administrative support for professional risk-taking and experimentation.
- Administrative provision of clerical support for teachers' noninstructional tasks.

What Are Possible Implications for School Improvement?

Perhaps the most salient message of this article is that schools are complex and intricate places. These indicators, as well as the Correlates of Effective Schools, enable student learning, and are most influential in combination. One of the premises of Effective Schools Research states that the way a school assesses student outcomes accurately represents the educational outcomes that the school cares most about. Schools which take these measures may well reinforce the often quoted saying: "What gets measured, gets done." This article suggests how to measure those school conditions which are linked to educational quality and equity.

— Barbara Jacoby

EFFECTIVE SCHOOLS RESEARCH ABSTRACTS

FREQUENT MONITORING OF STUDENT PROGRESS

CITATION: Oglesby, James R., Thomas A. Shannon, et al., "Education Vital Signs," *American School Board Association Journal* 176, 10 (October 1989): A1-A27.

What Did the Researchers Do?

Is American education "stagnant and mediocre," as Secretary of Education Lauro Cavazos has characterized it? Or can some hopeful trends be found in the various surveys that record education vital signs? The researchers have drawn on a wide number of recent surveys to check these vital signs:

- student achievement, as measured by standardized tests;
- dropout rates; and
- state-by-state data on school enrollments, teacher salaries, per-pupil expenditures, graduation rates, and other measures of school performance.

The report also includes a discussion of some of the most urgent issues in education today, including schools of choice and mathematical illiteracy.

What Did the Researchers Find?

In his survey of "Main Events," the opening section of this report, Pat Ordovensky (education writer for *USA Today*) sees three embryonic efforts stirring in education this year [1989] that could significantly reshape schooling in the 1990's. They are:

Schools of choice. A plan that is being phased in by Minnesota (and being seriously considered in a number of other states) requires every school district with more than 1,000 students to accept any student who applies from any community in the state. A student changing to a new district brings with him/her between $3,000 and $3,500 in per capita state aid.

Critics of the plan call it a politically safe way to force small school districts to lose students and money and merge with larger neighbors. Critics also note that choices are not always made for reasons related to school quality. They are just as likely to be made for the sake of convenience of student or parent. A further criticism of choice is that, since none of the current plans provide funds for student transportation, only students who can afford the cost of attending a school outside their district can afford to have a choice.

National standards for teacher certification. A national certification process being developed by the National Board for Professional Teaching Standards is due by 1993. This organization, which grew out of a Carnegie Foundation study and is supported by Carnegie grants, has promised its first guidelines for certification standards this summer.

State-by-state ranking on nationally administered tests. "It will shed some light on the states that do well and shed some heat on the states that do poorly," says Gary Phillips, who plans the national test for the U.S. Department of Education. (p. A4) But although this plan was warmly endorsed by many state education officials in the early 1980's, there is now considerable skepticism as to whether such ranking will improve educational quality in individual states.

While noting that the era of reform reports in education seems to have ended with the 1980's, this study does focus on a report from the National Council of Teachers of Mathematics, issued in 1989, which proposes standards for teaching math that will help American youth to become mathematically literate. In 1988, U.S. students scored at or near the bottom of a six-nation international mathematics and science assessment. In response to such statistics, the National Research Council of the National Academy of Sciences has called for a sweeping overhaul of mathematics education. Students today need mathematics not only to compete for jobs in science and technology, but also to understand environmental and health issues, as well as other matters reported daily in the media.

The National Council of Teachers of Mathematics is endeavoring to deal with the problem by publishing for the first time new standards to help students become mathematically literate—standards that emphasize mathematical problem solving and how to reason and communicate mathematically. The Council makes specific recommendations for various grade levels, all of which place greater emphasis on problem solving and applications of mathematical knowledge.

"Although there is solid agreement on the need for change, no one expects it to happen quickly and easily," the study emphasizes. "State and local school boards have to accept and implement new standards; superintendents must provide the climate and resources for curricular change; teachers have to be willing to learn new ways of teaching; parents have to demand higher quality mathematics education." (p. A11)

Thinking and reasoning skills need to be strengthened in all areas of the curriculum, the National Assessment of Education Analysis stressed in their 1980 report titled *Crossroads in American Education.* It notes that students have made gains in basic skills in core subjects, such as reading, writing, mathematics, and science, but students are not learning to use that knowledge. Sixty-one percent of 17-year olds still cannot summarize and explain relatively complicated information, including material about topics they study at school. (p. A16)

Other educational trends noted in the report:

- Test scores on the SAT declined slightly from 1987 to 1988, but minority scores on that test continued to rise. ACT test scores increased slightly. That change was attributed to continuing improvement in minority test scores. Men continued to do better than women on all areas of the ACT test, except English, although women earn higher grades in high school.
- Improved achievement by minority students appears to be aided by the use of computers. Two simultaneous studies done at the University of Illinois and New York University indicate that racial and ethnic gaps in achievement disappear when students have equal access to computers. University of Illinois researcher Cindy Okolo commented: "We now have the data to support that, but we're not sure we understand why." (p. A5)

The report concludes with a series of charts presenting a state-by-state comparison of figures for total school enrollment, per pupil expenditures, average teacher salaries, percentages of school funding from federal, state and local governments, per capita income, pupil/teacher ratios, enrollment (elementary, secondary, and total) percentages of various minority and handicapped students, mean SAT scores, and percentage of graduates taking SAT's. In most cases, these statistics show a five-year comparison, with figures given both for 1983-84 and 1988-89.

What Are Possible Implications for School Improvement?

School administrators engaged in strategic planning for school improvement in their districts will find much useful information to consider in this brief survey report. Not only does it present many examples of the kinds of demographic information that need to be collected by schools, it also provides baselines of comparison for local demographic information. The grouping of data by region (Northeast, Southeast, etc.) allows for comparison between states within a particular geographic area.

In addition, the report discusses both positive and negative reactions to some of the issues emerging in this decade (e.g., schools of choice, national standards for teacher certification, national testing of students). Here, too, a comparison between local and national attitudes on these matters should prove enlightening for local school educators in local districts.

— Kate O'Neill

EFFECTIVE SCHOOLS RESEARCH ABSTRACTS

FREQUENT MONITORING OF STUDENT PROGRESS

CITATION: Cole, Nancy S., "Conceptions of Educational Achievement," *Educational Researcher* 19, 3 (April 1990): 2-7.

What Did the Researcher Do?

This article is based on Nancy Cole's presidential address to the American Educational Research Association (AERA) in March, 1989. As president of AERA and the executive vice-president of the Educational Testing Service, Cole stands at the crossroads of assessment and public policy with a perspective that few of us enjoy. The issues she raises touch the day-to-day instructional transactions of virtually every teacher and administrator in public education in the United States today.

The paradigm of public education is changing dramatically. The "Golden Age of Accountability" is causing the discourse on education to refocus. The earlier paradigm that guided most educational discourse fixed attention primarily on the processes of education. For example, accreditation programs asked schools to document carefully the inputs, processes, and programs available in the school. The school was accredited according to normative standards, and a sigh of relief was breathed by all. Such processes stopped short of looking at student achievement as the primary criterion for judging whether the school was fulfilling the mandate of public education in our democracy.

With the coming of the accountability movement, especially as led by state-level student assessment programs, the discourse began to shift from the processes of education to the observable, measurable outcomes of education. The new question that surfaced as paramount was: *What do we want our students to learn?* Cole analyzes this question as it is reflected in the various assessment programs throughout the United States today. This article does much to clarify the critical issues and to motivate us to take the question seriously.

What Did the Researcher Find?

Cole begins by reminding us that how we view achievement affects not only what researchers research, but most importantly, what teachers teach. Our conception of student achievement affects educational practice, as does the way in which the public views and judges the nature of schooling itself.

Presently, there are two conceptions of educational achievement—the mastery of basic skills and facts, and mastery of higher-order skills and advanced knowledge. In the 1960's, behavioral psychologists provided the theoretical basis for much of classroom learning by suggesting that learning is the mastery of small skills and basic facts. This conception merged with the public's call for accountability. As a result, many of the emerging state assessment programs were explicitly designed to assess such skills and facts. The major new initiatives that appeared to take center stage included criterion-referenced testing or objectives-based testing. This tradition still dominates these state assessment programs today.

The second conception that is receiving increasing critical attention from the public is higher-order skills and advanced knowledge. It focuses on critical thinking and problem solving, and has its roots in philosophy and cognitive psychology.

While Cole believes that both conceptions have a significant role to play in today's educational thought, she feels neither has given adequate consideration to three important issues.

First, neither conception provides a good basis for the integration of the other. As a consequence, proponents of each pay little attention to the other.

Public understanding of education is hurt by allowing these two views of educational achievement to continue separately, in competition instead of integrating them into a comprehensive approach to learning.

Second, the language associated with each has tended to carve up the concepts into such small units that it is difficult to put them together again. We must develop both a broader conception of achievement, and a language to communicate the vision that we seek for all children, if we are to have an impact on how the public views education.

Third, those who would advocate alternative conceptions of achievement must be more mindful of their ramifications for curriculum and instruction. For example, there is a common view that schools are places where teachers are tellers, knowledge consists of facts, and learners are passive accumulators of those facts. Other images, now gaining popularity and more closely aligned with the cognitive psychologist's conception, view the student as an active worker. Each of these images creates very different and sometimes conflicting images of good classroom life and effective teacher behaviors.

What Are Possible Implications for School Improvement?

One of the most challenging implications for school improvement raised by Cole is how curriculum and instruction can be successfully managed to acquire a better balance between lower-level skills and facts and higher-order thinking and problem solving. We know that for most school systems in states which have statewide assessment programs, "what gets measured, gets done." If this is the case, one of three things must occur to achieve successful change.

One, the state assessment testing programs must be adjusted to accurately reflect the desired blend of the two conceptions. There is reason for some optimism, because some states are, in fact, taking that course of action. However, when such changes are made in the assessment tests, educators and the public had better be prepared to have the scores appear lower, at least for a couple of test administrations, until a new and better alignment between the taught and tested curriculum is found.

Two, if the state does not take the lead, teachers and administrators will have to risk poorer performance on the state measures to find the time to teach those skills desired, but not reflected on the current measures. This strategy is less likely to occur because the citizens in any community want their schools to "look good" on the measures that are regularly published in the local newspapers. If a school district or individual school chooses this course of action, it must be accompanied by a well-developed communications plan, so that parents are informed of the changes that are being implemented. In addition, the school must be prepared to assess the new learnings and to communicate those results to the public along with the state assessment results.

Third, curriculum and instructional specialists must accept the responsibility for helping redesign curriculum so that when we teach the higher level of learning, we simultaneously teach the critical basic skills along the way. This strategy holds the most immediate promise, but will require a greater level of commitment from state departments, intermediate agencies, and higher education than we have seen to date.

Another important implication of Cole's work moves in just the opposite direction, asking teachers and building-level administrators to describe the conception of student achievement that is currently being delivered in their school's instructional program. One way to validate their perceptions is to ask teachers to predict which items their students are likely to miss on the state assessment tests because that school's operating conception of achievement ignores that area of content. Asking teachers to carefully analyze the measures, either before or after they are administered to students, could prove to be very useful and informative to the teachers. Teachers will rediscover something they all knew, but may have forgotten—students tend to learn those things they are taught!

Finally, the issue of what we want students to know, be able to do, and be disposed to do as a result of their schooling is central to the whole reform movement today. We must strive for consensus and present our teachers with one, hopefully integrated, conception of achievement. In the end, teachers have got to believe, in their heads and hearts, that if they teach the intended curriculum and the students learn it, those students will perform well on the measures of the curriculum.

— Lawrence W. Lezotte

EFFECTIVE SCHOOLS RESEARCH ABSTRACTS

FREQUENT MONITORING OF STUDENT PROGRESS

CITATION: *From Gatekeeper to Gateway: Transforming Testing in America.* Report of the National Commission on Testing and Public Policy, Boston College, Chestnut Hill, MA, 1990.

What Did the Researchers Do?

"This report by the National Commission on Testing and Public Policy focuses on the critical role testing and assessment must play, not only in monitoring progress toward meeting the immediate goals established by the President and the governors, but also in the more fundamental tasks of identifying and developing human potential and allocating opportunities from kindergarten through the workplace." (p. 1)

There have been dramatic increases in the quantity of testing in public education. The number of states with mandated testing programs grew from one in 1972 to 50 in 1989. From 1955 to 1986, the reported sales in tests and test services increased by almost 400 percent.

Since the 1970's, test results increasingly have been used to make critical decisions about children's schooling in such matters as entry to and exit from kindergarten; promotion from grade to grade; placement in remedial, handicapped, or gifted programs; and graduation from high school. Adults also often find that test results can shape the course of their education—or their careers. Test results are used to determine whether a person qualifies for admission to upper-level education courses for a teacher's certificate or for jobs in education or industry. In many cases, the result of one test is the sole criterion for determining whether a person can take education courses, qualify for a job, or be placed in a remedial program.

A single test score just one point below the cut-off level has often barred candidates from positions for which they were otherwise highly qualified. "However a cut-score . . . is determined, it is arbitrary; it has no scientific basis analogous to that underlying 32 degrees Fahrenheit on the temperature scale." (p. 9) Hence, tests increasingly are used as gatekeepers to exclude people. With America's transformation from an industrial to an information society, with the increasing proportions of minorities in our society, and with the emerging global economy and international competition, our country must fully develop and mobilize the talents of its people. There needs to be "a fundamental change in the role of testing in our society that would see testing transformed from a gatekeeper to a gateway of opportunity. Unlocking our greatest national resource requires accurate, appropriate, and responsible assessment instruments, used judiciously and selectively." (p. 1)

What Did the Researchers Find?

To achieve this objective the Commission made eight recommendations:

1) Testing policies and practices must be reoriented to promote the development of all human talent. Tests should be evaluated to see if they are gatekeepers or gateways. "No testing program should be tolerated if it leads to classification of people as 'not able to learn,' and shunts them into a dead-end situation." (p. 24) When prospects and opportunities for people are restricted because of test results, programs should be available to help them overcome these restrictions.

2) Testing programs should be redirected from overreliance on multiple-choice tests toward alternative forms of assessment. For many purposes, direct assessment is preferable to indirect. For example, we should assess students' science problem-solving skills by means other than a multiple-choice test.

   No single form of assessment "can shoulder the unbearable weight of being the sole measure of worth—or what passes for worth; and that, to enhance the educational and employment opportunities of minorities, various other forms of assessment must be included in any important decision-making about individuals, groups, and institutions." (p. 27)

3) Test scores should be used only when they differentiate on the basis of characteristics relevant to the opportunities being allocated. Evidence should be gathered systematically and evaluated as to how well the test scores reflect actual educational or job performance.

4) The more test scores disproportionately deny opportunities to minorities, the greater the need to show that the tests measure characteristics relevant to the opportunities being allocated. It is critical that this occur with full awareness of the implications for minorities and the disadvantaged.

5) Test scores are imperfect measures and should not be used alone to make important decisions about individuals, groups, or institutions; in the allocation of opportunities, individuals' past performance and relevant experience must be considered.

   Tests are imperfect predictors of performance in school or on the job. The ability of a typical test to predict performance is limited. In fact, about 66 percent of those who fail the test could actually perform successfully; about 17 percent of those who pass it would be unlikely to perform successfully. The solution to this problem is not to avoid the classification of people; it is to avoid classifying people solely on the basis of one instrument. Judgment based upon multiple data, preferably direct evidence of required knowledge and skills, should be used.

6) More efficient and effective assessment strategies are needed to hold social institutions accountable. A major source of the ill effects of testing over the last few decades is the use of the same test, or kind of test, for different purposes. Assessment of institutions should be differentiated and disentangled from assessment of individuals.

7) The enterprise of testing must be subject to greater public accountability. Test quality and use should be subject to some form of independent public scrutiny. For all practical purposes, this does not occur now. "Tests have become instruments of public policy without sufficient public accountability." (p. 21) The testing industry is "largely unregulated and unaccountable. Government-sponsored testing in our society is too important, and the consequences to test takers too serious, to exempt the testing industry from thorough independent review, regulation, and accountability." (p. 22)

8) Research and development programs must be expanded to create and use assessments that promote the development of the talents of all of our children. We need to "find better ways to use assessment constructively and fairly to identify talent and to help develop people, assist institutions, and justly allocate opportunities." (p. 33)

What Are Possible Implications for School Improvement?

The Commission found that no one form of testing or assessment is universally better than group-administered multiple-choice tests. History reveals that, when any one form of testing (such as written essays) is used to make decisions about people or institutions, they eventually have had negative side effects on what students learn and what schools teach. Such side effects are currently associated with multiple-choice testing. A variety of assessment forms should be used in making important decisions regarding individuals, groups or institutions.

Before becoming involved in school improvement based on Effective Schools Research, many schools have used the results of a single test to determine minimum academic mastery. Even in many effective schools projects, the determination of minimum academic mastery has been based upon one test. However, Effective Schools Research advocates the use of *multiple measures* to ascertain academic mastery. Criterion-referenced testing, based on the declared school curriculum, should be one of the measures used. The determination of effectiveness, and the future of a child, should never be based upon the results of a single test given once.

— Robert E. Sudlow

FREQUENT MONITORING OF STUDENT PROGRESS

CITATION: Mullis, Ina V.S., Eugene H. Owen, and Gary W. Phillips, *America's Challenge: Accelerating Academic Achievement: A Summary of Findings from 20 Years of NAEP.* The National Assessment of Educational Progress, Educational Testing Service, Princeton, NJ, 1990.

What Did the Researchers Do?

The purpose of the National Assessment of Educational Progress (NAEP) is to measure scholastic achievement of elementary and secondary students. Since NAEP was created, more than 200 reports have been issued covering 11 instructional areas. NAEP "is the nation's only ongoing, comparable, and representative assessment of what American students know and can do." (p. 3)

Hence, at the end of NAEP's second decade, it seemed wise to pause and see how the academic achievement of America's youth has changed from 1970 to 1990. In this report, the researchers present data from several different perspectives regarding changes in student achievement over time.

What Did the Researchers Find?

More than half of elementary and secondary students do not demonstrate competency in English, reading, writing, mathematics, science, history, and geography. Even fewer demonstrate that they can use their minds well; less than 10 percent appear both to understand a curricular area and be able to interpret, infer, and draw generalizations with the specialized materials and ideas of a curricular area. "The current levels of student achievement are low for our country's needs and aspirations and for the personal goals of its citizens." (p. 29)

The authors note the following indications of students' lack of competency in various areas:

- Students can read at a surface level, getting the gist of material, but they do not read analytically or perform well on challenging reading assignments.
- Small proportions of students write well enough to accomplish the purposes of different writing tasks; most do not communicate effectively.
- Students' grasp of the four basic arithmetic operations and beginning problem-solving is far from universal in elementary and junior high school; by the time that students near high school graduation, half cannot handle moderately challenging material.
- Only small proportions of students appear to develop the specialized knowledge needed to address science-based problems, and the pattern of falling behind begins in elementary school.
- Students are familiar with events that have shaped American history, but they do not appear to understand the significance and connections of those events.
- Trends across the past 20 years suggest that, although some ground lost in the 1970's may have been regained in the 1980's, overall achievement levels are little different than two decades earlier.
- Despite progress in narrowing the gaps, the differences in performance between White students and their minority counterparts remain unacceptably large. Little progress has been made in reducing gender performance gaps favoring males in mathematics and science and females in writing. (pp. 9-10)

In addition to gathering information regarding academic achievement, NAEP also collects data regarding background variables related to education. The researchers examined these data, as reported by students, teachers, and principals, to ascertain if research findings regarding what works in the classroom are being implemented. They found:

- Both students and teachers commonly report devoting much less instructional time to core subjects than is commonly thought.
- Classrooms are dominated by lectures and textbooks, rather than by active student-centered activities (e.g. collaborative group work, projects, problem solving, oral presentations, written reports).
- Little time is spent on homework. For example, 71 percent of seniors spend one hour or less a day on homework.
- Students are not asked to write or read much for school. "Home support for literacy does not appear to be much better." (p. 75)
- Large proportions of students do not elect to take advanced courses.

What Are Possible Implications for School Improvement?

The picture which the researchers present in this major national report is far bleaker than what most educators and parents would say exists in their own school systems. The Gallup polls show that Americans regularly give high grades to the public schools in their home communities. Periodically, educators in most school systems issue press releases showing that their students score well on various state and national achievement tests and that improvement has occurred over time.

How can highly respected institutions such as the Educational Testing Service and NAEP issue a report which differs so markedly from what tens of thousands of educators and millions of parents believe? Is it possible that the standardized state and national tests, which most school systems use, measure different curricular content than that measured by the NAEP? If so, then teachers and principals could be attending to improving student achievement for different curricular objectives than those measured by NAEP.

It may be that NAEP does not show improved student achievement over the past two decades because the curricular objectives it measures are not the same as those taught and measured by educators and parents throughout the nation. If this is so, then school improvement *as measured by NAEP* cannot occur until national and state achievement tests modify their content to be consistent with NAEP (or vice versa) and/or school systems align their curricula with the NAEP.

This report contains one other major implication for school improvement. NAEP has developed questionnaires on which students, teachers, and principals describe the extent to which various effective teaching practices identified by research occur. If your school system obtains and administers these questionnaires, then it can use the results to develop specific projects designed to increase the frequency and duration of effective instructional practices in your school.

— Robert E. Sudlow

EFFECTIVE SCHOOLS RESEARCH ABSTRACTS

FREQUENT MONITORING OF STUDENT PROGRESS

CITATION: Perone, Vito (Ed.), *Expanding Student Assessment.* Association for Supervision and Curriculum Development, Alexandria, VA, 1991.

What Did the Researchers Do?

While proponents of standardized testing argue that it measures learning, critics contend that such testing forces accountability to some particular test or set of tests. This book explores the difficulties and issues surrounding standardized testing, emphasizing the need to find "better ways to help children learn and better ways for teachers and parents to help them to do so." (p. 159) Assessment activities must be moved closer to the actual work of teachers and children. The various authors contributing chapters to this book outline examples of good practices of alternative assessment.

What Did the Researchers Find?

National tests are intended to provide information for the purpose of accounting to people outside schools and to provide information to teachers to help them improve instruction. They are also intended to help students learn. However, a single test cannot accomplish all these goals, but can measure only a small part of the results for which a school is held accountable, says Walter Haney in his chapter on fitting assessments to functions. Actually, schools are already accountable on many fronts—to elected school boards, state officials, parents (via report cards and conferences), and numerous state and federal regulations. They are also scrutinized occasionally by the press and by various special interest groups.

Testing for comparison and public accountability causes teachers to focus on teaching to the test content or even to particular test items, says Haney. But what teachers really need is diagnostic information to help identify strengths and weaknesses in particular students and among groups of students in particular classes and subjects. Concerns about the limitations of standardized measures have prompted individual teachers, school districts, and states to begin developing new models of assessment based on the belief that assessment should empower students as learners. Frequently referred to as authentic assessment, it is designed to present a broader, more genuine picture of student learning.

Rather than testing students on what they know, authentic assessment is more concerned with the mastery of ongoing process, note Rieneke Zessoules and Howard Gardner. Their chapter of this book describes that process in individual classrooms. Authentic assessment includes learning to write, revise, and integrate the results of a critique into their work. Skills learned in a variety of contexts, such as grasping scientific principles, "making judgments, drawing connections to their own world and experiences," are assessed. (p. 48) The implied goal of authentic assessment is for students to see themselves as active, thoughtful, independent learners. It should assist students in developing their ability to judge and refine their work and efforts before, during, and after completing a project. Authentic assessment demands that a reflectiveness be developed and nurtured in students so it becomes a habit of mind as students approach their work. For example, frequent reflection by students on their writing can take many forms in the classroom:

- Students keep logs to report and describe what they did each day and note comments and thoughts about decisions and choices they made as writers.
- Students engage in lively discussions. They share their work, think about ways to improve it, what they like and dislike about it.
- Students have sessions in which they respond to their peers through interviews, during which they sharpen their skills for making thoughtful judgments and pose questions about the work and process of writing.

- Students are given opportunities to write formal reflections as they "review their past work and begin to develop a sense of growth and learning over time." (p. 56)

Student reflection is a tool for learning and assessment. This reflective habit of mind highlights one of the greatest distinctions between a testing culture and an assessment culture. Authentic assessment measures should reflect how students develop and mature in their capacities to solve sophisticated problems, make sensitive judgments, and complete complex projects. One example of how this assessment works is the student "process-folio." Unlike the traditional portfolio, which contains a select sample of very refined works, the process-folio contains a range of quality of work to show the depth, breadth, and growth of a student's thinking. While enabling the student to analyze his/her own development over time, it provides the teacher with a tool for assessing a student's growth and need for further learning. A sample from one student includes "the various notes, thumbnail sketches, detailed studies, and journal excerpts that tell the story of the development of his cubist piece on African masks." (p. 59)

George Hein describes alternate assessment methods that have been used successfully in science education. Verbal responses during class discussions help teachers assess what individual children know and understand. Such discussions should begin with open-ended questions, such as, "What have you noticed lately about our caterpillars?" or "What is a shadow?" (p. 111) During this process, the teacher must refrain from correcting or overly modifying children's comments, but conduct the discussion in a manner that ensures the involvement of all of the children. Some record of each child's responses should be made (simple notes by the teacher will suffice).

Written teacher records can include alternate forms to traditional multiple-choice tests, such as completing sentences, arranging statements, making lists to provide explanations for answers, composing essays, and drafting reports. Students may demonstrate an idea or concept or show that they have learned a skill through illustration. The study of science also lends itself to demonstration of student learning by making a product. "If an animal is cared for, if a doll house is wired and the lights work (a final assessment task for a curriculum unit on electricity), we can make inferences about a student's level of performance and understanding." (p. 114)

In mathematics, we have typically assessed in a way that indicates there is only one correct answer, notes Judah L. Schwartz in his chapter on mathematics assessment. Yet the use of mathematics in the real world frequently involves judgments and analysis. He gives an example of more authentic mathematical assessment: "Design the largest doghouse you can using one 8' x 4' sheet of plywood." (p. 138) Such problems still require students to demonstrate knowledge of computational procedures, but have the added benefit of allowing the teacher to assess the student's conceptual understanding.

Typically, assessment is seen as separate and distinct from learning and instruction. Assessment is utilized prior to instruction (to determine what students don't know) or at the conclusion of instruction (to determine how much they have learned). Since authentic assessment integrates assessment with learning and instruction, it becomes an integral part of the student's learning process.

What Are Possible Implications for School Improvement?

Changes in student roles in authentic assessment necessitate a similar change in teacher roles and responsibilities. Teachers also must be committed to reflecting on their teaching strategies and their approach to students to foster authentic assessment in their classrooms. School administrators working collaboratively with teachers within a system of a mandated curriculum on one side and authentic assessment practices on another must advocate for authentic assessment practices. Support and encouragement for teachers are especially important because teachers may initially be uncomfortable with an approach that represents a dramatic departure from traditional assessment. Teachers and administrators alike will find Perone's book rich in practical ideas and applications for authentic assessment, with many chapters focusing on specific subject-area assessment options.

A thoughtful approach must be taken by schools developing authentic assessment practices to communicate the benefits to parents and others who hold schools accountable. Inclusion of authentic assessment practices within classrooms will result in a greater depth of accountability and a more accurate picture of student understanding and learning.

— Lee Gerard

EFFECTIVE SCHOOLS RESEARCH ABSTRACTS

FREQUENT MONITORING OF STUDENT PROGRESS

CITATION: Koretz, Daniel, "What Happened to Test Scores, and Why?" *Educational Measurement: Issues and Practice* 11, 4 (Winter 1992): 7-11.

What Did the Researcher Do?

The researcher, an assessment and social policy specialist at the Rand Institute on Educational Training, focuses on the appropriate use of test scores employed in the evaluation of American schools over the past 30 years.

Many critics of American education have painted a rather dismal picture of the achievement of American youth. However, a few writers have argued that the performance declines of the 1960's and 1970's were greatly inflated; that the gains of the late 70's and 80's offset the supposed earlier declines; and that current student performance is not as distressing as some of the critics claim. Obviously, this rather rosy view has sparked considerable controversy.

Taking a middle position, Koretz centers on two key questions: *What is the real status of achievement of American students in the past three decades? And what are the causes, especially educational causes, of the trends in scores?*

What Did the Researcher Find?

The researcher contends that: "Test-score data from the past three decades support four generalizations:

1) Achievement, at least as measured by [standardized] tests, clearly declined during the 1960's and 1970's.

2) The apparent decline was in fact exaggerated by demographic and other factors, but the real decline was considerable nonetheless.

3) Minority students, particularly African Americans, gained relative to non-Hispanic whites.

4) Trends since the end of the decline are less clear, but the evidence does not consistently show gains that fully offset the earlier decline." (p. 7)

The first two generalizations reflect data drawn from college admissions test scores (SATs) dating back to the 1970's. Koretz questions the appropriateness of using SAT scores to assess overall student achievement. He further points out that, even when the changing nature of the students taking the tests is factored in, the test scores have still declined severely. The assessment of achievement is more accurate when based on test scores drawn from a wide variety of performance tests, including commercial tests, state-level tests, and national tests, such as the National Assessment of Educational Progress (NAEP), which "show a clear and uncannily pervasive decline in average scores" in the 1960's and 1970's. (p. 8) These diverse data revealed that the beginning of the test score decline occurred approximately between the 1963 and 1968 school years. The decline "appeared in private as well as public schools, and in Canada as well as the United States. These data were unaffected by most of the selectivity changes that distorted SAT trends . . . The decline was not trivial. Many tests showed declines of 0.2 and 0.3 standard deviation, and scores on a few tests dropped 0.4 or 0.5 standard deviation." (p. 8)

However, scores for African Americans bucked the trendline data. Regardless of age levels, varied settings or testing measures, their performances relative to non-Hispanic whites were most consistent. The data for Hispanics were not as comprehensive nor as consistent, "but they also appear to have gained relative to non-Hispanic whites." (p. 8) Though the gaps in achievement between the majority and the minority were quite large, the black students made substantial progress. "For example, from 1973-1986, the mean difference in mathematics between white and African-American 17-year-olds on the NAEP [1988] declined from 40 to about 29 scaled points. This relative gain of 11 points . . . erased 28 percent of the gap found in 1973." (p. 9)

Since the early 80's, achievement of American students has improved but "the data are not consistent . . . many state and local testing programs have shown much more substantial upturns than has NAEP . . . the test-based education reforms of the past decade brought with them an enormous increase in pressure to raise test scores. One result has been an increase in forms of teaching to the test that inflate scores and can exaggerate apparent progress." (p. 8)

In his explanation of the trends, Koretz argues that the decline in test scores was so persuasive, involving public and private schools in the U.S. and Canada, that no one educational policy or practice could account for the decline. Koretz notes that "certain critics of education . . . ascribe the test-score decline to some form of educational or cultural dissolution during the 1960's and 1970's . . . [and] credit the onset of the Reagan era with arresting the drop in scores." (p. 9) But Koretz says that the timing of the trends—especially the gradual end of test score declines over a six-year period and the cohort effect from 1974-1980—rule out this hypothesis. A careful and comprehensive look at the data did not support any simplistic educational or cultural explanation for the declining scores.

Koretz focuses on explanatory factors that might account for test-score declines, such as changes in total time spent on viewing TV, the spurt in the number of students living in single-parent families, the impact of minimum-competency testing, and the effect of Head Start, especially on the relative improvement in scores of minority children. Koretz concludes that the available evidence is not sufficient to assess the various educational and societal factors that might account for the results. At best "it rules out some and suggests that others had at most very small effects." (p. 10) For those looking for a simple explanation of the decline in scores, whether educational or noneducational, the evidence offers no support.

What Are Possible Implications for School Improvement?

"Rational appraisal of policies and practice clearly requires an understanding of trends in performance and their causes," Koretz observes in his conclusion. "The inappropriate use of test data, however, is more extensive and unfortunately persists." (p. 10) Too often, simple trends are taken at face value without any consideration of a variety of factors that influence them, says Koretz, adding that simple aggregate test scores are not a sufficient basis for evaluating education. Beyond these points, he notes that "reasonable concerns about the decline in aggregate test scores . . . led many observers in the early 1980's to ask for wholesale changes in policies, without first asking which policies were most in need of change or which students or schools were in need of new policies. Similarly, the gains of minority students were afforded relatively little attention, and too little effort was expended to ascertain whether there were identifiable educational policies that may have contributed to them. Current trends in the political use of test scores suggest that we are willing to repeat and even compound that error." (p. 11)

Those who have the expertise to understand the appropriate and inappropriate uses of test data must help ensure that information is used more appropriately to inform the debate. Koretz concludes, "This may be the most important implication of the resurgent argument about trends in test scores." (p. 11)

— Frank X. Ferris

EFFECTIVE SCHOOLS RESEARCH ABSTRACTS

FREQUENT MONITORING OF STUDENT PROGRESS

CITATION: Herman, Joan L., "What Research Tells Us About Good Assessment," *Educational Leadership* 49, 8 (May 1992): 74-78.

What Did the Researcher Do?

"Educational assessment is in a process of invention. Old models are being seriously questioned; new models are in development . . . The promise of the new approaches [e.g., open-ended questions, exhibits, demonstrations, hands-on experiments, computer simulations, and portfolios] is alluring and is being effectively advanced at the national, state, and local levels all over the country." (p. 74) But the author believes we have much more to learn before we can confidently replace the old with the new.

What Did the Researcher Find?

Herman cites a number of research studies showing that traditional standardized tests have a negative impact on program quality. Accountability forces teachers and administrators to spend increasing amounts of instructional time on preparing students to do well on a test or to remediate individual students so they can pass a particular test on a second or third attempt. This detracts from other important curricular components, such as higher-order thinking skills, which are not assessed by standardized tests. The narrowed curriculum is most likely to affect students in schools serving at-risk and disadvantaged students, where teachers and administrators often experience intense pressure to improve test scores. Responding to such pressure can result in reportable improvement, but the improved scores do not represent meaningful learning beyond the content and format of the tests. The author cites a study by Glass and Ellwein (1986) which concluded that the emphasis by policymakers on minimum competency and other assessment-based reforms frequently leads to student exemptions from testing, "repeated trials, softening cut-scores, and tutoring for retests . . . [S]tandards are determined by consideration of politically and economically acceptable pass rates, symbolic messages and appearances, and scarcely at all by a behavioral analysis of necessary skills and competencies." (p. 75) When assessments examine authentic skills, there is cause for more optimism.

For example, in one California district, teachers were involved in the development of an analytic scoring scheme for assessing students' writing, and a cadre of teachers in each school were trained in its use. The focus on teacher training in the standards and the communicated emphasis on writing instruction resulted in improved student writing over a period of years. The district focus was augmented by statewide training efforts that provided teachers with effective models of writing instruction and helped teachers to understand the importance of giving children opportunities to write. When assessment is of high quality, "built on current theories of learning and cognition and grounded in views of what skills and capacities students will need for future success," the problems identified previously with accountability are minimized. (p. 75)

Meaningful learning has been determined to be reflective, constructive, and self-regulated. The learner must be actively involved in learning—not just be a passive recipient of information. New information must be interpreted and related to other knowledge which the learner already has. Studies have also highlighted the importance of affective and cognitive skills. For example, "poor thinkers and problem solvers differ from good ones not so much in the skills they possess as in their failure to use them in certain tasks." (p. 75)

Group work through cooperative learning strategies can facilitate learning by modeling effective thinking strategies, providing constructive feedback, and valuing the elements of critical thought. Good assessment must take into account the social context of learning and cognition. If education is to move away from the old assessment paradigm, it is essential to assure that the new assessments provide valid results which "accurately reflect the knowledge, skills, and abilities they are intended to measure." (p. 75)

The researcher also calls for other criteria in order to judge the quality of an assessment:

- **Consequences.** Have the consequences of a particular assessment been planned for, so that the actual use matches the intended use?
- **Fairness.** Does the assessment consider the cultural background of those students taking the test, so there is equity? The author cites one study which warns that "standardized performance assessment are at least as likely to disadvantage students of color as traditional measures." (p. 76) All students must have equal opportunity to learn that which is assessed.
- **Transfer and generalizability.** Can the results of an assessment provide for accurate generalizations about student capability, reliable across raters, consistent in meaning across locales?
- **Cognitive complexity.** Does the assessment actually assess higher-level thinking?
- **Content quality.** Does the content of the assessment "reflect the best current understanding of the field and important aspects of a discipline that will stand the test of time?" (p. 76)
- **Content coverage.** Do the assessment tasks represent a full curriculum, and are they matched to the local school district curricula? Teachers tend to underemphasize those topics and concepts which have been excluded from assessment.
- **Meaningfulness.** Do the new assessment approaches provide worthwhile educational experiences and greater motivation for performance?
- **Cost/efficiency.** Since the new approaches to assessment generally are more labor-intensive, efficient data collection and scoring procedures are imperative.

While most new assessment alternatives are still in design and prototype stages, sophisticated new forms of writing assessment are already well developed. "Raters can be trained to score open-ended responses reliably and validly . . . [and] validity and reliability can be maintained through systematic procedures." (p. 76) Various state experiments with portfolios, hands-on math, and science assessment confirm that it is possible to administer these assessments on a large scale, devise reliable scoring methods, and train teachers to use them. However, generalizing these scores remains a challenge. Anywhere from eight to 20 tasks may be required to get a stable estimate of student's problem-solving capabilities in a given area.

These findings highlight the problems in producing alternative assessments that will meet the requirements of educators and policymakers. Herman notes that "these studies also indicated that student performance on these new kinds of measures is dismally low, a finding shared by most states and districts that have tried such assessments." (p. 77)

What Are Possible Implications for School Improvement?

There is an increasing emphasis on utilizing test results to evaluate the quality of schooling at the national, state, and local level. Such test results are also being used for student certification of high school graduation, college admission, and/or job applications. Utilizing invalid assessment results for such purposes would be unconscionable; therefore, educators must be vigilant in articulating the need for authentic assessments to meet the criteria outlined in Herman's article.

As new valid assessment instruments are developed, school districts will need to provide substantial training and follow-up support in the proper administration and interpretation of their results. Although they may be uncomfortable with new, unfamiliar methods, teachers and administrators must become competent in working with assessments. Such knowledge and competency will help ensure that individual buildings and teachers do not develop local new assessment instruments with good intentions, but invalid assumptions.

Finally, Herman comments that changes in assessment are only part of the answer to improved instruction and learning. Schools need support to implement new instructional strategies and to institute other changes to assure that all students can achieve the complex skills that these new assessments strive to represent.

— Lee Gerard

EFFECTIVE SCHOOLS RESEARCH ABSTRACTS

FREQUENT MONITORING OF STUDENT PROGRESS

CITATION: Mehrens, William A., "Using Performance Assessment for Accountability Purposes," *Educational Measurement: Issues and Practices* 11, 1 (Spring 1992): 3-9.

What Did the Researcher Do?

A current "hot topic" in education is performance assessment. Considerable literature advocating its benefits, especially as compared to multiple-choice assessment, has appeared in the journals, and numerous workshops on the subject attract large crowds. Much of the research and dialogue regarding performance assessment pertains to its use with individual pupils and with the diagnosis of their strengths and needs. When performance assessment is used for high-stakes accountability purposes, however, different issues and problems arise. The author, a highly respected researcher in educational measurement, discusses issues associated with performance assessment for accountability purposes.

What Did the Researcher Find?

Factors supporting performance assessment. Much has been written on concerns about bias in multiple-choice tests. However, publishers of high-stakes multiple-choice tests know how to detect and/or prevent bias in their tests, and well-designed multiple-choice tests meet the "psychometrically accepted definition of [absence of] test bias." (p. 4) Advocates of performance assessment are concerned that multiple-choice tests measure a limited number of educational goals, that they are irrelevant in content, and that they do not match perfectly with the curriculum. Mehrens reminds us, however, that standardized multiple-choice tests are based upon "very thorough reviews of existing curricula guides and textbooks." (p. 4) Critics of multiple-choice tests also believe that these tests cannot measure higher-order thinking skills, and that multiple-choice tests measure knowledge and recognition rather than the ability to think and solve problems. Mehrens calls this notion incorrect, citing research showing that multiple-choice achievement test items can tap higher-order thinking skills. Any of the above criticisms of multiple-choice tests "can be true, but they are not necessary concomitants of the multiple-choice format." (p. 4)

Cognitive psychologists distinguish between content knowledge and process knowledge. "It is generally accepted that some types of procedural [process] knowledge are not amenable to multiple-choice types of assessment." (p. 4) Recent increased emphasis on process knowledge goals in education has led to more efforts to implement performance assessment. But educational researchers generally agree that currently the major implications of cognitive psychology are for measurement research, not for answering current educational problems. "We should not jump on any 'performance assessment for accountability' bandwagon before those theories are much more thoroughly understood." (p. 4)

Over the decades, there has been a concern that objective tests do not adequately cover all educational objectives. This concern has increased in recent years. The recent emphasis of cognitive psychologists on processes (such as metacognition) which are not amenable to direct measurement contribute to this increased concern. But this does not mean that multiple-choice tests are an inefficient, expensive way for properly assessing many valid objectives. Indeed, the opposite is true.

High-stakes testing can lead to teaching to the test. This practice raises test scores, but it does not truly raise the level of student learning in the subject being tested. This is a frequent, major criticism of high-stakes multiple-choice tests. But, it is an equally valid criticism of performance assessment used for high-stakes accountability purposes. Nevertheless, some advocates of performance assessment suggest that teaching to the test is appropriate for performance assessment because "instructors will be teaching appropriate material in the ways they ought to be teaching it." (p. 5) This reasoning ignores the fact that the curricular domain measured by performance assessments is very limited, especially when compared with the curricular domain that can be measured in multiple-choice assessment.

Tied to the above issue is the apparent belief by some that if students do well on multiple-choice tests, it is the result of harmful instruction. If, however, students do well on a performance assessment, that is the result of beneficial instruction. "We must be prudent in our charges regarding the ills of multiple-choice tests and our claims about the wonders of performance assessment for instruction." (p. 5)

Problems with performance assessment for accountability. "Any assessment to be used for accountability purposes has to be administratively feasible, professionally credible, publicly acceptable, legally defensible, and economically affordable." (p. 3)

One disadvantage of performance assessment is that it requires so much time and, thus, can include only a few items. It would be impossible to keep a performance assessment exam secure in order to reuse it in subsequent years. "Once performance assessments have been used, they cannot be reused to test the same higher-order thinking process." (p. 5) New performance assessments would have to be developed annually, thereby increasing costs and making comparisons of growth difficult. The costs of developing, administering, and scoring performance assessments are high. One state found that redesigning its testing program around performance assessment would increase its testing budget tenfold. This is not to suggest that we "should not do performance assessments, but cost-benefit ratios must be considered." (p. 6) Once the public understands the much higher costs associated with performance assessment, there well could be less support for this form of accountability testing.

How defensible will performance assessments be when lawsuits challenging them and/or decisions made on the basis of them are brought? "That performance assessment will meet the various psychometric standards of reliability, validity, etc. has not been adequately demonstrated." (p. 6) Hence, at this juncture, they probably are not legally defensible. Currently, because of face validity issues, performance assessment has great credibility among teachers and those involved with teacher education. Performance assessment may have different credibility with psychometricians who base their approval on the psychometric properties of tests.

Since performance assessment requires more time than multiple-choice testing, performance assessments sample only a small portion of the domain being assessed. "For example, in California there were only five mathematics items on the state performance assessment." (p. 7) It is most difficult to generalize to a curricular domain (e.g., mathematics) from a small sample. "Much of the evidence we do have suggests that the generalizability [of performance assessments] is extremely limited." (p. 7)

Writing assessment is the most researched and developed performance assessment. Rater reliabilities ranging from .33 to .91 have been found. (Higher reliabilities are more costly to obtain than lower reliabilities.) Average score reliabilities of "two essay samples using the same mode of discourse" were .48 in one study. (p. 8) In another study, they ranged from .26 to .60. For the purposes of high-stakes testing accountability, these reliabilities are far too low.

What Are Possible Implications for School Improvement?

Performance assessment has much to offer. Hence it is being actively examined and advocated. But performance assessment/multiple-choice assessment is not an either-or choice. Both forms of assessment have a proper place in a good testing program.

Some states and school districts currently are considering or actually using performance assessment for some or all of their high-stakes accountability testing program. These states and districts should carefully study and answer a number of valid issues which the researcher raises in this article. Otherwise performance-assessment-based accountability programs could well run into significant problems.

Finally, it should be remembered that raising serious questions does not mean that the researcher or others who raise the same and similar issues are against performance assessment. In fact, they may well be strong supporters of it. But addressing and resolving these issues will lead to better performance assessment in the future.

— Robert E. Sudlow

EFFECTIVE SCHOOLS RESEARCH ABSTRACTS

FREQUENT MONITORING OF STUDENT PROGRESS

CITATION: Allington, Richard L. and Anne McGill-Franzen, "Unintended Effects of Educational Reform in New York," *Educational Policy* 6, 4 (December 1992): 397-414.

What Did the Researchers Do?

During the past decade, most of the states instituted steps to improve the quality of education and, by 1990, 47 states required schools to test students. Of these states, 39 required the use of state-developed, state-selected, or state-approved tests and evaluated results against a state standard. Improvements in reported test results were considered to reflect improvements in the quality of education in a state's schools. New York State ran ahead of the pack, having implemented state-developed tests in 1965. In 1985, it started disseminating information to the media about local school district performance on numerous state tests in Grades 3 through 12. Hence, New York was selected as the focus of this study of the impact of high-stakes testing and public accountability. There is no doubt that the state made significant progress in addressing accountability, but there is little evidence of the effects of the reforms, especially on children enrolled in elementary schools, say the researchers, who asked the following questions:

- What were the responses of schools to low-achievement children during the decade of 1978-79 to 1988-89?
- How has the reported increase in the proportion of children labeled handicapped affected the achievement on the New York State third-grade reading test?
- What were the trends of grade retention and transitional-grade placements (e.g., pre-first) as related to achievement?
- What were the patterns in the uses of remediation and reported achievement?

To answer these questions, the researchers identified 12 elementary schools located in 12 districts in upstate New York. Although they did not draw a random sample, the school identification procedures used "captured the diversity found in public education in New York." (p. 405) In terms of achievement trends, four of the schools can be characterized as stable high-achievement schools; two as stable low-achievement schools; and six as low-achievement rising schools (i.e., their reported reading achievement was improving). The researchers examined patterns of school response during three time frames: 1978-79, 1984-85, and 1988-89.

What Did the Researchers Find?

In the low-achievement improving schools, the rate of identifying children as handicapped was three times greater than in schools with historically higher reading achievement on state tests. Likewise, the low-achievement improving schools retained a greater proportion of students. These findings are important because removing low-achieving students from the accountability stream and delaying others in it for a year (through retention or transitional-grade placements) "typically produces a positive, but spurious rise in reported achievement. This may lead to a possible misinterpretation of the effectiveness of the school." (p. 409) Research has shown that retention does not accelerate achievement growth; it allows one more year for growth to occur. Thus, "schooling was not made more effective, but the reported scores improved." (p. 402) Retaining a greater proportion of low-achieving students and placing a greater proportion of low-achieving students in the special education program "produces an increase in the reported achievement while providing no evidence of improved school effectiveness." (p. 409)

This study was not a causal study. "Yet these are undeniable outcomes in this sample of schools." (p. 410) The researchers conclude that "educational reform in New York State has been focused on attaining higher academic achievement through improved school effectiveness and driven by high-stakes assessments.

The public has been offered some evidence that third-grade reading achievement is rising generally in the state. . . . We are quite sure that increased retention and special education placements were not intended effects of the educational reform initiatives in New York State, but the increases co-occurred with the increases in accountability pressures nonetheless." (p. 411)

To better monitor school effectiveness and student achievement, the researchers recommend that all children be included in the assessment, with a zero assigned to any child who does not participate, thus removing any incentives to classify a child as handicapped. Also, grade-level assessment should be replaced with age-level testing. In other words, instead of testing all 1992-93 third-graders, test all the children born in 1984. This eliminates the incentives to retain students or to place them in transitional grade programs.

What Are Possible Implications for School Improvement?

The researchers' findings are alarming, and their recommendations deserve careful analysis and discussion. First, if it is true that schools are deliberately classifying pupils as handicapped, retaining them, and/or placing them in transitional-grade programs in order to increase the school's publicly reported achievement scores, such actions are unconscionable. Those who deliberately engage in them ought to be severely punished. Second, the researchers strongly imply that the gains in low-achievement improving schools are related to the practices they observed and discussed. The researchers neither report on nor discuss possible rival hypotheses which might explain the observed gains in the school's average achievement score, such as:

- a major change in the instructional program, the curriculum, and/or teaching procedures and practices in the 12 schools studied.
- changes in instructional leadership (e.g., the principal, the district's director of special education, and/or the superintendent of schools) and the philosophy and practices of the new leaders.
- changes in the demographics of the schools, such as increasing proportions of middle- and upper-class families residing in the school attendance areas.

Third, the researchers' recommendation to solve the problem by testing all children, including handicapped children, needs examination. Ronald Edmonds never recommended that all pupils be included in an assessment program. He said that 95 percent of all special education children should be tested because research shows that vast disproportions of children of the poor are placed in special education programs. But children "with profound levels of neurological and psychological disability" should not be tested. Fourth, the researchers base their recommendations on the observation that for improved performance on state tests "to be offered as evidence of improved school effectiveness, key characteristics of the student population assessed . . . need to be relatively stable across time." (p. 409)

In addition to the two statistics (retention rate and rate of placement of children in special education programs) which the researchers recommend be placed in New York's Comprehensive Assessment Report (CAR), three key statistics should be included in this report and in the public accountability reports for school buildings and school districts throughout the nation. Because research shows that there is a high correlation between achievement and socioeconomic status, CAR should include annual data on the proportion of low-SES students participating in the free or reduced price lunch program, to provide a common statewide indicator of SES which can be used for disaggregation. The achievement data of the proportions of children "passing" the various state tests should be disaggregated by SES and race/ethnicity. (The CAR currently reports the proportion of minority children in each school and disaggregates achievement data by gender.) Fifth, the number of years of data in the CAR should be changed from three to five for schools to show evidence of improving school effectiveness.

Finally, and perhaps most important, the CAR (and public accountability reports across the nation) should be reorganized. Data regarding the stability of the demographics or characteristics of the school's population should appear in the first, rather than the last section of the report, so that the reader has a base to use in making judgments about reported changes in achievement. State education officials should hold workshops for newspaper editors and superintendents of schools on how to juxtapose basic student characteristics data with achievement data to see if true improvement, or decline, is occurring. Otherwise, local and state officials will continue to report achievement trends separate from trends in the "key characteristics of the student population assessed," claiming credit for what well could be spurious increases in reported achievement. (p. 409)

— Robert E. Sudlow

EFFECTIVE SCHOOLS RESEARCH ABSTRACTS

FREQUENT MONITORING OF STUDENT PROGRESS

CITATION: Saks, Judith Brody, "Education Vital Signs," *The American School Board Journal* 179, 12 (December 1992): 32-44.

What Did the Researcher Do?

The author considers a wide variety of vital signs of American education which reveals trends in student achievement, school enrollment, school funding, and other indicators of the challenges facing our schools and their degree of success in meeting these challenges. She weighs various reports that at times seem contradictory, noting which data may indicate a trend and which are inconclusive. Saks' article discusses not only national assessments of student outcomes, but also school budgets, concerns of school boards, and other indicators of the condition of our schools in 1992.

What Did the Researcher Find?

SAT scores. "The 1992 test scores have put the brakes, at least momentarily, on the SAT's downhill slide during the last decade," the author reports. (p. 32) Average verbal scores on the SAT rose by one point for the first time since 1985, while the average math score rose by two points, which was 10 points above the record low scores of 1980 and 1981. It is interesting to note that the number of minority students taking the SAT's has been increasing. Minorities made up 29 percent of the test-takers in 1992, as compared with 15 percent in 1976. But for the first time in 15 years, the scores of black students showed no improvement in contrast to their steady gains in past years. Moreover, it is disturbing to note that these scores are closely linked to family income and education. Test-takers in the large cities and rural areas, who tend to come from families with lower income and less education, had lower scores than test-takers from suburbs and smaller cities and towns. This discrepancy led College Board President Donald Stewart to urge last year that the "next U.S. President make equity the educational birthright of Americans everywhere." (p. 33)

ACT scores. By contrast to SAT scores, 1992 ACT assessment scores remained unchanged from the previous year. Officials of ACT say their research shows that, unlike the SAT's, ACT scores appeared to be tied to preparation, and "students who take a demanding basic core program (four years of English and three years each of math, science, and social studies) in high school consistently earn better scores on the test than students who take less rigorous courses." (p. 33) ACT reported that almost half (47 percent) of those taking the test in 1992 had not taken the recommended core program in high school.

Reading. The researcher cites a new report on reading from the National Assessment of Educational Progress (NAEP) that shows that U. S. students read relatively little either in school or outside of it. For example, 59 percent of twelfth-graders reported reading 10 or fewer pages each day for school and homework in 1990. Less than half of all students said they read out of school for enjoyment every day. The amount of reading students do does affect their reading proficiency, says the NAEP. But, "students must be doing something right," says Saks, citing a 32-nation study of reading achievement, which showed students from the United States to be among the top 10 in reading achievement. In fact, among 9-year-olds, the United States ranked second, but slipped to ninth place in the ranking of 14-year-olds.

Science and math. The NAEP's 1990 Science Report Card indicates that students have a pretty good understanding of basic science information, but fewer than half of the nation's high school seniors are successful in such tasks as interpreting data or evaluating science experiments. White and Asian-American students outperformed their African-American and Hispanic counterparts at all three grade levels tested. Males of all ethnic groups generally outperformed females in Grades 8 and 12.

Recommendations for a more "hands-on" science curriculum have been made for all levels. Yet one-quarter of all seniors report that they never did experiments in class. Almost half of the eighth-graders said their teachers do most of their teaching through lectures and textbooks. In a 20-country international assessment of mathematics and science, U. S. 9-year-olds came in close to the top in science, but U. S. 13-year-olds were close to the bottom. In mathematics, both 9- and 13-year-olds ranked very near the bottom. It should be noted that some of the countries participating in this assessment either had low participation or tested restricted populations, which makes these international comparisons questionable. (For example, Chinese 13-year-olds tested highest in mathematics, but only one-half of all 13-year-olds in China are enrolled in school.)

Education spending. The researcher cites a new study from the Organization for Economic Cooperation and Development (OECD), which includes most of the world's industrialized nations. The report found that the United States, the wealthiest of these nations, spent 13.7 percent of its total public funds on education—above the average for OECD countries, but still behind Finland, Switzerland, Canada, and Australia. (Saks does not indicate whether these figures include higher education. Other researchers have frequently observed that the high ranking of the United States in such comparisons usually reflects the disproportionately large amount of money that the United States spends on higher education.) At the state level, funding for elementary and secondary education consumes the largest of states' general funds. However, between 1987 and 1991, the percentage has dropped slightly to 33.6 percent. This trend may continue, according to a report from the National Governors' Association and the National Association of State Budget Officers, which suggests that "education will be competing more keenly with other state programs for modest amounts of new state revenues." (p. 35)

Yet education, as measured by the volume of school bonds, is booming. The value of bond issues for elementary and secondary education rose 39.7 percent from 1990 to 1991, and the increase from 1991 to 1992 was expected to be even larger. Low interest rates and a surge in school construction have spurred this spurt in bond issues. Meanwhile, public school enrollments have been climbing, a trend that is expected to increase for at least another decade, as the increased number of students now in the elementary schools move on to high school. Saks notes that enrollments vary considerably in different regions of the country, but in areas like the Northeast, where enrollments had been down, they are now picking up. Education expenditures rose by 5.8 percent nationwide in 1991-92, reflecting the increased numbers of students. But per-pupil spending rose by only 4.5 percent, for an average of $5,452.

It was not the best of times for school board members, says Saks. She notes that the Twentieth Century Fund and the Danforth Foundation released a controversial report which accused many school boards of being obstacles to fundamental education change and advised boards to focus more on policy and less on "micromanagement." Beyond that, the continuing recession and reduced state funding have forced many boards to deal with funding shortfalls, and eliminate many previously funded programs. Demographically, school boards still tend to be white males between 41 and 60, and professionals, managers, or business owners, who earn $40,000 or more a year.

What Are Possible Implications for School Improvement?

In reporting on these education vital signs, Saks has not hesitated to point out some of the contradictions in these different sets of data. For example, if U. S. children read less than children in other countries, why does the United States rank relatively high on country-by-country assessments of reading ability? Also, although it is encouraging to see that the number of minorities taking the SAT is increasing, SAT scores continue to show a disturbing link to family income and education. Saks cautions against putting too much credence in some international comparisons of achievement, since in many countries the students in the assessment do not represent a true cross-section of their age group.

American educators will find Saks' wide-ranging research on education vital signs interesting, not only for its balanced assessment of the health of our schools, but also because it reveals the variety of vital signs that can be easily measured. Schools and districts will find they can make comparable assessments of vital signs in their own districts and buildings. These data should be useful in pinpointing areas of both strength and weakness in the district—an essential first step in preparing a map of the endless journey toward school improvement.

— Kate O'Neill

FREQUENT MONITORING OF STUDENT PROGRESS

CITATION: Popham, W. James, "Educational Testing in America: What's Right, What's Wrong? A Criterion-Referenced Perspective," *Educational Measurement: Issues and Practice* 12, 1 (Spring 1993): 11-14.

What Did the Researcher Do?

W. James Popham, one of the "deans" of educational measurement, has been an internationally respected leader in this field since the 1960's. He is recognized especially for his work in the area of criterion-referenced assessment. In this article, he reflects upon three major movements in American educational testing: authentic assessment, criterion-referenced assessment, and item response theory.

What Did the Researcher Find?

One thing Popham says he has learned over the years is that an individual's strengths often are the same as his or her weaknesses. Popham adds that the same can be said of educational testing. "The very things I find most wonderful [about educational testing in America] carry with them the seeds of sorrow." (p. 11) In this review of authentic assessment, criterion-referenced assessment, and item response theory, he discusses "what's right" and "what's wrong" with each of them.

Authentic assessment. This has become increasingly popular in the past few years. Its proponents eloquently set forth the merits of performance assessment and typically recommend minimizing the use of (or even abandoning) multiple-choice tests. Authentic assessment provides teachers with more defensible instructional targets by engaging students in more realistic assessment tasks. This is especially important, because in this age of high-stakes testing (which will remain with us for some time to come) teachers will emphasize the curricular content and instructional procedures on which their students will be tested. High-stakes tests serve as "curricular magnets." (p. 12)

Authentic assessment is a good solution to the problems posed by high-stakes testing. This is done by installing more demanding assessment goals, causing teachers to emphasize in their instruction their students' mastery of them. "The more we establish worthwhile assessment targets, the more we will be able to move classroom instructional practice from the piddling to the profound." (p. 12)

On the other hand, advocates of authentic assessment "sometimes demean those 'less authentic' forms of assessment that have proved reasonably serviceable over the years." (p. 12) They may disparage all multiple-choice tests—an excellent example of throwing out the baby with the bath water. "There are numerous skills and bodies of knowledge that can be properly measured via well-crafted multiple-choice tests," Popham contends. (p. 12) He believes it would be "a measurement calamity," if our judicious use of multiple-choice tests were markedly reduced or eliminated as a result of the authentic assessment movement. Another problem with authentic assessment is that its enthusiastic advocates often are so convinced of the rightness of their cause that they will brook no criticism.

Finally, authentic assessment is very expensive. Given the dismal nature of most states' fiscal coffers, "authentic assessment proponents may have built a better measurement mousetrap without recognizing that its would-be consumers simply can't afford it." (p. 12)

Criterion-Referenced Measurement or Criterion-Referenced Testing (CRT). During the 1980's, there was a major shift in American education toward greater use of CRT which is used to ascertain a student's status regarding a defined assessment domain. The essence of CRT is a clear description of the behavior being assessed. CRT can consist of all sorts of assessment devices and all sorts of performance tests; CRT is not limited to multiple-choice tests. Well-constructed criterion-referenced tests "are accompanied by lucid descriptions of what's being measured." (p. 13) This clarity makes it possible for teachers to align what is taught with what is tested. Because of this alignment, teachers can teach more effectively and still have time remaining for important content that is not tested.

Another benefit of the clear description of what is being measured is that a teacher can use his or her knowledge of what is eligible to be measured to promote student mastery. This differs from what occurs with norm-referenced testing, which requires an item-by-item review of the test to determine what is being measured. This item-by-item review often results in "item-specific teaching, a practice that has been viewed as inappropriate by almost everyone." (p. 13) Finally, the clear description of what is being tested enables policymakers to decide whether what is being tested is important or trivial.

Popham notes, however, that the quality of CRT varies widely. Many tests are called criterion-referenced, when in fact they are not. Frequently these weaker assessments "are based on a poorly conceptualized set of abbreviated instructional objectives." (p. 13) A second important problem with CRT is "with one-definition criterion-referenced tests . . . only one way of measuring a given skill or knowledge domain is used." (p. 13) This often results in students being taught and tested "with items that are clones of the test's items." (p. 13) This practice does not promote generalizable mastery of key concepts, skills, and knowledge. This is a form of test-specific instruction that most regard as reprehensible. Rather, descriptions of what is being assessed should focus on "the intellectual essence of what the examinee needs to do in order to succeed." (p. 13)

Item Response Theory (IRT). The use of Item Response Theory has skyrocketed during the past decade. "Its recent emergence is clearly one of the most important developments in educational measurement. Because IRT approaches use more information about each item's performance, there are some excellent procedures at our disposal for statistically adjusting examinees' performance on test forms of dissimilar difficulty." (p. 14) This is especially important because of the need for multiple forms of high-stakes tests. Further, IRT helps us to create and maintain better banks of test items than we could before. This occurs through "the sophisticated use of between-form linking items" which enables us to keep restocking an item pool by field-testing new items in operational tests. (p. 14) "IRT, in short, lets us do some neat technical things." (p. 14)

On the other hand, because many educators do not understand IRT and because IRT advocates have not provided "some type of intuitively comprehensible explanations to educators about what's going on," educators might well blindly accept messages they do not understand. (p. 14)

It should not surprise us that every plus of authentic assessment, criterion-referenced assessment, and IRT has an accompanying minus side. "We can better avoid such deficits if we do not become so enamored of positive payoffs that we overlook their negative concomitants." (p. 14)

What Are Possible Implications for School Improvement?

Authentic assessment and criterion-referenced tests are very popular topics in education. Numerous workshops and conferences are held on these forms of assessment and they are well attended. Likewise, numerous articles about these topics appear in leading educational journals.

The concepts described in Popham's article intrigue educators because they want to capitalize on their potential to improve the quality of instruction and learning in their schools. Because of their enthusiasm, however, some educators overlook or ignore legitimate concerns regarding authentic assessment and criterion-referenced tests. If these educators are to be successful in their endeavors, they would be well advised to thoughtfully consider the issues that Popham raises.

Further, it should be remembered that authentic assessment and criterion-referenced tests are one part of a larger concept—the Effective Schools Correlate of Frequent Monitoring of Student Progress. This correlate, in turn, is part of the larger concept of an effective school, which is characterized by equity in quality of student outcomes and by teaching for learning for all. Since work to implement the excellent concepts of authentic assessment and criterion-referenced tests can be extensive in terms of intellectual effort, time, and fiscal resources, those involved with these projects should not allow them to become ends in themselves, but rather remember that they are part of a much larger and extremely important concept—an effective school.

— Robert E. Sudlow

EFFECTIVE SCHOOLS RESEARCH ABSTRACTS

FREQUENT MONITORING OF STUDENT PROGRESS

CITATION: Wiggins, Grant, "Assessment: Authenticity, Context, and Validity," *Phi Delta Kappan* 75, 3 (November 1993): 200-214.

What Did the Researcher Do?

Grant Wiggins is one of the few voices speaking clearly and convincingly about the connection between how we assess learning and what students are taught and learn in school. In this essay, Wiggins discusses what he perceives to be the significant misalignment between what we say we want students to know and do, and how we assess their knowledge and skills. Many school reform advocates have stated that the good, bad, and important news of school reform is "what gets measured, gets done." Wiggins explains how this happens and why all who care about the education of our children should be concerned about current assessment practices.

What Did the Researcher Find?

Wiggins begins his critique by stipulating that the primary aim of education is (or ought to be) to help each individual student become a competent intellectual performer—an individual who can use knowledge wisely, fluently, flexibly, and aptly in different contexts; who can and will execute a task or process to a successful completion.

But how should educators assess student progress to assure competent intellectual performance? The best assessments are to be found in real-life situations that allow students to demonstrate their mastery in various roles and situations, making appropriate adjustments based on the particular role and situation. Wiggins says that such authentic test situations permit the educator to assess whether the student has good habits of the mind, good judgment, and appropriate intellectual character. Unfortunately, most of the large-scale testing programs in schools today are based on what Wiggins describes as a "simplistic stimulus/response view of learning." (p. 202) Two basic principles of sound educational measurement, reliability and validity, play key roles in this approach, as they should. The problem is that too much emphasis has been placed on test reliability and not enough given to the test's validity, especially face validity. How do these concepts factor into the authentic assessment issues raised by Wiggins? A test is said to be reliable if it consistently measures whatever it says it measures. The key idea here is consistency across similar tasks and across time. A test is said to be valid if it consistently and accurately measures what it is supposed to measure. Consistency is a necessary, but not sufficient, condition to satisfy the standard of validity.

Wiggins says the steps taken to increase the reliability of the tests used in schools today often reduce their face validity. In reality, test developers should not have to trade off validity in order to get reliability. There is no conceptual basis in measurement theory that states such a trade-off is inevitable. In real life, how one responds to a situation (a test) is partly contingent upon the context in which a situation occurs. Unfortunately, one of the surest ways to increase the reliability of a measurement is to strip away as many of the contextual factors that could influence performance (answer) as possible. According to Wiggins, the decontextualization of the assessment makes it more difficult to determine whether a student uses knowledge wisely, fluently, and flexibly in different contexts. Such a measure is more reliable, but less valid. To many, this means we have a more stable assessment of something that is of lesser importance. A second approach that has been found to be useful for increasing the reliability (consistency) of a test is to "decompose" the knowledge construct being assessed. For example, breaking down a broader concept (i.e., writing skill) into its component subskills (i.e., correct grammar) and assessment of the subskills will likely yield scores of higher reliability. Unfortunately, once again, increased certainty (reliability) is achieved at the expense of reduced face validity. The paradox seems to be that the more confidence we can place in a measure because it has met the standard of reliability, the less interest we have in it because of its lack of validity.

These issues demand the attention of all educators—not just the measurement specialists—because of their impact on what and how students are taught in school. In this day of increased accountability, teachers and schools are encouraged to align their instructional program so that their students do well on the accountability tests, says Wiggins. To do otherwise simply invites the criticisms of politicians, business leaders, and even parents. What are teachers to do? If knowledge is decontextualized and decomposed in order to make the test more statistically reliable, then teachers are likely to teach at the subskill level, often depending heavily on the drill-and-practice instructional format. Students may perform well on such measures but lack the knowledge and habits of the mind to apply what they know in contextually appropriate ways.

Wiggins offers several criteria for improving the authenticity of student assessments, which are based on the following assumptions:

- Competence is always situational and personal.
- All cognition is situated in some context.
- A test may be a contrivance, but it shouldn't feel like one to the student.

Wiggins therefore suggests that tests should be designed to be engaging for students and should deal with worthy problems or situations. To the extent possible, tests should be faithful representations of the real-life context in which students will and do find themselves; student responses on tests should require them to produce a quality product or performance. The criteria by which student products and performances will be judged need to be demystified, even to the point where the assessor interacts with the student during the assessment. Students should be given concurrent feedback during their performance, so that they can engage in self-correction. Assessors, teachers, and others need to be trained judges, and they should look for patterns in student work across a variety of situations and settings.

What Are Possible Implications for School Improvement?

What we value is most evident in what we evaluate. To the extent that this is true, Wiggins is correct; we have a problem. It becomes more acute as our political leaders and policymakers increase dependency on large-scale testing as their primary mechanism for accountability. Strategies for solving the problem must be layered and dimensional.

First, state-level agencies, as well as the federal government, must create a forum in which these issues can be considered by capable educators, including, but not limited to, the measurement specialists. They should consider the aims of public education and what evidence should be used to monitor progress toward those aims. Those who address the issue must be prepared to describe the evidence with specificity because the public is not going to abandon current assessment tools until better ones come along. Second, more evaluation studies should be conducted to assess Wiggins' assumptions more carefully. For example, most people agree that the best evidence of good mental habits in an area is the extent to which the individual demonstrates those habits in a real-world context. Can we find people who exhibit the desired good habits, yet perform poorly on the subskills that may define the essence of the habit? For example, can we find good writers with poor grammar? This question becomes critical when teachers consider how to adjust their instructional delivery system. Third, to get local schools and teachers to think about this issue, they could be asked to design a lesson or series of lessons aimed specifically at preparing students to do well on the assessment tool they use. Would the lesson's content look different, depending on whether the teacher was preparing students to do well in reading comprehension versus doing well on the state reading test? If teachers believe that they would prepare students differently because of the test, then that state has a problem.

Schools can improve, but only if and when there is an agreement on what evidence can and should be used to assess improvement. Schools cannot improve if there is no agreement. When teachers work hard to improve on one criterion while the critics are looking at other evidence, the system will likely remain in an endless spin where the only change is a rise in everyone's level of cynicism.

— Lawrence W. Lezotte

EFFECTIVE SCHOOLS RESEARCH ABSTRACTS

FREQUENT MONITORING OF STUDENT PROGRESS

CITATION: Darling-Hammond, Linda, "Performance-Based Assessment and Equational Equity," *Harvard Educational Review* 64, 1 (Spring 1994): 5-30.

What Did the Researcher Do?

"In recent years, the school reform movement has engendered widespread efforts to transform the ways in which students' work and learning are assessed in schools." (p. 5) Some want to reform assessment because they recognize that it can drive instruction. Others would reform assessment because they believe it can serve as a lever for school change.

Two contradictory purposes can be subsumed under the umbrella of equity—the third motive for assessment reform. One purpose is to serve the screening and tracking practices associated with traditional testing programs. The other is to use assessment as a tool to better identify student strengths and needs in order to assist teachers in modifying their instruction.

In this article, the researcher examines the changes that must be made in how assessment serves those who have been traditionally underserved in America's schools—the poor, minorities, immigrants, and students with learning needs. The researcher maintains that "if performance-based assessments are used for the same purposes as traditional tests have been [used], the outcomes for underserved students are likely to be unchanged." (p. 13)

What Did the Researcher Find?

The researcher notes that assessment tools are used for decision making in four major areas:

Tracking. The use of tests to place students in various tracks impedes the pursuit of rigorous and high educational goals for all students, since it allows only a small proportion of students to be exposed to a challenging curriculum.

Grade retention. Research on grade retention demonstrates that retention improves neither the academic achievement nor the socioemotional well-being of those retained. Furthermore, those retained are more likely to drop out of school than comparable students who were not retained. Thus, policies of retaining students solely on the basis of test scores result in lower achievement, lower self-esteem, and higher dropout rates. This is tragic, not only for the students, but also for the nation.

Graduation. Research demonstrates that neither earnings nor employability are significantly affected by student scores on basic skills tests. But, the chances for employment and/or for becoming welfare-dependent are closely linked to graduation from high school. "Thus, the use of tests as a sole determinant of graduation imposes heavy personal and societal costs without obvious benefits." (p. 14)

Rewards and sanctions. Some states and school districts try to use test scores to mete out rewards or sanctions to schools or teachers. Research has shown that when schools are subject to rewards or sanctions, they try to engineer the characteristics of their student populations. The schools try to improve their chances of winning by adding some students who are likely to do well, and by dropping some who appear unlikely to do so. At the same time, schools hang on to their average students.

When this happens, the proportions of students placed in special education programs increase; student retentions increase; and students are encouraged to leave school or drop out. A system of rewards or sanctions for schools or teachers "places more emphasis on score manipulations and student assignments or exclusions than on school improvement and the development of more effective teaching practices." (pp. 15-16)

The researcher believes there are three basic policies that can be followed in building an equitable system of education. The first is improving teacher capacity. "Perhaps the single greatest source of educational inequity is . . . [the] disparity in the availability and distribution of highly qualified teachers." (p. 16) More often than not, students in districts with high proportions of poor children or minority children "are routinely taught by the least experienced and the least prepared teachers." (p. 16) Extensive staff development to improve the skills of the current teaching force of the nation is essential.

High expectations will only result in common high performance if all schools provide high-quality instruction designed to meet the expectations. The implications for assessment are clear. Teachers must have both needed knowledge and skills and substantial involvement in student assessment strategies and the purposes for which they are used. This is a critical feature in promoting educational equity.

The second basic policy for building an equitable system of education is having top-down support for bottom-up reform. Assessment programs that are externally mandated, developed, and implemented probably will not help teachers revamp their teaching, nor help schools rethink how they operate. On the other hand, several states "envision carefully targeting a few key developmental points that will provide data for informing policymakers about program successes and needs, areas where assistance and investment are needed, and assessment models for local schools. Meanwhile, locally implemented assessment systems . . . will provide the multiple forms of evidence about student learning needed to make sound judgments about instruction." (p. 20) These new assessments should be designed and used according to the following criteria:

- **Access to educational opportunity.** Assessments should survey possibilities for student growth, rather than designating students not ready for instruction.
- **Consequential validity.** Assessments should be evaluated and interpreted on the basis of their classroom instructional effects.
- **Transparency and openness.** The processes and products of learning should be openly displayed; the criteria for performance should not be secret.
- **Self-assessment.** Students should be taught and coached how to assess their own achievement and how to attain higher standards.
- **Socially situated assessment.** Assessments which require students to participate in group activities should increase.
- **Extended tasks and contextualized skills.** "Assessment should be more representative of meaningful tasks and subject matter goals." (p. 23)
- **Scope and comprehensiveness.** A greater range of student learning and performance processes should be assessed.

The third basic policy for building an equitable system for education is rethinking the relationship of assessment reform to school restructuring. Is "the fundamental problem a lack of will to change on the part of educators"? (p. 23) Those who think so favor extrinsic rewards, sanctions, and assessment. Or, is the fundamental problem facing education "a lack of knowledge about the possibilities of teaching and learning, combined with a lack of organizational capacity"? (p. 23) Those who think so strive to create conditions that enable responsive and responsible practice and assessment.

What Are Possible Implications for School Improvement?

If the current drive to develop authentic assessment instruments results in using new instruments for old purposes (e.g., sorting and selecting, retention, rewarding and punishing), then there will be no improvement in equity in the quality of student learning. If, on the other hand, the result of the current drive to develop and use authentic assessment instruments is to support student learning, to support more informed and student-centered teaching based on high expectations for success by all students, then improvement will occur in education—especially for the students who have been traditionally underserved in our nation's schools.

The choice is ours!

— Robert E. Sudlow

EFFECTIVE SCHOOLS RESEARCH ABSTRACTS

FREQUENT MONITORING OF STUDENT PROGRESS

CITATION: Ryan, Joseph M. and Jeanne R. Miyasaka, "Current Practices in Testing and Assessment: What Is Driving the Changes?" *NASSP Bulletin* 79 (October 1995): 1-10.

What Did the Researchers Do?

Major changes in testing and assessment are taking place, including "changes in basic beliefs about what students should learn and how they can best be taught, tempered by public demands that educators explain what they are doing and demonstrate that their efforts produce discernible student learning." (p. 1)

The authors briefly review current testing and assessment practices; describe alternative assessment practices, portfolio assessment, and various scoring rubrics; and examine the status of traditional assessment approaches.

What Did the Researchers Find?

Surveys from the State Student Assessment Program Database for 1992-93 and 1993-94 (Bond, Roeber, and Braskamp, 1994) found that nearly all states test students in mathematics and language arts, and most states also assess science, writing, and social studies. Most testing is concentrated in grades 4 and 8, with the least in grades 1, 2, and 12. Norm-referenced and criterion-referenced tests are used about equally across the statewide assessment programs surveyed. "The most common purposes of state testing programs are accountability, instructional improvement, and program evaluation." (p. 2) The most common format in use is multiple-choice tests (70 percent), with performance assessment at 28 percent, and portfolios at 18 percent.

The authors clarify the new terminology used for forms of assessment. They state that alternative assessment refers to any new approach which differs from the traditional assessment practices. "The newer techniques require students to construct a response to an open-ended problem or task; in traditional approaches, students select a response from a set of options provided by the item writer." (p. 3)

Authentic assessment refers to a group of new assessment strategies, the most well-known of which are performance assessment and portfolio assessment. Authentic assessments are approaches to assessment which require students to respond to tasks that have a "worthwhile, real-life, or authentic counterpart." (p. 3)

Performance assessment evaluates what students can do by observing them in the process of demonstrating a skill or by assessing a product a student has made in response to specific instructions. Several approaches to performance assessment have been developed, and the authors describe two of them—a multidimensional approach as detailed by Davey and Rindone (1990) and a system developed by Linn and Gronlund (1994) which describes either restricted response or extended response performance tasks. No one approach is recommended for all situations, and whether to even use performance assessment at all in a given situation depends on what the students are expected to know and be able to do as a result of instruction in that situation.

Several techniques for scoring performance assessments have been developed, including checklists, scoring rubrics or rating scales, anecdotal records, and mental records in which the "assessor stores judgments and/or descriptions of performance in memory." (p. 5)

Portfolio assessments consist of collections of student work completed over time. "Students collect 'evidence' of their work related to target learning objectives in a working portfolio and then students (and teachers) select examples of their best work for an assessment portfolio." (p. 5) The students are also required to provide a written rationale which describes why the entries included represent their best work. The purposes of portfolio assessment include evaluation of growth over time in specific achievement areas; communicating specific achievement progress to parents and students; evaluation of curriculum and instructional practices; and "understanding how students think, reason, organize, investigate, and communicate." (p. 6)

Of critical importance in the use of portfolio assessments is the establishment and communication of the procedures and criteria to evaluate the quality of work in the portfolios. Material in the portfolio must be assessed in such a way that accurate statements can be made about what students know and are able to do.

Portfolio assessment is quite complex, but it has several benefits. It gives students more responsibility for their learning and for analyzing what makes for a quality product. It also "encourages and supports an expanded and enriched curriculum that emphasizes such learning goals as problem solving, reasoning, effective oral and written communication, and research skills, while still allowing for the assessment of knowledge and comprehension of facts, concepts, and procedures." (p. 6) Students' ability to use multiple sources of information is also assessed.

To accurately assess student knowledge and skill through use of performance assessments, portfolios, and other alternative assessments, specific criteria of quality need to be established by developing scoring rubrics. There are four basic types of scoring rubrics: holistic, modified holistic, analytic, and modified analytic.

Finally, the authors briefly review new developments in traditional approaches to assessment. They state that norm-referenced and criterion-referenced multiple-choice tests are still the most common forms of assessment for large-scale use. Those forms of assessment do provide useful information and it is unlikely they will be entirely replaced with alternative assessments being developed and implemented now. There is also "evidence that the quality and effective use of multiple-choice test items" is actually increasing. (p. 9) And, the authors conclude, many of the problems attributed to traditional assessments are actually a result of misuse of tests by the public, policymakers, and educators. "This is an issue of professional development, not testing and measurement." (p. 9)

What Are Possible Implications for School Improvement?

The development of new forms of assessment has reflected changes in curriculum and instruction, and in beliefs about what students should learn and how they should be taught.

"Assessment is increasingly seen as an integral part of the teaching-learning process, not merely as an activity used for accountability purposes. Viewed from this perspective, assessment is not seen as a decontextualized, objective process from which the influence of teachers should be removed. Rather, teachers are seen as the central and most important assessors in the lives of students, and assessment is seen as one of the important tools teachers use to facilitate learning." (p. 10)

— Lynn Benore

EFFECTIVE SCHOOLS RESEARCH ABSTRACTS

FREQUENT MONITORING OF STUDENT PROGRESS

CITATION: Schmoker, Mike, *Results: The Key to Continuous School Improvement.* Association for Supervision and Curriculum Development, Alexandria, VA, 1996.

What Did the Researcher Do?

"Properly understood, a concern with results can promote balanced and sensible action that produces higher achievement on a wide range of assessments." (p. 7)

The author, a research analyst for the Amphitheater Public Schools in Tucson, Arizona, discusses the factors necessary to bring about positive results and describes some of the breakthrough strategies that schools can use to achieve them.

"Concentrating on results does not negate the importance of process." (p. 4) The two work in tandem. "Results tell us which processes are most effective and to what extent and where processes need reexamining and adjusting." (p. 4) The author bases his discussion on the following assumptions:

- Although long-term cultural change should be the goal of all reform efforts, change must rely on short-term, measurable successes.
- Schools are not currently operating at their potential because they are not true organizations.
- Collaboration must become an expectation for teachers if they are to perform more effectively.
- If schools are to achieve better results, they must examine and refine the processes that most directly contribute to the desired results.

What Did the Researcher Find?

Teamwork, goals, and data are the three key components in schools that favor results, with teamwork being the most effective form of staff development. "In the typical school, however, teacher practice is 'limited to the boundaries of their own experience,' without any outside scrutiny or objective analysis." (p. 12) This promotes a resistance to risk and innovation.

Goals give meaning to teamwork, while lack of common goals promotes isolation. Moreover, it is important to have specific, rather than general goals, which create a sense of false clarity. Schools tend to consider that a goal has been met simply because it has been implemented. The true test of success, however, is increased student learning.

Explicit goals may make teachers more vulnerable to criticism, but without them, "we are simply not set up and organized for improvement, for results." (p. 18) Working toward goals can only be done successfully in a climate that creates high expectations without endangering egos.

Performance data, when used judiciously, can become an essential part of working toward goals. Yet many practitioners feel data do not belong in the education sphere, fearing that an emphasis on the measurable may force a shift toward areas that are easily measured (i.e., spelling tests). Schmoker argues that we now have assessment tools for measuring understanding, application, and other thinking skills in a new way, and implementation is bound to be haphazard if we fail to examine data that can guide us as we act.

Just as fear of retribution can keep educators from using explicit goals, the use of performance data can also generate fear. Schmoker establishes some guidelines for reducing these fears without eliminating accountability:

- Do not use data primarily to identify poor teachers.

- Do not introduce high stakes (like changes in graduation requirements) prematurely.
- Try to collect and analyze data collaboratively and anonymously by team, department, grade level, or school. Whenever possible, have those closest to the point of implementation analyze the data.
- Be cautious in implementing pay-for-performance schemes.
- Allow teachers, by school or team, as much autonomy as possible in selecting the kind of data they think will be most helpful. Data must accurately reflect teacher and student performance, and be properly aligned with state, district, and school goals and expectations.
- Inundate practitioners with success stories that include data; these stories should stress how measurable success is attainable when we select the right goals.

"These measures not only eliminate fear, but also promote team spirit and the uninhibited, continuous knowledge-sharing that are the chief benefits of collective effort." (p. 35)

While data on individual students are being collected at most schools, there tends to be an absence of concern with group outcomes. If teachers were encouraged to gather and examine "collective student results, we would make real strides toward understanding our strengths and weaknesses." (p. 37) Such a process would not only break down teacher isolation, but also reveal the impact that teachers are having—or not having. It would reveal the areas where improvement is needed, and could document successes that should be celebrated. Data can also record incremental, but significant, improvement.

Schmoker recommends "judiciously selecting goals that can be reached in a reasonable time," so that gains in student achievement can be tracked within a year of implementation. (p. 51) He suggests schools begin by "closing the gap between what we know and what we do by improving incrementally." (p. 54) Examples include increasing the staff development budget from 1/2 percent to 1 percent; ensuring that relevant teaching and engaged learning occurs with increasing frequency; helping principals focus more time and energy on solving the most pressing school problems, one at a time; and increasing the "number of low-achieving students who can achieve at higher levels." (p. 54)

Schmoker warns against accepting long periods of training, restructuring, and activity spent in laying a foundation for reform, because people find it hard to work for changes when the results won't be apparent for months, or even years. He stresses the importance of early momentum in achieving successful short-term gains as the key to leveraging systemic change, and the value of on-site action research to help a school identify a few concrete interventions.

What Are Possible Implications for School Improvement?

Educators have a rich knowledge base available to help them target areas in need of improvement, yet "many practitioners do not read what leaders in their field write." (p. 65) Unfortunately, then, "in such a research-poor context, isolated experience replaces professional knowledge as the dominant influence on how teachers teach." (p. 66) Little use has been made of recent findings: that people learn and retain information only when it has relevance and meaning for them; that students learn basic skills best when they incorporate higher-order tasks; that early and intensive intervention ensures that students can get a good start in school; that "too many schools continue to substitute inferior activities for actual reading and writing during the large block of time that is devoted to language arts." (p. 67) Vital, practical knowledge gained from research needs to exert its influence on what happens in our schools.

Schmoker also reminds us that socioeconomic factors never preclude high achievement for groups or individual children. "How many ambitious plans have we scrapped, how much teacher morale and human potential have we squandered because we unquestionably bought the notion that socioeconomic factors determined students' level of achievement?" (p. 68) With the right in-class interventions, all students can achieve.

Finally, outside research must be coupled with observations at the local level. "The most important laboratory for change is the local school, where cultural and contextual factors can make or break the success of the most promising and proven procedures." (p. 68)

— Kate O'Neill

FREQUENT MONITORING OF STUDENT PROGRESS

CITATION: Newmann, Fred M., M. Bruce King, and Mark Rigdon, "Accountability and School Performance: Implications from Restructuring Schools," *Harvard Educational Review* 67, 1 (Spring 1997): 41-74.

What Did the Researchers Do?

School districts, states, and other agents external to schools "have become increasingly concerned about establishing policies that will improve student performance." (p. 42) More than 40 states increased their accountability mechanisms during the 1980's. While the specifics differ from state to state, virtually all of these accountability systems are based on the same underlying theory, core beliefs, and assumptions. Most are based on the relationship between a steward (the provider of goods or services) and a patron (an individual or agency with the authority to reward, punish, or even replace the steward). In the contemporary context, accountability in education can be defined as the process by which school districts, individual schools, and states attempt to ensure that schools and school systems meet their goals.

According to these researchers, a complete accountability system must include at least four basic components:

- information about an organization's performance;
- standards for judging the quality or degree of success of the organization's performance;
- significant organizational consequences (rewards and sanctions) for success and failure in meeting specified standards; and
- an agent or constituency that receives information on organizational performance, judges the extent to which the standards have been met, and distributes rewards and sanctions.

This study seeks to answer two questions:

- To what extent do the accountability systems in these 40 states include all four components?
- Do such mechanisms actually serve to enhance school performance?

The researchers' analysis draws on data from the five-year study of school restructuring in the United States conducted by the Center on Organization and Restructuring of Schools at the University of Wisconsin-Madison. The 24 schools participating each met a number of criteria for restructuring: student experiences, teachers' work or school governance, and connections to their broader communities. The schools were equally divided among elementary, middle, and high schools and reflected a broad spectrum of locations, size, and demographics.

The researchers gathered a variety of data through interviews, observations, and surveys. The research teams prepared extensive school reports that addressed the defining components of each school's accountability system.

What Did the Researchers Find?

According to the school reports, each school's district or state required information on performance (usually standardized test scores) from the school, but typically the accountability system failed to specify any standards or consequences. For 14 of the schools, this information seemed to serve only a symbolic purpose, in the sense that the information was collected but rarely used by the school. "Four schools exhibited information, standards, and consequences independent of any external requirements. This finding suggests that some schools maintained internal accountability systems," and researchers therefore reviewed additional data to learn more about the significance of the internal versus external agents in establishing school accountability. (p. 50)

Each school was characterized as to the strength of its accountability system (strong, middle, or weak), depending on whether it had all four of the accountability components in place at that school. If the school had all four, it was placed in the strong category. If a school had none beyond standardized tests, it was said to have a weak system of accountability. Schools with some combination of information, standards, and consequences were placed in the middle category. Initially, this designation was independent of whether the components were externally mandated or internally generated.

This analysis revealed that only seven of the 20 schools had strong accountability systems. Three of these systems were primarily school-based (internally developed), three were mandated by external agents, and one had both external and internal components.

School accountability and organizational capacity are not necessarily related. Organizational capacity was defined as having the quality of technical resources (curriculum and assessment materials, laboratory equipment, etc.), professional development for staff, and sufficient autonomy to craft the processes needed to meet the high standards. These researchers see the critical defining feature of organizational capacity to be the degree to which the human, technical, and social resources of an organization are melded into an effective collective enterprise.

Schools with strong external accountability tended to be low in organizational capacity. These data suggest that strong external accountability systems mitigate the development of organizational capacity, while strong internal accountability advanced organizational capacity in schools.

The authors conclude that external accountability in itself offers no assurance that a school faculty will have adequate technical knowledge and skill; nor does it guarantee that a school will have sufficient authority to deploy resources wisely, or a shared commitment to a clear purpose for student learning. Strong external accountability is difficult to implement, and, even when implemented, can present serious obstacles to a school's organizational capacity, or undermine it altogether.

Externally-mandated accountability with high-stakes assessment systems make it difficult for the school staff to develop ownership or commitment and the authority it needs to work collaboratively to achieve a clear purpose for student learning.

External agencies seeking to strengthen accountability should pay increased attention to stimulating the kind of internal accountability that was found to be linked to organizational capacity. Districts and states can support internal accountability in several ways:

- Insist that individual schools set and announce their own standards of performance and a responsible reporting system.
- Support staff development opportunities for teachers within a school to formulate performance goals and ways to implement them.
- Establish and reinforce support networks of reform-minded schools to assist in sharing standards, assessment techniques, and review procedures for evaluations of student learning and school goals.

External agencies can make "substantive contributions by offering concrete examples of high standards for student performance in specific curricular areas, approaches to assessment that demand high performance, and reliable ways of evaluating student performance on assessments." (p. 63)

What Are Possible Implications for School Improvement?

The findings in this study add up to a paradox. On the one hand, the steward (the school) is dependent on the patron (the district and state) for its role, function, and the resources to carry it out. On the other hand, the patron is dependent on the steward for the commitment needed to assure the survival of the patron. Individual schools exist at the pleasure of the state and the district. The survival of state and district agencies is dependent on the performance of the individual schools.

Surely, such a paradox invites a "collaborative partnership" between the school and the external agencies. School reform requires a "we" mindset—not an "us-and-them" attitude. The external agencies must work collaboratively with all stakeholders to set the standards and expectations; the school staff must be part of this group. Likewise, the stakeholders need to ask the school staff how they can help the school to succeed in implementing the high performance standards.

Effective schools research has been saying for years that school reform must occur school by school, one school at a time. This study found that a school's capacity to develop an internal accountability system is critical to authentic and sustainable school reform. If schools are going to respond productively to the demand of an external accountability system, they must receive training and technical assistance. And one of the most critical elements in reconciling the paradoxical nature of internal and external accountability will be the leadership provided by the school's principal.

— Lawrence W. Lezotte

EFFECTIVE SCHOOLS RESEARCH ABSTRACTS

FREQUENT MONITORING OF STUDENT PROGRESS

CITATION: Wiggins, Grant and Jay McTighe, *Understanding by Design.* Association for Supervision and Curriculum Development, Alexandria, VA, 1998.

What Did the Researchers Do?

What type of assessment will let us know if students understand the material or if they simply know certain facts we emphasize? How can we measure if students reached the standards set for their learning? Questions such as these have driven educators to look beyond multiple-choice and short-answer tests to other forms of assessment. One type of assessment that grew out of this search is performance assessment.

Over the years, the authors of this book worked separately and together to refine processes for creating, scoring, and testing performance assessments. By combining their experience with extensive research—194 sources in all—they "propose six facets of understanding and show what each facet suggests about assessment." (p. vi)

What Did the Researchers Find?

To define understanding, Wiggins and McTighe developed a multifaceted view of the concept. Each facet reflects a particular achievement of the learner:

Facet #1: Explanation. The learner can provide a thorough and justifiable account of events, actions, and ideas, going beyond merely restating facts and providing a sophisticated explanation to questions which ask why or how.

Facet #2: Interpretation. The learner can personalize knowledge so that it makes sense and has meaning. A means for doing this is the creation of a narrative. "A clear and compelling narrative helps us find meaning, not just scattered facts and abstract ideas. Stories help us remember and make sense of our lives and the lives around us." (p. 48)

Facet #3: Application. The learner can effectively use knowledge in new and diverse situations, not just in situations that were previously modeled.

Facet #4: Perspective. The learner recognizes that any answer to complex questions usually involves at least one point of view. "This type of perspective is a powerful form of insight, because by shifting perspective and casting familiar ideas in a new light, one can create new theories, stories, and applications." (p. 53)

Facet #5: Empathy. The learner can walk in another's shoes and go beyond personal emotional reactions to understand and grasp the meaning of another's emotions.

Facet #6: Self-Knowledge. The learner has "the wisdom to know one's ignorance and how one's patterns of thought and action inform as well as prejudice understanding." (p. 57)

If understanding requires the development of each of these facets, how can we teach for understanding and how can we assess understanding? To do this, educators must begin with the end in mind.

Educators need to first determine what important ideas or understandings students should gain through a course or unit of study. These ideas should be enduring understandings that anchor the course or unit. They need to have value beyond the classroom, to reside at the heart of a discipline, to offer potential for engaging students, and to require the uncoverage of misunderstood ideas.

Uncovering ideas will force a student to go beyond merely learning about a subject. To uncover ideas, "students will need lessons that enable them to experience directly the inquiries, arguments, applications, and points of view underneath the facts and opinions if they are to understand them. Students have to do the subject, not just learn its results." (p. 99)

After determining what enduring understandings educators will teach—based on national, state, and local documents, as well as teacher expertise—the teacher must then think like an assessor. This boils down to asking two questions: *Where should we look to find hallmarks of understanding?* and *What should we look for in determining and distinguishing degrees of understanding?*

To answer the first question, the teacher has to determine what types of performance or behavior indicate understanding by a student. Types of assessment range from informal checks for understanding, to quizzes and tests, to performance tasks and projects. Each type of assessment gives the assessor different and valuable information about a student's understanding.

Answering the second question forces educators to determine the criteria for identifying and differentiating among the many degrees of understanding. Often a rubric is helpful in doing this, but one needs to be sure that the rubric measures understanding and the meaning of ideas rather than skill development.

Once both questions have been answered, assessment design can begin, remembering that "the assessment of understanding should be thought of in terms of a collection of evidence over time instead of an event." (p. 13)

Only after clearly determining the desired results and what will constitute as evidence of understanding, should educators begin to plan their instructional activities. Wiggins and McTighe use the acronym WHERE to provide a framework for planning. "The acronym WHERE stands for where are we headed, hook the student, explore the subject and equip the student, rethink our work and ideas, and evaluate results." (p. 115)

Finally, Wiggins and McTighe encourage educators to think of curriculum in terms of a spiral: "big ideas, important tasks, and ever-deepening inquiry must recur, in ever-increasing complexity and through engaging problems and sophisticated applications if students are to understand them." (p. 135) By spiraling the curriculum, students will continually rethink and refine ideas and performance, thus developing increasingly sophisticated understandings.

What Are Possible Implications for School Improvement?

To raise standards in our schools, educators, students, and members of the community must have a common definition of what student understanding is and looks like. We can choose either to adopt the authors' definition or use it as a starting point to create our own.

The definition of understanding should then drive our curriculum. Questions such as the following need to be answered:

- What are the most important ideas for students to understand?
- How will students demonstrate their understanding?
- How will teachers evaluate student understanding?
- What can educators do to increase student understanding?
- How can curriculum be revised to increase student understanding?

These are hard questions to answer, but they must be addressed for schools to improve. Wiggins and McTighe provide us with the framework to do so.

— Martha S. Osterhaudt

EFFECTIVE SCHOOLS RESEARCH ABSTRACTS

FREQUENT MONITORING OF STUDENT PROGRESS

CITATION: Rothstein, Richard, *The Way We Were: The Myths and Realities of America's Student Achievement*. The Century Foundation Press, New York, 1998.

What Did the Researcher Do?

"If we Americans truly want to improve our schools, not destroy them, we must begin with a realistic appraisal of what they accomplish. The first step in any reform program is to figure out what the facts are." (p. 7) With this in mind, this article seeks to substantiate or invalidate four common assumptions about American education:

- "American student achievement has declined in the past generation, and public school standards have deteriorated. Graduates know less than they used to.
- "The crisis is especially severe for urban youth, who attend schools that no longer provide an engine of mobility for those at the bottom of the socioeconomic ladder.
- "Even if academic achievement has not deteriorated to the extent widely believed, our schools do not produce graduates with the skills necessary for the emerging twenty-first-century economy.
- "American educational failure is confirmed by the poor performance of our students on international tests. Young Americans cannot compete with youths in other nations." (p. 1)

The author suggests that the current opinion of public schools springs from an overreliance on anecdotal information, which paints a misleading picture of reality. He then examines the first two assumptions in depth by looking at the best evidence available: trend data provided by three national tests and IQ tests.

What Did the Researcher Find?

From a historical point of view, four national tests provide the best trend data available. What follows are the most important findings associated with each test.

The Scholastic Assessment Test (SAT). First administered in 1941, the SAT is frequently cited as evidence of declining school quality. Rothstein asserts that, in fact, it "is the worst possible test by which to evaluate the overall performance of American public schools because it is voluntary." (p. 53) Similarly, changes in SAT scores over time cannot lead to any valid deductions because far fewer students historically took the SAT, and no demographic comparison of test-takers can be made. "Without knowing to what extent the growing number of test-takers is attributable to an expanding academic pool or to heightened social mobility or diversity, education specialists can draw no conclusions about how changes in SAT scores reflect improvement, or lack of it in American schools." (p. 57)

The Iowa Test of Basic Skills (ITBS). Since the ITBS is mandatory for most students, this test overcomes the criticism directed at the SAT. However, the periodic re-norming of the ITBS "permits students to be compared to their contemporaries rather than to students of the past," and makes it difficult to see the trends in student achievement. (p. 64) Fortunately, the ITBS has enjoyed enough consistency in administration over time to at least draw some conclusions.

Eighth-grade scores "climbed from 7.8 in 1955 to 8.45 in 1965, declined to 7.82 in 1977, rose to 8.43 in 1991, and dipped to 8.32 in 1997." (p. 66) The author concludes that today's eighth-graders are about half a year ahead of their 1955 counterparts and are now only about one month below the all-time high in the peak year of 1965. These trends are typical of other grade levels.

National Assessment of Educational Progress (NAEP). In 1969, the U. S. Department of Education began to give standardized tests in science, mathematics, reading, writing, social studies, and the arts to representative samples of nine-, thirteen-, and seventeen-year-old students. This feature has made the NAEP a valuable tool for assessing the achievement trends since the 1970's. The NAEP test scores are unique because they are measured on a single scale ranging from 0 to 500. This allows for comparisons across time.

"When nine-year-olds were first tested in math in 1973 their average score was 219. For the next 10 years, the results did not change. But since the 1986 test, nine-year-olds' mean math score has started to creep up and is now at 231." (p. 70) The results are similar for thirteen- and seventeen-year-olds.

Likewise, in the area of reading, all three age groups "had higher scores in 1996 than when the test was first given in 1971." (p. 70) The author concludes that, in each case, changes over the past 25 years "are small but statistically significant. On the whole, the results show no overall deterioration in overall academic performance during this 25-year period." (p. 70)

This good news is tempered by the fact that the number of students who annually score at the proficient level is always disappointingly low. "In reading, only 30 percent of fourth- and eighth-graders, and only 36 percent of twelfth-graders, are 'proficient.' In math, only 21 percent of fourth-graders, 24 percent of eighth-graders, and 16 percent of twelfth-graders are 'proficient.'" (p. 71) However, the author asserts that the judgments of what constitutes proficiency are highly subjective and that "the procedure for defining these achievement levels, in reality, is both ideologically and technically suspect." (p. 72)

In 1993, the General Accounting Office (GAO) undertook a study of how proficiency levels were established by the National Assessment Governing Board (NAGB). The GAO found that "the cutoff scores for basic and proficient students should have been set considerably lower, based on the NAGB's own standards." (p. 73) In response, the Department of Education commissioned its own study by a National Academy of Education (NAE) panel. Their findings confirmed those of the GAO, concluding that the procedure used to establish achievement levels was "fundamentally flawed" and "subject to large biases," and that the achievement levels by which American students had been judged were set "unreasonably high." (p. 73)

IQ Tests. A look at IQ performance reinforces the trends being reported with the other measures of student performance. Surprisingly, the average IQ of Americans has been rising since at least 1932. James Flynn, a New Zealand psychologist, found that the average American IQ has increased 15 points, or one full standard deviation, from 1932 to 1978. The author concludes that it is quite improbable that these remarkable increases in IQ could have occurred if schools were declining or stagnant.

What Are Possible Implications for School Improvement?

"Americans deserve the truth about their schools." (p. 114) This report illustrates that American schools have not deteriorated over time. In fact, there is much evidence to support the tenet that we have improved, "with the most dramatic gains coming from minority students." (p. 111) Political and educational leaders who wish to champion the cause of school reform need to use this information to frame the problem in a fair and accurate manner. Teachers and school administrators will be much more receptive to the idea that change is needed if they receive accurate credit for the quality of the current system.

This report speaks to national trends. Those working for school improvement at the state, district, or school level should conduct a similar review specific to their site. In some cases, the analysis will yield results that are better than expected; in other cases, the results will be worse than feared. In either case, dialog on improvement will begin from a reasonably factual foundation that will ensure that we are working on the right problem.

Champions of school reform must be challenged to produce evidence of a failing system and criteria for improvement to which their schools, districts, or states should aspire. Those who are unwilling to meet these challenges merely contribute to the unwarranted cynicism about public education without creating a clear vision of what truly needs to be fixed. Worse, they may initiate reform efforts that are inappropriate, ineffective, or even counterproductive.

— Lawrence W. Lezotte

EFFECTIVE SCHOOLS RESEARCH ABSTRACTS

FREQUENT MONITORING OF STUDENT PROGRESS

CITATION: Hedges, Larry V. and Amy Nowell, "Changes in the Black-White Gap in Achievement Test Scores," *Sociology of Education* 72, 2 (April 1999): 111-135.

What Did the Researchers Do?

The study of group differences in academic achievement is almost as old as standardized achievement testing itself. Unfortunately, it wasn't until 1965 that large-scale surveys of representative samples of students have been collected, but they have been collected periodically since then. The analysis of the national trends in student achievement, and of the achievement gap between white and black students presented in this study, are based on those representative surveys.

The findings reported in this study are based on six large-scale surveys collected between 1965 and 1996:

- **The Equal Educational Opportunity Data Set** (1965) called for a nationally representative sample of students enrolled in Grades 1, 3, 6, 9, and 12.
- **The National Longitudinal Study** (1972) was a national probability sample of high school seniors from public, secular private, and church-affiliated high schools. The sample was designed to be representative of the three million students in that year's senior class.
- **The High School and Beyond Study** (1980) was a study of senior and sophomore students in public and private high schools in the spring of 1980. The test scores for the sophomores were used to represent the 1982 senior cohort.
- **The National Longitudinal Study of Youth** (1979) selected three independent probability samples: a cross-section sample of noninstitutional youth aged 14-21; a supplemental sample of Hispanic, black, and poor white youth; and a military sample of 17- to 21-year olds.
- **The National Educational Longitudinal Study of the Eighth-Grade Class of 1988** used a two-stage national probability sample of 24,599 eighth-grade students enrolled in public, secular private, and church-affiliated schools in 1988. The students were followed for four years and resurveyed in 1992 as seniors.
- **The National Assessment of Educational Progress Trend Data Sets**, beginning in 1969 and periodically since, have assessed samples of 9-,13-, and 17-year olds. Each sample includes between 70,000 and 100,000 students.

Though different tests were used by these national surveys, there was a great deal of overlap in the areas assessed. Because of the large overlap in the areas assessed across time, these researchers were able to conduct very sophisticated trend analyses and draw their conclusions. Since the studies asked the students to respond to various demographic questions, the researchers were able to control for some variables while looking at the impact of others. The analysis process allowed them to isolate and describe the magnitude of the gap in student achievement between black and white students since the earliest study in 1965.

What Did the Researchers Find?

Group differences in central tendency (mean scores) on each of the six surveys were computed. On all six, the means for the white student samples exceeded that for blacks. On average, the gap has decreased by .14 standard deviations per decade. A decrease of this magnitude was found to be statistically significant.

The researchers also found that, when social class is controlled, the achievement gap between white and black samples is reduced by about 30 percent. The fact that the achievement gap is closing when social class is controlled, as well as when it is not controlled, led the researchers to conclude that some of the gap reduction may be related to improved social class standing and some is due to other factors (perhaps the schools).

In addition to the analysis of social class standing, the researchers looked at the effects of other family and community variables. They looked at family size (number of siblings), family structure (single parent, two parent), and whether or not the mother was in the workforce. After adjusting for these additional variables, the black-white gap appears to be somewhat smaller, but the rate of change is virtually identical to that when SES alone is controlled. The researchers conclude that, although family structure and community influence the gap in test scores, they do not explain all of it.

Interestingly, and perhaps unfortunately, the researchers found that most of the decrease in the gap between the black and white students occurred before 1972. Since then, the rate of change in the gap would be essentially zero or even increasing slightly. To put it another way, the relative improvement in African-American's SES appears to be responsible for all the reduction in the gap in test scores in the past two decades.

The researchers found interesting trends when they examined the extremes of the distributions for both black and white student populations. Black students tended to be overrepresented in the bottom of the achievement distributions and underrepresented in the top of the distribution. Unfortunately, the degree to which black students are underrepresented in the top is significantly greater than the amount they are overrepresented in the bottom. Said another way, the bottom of the black student achievement distribution is moving up, but the top is not.

The authors draw several significant conclusions from their analyses. First, they note that, given the pace at which the achievement gap has been closing in the last 30 years, it will take another 50 years to close it completely in reading and another 75 years to close the gap in mathematics. Second, because the gap cannot be completely explained by SES, family structure, and other variables, it may be the result of other factors (such as discrimination).

The fact that the gap is closing faster in reading when compared to math led the authors to raise an important question. Since math is considered to be more of a school-only subject than reading, is it possible that the absence of school effectiveness may be the reason the gap is not closing?

What Are Possible Implications for School Improvement?

My colleague, Ron Edmonds, argued that effectiveness was a necessary, but not sufficient, condition to assure excellence. This research study suggests that black children are benefiting by having access to more effective schools. This is based on the fact that lower-achieving black children are not as far behind lower-achieving white children as they once were.

While the floor of achievement for black children seems to have been raised, unfortunately, the same cannot be said for the ceiling of black student achievement. Progress seems to be evident when we speak of increased access to school effectiveness. Similar progress is not being found when we speak of increased access to school excellence.

Two major implications can be drawn from this analysis. First, schools cannot ease up on their efforts to increase student achievement for black children in the United States. Progress has been made, but the pace of progress needs to increase, especially in the area of mathematics. Second, schools need to develop additional strategies for assuring that higher-achieving black students have equal and increased access to those parts of the school program (advanced placement courses) we associate with excellence.

— Lawrence W. Lezotte

EFFECTIVE SCHOOLS RESEARCH ABSTRACTS

FREQUENT MONITORING OF STUDENT PROGRESS

CITATION: Linn, Robert L., "Assessments and Accountability," *Educational Researcher* 29, 2 (March 2000): 4-16.

What Did the Researcher Do?

Distinguished Professor Robert Linn has long been recognized by peers and colleagues as one of our leading educational measurement scholars. In this synthesis, Professor Linn sets forth the following theses. First, over the last 50 years, assessment and accountability played a prominent role in many educational reform efforts. Second, the role assessment played in the various reform efforts significantly changed over the same period of time. Professor Linn believes that knowledge of this history and the subsequent changes will help today's educators to see both the promise and limitations of assessment's role in the current accountability movement.

What Did the Researcher Find?

Assessments have been used by policymakers and other advocates of educational reform throughout the last half century because of the following reasons:

Assessments are relatively inexpensive. Compared to educational reforms that increase instructional time, reduce class size, or implement other changes that require extensive professional development, mandated assessments are much less expensive.

Assessments can be and have been externally mandated. Requiring mandated assessments of all schools in a given jurisdiction is easier than taking action to change any of the behaviors in the school or classroom.

Assessments can be quickly implemented. Because politicians stand for re-election every few years, they need to identify strategies that represent "quick fixes" to education. Assessments qualify because new test or assessment requirements can be implemented within an elected official's term of office.

Assessment results are visible. Assessment results can be reported to the media. Poor initial results are a boon to policymakers who hope to take credit for any short-term increase in scores that occur in the first few years of a new program, regardless of whether they represent actual improvement in student learning.

Professor Linn observes that the last five decades represent waves of reform resulting in changes in the nature of tests and assessments, and the ways they are used to promote accountability. This article reviews some factors that impacted educational practice, and ultimately student learning, and suggests improvement principles.

The decade of the 50's. Public education was significantly changed by the writings of James B. Conant. Conant's vision of comprehensive secondary education was based on two notions. He believed all secondary school students should be offered a core curriculum, and should be tracked toward courses of study that best fit each student's needs and talents. As a result, high schools developed different tracks. Tests were used as a convenient way to assess student needs, talents, and gifts, and as the basis for student placement. Testing became identified as a basic tool needed to fulfill the "sorting and selecting" mission of schools.

High schools became highly differentiated systems where the curricular goals for students in the different tracks were quite variable. As a result, the within-school variance in student learning is now much greater than the between-school variance. Students placed in one track are taught very different content than those in another.

One of the problems created by this "sorting and selecting" goal is that it is counter to the current policy stating that schools should be held accountable for all students mastering a high standards curriculum. The recent Third International Mathematics and Science Study (TIMSS) revealed that other developed countries in the study had significantly less within-school variance in the content learned than students in the United States.

The decade of the 60's. The passage of the Elementary and Secondary Act of 1965 significantly changed how tests were used in schools. In passing this landmark legislation, Congress insisted that schools show evidence of improved student achievement as a result of these federally funded programs. The testing demands of the Title I Evaluation and Reporting System (TIERS) caused a significant expansion in the use of norm-referenced tests in schools. The basic model, promoted by the TIERS system, was a fall-to-spring pre/post testing model. Many scholars have documented the problems and limitations in taking the resulting "gain scores" at face value.

In the 50's, tests were used primarily for placement, based on student input (aptitudes and interests). The decade of the 60's changed the focus of the model from assessing inputs to that of evaluating the "value added" by various programs. Educators quickly realized a major problem. Norm-referenced tests are not designed to assess directly what students were taught in school or in a specific program.

The decade of the 70's. The apparent limitations of norm-referenced tests set up the conditions for the minimum competency testing movement of the 1970's. The major change brought about by minimum competency tests was that they were designed to determine whether students mastered the intended curriculum they were taught and should have learned. As the name implies, it also focused on the low end of the achievement continuum. The approach created a significant change in most schools. Educators believed that they had a much better chance to document "value added" if and when students were assessed on what they actually were taught. The schools worked hard to be sure that all students had an opportunity to learn what they needed to know to pass the minimum competency test.

The decade of the 80's. The decade of the 1980's (to the present) experienced three changes in assessments. First, there is a significant increase in the emphasis on holding schools accountable for student performance. Today, schools may be closed or taken over by the state if performance is not satisfactory. Second, student performance on mandated assessments is now being used as the basis to promote students from one grade to the next, or even to earn a diploma. Using assessments for such important purposes has taken on the name "high-stakes testing." Third, the focus of most of the state assessments shifted from minimum competencies to assessing high content-based standards.

According to the author, there is no reason to believe that the current emphasis on accountability, high stakes, and high standards is likely to change in the near future. Using assessments as they are now being used has certain advantages, limitations, and cautions.

What Are Possible Implications for School Improvement?

School improvement means different things to different people. Local educators often see expansion or modification of a program as evidence of school improvement. For the most part, policymakers place a great deal of emphasis on changes in test scores as the most telling evidence of improvement or the lack thereof. Leaders of school improvement should be certain that parents, teachers, and administrators have a sense of the recent history of assessment and accountability. People, especially parents, may disagree with the emphasis that the states and federal government place on test scores. However, they need to understand the pressure this places on the individual school and, ultimately, on the individual teacher. Recent evidence suggests that parents are now beginning to resist the high-stakes tests when their children may be adversely affected by the results.

Most teachers and administrators were not trained to think about teaching and learning as an evidence-based task. Likewise, most administrators were not trained to lead results-driven schools. The current realities, associated with assessment and accountability, require all educators and parents to examine their beliefs and assumptions about how schools should be organized and operated as a system. Some training that incorporates a review of the recent history of assessment and accountability would assure all participants a common language and a shared understanding of the forces that define current reality for public schools.

— Lawrence W. Lezotte

EFFECTIVE SCHOOLS RESEARCH ABSTRACTS

FREQUENT MONITORING OF STUDENT PROGRESS

CITATION: Heck, Ronald H., "Examining the Impact of School Quality on School Outcomes and Improvement: A Value-Added Approach," *Educational Administration Quarterly* 36, 4 (October 2000): 513-552.

What Did the Researcher Do?

Can and should schools be held accountable for student learning when so many variables are out of educators' control? The proponents of the current accountability movement in the United States offer a resounding, "Yes!" Backed by a quarter century of effective schools research, the core hypothesis behind the accountability movement is that school structure and the quality of the school's education processes directly impact student achievement in that school.

The question then becomes, how do we fairly evaluate a school's impact on student learning? Many parents and policymakers judge schools based on standardized achievement tests, interpreting high scores as evidence of a "good" school. Standardized tests, however, do not take key contextual differences into account that profoundly affect student performance, including socioeconomic conditions, parent background, staff characteristics, and student composition. The challenge then becomes how to hold schools "accountable to performance standards that reflect what they are contributing to students' achievement levels and growth; that is, we should focus on what school personnel contribute to children's learning given the realities in which they work." (p. 538)

The purpose of this study was "to present an approach to statewide school comparison that focuses on the value-added effects of elementary schools' educational environments on school achievement and school improvement." (p. 515) Specifically, the study sought to identify how the quality of the school's educational environment affects student achievement and improvement after controlling for student-level and school-level contextual factors.

The setting for this study was the State of Hawaii. Hawaii is unique among the 50 states because it is organized as a single school district. The study included 122 K-6 elementary schools. To be included in the sample for the study, students had to have attended the same elementary school between third- and sixth-grade and taken both the third- and sixth-grade standardized tests that are required by the state. The total students in the final sample was 6,970. Their demographics mirrored the larger society fairly well: 49 percent were female; special education students represented 11 percent; and 37 percent qualified for free and reduced lunch. The ethnic composition of the Hawaiian students is as diverse as any other state, but the racial-ethnic mix is different than the other 49 states.

The Hawaii Department of Education requires that an Effective Schools Survey be administered at each school site to all certified staff, all fifth-grade students, and a random sample of parents on a regular cycle. The six indicators monitored by the survey correspond to the correlates of effective schools: principal leadership, schoolwide emphasis on academics, high expectations for student achievement, frequent monitoring of student progress, positive school climate, and positive home-school relations.

The results of the Effective Schools Survey provided a quality profile on each school. These quality profiles, in conjunction with student achievement scores and student socioeconomic status (based on free/reduced lunch), provided the framework for this study. This framework allowed the researcher to determine what amount of variability in measured student achievement could be accounted for by the quality profile of the school attended by the student. Said another way, the framework helped to identify the value-added effects of the quality of the student's school, based upon the leading indicators of effective schools, while making school-level adjustments for student differences.

In the first part of the study, the researcher developed a model to look at achievement while controlling for student-level variables. "The second part of the analysis focused on the school context and process variables that affect the adjusted outcomes and improvement." (p. 535)

What Did the Researcher Find?

The analysis of the data yielded several important findings:

- The variables tested by the School Effectiveness Survey were found to be reliable measures of the six leading indicators Hawaii used to identify quality schools. Furthermore, the study found "that the school quality factor was well measured by the six observed indicators." (p. 536)

- There was a significant relationship between school quality and both achievement and improvement. Schools that were identified as having strong principal leadership, a pervasive emphasis on academics, high expectations for student learning, a positive school climate, and supportive and involved parents "created higher-than-expected outcomes after controlling for the composition of their students." (p. 538) Furthermore, these schools produced greater-than-expected improvements over the long term.

- Community socioeconomic status (SES) indicators "had an impact on perceptions of school quality as well as on improvement and outcomes. More specifically, higher SES was directly related to stronger perceptions of school educational conditions, greater improvement, and greater-than-expected outcomes." (p. 536)

- Larger elementary schools and schools with higher percentages of special education students produced smaller gains between third and sixth grades. The results also suggest these schools are found in less affluent communities.

Overall, the study found "that the quality of the school's educational environment affects school improvement and school outcomes after the within-school adjustments for student composition have been made and the relevant between-school controls have been added." (p. 537)

What Are Possible Implications for School Improvement?

This study has several policy implications that state education departments and local school boards should keep in mind when developing accountability systems. The most significant finding of the study once again validates the basic tenet of Effective Schools Research: there is indeed a relationship between the school's educational environment and its student achievement and achievement gains. Therefore, it would be reasonable to hold schools accountable for the quality of its educational processes. Given that these processes, or effectiveness factors, are alterable at the school level, there is no real excuse for these factors to be weak in any school, rich or poor. The study demonstrated that a school that offers a high quality educational environment, regardless of its student composition and community context, can produce higher-than-expected student achievement in both the short- and long-term.

The study also found that, while it is clear that schools can and should be held accountable to performance standards, those standards should reflect what the school has actually contributed to students' achievement levels and improvement. This means that "any evaluation of the school must take into consideration its unique setting (student composition, school factors, community factors)." (p. 540) The study found that community socioeconomic status was particularly influential on both adjusted student outcomes and improvement. Low SES was associated with larger schools and higher percentages of special education students. The presence and interrelationship of these factors should be looked at carefully by community policymakers.

Finally, the study found the correlates (i.e., characteristics) of effective schools, as reflected in Hawaii's School Effectiveness Survey, represent a valid set of indicators for assessing a school's quality profile. Not only is the model valid, but when the quality profile factors are included, our ability to accurately evaluate student achievement and improvements in student achievement over time are significantly increased.

— Lawrence W. Lezotte

Section II

Monitoring to Adjust Instruction and Evaluate Programs

Monitoring to Adjust Instruction and Evaluate Programs

To what extent has instruction changed in your school as a result of analyzing test results? Every educator should be asking this question, and the answer will shed light on how your school approaches assessment.

- Frank N. Dempster and other researchers identify five conditions that must be present for the effects of testing to strengthen student learning: 1) Material should be tested soon after it is introduced. 2) Tests should be frequent. 3) Tests should be cumulative. 4) The time frame between each successive test on the same material should become longer. 5) Feedback must be given quickly after testing.

- Standardized tests are commonly used to measure local learning objectives, but are they doing the job well? Studies suggest there is plenty a local district can do to make these tests a more accurate reflection of student learning. Teachers and administrators can discuss each question to determine whether it truly measures a district's learning objective. A minimum of three questions per objective should be included for a fair judge of mastery. A mastery level needs to be determined ahead of time, and local results should be compared with a national sample. In fact, several comparisons should be made—current results compared with previous years' and the results for one objective compared with those for another. Also, it's critical to identify which objectives are not measured by the test and how much of the curriculum they represent.

- More efficient and inexpensive means of alternative assessment need to be developed before these methods receive widespread use. To start, a school system could select just one or two outcomes it values most, and purchase or develop alternative assessment procedures that measure these outcomes.

- Dr. John W. Porter's Sixteen-Step Strategic Planning Process helped Oak Park, an urban district in Michigan, make significant gains in student achievement. A key component of the process involved developing a model of reflective planning. The district used an automated information management system which provided monthly feedback on achievement at district, building, classroom, and individual levels. The process began with a search for patterns, revealing a huge disparity among elementary and secondary teachers about what students should know and be able to do. Curriculum specialists were then brought in, to create better alignment with state test objectives and provide needed teacher training.

- Trends at the high school level include more state-developed specific subject-area testing. Technology is increasingly used to track student progress, including the use of more sophisticated test analysis techniques that offer the potential for obtaining data for multiple purposes through one testing session. Also, the use of adaptive tests is showing the computer's strength to adapt test questions to match a student's level of ability.

- A study of value-added assessment by William L. Sanders led him to recommend that each and every student be tested every year in important academic subjects, using nonredundant equivalent tests. Further, the scales of measure should be highly correlated with curricular objectives. Value-added reports can then be made available at the state, district, school, and class level, along with assistance in interpreting the information. "Information without understanding is not information," he notes. "It is merely noise."

- Connecticut has had an enviable record of boosting reading scores by taking collective ownership of the reading improvement goal, with state test objectives serving as a catalyst for district realignment of curriculum and instruction. Test results are reported in a number of ways, and data files are provided so each school can further disaggregate results. Student progress is measured every year, not just in the years the state test is actually administered, and school profiles are publicly reported. State-level resources are provided to the neediest districts, with early intervention—by the end of first grade—a key component of the plan.

- Shawnee Mission Public Schools, in Overland Park, Kansas, initiated a process to help all classroom teachers become knowledgeable users of classroom assessments. Data notebooks are assembled for each school by district-level personnel, summarizing the school's student performance comparisons with local, state, and national results. Data mentors are selected from each school as well, and these individuals receive specialized training in data analysis. They then use the techniques to analyze their own building's data.

- Kentucky's education reforms revolve around the alignment of curriculum with the state's assessment instruments, along with a focus on test-taking skills featuring a heavy emphasis on writing. Excellent staff development programs have pinpointed specific skill gaps related to accountability goals, and have formulated plans for closing those gaps. For example, highly effective teachers are identified by the state, and are paid and trained by the state to leave their posts for one year to provide a presence at declining schools, and to give technical assistance to help these schools meet accountability goals.

One of the strongest lessons we're learning from individual states, districts, and schools experiencing success is that assessment, to be accurate and effective, cannot be done in a vacuum. Rather, it's a constant process of evaluation and reflection, along with the willingness to remove barriers to learning by paying attention to what test results are telling us.

FREQUENT MONITORING OF STUDENT PROGRESS

CITATION: Jolly, S. Jean and Gary W. Gramenz, "Customizing a Norm-Referenced Achievement Test to Achieve Curricular Validity: A Case Study," *Education Measurement Issues and Practice* 3, 3 (Fall 1984): 19-22.

What Did the Researchers Do?

Too often school systems adopt standardized norm-referenced achievement tests without considering how well they measure the district's intended and taught curriculum. Moreover, even if this crucial issue is considered, it is probable that there will be a mismatch between the curriculum and the test at some grade levels. This is because these tests are designed to measure the topics most commonly taught at each grade level throughout the nation. Given this potential, indeed probable, gap between what is taught and what is tested, how can one possibly use a national standardized achievement test to assess local learning objectives with validity? Easily, say the authors. All that local educators need to do is to follow the procedural model which they present.

What Did the Researchers Find?

To use results from a standardized test to measure local learning objectives, follow these procedures:

- Have teachers and administrators read each test question to see if it measures a district's learning objective(s).
- A minimum of three test questions is required to measure a learning objective.
- For each learning objective, which has a minimum of three items, record the item number and the proportion of district's students who answer it correctly. (This is the *p* value.)
- Compute the average p value for all of the items.
- Multiply the average p value by 100 to indicate the percent of items that students, on the average, answered correctly.

Student performance relative to the nation can be determined by repeating the above process using p values obtained from the national sample. Then one would compare the average percents for the district and for the nation.

To obtain an estimate of student achievement for each subtest of the national standardized test, use the following procedure:

- Do steps one through five above (if you have not already done them).
- Group the items according to the subtests of the national standardized tests.

Application of these procedures will allow a district to report how well students in a district are achieving relative to the specific local learning objectives that a standardized test measures.

Districts can use four possible methods to interpret the results:

- Determine ahead of time a mastery level score (e.g., 70 percent) and identify objectives receiving and not receiving this score.
- Compare local results with the national sample.
- Compare current results with those from previous years.
- Compare the results of one objective with the results for another objective.

While interpreting test results, it is also very important to identify objectives that are not measured by the test and how much of the curriculum they represent.

What Are Possible Implications for School Improvement?

One of the distinguishing characteristics between an effective and an ineffective school is that an effective school will try a new approach when something does not work. In an ineffective school, if something doesn't work, it is nevertheless repeated over and over. To what extent has instruction in your class, in your school, been changed in the fall as a result of analyzing the previous spring test results?

In many schools the standardized tests apparently are unrelated to the curriculum. All too often the tests are given, sent out for machine scoring, and the secretary places the press-score label on each child's test record card. Results for either the student or his or her class are neither read nor analyzed unless a major learning problem emerges, or unless there is a parent conference. This cycle repeats annually, because a district does not have enough money to purchase a new testing program.

For districts with this problem, the authors present a reasonable procedure for using standardized test results to assess student progress and to assess areas of strength and weakness in the measured component of the school's curriculum.

— Robert E. Sudlow

EFFECTIVE SCHOOLS RESEARCH ABSTRACTS

FREQUENT MONITORING OF STUDENT PROGRESS

CITATION: Kulik, James A. and Chen-Lin Kulik, "Timing of Feedback and Verbal Learning," *Review of Educational Research* 58, 1 (Spring 1988): 79-97.

What Did the Researchers Do?

The importance of feedback timing has interested researchers from the 1920's to the present day. Over these decades, a variety of evaluation approaches and experimental designs has been used in an attempt to ascertain the effects of feedback timing on school learning. But conflicting results and interpretations, and failures of replication have left researchers in disagreement about the importance of feedback timing in human learning. The purpose of the Kuliks' work was to address some of the questions that persist in this research area. They began by identifying 53 studies that compared performance of a group of students who received immediate feedback on the correctness of their responses and a group of students who received delayed feedback. These particular studies were carefully chosen so as to minimize the possibility that different results in studies could be related to differences in study characteristics.

What Did the Researchers Find?

The writings of B.F. Skinner in 1954 led numerous researchers to study the effects of immediate feedback on learning. Their studies were of three types:

- applied studies, which use actual classroom quizzes and programmed materials to gauge the effect of immediate vs. delayed feedback;
- acquisition of test content in which the responses to be learned are the answers to a specially constructed test, often multiple choice; and
- list learning, where a student has to learn lists, such as paired nonsense syllables, verbal mazes, or lists for concept acquisition.

Results of applied studies in feedback timing (those carried out in real classrooms). All but one of the applied studies examined favored immediate rather than delayed feedback. Most of the studies involved the use of classroom quizzes. Very few used programmed and computer-based materials to examine the effects of feedback timing.

The message for teachers is that, if classroom quizzes are to be most helpful in promoting student learning, teachers should try to provide feedback to their students as soon as possible after students answer the quiz questions. The same would be true for those creating programmed material for presentation on computers.

While the researchers believe that teachers arranging feedback conditions similar to those in the studies can expect similar results, they do raise a note of caution. A number of the studies have been criticized for a lack of experimental control. In some studies, students received feedback sooner and on more responses than in other studies. The researchers do not believe this alters the value of feedback, but do believe that experiments should provide better control over variables.

Results of laboratory experiments on feedback timing. These results are more complex than the applied study results. However, ultimately, the researchers conclude that experiments on acquisition of test content have usually favored delayed feedback.

An interesting theory promoting delayed feedback is that of Kulhavy and Anderson (1972). According to their theory, the delaying of feedback enables learners to remember their incorrect responses less vividly. When feedback then provides them with the correct response, they are able to learn the correct responses more easily. In this theory, Kulhavy and Anderson see delayed feedback as providing two learning trials: one when the correct response is first presented to the student, and the second when it is presented again, during the delayed feedback response. Two separate learning trials are presumed to be better than one.

List learning experiments (laboratory setting). Results are highly varied, ranging from strong support for immediate feedback to strong support for delayed feedback. The researchers provide some insights as to factors that may account for this wide variation.

The variances have to do with the differences in the experimental conditions. In some list learning experiments, the conditions are very much like those in acquisition of test content where feedback is delayed, thus providing two separate learning trials. The results are also similar to those in the experiments on acquisition of test content.

In other list learning experiments, conditions are different from those on acquisition of test content. In these experiments, delayed feedback is given so quickly that, in essence, there is no delayed feedback and, thus, no second learning trial. Alternately, the second learning trial provided by delayed feedback consists simply of giving the correct response to the learner; it is not really a second learning trial.

What Are Possible Implications for School Improvement?

Teachers and administrators should be aware of the fact that considerable study and research have taken place in regard to immediate versus delayed feedback in promoting student learning.

In the three different types of studies, immediate feedback on classroom quizzes and programmed materials consistently was helpful in promoting student learning.

In acquisition of test content and list learning, delayed feedback can be helpful in promoting student learning, but only in those situations that closely resemble the experimental conditions. The researchers conclude that more typically, to delay feedback is to hinder learning.

Because teachers would find it very difficult to replicate experimental conditions consistently, the researchers recommend using feedback as soon as possible for maximum acquisition of test content and list learning.

— Lee Gerard

EFFECTIVE SCHOOLS RESEARCH ABSTRACTS

FREQUENT MONITORING OF STUDENT PROGRESS

CITATION: Fisher, Thomas, "Testing the Basic Skills in the High School—What's in the Future?" *Applied Measurement in Education* 1, 2 (1988).

What Did the Researcher Do?

In this paper, the author discusses several emerging issues in the ongoing debate about the quality of our public schools and the role testing is to play. He notes two documents that seem to characterize that debate. One is a survey conducted by the Florida Organization of Instructional Leaders, which uses survey data to project the economic cost of achievement testing routinely administered in that state. The other is a 1987 article in *Newsweek* magazine that describes how American industries are creating schools for their workers because of the failure of the public schools to provide the educational quality needed by today's workers.

What Did the Researcher Find?

The author notes that, on the one hand, educators are concerned about state-mandated testing and the amount of testing in the schools; on the other, parents do not trust the performance of educators and continue to demand more testing and accountability. The author points to four trends to illustrate that the movement toward basic skills testing at the high school level is a growing one:

Raising the minimums. Begun in the 1970's, these programs defined a minimum level of performance and set mastery of these minimums as a goal for every student. Considerable success has been achieved over the years and now the question becomes, "Do the minimums stay the same or get raised?" The future may bring raised minimums and an expansion of the subject areas tested. Some students may meet certain criteria and thus not have to take the test. There may be more testing for college-bound students, and greater curriculum and testing articulation between secondary and post-secondary levels.

Added dimensions to basic skills testing. In response to citizen interest in more testing, there is likely to be administration of state-developed, specific subject-area testing, such as Algebra I, World History, English II, etc. (This is already being done in North Carolina, California, and is being developed in Florida).

Development of such tests will be used to facilitate a national comparison testing program by testing a sample of students in each state annually, or test items may be woven into state assessment programs in such a way that all students in every high school will participate. This will raise a question in local districts of whether to continue the use of locally-selected, commercial norm-referenced tests. Also, since high school students will take tests in more areas than they presently do, this may increase school efforts at curriculum improvement in these areas.

Impact of technology. The availability of desktop computers and scanners has provided local high schools with an affordable means of having their own test-processing center for teacher use. Through the use of optical scan sheets, teachers can have tests scored within minutes. Going beyond that, schools can use networks and computers linked by telephone. This could provide local school districts and a state department of education with a means for immediate communication. This data communication could provide a system for keeping track of student progress, providing rapid feedback to local districts, and allowing for conducting research on educational programs. Florida has instituted such an electronic information system, and it seems likely that other states will soon do the same.

Different testing strategies. Two other techniques on the horizon should prove useful for educators and students. One is the creation of "adaptive tests." This refers to the use of a computer to "adapt" test questions to match the individual student's level of ability as the student is taking a test in a particular area. Thus, the student's knowledge is measured more accurately and much more quickly. Because this technique is costly, it would probably be reserved for small-group or individual test situations.

A second strategy is the use of more sophisticated test analysis techniques. Such techniques offer the potential for obtaining the necessary test data for multiple purposes through the use of one testing session. This could reduce the need for a student to take multiple tests, such as district norm-referenced and criterion-referenced tests, state proficiency tests, college placement tests, etc.

What Are Possible Implications for School Improvement?

The development of specific subject area tests on a statewide basis will surely lead to a certain amount of controversy with local educators, as it will bring with it a perceived loss of control over the local curriculum content and placement. This could have a negative impact on local school improvement efforts if educators do not see the value to such an approach.

If, on the other hand, the information generated on individual students can also be translated to the needs of a classroom of students, with a rapid turn-around time, in a format that teachers perceive as helpful and useful in planning for their instruction, the controversy may be greatly reduced.

Schools already involved in the school improvement process are used to disaggregating data in a variety of ways in order to assist them in identifying and bringing about necessary change. Greater sophistication in test analysis could provide these educators with additional information that would be helpful to their efforts.

— Lee Gerard

FREQUENT MONITORING OF STUDENT PROGRESS

CITATION: Stiggins, Richard J., Maggie Miller Griswold, and Karen Reed Wikelund, "Measuring Thinking Skills through Classroom Assessment," *Journal of Educational Measurement* 26, 3 (Fall 1989): 233-246.

What Did the Researchers Do?

In recent years, there has been increased attention given to the issue of higher-order thinking skills. But it does little good "to aspire to the development of problem-solving skills, design programs to attempt to teach those skills, and then document the students' achievement by measuring a completely different achievement target." (p. 234)

This study focused on the classroom assessment procedures of 36 teachers in Grades 2 to 12 to determine the extent to which they measure students' higher-order thinking skills in mathematics, science, social studies, and language arts. Elementary teachers taught a cross-section of subjects, while junior high and high school teachers were more specialized.

The researchers used four basic procedures for collecting information. First, they interviewed teachers to gather data for one instructional day. Each teacher was then observed by a trained observer for all class periods during one instructional day. Teachers also provided investigators with four to six samples of pencil-and-paper assessment instruments that they had recently used. Finally, each teacher participated in an in-depth interview shortly after the day of observation.

During the initial interviews with teachers, investigators gathered information concerning the course to be taught, number of students, grade, estimate of the ability of students in the class, instructional information, and assessment plans for that period. By examining this information, investigators were in a position to examine the relationship between questions and instruction so that they could properly classify each question asked during the class. The researchers then observed the teachers' classes for an entire day, focusing on oral questions posed by the teacher and coding each question to the level of thinking it reflected.

A total of 5,221 oral questions were recorded from the 36 participating teachers. Additionally, paper-and-pencil assessments were collected from each teacher.

After the observations were completed and the documents analyzed, researchers returned to the schools for a final interview with teachers. Teachers were asked about their use of six assessment procedures: paper-and-pencil tests developed by teachers; paper-and-pencil tests contained in texts; written assignments; performance assessments; oral questions; and standardized achievement tests. Teachers were asked to describe their use of these assessment procedures in measuring thinking skills.

What Did the Researchers Find?

In analyzing questions in the assessment documents by the type of thinking required, researchers found that the largest percentage of items tested recall of facts and information. The reliance on recall items was strong at all grade levels. Questions requiring analytical thinking were much less common, and questions requiring comparison and evaluation were hardly used. Examining the level of questions by subject matter, researchers found heavy reliance on recall in science, social studies, and language arts. However, in mathematics, the pattern is different, with only 19 percent of the questions assessing recall while 72 percent of the items called for inference.

In analyzing oral questions posed by teachers, the researchers found that nearly half of the questions assessed recall of facts and information. The figure was as high as 70 percent in grades 1-2. In addition, questions requiring inferential or analytical thinking were somewhat common. Questions requiring evaluation and comparison were rarely used. The distribution of questions by subject area revealed a similar pattern. The researchers found similar patterns between written and oral assessments. Whether teachers use written questions or oral questions, nearly half of all questions focus on recall of facts and information. The only variation noted was in the subject of mathematics, where there was a much stronger emphasis on inference in the case of pencil-and-paper instruments. However, teachers' oral questions in math were similar to those in other subjects, with recall dominating.

Researchers found a difference in types of questions posed by teachers who had received prior training in asking questions to enhance thinking as opposed to teachers who had not received the prior training. The teachers with training worked in a school system which had provided some in-services on asking different types of questions to enhance higher-order thinking. Teachers with no training tended to ask a higher proportion of recall questions than those with some training. To simplify the analysis of the relationship between amount of training and focus of assessments, the researchers compared the percentage of all oral and test questions that measured recall with those questions that tapped all four higher-order thinking skills as a function of training. Teachers with no training tended to ask a higher proportion of recall questions than those with some training. (p. 242)

What Are Possible Implications for School Improvement?

To "teach and assess effectively, the teachers must have a keen awareness of their thinking skills objectives as they may vary throughout the instructional sequence. This is an important teacher training issue." (p. 244)

The teachers "who lacked training in the teaching and assessing of higher-order thinking skills tended to assess them less often. Although this is by no means surprising, it does suggest concrete action." (p. 244)

This study is valuable in four ways:

- It indicates that in spite of increased awareness of the need to teach thinking skills, recall is far and away the dominate level of questioning.

- School leaders can use these data as a basis for developing seminars, workshops, and inservice programs for teachers.

- This study can foster discussions on the problem some schools face where the increased emphasis on testing student outcomes may be encouraging teachers to increase recall questioning.

- This study demonstrates the value of training teachers in higher-order questioning. This is particularly important for those responsible for planning staff development programs.

— Robert Eaker and James Huffman

EFFECTIVE SCHOOLS RESEARCH ABSTRACTS

FREQUENT MONITORING OF STUDENT PROGRESS

CITATION: Maeroff, Gene I., "Assessing Alternative Assessment," *Phi Delta Kappan* 73, 4 (December 1991): 273-281.

What Did the Researcher Do?

Alternative assessment is a concept that is being discussed with considerable enthusiasm throughout the nation. Educators see it as a much more reflective, accurate, useful means than norm-referenced standardized tests for determining if a student has learned. About 40 states are planning to introduce some form of alternative assessment at the state level. Most states are making their initial venture into the world of alternative assessment in the area of written composition.

In this study, the researcher provides insight into the possible frustrations and satisfactions of alternative assessment by closely examining the efforts made in one state—Rhode Island.

What Did the Researcher Find?

The original charge to Rhode Island's alternative assessment pilot project was to determine if the state's "Outcomes for Third-Graders" could be measured through the use of portfolios.

"As experimenters in Rhode Island and elsewhere are discovering, the quest for alternative forms of mass testing could remain as elusive as Don Quixote's dream." (p. 275) More efficient and less expensive means of alternative assessment need to be developed before these methods receive widespread use. Furthermore, standardization of some sort is needed to place findings in context, so they can be compared to a larger reference group such as the state or nation.

"Speed and low cost were the silver bullets that enabled the norm-referenced test . . . to conquer the world of education." (p. 275) Alternative assessment is labor intensive, time consuming, and imprecise. Considerable time will be needed to establish validity and reliability, to train trainers, and to administer the examinations.

Rhode Island is learning that "it is easier to propose outcomes than it is to set the criteria and establish performance levels" which represent various levels of achievement. (p. 278) Each time a pilot assessment was administered, students did something which was not accounted for in the criteria and scoring rubric.

Also, if students are to assume responsibility for their own work—as is advocated in conjunction with performance assessment—then the outcomes and criteria need to be described in ways which are understandable to children. Children should know in advance what they will be asked. The goal, unlike the goal of normal testing, is not to catch students unaware or surprise them. Students should know what they need to learn and be able to provide evidence of their learning. This kind of assessment grows out of the curriculum and is an integral part of the curriculum; it does not drive the curriculum. Strands of instruction and assessment are interwoven. Instruction should cause students to learn the intended skills and knowledge, and should prepare them for assessment.

Time, which is a code word for money, is a major problem. Assessors need time to review portfolios before they meet with students; assessors need time to record data after the student leaves the room. One way to gain this time is to reduce the volume of a student's portfolio, to request that it be more selectively assembled. The portfolio should not contain or duplicate items which are peripheral to the objective(s) being assessed.

Teachers are responsible for helping students assemble portfolios which reflect their work fully and accurately, yet with efficiency and parsimony. This can be a daunting task for teachers unaccustomed to teaching in this manner.

Another problem encountered in Rhode Island was that portfolios assembled by students did not always represent an entire year's work. For example, one student when asked to display her "best" work consistently showed examples from the beginning of the year. Presumably, improvement occurred throughout the year, but there was no evidence of it.

Testing settings also can affect alternative assessment. Sometimes students are tested in a large room where others are present and interruptions occur. Other times students are tested alone with the assessor.

For those who are concerned with equity, alternative assessment is not a vehicle which, in and of itself, will close the gap. "In fact, there is reason to suspect that the weakest students could look even worse." (p. 281) Indeed, when alternative assessment techniques were used in England, the gaps between the various ethnic groups increased.

New York State reports that limited funds prohibit the annual development of new alternative assessment problems for its fourth-grade science alternative assessment program. Hence, the tasks required and the equipment used have remained the same for three years.

"Expense and time may turn out to be the brakes on the alternative assessment movement, both for the development of instruments and for their use. But thumbing through a portfolio with a student or watching a student perform a task—whatever the psychometric worth of such assessments—adds a degree of intimacy that can be refreshing in an age of depersonalized appraisal." (p. 281)

What Are Possible Implications for School Improvement?

The limitations of norm-referenced standardized testing are well known.

An anti-testing sentiment is rising throughout the nation. It is propelled by the frustrations which teachers feel when the tests they are required to use do not measure, or are imperfectly aligned with, the curriculum they are required to teach. This frustration rises when the test results are published and used to judge the efficacy of schools and teachers. Further, many whole language advocates affirm that traditional testing procedures are incompatible with whole language instruction.

Against this backdrop, alternative assessment advocates raise cogent, eloquent questions regarding the place, role, and nature of evaluation in learning. They maintain that alternative assessment procedures are an excellent way to overcome the limitations of traditional norm-referenced testing and to fully and accurately reflect the whole range, subtlety, and complexity of what a student has learned. These arguments are powerful and enticing; hence, they are increasingly discussed and advocated.

Yet there are significant limitations to alternative assessment, as Maeroff discusses in his article. These limitations may be such that they ultimately will prevent the wholesale adoption of alternative testing, K-12, in all subject areas throughout the nation.

But does this mean that school systems will not be able to use the best of alternative assessment? Perhaps not. Because the cost and time factors of developing and implementing good alternative assessment are so high, a school system could select just one or two outcomes that it values the most. The system could either develop or purchase alternative assessment procedures which measure these outcomes. Then the district could use traditional, speedier, more cost-effective testing procedures, whether they be norm-referenced or criterion-referenced, for the remainder of its curriculum. Thus, the district would benefit from the advantages of both alternative assessment and traditional norm-referenced and/or criterion-referenced testing.

— Robert E. Sudlow

EFFECTIVE SCHOOLS RESEARCH ABSTRACTS

FREQUENT MONITORING OF STUDENT PROGRESS

CITATION: Dempster, Frank N., "Using Tests to Promote Learning: A Neglected Classroom Resource," *Journal of Research and Development in Education* 25, 4 (Summer 1992): 213-217.

What Did the Researcher Do?

The school reform movement has generated a great deal of discussion about testing, especially focusing on alternatives to standardized tests. Much of the current debate on assessment deals with testing students' higher levels of thinking—application, analysis, synthesis, or evaluation—as compared to the more traditional testing that measures knowledge or comprehension. Dempster argues that testing not only serves as an accountability tool, but also can have a considerable effect on student achievement.

What Did the Researcher Find?

The notion that testing helps to promote learning has been largely ignored. Dempster notes, however, that "Research has consistently shown that tests do more than simply test; they also promote learning; even when no corrective feedback is provided and when there are no further study opportunities . . . These benefits have been found with all sorts of tests (e.g., multiple-choice, short answer, fill-in), with children and adults, and in a variety of subject areas." (p. 213)

Studies have shown that final test scores of learners who had previously been tested were twice that of students who had not been tested during the instructional sequence. Testing has also been shown to be more productive than review sessions, especially for those learners who have achieved a high level of initial learning. The researchers found five conditions that strengthen the effects testing has on student learning:

Material should be tested soon after it is introduced. Testing to promote learning is most effective if the material to be learned is tested one to seven days after being taught. In one study, student achievement was 15 to 30 percent higher on the final exam for those learners who had been tested within one to seven days after initial instruction, compared to other students who had been tested 14 to 21 days after initial instruction. Testing soon after the material is taught is likely to result in higher performance levels, which create feelings of success and achievement for the learner. A student's perception of his/her capability to perform a task is one of the best predictors of school achievement.

Tests should be frequent. In a meta-analysis, groups of students who had received many small testing opportunities throughout the instructional unit did considerably better on the final exam than students who received less frequent chances for testing. Frequent quizzes or testing encourages the learners to study continually and helps to prevent students from cramming—"a heavy burst of studying immediately before the exam which followed a long period of neglect." (p. 214) Also, frequent chances for testing help reduce test anxiety. Fewer tests mean that each test "counts more." It is for this reason that students prefer more frequent testing.

Tests should be cumulative. Cumulative testing covers material taught throughout the unit, as compared to testing only material covered since the last test. Students who had the chance to retake tests that were cumulative had higher achievement scores on the final exam than did the students who received noncumulative testing. Cumulative testing forces the learner to review old material frequently. This, in turn, helps in the learning of new information.

Multiple tests over the same material should make use of the test-spacing effect. Cumulative tests spread out over time, as compared to tests given close together, are more effective in promoting learning. The most effective strategy for spacing cumulative tests is to have the time frame between each successive test become longer (e.g., one week, three weeks, six weeks). Test-spacing helps to make the student responsible for the material to be learned over a longer period of time, promoting long-term retention. Test spacing also helps to prevent unnecessary testing.

Test feedback should be given soon after testing. Immediate feedback on how well the student performed on the test is also important in promoting learning. In a meta-analysis of 53 studies, the average student receiving immediate feedback was at the 61st percentile, while the average student receiving delayed feedback scored at the 50th percentile. The evidence is clear that teachers who use their tests to help students learn should plan to provide students with feedback as soon as possible after the test is given. Feedback is less effective on student learning when the students are no longer held responsible for the material and know that they won't be tested again on the same material.

Few teachers use tests in a way that helps promote learning; rather, they view tests mainly as a tool for assigning grades. At the elementary level, testing does not appear to be an integral part of the teachers' instructional pattern. Evidence also suggests that testing is not cumulative. Most classroom testing is a noncumulative, single-unit activity that does not make use of the benefits of test spacing.

What Are Possible Implications for School Improvement?

Every school has a primary mission. Arguably, a school must choose one of the following missions:

- custodial;
- sorting and selecting; or
- learning for all.

How a teacher or a school views and uses tests can reveal which mission that school is operating from. A school with a custodial mission gives tests because it is something that must be done. But the results are not used, and the scores are discounted because what was tested is not relevant to what is being taught.

Schools that adhere to the mission of sorting and selecting use test results to help maintain the illusion that they hold high expectations. These schools openly display scores and talk about the number of students who didn't work hard enough. They portray a sense of pride in the low percentage of students who score well and view good teachers as those who give few A's. Testing in these schools tends to be less frequent and noncumulative, and tests tend to be "all-or-nothing" propositions for the students.

Schools that adhere to the mission of learning for all tend to see testing as part of the instructional process instead of a one-time event. Testing is cumulative in nature, and students receive immediate feedback on their performance. Teachers' reputations are not based on tests that are so hard few students can successfully navigate their way through them; rather, a teacher is held in high regard when a high percentage of students (regardless of ethnicity or gender) perform well on their tests. A school with the mission of learning for all does not see testing as an all-or-nothing event, but as an indicator of how much time is needed for the student to learn the material being presented.

The current debate dealing with alternative assessments has focused upon ways of testing learners to determine if higher-order learning has taken place. More attention has been focused on the accountability aspects of testing and less on its instructional benefits. In fact, the testing arguments currently in the literature have pushed testing further away from the instructional cycle. Many view testing as something that takes place after instruction has been completed, rather than as part of the instructional process. They should realize that how often a teacher tests depends on how often that teacher is willing to adjust his/her instruction.

Schools continue to be process-oriented instead of product oriented. Dempster's article reinforces this point. Schools that are product- or outcome-oriented use test information to modify instructional practices to assure that all students are indeed learning the material being taught. Process-oriented schools measure their success in activities and units completed, instead of measuring the level of achievement obtained by the students. William Cooley has argued, "You don't improve systems (schools) by solving problems in isolation. You improve systems (schools) by monitoring indicators and tailoring practices." The use of effective testing strategies offered by Dempster helps to provide a school with the indicators that will enable it to modify its practices.

— J. Mark Lubbers

EFFECTIVE SCHOOLS RESEARCH ABSTRACTS

FREQUENT MONITORING OF STUDENT PROGRESS

CITATION: Brookhart, Susan M., "Teachers' Grading Practices: Meaning and Values," *Journal of Educational Measurement* 30, 2 (Summer 1993): 123-142.

What Did the Researcher Do?

"Classroom teachers do not always follow recommended grading practices. Why not?" asks Brookhart in the introduction to her article. (p. 123) She notes that earlier researchers have postulated reasons "for the common discrepancies between recommended and actual practice. Best practices may be a matter of opinion; recommended practices do not take some of the practical aspects of teaching into account, or teachers lack training or expertise in sound practices." (p. 123)

In this study, Brookhart sought to address these questions:

- What meaning do teachers wish to convey when they assign grades to their students? For teachers, what is the nature of the construct grade?
- To what degree are teachers' value judgments part of the grading process? What kinds of value judgments do teachers make when assigning their grades?
- Do teachers' constructed meanings and value judgments underlying their grades vary with the amount of educational measurement instruction that a teacher has had?

The population for this study consisted of 84 practicing classroom teachers; 40 of them had prior measurement instruction, and the remaining 44 did not. Eighty percent of the teachers were female; their teaching experience ranged from one to 25 years, with the median being five years. They were fairly evenly divided across teaching levels: K-4 (32 percent), 5-8 (30 percent), 9-12 (23 percent), other (16 percent).

Seven written scenarios were presented to the teachers. Three of the scenarios described situations where students' efforts were not commensurate with their ability; two of the scenarios concerned missing student work, and the last two scenarios described situations where students' work had improved.

The scenarios were chosen because they represented common grading contexts for classroom teachers. Second, they had been used in prior research and therefore were known to have construct validity. Finally, the scenarios had the expected effect in eliciting teacher responses.

For each of the seven scenarios, each teacher was asked to select from three multiple-choice responses the one that best represented what that teacher would do in the situation described. "Because one of the purposes of this study was to investigate the degree to which value judgments are part of teachers' grading practices as well as whether knowledge about the many uses of grades is part of this process . . . a coding and scoring scheme based on Messick's model of validity was used." (p. 127) Once a teacher had chosen a multiple-choice answer that best represented her response to the scenario, she was asked an open-ended question about the reason for her choice. The Messick model was used to categorize these reasons as follows: construct validity, relevance/utility, value implications, and/or social consequences.

What Did the Researcher Find?

Two of the scenarios portrayed a student working below his or her potential, but still doing passing work. In these two cases, the modal teacher response was to give the student a grade based on the quality of the work the student actually did, essentially ignoring the student's ability and focusing only on actual performance. The third scenario described the student as working very hard, but still failing to earn a passing grade. In this situation, most teachers assigned a "D" grade to the student. In other words, these teachers did not use higher ability to offset lesser effort, but they did use evidence of "greater" effort to compensate for "lesser" ability.

Two scenarios concerned situations where students had missing assignments. In one case, the student was an "A" student. Half of the teachers would give the "A" student a zero score on the missing assignment which resulted in the student receiving an "F" grade for the marking period. The other half of the teachers assigned a "C" grade to the student, thus penalizing the student some for the missing assignment. The second scenario had the missing work associated with a student who was otherwise earning an "D" in the course. Without exception, the teachers would translate the missing work into an "F" grade for that student.

Two scenarios had to do with improvement in a student's work. The respondents found these scenarios more difficult to categorize. In one situation, the student was a "F" student and improved to a low "D." The modal response was to give the student a final grade of "D."

In the other case, the student was a "B" student but improved to a low "A." The modal response by the teachers was to give this student a straight "B" grade.

The written comments offered by the teachers reflected interesting insights into the meaning teachers attach, or attempt to attach, to grades and the grading process. For the most part, teachers view grades as a form of payment for the work done by the students. Only a few teachers said that grades were indicators of academic achievement .

In their written comments, the teachers reflected a deep concern that grades be "fair" and "just." They emphasized that all students should be treated equally, requirements should be justly enforced, and these aims should be carried out consistently over time as well.

The third research question centered around the impact of prior instruction in measurement on the perceptions and judgments of teachers. "The quantitative analyses indicated that teachers with and without measurement instruction did not differ in the level of thinking about grade interpretation and use." (p. 136) This supports similar earlier findings by other researchers who reported that a lack of measurement training is not enough to explain discrepancies between recommended and actual grading practices.

In summary, the author concludes that the meaning teachers most generally ascribe to the construct grade is closely related to the idea of student work. Teachers emphasize the activities students perform, not what grades indicate about theoretical achievement constructs. The findings from this study also illustrate the difficult role teachers find themselves in with their students. On the one hand, teachers want to be advocates for their students, giving them encouragement and rewarding their efforts. On the other hand, teachers are expected to judge the work of students. Without more information from the teacher on a case-by-case basis, parents can't tell whether an "A" grade means that the student received an "A" for the level of effort, an "A" for quality of the work, or both.

What Are Possible Implications for School Improvement?

In the context of site-based management, many of the decisions that have a significant impact on students' learning are made below the site level. In this context, these decisions are made by individual teachers and have a direct impact on their students. The meaning that teachers seek to have students and their parents attach to grades on report cards exemplify one very important below-the-site-level decision. Would students be better served if the meaning of grades were the result of a site-based decision? A good case can be made for making grades and grading practices a site-based decision.

Injustices are being committed in the name of fairness every day in classrooms across America. Such tragedies should be a call to us to take grades and grading practices much more seriously than we currently do. An example of devastating consequences of grading practices for students was described in a June 1993 issue of *Education Week*. It reported that in schools with a low incidence of economically disadvantaged children, an "A" from the teachers translated into the 87 percentile on a nationally standardized test. In schools with a high incidence of disadvantaged students, an "A" translated into only the 35 percentile on the same test. What messages were the teachers trying to send to students and their parents in these two different settings? Clearly, the comparable grades could not be translated into comparability in skill or knowledge levels. The most frightening aspect of the situation is that, in both cases, the students who received an "A" from their teacher had every right to conclude that they had "met or exceeded" the teacher's expectation. This turns out to be very misleading for students. What is going to happen when the students from these two schools end up having to compete with each other in either a high school or college class, where teachers see an "A" as a scarce commodity that only goes to those students who truly meet "A" standards—no matter how much effort they have exerted?

— Lawrence W. Lezotte

FREQUENT MONITORING OF STUDENT PROGRESS

CITATION: O'Connor, Ken, "Guidelines for Grading that Support Learning and Student Success," *NASSP Bulletin* 79 (May 1995): 91-101.

What Did the Researcher Do?

Ken O'Connor's review of recent professional articles indicates that educators are seriously questioning grading practices, which often are complex, confusing, and difficult. There is a need to examine grading issues and develop a set of practical guidelines that teachers can use.

Increasingly, the emphasis is on "the use of performance and/or authentic assessment as well as on the integration of assessment and evaluation with instruction to support learning and to encourage student success." (p. 92) The discussion has been obscured by the failure to distinguish between assessment and evaluation, and by the lack of precise and clear definitions.

What Did the Researcher Find?

Assessment is the process of gathering information about students or programs. Evaluation is the process of integrating information from many sources and using it to make judgments about students or programs, answering the question, "How good?" Marks or marking refers to the number or letter score given to any student test or performance. Grades or grading is "the number (or letter) reported at the end of a period of time as a summary statement of student performance." (p. 93)

The use of these key terms in a clear and consistent manner will foster common understanding and improve communication. Grades have many uses, such as administrative and instructional, but the main purpose is communication. Effective communication requires, in particular, that both the message senders (teachers and schools) and the message receivers (students, parents, colleges, and employers) share an understanding of the meaning of grades. Currently, since so many variables are included, there is no shared view of what grades mean.

O'Connor suggests that a useful and simplified framework should have three elements: 1) process criteria, which covers such aspects as work habits, attendance, effort, and participation; 2) progress criteria, which measures learning gain; and 3) product criteria, which refers to overall assessments such as final exams. Based on the philosophy that assessment and evaluation should support learning and student success, he then recommends several guidelines for grading to ensure clear, precise communication between schools and students, parents, colleges, or employers. According to O'Connor, teachers must follow the guidelines in the suggested order, and boards of education need to incorporate the guidelines into grading policies to assure uniform and consistent application by all teachers.

- "Limit the valued attributes included in grades to achievement." (p. 96) To assure common understanding, the only basis for grades should be achievement; that is, the demonstration of the knowledge, skill, and value outcomes of the unit or course of study—not poor effort or misbehavior. The focus should be on developing an evaluation plan, choosing or creating assessment tools, and marking the assessments. Although effort, regular participation, and positive attitude are important to student learning and success, they should be reported separately and often.

- "Sample student performance—don't mark everything: mark or provide feedback on formative 'performance.'" (p. 97) Quizzes and homework, as well as peer and self-assessment, should be used to help improve students' knowledge or skills and to help teachers adjust their instruction. Formative assessment gives students the opportunity to practice and take risks without penalties and, thus, to do better on summative evaluations. Also, teacher workloads are reduced by not having to mark all student work in detail. Teachers can then concentrate on using a variety of ways to gather information to grade students, such as a debate or presentation at the end of a unit or grading period. The practical implication of this guideline is that teachers should have in their mark books a formative page to use for reporting and a summative page for grading decisions.

- "Grade in pencil." (p. 98) Since the purpose of instruction is to develop new understandings and skills, pencil grading makes it easy to replace old information with the most recent data from summative evaluations to indicate each student's real achievement. Flexible grading allows students second chances, after corrective work is completed, to demonstrate newly acquired knowledge or skills.

- "Relate grading procedures to the intended learning (outcomes)." (p. 98) To provide students with adequate opportunities to master the critical objectives of the course, teachers need to specify the desired outcomes; communicate clear, preset standards for achieving them; and set up detailed scoring guides that relate grading to the objectives.

- "Use care crunching numbers." (p. 99) Rather than using the mean to determine the overall average (number or letter grade), teachers should consider using the median, the middle score in a group of marks. The arithmetic mean over-emphasizes low scores, whereas the median provides more opportunities for success. In addition, the median is the statistically correct measure of central tendency when processing ordinal data such as marks. Care also needs to be taken when weighting scores to reflect the importance of specific assessment methods and/or outcomes. Marks should first be converted to percentages before applying weighting factors.

- "Use absolute or preset standards to distribute grades (and marks)." (p. 99) To support learning and encourage success, grades need to be based on the assessment of whether students have achieved clearly stated objectives. Rather than use the bell curve or norm referencing (which artificially limits the number of high scores), teachers should adopt absolute or criterion-referenced standards. Students should be marked on how well they achieve present objectives, not on how they compare to other students.

- "Properly record evidence from quality assessment instruments." (p. 100) If marks and grades are to be meaningful, then they must be based on valid and reliable instruments. An assessment system should meet five standards: 1) appropriate and clear targets; 2) clear purpose; 3) methods matched to target and purpose; 4) appropriate sampling of the learning domain; and 5) control for all sources of interference. Furthermore, there should be timely and careful recording of assessment data used in determining grades.

- "Describe assessment and evaluation practices, including grading, to students at the beginning of instruction." (p. 101) At the start of each course, teachers should provide students with clear and concise information, in writing, on how grades will be determined.

What Are Possible Implications for School Improvement?

To align grading with current assessment practices and, specifically, to foster learning and encourage student success, teachers need to examine their assessment and evaluation attitudes and practices. This short, but meaningful, article clearly articulates the issues. It also offers carefully developed guidelines to assure that grading practices not only are consistent and fair, but also promote learning and student success. These flexible guidelines are a good starting point for educators in reviewing their grading practices.

— Frank X. Ferris

EFFECTIVE SCHOOLS RESEARCH ABSTRACTS

FREQUENT MONITORING OF STUDENT PROGRESS

CITATION: Borman, Geoffrey D. and Jerome V. D'Agostino, "Title I and Student Achievement: A Meta-Analysis of Federal Evaluation Results," *Educational Evaluation and Policy Analysis* 18 (Winter 1996): 309-326.

What Did the Researchers Do?

To what extent has Title I achieved its goal of improving the academic achievement of at-risk children? Despite the fact that there has been a wealth of Title I evaluation information, the answer to this question has remained illusive.

These authors attribute such inconsistent findings to variations in evaluation methods utilized in various studies. Although the federal government has sponsored two systematic, nationally representative longitudinal assessments of participants' achievement, "to date, no empirical analyses have documented the trends in Title I achievement effects across the life of the program." (p. 312)

This particular study addresses the void, using quantitative meta-analytic techniques in order to produce an overall assessment of the impact of the program on student achievement since its implementation in 1965. Specifically, the primary purposes of the study are:

- to quantify the overall impact of Title I;
- to evaluate variation in program effect sizes over time;
- to examine how different control group definitions affect estimates of program impact;
- to evaluate the variation in achievement associated with different testing cycles (i.e., fall-to-spring versus annual);
- to compare achievement outcomes of math participants to those of reading participants; and
- to assess differences among effect sizes across grade levels (i.e., Grades 1-12). (p. 313)

Seventeen studies and a total of 657 independent group comparisons were included in this meta-analysis. Of the studies, only two nationally representative evaluations—the Sustaining Effects Study and the Prospects Study—have provided data that permitted comparisons between Title I participants and nonparticipants. Therefore, the use of normed-referenced comparisons has been the most prevalent method for generating national assessments of the program's impact. "According to this model, Title I programs have been evaluated based on pre/post change scores from various standardized achievement tests administered on either a fall-to-spring or annual testing cycle." (p. 310)

What Did the Researchers Find?

The results "suggest a positive trend for the educational effectiveness of Title I across the years of its operation." (p. 324) The authors note that several factors may have contributed to this. First, local educators have become more aware of the educational needs of at-risk students. More stringent federal standards may have positively impacted the quality of local program development. Second, federal policy has focused on encouraging schools to improve their Title I and regular program offerings. "This was reflected most notably by the 1988 Hawkins-Stafford Amendments, which offered schools greater flexibility in programmatic development in return for greater accountability for improved student outcomes." (p. 324)

Another important conclusion of this analysis is that, "although the Title I population effect estimate cannot be determined from existing federal data, from a summative perspective, the Title I program appears to have contributed to the achievement growth of the children it served." (p. 324) At first, "localities did not implement it as intended by Congress . . . [but the]

positive trend of the program's impact suggests that, as the U.S. Department of Education and Congress have taken the initiative to develop more stringent implementation and program improvement standards, Title I has evolved into a more viable and effective intervention." (p. 324)

More specific findings support the conclusion that fall-to-spring testing cycles yield greater gains than annual testing cycles. This was especially pronounced in the upper grades, suggesting that "the summer effect may be most detrimental to at-risk students from about seventh grade through high school." (p. 320)

Findings also indicate that students participating in math programs tend to post larger gains than students in reading programs. However, "math participants from grades 1 through 6 hold a considerable achievement gain advantage relative to reading participants, but this advantage virtually disappears from grades 7 through 12. This pattern suggests that the effect of math programs is especially powerful during the student's initial years of schooling." (p. 323)

Finally, data indicate that Title I has become more effective as it has matured. Gains for 1992-1993 participants were nearly six points greater than those for 1965-1966 Title I students. (p. 320)

Though results are positive, the authors note that Title I has not fulfilled its original expectation of closing the achievement gap between at-risk students and their more advantaged peers. However, "Title I alone cannot be expected to serve as the great equalizer." (p. 324) The results do suggest "that without the program, children served over the last 30 years would have fallen farther behind academically." (p. 324)

What Are Possible Implications for School Improvement?

Results from this study can be used to help make decisions regarding the best use of Title I resources. For example, since the school-year intervention may not be enough to counteract the "cumulative negative effects of the older students' total educational environments," perhaps more funds can be channeled into effective summer programs for these students. (pp. 323-324) As for younger students, math gains, in particular, suffer from "the negative consequences of the summer effect." (p. 324) Summer math programs for early elementary students may offset this.

Title I provides important resources for many schools, and this study points out that programs which focus on improving the quality of education for at-risk students can, and often do, have a positive impact.

— Robert Eaker

EFFECTIVE SCHOOLS RESEARCH ABSTRACTS

FREQUENT MONITORING OF STUDENT PROGRESS

CITATION: Marx, Gary E., Deborah D. Hunter, and Carol D. Johnson, "Increasing Student Achievement: An Urban District's Search for Success," *Urban Education* 31, 5 (January 1997): 529-544.

What Did the Researchers Do?

To improve performance in our schools, particularly in urban and poor rural settings where desirable conditions may be lacking, "school systems must take steps to organize themselves for success rather than survival." (p. 530)

This article describes how the Oak Park School District in Oak Park, Michigan did just that, by using "feedback on student achievement patterns to frame a process of reflection and subsequent action to improve performance." (p. 529) The district's poor showing on the state-administered Michigan Educational Assessment Program (MEAP) tests provided ample evidence of the need for district improvement. Only 15 percent of the district's fourth-graders achieved satisfactory scores in reading and mathematics. The percentages for seventh-graders were slightly lower; and, while 33 percent of the tenth-graders passed the MEAP reading test, only five percent of them passed the mathematics test.

Responding to this situation, Oak Park hired Dr. Alexander E. Bailey as superintendent, directing him to reverse the steady decline in student performance. Bailey developed a Five-Year Improvement Plan and formed a partnership with Consumers Power Company, a major Michigan utility, to help with its implementation. Consumers turned to Dr. John W. Porter for help, and the district soon adopted his Sixteen-Step Strategic Planning Process. "The Five-Year Plan provided the vision regarding the changes required to ensure Oak Park became a successful school system. The Sixteen-Step Process provided a way to organize and focus the activity associated with Bailey's plan to maximize the output at the district, building, and classroom level." (p. 532)

What Did the Researchers Find?

Porter's Sixteen-Step Strategic Planning Process requires that the school district begin by identifying specific indicators of success. These indicators, in turn, provide the focus and context for improvement efforts at the district, building, and classroom levels.

Oak Park began by holding a two-day interactive session where community representatives were asked to identify indicators that would lead them to consider their public school system to be successful. After this meeting produced a list of 23 success indicators, a planning team met over the summer to subdivide the indicators into 37 measurable objectives.

Student achievement (as measured by standardized test performance, grade point average, the acquisition of marketable skills by graduates, and other criteria) was among the success indicators, of course. But success was also defined in the areas of fiscal responsibility, employee attendance, and parent participation in school activities. A final group of indicators dealt with public perceptions about the general quality of education provided in the district. These indicators were widely discussed and subsequently adopted by the board of education.

A unique aspect of the Oak Park project was the use of feedback systems created by Porter. This involved reporting "all data in relation to a set of district standards derived from the established indicators of success." (p. 534) Performance on each indicator was rated as excellent, satisfactory, moderate need, and high need (the last two categories both being considered unsatisfactory). While addressing all of the success indicators, the district decided its initial focus (both for short-term and long-range improvement) would be in the area of reading. It was felt that raising reading achievement would lead to improvement in other subjects.

In the course of the Sixteen-Step Process, a practical model of reflective planning evolved in the district. Since "professional knowledge is limited in its ability to provide solutions for many of the problems faced by practitioners in urban schools," urban educators "need[ed] to become producers of knowledge regarding effective practice in settings where the desirable conditions [were] lacking." (p. 536) Teachers and principals were encouraged to engage in reflective action as they confront these problems. "The results of the action responses to these problems [were] monitored and interpreted by the practitioners themselves to identify and document what works." (p. 536) Oak Park developed an automated information management system, which provided monthly feedback regarding levels of achievement at district, building, classroom, and student levels.

Oak Park's effort to improve MEAP scores is an example of the reflective action process in action. It began with a search for patterns in the 1993-94 baseline data that included student grade-point average, as well as MEAP scores. An examination showed a distinct difference in grading patterns by elementary teachers as compared with secondary teachers. Reflection on these patterns of performance suggested a lack of common agreement between elementary teachers' expectations for learning and the outcomes measured by MEAP. Moreover, elementary teachers' "perceptions of what students should know and be able to do" were not consistent with the "expectations of their colleagues in the middle and high school." (p. 538)

As a result of this analysis, the administration established an action plan, bringing in instructional specialists to help teachers create better alignment between existing curriculum guides (including MEAP objectives) and classroom instruction. Specialists concentrated on training teachers of students who would be tested the following year. Principals and teachers "assessed student readiness for MEAP and implemented remedial programs and tutoring outside the regular school days for those who needed help." (p. 539)

The results were encouraging. "District MEAP test scores improved in all areas in 1994-95 and again in 1995-96," with some schools far exceeding their target goals. (p. 539) Also, the district met or exceeded its target goals for 12 of its 37 success indicators and showed marked improvement in 11 more, with trends indicating "that progress would continue." (p. 541)

What Are Possible Implications for School Improvement?

For schools interested in implementing the Sixteen-Step Process, the researchers make the following recommendations based on the Oak Park experience:

- Implementation of the process will require a reallocation of resources; since building resources are often limited, there is a better chance of success when the process is part of a districtwide effort.
- Because of the extensive time commitment involved, the district must find creative ways to allocate the time needed to stay on task. In Oak Park, one staff person was assigned full-time to implementing the process and assisting principals and teachers during the learning process.
- Resistance to change is associated with the implementation of any improvement process. It will occur, and strategies need to be designed to deal with this phenomenon. Oak Park found greatest success working with small cadres of interested people, rather than with larger groups of people with varied levels of interest.
- "Districts should take steps to ensure that information from the data feedback system does not become a part of the teacher evaluation process." (p. 542) Oak Park addressed this issue publicly and took steps to ensure that teachers' first contact with data was "nonjudgmental and supportive." (p. 543)

This study should provide a practical road map for educators who want to implement a form of reflective practice in their school or district. "Reflective action planning has the potential to contribute to the search for answers regarding how to deal with the scale of underachievement prevalent in most urban schools." (p. 543)

— Kate O'Neill

EFFECTIVE SCHOOLS RESEARCH ABSTRACTS

FREQUENT MONITORING OF STUDENT PROGRESS

CITATION: Kelley, Carolyn, "The Kentucky School-Based Performance Award Program: School-Level Effects," *Educational Policy* 12, 3 (May 1998): 305-324.

What Did the Researcher Do?

As part of Kentucky's 1990 education reforms, schools are being held accountable for student performance on the state's authentic assessment instrument—the Kentucky Instructional Results Information System. How do schools that have high student performance, or greatly improving school performance, differ from schools with low student achievement? What role do rewards play in increasing teacher motivation to change their teaching practices?

To find out, the researcher studied six elementary, five middle, and five high schools throughout Kentucky over a four-year period. Kentucky has a unique combination of providing major cash awards to "reward" schools and sending specially trained "distinguished educators" to work intensively with "decline" or "crisis" schools. (p. 307) "The distinguished educator is an exceptional educator from the State of Kentucky, hired and trained by the state to provide technical assistance to schools to help them meet accountability goals." (p. 307) They are on leave for one year from their regular teaching or administrative posts. If a school is in crisis, a distinguished educator has the authority to remove people from their jobs.

Schools in the lowest three categories (improving, decline, and crisis) must develop a "transformation plan," i.e., a school improvement plan. (p. 307) Special improvement funds are provided to schools in the decline and crisis categories.

A school's status is determined by the amount of improvement its students make on Kentucky's statewide tests, not on the basis of absolute scores. The state education department establishes a minimum improvement goal for each school and recalculates this goal every two years so that, by 2012, virtually all students will score at the proficient level. This process of measuring each school against its unique improvement goal helped many principals and teachers in rural eastern Kentucky feel that, for the first time ever, they were on a level playing field with the best schools in the state.

Sample schools covered all possible combinations, including schools that received rewards, received sanctions, or received neither a reward nor a sanction, across two accountability cycles.

What Did the Researcher Find?

The schools that were in the reward category shared a variety of characteristics. They aligned their curriculum to the state assessments and/or to the state curriculum. They incorporated test-taking skills into the instructional program. They had teachers who either were working on state committees or had done so. If they did not have teachers on the various committees, they had teachers who had professional associations with those who were. In other words, they were "in the loop." (p. 319) The schools had strong teaching staffs, and their principals served as facilitators.

Schools with low student performance did not have these characteristics. They did not align their curriculum with the state's testing program and/or the state's curriculum. They had initiatives that competed with the state's initiatives. They did not review assessment results for clues regarding what to do differently. And, their principals did not exercise instructional leadership to overcome faculty preferences for traditional practices and curriculum.

"Turnaround" schools were in "decline" in the first accountability cycle, but in the "reward" category in the second cycle. (p. 312) They shared a number of characteristics which they believed caused their success. The State Education Department assigned a distinguished educator to each of these schools. Teachers said that working with this person was "one of the most difficult, but one of the most professionally rewarding experiences they had ever had." (p. 313) They were forced to admit that they needed to change and to work with other teachers to improve student performance. The distinguished educators have a considerable reservoir of knowledge, skills, and techniques they use to help the staff grow. Also, each of the schools in this category brought in new principals who had successful track records in the accountability program. "Other characteristics of turnaround schools suggest that the new direction taken at the end of the first accountability cycle mirrored strategies used in the most successful schools: curriculum alignment, teaching test-taking skills, and the availability of high-quality professional development activities." (p. 314)

Across all types of schools, teachers reported that they were motivated by fear of negative publicity resulting from sanctions; fear of the loss of professional autonomy; an interest in favorable public recognition; professional pride; and a desire to see students learn. Most teachers said that the monetary rewards were a nice acknowledgment of their accomplishments, but they were not a motivating factor.

The researcher identified a number of enabling conditions associated with high levels of success:

- Alignment of the curriculum with the state's assessment instruments and/or the state's curriculum.
- A focus on test-taking skills that included a heavy emphasis on writing skills in the curriculum.
- Excellent staff development programs focusing on specific skill gaps related to accountability goals.
- Strong "principal leadership committed to achieving reward status." (p. 319)
- The presence of a distinguished educator in the declining schools.
- High expectations that students could achieve the performance goals set for the school.

What Are Possible Implications for School Improvement?

The schools that met or exceeded their student achievement goals aligned their curriculum and instructional program with the state's assessment instruments and/or the state's curriculum. They also helped students prepare for the tests by teaching and practicing test-taking skills. They did not assume, as most schools do, that students know how to take a test. Further, the schools studied assessment reports to gain hints regarding what they should do to modify their curriculum to better address weak areas. All of these activities were accompanied by excellent staff development programs focused on the skills and knowledge needed to improve assessment results.

The role of the principal proved to be crucial. If the principal is a strong, enthusiastic, supportive, or facilitative instructional leader who wants the school to successfully implement the state's reform program, then the school probably will do so. If, however, the principal promotes educational goals that are different from the state's or promotes multiple goals that compete or conflict with the state's reform/ accountability program, then the students in the school probably will not perform well on the state's tests. The "consistency of this finding across schools was striking." (p. 319)

A faculty and its principal need to consider and decide what vision they will aspire to, what "drummer they will march to." If they choose, consciously or unconsciously, to ignore state and/or district reform efforts or to go in a different direction, then the school will not likely attain the goals of the state's and/or the district's reform program—and, ultimately, will have to face the consequences.

One final observation should be made regarding this research. In one sense, it is a classic school effects research design—the researcher studied and compared schools that were succeeding with those that were failing. Although the researcher did not use effective schools concepts to design her study nor to describe her findings, the key factors that she found and described are in alignment with the Effective Schools Research, again demonstrating that we know what needs to be done to cause schools to succeed.

— Robert E. Sudlow

EFFECTIVE SCHOOLS RESEARCH ABSTRACTS

FREQUENT MONITORING OF STUDENT PROGRESS

CITATION: Sanders, William L., "Value-Added Assessment," *The School Administrator* 55, 11 (December 1998): 24-27. Bratton, Samuel E., Jr., "How We're Using Value-Added Assessment," *The School Administrator* 55, 11 (December 1998): 30-32.

What Did the Researchers Do?

These two articles describe the Tennessee Value-Added Assessment System, a statistical method for measuring the effects of the district, school, teacher, and curriculum on student academic growth. In the first article, William Sanders, the researcher whose work was the basis for the system, describes the methodology which forms its foundation, how it has evolved, and what findings have emerged. The second article reports one Tennessee school district's experience using the system to measure the effects of instructional staff on student performance.

In 1991, Tennessee initiated a statewide testing program to assess every student in grades two through eight each year in five subjects (language arts, science, mathematics, reading, and social studies). The CTBS/4 was chosen by educators as the base for the elementary school tests because it was considered most closely related to the state curriculum. The assessment program has recently been extended to the high school level in mathematics and the state board of education has directed that similar tests at the high school level be developed and administered in all subjects.

"Value-added assessment represents an assemblage of technologies from many different academic areas," according to Sanders. (p. 25) He builds on the statistical advantages of mixed-model methodology, using the speed and power of today's computers. By following the progress of each student, each student is acting as his or her own control.

Since growth is often not uniform, the patterns will show "dimples and bubbles." (p. 24) While this alone is helpful information to guide instruction for that student, looking at only one student's pattern does not allow an evaluation of system effects. When individual academic growth scores are aggregated across the school district, however, larger patterns in student performance can be observed. If, for example, "we discover a dimple occurring in fourth-grade math at a specific school, then the dimple is strong evidence that either the curriculum or the instruction for fourth-grade math needs to be examined." (p. 24)

What Did the Researchers Find?

Since the inception of the statewide testing program, the average eighth-grade math, language arts, and science scores have slowly risen. The social studies performance has remained constant, while eighth-grade reading comprehension has dropped. The percentage of least effective schools has consistently decreased.

Other statewide findings include:

Race, socioeconomic factors, and academic gains. The cumulative gains statewide were not related to the schools' racial and socioeconomic composition nor to the mean achievement level of the schools.

The effects of building-level change. The loss in academic gain was large the first year after large groups of students changed buildings (with an average loss of 15 to 30 percent). Sanders attributes much of this to the lack of information receiving schools have on where feeder schools have ended instruction.

Academic gain among high-achieving students. The data reveal that some schools and districts have successfully responded to the academic needs of all students. However, students at the highest achievement levels show less academic growth each year than lower-achieving students.

Teacher effectiveness. The most significant indicator which affects academic gain among groups of students is the differences in effectiveness of their individual classroom teachers. In fact, when considered with all the other contextual variables studied, including class size, school socioeconomic status, and student variability, "the magnitude of these differences dwarf the other factors." (p. 27)

Cumulative and residual teacher effects. In 1996, a study was conducted to investigate what long-term effects, if any, individual teacher effectiveness could have on later student performance. Third-, fourth-, and fifth-grade results were studied in two districts. That study found that there were measurable residual effects of the effectiveness of earlier-grade teachers on students later. "The effects of third-grade teachers on fifth-grade math scores were still measurable regardless of the effectiveness of the 4th- and 5th-grade teachers." (p. 27)

The study also found that teacher effects seem to be cumulative. That is, groups of students who had highly effective teachers in third, fourth, and fifth grade (called a "high-high-high sequence") had "more than a 50 percentile point higher score in fifth-grade math achievement than the low-low-low sequence" student population. (p. 27) In addition, students of the most effective teachers showed outstanding gains, regardless of their past achievement levels.

The second article looks at the Knox County Schools, a district serving 52,000 students from ethnically diverse backgrounds and from a range of socioeconomic classes. Earlier studies of the data had found no difference in gains between schools with predominantly Caucasian and those with primarily African-American students. In addition, the studies had shown no difference between gain scores in schools with a low number of students qualifying for free and reduced-price lunches and those with high percentages of students qualifying.

When the Knox County Schools received their first value-added assessment results, the data indicated that some of their inner-city schools were producing academic gains equal to or greater than the national norm gains. When reviewing the raw score histories of these schools on nationally standardized normed tests, these same schools had national norm rankings well below the 50th percentile for decades. "At the same time, district-level administrators knew that these schools were well staffed with competent and dedicated principals and teachers. At last, through value-added assessment, we had evidence to show what excellent results were being obtained in these schools." (pp. 30-31)

Though it would seem likely that test score gains could be predicted by surveying school demographics, when the value-added assessment system began reporting achievement gains from one year to the next, it was discovered that it was not possible to predict a school's performance by its location. In almost every case, the results made sense to those most familiar with individual schools in the district, even if those results seemed contrary to conventional thinking. The author writes, "We firmly believe that the gain scores are far more indicative of the effects of the instructional staff in schools than the raw scores or their derivatives, such as national percentiles. The latter are more reflective of who the students are than how the schools are performing." (p. 30)

What Are Possible Implications for School Improvement?

Sanders offers suggestions for reducing variability among districts, schools, and classrooms in providing effective academic growth opportunities for students:

- From a well-articulated curriculum, provide measurement of the academic progress of each student.
- Test each student every year in important academic subjects from at least 2nd through 11th grades.
- Ensure the scales of measures are highly correlated with curricular objectives.
- Provide fresh, nonredundant, equivalent tests each year.
- From the accrued database, provide value-added reports at the state, district, school, and classroom levels.
- Report publicly the value-added results each year at the state, district, and school level. The teacher reports should be seen only by the teacher and the appropriate administrators.
- Provide for the flow of useful diagnostic information from the database for school boards, superintendents, principals, and teachers.
- Provide assistance in the interpretation and use of the information. Information without understanding is not information. It is merely noise. (p. 27)

If the ultimate objective of education is to provide students with choices in life, it is critical to turn our attention to this valuable advice on reducing the inequities in school effectiveness.

— Lynn Benore

EFFECTIVE SCHOOLS RESEARCH ABSTRACTS

FREQUENT MONITORING OF STUDENT PROGRESS

CITATION: Turnbull, Brenda, Megan Welsh, Camilla Heid, William Davis, and Alexander C. Ratnofsky, *The Longitudinal Evaluation Of School Change and Performance (LESCP) in Title I Schools.* An Interim Report to Congress, U. S. Department of Education under contract number EA96008001, July 1999.

What Did the Researchers Do?

The purpose of this interim report is to assess changes over time in selected students, classrooms, and schools participating in Title I.

Four general research questions provided the focus: "1) To what extent are changes occurring in what is being taught in reading and mathematics in grades K-5 in the classrooms in the study? 2) To what extent are changes occurring in how instruction is being delivered? 3) To what extent are students showing changes in performance? 4) How do recent revisions in Title I contribute to these changes?" (p. 11) These revisions were intended to encourage the program to work in concert with state and local reforms, "especially those reforms based on aligned frameworks of standards, student assessment, curriculum, and professional development." (p. 11)

The researchers selected seven states in which a disproportionately high level of activity in standards-based reform had been initiated. Eighteen school districts were chosen from within the seven states. In turn, 71 high poverty elementary schools were selected to participate.

To get a clearer picture of the impact of the standards and assessment environment on Title I schools, the sample of school districts was further divided into high-reform and low-reform settings. The high-reform districts included the four districts with the most detailed policies on standards-based reform. The low-reform districts included the four school districts that had moved as slowly as their respective states had allowed.

The main focus of the study was at the classroom level. Fifty-eight of the 71 schools in the study operated schoolwide Title I programs. More than half of the schools reported using the Title I resources to support extended time for low-achieving Title I students. About three-fourths of the schools were funding the salaries of teachers as part of their Title I programs and just under two-thirds had paraprofessionals paid for by Title I.

A variety of different data were collected and subsequently analyzed. The data included standardized tests administered to third- and fourth-grade students in the spring of 1997 and to fourth-graders in the spring of 1998. The repeated testing of some of the same students a year later made it possible to assess the magnitude of change from one year to the next.

Every K-5 classroom teacher in all 71 schools was asked to complete a lengthy survey covering questions about curriculum and instruction in reading and mathematics; professional development; the teacher's own level of preparation; and school-home partnerships. Interviews of the principals and district Title I coordinators were also conducted.

What Did the Researchers Find?

The report contains an analysis of the association between classroom curriculum and instruction, as reported by the teachers, and gains in performance by individual students who took the study's standardized tests both years. The Stanford 9 was used to assess achievement in both reading and mathematics. The test includes open-ended, constructed response items, as well as closed-ended, multiple-choice items. The test is constructed in such a way that students would be expected to show a 10-month increase for a year in school.

The students participating in this study performed somewhat below national and urban norms in both years. The students tested as fourth-graders in 1998 performed about .8 grade levels higher than those tested as third-graders the previous year.

One potential problem with using a nationally standardized, norm-referenced test is that it may not be closely aligned with some of the individual state's standards and assessments. Since the schools are expected to produce higher performance on the state standards and assessments, the Stanford 9 may underestimate student growth. On the plus side, norm-referenced tests allow for comparisons of student achievement for students from different states.

In the area of reading, some interesting relationships between student growth and teacher behaviors were found. The particular skills that the teachers said they emphasized in instruction (e.g., phonics) showed few positive relationships to student growth in reading. More positive relationships emerged for students exposed to relatively more demanding instructional activities. For example, lower-performing students gained more with those teachers who had them: 1) read materials of at least a paragraph; 2) read in the content areas; 3) talk in small groups about what they had read; and 4) use the computer. In addition, greater gains were associated with using such activities frequently rather than for long durations in each lesson. Disappointingly, over the two years of the study, there was little evidence that teacher practices changed in the direction of those found to be associated with better student growth.

All students made better achievement gains in the classrooms of teachers who believed they were well prepared to teach heterogeneous groups and use a variety of assessment procedures. Teachers' self-reported knowledge of the standards-based reforms of the state or district showed no particular relationship with student growth.

In mathematics, a positive relationship was found between the number of lessons taught in each of many mathematical topics and student gains. Students in the bottom quartile gained more when the curriculum focused on the skills of understanding concepts, solving problems, and solving equations. Unfortunately, teachers were less likely to emphasize such skills with lower-achieving students.

Student growth was positively associated with total exposure to activities calling for active student participation rather than more teacher-focused activities. Like reading, more frequent repetition of an activity appeared to be a good strategy. Staying with a particular activity for too long a time within a lesson could be negatively associated with student growth. "Again echoing a finding from reading, bottom-quarter students had better gains with teachers who gave higher assessments of their own preparation to teach mathematics." (p. 17)

Finally, the teachers were asked whether professional development had helped them in each of a variety of ways. Less than one-fourth of the teachers said that professional development had helped to a great extent. "Participation in professional development was only modestly associated with differences in classroom practices, and it was not discernibly associated with changes in practice for individual teachers across the two years of the study." (p. 19)

What Are Possible Implications for School Improvement?

The findings of this study offer good news and bad news. The bad news is that far too many poor and disadvantaged students are being expected to meet higher standards and more demanding assessments, but their teachers are not changing their instructional practices. The good news is that the Effective Schools Correlates are affirmed and validated one more time.

Disadvantaged students in the Title I schools evidenced the greatest gains when their teachers had a high sense of efficacy for themselves and high expectations for the students. Students gained more when they were asked to work on high-level tasks well aligned with the high-level assessments. In the classrooms with the greatest gains in student achievement, the teachers appeared to have a clear and focused mission. How can we get more teachers in Title I schools to focus their instruction in this way?

Systems thinkers say that we have to begin by changing the system. At the moment, even with the high standards and higher-stakes assessments, there are no real rewards and incentives for teachers who produce good results—or sanctions for those who don't. Changing behavior is not easy for most people. We need to provide rewards to those schools showing significant improvements and the rewards should go to all staff.

— Lawrence W. Lezotte

EFFECTIVE SCHOOLS RESEARCH ABSTRACTS

FREQUENT MONITORING OF STUDENT PROGRESS

CITATION: Finn, Jeremy D. and Charles M. Achilles, "Tennessee's Class Size Study: Findings, Implications, Misconceptions," *Educational Evaluation and Policy Analysis* 21, 2 (Summer 1999): 97-109.

What Did the Researchers Do?

After years of "debate, speculation, and research," educators may finally have a clear answer to the question, "Do small classes result in improved academic achievement in the elementary grades?" (p. 97)

Since 1978, there have been three widely read reviews of the class size research. The first was done by Gene Glass and M.L. Smith, the second by the Educational Research Service, and the third by Robert Slavin. Four major propositions emerged from these reviews: 1) "reduced class size can be expected to produce increased academic achievement," although the effects of even substantial reductions are small; 2) the major benefits are obtained as the size is reduced below 20 pupils; 3) small classes are most beneficial in reading and mathematics in the early grades; and 4) the research "rather consistently finds that students who are economically disadvantaged or from some ethnic minorities perform better academically in smaller classes." (p. 97)

To find a more definitive answer to these propositions, the Tennessee legislature, starting in 1985, funded a true controlled scientific experiment. Students entering kindergarten were randomly assigned to a small class (13-17 students), or to a regular class (22-26 students), or to a regular class with a full-time teacher aide. The children were kept in the same type of class for four years, through third grade. Each year, they had a new teacher. When they entered the fourth grade, the experiment ended and they were placed in a regular class. The researchers, however, continued to follow the participants. Data have been analyzed through the seventh grade; data for subsequent years currently are being analyzed.

The sample size is very large. The first year included 6,000 students in 329 classrooms, representing 79 schools and 46 school districts. Over the first four years, almost 12,000 students participated in the study.

To assess learning, both norm- and criterion-referenced tests were used. Learning behaviors were assessed, and school experiences (e.g., retention) were recorded. Further, both teachers and teacher aides completed questionnaires and kept time logs.

What Did the Researchers Find?

Several findings emerged:

- "On average, students in small classes evidenced superior academic performance to those in the other conditions." (p. 98) At the end of kindergarten, small-class students are about one month ahead (in terms of grade equivalent scores) of regular-class students in all subjects. At the end of first grade, they are two months ahead in all subjects. At the end of fifth grade, they are five months (or almost about half of a school year) ahead in all subjects. The effects of being in a small class "continued despite their return to full-size classes in Grade 4." (p. 101)
- "No significant differences were found between teacher aide and regular classes in any year of the study." (p. 98)
- The small-class advantage was the same for both boys and girls. There was no gender effect.
- The benefits for minority students or for students attending inner-city schools were "substantially greater" in each year of the study. (p. 98)

- In grades four through seven, the "small-class advantage was also statistically significant for all school subjects in every subsequent year." (pp. 98-99)

- Students who were in the small classes put forth more effort on learning activities, took more initiative, and were less disruptive, inattentive, and withdrawn. "Further analyses indicate that the behavioral benefits of small classes may persist and result in reduced in-grade retentions and less need for disciplinary measures." (p. 99)

Why do these advantages occur? Based on their own research and the research of others, these authors report that they are not due to changes in teaching behaviors. Instead, they say the advantages occur because in "a small class, every student is on the firing line." (p. 103) There is more instructional contact, and there are improved learning behaviors. The "key to the benefits of small classes is increased student engagement in learning." (p. 103)

One of the reasons why the Tennessee class size research findings differ from the findings of other class size research is the fact that a considerable portion of the other research is based upon pupil-teacher ratio, which is substantially different than class size. "Pupil-teacher ratio is an aggregate measure, usually computed for units larger than the individual classroom." (p. 105) Usually pupil-teacher ratio includes professionals outside the classroom, such as reading specialists, music and art teachers, librarians, etc. One study, for example, found that, although pupil-teacher ratios were between 17 and 18.4, average class size was between 23.2 and 25.2.

Class size "is the number of students regularly in a teacher's room for whom the teacher is responsible each day of the school year." (p. 104) It describes the immediate learning/teaching situation. And, "the size of a class is related directly to the amount of time teachers spend on instruction and to pupils' engagement in learning." (p. 105)

Pupil-teacher ratios rarely characterize the setting in which most students spend their days at school. "When the pupil-teacher ratio is computed for a school or district, it does not describe variation among classes within the unit or even whether some classes are very large or very small. That pupil-teacher ratio is not strongly related to students' academic performance does not refute that class size is!" (p. 105)

The researchers conclude by observing, "An experiment of the quality and magnitude of Tennessee's class size study is rare in education. . . . We have learned that small classes in the primary grades are academically beneficial (especially for students at risk), have positive impacts on student behavior, and have benefits that last through ensuing years. Adding a full-time teacher aide to a regular-sized class, in contrast, does not affect the academic performance of the class." (p. 106)

What Are Possible Implications for School Improvement?

The findings of the Tennessee class size study have been the "impetus for class size initiatives in the United States and abroad. To date, at least 30 states have undertaken class size reduction efforts in the primary grades." (p. 104) In addition, numerous school districts have completed or are embarking on programs to reduce class size in kindergarten and the primary grades.

If school districts truly want all children to learn, they will need to create small classes of 13 to 17 students in grades K through 3. The benefits of doing so continue to accrue after students leave third grade. Leaders in some school districts may say that they cannot afford to do this, but money is an expression of values. If a school district cannot reduce class size in K-3 at once, it can embark upon a four-year program to do so.

— Robert E. Sudlow

FREQUENT MONITORING OF STUDENT PROGRESS

CITATION: Baron, Joan Boykoff, *Exploring High and Improving Reading Achievement in Connecticut*. National Education Goals Panel, October 1999.

What Did the Researcher Do?

This report is part of a series produced by the National Education Goals Panel to report our nation's progress toward achievement of the National Education Goals. Recognizing states with significant improvement or high student achievement, this independent federal agency seeks to identify policies, programs, or other factors which may account for schools' accomplishments.

One of the most central goals—"to improve student achievement"—is measured on the basis of performance on the National Assessment of Educational Progress (NAEP). (p. 1) Released in March 1999, data on the 1998 NAEP reading test show that Connecticut has the highest reading achievement in the country and, since 1992, has also been the most improved. Whites, Blacks, and Hispanics each outperform their counterparts in other states as well. Improvement on the Connecticut Mastery Test, Connecticut's state assessment, parallels improvement on the NAEP, with all subgroups improving from 1993 to 1998.

The author was commissioned to investigate whether certain policy and classroom practices could be identified that might serve as a paradigm for other school districts or states aiming to improve reading competency. Data from the national and statewide tests were examined, and interviews were conducted with state policymakers, district superintendents, school principals, and classroom teachers.

What Did the Researcher Find?

U. S. Census data reveal that Connecticut had the highest per capita income (1991) and one of the two smallest percentages of students with free lunch (1987). Additionally, parents in Connecticut are among the most highly educated in the U. S., with 31 percent having graduated from college. This type of demographic data typically correlates with high academic achievement.

However, wealth and parental education per se do not explain improved reading achievement between 1992 and 1998. During this period, demographic changes would actually predict lower scores, as in 1998, Connecticut had a lower median income and a greater percentage of African-American and Hispanic students than it had in 1992. Something other than wealth and parental education was responsible for Connecticut's reading improvement.

"Collectively, the ten Connecticut districts that made the greatest progress in reading between 1990 and 1998 identified six state-level policies and practices that they felt had contributed to their success." (p. 23) These include:

- **State test objectives and specifications serving as a catalyst for district realignment of curriculum and instruction.** Educators report that the state tests help them to focus their instruction and thereby greatly improve student reading. The state distributes practical materials including objectives, sample items, and handbooks of instructional strategies.

- **The state's reporting of results in multiple and useful ways.** Scores are reported by district, school, classroom, individual students, and in parent reports. They are provided to each school by state as a whole and by educational reference groups, which allow schools to compare their performance with other schools like themselves demographically. Estimated national comparisons are made, and data files are provided, so that each school may conduct further disaggregation of the data.

- **Tests made available to local districts at Grades 3, 5, and 7 to supplement the state tests at Grades 4, 6, and 8.** Student progress can be monitored every year, not just in the years that the state test is actually administered.

- **School profiles publicly reported.** "The visibility of school-level results through the State's publication of its School Profiles has motivated several districts to make changes in their reading instruction." (pp. 33-34)

- **State-level resources provided to neediest districts.** Termed "Priority School Districts," the state's 14 neediest districts receive categorical grants of financial and human resources. Three were among the districts showing the greatest improvement in reading; the gap between the rich and the poor districts is beginning to close.

- **High teacher salaries and teacher standards.** The state's Educational Enhancement Act of 1986 resulted in higher teacher salaries and higher teacher standards, both of which educators feel contribute to improved student reading achievement. Connecticut pays the highest per diem salary in the teaching world, and the mentor teacher program and strict requirements of continued professional development produce a well educated and experienced teaching staff.

Local district policies and practices were also discovered to have been instrumental to improved reading performance. These include active local school board support; creation of strong ownership and accountability mechanisms in every school; the linking of teacher evaluation to student assessment through disaggregation of data; the provision of professional development opportunities focused on reading; parental involvement; continuous monitoring of student achievement; and increasing the amount of time available for reading instruction.

"In lieu of a single ideological approach, eclecticism and pragmatism best characterize the instructional practices and reading materials being used in the ten most improved Connecticut districts." (p. 43) There are some common features:

- Phonemic awareness is emphasized in kindergarten and first grade.

- A wide variety of reading materials address different instructional needs within the same classroom.

- Reading programs are balanced between word analysis skills and comprehension strategies.

- "Teachers reinforce reading skills on a daily basis through writing." (p. 51)

- Systematic spelling programs teach and reinforce "the regularities (and irregularities) of the English language." (p. 52)

- Teachers use running records of students' reading proficiency.

- "Teachers identify children with delayed reading development early and provide intensive interventions for them by the end of first grade." (p. 54)

What Are Possible Implications for School Improvement?

Any educator in any state interested in improving student reading achievement can be enlightened by this report. Teachers would benefit from comparing their own instructional practices with those of the Connecticut teachers and committing to learning more about the structure of language, effective monitoring and reporting of student progress, the connections between reading and writing, and how to select appropriate and varied reading materials and teaching strategies. Districts could provide literacy experts on each campus to instruct teachers and model effective lessons. State educational agencies could create their own categorical grants, provide all teachers with clear literacy objectives and supporting materials, disseminate information about student performance and effective practices, and increase teacher certification requirements in the area of early literacy.

Collective ownership of the reading improvement goal has been crucial to Connecticut's success; all states can learn and apply this lesson.

— Deb Hubble

EFFECTIVE SCHOOLS RESEARCH ABSTRACTS

FREQUENT MONITORING OF STUDENT PROGRESS

CITATION: Nichols, Beverly W. and Kevin P. Singer, "Developing Data Mentors," *Educational Leadership* 57, 5 (February 2000): 34-37.

What Did the Researchers Do?

"During the 1990's, school improvement plans exploded at state and district levels. Reacting to the mantra 'data-driven decision making,' school districts felt compelled to interpret the increasing number of assessments and to use the information effectively to improve student performance." (p. 34)

The Shawnee Mission Public Schools, in Overland Park, Kansas, was among the many districts that wanted to improve the ability to use student assessment data effectively in decision making. Beginning in 1993, 50 of the district's schools became involved in Quality Performance Accreditation, the state's school improvement process. The district also initiated a major curriculum revision to align the written, tested, and taught curriculum. During this process, the district realized that, in general, educators' skills in data analysis needed to be strengthened.

In the fall of 1997, the district initiated a process to enable all educators, especially classroom teachers, to be knowledgeable users of results-based, standardized, high-stakes tests and day-to-day classroom assessments. Two major activities were implemented to help teachers and principals use data effectively: data notebooks for each school and a data mentor program to increase data analysis skills of educators.

Data notebooks. Assessment data were available to each building, but better ways to organize, keep track of the data sets, and make meaningful analyses were needed. Members of the curriculum and instruction department, along with some building principals, developed a format for organizing and using collected information. Data notebooks were made for each school, summarizing the school's student achievement and performance comparisons with local, state, and national results. These notebooks, assembled by district-level personnel, meant that building principals no longer needed to be responsible for collecting and organizing data. Instead, building leaders were able to focus on data analysis and development of strategies to improve student performance.

Data mentors. Although the data notebooks were an important resource for the building administrators, classroom teachers still had limited opportunity to use the data. To deal with that concern, the district initiated a data mentor program. The program's purpose was to help a few educators at each building become proficient at data analysis; those faculty members would then be able to help their colleagues in the building. The objectives of the program included "collecting, organizing, analyzing, and interpreting data; using technology to represent data; telling a building's story with data; developing school improvement plans on the basis of data; and creating and using alternative assessments." (p. 35)

Building administrators and two or three teachers from each building attended monthly sessions. During the sessions, participants learned assessment vocabulary and concepts, analyzed generic data sets to increase their understanding, and then analyzed their own building's data using techniques they had learned in that session. Data mentors were available to assist them in their analysis. In addition to learning how to analyze annual, high-stakes assessments, data mentors helped participants learn more about effective short-range approaches for ongoing assessment of student performance in their classrooms and building.

What Did the Researchers Find?

Each mentoring session was evaluated using a standardized form designed for all district staff development activities. The most important assessment of the process, however, came from the participants' actions and comments throughout the training. Many participants stayed on at the meeting site after scheduled activities were concluded, to further discuss what they had learned and to make plans for sharing with the entire faculty. At the end of the first year, one team identified many benefits of being involved in the process.

Data mentors learned how to more effectively identify students at each end of the achievement spectrum and to develop strategies to assist at-risk students. Data mentors reported that, in their work at the building level, they sensed that faculty better understood the school improvement process and were more actively involved as a result.

At the secondary level, teachers reported increased communication across departments. A language arts and a mathematics teacher commented, "We increased communication across the curriculum. We got the staff involved with the whole picture so they could see the difference we all can make in our own classrooms." (p. 36)

Based upon what was learned in the initial stages of the process, the sessions have evolved over time to include other topics such as results-based staff development and effective use of data from assessment activities created by individual teachers. Teachers are learning how to develop and analyze high quality classroom assessments, including performance assessments, and how to use scoring rubrics. They are also focusing more on student-centered assessment.

In 1998-99, sixth-grade scores on the norm-referenced test used in the district improved in all areas. Third-grade performance improved in all but two areas. Elementary student performance on the state assessments also increased on all tests, particularly in mathematics. Middle school performance, already high, remained constant. The authors report that performance on college entrance exams in 1999 was slightly lower than the record high scored in the previous (1997-98) year, but they also state that, over the last five years, overall scores have improved considerably.

What Are Possible Implications for School Improvement?

In an age of educational accountability, schools often find that having student achievement data available is not the main issue facing them in assessment. It is knowing how to organize the vast amount of data so that it can be accessed easily, and how to use it effectively in district, school, and classroom decision making. This article addresses some ways to deal with that concern.

Assessment is an area of teacher preparation programs that has traditionally been weak. While this is changing, there is a need to help those educators already in the schools to understand the importance of assessment in educational decision-making. In addition, educators must be able to readily access data, have skill in its analysis, and be able to develop a range of appropriate classroom and building-level assessments to use throughout the year. Mentoring or coaching strategies have proved useful in helping educators acquire new skills in other areas of education, particularly in the use of instructional strategies. Professional development in-service sessions focused on assessment issues can help educators learn more about monitoring student progress effectively. On-site mentoring or coaching can help them actually put their new skills to use with their own students.

— Lynn Benore

EFFECTIVE SCHOOLS RESEARCH ABSTRACTS

FREQUENT MONITORING OF STUDENT PROGRESS

CITATION: West, Jerry, Kristin Denton, and Lizabeth M. Reaney, *The Kindergarten Year: Findings from the Early Childhood Longitudinal Study, Kindergarten Class of 1998-99*. National Center for Education Statistics, November 2000.

What Did the Researchers Do?

The Early Childhood Longitudinal Study, Kindergarten Class of 1998-99 (ECLS-K) is designed to "provide detailed information on children's early school experiences." (p. 27) Through this study, the researchers are attempting to understand what knowledge and skills children possess as they enter kindergarten, and to gain insight as to how these develop across the kindergarten year. Two basic questions guide the study: 1) What gains are kindergarten children making from fall to spring in general reading and math knowledge and skills? 2) What gains are these students making in specific reading and math knowledge and skills? Furthermore, do the gains differ by child characteristics, family characteristics, or kindergarten program characteristics?

Also of interest is the socioemotional development of the students, particularly their prosocial interactions, problem behaviors, and their approaches to learning.

Sponsored by the U. S. Department of Education, National Center for Education Statistics, the ECLS-K is following a nationally representative sample of 22,000 kindergartners through the end of fifth grade. Data for this report were gathered in the fall of 1998 and spring of 1999 through one-on-one child assessments, parent interviews, and teacher questionnaires. The students attended approximately 1,000 kindergarten programs, both public (85 percent) and private (15 percent), full-day (55 percent) and part-day (45 percent). The sample includes language minority students, special education students, and students of varied racial, ethnic, and socioeconomic backgrounds. Ninety-five percent of the students were entering school for the first time.

What Did the Researchers Find?

"As children enter school for the first time, their reading and mathematics knowledge and skills differ by their age at entry, the level of their mother's education, their race/ethnicity, and risk factors associated with school success, such as primary language in the home or living in a single-parent household." (p. 9) These differences remain at the end of the kindergarten year. Higher levels of reading and math knowledge and skills are demonstrated by students who are older, who have mothers with higher levels of education, who are white and Asian, and who possess fewer risk factors (e.g., lack of maternal high school education, family utilization of AFDC, single-parent family, and primary language other than English). Children who attend private kindergartens also exhibit higher academic levels in both the fall and the spring. There is little meaningful difference in children's end-of-year reading and mathematics knowledge and skills when comparing full-day with part-day kindergarten programs.

Regardless of these differences, the researchers found that all students showed higher levels of reading and math knowledge and skills in the spring than they demonstrated in the fall. Increasing by 10 points and eight points respectively, reading and math scores improved by approximately one standard deviation during the kindergarten year. For the most part, "the gains children demonstrate in their overall reading and mathematics knowledge and skills do not differ markedly by child, family, and kindergarten program characteristics." (p. vii) All children are gaining general knowledge and skills at similar rates.

However, the same cannot be said when considering specific knowledge and skills. In areas of more complex reading and mathematics skills and knowledge, the children developed at different rates. "Children from the more disadvantaged backgrounds are closing the gap in basic skills (i.e., recognizing letters and counting beyond 10, recognizing the sequence in basic patterns, and comparing the relative size of objects), but are lagging further behind when it comes to gaining more sophisticated reading and mathematics knowledge and skills (i.e., recognizing words by sight or solving simple addition and subtraction problems)." (p. 16)

At the beginning of the school year, two-thirds of the kindergartners studied could recognize their letters. Some could also understand the letter-sound relationship at the beginning and end of words (29 percent and 17 percent, respectively). At the end of kindergarten, nearly all the students recognized their letters, and nearly three out of four children understood beginning sounds. About half understood ending sounds. In the fall, only two percent of the children recognized words by sight and one percent understood words in context. By spring, these numbers increased to 13 percent and four percent, respectively.

Acquisition of mathematical knowledge and skills follows a similar pattern. "The number of children who are able to demonstrate the skills represented by ordinality more than doubles from fall (21 percent) to spring (56 percent)." (p. 13) While only four percent demonstrate the ability to solve simple addition and subtraction problems at the beginning of kindergarten, almost 18 percent can do so at the end. Few kindergartners—only one percent—demonstrate the understanding of multiplication and division at the beginning of the year; by the end of kindergarten, this number has doubled.

The researchers also found a change in children's social skills and in how they approached learning. According to their teachers, in the spring of their kindergarten year, most children often or very often accepted peer ideas in cooperative activities (77 percent), formed friendships easily (82 percent), and comforted others (62 percent). This was a slight increase from the fall. In terms of how children approach learning, the researchers found "slight increases in how often they persist at tasks (fall, 71 percent; spring, 75 percent), demonstrate an eagerness to learn (fall, 75 percent; spring, 79 percent) and pay attention well (fall, 66 percent; spring, 70 percent)." (p. 15)

As with specific reading and math skills, there seems to be differential gains in the development of social skills as well. "Older students are more likely to persist at tasks, seem more eager to learn and to pay attention than their younger counterparts." (p. 20) Children whose mothers have higher levels of education exhibit higher levels of prosocial behaviors, show fewer problem behaviors, persist longer at tasks, are more eager to learn, and pay better attention than children whose mothers have less education. With respect to the risk factors, children with fewer risks show stronger prosocial behaviors and fewer problem behaviors than those with more risk factors. Interestingly, although prosocial behaviors do not vary by the type of school or kindergarten program, students in full-day kindergarten do exhibit more problem behaviors (e.g., are more likely to argue and fight) than do those in half-day programs.

What Are Possible Implications for School Improvement?

It is not surprising that across the kindergarten year, students are gaining in both cognitive and noncognitive areas. Growth for all kindergartners in general reading and math knowledge and skills exemplifies the notion of learning for all. Schools are apparently effective in this domain; regardless of differences children bring to their first school experience, they ALL show growth from fall to spring.

Instead of being affirmed and validated by this notion, however, educators ought to be quite disturbed by the fact that students are gaining quite differently in sophisticated skills and knowledge. If, after a year of formal schooling, we still see the same differences by child and family characteristics as were present on day one, can we say that the school has been successful? If schools are not to be the equalizers in a child's life, then what will be? How will disadvantaged students ever catch up to those who come from more supportive backgrounds?

Schools would be wise to utilize the data in this study to spark a philosophical discussion as to the role of the school. Should our goal be that all students show one year's growth across an academic year, or should all students be expected to reach a certain level of achievement? Truly effective schools will accept not just "learning for all," but only quality learning for all—and will structure and staff themselves accordingly.

— Deb Hubble

EFFECTIVE SCHOOLS RESEARCH ABSTRACTS

FREQUENT MONITORING OF STUDENT PROGRESS

CITATION: Wasley, Patricia A. and Michelle Fine, "Small Schools and the Issue of Scale," *Bank Street College of Education*, New York, NY, 2000.

What Did the Researchers Do?

Many large schools are considered educational failures, such as "the poor neighborhood, shopping-mall high school in which faculty, student, and staff are alienated; parent involvement is almost nil; and though some students may get a fine education, most are learning that they will never amount to much of anything." (p. 18)

In contrast, "small schools—when they are adequately supported and sufficiently autonomous—typically embody the best that school reformers advocate and disproportionately produce bright, critical, engaged students and citizens." (p. 6)

This is the theme of this strongly worded, persuasive essay. Throughout this article, the authors view small schools as the way to "equalize opportunity for all children." (p. 7) In fact, they go so far as to assert that the formation of small schools should be "a systemic reform strategy within a rich, meaningful, and deeply enforced accountability system," particularly for poor and working class youth. (p. 6)

In support of their premise, the authors highlight the characteristics and successes of small schools; trace the history of the small-schools movement in three urban areas; and identify obstacles and challenges to its continued growth.

What Did the Researchers Find?

Small schools typically enroll fewer than 500 students, and even fewer at the elementary level. The faculty is often a self-chosen and collegial group with a cohesive, focused mission of providing a continuous educational experience within a caring atmosphere of trust and involvement. Parents are committed and involved with the school. Finally, the small school often has significant autonomy in regard to its vision, curriculum, budget, personnel, and other issues. Good examples of small schools are today's charter schools.

As compared with many large urban school districts, small schools on the whole are notable for their academic productivity, their cost-effectiveness, their safety and lack of violence, and their success in narrowing the achievement gaps by race and class.

In tracing the development of the small-schools movement, the authors focused on three large, urban settings.

New York City. The small-schools movement began in the 1970's in an attempt to "retain middle-class parents and halt flight to the suburbs." (p. 7) One of the earliest and most successful alternative schools was the Central Park East complex in New York City's District 4. "Based on the success of the first school, two more elementary schools were formed by colleagues in association with it. As students moved through the elementary school, parents asked for a middle school and a high school so that their children could continue their progress." (p. 7) Results from the high school included high rates of student retention, graduation, and college acceptance. Additionally, students attending this mostly black, inner-city high school remained untouched by violence.

As the success of small schools in New York City grew, other districts created their own small schools, now numbering over 400. Eventually, a district superintendency was created and, in 1998, an office of small schools was established. Today, New York State legislation is fostering the development of additional small schools.

Philadelphia. The Philadelphia School District, in 1988, became the first district to specifically create small schools "as a strategy for urban high school renewal." (p. 8) Working mostly with poor and working-class African-Americans and Latinos, large urban high schools were broken into smaller schools called "charters." Over the course of five years, more than 100 charters were developed. The results were astounding: student achievement increased along with student retention; faculty expectations rose; and increased parental involvement became the norm.

"Despite the powerful data on more than 100 small schools, which demonstrated that small schools/ charters had an impact on improved student outcomes and reduced the gap between high and low achievers, both the district and the union resisted the policy implications of small schools as systemic reform." (p. 9) The school district wanted to retain centralized control, while the union would not compromise on hiring practices and department-head status, areas in which small schools wanted autonomy. The very success of these small schools became a threat to the bureaucratic underpinnings of the system.

Chicago. The small-schools movement began here in 1986. At that time, a broad-based coalition of groups wanted their schools to be under local control, and initiated state legislation which resulted in the 1988 Chicago School Reform Act. This act created Local School Councils and decentralized power and funds. "With decentralization, businesses, universities, and foundations had greater access to schools and were more willing to commit resources to them." (p. 11) The 1995 Chicago School Reform Act shifted local control and put responsibility for school performance in the mayor's office. The mayor-appointed School Reform Board committed funds to the small school movement and established standards for accountability. Currently, over 175 small schools are listed on the roster of the Chicago Board's Office of Special Initiatives.

Small schools, as a districtwide systemic reform, suffer from the "assumptions about the need for standardization, centralized control, and uniform accountability systems." (p. 17) One assumption is the idea that "bigger is better." Larger schools can offer more advanced courses; they have larger sports facilities and libraries; and students are better tracked so that classes are more homogeneous. Unfortunately, increased size also results in bureaucratic policies and rules which create an impersonal and alienating environment. Many students pass through large schools or drop out anonymously. Drug use and violence are more prevalent among students in large schools. And only a small percentage of students take advantage of advanced courses; the majority of students tend to take lower-level classes with the "least experienced teachers . . . and the most uninspired curriculum." (p. 15)

Another assumption that favors large schools concerns the replication and standardization of educational practices. "Influenced by these theories, many currently believe that . . . policymakers and administrators should mandate that all schools implement the same innovations in the same way so that we are assured of both conformity and equity in our schools nationwide." (p. 16) Unfortunately, what works so remarkably in one environment doesn't necessarily do well in another where contextual and cultural differences demand a different approach. "The search for sameness and cookie-cutter replicability is a search that is hopeless, anti-intellectual, and deadly to learning." (p. 22) The "teacher-proofing" and standardization that so often accompany such replication "is a way to dumb down faculty and encourage the flight of our most talented educators." (p. 16)

These deeply-ingrained attitudes of bigger is better, standardization, and replication of educational practices all work against small schools, as does district commitment to hierarchical control, centralized management, and compliance to standards and policies.

What Are Possible Implications for School Improvement?

While existing attitudes and bureaucracies favor large schools, the success of small schools cannot be ignored. Small schools provide a proven and viable alternative for educating our young people, particularly low-income youth of color. If we are serious about educating our youth, we must remove the barriers to small school expansion and innovation and provide the critical elements they need: adequate resources to support faculty; sufficient autonomy to make instructional, personnel, and budget decisions; effective administrators; adequate resources for faculty development; and responsive administrative systems.

— Elizabeth A. Ferris

FREQUENT MONITORING OF STUDENT PROGRESS

CITATION: Heck, Ronald H. and Marian Crislip, "Direct and Indirect Writing Assessments: Examining Issues of Equity and Utility," *Educational Evaluation and Policy Analysis* 23, 1 (Spring 2001): 19-36.

What Did the Researchers Do?

Throughout the nation, there is a large-scale effort to incorporate performance assessments of writing into state assessment programs. The January 11, 1999 issue of *Education Week* reported that 27 states assess third-grade students' language arts skills; 12 of these states use some type of performance assessment. At the fourth-grade level, 23 states have writing assessments. This pattern is repeated at the secondary level with language arts testing most likely to occur in grades eight and 10.

Proponents of performance assessments maintain that they are superior to multiple-choice assessments for a number of reasons. Multiple-choice tests assess a narrow accumulation of facts; in performance assessments, students' thinking skills can be evaluated. Teachers are more likely to teach to the test when multiple-choice assessments are given; when performance tests are given, teachers are more likely to teach the entire curriculum. Further, because performance assessments require students to integrate knowledge to solve problems, they are more likely to be an impetus for changing classroom instructional practices and curriculum.

Proponents of performance assessments also believe that the assessments are likely to more accurately assess the skills and knowledge of various groups, such as lower-SES students, minorities, and girls and boys. They also believe that performance assessments are a better vehicle for measuring and monitoring a school's progress in improving student learning.

There is, however, very little research on the performance of various groups (e.g., lower- and middle-SES students) on performance assessments versus on multiple-choice tests. Do the traditional gaps between various groups lessen or disappear when they take a performance assessment? Likewise, there is very little research on the relationship between the extent of school improvement efforts (in this case, writing) and a school's outcomes on a performance assessment instrument.

The researchers investigated these important issues. They examined the achievement of 3,500 randomly selected third-grade students in 175 public elementary schools in Hawaii. The students completed both a performance assessment (the Stanford Writing Test) and a multiple-choice assessment (the Stanford Achievement Language Test).

What Did the Researchers Find?

The correlation between the two assessments was .59, or about a 36 percent overlap between the two assessments. This means that "the two measures do tap considerably different dimensions of learning." (p. 24)

Consistent with the belief that performance assessments would be a fairer assessment of the learning of various groups (e.g., lower- and middle-SES students), the researchers found that the performance assessment format "significantly reduced the size of the achievement difference by about half for low-socioeconomic students." (p. 31) Likewise, the achievement difference for students of some ethnic backgrounds (Hawaiian, Filipino, and Samoan) was somewhat reduced. Girls, however, outscored boys on both types of assessments.

Consistent with the hypothesis that there would be a relationship between the extent of a school's efforts to improve student writing skills and its performance assessment scores, the researchers found that a school's effort was positively related to outcomes on the writing performance assessment. To put it another way, the multiple-choice assessment "largely measured student composition and school context instead of the intended learning tasks," whereas performance assessment was linked to a school's efforts. (p. 31) "Schools that had concentrated on improving student writing over time had higher writing scores." (p. 31)

This research provides strong evidence that a "writing performance assessment likely measures what students learn in school as opposed to what inequities they bring from home." (p. 32)

What Are Possible Implications for School Improvement?

This research clearly says that for schools to be judged on the basis of their improvement efforts, performance assessments—at least in writing—should be used. These assessments are less likely to reflect the factors outside the control of the school that are associated with a student's home background. They are more likely to reflect a school's efforts to improve learning.

Consequently, schools should become increasingly competent in the design, administration, scoring, and evaluation of performance assessments. This can occur only as a result of a concentrated staff development effort at the school and/or at the district levels. Since the scoring of performance assessments usually involves multiple raters reading and rating the same papers, time and money must be provided for the raters to plan, to rate, and then to critique. Thus, performance assessments have a significant impact on a school's and/or a school district's staff development and testing budgets.

The provision of such money, personnel, and time can only occur with leadership and administrative approval, and probably board of education approval. Those who operate from a scarcity model may resist a move to performance assessments because of their higher costs. Should this perspective prevail, schools will continue to be judged on factors outside their control, not on factors related to their improvement efforts. This is not fair, right, or proper.

What is needed for performance assessments to become more common? Vision. Vision regarding the true purpose of education. Vision to know what students and schools can and should be—and the courage to act.

— Robert E. Sudlow

EFFECTIVE SCHOOLS RESEARCH ABSTRACTS

FREQUENT MONITORING OF STUDENT PROGRESS

CITATION: Alexander, Karl L., Doris R. Entwisle, and Linda S. Olsen, "Schools, Achievement and Inequality: A Seasonal Perspective," *Educational Evaluation and Policy Analysis* 23, 2 (Summer 2001): 171-191.

What Did the Researchers Do?

Does this headline sound familiar? "Pupils Lose Ground in City Schools: the Longer Children Stay in the System, [the] More They Fall Behind"? (p. 171) Could this headline apply to an urban school system near you? Headlines such as this compare student results year-to-year, usually on a national standardized norm-referenced test, administered each spring.

The authors of this study point out that "when test results for places like Baltimore are compared against national norms, it hardly can be said that like is being compared to like." (p. 171) In Baltimore, the site of the current study, two-thirds of its population receives free or reduced-price lunch, and "in more than half the city's elementary schools, the low-income enrollment exceed[s] 80 percent—hardly the national profile." (p. 171) These comparisons, fair or not, are used to evaluate and grade schools and often provide a fertile ground for criticizing public education, as evident in the headline quoted earlier.

It is clear that the test scores of poor urban children lag behind their more affluent counterparts. What is not clear is the effect that public education has on that gap. This will require a more holistic research approach, say the authors of this study.

It has come to be accepted as axiomatic that low-SES children often begin school at a deficit in comparison to their more affluent counterparts. "Yet the same life circumstances that undercut school readiness are ever present in young people's lives. The drag of poverty, family stress, and community decay doesn't suddenly turn off when children reach six and the school's influence begins to weigh in." (p. 172) Clearly, school achievement is affected by a child's home and community environment. So then, what role does the school play in the widening gap between groups of differing socioeconomic status (SES)? In this study, the researchers ask "Do schools exacerbate unequal school performance across social lines or do they mitigate such inequality?" (p. 172)

The researchers sought to answer this question by comparing achievement gains between low-SES and high-SES students during the school year and through the summer. The researchers suggest that comparison of achievement between the two groups during "schooled" and "unschooled" time could provide significant insight into the effects of schooling on achievement, as well as the inhibiting or supportive role of the home and community environment.

Using California Achievement Test (CAT) data from Baltimore's Beginning School Study (BSS), the researchers analyzed reading and math achievement data from the beginning of first grade in 1982 through the end of fifth grade in the spring of 1987 for a representative random sample of 790 children. Of these 790, only 386 students had all 10 scores (spring and summer scores over five years). By comparing the testing data between the smaller sample and the original sample, the researchers were able to mitigate concerns about sample attrition and its effect on the study's validity.

What Did the Researchers Find?

Spring-to-spring testing analysis shows that lower-SES children do indeed lag behind their upper-SES peers in first grade, and fall significantly further behind by fifth grade, thus confirming the headline quoted at the beginning of this abstract.

But, does the same picture emerge when school year and summer achievement gains are computed separately? In fact, the researchers found that the gains while children are in school substantially exceed gains over the summer months. "Children, it is reassuring to see, learn more and learn more efficiently when they are in school." (p. 177) This pattern held true for both lower- and upper-SES children. During the school year, the mean reading gain for the lower-SES children was 4.78; for upper-SES children, it was 4.67. For math, the mean gain for lower-SES children was 4.60; for upper-SES children, 4.59.

Over the summer, however, a much different picture emerged. Lower-SES children, who begin school already behind, learn while they are in school; however, they improve only slightly during the summer. Upper-SES children, on the other hand, continue to improve during the summer, especially in reading. These findings are statistically significant. In fact, these differences are "large enough to account for almost the entire CAT gap increase that emerges over the first five years of the panel's schooling." (p. 177)

The researchers assert that their findings undercut the long-standing, mistaken notion that schools do not make a difference—that learning is a function of the family background a child comes from, not the school he or she attends. Since the observed school year gains were virtually the same across SES levels, clearly schools do matter—especially for children who do not receive much support for learning outside of school.

A second lesson "is that disadvantaged children, on the whole, are capable learners." (p. 183) It is the outside-of-school resources available to upper-SES children, especially during the summer, that cause the learning gap between them and the lower-SES children to widen over time.

Because of this, the researchers advocate that lower-SES children attend full-day kindergarten and an enrichment summer school, not one limited to traditional academics. "Decades of school improvement efforts have foundered on a fundamental design flaw, the assumption that learning can be doled out by the clock and defined by the calendar. . . . Some students take three to six times longer than others to learn the same thing. Yet students are caught in a time trap—processed on an assembly line to the minute. Our usage of time virtually assures the failure of many students." (p. 185)

What Are Possible Implications for School Improvement?

The researchers present evidence that, contrary to popular opinion, lower-SES children can learn. Indeed, while they are in school, their learning gains are virtually the same as the learning gains of upper-SES children. Probably this is news to many people.

The researchers make a compelling case for extending time-on-task and opportunity-to-learn for lower-SES children. The steps that the researchers recommend for increasing time-on-task for lower-SES children are excellent and without a doubt should be implemented in all schools and school systems that have substantial low-SES populations. When this occurs, this will be a truly outstanding accomplishment that will benefit both the children and society.

But, one further factor needs to be considered. By the end of each grade, have the lower-SES children learned enough so that they will be successful at the next grade? Attention must be paid to this issue because even substantial gains in achievement are insufficient if a student has not learned what is necessary to be successful at the next level.

The issue of whether or not children have learned what they need to know to be successful in the next grade turns on another issue—curriculum and standards alignment. Setting the standards and designing a curriculum specifically tailored to the standards clearly articulates what students must learn and be able to do with established benchmarks for success. If a school's staff has not aligned the curriculum and established annual benchmarks, then whether or not lower-SES children will learn what they need to know each year will be a matter of chance. And, if that occurs, it is a shame.

— Robert E. Sudlow

FREQUENT MONITORING OF STUDENT PROGRESS

CITATION: Popham, W. James, *The Truth About Testing: An Educator's Call to Action.* Association for Supervision and Curriculum Development, Alexandria, VA, 2001.

What Did the Researcher Do?

Whenever a giant in the field of education like W. James Popham issues an "educator's call to action," every professional educator and all parents of school-aged children should take the call seriously. His deeply felt concern is summed up in the following sentence: "I believe that today's high-stakes tests, as they are used in most settings, are doing serious educational harm to children."

W. James Popham is arguably the father of the "instructional objective." Knowing that, you can anticipate that when he wrote this call to action, he had two objectives in mind. He wants the reader to:

- understand the misuses of today's high-stakes tests and be able to explain to others what those misuses are and why they occur; and
- recognize the distinguishing features of instructionally illuminating tests and be able to differentiate between tests that are and are not instructionally illuminating.

Popham is not opposed to educational testing or educational accountability per se. However, he is opposed to using standardized norm-referenced tests that were designed to sort and select students to judge students, teachers, schools, and even school districts. He refers to this practice as an unsound use of such tests.

What Did the Researcher Find?

Popham has identified several negative consequences that have been widely observed as teachers and schools attempt to respond to this unsound and unjustified use of standardized norm-referenced tests.

Misdirected pressures on educators. Because today's society has generally embraced the notion that high test scores equal a good education, educators are under extreme pressure to raise scores. Because the wrong tool is being used, the net result is to divert educator attention away from genuinely important educational decisions.

Misidentification of inferior and superior schools. A logical extension of the notion cited above is that schools with high scores are successful and schools with low scores are not. Once you understand more about the philosophy and practices associated with standardized norm-referenced tests, it becomes clear why this is not only untrue, but downright harmful.

Curricular reductionism. Pressure created by accountability to the wrong type of measurement causes teachers and schools to struggle to align their time and effort with only those content areas on the test and abandon those not on the test. In other words, out of desperation, educators are forced to use the test not only to measure learning, but to determine the curriculum.

Drill and kill. Test-oppressed teachers, out of a sense of desperation, drill their students relentlessly on the types of test items likely to be included on the test. Unfortunately, standardized tests tend to specialize in content and item types that are psychometrically sound, but often educationally trivial.

Test-pressured cheating. Because of the pressure to produce high scores on tests that are not aligned with the intended curriculum, teachers find themselves in a rather desperate situation. The result is that more and more teachers are now cheating.

Popham offers three reasons why using standardized, norm-referenced high-stakes tests are inappropriate and harmful.

Teaching/testing mismatches. Because curricular goals emphasized in one part of the country are not emphasized in another, and because certain curricular programs emphasize some content and others different content, standardized test producers face a intractable dilemma: how to select items that are not biased toward one place or curriculum over another. The strategy employed in standardized norm-referenced testing is to pick items that have no relationship to where or what kids are taught. We are left with a question. "What are you measuring when you select items that are unrelated to anyone's curricular program or state standards?" One answer is we end up measuring those learnings that are more likely to occur in settings other than school.

The tendency to eliminate items covering important content. If the problems created by the teaching/testing mismatch were not serious enough to question such high-stakes testing practices, the problem gets even worse. First of all, for psychometric reasons that we won't explore here, items that are included in a standardized test are considered ideal when 50 percent of the students get the item correct and 50 percent get the item wrong. Therefore, the ideal standardized test would be one made up of all items that are answered correctly at a chance level.

The problem this creates for high-stakes accountability is that items that measure content that is learned by the vast majority of students would never find their way onto the test because too many students would get the item correct and therefore the item would not discriminate among students. We are now left with yet another perplexing question. "What are you really measuring when you test students on a series of items that only 50 percent of the students are going to answer correctly by design?" The items most likely to achieve the 50 percent goal are items not likely to be taught or learned in school.

Confounded causality. A core belief that underpins the high-stakes accountability movement is that higher test scores reflect better instruction. This assumption finds its way into the wrong conclusions that tend to get drawn when one year's student achievement scores are compared with the next year's. This is based on the assumption that any change in the scores is indicative of an improvement or decline in instructional effectiveness. Conclusions based on year-to-year comparisons also assume that the students this year were no different on entry than those last year. However, performance measures taken at the end of a school year are the by-product of what students brought into the class at the outset of the school year as well as what they learned during the school year. And few educators—or parents for that matter—will support the notion that there is no significant variability among students.

If standardized norm-referenced tests are the wrong tool, but testing is an important task, what does Popham recommend?

He says that assessment systems that simultaneously illuminate instruction decisions and provide a basis for accountability should be based on these rules:

- Identify the most important student outcomes and then develop tests that can be successfully taught and accurately assessed in the time available.
- Construct all assessment tasks so an appropriate response will typically require the students to employ 1) key enabling knowledge or sub-skills; 2) the evaluative criteria that will be used to judge a response's quality; or 3) both of these.
- Create a companion assessment description that spells out for teachers the essence of what is being measured by the test items or task.
- Review the items and description(s) on any high-stakes test at a level of rigor commensurate with the test's intended uses.

What Are Possible Implications for School Improvement?

The analysis set forth by W. James Popham is, for the most part, not new. Those who have been laboring in the vineyard of school improvement have become very familiar with the limitations of using standardized, norm-referenced achievement tests for accountability purposes. School improvement based on the effective schools research framework has persisted in advocating assessments that are curricular-based and criterion-referenced. If a district, state, or the nation as a whole were to embrace the positions advocated by W. James Popham and those long advocated by the effective schools model, our nation's schools and, more importantly, our nation's children would be better served.

A challenge now goes to those policymakers and advocates of high-stakes standardized testing to make the case as to why this harmful and hurtful practice should continue.

— Lawrence W. Lezotte

EFFECTIVE SCHOOLS RESEARCH ABSTRACTS

FREQUENT MONITORING OF STUDENT PROGRESS

CITATION: Reeves, Douglas B., *Holistic Accountability: Serving Students, Schools and Communities*. Corwin Press, Inc., Thousand Oaks, CA, 2002.

What Did the Researcher Do?

Accountability today, tomorrow, forever! That is the education mantra of many. Without a doubt, accountability is here—and will remain. People react to the accountability movement in two diametrically opposed ways. To oversimplify, those at one end of the continuum believe that there is nothing more American than accountability. It forces bad news to become public and thus causes teachers and administrators to improve. If they don't, the penalties are severe! Without accountability, public education will remain in the doldrums.

Those at the other end of the spectrum believe that only people working inside schools can truly understand and evaluate them. Tests do not measure the complexity, the subtlety of learning; they merely measure basic, low-level memorization. Further, they measure only a limited segment of the total curriculum. Making test results public only proves "that schools with poor and minority kids underperform those schools that are full of kids who are rich and white." (p. 8)

Neither extreme is a productive stance. Instead, educators must develop a constructive, comprehensive accountability system that provides meaningful information in a timely manner. Data thus provided will help those at both ends of the continuum agree on issues and come together to attain their common goal—improving student achievement.

What Did the Researcher Find?

Holistic accountability is "a continuous cycle in which research informs professional practice and professional practice yields evidence of its impact on student achievement." (p. 19) Its purpose is improving student achievement as opposed to "grading, ranking, labeling, sorting, humiliating, [or] embarrassing." (p. 1) Holistic accountability is comprehensive and constructive; it includes both causes and factors that significantly affect student achievement, and qualitative as well as quantitative data.

The first step in the continuous cycle of holistic accountability is to gather achievement data and related information to see how well various programs and practices are working. Second, evidence pertaining to professional practices, leadership decisions, policies, etc., is gathered to answer the question, *Is a particular instructional strategy working here?* The third step is to conduct a holistic analysis of the evidence to determine if a particular program is effective. Based upon what was learned, leaders then allocate resources (e.g., teacher assignments, staff development priorities, leadership focus, technology, supplies, and equipment) to improve student achievement. In other words, decisions are based on evidence, not personal preference. The final stage in the accountability cycle is to provide time for teachers and leaders to thoughtfully consider and discuss this information, as well as to investigate what's working in other schools. The resulting insights lead to constructive, productive efforts to improve student achievement.

Developing a holistic accountability system involves working through 10 steps. First, a task force is created with representatives from key school and community stakeholder groups to design and oversee a holistic accountability system. Second, the task force seeks consensus regarding the basic principles that will undergird the holistic accountability system. Examples of such principles include:

Congruence. The accountability system is compatible with the incentives and rewards presented in the school district.

Diversity. There is respect for the diverse strategies of each school, but the same standards of performance apply equally to all students.

Accuracy. Measures are both correct and used appropriately.

Specificity. The accountability system gives both teachers and leaders information about what needs to be done to improve learning.

Continuous use of feedback. Both formative and summative data are used to inform school improvement decisions.

Universality. Accountability applies standards to all—parents, administrators, board members, students, and teachers.

Fairness. Rules apply equally to all, and everyone has the opportunity to play by the rules. Fairness and accountability are "not about 'beating' someone else," but are "certainly about winning the battle against inequity, injustice, and ignorance." (p. 61)

The third step is to identify the accountability system currently operating in the district—both the explicit system and the "hidden" system. "In an astonishing number of cases, there are clear contradictions between what school districts purport to reward and what actually garners favor or sanction." (p. 61)

Fourth, the task force designs a structure for the accountability system that balances levels (district, school, county, state), types of data (qualitative and quantitative), and cause and effect variables (instructional practices vs. test scores). The task force then critically reviews the accountability design to avoid predictable pitfalls such as undue emphasis upon test results, ranking, etc. In the sixth step, the task force forges agreement on five or six rigorous indicators that reflect the school system's goals and values for each level. Demographic data are included in reports "to provide an analytical frame of reference." (p. 65) The seventh step is to identify school-based classroom and building-level data regarding instructional practices and measurable actions that can be tracked and analyzed to improve practices and, consequently, student achievement.

The eighth step is to create district and school accountability reports. The district summary report should include systemwide indicators and an analysis of school reports focusing on five key questions:

1) *What were our goals?* 2) *What was our performance compared to our goals?* 3) *What was our performance compared to previous years?* 4) *What strategies worked well to improve student achievement?* 5) *What does this information tell us about how to improve student achievement?*

The school accountability report should consist of three pages. Page one should provide general information, enrollment and demographics, and systemwide indicators showing the percent of students scoring at or above various standards. Page two should feature the school-based strategies being used and the measured progress towards achieving the standards. Page three should offer a clear narrative that offers insight into the quantitative information on the first two pages.

Step nine is called Leading by Example. Just as buildings are held accountable, so too should the central office be held accountable. The central office accountability report should contain department goals, the data pertaining to them, and a discussion regarding the attainment of each department's goals.

The tenth and most crucial step is to thoughtfully analyze and discuss the accountability reports regarding student achievement, areas of strength, challenges, and what can be done to further improve student achievement.

What Are Possible Implications for School Improvement?

Most accountability systems consist chiefly of publishing test scores of schools and school districts, usually in comparison to last year's scores—not to trends over three or five years. And because the scores are published together, the public can rank them, identifying supposed winners and losers. Far too often, the differences between ranks are not educationally important and fail to facilitate improved learning.

This book offers a practical model that provides an overall assessment of the multiple factors influencing learning. It includes qualitative and quantitative data. It presents, but does not overemphasize, test results. So doing, however, does not mean that the model fails to hold schools and school districts accountable. The model emphasizes and facilitates improving student achievement—a basic goal upon which all agree.

— Robert E. Sudlow

Section III

Monitoring to Make Individual Student Decisions

Monitoring to Make Individual Student Decisions

Though there is a growing recognition in our nation that grading and reporting student learning is an educator's most important responsibility, few educators have received formal training in exactly how to do this effectively. Relying solely on observations or single evaluators is doing a serious disservice to our students. Evaluation must be studied as a system of processes, affecting multiple teachers evaluating multiple students. We need to collect data frequently and analyze it deeply, or risk letting more students fall between the cracks.

- Far too often, evaluations fail to reflect teacher's stated instructional objectives. Students feel more secure and can work more independently when they thoroughly understand the criteria against which they will be judged.

- Study after study points to the importance of timely feedback, coupled with multiple opportunities, appropriately spaced, to allow students to practice and use skills and knowledge gained from that feedback.

- Grading policies must be developed that can be applied in a consistent way. Students need to see the link between mastery and their final grades. Unfortunately, the opportunity for teachers to collaborate and cooperate on their testing and grading practices is limited in today's schools. In fact, it appears that many educators maintain a sense of privacy around grading, and newly-hired teachers are rarely given the history of a school's discussions on the issue. Professional development on classroom assessment issues, aimed at developing a vision for integrated, planned assessment systems, would be time and money well spent.

- When teachers focus their efforts on establishing an environment that calls for higher-order learning and promotes professional community, students perceive that learning is the central activity of the school.

- The Association for Supervision and Curriculum Development reports that technological breakthroughs are continuing to make student achievement data more visible and accessible. Effective reporting needs to include several kinds of data: 1) the quality of work produced; 2) achievement measured against established exit levels of performance; 3) progress, measured backwards from exit standards, to indicate whether a student is on course; and 4) an evaluation of the student's work habits. The Association warns that the current use of time in most schools makes thorough assessment and reporting impossible.

- A recent study in Akron, Ohio on block scheduling also supports the need to closely look at how we manage time in our schools. Students in classes where block scheduling was used showed greater gains on achievement tests in English and biology, as well as higher cumulative grade point averages. Block scheduling may be only one part of the improvement, but it opens the door to looking at better time management in general, including the school day, yearly calendar, and movement from grade to grade.

- Thomas R. Guskey asks us to look at three types of learning criteria: 1) product or the summative evaluation of what students know and are able to do at a given time; 2) process or how a student learned; and 3) progress or what he calls "improvement scoring." He says this requires schools to give up the practice of averaging, where a D earned early on in a class carries as much weight as a B earned later.

- A curriculum-based measurement system, which consists of a variety of assessment methods for identifying student strengths and weaknesses and for making instructional decisions, has been used successfully for years in special education settings. Studies are now showing that it can also be used successfully in regular education classrooms with varied students, given effective staff training and specific instructional recommendations. In one study of math students in 11 elementary schools in a southeastern urban district, teachers assessed students with a different test each week. Software summarized each child's performance in a graph and skills profile, and students were taught how to interpret their own results. Regular reports listed students who required peer tutoring and students who could assist their peers with targeted skills. Teachers were given additional information on what to teach during whole-class instruction and how to set up smaller groups for targeted skill instruction. With this type of support, teachers were able to implement curriculum-based measurement with a high degree of fidelity for an average of 24 students per class.

- While performance assessments are not a cure-all, student learning is generally enhanced by classroom instruction that poses genuine problem-solving dilemmas, requiring students to problem-solve using multiple skills and strategies. So far, the performance assessment model has been found to significantly improve achievement for students at or above grade level for their age, though not necessarily for those below grade level. This points to the necessity for customizing instruction in a continuous improvement model, and suggests that performance-centered grouping, independent of the age of the learner, can be a very effective strategy.

- It's becoming apparent that teachers need to be alert to situations where students attribute their performance to external factors such as luck, teacher preference, or family influence. This outlook can lead to "learned helplessness," a potentially debilitating situation where students see their ability levels as fixed or uncontrollable.

Test results should drive the learning process, not just indicate where a student stands in relation to other students. Ongoing assessment of student learning should prompt teachers to redirect instruction, where necessary. In turn, this encourages students themselves to naturally seek feedback and review their own work, turning classrooms into communities of learners.

EFFECTIVE SCHOOLS RESEARCH ABSTRACTS

FREQUENT MONITORING OF STUDENT PROGRESS

CITATION: Utley, Bonnie L., Naomi Zigmond, and Phillip S. Strain, "How Various Forms of Data Affect Teacher Analysis of Student Performance," *Exceptional Children* 53, 5 (February 1987): 411-422.

What Did the Researchers Do?

Very busy people tend to cut corners, as long as it does not hinder their objectives. Teachers are very busy people. They teach many children many subjects daily. They develop numerous lesson plans daily and correct an unending flow of papers. They work on committees, attend faculty and department (or grade-level) meetings, and confer with students and parents.

Being busy, teachers frequently fail to collect data to ascertain trends in student performance. They rely upon their judgment, saying: "I see them daily. I know whether my students are getting better or not." Or, they say: "I am too busy; data collection is too time consuming."

But, is teacher observation, in and of itself, sufficient? Is it accurate? Or does the type of available information affect the accuracy of teachers' judgment?

To answer these questions, the researchers organized a well-designed experimental study. They trained 40 college students (15 of whom had at least one year of teaching experience) in data analysis. The college students (referred to as "subjects" for the remainder of this abstract) then observed videotapes of handicapped students performing a simple labeling task. The subjects were randomly divided into four groups which were given the following differing amounts of information regarding the handicapped students' performance of the task:

- observation only
- observation and raw data
- observation, raw data, and graphs
- observation, raw data, graphs, and a six-day line of progress

What Did the Researchers Find?

The subjects who drew conclusions based solely upon observation, correctly identified improvement in student performance. They were less accurate in their identification and analysis of level of student performance and any trends in such performance.

The groups which had some form of data, in addition to observation, accurately identified upward, level, and downward trends in student performance. The degree of sophistication of the data analysis did not increase the accuracy of the subjects' conclusions regarding student performance.

"The results of this study provide support for the necessity of at least raw data to detect no progress (a level trend) or loss of previously demonstrated rated progress (a downward trend) so that methods and/or materials can be modified." (p. 419) Teaching experience was not a factor in the accuracy of observation.

What Are Possible Implications for School Improvement?

Teachers and administrators frequently monitor "by the seat of their pants." They observe; they conclude; they affirm. Frequent monitoring of student progress is one of the correlates identified by Edmonds. It continues to be identified in subsequent replication studies.

The researchers cautiously comment that "it appears that providing data in any form may reduce the impact of poor observation skills," even though their data shout that this is true!

Yet, because we are busy and perhaps we did not like statistics in our teacher preparation program, we more often than not rely solely upon observation, rather than collecting and analyzing data. Beware! We may well be doing a serious disservice by failing to identify students who are remaining level in their performance—or who are declining. If we do not identify them, we cannot modify our instructional materials and methods to reteach them. We need to collect data frequently (simple raw data will do) and analyze it to ascertain whether students are learning.

— Robert E. Sudlow

EFFECTIVE SCHOOLS RESEARCH ABSTRACTS

FREQUENT MONITORING OF STUDENT PROGRESS

CITATION: Hunsley, John, "Cognitive Processes in Mathematics Anxiety and Test Anxiety: The Role of Appraisals, Internal Dialogue, and Attributions," *Journal of Educational Psychology* 79, 4 (1987): 388-392.

What Did the Researcher Do?

In this study, the author investigated the effects of math anxiety and test anxiety on students' internal dialogue, attitudes, and feelings, and performance on statistics tests. The author defines mathematics anxiety as feelings of tension, helplessness, and mental disorganization when a person is required to manipulate numbers or solve mathematical problems. The purpose of the study was to explore the relation between text anxiety and math anxiety, and to examine cognitive aspects of math anxiety.

A series of examinations in an undergraduate psychology statistics course were used as the basis for the study. Subjects completed measures of their cognitive processes while actually experiencing the stress of their examinations. Prior to each examination, subjects were asked what grade they expected to receive on the exam, how important it was for them to do well on the exam, how well prepared they felt, and how anxious they felt. Grades that students received on the examinations served as measures of performance outcomes. Following completion of an exam, subjects were asked to estimate the grade they would receive and to report their current level of anxiety and how satisfied they were with their performance. They were also asked to indicate the frequency of 10 negative thoughts that they may have had while taking the exam. This provided a measure of negative internal dialogue.

Finally, subjects were asked to indicate on a scale the degree to which a number of different factors had influenced their performance. These factors were ability in statistics; exam difficulty; luck; anxiety; general mood; time spent studying for the exam; mathematics background; quality of instruction in the course; and the amount of time that was spent on coursework.

What Did the Researcher Find?

The results from this study were reported in terms of test anxiety and the student's cognitive processes, as well as mathematics anxiety and the student's cognitive process. Before their examination, subjects who had scored high on test anxiety were more anxious, expected lower grades, and felt less prepared. During the examinations, these subjects frequently experienced negative thoughts. Also, text-anxious students obtained lower examination grades than did those who were not test-anxious.

The researcher reported that it is difficult to determine whether these students' low grade expectations were self-defeating or realistic. That is, did the self-doubts of the test-anxious students affect their motivation and cause them to do poorly on the exam? Or were their self-doubts a realistic reflection of their ability to perform on the mathematics exams?

Math anxiety was related to lower expected grades, greater pre-exam anxiety, and lower ratings of preparedness. High levels of math anxiety were linked with higher ratings of exam importance, suggesting that performing well on the statistics exams was very important to the math-anxious students. The researcher suggests that this might be an indication that the math-anxious students felt a need to demonstrate their competence in mathematics repeatedly to themselves. Post-exam appraisals clearly indicated that math-anxious students doubted their mathematical competence and believed that they would receive lower grades. Math-anxious students also experienced considerable negative internal dialogue during the exams, establishing a strong relation between math-anxiety and frequent negative thoughts toward mathematics examinations.

Only math anxiety contributed significantly to the prediction of students' ratings of exam importance. Students who experienced high math anxiety indicated that performing well on the exam was more important than did students who expressed low math anxiety. Test anxiety was predictive of lower achieved exam grades.

Math anxiety, although predictive of lower grade expectations, did not contribute uniquely to the prediction of exam grades.

Although the researcher found that math anxiety and test anxiety were positively and significantly correlated, he concludes that math anxiety is more than just another form of test anxiety.

What Are Possible Implications for School Improvement?

This study suggests that students' competence in mathematics is related to math anxiety. That is, students who are confident of their mathematics ability are less anxious about taking mathematics tests. This would support the practice of placing a strong emphasis on mastery of basic skills objectives. While encouraging students to do better and providing positive feedback regarding their efforts are important, the most important factor in preventing math and test anxiety may be equipping students with the skills to be successful in these areas.

— Robert Eaker and James 0. Huffman

EFFECTIVE SCHOOLS RESEARCH ABSTRACTS

FREQUENT MONITORING OF STUDENT PROGRESS

CITATION: Natriello, Gary, "The Impact of Evaluation Processes on Students," *Educational Psychologist* 22, 2 (1987): 155-175.

What Did the Researcher Do?

Evaluation of student performance has played a significant role throughout the history of American education, and considerable research has been devoted to the evaluation process. The author has provided a conceptual framework for considering this research and has used that framework to examine the impact of features of the evaluation process on students.

The researcher presents a circular model of the evaluation process in schools and classrooms, with eight progressive stages, where the eighth and final one leads back to the first:

1) Establishing which of four basic functions the evaluation process is intended to serve: a) certifying that students have attained a certain level of mastery; b) selecting which students or groups of students should continue along certain educational paths; c) directing or using the evaluation processes to allow evaluators to engage in diagnosis and further planning; and d) motivating those being evaluated to apply themselves to the tasks at hand.

2) Assigning tasks to students, putting them on notice that they are expected to perform certain tasks.

3) Setting criteria for student performance, or providing information about the properties of the task that will be important in the evaluation.

4) Setting standards for student performance. In the struggle to accommodate both individualism and universalism, three types of standards have emerged: those set in reference to the criterion level of a group; to some absolute criterion level; or to the previous criterion level of an individual.

5) Collecting partial information on student performance on assigned tasks. Generally this is done through some form of testing.

6) Comparing the information collected through testing or other means with the criteria originally established for the assigned tasks.

7) Communicating the results to parents, school officials, and potential employers. However, a good portion of this information is never communicated to the student or other relevant parties.

8) The final stage is considering the impact of the evaluation process in light of the original purpose of evaluating the students.

While acknowledging that the model is an oversimplification, the author believes that it provides a broad set of categories within which to consider the impact of various features of evaluation processes on students.

What Did the Researcher Find?

The model makes it possible to study the relationship between the purposes of evaluation systems and the outcomes of evaluation processes, an area which has not received systematic attention from researchers.

There have been some studies of the importance of classroom tasks on the evaluation process (Doyle, 1983)—in particular on how the degree of task differentiation in the classroom influences the students' conception of distribution of abilities in the class. (Rosenholtz & Wilson, 1980)

It appears that students feel more secure and can work more independently of the teacher when they understand the teacher's grading system—or the criteria against which their performances will be evaluated. A less positive result of explicit criteria is that the students may work only on the areas to be assessed.

The researcher cited a number of studies, which suggest that higher standards stimulate better performance, greater efforts, and more regular attendance on the part of students. On the other hand, some studies indicate that higher standards can be detrimental to the at-risk student, especially at the secondary level.

The impact of various types of standards has been investigated by a number of researchers, without any general agreement as to which have the greatest impact on students. Michaels (1977) found that norm-referenced standards ("grading on a curve") seemed to stimulate superior performance, at least among the top third of a class. Deutsch (1979), on the other hand, argued that this type of grading creates an artificial shortage of good grades; his research indicates that it can also make "students . . . more anxious, they think less well of themselves and of their work, they have less favorable attitudes toward their classmates."

Students who felt that their efforts and performance were not reflected in their teachers' evaluations tended to devote less time to their academic tasks, feeling a sense of powerlessness in the face of arbitrary standards. Generally such a reaction was more likely to occur in younger or lower-achieving students, while older or higher-achieving students were more likely to understand grading practices.

The author discusses a number of other aspects of the impact of evaluation processes on students. In general, he stresses the need to understand the entire evaluation system—its purposes, tasks, criteria, standards, samples, appraisals, and feedback, and the extent to which there is consistency among these various processes.

What Are Possible Implications for School Improvement?

There has been considerable research in the area of evaluation, but further studies are needed on the basic patterns of evaluation practices in schools and classrooms. Evaluation must be studied as a system of processes, which affects multiple teachers evaluating multiple students. "Very few of the findings gleaned from studies of single evaluators and single students can be applied in a straightforward way to the typical school and classroom setting." (p. 172)

— Kate O'Neill

FREQUENT MONITORING OF STUDENT PROGRESS

CITATION: Crooks, Terence J., "The Impact of Classroom Evaluation Practices on Students," *Review of Educational Research* 58, 4 (Winter 1988): 438-481.

What Did the Researcher Do?

"If we stress clear understanding and aim at a growing knowledge of physics, we may completely sabotage our teaching by a final examination that asks for numbers to be put into memorized formulas. However loud our sermons, however intriguing the experiments, students will judge by that examination—and so will next year's students who hear about it." (p. 445)

The above statement by E. M. Rogers is a vivid description of the powerful impact that classroom evaluation makes on learning. Tests occupy five to 15 percent of a student's time. The lower figure is more typical for elementary students and the higher figure is more typical for high school students. (p. 440) Students spend vastly greater amounts of time on tests and other classroom evaluation activities than on standardized testing. "Surveys of teachers and students have consistently indicated that they believe the educational and psychological effects of classroom evaluation are generally substantially greater than the corresponding effects of standardized testing." (p. 438)

To ascertain the impact of classroom evaluation upon students, the researcher reviewed 243 studies. Many types of classroom evaluation activities were studied: teacher-made tests, curriculum-embedded tests, oral questions, cognitive and psychomotor performance activities, assessments of learning skills, and assessments of motivation and attitude.

What Did the Researcher Find?

Classroom evaluation practices guide student judgments regarding what is important to learn. Evaluation practices affect students' motivation and self-perceptions of competence, and structure their approaches to personal study. Further, classroom evaluation practices affect the development of enduring learning strategies and skills. It appears to be one of the most potent forces influencing education. Yet it currently appears to receive less thought than most other aspects of education.

Far too often, classroom evaluation practices place heavy emphasis on the recognition or recall of isolated pieces of information. For example, one study of 8,800 test questions from all subject areas, K-12, reported "that almost 80 percent of all questions were at the knowledge level." (p. 442) Another study found that "classroom examinations often failed to reflect teachers' stated instructional objectives, frequently requiring little more than repetition of material presented in the textbook or class, or solution of problems much like those encountered during instruction." (p. 442) Examinations such as these encourage surface (memorizing) approaches to learning. They do not encourage higher-level objectives such as understanding, transfer of learning to untaught situations, and other thinking skills.

Normative grading on a fixed curve produces undesirable consequences for most students. It reduces intrinsic motivation; it attributes success and failure to ability, too often undermining a student's effort. It sometimes causes debilitating evaluation anxiety, reduces use and effectiveness of feedback to improve learning in weaker students, and negatively affects social relationships among students.

Evaluation feedback can be enhanced if it focuses students' attention on their progress in mastering objectives. An emphasis on personal attention enhances self-efficacy, encourages effort and reduces attention to social comparisons. Feedback should occur soon after a task is completed, and students should be given opportunities to demonstrate learning from the feedback. Feedback should be specific, consistent, and related to need. Detailed feedback is needed only to help students rectify misconceptions or other weaknesses in performance. Praise should be task specific and used sparingly. Criticism usually is counterproductive.

In cooperative learning, normative grading should be deemphasized. It is desirable to include some evaluation of the learning of the individual members in the overall evaluation of the achievements of the group.

Research has repeatedly demonstrated that students achieve most when evaluation standards are high, but attainable. Frequently this is not possible if all students are working simultaneously on the same tasks because some students probably would not be challenged and others probably would find the standards unattainable. To compensate, alternative approaches could be used, such as setting standards and/or tasks for individual students, using mastery learning approaches, or using cooperative learning approaches. "Requirements and criteria should be made very clear before an important task is attempted." (p. 469)

Regular opportunities, appropriately spaced, to practice and use the skills and knowledge learned foster active learning and consolidation of learning. For higher-level objectives, however, too much formal evaluation may be as bad as too little because conceptual understanding and skills require time to develop.

What Are Possible Implications for School Improvement?

Teacher-made tests and other classroom evaluation procedures will not improve unless teachers and principals pause, reflect upon them, and embark upon a conscious effort to improve them. There is ample documentation indicating that this should occur. The researcher presents many concrete concepts which faculties could use to significantly improve their classroom evaluation procedures—and student learning.

If we can both listen to children and accept their answers not as things to just be judged right or wrong, but as pieces of information which may reveal what the child is thinking, we will have taken a giant step toward becoming master teachers rather than merely disseminators of information.

— Robert E. Sudlow

FREQUENT MONITORING OF STUDENT PROGRESS

CITATION: Johnson, Sylvia T. and Michael B. Wallace, "Characteristics of SAT Quantitative Items Showing Improvement After Coaching Among Black Students From Low-Income Families: An Exploratory Study," *Journal of Educational Measurement* 26, 2 (Summer 1989): 133–145.

What Did the Researchers Do?

In this paper, the authors address the issue of test preparation, or coaching, as a way to try to improve test scores. The study is an extension of a previous study involving black urban students and the effects of coaching on their SAT scores. The present study was conducted to determine if quantitative test items had identifiable characteristics that made the items susceptible to coaching. Test items were examined for content, type of format in which the item was presented, level of cognitive attainment required, and position of the item on the test.

For this project, four forms of an SAT-type test were constructed for use in evaluating the project. One quantitative and one verbal subtest comprised the test, and scores were estimated for the 200- to 800-point SAT scale.

This particular study has limitations with respect to design and sample size because large numbers of students did not take any single form. While there are no test items that can be examined to see how the same students performed before and after coaching, items showing p-value improvements of .10 after coaching were compared with items not showing such improvements. Since this was an exploratory study, the researchers considered it reasonable to examine these changes in item performance, assuming that comparable samples of students took all forms.

For this study, clinics were set up for group instructional sessions. Students involved in these sessions met for 2 1/2- to 3-hour sessions, twice a week, for seven weeks. Two complete sets of sessions were held in three urban areas from April, 1983 through April, 1984. The clinics were planned so the results could be generalizable to other groups and locations.

Attending the clinics were black high school juniors and seniors from low-income families. Students were recruited by school counselors, local NAACP branches, and local community sources. Few of the students had completed more than two years of high school math, and many had had no geometry instruction.

Parent orientation meetings were held prior to the beginning of each clinic. At these meetings, the program was explained and parent cooperation was sought regarding student attendance and completion of regular assignments.

Two actual clinic sessions focused on test anxiety reduction, the politics of testing, and test-taking strategies and skills. One session consisted of a pretest and program introduction, another a posttest and program wrap-up. The remaining sessions were divided equally between quantitative and verbal test preparation.

The mathematics sessions reviewed basic college preparatory math. The sessions sought to remove misconceptions in algebraic and geometric principles/applications, to reduce anxiety, to prepare students to handle a variety of item formats, and to increase confidence in test-taking settings.

Teachers were certified and experienced in the teaching of mathematics and English respectively. Students had specific homework assignments following each coaching session.

What Did the Researchers Find?

The authors first reviewed the extensive literature on coaching as it relates to the present study. Overall, they found the results of coaching studies have been mixed. However, they did draw some interesting observations from this literature review.

One important variable they found was that coaching studies have not generally included significant numbers of black students in the samples. Also, few of the studies have examined the effects of coaching on specific test items.

For the Graduate Record Exam (GRE), studies of coaching on item types found that it made an observable difference. Strong correlations of effect size were found with length of directions, with the complexity of the directions, and with option format. The inclusion of examples in the directions and the average difficulty of test items were not significantly related to effect size.

While caution has to be used in generalizing from the results of GRE coaching studies to SAT coaching results, the GRE studies are important because of the findings related to item types. GRE coaching results support the idea that complex item formats are more susceptible to coaching or special test preparation than are simple formats.

For the SAT study reported in this paper, the test contained a sample of items of algebraic, geometric, and general mathematics content which generally required students to function cognitively at the application level of knowledge to be successful. These items appeared to be moderately responsive to test coaching efforts with the students in this study. By contrast, items that were of a comparison format did not exhibit significantly greater improvement than did items in the multiple-choice format.

Those clinic sessions that dealt with test preparation in the areas of review of basic college preparatory mathematics appeared to be successful. So did those sessions which removed misconceptions in algebraic and geometric principles and applications, prepared students to handle a variety of item formats, reduced test anxiety, and increased confidence in test-taking situations. The study did not find a differentiation in success based on item type.

What Are Possible Implications for School Improvement?

This study suggests that instructional review in basic algebra and geometry principles would be a successful strategy to sharpen skills needed by high school students to improve performance on SAT tests. Parents make an important contribution to the process by agreeing to monitor homework assignments.

The resulting increase in quantitative skill and better test-taking strategies seems to help students use their time more effectively in a test-taking situation and, as a result, to complete more of the test. The ability to answer correctly more questions on a test certainly improves a student's test score. Thus, improved scores reflect responses to more test items, combined with an enhanced ability to respond correctly.

The findings of this study suggest that even modest coaching efforts can improve performance on a broad range of quantitative SAT item types. Reviewing algebraic functions and/or procedures and test-taking strategies for approaching the types of problems on the SAT seems to be very helpful to students who have deficient quantitative backgrounds. The data also suggest that geometry items of each format and those items requiring multiple steps to solution can be responsive to well-planned and well-delivered supplemental instructional programs.

This research provides support for the establishment and/or continuation of coaching programs like those described in this study. These programs may be especially successful in major urban areas that contain large at-risk populations of minority students.

— Lee Gerard

EFFECTIVE SCHOOLS RESEARCH ABSTRACTS

FREQUENT MONITORING OF STUDENT PROGRESS

CITATION: Shouse, Roger, Barbara Scheider, and Stephen Plank, "Teacher Assessments of Student Effort: Effects on Student Characteristics and School Type," *Educational Policy* 6, 3 (September 1992): 266-288.

What Did the Researchers Do?

"Although effort is seen as fundamental to school learning, few studies have focused on teacher perceptions of effort and how these relate to actual student behavior," the researchers note. "One can reasonably assume that increased student effort will lead to greater student achievement." (p. 267) Previous studies have questioned the validity of teacher ratings of student behaviors, since the rating may reflect perceived student characteristics. One study suggests that, in addition to actual student behaviors, student ratings are influenced by other school and student characteristics (race and ethnicity, family background, gender, and school sector, i.e., public or private). Such findings "raise the possibility that achievement and effect ratings may be influenced by conscious or unconscious stereotyping by teachers." (p. 267)

The current study attempted to answer two questions regarding teacher ratings of student effort: *Do teacher's rate their students differently on the basis of characteristics such as race and ethnicity and gender? Do these ratings vary between public and private schools?* The researchers analyzed teacher ratings of students in three specific areas: "consistently works below ability"; "rarely completes homework"; and "consistently inattentive in class." (p. 272) Teacher ratings of students were examined by race and ethnicity, family composition and income, school sector (religious, private, public), gender, report card grades, test scores, parents' education level, and homework completed. The data for this study were obtained from an earlier study, the National Education Longitudinal Study of 1988, which was based on a random sample of eighth-grade students in public and private schools. One issue addressed was how teacher judgments of student motivation, performance, and potential influence student academic achievement. Each student in the 1988 study was rated by two teachers on a variety of motivational issues, including such subjective ratings as perceived student ability, attentiveness in class, and completion of homework.

What Did the Researchers Find?

The results of this study should be of real concern to all educators and the entire school community. "Effort ratings such as those examined in this article give some indication of how a teacher perceives certain classroom exchanges between his or her ability to influence a particular student and the student's willingness to meet teacher demands.... Ideally, this exchange process between teacher perception and student performance should operate independent of student demographic and school organizational characteristics. However, results suggest that this is not the case." (p. 282) Teachers overwhelmingly gave a greater proportion of positive response to Asian and white students compared to Hispanic and African-American students in three areas: "performs below ability"; "rarely completes homework"; and "inattentive in class." "The magnitude as well as the consistency of the gap . . . prompted us to . . . try to tease out some of the factors that might influence such ratings." (pp. 273-274)

It was theorized that two factors might be associated with a student's likelihood of receiving negative ratings: ability (as indicated by standardized test scores) and performance (as indicated by teacher-awarded grades). Therefore, a comparison was made of teacher ratings to student test score quartiles and grade quartiles. Students in the lowest test score quartiles would probably find it more difficult to work up to their ability level because of various factors associated with low test scores. These factors could directly influence low test score performance, which, in turn, would also inhibit the likelihood of working up to one's ability on classroom tasks. Similarly, students in the lowest grade quartiles would be more likely to be labeled by their teachers as working below ability. However, there is one important difference between test score quartiles and grade quartiles. The assignment of a student to a particular grade quartile depends on the teacher's perception of that student's academic performance. The relationship between a student's grades and his/her likelihood of being labeled as working below ability level are both based on teacher judgments. Thus, it would be expected that very few students in the highest grade quartile would be labeled as working below ability level.

Completing homework is typically an important factor in the awarding of grades. Therefore, the researchers concluded that very few students in the highest grade quartile would be rated as rarely completing homework. The third variable—inattentive in class—was considered to have similar ramifications: students earning the highest grades would be least likely to be rated as inattentive in class.

The results of this closer examination of the three variables were striking. African-American and Hispanic students who had the highest grades tended to receive a greater proportion of negative ratings by their teachers in the areas of lack of homework completion and inattentiveness in class. For each of the three areas examined, males were much more likely than females to receive a negative rating, consistent with previous research findings. This gender gap was smallest for Hispanics.

The researchers questioned whether these differences would hold across "school sectors." That term was defined as the organizational configuration—public, Catholic, private/other religious, private/nonreligious. "Most striking here is the variation across sector in the extent to which teacher ratings are linked to race and ethnicity. In each of the three rating categories. . . . African-Americans and Hispanics in public schools appear to be more likely than their White or Asian counterparts to receive a negative rating. For African-American students, this tendency also persists within private nonreligious schools." (p. 275) Furthermore, statistical analysis of the data led the researchers to conclude that "the effects of attending either a Catholic school or a private/other religious school are significantly different from the effects of attending either a public or a private nonreligious school." (p. 280) This reflected results of earlier studies in which "schools with a weak sense of community may be especially problematic for minority students." (p. 269) This study also concluded that "the higher the minority concentration in the school, the more likely it was for a student to receive a negative rating." (p. 282)

The composition of the family placed the Asian student and the African-American student at opposite ends of the spectrum. "The mediating effect of including family composition in the model suggests that what at first appeared to be the effect of race on the likelihood of receiving negative ratings is probably explained by the higher occurrence of disrupted families in some racial groups than in others and the effect that a disrupted family has on a student's attitude and effort in school." (p. 282)

Ideally, student performance and teacher perception of this performance should operate independent of student demographics and school organizational characteristics. However, results of this study suggest this is not the case. The tendency for students to receive negative ratings appears to be related to the type of school attended and nature of family background. These two factors seem largely to explain what at first appears to be the effects of race and ethnicity. Also, the proportion of minorities in the school, as well as the type of school attended, further account for differential ratings of students. "These findings suggest that teacher ratings occur within a school and community context that bears on the directionality of those ratings." (p. 283)

What Are Possible Implications for School Improvement?

In this study, what appeared at first to be a racial and gender bias proved to be misleading, illustrating how the careful study of local data through a disaggregated analysis can often serve to dispel previously held opinions. This is one of the basic tenets of Effective Schools Research.

The high sense of community which this study found more commonly present in the nonpublic schools can be operationalized in all schools through a sense of common mission combined with high expectations of success for all students. Teachers' egalitarian view of students combined with teacher and parent identification with student's academic progress can serve as a blueprint for improving the ways teachers interact with their students.

— Barbara C. Jacoby

FREQUENT MONITORING OF STUDENT PROGRESS

CITATION: Guskey, Thomas R., "Making the Grade: What Benefits Students?" *Educational Leadership* 52, 2 (October 1994): 14-20.

What Did the Researcher Do?

"The issues of grading and reporting on student learning have perplexed educators for the better part of this century. Yet despite all the debate and the multitude of studies, coming up with prescriptions for best practice seems as challenging today as it was . . . more than 60 years ago." (p. 14)

Educators continue to debate the merits of various ways of grading and reporting on student performance, and many studies have given inconsistent results. However, agreement has emerged among researchers on a number of key points. Guskey briefly reviews these points and then discusses practical guidelines to be used when grading or reporting student performance.

What Did the Researcher Find?

"Although the debate over grading and reporting continues, today we know better which practices benefit students and encourage learning." (p. 14) There are at least five points of agreement that have emerged from the numerous studies.

"Grading and reporting aren't essential to instruction." (p. 14) Grades or reporting forms are not necessary for teachers to teach well, and they are not needed for students to learn. It is important, however, to check frequently on what students have learned and to identify difficulties they are having. Checking student progress is different from grading and reporting, which actually involve judging student performance at a certain time. "Typically, teachers use checking to diagnose and prescribe and use grading to evaluate and describe." (p. 14)

"No one method of grading and reporting serves all purposes well." (p. 15) Grades can serve multiple purposes. They permit teachers to communicate with students and parents regarding achievement; they provide incentives for learning; they give information for student self-evaluation; they allow schools to group students for programs or educational tracks; and they evaluate school program effectiveness. Schools often use a single method to fulfill all of those purposes and thus are unable to achieve any of them satisfactorily. Schools need to determine "their primary purpose for grading and select or develop the most appropriate approach. This process often involves the difficult task of seeking consensus among several constituencies." (p. 15)

"Regardless of the method used, grading and reporting remain inherently subjective." (p. 15) Subjectivity in the process of grading and reporting is not always negative. Since teachers know their students and various aspects of the students' work, their subjective reports may be very accurate. Difficulty arises, however, when subjectivity becomes bias. For example, teachers' perceptions of students with behavior problems may adversely affect their judgment of those students' academic performance. This is particularly evident when teachers grade boys. Although training programs are available which can help teachers identify and minimize such biases and provide more consistency in reporting, few teachers have had such training.

"Grades have some value as rewards, but no value as punishments." (p. 16) Students usually view high grades as recognition for their successful performance, and some students work to avoid low grades because of the consequences attached. "At the same time, no studies support the use of low grades as punishments. Instead of prompting greater effort, low grades usually cause students to withdraw from learning." (p. 16) It would be better for teachers to motivate students by telling them their work is incomplete and needs more effort than to try to punish them by giving them low grades.

"Grading and reporting should always be done in reference to learning criteria, never on the curve." (p. 16) Grading on a curve actually hinders learning. It causes students to compete against each other in learning rather than cooperating so more students learn. Such competition for the few high grades makes learning "a game of winners and losers—with most students falling into the latter category. . . . In addition, modern research has shown that the seemingly direct relationship between aptitude or intelligence and school achievement depends upon instructional conditions, not a probability curve." (p. 16) The researcher cites Bloom's finding "that when instructional quality is high and well matched to students' learning needs, the magnitude of this relationship diminishes drastically and approaches zero. Moreover, the fairness and equity of grading on the curve is a myth." (p. 16)

The use of learning criteria when assigning grades or reporting gives teachers a clearer idea of student learning. Both students and teachers usually think this approach is more fair. There are three types of learning criteria used for grading and reporting: product criteria, process criteria, and progress criteria. Teachers who base their reporting methods on learning criteria usually use a combination of all three. With product criteria, the focus is summative evaluation of what students know and are able to do at a given time. Process criteria are used by teachers who feel that grading and reporting should consider how a student learned (i.e., considering things like homework, quizzes, participation, etc.), as well as the final result. Progress criteria, often called "improvement scoring" or "learning gain," focus on how much more students know as a result of a learning experience. Most measurement specialists and researchers favor exclusive use of product criteria because, they say, the more process and progress criteria are used, "the more subjective and biased grades become." (p. 17)

What Are Possible Implications for School Improvement?

There is a general lack of agreement among researchers as to the best approach to grading. However, Guskey suggests that educators can rely on two guidelines to develop fair, equitable, and useful grading and reporting practices.

1) "Provide accurate and understandable descriptions of learning." (p. 17) It is important to communicate clearly what students have learned and whether they have learned what is expected of them for that level of schooling.

2) "Use grading and reporting methods to enhance, not hinder, teaching and learning." (p. 17) Easily understood reporting helps teachers and parents communicate more effectively. This, in turn, enhances joint efforts of parents and teachers to help students learn well. To develop such an effective, easily understood, and equitable method of reporting will require schools to give up such practices as averaging (where a D earned early in the class carries as much weight as a B that is earned later). The information that most accurately depicts a student's learning at the present time is, in nearly all cases, the most current information. Likewise, assigning a zero for late or missed work does not accurately reflect learning that may have occurred. Moreover, since a single zero can skew the student's average score for the term, students who receive this grade have little chance at success in the course.

— Lynn Benore

FREQUENT MONITORING OF STUDENT PROGRESS

CITATION: Fuchs, Lynn S., et al., "Classwide Curriculum-Based Measurement: Helping General Educators Meet the Challenge of Student Diversity," *Exceptional Children* 60, 6 (May 1994): 518-537.

What Did the Researchers Do?

With growing student diversity in our schools today, a classroom teacher may be faced with instructing as many as five grade levels in a single classroom. Moreover, as learning-disabled children are included in the regular classroom for basic instruction, the diversity of students will continue to grow, creating greater demands on educators to meet the unique learning needs of students who are prone to failure.

To meet this important challenge of providing effective instruction for diverse student needs within the regular classroom, the authors designed a curriculum-based measurement (CBM) system. It consists of a variety of assessment methods for identifying student strengths and weaknesses on the school curriculum and for expediting instructional decisions. In other words, it makes intensive use of frequent monitoring of student performance. "Each CBM is a parallel test, systematically sampling the multiple skills that constitute the year's curriculum; the CBM score is a global indicator of proficiency in that curriculum." (p. 518) This approach has been used successfully for the past two decades in special education settings. The purpose of this study was to examine the efficacy of innovative CBM decision-making strategies within the regular classroom setting with varied students (including those with learning disabilities). The researchers' goal was to extend CBM decision-making methods so teachers could use objective, ongoing assessment information to provide instructional programs to serve the needs of all students. The study was conducted in the area of mathematics operations in Grades 2 to 5 in 11 schools in a southeastern, urban school district. Participating teachers had to include in their mainstream math instruction at least one student with an identified learning disability. These 40 teachers were first stratified by grade level and randomly assigned to two groups—either a CBM group or a contrast group. Next the CBM teachers were randomly assigned to two CBM conditions: CBM classwide feedback with instructional recommendations on how to incorporate descriptions of student progress into their instructional planning, or CBM classwide feedback without instructional recommendations.

The teachers implemented the respective treatments with all their students in their math classes for 25 weeks. For the purposes of the study, however, each teacher identified three students for evaluation: one student who was low achieving in mathematics, who had been classified as learning disabled (according to state regulations to comply with Public Law 94-142); a second student who was a chronically low achiever in mathematics, who had never been referred for special education assessment; and a third student whose performance in mathematics was near the middle of the class.

What Did the Researchers Find?

Using various statistical procedures, as well as observations and questionnaires, the researchers studied the effects of CBM on teacher planning, math achievement of the three types of students, and teacher satisfaction.

Instructional planning. The three treatment groups reported a comparable number of application skills, total minutes of instruction, total minutes of small- and whole-group instruction and teacher-delivered instruction, and comparable use of motivation. The CBM teachers with instructional recommendations reported "a) addressing more skills, b) teaching more operations skills, c) providing more one-on-one instruction, d) delivering more instruction by a peer, and e) using systematic motivation systems more frequently" than the contrast teachers or the CBM teachers without instructional recommendations.

(p. 530) The researchers found that the regular classroom teachers were able to implement CBM with a high degree of fidelity for an average of 24 students per class.

Achievement. The researchers' data suggest that low-achieving students benefited from the instructional environments associated with the CBM with instructional recommendations; nine of 10 low-achieving students in this group surpassed the achievement of their contrast treatment peers. However, only four out of 10 low-achieving students in the CBM group without instructional recommendations surpassed the achievement of low-achieving students in the contrast group. "On the other hand, average-achieving students may only require ongoing, individual CBM feedback to achieve differentially well. In both CBM conditions, the achievement of 7 of 10 average-achieving students surpassed the mean growth of their contrast treatment peers. Unfortunately, students with learning disabilities may respond less dramatically to either treatment. In both CBM conditions, the achievement of only 6 of 10 students with learning disabilities surpassed the mean growth of their contrast treatment peers." (p. 536)

Teacher satisfaction. The achievement effected by all 10 CBM teachers in the instructional recommendations group surpassed the mean growth brought about by the other CBM teachers. The CBM teachers using these recommendations also said that their instructional methods were more effective in helping their students do well on math skills and social skills. They reported, in particular, that they relied more on classwide peer tutoring and computer-assisted instruction to help remediate students' problem skills. Both CBM treatment groups gave high ratings to two of the components of the CBM assessment system: the student graph and the skills profiles. The CBM teachers using instructional recommendations also rated the "students-to-watch" part of the report more helpful than did the other CBM teachers.

Each week, teachers assessed pupil's performance on a different test representing the grade level's annual operations curriculum. Software summarized each pupil's performance in a graph and a skills profile showing the student's mastery status on each type of problem for each two-week period.

Teachers instructed students how to read and interpret the graphs by asking questions about their scores and what skills they needed to work on for greater mastery. CBM teachers received feedback twice monthly through a computer printout of each student's graph and skills profile, as well as a report summarizing the performance of the entire class. The class graph included such assessment information as a ranking of pupils whose performance fell below the 25th percentile, lists of skills on which student performance had improved, and a class skills profile displaying each student's mastery status on each problem type in the year's curriculum. The CBM teachers with instructional assistance also received a report with such additional information as what to teach during whole-class instruction, and how to set up small-groups for skill instruction. The report listed students who required classwide peer tutoring, and students who could provide peers assistance with target skills. Clearly the use of frequent monitoring is a critical factor in the success of CBM.

Though both treatment groups could use classwide peer tutoring, only the CBM teachers with instructional assistance received initial and ongoing help in implementing computer-assisted instruction and classwide peer tutoring. However, all CBM teachers also received a full day of staff training on the CBM concepts, as well as weekly observation and assistance by a research assistant.

What Are Possible Implications for School Improvement?

Teachers and administrators wrestling with the problem of increasing student diversity in their classes can learn much from this carefully conceived study. First, it demonstrates that CBM strategies can be implemented successfully, with a great deal of teacher satisfaction, in regular classrooms with large numbers of students of varying abilities, including learning disabled students. But it is clear that regular classroom teachers using classwide CBM also need specific instructional recommendations to improve student achievement. Furthermore, CBM fosters the use of other research-based approaches, such as cooperative learning (peer tutoring) and computer-assisted instruction. To harness the potential of curricular-based assessment systems, such as CBM and related instructional methodologies, effective staff training is critical in bringing about meaningful changes for diverse students in the regular classroom.

— Frank X. Ferris

FREQUENT MONITORING OF STUDENT PROGRESS

CITATION: Campbell, Frances A. and Craig T. Ramey, "Cognitive and School Outcomes for High-Risk African-American Students at Middle Adolescence: Positive Effects of Early Intervention," *American Educational Research Journal* 32, 4 (Winter 1995): 743-772.

What Did the Researchers Do?

Despite the commitment to a free public education in America, too many minority students do not graduate from school and are unprepared to function in the workplace. Demographers have predicted that the numbers of minority children will continue to increase; therefore, their ability to contribute positively to our economic and social stability is imperative. Educators continually search for viable methods to increase the academic performance of minority children and children of the poor.

The authors designed a controlled, randomized, longitudinal study to "examine the duration of effects of early childhood educational intervention on the intellectual development and academic achievement of a sample of African-American adolescents born into poverty." (p. 744)

Theories supporting the potential positive effects of preschool intervention programs have been reported for years. However, "there are actually few scientifically rigorous studies of the efficacy of early educational programs." (p. 744)

This program, called the Abecedarian Project, was designed to answer this question: "How much might the development of children from economically impoverished backgrounds be enhanced by an intensive program that began early in the life span?" (p. 745) Two phases of treatment and two follow-up studies have been completed to date. These include a preschool program; an elementary treatment endpoint; an initial follow-up at age 12; and a second follow-up at age 15 after 10 years in school.

Between 1972 and 1977, four groups—each consisting of no more than 28 infants—were admitted to the project. Participants were selected "based on a High Risk Index derived from factors reported in the literature to be related to lower levels of intellectual functioning and/or academic failure." (p. 746) Parental education level and income received the greatest weight. Although ethnicity was not part of the selection criteria, "98% of the families ultimately enrolled were African American because, in the local area, as in the United States in general, ethnicity and poverty are confounded." (p. 748) The initial sample consisted of 111 subjects (59 females and 52 males). Subject attrition was low. Only 18 cases were lost—15 during the preschool years and three thereafter.

What Did the Researchers Find?

The preschool program provided an enhanced educational program delivered through a day care center. An infant curriculum focused on four areas: cognitive and fine motor development, social and self-help skills, language, and gross motor skills. This curriculum was "biased toward adult-child transactions involving informational language." (p. 749) Caregivers and teachers at the center received extensive in-service training with an emphasis on "ways to foster sociolinguistic competence in the children." (p. 749) Parents of the treatment children served on the center's advisory board and participated in a series of parenting programs.

Before entering kindergarten, the children completed six weeks of summer transitional classroom experience. At this point, "extra children from the community were enrolled to make the group larger and more socioeconomically heterogeneous, thereby increasing its contextual similarity to public school." (p. 750)

Preschool outcomes. "Although initially equivalent on early infant scores on the Bayley Scales of Infant Development (Bayley, 1969), at every age from 18 months through 54 months, children treated in preschool significantly out-scored preschool controls on measures of intellectual development." (p. 750)

The school-age program retained 93 of the initial 111 subjects, with the students entering kindergarten as they attained the age of five. Subjects were assigned to school according to district guidelines. District demographics consisted of approximately 80 percent white and 14 percent African American.

Each treated family was assigned a home/school resource teacher for the first three years the child attended public school. This assignment provided a critical variable because the teacher functioned as a liaison between the home and the school. As an advocate for the child, the resource teacher intervened on the child's behalf at school and supported the child's learning at home. Additionally, the resource teacher functioned like a social worker by securing additional support for the families through relevant agencies and by obtaining medical care.

School-age outcomes. "Analysis of the longitudinal intellectual test data up to the treatment endpoint showed significant positive effects of preschool treatment on intellectual test scores from infancy to age 8." (p. 752) Children who were treated in preschool scored significantly higher than control students on standardized tests of academic achievement. "There also was a significantly reduced likelihood that children treated in preschool would be retained in grade during the first three years." (p. 752) The authors conclude that "preschool treatment, as opposed to school-age treatment, was more strongly associated with these positive outcomes." (p. 752)

The first follow-up study was conducted when the subjects reached age 12 and had completed seven years in school. No additional treatment had been provided for at least four years.

Age 12 follow-up outcomes. Results revealed the "positive effects of preschool treatment on children's intellectual test performance and on academic tests of reading and mathematics had been maintained into early adolescence." (p. 752) These gains had outlasted the effects of intervention gains found in other projects similar in scope. However, the authors note that the children were still relatively under parental control and had not yet confronted the complex challenges of adolescence.

A second follow-up study was conducted as target students completed the 10th year in school; 92 of the possible 93 subjects took part in this mid-adolescent follow-up. Subjects were reimbursed at the rate of approximately $10 per hour for taking part in the follow-up.

Age 15 follow-up outcomes. "At age 15, seven to 10 years after any treatment was provided, those students who had preschool treatment scored significantly higher on individually administered tests of reading and mathematics and had fewer instances of grade retention and assignments to special education." (p. 743)

What Are Possible Implications for School Improvement?

The long-term positive effects of this project emphasize the "need for high quality learning environments for impoverished infants, toddlers, and preschoolers." (p. 768) The data suggest that "if such children are given high quality educational experiences during the preschool years, their academic performance and school progress may be significantly enhanced through middle adolescence." (p. 768)

Although it is easier to provide services to poor children after they enroll in elementary school, the results of this study cast doubt on the wisdom of waiting until children are older before intervening. The authors conclude that "elementary school programs may have less impact on the children's academic performance than would programs begun earlier in the life span." (p. 769) However, results were more positive for students who received both elementary school treatment and preschool treatment.

As the controversy over funding continues to cause legislators to weigh the benefits of early intervention programs for poor children, it is imperative that the results of this study are disseminated. Hopefully, the findings in this report will encourage the continued financial support of high quality early childhood programs for all impoverished children.

— Judy Wilson Stevens

EFFECTIVE SCHOOLS RESEARCH ABSTRACTS

FREQUENT MONITORING OF STUDENT PROGRESS

CITATION: Nuthall, Graham and Adrienne Alton-Lee, "Assessing Classroom Learning: How Students Use Their Knowledge and Experience to Answer Classroom Achievement Test Questions in Science and Social Studies," *American Educational Research Journal* 32, 1 (Spring 1995): 185-223.

What Did the Researchers Do?

A key function of teachers is to construct classroom achievement tests. Yet, many teachers assume, simplistically, that if students have learned the relevant knowledge, then the selection of correct answers is more or less automatic. Based on recent research on construct validity (the mental processes students use in answering achievement test items), the authors contend that selection of correct answers is much more complex. The study asked students to describe how they answered achievement test questions; although self-reporting about mental processes may raise questions concerning validity, the authors argue that their procedures yielded consistent and valid data. (p. 211)

Tests were developed to measure the outcomes of science and social studies curricula in elementary and middle schools, such as units on weather and life in the Middle Ages. Because of the extensive interviews—several sessions lasting up to four hours—only three or four students were chosen from each of three classes. They were randomly selected to represent the class in terms of gender, race, and levels of achievement.

The achievement tests were administered to the whole class at the beginning of each unit, immediately after each unit, and 12 months later. After the second and third administration, the authors interviewed each of the target students. This small, exploratory study examined the relationship of test responses to answering processes and item content. From their intensive analysis, the authors developed an explanatory model or theory of the way students learn from classroom experience.

What Did the Researchers Find?

"Students' interview responses indicated that they used a variety of logical processes and a variety of resources of information for answering the achievement test items." (p. 195) The recall of directly relevant information or classroom experience was the most commonly reported basis for an answer to a test question. That recall was closely associated with recollection of specific, episodic details, such as what was said, heard, seen, or done, as well as semantic content, such as explanations and examples presented in the original learning experience. Results of the short-term interview indicated that about half (52 percent) the test items were answered on this basis. Another 16 percent of test answers were based on recalling item content from relevant out-of-class experiences, such as television or family discussions. In addition, 10-15 percent of the items were deduced or inferred from conceptually related information or experiences. For the remaining percentage, the students had no recollection of ever learning or knowing the content.

After a year, only 32 percent of the achievement test items were answered on the basis of recall of the original learning experience, while the items answered by inference from conceptually related experience or knowledge had increased to approximately 25 percent. Of particular interest, too, was the high proportion (40 percent during the short-term interviews and 50 percent during the long-term interviews) of test items answered uniquely or differently by each student. For example, one would report answering the item from recall or classroom experience, while another from the same class would report inferring the answer from related knowledge. Despite these individual differences, the study indicates that student learning experience, not the content of the item itself, is the major determinant of how students answer achievement test items.

From the analysis of the interview data, the authors developed an explanatory model. The data indicated that the test items (stem and alternatives) defined for the student a content domain and general structure for either cueing the immediate recall of the required information or suggesting that there was nothing relevant in memory. It also appeared that the students had a general awareness of some kind of retrieval or answer deduction process. These are parallel strategies, and during either process, there are both episodic memory of specific and general learning experiences, as well as semantic memory of curriculum presentations.

According to the authors, these two types of memory are "closely related in which recall of a concept was defined by an achievement test item consisting of parts or fragments of the original experience. Within these fragmented and multilayered memories, the retrieval/deductive process was carried out in a stepwise or cyclic procedure. For example, recollection of a piece of episodic information cued retrieval of a piece of semantic information that in turn cued the recall of further episodic and/or semantic information." (p. 216) Furthermore, "if immediately relevant information was inadequate, then more distantly related information was introduced into the retrieval/deduction process." (p. 217)

What Are Possible Implications for School Improvement?

Through these small case studies, the researchers have clarified the processes students use to answer achievement test questions. Answers are based 60-75 percent of the time on relevant classroom experiences. Another 9-15 percent are based on relevant experience outside class, while 10-15 percent are inferred from conceptually related information. A year later, recall of the original learning experience decreases considerably, while deduction increases. There also is a great deal of difference in the way individual students answer various questions.

The article thus demonstrates that an achievement test item does not simply measure a student's ability to recall the correct answer. Rather, a complex, intellectual activity occurs, involving both recall and deduction as parallel processes. This model provides a starting point for understanding what an achievement test measures. Knowing the complex nature of the test answering processes should help teachers see more clearly the relationship of achievement test assessment to classroom learning and help them appreciate the need for valid classroom achievement tests.

— Frank X. Ferris

FREQUENT MONITORING OF STUDENT PROGRESS

CITATION: Vispoel, Walter P. and James R. Austin, "Success and Failure in Junior High School: A Critical Incident Approach to Understanding Students' Attributional Beliefs," *American Educational Research Journal* 32, 2 (Summer 1995): 377-412.

What Did the Researchers Do?

For classroom teachers, student motivation (or lack thereof) remains an essential, but elusive construct. Attribution theory has been used in an attempt to understand student motivation and student achievement. Essentially, attribution theory focuses on students' beliefs about why they succeed or fail. In the last five years alone, nearly 2,000 published articles and reports have drawn on some facet of attribution theory.

The attributional researchers have tended to use one of three methodological approaches in their research—situational, dispositional, and critical incident. In studies that used the situational methodology, participants read a detailed scenario about a hypothetical individual and respond to a series of questions related to that scenario. In the dispositional methodology, participants receive several ambiguous statements representing a series of particular events within an achievement domain and rate the relative importance of various attributions. The major limitation of both these methods is their failure to assess individual responses to real-life experiences.

The third method, and the one used in this study—the critical incident approach—overcomes the problem by asking participants to evaluate naturally occurring instances of success and failure. The researcher used a retrospective critical incident methodology to examine several issues that had been addressed in previous studies using the other approaches. The study was designed to address one of the chief criticisms of attribution theory—the absence of compelling empirical evidence that links student attributions to actual classroom achievement.

The study set out to answer three questions. First, to what extent does attributional response vary as a function of outcome, attribution category, subject area, and activity? Second, what is the relationship between attributional response and students' reported grades? Finally, do bipolar causal dimensions of locus, stability, and controllability accurately portray how students conceptualize their attributions about real-life successes and failures?

The participants for the study included 211 predominately Caucasian students from a junior high school (grades 7 and 8) in a small town in eastern Iowa. It included 89 percent of all the students who attended the junior high school in June 1989. All the participants were enrolled in English, math, general music, and physical education courses at the time of the study.

Each student responded to one of two forms of an experimenter-designed questionnaire that included 96 items assessing either success or failure attributions. The forms were identical in all respects, except one assessed only failure attributions, while the other assessed only success attributions. In addition, regardless of the success/failure designation, each student completed five demographic items and four items assessing self-reported grades in the four subjects.

For each subject area, the student was asked to think about one of the activities on which they did very well or very poor, depending on whether they were assigned the success or failure questionnaire. They were then asked to indicate the reason why they believed they performed either very well or very poor on that activity. The questionnaires were administered to students by teachers in their regular classrooms. To ensure that the administration procedures were standardized, teachers followed a detailed protocol.

What Did the Researchers Find?

In the case where the students were to rate the attributions of success on the activities they selected, effort, interest, teacher influence, and ability all averaged above a score of four on a six-point (six being high) Likert scale. In the case where students were to rate the attributions for their failure on the activities they selected, the averages (all below four, but on average over three) were highest for lack of interest, difficult task, selected wrong strategy, and lack of effort.

Viewed collectively, the researchers concluded that junior high school students readily endorsed most of the attributions as explanations of their success, but they were less willing to endorse many of the same attributions as explanations of failure. In addition, students took more personal responsibility for their successes than for their failures.

In examining the relationship between attribution and achievement as reflected in student self-report of their grades, the researchers reported that attributing success or failure to ability had the highest correlation with grades. Higher achievers were more willing than low achievers to endorse internal attributions (ability, effort, strategy, and interest) as reasons for their success.

The researchers drew several important conclusions based on the data analysis. First, they found that attributional response was clearly outcome-, subject area-, and activity-dependent. They found support for the self-serving effect, "the tendency of individuals to take personal responsibility for success, but not for failure." (p. 399) This finding, coupled with previous research, suggests the self-serving effect is likely to emerge, regardless of the methodology employed.

Students were also found to be more willing to credit others (family members and teachers) for their successes than to blame them for their failures. Further, this study affirms a fundamental principle of attribution theory—namely, that success and failure are not mirror images of one another.

Overall, the study reported that interest was the most highly rated failure attribution and the second most highly rated success attribution, after effort. The increasing emphasis on the role that interest plays in attribution theory is consistent with the positive link that has been reported between interest and cognitive, metacognitive, and affective components of learning. Attributing failure to lack of interest would seem to pose less of a threat to one's self-worth than other attributions such as lack of ability, industriousness, commitment, or resolve.

What Are Possible Implications for School Improvement?

According to the researchers, causal attributions represent one piece of the motivation puzzle and offer some insights into understanding and enhancing student motivation. They offered seven recommendations:

1) Teachers should assist students in finding ways to overcome the potentially debilitating effects of ability attributions for failure. For example, teachers could train students to think that failure comes from lack of effort or inappropriate strategies and not the absence of ability.
2) Teachers should be aware that attributions of success or failure to internal factors (ability, effort, strategy, or interest) may be domain- or even activity-specific, and any attempt to alter such attributions may require domain- or activity-specific interventions.
3) Teachers should be especially alert to situations in which students attribute their failures to external factors such as luck, teacher influence, or family influence because it may lead to the debilitating pattern called "learned helplessness."
4) Because of the strong endorsement of the interest factor, teachers should do everything in their power to develop and nurture student interest in the act of learning itself and the topics covered in the class.
5) Teachers should pay as much attention to students' causal beliefs about performance in nontesting situations as in testing situations.
6) Teachers should encourage students to see ability not as something fixed and uncontrollable, but as both unstable and controllable.
7) Both teachers and researchers should recognize that conflicting findings in the attribution literature may be due, in part, to the specific methodology used in the study.

Clearly, this study demonstrates that causal factors go a long way toward understanding why some students are motivated and others are not, or why a student is motivated in one situation and not in another. Understanding the interest levels and patterns of students would seem to be a fruitful area for teachers to explore with their students.

— Lawrence W. Lezotte

EFFECTIVE SCHOOLS RESEARCH ABSTRACTS

FREQUENT MONITORING OF STUDENT PROGRESS

CITATION: Morris, Darrell, et al., "Teaching Low-Achieving Spellers at Their 'Instructional Level,'" *The Elementary School Journal* 96, 2 (November 1995): 163-177.

What Did the Researchers Do?

Spelling books increase in content difficulty across the grade levels just like elementary reading books. Although language arts authorities have repeatedly asked educators to attend to students' spelling instructional levels, "the practice has not been widely adopted in elementary classrooms." (p. 164)

The idea of an instructional level in elementary spelling was tested in this study and two earlier ones. In the first study, the researchers administered a 30-word spelling test to students in grades 2-5 (three classes per grade). "For each student, we obtained a percentage correct score (0%-100%) and a quality of misspellings score." (p. 165) This second score indicated the speller's grasp of grade-level spelling patterns. Good spellers tended to "produce qualitatively 'better' misspellings" than poor spellers. (p. 165)

A wide variation was found in spelling performance. "Not only did poor spellers in this study face the task of learning more correct spellings than their more able classmates, but also they seemed to lack the spelling pattern knowledge that would make this new learning possible." (p. 165)

During the second study, the researchers observed spelling instruction and analyzed achievement for a full year in four third-grade and two fifth-grade classrooms. Each teacher followed the activities in the grade-level spelling book and taught spelling as a whole-class activity with little attempt made to individualize. A series of tests were administered at different times during the year. Results suggested that poor spellers had "insufficient spelling pattern knowledge" and were unable to incorporate weekly spelling words "into a long-term functional spelling memory." (p. 166)

The third and current study answers the question, "Would these students learn more spelling words, and more about the spelling system, if they received instruction at a lower difficulty level?" (p. 166) This study identified 48 low-achieving third-grade spellers, using curriculum-based pretests. These students were spread throughout seven third-grade classrooms in rural North Carolina. Twenty-four low-spelling students were placed in four intervention classes and 24 others in the remaining three classes.

All seven teachers used the third-grade spelling book for the first six weeks of school. After that, two of the intervention teachers taught their poor spellers from a second-grade spelling book for 16 weeks, followed by a review of the first eight units in the third-grade book for another eight weeks. Students in these two classes rejoined their classmates at the same point in the third-grade book for the last six weeks of the school year.

The other two intervention teachers followed a similar plan, but began it later in the school year. They taught all their students in the third-grade book through unit 18 and then placed their poor spellers in a second-grade book for 10 weeks. The poor spellers returned to the third-grade book for the final eight weeks of school.

The remaining three teachers did not intervene with their poor spellers. All of their students worked in the third-grade spelling book for the entire school year.

Spelling words were introduced on Monday. Students were guided through spelling book practice activities on Tuesday, Wednesday, and Thursday, followed by the spelling test on Friday. This resulted in 96 percent of the possible spelling book activities being covered during this whole-class instructional approach.

Intervention teachers spent most of their spelling time with the poor spellers, allowing the high spellers to work independently. Each group was given an appropriate test on Friday.

What Did the Researchers Find?

Based on the initial observations, the low group's misspellings on the third-grade pretest were of poorer quality than the high group's misspellings. However, both groups did reasonably well on the Friday spelling tests. When tested on the six-week review tests, the poor spellers dropped from 83 percent correct on the weekly tests to 49 percent. The high spellers dropped considerably less, from 96 percent to 85 percent. On the year-end test, the low group spelled only 46 percent of the third-grade words correctly, while the high group achieved 85 percent. These results suggest the poor spellers had insufficient spelling pattern knowledge when trying to learn a third-grade spelling curriculum.

The data from all 24 intervention students were combined into one group. Comparing this intervention group with the 24 students in the low-speller comparison group showed no significant difference on pretest spelling measures. The intervention group did score higher than the comparison group on the end-of-year second-grade spelling test. While there was no significant difference between the two groups on the curriculum-based third-grade spelling posttest, there was on the third-grade transfer test, which included 25 third-grade words not taught during the year. Intervention students performed better than the comparison students on transfer words.

Data were then analyzed by identifying the 17 lowest spellers in the intervention classes and the 14 lowest spellers in the comparison classes. The intervention group outperformed the comparison group by 70 percent to 51 percent on the second-grade posttest and 41 percent to 27 percent on the third-grade transfer test. On the six-week review tests, the intervention group showed greater retention on the second-grade tests than on the third-grade tests. On all measures of outcome, the group of poor spellers who had worked with second-grade spelling lists the longest were consistently favored in terms of scores.

What Are Possible Implications for School Improvement?

While teaching low-level spellers at an appropriate instructional level seems reasonable, several policy issues are raised. When teaching poor spellers in a below-grade-level spelling book, teachers may be concerned about student self-esteem, as well as how these students will ever catch up in spelling. The primary argument to address such concerns is to note the second-grade foundational knowledge required prior to learning third-grade spelling. Also, these same low-spelling students were already being grouped for reading instruction at the second-grade level. The results of the spelling intervention in this study are reassuring since the poor spellers who received below-grade-level instruction did not fall further behind and actually gained over a comparison group taught at grade level. The results also suggest that the longer students participated in the intervention, the more spelling knowledge they gained.

Teaching poor spellers at their instructional level did require more work on the part of the intervention teachers. Two spelling lessons had to be planned each day, although the consistent weekly structure of the lesson format made teacher planning a fairly simple task.

By intervening early in the second-grade year, "teachers may be able to ready their low spellers for many of the one-syllable patterns they will meet in the second-grade spelling book." (p. 176) Early, intensive intervention has been used successfully with low-reading first-graders and could likely be successful with poor spellers. The longer we wait, the more likely these students will fall further behind.

— Lee Gerard

EFFECTIVE SCHOOLS RESEARCH ABSTRACTS

FREQUENT MONITORING OF STUDENT PROGRESS

CITATION: Kain, Daniel L., "Looking Beneath the Surface: Teacher Collaboration through the Lens of Grading Practices," *Teachers College Record* 97, 4 (Summer 1996): 569-587.

What Did the Researcher Do?

In theory, teacher collaboration can reduce isolation, promote collegiality, and, generally enhance teachers' professional self-image. Grading practices can serve as "one lens through which to view the development of collaborative relations and norms." (p. 571)

Although there is evidence of some district- and building-level grading policies, teachers, in general, appear to maintain a sense of privacy about their grading practices, "guarding these practices with the same passion with which one might guard an unedited diary." (p. 569) Furthermore, teachers tend not to discuss grading, and frequently view it as a source of uncertainty, frustration, and ambiguity. "Given this attitude about grading, this practice becomes an especially insightful vehicle for examining the collaborative relations in a school." (p. 570)

This study of a small, newly-opened high school focuses on a "crisis" in teacher relations regarding grading and the practice of collaboration. Data for the year-long study consisted of observations, interviewing, and document analysis. Because the school had just opened, a sense of school culture was in its developmental stages. Grading practices, therefore, serve as one way to view collaborative relations in an emerging school culture.

Before the new school opened, there were numerous meetings on a wide range of topics, including grading. Information was provided to the staff by the principal, but was not again referred to for substantive discussion purposes. However, the principal stated that "standards had to be clear for staff, students, and parents." (p. 575) Furthermore, the principal reiterated that "there was no choice about whether to grade students, only about how; 'To grade or not to grade is not open for discussion.'" (p. 575)

After some discussion and much direction from the principal, the staff agreed that students would be graded on process (the method used to complete an assignment and the effort put forth) and product (the actual assignment handed in or end result of a student's efforts). At the beginning of the year, process and product would count equally (50 percent-50 percent) in determining grades, but as the year progressed, the emphasis would shift to product (20 percent-80 percent).

In spite of these discussions, no final policy emerged and confusion was apparent throughout the school year, even among teachers involved in the discussions from the beginning. Thus, when newly-hired teachers were confronted by this apparent confusion, they were further hindered by not being present during the early discussions, and "were left to 'figure it out' on their own, a common practice that drains energy from organizations." (p. 582)

As the year progressed, teachers found they had to move from the hypothetical discussion of grades and standards to the practical reality of grading and establishing standards. Some teachers collaborated by creating a joint syllabus, but others did not. "What is interesting in this is that teachers appeared to be operating quite independently in determining grading practices and standards. The question of grading was raised by the researcher, not the teachers, despite their apparent interest in the issue." (p. 578) It was not an issue addressed in staff or team meetings, or in documents connected with these meetings.

Though the summer discussions were valuable in helping teachers articulate their vision of what the new school should be like, it could be argued that "the teachers would have been better off had they been more grounded in reality for their summer sessions." (p. 581) Also, during the school year, "the teachers might have profited from more systematic attention to the reality they wanted to recreate rather than the realities they faced." (p. 581) To avoid having urgent matters always override important ones, collaborative groups may wish to keep a running, written account of their dealings and take a periodic inventory to ensure that their goals are being addressed.

Also, "articulating a purpose" is "crucial for a team's success." (p. 584) That purpose cannot be vague or interpreted differently by different listeners, or it will provide little direction.

What Did the Researcher Find?

The reasons this sketchy collaboration on grading practices failed to translate into effective policy were numerous—the urgency of dealing with the opening of a new school; solving problems created by community reactions to the school; severe time constraints because of the focus on other issues; a focus in staff meetings on students rather than curriculum or pedagogical issues; and a lack of clear understanding of what it meant to work as a team.

A number of lessons were learned from this experience:

- For collaboration to work effectively, teachers must deal with important issues, as well as urgent ones. An inventory must be taken periodically to see that important matters have not been pushed aside by the urgency of the moment.

- Particular care needs to be taken with newcomers. Teams develop over time and it is unrealistic to expect new team members to enter groups at the same stage of development as an existing team. The history of the team's discussions, conflicts, debates, and struggles must be shared with the newcomers.

- Team members must realize that there is power in priorities. Articulating a purpose is crucial for a team's success, but the purpose must be precise and deal with issues that promote specific and practical actions to make schooling better.

- Changing traditions takes careful, systematic attention. Because changes face challenges and resistance, they must be handled slowly and consistently.

What Are Possible Implications for School Improvement?

This study clearly shows that collaboration is not a natural phenomenon; it is a process that needs to be learned and practiced. This is a lesson which must be remembered by all effective school teams.

"At the most fundamental level, even the somewhat haphazard development of a grading 'policy' highlights the power of collaboration in a secondary school." (p. 584) Staff members look at their own practices, reexamine traditions, and open the door to productive change.

Training in the collaborative process is time and money well spent because, in the long run, it is an economical investment. Teams will learn how to focus on critical issues which affect the schooling of students, will learn how to deal with change, and will learn the complicated, but critical process of working together as colleagues toward a common goal.

— Barbara C. Jacoby

EFFECTIVE SCHOOLS RESEARCH ABSTRACTS

FREQUENT MONITORING OF STUDENT PROGRESS

CITATION: Peak, Lois, *Pursuing Excellence: A Study of U.S. Eighth-Grade Mathematics and Science Teaching, Learning, Curriculum, and Achievement in International Context.* Initial Findings From The Third International Mathematics and Science Study, U.S. Department of Education, National Center for Education Statistics, NCES 97-198, Washington, DC: U.S. Government Printing Office, November 1996.

What Did the Researcher Do?

Friends and foes of public education take heed! The findings from the Third International Mathematics and Science Study (TIMSS) are now available. This report looks at eighth-grade students from 41 countries. The major conclusion is that mathematics and science achievement in the U.S. is neither as bad as the critics claim, nor as good as the defenders declare. Friends and foes alike should be both rewarded and challenged by these findings.

TIMSS is the largest, most comprehensive, and rigorous international comparison of education ever undertaken. During the 1995 school year, the study tested the math and science knowledge of a half-million students at five different grade levels. In addition to achievement tests and student and staff questionnaires, it included videotaped observations of mathematics classrooms and case studies of policy issues. This rich information base allows not only for student achievement comparisons, but also for insights into how life in U.S. classrooms differs from that in other countries.

Conducted by the International Association for the Evaluation of Educational Achievement, a Netherlands-based organization, this is the first time both math and science have been assessed in the same study. The study was designed to focus on students at three different stages of schooling: midway through elementary school, midway through lower secondary school, and at the end of upper secondary school. Testing occurred two to three months before the end of the 1995-96 school year and included students in both public and private schools.

What Did the Researcher Find?

Achievement. U.S. eighth-graders score below average in mathematics achievement and above average in science achievement compared to the other nations in the assessment. On the mathematics assessment, 20 nations scored significantly higher than the U.S., seven scored significantly lower than the U.S., and 13 nations scored about the same as the U.S. On the science assessment, nine nations scored significantly higher than the U.S., 15 nations scored significantly lower than the U.S., and 16 nations did not differ significantly from the U.S.

The study concluded that five nations outperformed the U.S. in both mathematics and science: Singapore, Korea, Japan, Czech Republic, and Hungary. The U.S. outperformed four countries in both mathematics and science: Lithuania, Cyprus, Portugal, and Iran.

The U.S. is one of 11 TIMSS nations in which there is no significant gender gap in eighth-grade math and science achievement.

Curriculum. The content taught in U.S. eighth-grade mathematics classrooms is at the seventh-grade level in comparison to other countries. The topics covered in U.S. eighth-grade mathematics classes is not as focused as in Germany and Japan. The content of U.S. mathematics classes requires less high-level thought than classes in Germany and Japan. In science, the degree of topic focus in the eighth-grade curriculum is similar to that of other nations.

It's interesting to note that U.S. eighth-graders spend more hours per year in math and science classes than German and Japanese students.

In 29 of the 41 nations participating, the curriculum is set by a national or centralized authority. Nine countries, including the U.S., indicate that curriculum is decided at the local level. Three countries, including Germany, make curricular decisions at the state level.

Teaching. The data suggest that instruction in U.S. mathematics classes is not as high in quality as in other countries. The typical goal of U.S. mathematics teachers is to teach students how to do something, while the goal of Japanese teachers is to help them understand mathematical concepts. Japanese teachers widely practice what the U.S. mathematics reform recommends, while the U.S. teachers do so less frequently.

The study provides less data about science teaching. The teacher and student questionnaires are only beginning to be analyzed and more information will be forthcoming.

Teachers' lives. Unlike new U.S. teachers, new Japanese and German teachers receive long-term structured apprenticeships in their profession. However, U.S. teachers have more college education than their colleagues in all but a few of the other countries.

Japanese teachers have more opportunities to discuss teaching-related issues than do U.S teachers. U.S. and German teachers do not have the rich informal opportunities to learn from each other and to share questions about teaching-related issues that are enjoyed by their Japanese colleagues. Interestingly, teachers of the U.S. and German eighth-grade students teach more classes per week than Japanese teachers.

According to the teacher questionnaire data, student diversity and poor discipline are challenges not only for U.S. teachers, but for their German colleagues as well. During the teacher interviews, the teachers in the U.S., Germany, and Japan indicated that uninterested students and the wide range of academic abilities challenge teachers. Disruptive students were also seen as a problem in the U.S. and Germany, but the motivation and achievement levels of the students were seen as greater concerns.

Students' lives. Eighth-grade students of different abilities are typically divided into different classrooms in the U.S. and different schools in Germany. In Japan, no ability grouping is practiced. In the U.S., students in higher-level mathematics classes study different material than students in lower-level classes. In Germany and Japan, all students study the same material, although in Germany, lower-level classes study it less deeply and rigorously.

U.S. teachers assign more homework and spend more class time discussing it than teachers in Germany and Japan, but U.S. students report about the same amount of out-of-school math and science study as their Japanese and German counterparts. Heavy TV watching is as common among U.S eighth-graders as it is among their Japanese counterparts.

What Are Possible Implications for School Improvement?

Recent events in the world stock markets have served as a vivid reminder of the level of economic interdependence that exists around the world. Because of this interdependence, the United States cannot afford to be indifferent to how our educational system is working relative to the other countries of the world. The TIMSS eighth-grade study provides all U.S. educators, parents, and policymakers with a nonjudgmental assessment of how well we are doing on the world scene.

The study illustrates the complexity of the various systems of education that exist in the 41 countries included. This complexity means there are probably no quick fixes or easy answers. Perhaps a good question to ask at your local level is, "Given the TIMSS findings for eighth-graders around the world, if we had five percent more money to invest in education and we wanted to improve the U.S. math and science outcomes, where should we spend the money?" The answer is not obvious or simple.

School leaders should acquire the various TIMSS reports that have been or will be released in the future and create a study group to conduct an ongoing dialogue regarding the lessons learned. Individual states, districts, and schools can find much to celebrate and many challenges in these cross-cultural studies. To ignore them could be fatal!

— Lawrence W. Lezotte

EFFECTIVE SCHOOLS RESEARCH ABSTRACTS

FREQUENT MONITORING OF STUDENT PROGRESS

CITATION: Shepard, Lorrie A., et al., "Effects of Introducing Classroom Performance Assessments on Student Learning," *Educational Measurement: Issues and Practice* 15, 3 (Fall 1996): 7-18.

What Did the Researchers Do?

Proponents of the use of performance assessments make "two related, but distinct claims. Performance assessments are expected, first, to provide better measurement and, second, to improve teaching and learning." (p. 7) Performance assessments are seen as having "the potential for increased validity because the performance tasks are themselves demonstrations of important learning goals rather than indirect indicators of achievement." (p. 7)

Further, "performance assessments should enhance the validity of measurement by representing the full range of desired learning outcomes, by preserving the complexity of disciplinary knowledge domains and skills, by representing the contexts in which knowledge must ultimately be applied, and by adapting the modes of assessment to enable students to show what they know." (p. 7)

These expected benefits have been inferred "from research documenting negative effects of traditional, standardized testing [which] limit the generalizability of test score results and ultimately harm learning if students have not really mastered the intended skills." (p. 7) Though this seems to indicate that "parallel mechanisms will work to produce positive effects once limited tests are replaced by more desirable measures," to date, little research has been conducted to evaluate the actual effects of performance assessments on instructional practices or student learning. (p. 8)

Hence, the purpose of this study is to test two hypotheses. "Performance assessments are expected to improve learning in two ways: a) content will be improved by use of challenging tasks consistent with curricular goals, and b) teachers will have clearer knowledge of their students' understandings to inform their instruction." (p. 8)

A year-long project was undertaken to help teachers in 13 third-grade classrooms, located near Denver, Colorado, use performance assessments as part of their regular instruction in reading and mathematics. Three schools were chosen as controls for "comparison when analyzing teachers' beliefs and parents' opinions, as well as students' achievement." (p. 8)

Four faculty researchers offered expertise in mathematics, reading, teacher change, and assessment through after-school workshops held each week for the entire 1992-1993 school year. "Our intention was not to make wholesale changes in instruction, and we did not arrive with a pre-designed curriculum and assessment package. Rather, we proposed to work with teachers to help them develop (or select) performance assessments congruent with their own instructional goals." (p. 10) Teachers identified meaning-making and fluency as instructional goals for which they would like to develop more systematic assessments in reading. In mathematics, place value, addition and subtraction, and multiplication were listed as focus areas for assessment.

Specifically, researchers wanted to know if students would learn more or develop qualitatively different understandings because performance assessments were introduced into classrooms.

What Did the Researchers Find?

All measures in the study required scoring open-ended student responses. The Maryland School Performance Assessment Progress was used as the scoring guide, with "slight modifications made by the respective subject-matter experts." (p. 11) Training sessions were held to make sure scorers knew the scoring rules and how to apply them consistently.

Results in reading showed no change or improvement attributable to the project. The third-grade students who participated in the project did about the same on the Maryland reading assessment as control schools and as third-graders had done the year before.

There was a small gain for participating schools in the mathematics assessment requiring students to do more extended problems and explain their answers. This suggests that "at least in some project classrooms, whole groups of students were having opportunities to develop their mathematical understandings that had not occurred previously." (p. 12) That is, students were demonstrating that they understood how to solve problems by recognizing patterns and identifying the proper steps to take to achieve a correct answer.

The two classrooms in the low-socioeconomic schools with the greatest gains showed "a noted improvement in partial credit for students in the participating classroom that did not occur in the matched class," suggesting that a "greater proportion of this teacher's classroom of typically poorly performing students could recognize patterns and complete numeric tables than could do so in the previous year." (p. 12) Eighty-four percent of the students in the participating classroom could complete a table, as compared to 34 percent the year before, and the percentage who could write an explanation telling how they used the table increased from 13 percent to 55 percent. "Even students who took the wrong answer from their table could describe the pattern." (p. 12) The researchers attributed these systematic shifts in the performance to changes in instruction.

A similar analysis of the higher-socioeconomic schools showed that the participating school "caught up to where the best control classrooms had been the year before." (p. 13) There were more correct answers (43 percent versus 19 percent the year before), but more importantly, 77 percent of the children in the participating classroom wrote adequate explanations about how they solved the problem compared to 31 percent the year before.

It is also important to note that districtwide declines had been reported for 1993. "Against a backdrop of declining achievement, slight gains in the participating schools are more important." (p. 12) Further, third-graders in the control schools had traditionally outperformed third-graders in the project schools. Therefore, one way of interpreting the analyses is "to say that the assessment project helped participating students catch up to the control students in math achievement. From all indications, this would not have occurred without the project." (p. 12)

What Are Possible Implications for School Improvement?

As these results show, performance assessments are not, by themselves, a cure-all. "Most significantly, from a negative perspective, it is clear that introducing performance measures did not produce immediate and automatic improvements in student learning. This finding should be sobering for advocates who look to changes in assessment as the primary lever for educational reform." (p. 15)

However, even though results were less than dramatic, there is some cause for optimism. "Because of the project, most of the teachers in the participating schools spent class time on written explanations (especially what makes a good explanation) and on mathematical patterns and tables, which they had never done before. As a consequence, there were specific things that a large proportion of third-graders in these classrooms could do on the outcome assessments, where before only the most able third-graders had been able to intuit how to do them." (p. 17)

The use of performance assessments should be considered part of a broader effort aimed at improving classroom instruction. "Performance assessments that embody important instructional goals are one way to invite instructional change, and assessments have the added advantage of providing valuable feedback about student learning." (p. 17)

— Robert Eaker

EFFECTIVE SCHOOLS RESEARCH ABSTRACTS

FREQUENT MONITORING OF STUDENT PROGRESS

CITATION: Cizek, Gregory J., "Grades: The Final Frontier in Assessment Reform," *NASSP Bulletin* 584 (December 1996): 103-110.

What Did the Researcher Do?

"Assessment reform has become a centerpiece of efforts to improve U.S. education." (p. 103)

Students are preparing portfolios of their work that demonstrate complex characteristics, such as employability. Districts are rethinking promotion and retention policies. States and professional associations are developing new standards for content and assessment. Test publishers are incorporating alternative assessments into their product formats.

Based on all this activity, the conclusion might be that assessment reforms are improving the quality of information available to students, teachers, parents, administrators, and the public. The author of this article questions whether this is a viable conclusion and whether the assessment activities are changing the reporting format at all.

What Did the Researcher Find?

Parents assume grades show achievement of content mastery. "Students themselves are unlikely to be sophisticated enough to understand that their grades are complex composites. Instead, they probably assume—as nearly everyone else does—that their A's and B's mean they have successfully mastered rigorous academic work." (p. 106)

Although teachers are using new methods of assessment, they still report a student's educational performance by using grades. Such symbols are usually in the form of A, B, C, D, F; percent correct numbers; S = Satisfactory, N = Needs Improvement, U = Unsatisfactory; such descriptors as Emerging, Developing, Maturing; or still other symbols. In many schools, grades remain the primary way to express student progress.

A study of teachers' grading practices in Midwestern schools reveals great differences in the way grades are assigned and uncertainties about how to assign grades. Most teachers consider the number or percent correct when assigning marks. Many also said they consider the difficulty of the assignment, how the class performs overall, individual student ability levels, and each student's effort. In other words, almost everything is considered when assigning a grade because teachers want to consider all relevant factors. Yet, there is no clear consensus about which of these factors to use for grading.

For final course grades, teachers combine previous test and daily work grades with three other kinds of information: 1) formal measures (attendance, class participation); 2) informal measures (answers in class, one-on-one discussions); and 3) informal information (effort, conduct, teamwork, leadership, etc.).

Interviews on classroom assessment showed teachers prefer noncognitive outcomes. "Shaping the kids' minds through group interaction, effort, and participation is more important than averaging tests and quiz scores." (p. 105) The teachers in this study also value attendance and participation, which are considered when assigning a final grade.

Some teachers use an average of 16-20 grades to calculate the final grade for a marking period. Also taken into consideration are class performance as a whole and the teacher's impression of a student's effort and ability. Throwing out the lowest quiz score is a widespread practice. Interestingly, no teacher reported discarding a single high score that might inappropriately inflate a student's final grade.

Another common practice is providing voluntary extra credit assignments that students can submit to bolster a final grade. These may take the form of written papers, worksheets, or even submitting relevant magazine or newspaper articles.

All of these practices revolve around a success orientation in assigning grades. This orientation results in a variety of factors being combined in different proportions by individual teachers. The result is usually a final grade most advantageous for each student. For example, one math student might receive a B+ for maintaining a positive attitude, participating in class discussions, and trying hard. Another student who has mastered fractions, however, is not downgraded for being silent during class discussions or putting forth little effort.

The innovations accompanying assessment reform have prompted teachers to gather more diverse information about student performance, using a variety of assessment formats, but this leads to new issues. What should be done with all of this new information and how should it affect the assignment of grades? The new approaches make teachers even more uncomfortable about assigning grades. Assessment reforms have not resulted in more training for teachers in assessment in undergraduate or graduate work. Administrators, too, have minimal literacy in educational assessment.

What Are Possible Implications for School Improvement?

Although teachers are using new forms of assessment that potentially provide more information to parents and students, their ability to use this information remains almost unchanged.

The author of this article suggests several initiatives to improve the use of assessment reform measures:

- Grading policies must be developed that can be applied consistently. These policies should consider the information needs of parents, students, employers, and universities, and should incorporate sound evaluation practices.
- Students must be taught to see the link between mastery of knowledge, skills, and abilities and their final grades.
- Educators must commit to professional development which focuses on classroom assessment issues for teachers and for administrators, and on developing a vision for integrated, planned assessment systems.
- Assessment training must be relevant to classrooms. College coursework should be redesigned to be relevant to the actual practice of teachers in the classroom.
- Professional organizations should promote sound assessment practice and take the lead in researching and developing training for teachers.
- Educational leaders must develop an assessment vision. Colleges and school administrators need to work together to develop a more unified approach to the use of alternative assessment practices.
- Teachers must have the opportunity to collaborate and cooperate on their testing and grading practices, and administrators must facilitate this collaboration.
- Assessment experts must help. Assessment experts have provided an expansion of new assessment formats, but these have not been accompanied by giving teachers new ways to interpret and report this information.

Additionally, parents will need a thorough understanding of assessment as it relates to their children's grades. This can only be achieved if parents, teachers, and administrators "work together to develop, disseminate, and maintain consistent grading policies." (p. 108)

— Lee Gerard

FREQUENT MONITORING OF STUDENT PROGRESS

CITATION: Guskey, Thomas R. (Ed.), *Communicating Student Learning: ASCD Yearbook 1996.* Association for Supervision and Curriculum Development, Alexandria, VA, 1996.

What Did the Researchers Do?

"Few topics in education are more controversial than grading, reporting, and communicating student learning." (p. 1) While teachers, students, administrators, parents, and community members all agree that better reporting systems are needed, they rarely agree on the form new systems should take.

Many recent developments have contributed to the current controversy, including:

- the growing emphasis on assessing problem-solving tasks, rather than basic skills;
- the need to supply an increasingly skeptical public with more information on students and instructional programs;
- advances in technology that provide many new challenges and opportunities for recording and disseminating information about what students are studying, what progress they have made, what their class is studying, and why;
- the growing recognition that grading, reporting, and communicating student learning are among an educator's most important responsibilities, but for which few educators have received formal training.

While the 12 articles included in this publication cover a variety of topics and reflect a variety of opinions, they all were motivated by three basic premises: 1) the primary goal of grading and reporting is communication; 2) reporting is an integral part of the learning process; and 3) more detailed communication about student learning becomes increasingly important as the goals of schooling become more complex. This abstract focuses on the introductory chapter by Thomas R. Guskey; Chapter 2, "Bridges Freeze Before Roads," by K. Heidi Watts; Chapter 11, "Honesty and Fairness: Toward Better Grading and Reporting," by Grant Wiggins; and Chapter 12, "Technology's Promise for Reporting Student Learning," by W. Ross Brewer and Bena Kallick.

What Did the Researchers Find?

"Grading and reporting are fraught with overtones of judgment; even when they purport to be objective, they cannot be free of the subjective." (p. 6) Moreover, "those of us who report on student learning must assess not only what students have learned, but also what the audience to whom we are speaking needs to know." (p. 8)

Both Watts and Wiggins emphasize the need for various forms of communication linked to alternate forms of assessment. According to Watts, these should include visible evidence of student growth, such as portfolios, ranking of student achievement against predetermined standards, evidence of learning through student self-assessment or peer evaluation, and opportunities for two-way communication in conferences.

Wiggins notes that, despite educators' efforts to develop more narrative-based reporting systems, the first question most parents ask at their parent conference is: "OK, but how is my child doing?" Parents need a frame of reference to make sense of individual results, and they need data that make judgments meaningful. "The client for the information is almost always more astute about what should be reported than is the purveyor of the information." (p. 141) The client deserves reports that are both honest and fair. "Comparisons best serve the performer and school clients if what is also compared is performance against standards, not merely norms." (p. 142) What really matters is "whether Johnny can make discernible progress toward authentic standards, irrespective of the grades teachers are most comfortable giving." (p. 142)

Moreover, a single grade in a subject cannot fairly reflect the achievements of a student, who may do careful lab work, but perform poorly on tests. Grades must be substantiated by data such as student papers, rubrics, and teacher commentary on sample products.

Wiggins calls for reports that make an explicit distinction between performance measured against valid performance standards (scores) and performance measured against expectations (grades). Reports of the latter should further distinguish between expectations "measured against benchmarks for their 'cohort' (age group, class, developmental level, experience level) and expectations measured against the teacher's judgment of each individual's expected growth versus actual growth." (p. 143)

An effective reporting system should use three kinds of data: achievement measured against established exit-levels of performance sophistication; quality of work produced; and progress, measured backwards from exit standards, indicating whether a student is on course. Reporting should also include an evaluation (based on performance and products) of the student's habits of mind and work. This provides significant information for college admissions officers and prospective employers.

Wiggins reminds critics of conventional grading methods that the problem is not the symbol, but "the lack of stable and clear points of reference in using symbols." (p. 144) Teachers need to agree on how to divide subjects into distinct aspects of performance and provide data for each. These subcategories could be drawn from national standards which have been developed in most subject areas. English teachers, for example, could report on student performance in various genres of writing and literature.

The handbook's final chapter describes how technology will revolutionize our reporting system in the near future. Student projects, whether a reading in French, a physics experiment, or a performance in a debate, will all become part of a digital portfolio, which can be accessed by the student, parents (even if one lives in another part of the country), and school personnel. Meanwhile, district taxpayers, who may question whether the local schools are doing their job, will be able to view records regarding student performance from the perspective of state standards on their living room television sets. Viewers can also use their televisions to send comments and questions to their school board. "Teachers from across a district or state will work together to establish benchmarks and assess student work without having to attend endless meetings." (p. 179)

All of these technological developments will serve the greater accountability that the public and parents are demanding of their public schools today. Technology can make information available anytime, anywhere, accommodating working parents, and those who live far from their children. They can retrieve information about specific aspects of their child's progress from the computer's vast information and retrieval system. Technology makes student achievement more visible, and data for assessment more accessible. Technology also makes it possible to view a student's achievement in any one area over her entire school career. Progress reports need not be confined to one arbitrary time period, like a semester, or a school year.

Parents in school districts which have begun using such technology have responded enthusiastically. For example, the Burris Laboratory School at Ball State University gives each third-grade student a video report card at the end of the year. "In a follow-up survey, 97 percent of the parents reported that the video was more effective than traditional report cards, and 84 percent said that the video stimulated more discussion." (p. 183)

What Are Possible Implications for School Improvement?

The complex form of assessment and reporting described in this yearbook cannot be put in place if current school schedules, testing systems, and policies remain unchanged. Restructuring is "a call for getting the policies and resources of schools to align with missions and purposes. And the most important structure in schools that needs alteration right now is the schedule. Our use of time makes thorough assessment and reporting impossible." (p. 173) Wiggins calls on schools to make the changes in schedule that will allow teachers time for quality assessment and reporting. He suggests freeing up teachers for a day a month to read portfolios, administer assessment tasks, do collaborative scoring, and write reports.

Establishing focus groups of representatives from each client group (parents, board members, colleges, employers, etc.) is a fine way to develop support for such reforms. The key to success to is make all these clients realize that such innovations will produce better, more helpful information on children's achievement.

— Kate O'Neill

EFFECTIVE SCHOOLS RESEARCH ABSTRACTS

FREQUENT MONITORING OF STUDENT PROGRESS

CITATION: Reynolds, Maynard C. and David Heistad, "20/20 Analysis: Estimating School Effectiveness in Serving Students at the Margins," *Exceptional Children* 63, 4 (Summer 1997) 439-449.

What Did the Researchers Do?

These authors believe that "special education in many places has been immobilized by a categorical approach" and "we pay dearly for such classification procedures and the labels they produce." (p. 447) They propose switching to a simple, direct approach which identifies students at both the low and high ends of the performance scale and studies schools successful at serving students in those margins.

Several current issues in special education are cited as relevant impediments to improved student performance: 1) the increase in personnel time required for specific labeling of students; 2) the inability to provide services as soon as students indicate a need for special help; and 3) failure to quickly change unsuccessful school practices when assessments show poor student outcomes.

To address these issues, the authors present a "method for using computerized, multiyear 20/20 analyses to estimate the reliability of classifications of schools according to their success in serving pupils at the margins: the highest-achieving 20% and the lowest-achieving 20% of students." (p. 439) This method, known as 20/20 Analysis, "offers educators a simplified approach to identification of most [the] exceptional students: direct assessment of rates of progress in important school learning." (p. 439)

The 20/20 approach is a cross-categorical procedure that "provides a nonlabeling alternative approach for most special education students." (p. 441) It measures progress for students "who are not learning well and those showing top rates of learning." (p. 441) At present, the analysis has only been applied in elementary schools to measure performance in reading and arithmetic. These are the subjects considered most important to parents and most frequently identified by special education and Title I for additional help.

Using the 20th and 80th percentiles on any commonly administered tests as the cutoff points, students at these margins are targeted for adapted instruction. "When computing cutoff points, one must include absolutely all students; and it is desirable, but not essential, to have all data in a central, computerized system." (p. 441) The analysis can be made using "whatever types of measures are preferred in a school system, so long as individual achievement rates are revealed." (p. 441)

Phase I of the 20/20 Analysis consists of identifying students at the margins and offering special help to all of them. Instead of attempting to precisely label low-performing students, the 20/20 program suggests declaring all students who show poor progress in reading or arithmetic eligible for special study and help. If this simple procedure is implemented, the costs of the initial appraisal of special education students could decline significantly. More importantly, the time currently spent by school psychologists and diagnosticians to classify and label each child could be redirected to "functional diagnoses and planning for individual children and to program improvements." (p. 442)

In Phase II of the 20/20 Analysis, schools are encouraged to address specific needs of groups of children. For example, in one school whose African-American students were not meeting expectations, special tutors and mentors were brought in to improve student performance. Higher-performing students were offered a variety of enrichments, including advanced computer training and challenging approaches to core subjects.

Instead of a prescribed program, the 20/20 approach "is intended to liberate schools from the confinements of narrowly framed categorical programs and to foster special education leadership in broadly framed systemic improvements, efforts that include intensive help for exceptional learners." (p. 442)

To assess how schools serve students at the margins, the researchers examined reading score gains from the California Achievement Test for all 50 elementary schools in Minneapolis. Minneapolis was selected because student achievement data are computerized and allow for a multiyear analysis of progress by "various racial and ethnic groups, those who have individualized education plans, students of varying family (one parent vs. two parents) and socio-economic status (eligibility for subsidized school lunch), and other student and family characteristics." (p. 442)

What Did the Researchers Find?

"Some schools serve students well at both margins, and others fail totally." (p. 442) Some schools produce good results for high-performers, but not low-performers, and other schools do just the opposite.

From 1990 to 1994, one successful school, Dowling Elementary, advanced the top one-fifth of their continuously enrolled students from the 83rd percentile to the 92nd percentile on national norms in reading. At the same time, the 20th percentile students progressed from the 13th to the 33rd percentile. "The school showed good progress at both margins (both 20/20 groups)." (p. 443) Other schools, labeled "outliers," were found to serve low-20 pupils well, but not high-20 pupils, or vice versa.

Once schools successful in serving students at the margins are identified, research can be conducted on what exactly produces that success. So far, early research in the successful Minneapolis schools is pointing to effective collaboration with parents as a major factor in improved student learning.

"If it can be shown that certain schools are reliably successful in serving exceptional students (low 20, high 20, or both groups), then there is a basis for rewarding that success. Also, reliable findings on school success would make possible studies to find variables that predict their success and that could be made targets for staff development and school improvement efforts. When schools show consistently poor success with one or another 20/20 group, special efforts for improvements can begin." (p. 443)

What Are Possible Implications for School Improvement?

Implementation of the 20/20 approach offers significant improvement over current educational practices for special needs students. Instead of spending time and energy to identify and label students prior to service, this procedure suggests providing additional service to all students who function below the 20th percentile and above the 80th percentile. Identifying these students in a straightforward manner could result in more time being spent on program improvement and providing individualized help to students.

If a computerized analysis of student performance indicates which schools are performing well with either the high-20 or low-20 percent of students, "that observation could well justify a special allocation of funds to those schools to support their successful programs." (p. 446) On the other hand, if the data analysis indicates poor performance by students at both ends of the achievement continuum, "technical assistance, strengthened leadership, or other changes that offer promise of better learning by students" could be implemented. (p. 447)

The 20/20 approach does not deny the validity of some categorical delineations, "as in the case of students who need Braille or those needing non-aural modes of communication or distinct methods for correction of language-speech problems. But mostly the expanding categories of special education are invalid and unjustified for instructional purposes." (p. 447)

Educators and policymakers can replace traditional approaches with the 20/20 procedures to identify schools "that are successful and those that are distinctly unsuccessful in serving exceptional students." (p. 448) Results from the analysis "can be used in revising approaches to accountability, funding, and improvement of school programs." (p. 448)

—Judy Wilson Stevens

EFFECTIVE SCHOOLS RESEARCH ABSTRACTS

FREQUENT MONITORING OF STUDENT PROGRESS

CITATION: Miller, Shazia Rafiullah, "Shortcut: High School Grades as a Signal of Human Capital," *Educational Evaluation and Policy Analysis* 20, 4 (Winter 1998): 299-311.

What Did the Researcher Do?

How can an employer determine the potential value of an employee during the hiring process, particularly if applicants are young and have little work experience? Obviously, being able to answer this question correctly would be invaluable to employers.

One possibility would be for employers to administer a well-developed assessment such as the Air Force Qualifying Test to measure human capital, since the test has been proven to be reliable and unbiased. However, most employers would be reluctant to do this—administering tests is expensive and time-consuming. Is there, then, a set of data readily available on a prospective employee, even if the person has never worked before? Yes—a student's grades in high school! "High school grades have the advantage of already existing for every high school graduate and of measuring overall mastery of the high school curriculum." (p. 300) But are high school grades, with all of their potential idiosyncrasies, a reliable indicator of human capital?

In the past, researchers repeatedly found that a student's grades in high school have no effect on their earnings the first few years out of high school. But what about later earnings? Over time, "one would expect employers to try to accumulate more information on workers' performances and be able to pay them commensurate wages. As a result, wages should be linked to productivity in the long run." (p. 299) Do high school grades have an effect on wages down the road?

To attempt to answer this, the researcher used the *High School and Beyond* data set and employed valid statistical methods to analyze the relationship between high school grades and long-term earnings. The High School and Beyond data were gathered over a period of 12 years. The first survey was administered in 1980 to 14,825 sophomores from 1,015 high schools throughout the United States. Subsequent surveys were given in 1982, 1984, 1986, and 1992.

To compare the effects of grades and short-term earnings, the researcher analyzed data from the 1984 survey, approximately one-and-one-half years after graduation. To study the effects of high school grades and long-term earnings, the researcher used the results of the 1992 survey, which included information regarding annual income for 1991. "Because not all students answered all questions or completed the follow-up surveys, using listwise deletion of missing data, the total samples include 4,262 men and 4,160 women for the long-run samples and 1,582 men and 1,594 women for the short-run samples." (p. 301)

Since a variety of factors may effect a person's earnings, controls were provided for gender, race/ethnicity, socioeconomic status, public-versus-private schooling, and geographic region. Additionally, the researcher ran a fixed-effect model to control for the possibility of variations among schools rather than among students.

What Did the Researcher Find?

In analyzing the relationship between short-term income and high school grades, the researcher confirmed previous findings. There is no significant relationship between short-term income and high school grades for both men and women.

However, the results of the analysis for the long-term relationship (nine years out of high school) proved to be quite different. Income gains, as related to higher high school grades, were significant and substantial for both men and women.

A man who earned mostly B's in high school, rather than mostly C's, is predicted to earn 16.8 percent more than his counterpart nine years after graduation. "For women, the effect is even stronger." (p. 303) The disparity in income levels nine years after high school between women earning mostly B's and mostly C's is a whopping 23.4 percent.

The control variables (gender, race/ethnicity, socioeconomic status, public-versus-private schools, and region of the country) also show strong effects of the relationship between grades and earnings by gender. Being an African-American woman predicts 22 percent higher earnings, but an African-American man has a prediction of 13 percent lower earnings. Further, a woman's socioeconomic status has a much stronger positive effect (20.8 percent) than that of a man's (7.5 percent). Likewise, attending a private school has a somewhat stronger positive effect on women (13.2 percent) than on men (10.9 percent). In terms of regional differences, living in the Northeast has a positive and significant effect for both men (6.6 percent) and women (25.7 percent); living in the West has a negative effect for men only (7.2 percent).

"It is possible that grades' effect on long-term earnings occurs because people with higher grades are more likely to acquire more years of education; the effect of grades could simply be masking a well-documented effect of years of education on wages." (p. 304) In testing this possibility, the researcher found that higher grades in high school have a strong and significant effect on years of education. However, these "additional years of education explain only about one-third of the long-term earnings returns to grades for both men and women." (p. 304)

This suggests that the academic and social skills gained and developed in high school (such as regular attendance, hard work, preparation for classes, and a lack of disciplinary problems) are important with or without schooling beyond high school. The researcher tested this premise by using a sample that consisted only of people who did not attend college immediately. In this grouping, there were still sizable income differences, especially for women. Women can expect an 11.4 percent increase in earnings for each increase of one-half of a grade. Men can predict a 5.9 percent increase in wages for each increase of one-half of a grade. Therefore, higher grades in high school can predict significant long-term income increases for people with or without additional education.

Finally, by using a fixed-effect model (to control for variations in grading systems or other differences between schools), the researcher found that the "effect of grades on long-term earnings continues to be strong, significant, and robust." (p. 306) Even though there may be significant differences between schools and individual teacher grading policies, high school grades are still a reliable source of information for employers.

What Are Possible Implications for School Improvement?

In the past, when students have said that school was irrelevant to their life or future job, teachers were placed in an uncomfortable position. Considering prior research, this claim was quite true. High school grades have little to no significant impact on short-term earnings. This has been proven many times.

Now, however, teachers have solid statistical information they can use to challenge their students. Higher grades in high school do predict higher income in the long run, whether or not an individual chooses to go to college.

Disseminating this information to students is crucial. While the intrinsic benefits of learning are numerous, these alone fail to motivate some students, especially at-risk students. However, if students perceive their school work as relevant to their future success and future income, they are more likely to work harder. A natural byproduct of the desire to earn higher grades will be increased student achievement.

Although students' motivation to raise their grades and learn more may be extrinsic and self-serving, the results of higher grades and increased student achievement cannot be ignored. We owe it to our students and our society to share this information with colleagues, students, families, and employers.

— Martha S. Osterhaudt

FREQUENT MONITORING OF STUDENT PROGRESS

CITATION: Louis, Karen Seashore and Helen M. Marks, "Does Professional Community Affect the Classroom? Teachers' Work and Student Experiences in Restructuring Schools," *American Journal of Education* 106, 4 (August 1998): 532-575.

What Did the Researchers Do?

What is the relative effect of school professional community and classroom organization on student achievement? These researchers hypothesize that teachers who work with others to improve their practice will be more effective in promoting student achievement.

In this study, they investigate whether the development of schoolwide professional community affects the performance of students on authentic assessments. Authentic assessments are defined as tasks which require students "to produce work reflecting higher-order thinking, conceptual understanding, and elaborated communication." (p. 534)

In their study of 910 teachers and 5,943 students in 24 nationally selected, restructuring elementary, middle, and high schools, the researchers collected data from classroom observation and samples of student work in response to assessment tasks. They also conducted in-depth case studies of each school, and extended earlier research by examining the impact of school professional community on the intellectual quality of student performance.

The researchers sought to document the linkages among professional community, classroom organization for teaching and learning, and student performance. They did not expect to show that professional community "causes" certain features of classroom organization, but they hypothesized that it does support features conducive to authentic student achievement.

For their assessment of authentic student achievement, they used the set of standards for intellectual quality developed at the Center on Organization and Restructuring of Schools at the University of Wisconsin. In these assessments, "students must demonstrate an ability to analyze and interpret knowledge and to engage disciplinary concepts (e.g., from social studies, mathematics, science) in depth, using elaborated written communication." (p. 536) These standards can be applied across grade levels and disciplines.

The researchers assumed that, if the classroom is not organized for intellectually rigorous work, student achievement is likely to suffer. Two dimensions of classroom organization were examined:

- Authentic pedagogy, which aims at construction of meaning, together with disciplined inquiry that includes conversations between teacher and students and among students, and connections to the outside world.
- Social support for authentic achievement in the classroom (an orderly environment, where discipline is fair, teachers have high expectations for students, and students feel that they can count on teachers and peers for support in achieving their learning goals).

The researchers list five elements of practice that characterize schoolwide professional community: shared values, focus on student learning, collaboration, deprivatized practice (through teamed teaching, peer coaching, and structured classroom observations), and reflective dialogue.

They scrutinized the instructional practices of 144 core-class teachers (three mathematics and three social studies teachers from each of the 24 schools) to assess their use of authentic pedagogy. Teachers also completed a questionnaire regarding their instructional practices, professional activities, personal and professional backgrounds, and perceptions of school culture. Students were surveyed regarding their experiences in school. Teachers submitted student work completed in response to the assessment tasks. More than 5,000 student papers were rated by trained researchers using the criteria for authentic student achievement.

What Did the Researchers Find?

School professional community was found to be most characteristic of elementary schools, and least characteristic of high schools. But adjusting for grade level, the researchers found that "to the extent that school professional community is present, social support for achievement is higher in the classroom." (p. 548) Similarly, "where schools achieve professional community, the quality of classroom pedagogy is considerably higher." (p. 548) Achievement levels are also significantly higher in schools that are strong professional communities.

Adjusting for grade level, classroom subject area, and student background, "classroom social support for authentic achievement further lifts school authentic achievement levels" and school professional community. (p. 549) The effect of professional community on school levels of authentic achievement is "partially explained by classroom social organization of those schools. Social support for authentic achievement tends to correspond to school professional community." (p. 549) The research demonstrates how professional community creates a school culture which supports authentic learning; authentic pedagogy, by definition, tends to encourage social support in the classroom.

The researchers cite case studies that illustrate how professional community fostered student achievement and authentic pedagogy in two specific schools—Cibola High School, a small school on the east coast, and Lamar Elementary School on the west coast. Both were schools of choice serving low-performing and disadvantaged populations in large metropolitan districts. Shared norms and values and deprivatized practice prevailed in both schools.

At Cibola, faculty and administration were focusing on helping all students learn to use their minds well and to prepare all students for college. At Lamar, values included creating self-motivated independent learners capable of making connections between subject matter and real-life issues. Despite the widespread endorsement of these values at both schools, "professional community did not result in uniformity of opinion about pedagogy or student needs within the school." (p. 554) As one teacher commented, given that each school has made a point of drawing people from a wide variety of cultural backgrounds and beliefs, you would not expect them to agree on everything.

Both schools used teamed pairs of teachers. One Lamar teacher noted, "I couldn't ever imagine teaching without a partner again. It's just so nice having another adult in there." (p. 555) Another teacher at the school added, "That's what makes it work; the give and take of sharing, and having a stake in this place." (p. 555) The researchers noticed that teaming results in substantive discussion about pedagogy on a daily basis. Having the regular opportunity to work with other teachers enhanced teachers' "feelings of success with students on both the academic and social level." (p. 555)

Another school in the study, Huron High, has committed itself to a program of interdisciplinary studies in tenth grade, and heterogeneous grouping in tenth and eleventh grades. Teachers "have ceded personal and department control over content and instruction to school interdisciplinary committees and are accustomed to discussing teaching and instruction across disciplinary boundaries." (p. 557)

What Are Possible Implications for School Improvement?

These findings "suggest that the organization of teachers' work in ways that promote professional community has a positive relationship with the organization of classrooms for learning and the academic performance of students." (p. 558) Ultimately, however, "the beneficial influence of both professional community and support for achievement on school average authentic performance proved to be explained by authentic pedagogy at the technical core of the classrooms within these schools." (p. 558)

Focusing on the research to improve practices goes hand in hand with helping teachers become "more reflective as a strategy for changing education." (p. 561) When teachers focus their efforts on establishing an environment that calls for higher-order learning, students perceive that learning is the central activity of both school and classroom. Moreover, as teachers develop authentic pedagogy, their mutual efforts strengthen professional community.

The significance of professional community "as a variable influencing classroom organization demands attention to the development of school-workplace relationships that promote openness, trust, genuine reflection, and a collaboration focused on student learning, as contrasted to the 'contrived collaboration' that so frequently emerges when standardized efforts to promote community are imposed on the school from without." (p. 561)

— Kate O'Neill

FREQUENT MONITORING OF STUDENT PROGRESS

CITATION: Schiller, Kathryn S., "Effects of Feeder Patterns on Students' Transition to High School," *Sociology of Education* 72, 4 (October 1999): 216-233.

What Did the Researcher Do?

In the United States, a child's educational journey includes many transitions. Children tend to have different teachers each year. They leave elementary school for some form of middle school. One of the most profound transitions most children experience is that of moving to high school. Are so many transitions good or bad?

Paradoxically, the truth is they can be both. Transitions from one level to the next may provide a child with the opportunity to change, sometimes for the better and sometimes for the worse. The central issue examined in this study is the extent to which the transition to high school can be a critical turning point in teenagers' social and academic lives.

The researcher explores what factors associated with this transition tend to be associated with student advancement or failure. More specifically, the research focuses on the relationship of the feeder patterns that students follow from middle school to high school with their academic success as freshmen. The central question was whether freshmen's academic success was influenced by their feeder patterns and whether the relationship varies, depending on how well the students were doing in middle school.

The study used the data from the 1988 National Education Longitudinal Study of eighth-graders (NELS: 88). The NELS: 88 data allowed comparisons of students before and after their transition to high school. The analyses reported in the study were based on a subsample of about 12,000 students who had transcripts and were enrolled in high school in 1990.

The dependent variable for this study was the students' grades in mathematics during their freshmen year of high school. Grades, rather than standardized test scores, were used because they represented a meaningful measure of students' success in negotiating both the social and pedagogical aspects of the high school academic environment. "In the sample, freshmen earned, on average, 6.8, or close to a C, on the 13-point scale." (p. 219)

The independent variables of central interest in the study included the characteristics of the transition and type of high school attended. Characteristics of the transition included feeder patterns, the availability of student choice of high school, and the nature of the choice exercised by the student. Feeder patterns were described in terms of the proportion of 1988 eighth-grade classmates from the middle school who were attending a given high school two years later. A second dimension of the feeder pattern had to do with whether the student changed from a private middle school to a public high school or vice versa. The researcher used four types of public high schools (assigned, vocational, magnet, or another choice) and two types of private high schools (Catholic vs. private).

The researcher also included several control variables such as gender, race or ethnicity, and family background. Finally, she examined the students' self-reported mathematics grades in middle school as a moderating variable.

What Did the Researcher Find?

Middle school mathematics grades were a strong predictor of freshmen mathematics grades, even after students' social and academic backgrounds were taken into account. However, the results revealed that students who attended public vocational high schools and private high schools earned significantly higher mathematics grades in the freshmen year than did those in assigned public schools.

One of the transition pattern variables had a significant and interesting effect on mathematics achievement in the freshman year. When students who had reported getting mostly A's in middle school went to high school with a high proportion of their middle school classmates, they were found to get higher grades in high school. On the other hand, those who went to high school with a high proportion of their middle school classmates, and reported getting mostly C's in middle school mathematics, earned lower grades in high school mathematics.

The author concluded that the relationship between students' feeder patterns and their freshmen-year mathematics grades varies dramatically, depending on the students' perceived success in the subject before the transition to high school. "This finding suggests that students' feeder patterns may affect the link between students' academic status in middle school, weakening it as the proportion of eighth-grade classmates attending the same high school decreases." (p. 226)

The author concluded that when large groups of students move between schools together, the stratification system tends to remain fairly undisturbed. Those who were at the top in the middle school tend to maintain their position; those at the bottom find it difficult to move up the ladder. By contrast, when smaller groups of students are dispersed to a number of different high schools, "opportunities seem to open for students at the bottom to move up, while those at the top may find themselves slipping." (p. 227)

The author noted that schools represent complex social systems in which the same experience may vary in its impact on different students. The maintenance of social norms, obligations, and expectations among classmates that were built up during elementary and middle school may contribute to the stability of the stratification system. When the students make the transition to high school as a more or less intact group, these patterns are carried along and any change in one's relative status in the group becomes difficult to accomplish.

What Are Possible Implications for School Improvement?

School, like life itself, consists of significant transitions. For one individual, a significant transition may have a positive effect; for another individual, the same transition may have a negative effect. Nevertheless, this research does offer a few generalizations that ought to be kept in mind when educators are talking about student transitions.

Schools are complex social systems. A student's position in that social system gets established early and, once established, is not easily altered. This is especially true if students tend to move through the school system as an intact group. The current research findings indicate that a student's status in a peer group is maintained by the group members.

If students establish themselves in a positive way with their peer group, they will enjoy the benefits of that status for a long time to come, providing the group remains largely intact during various school transitions. On the other hand, the social stratification system that is carried by the peer group seems to be unforgiving. If a student gets off to a bad start and wants to start fresh, how does he or she do so when the peer culture carries the past forward? For this student, there seems to be no way to start with a clean slate, as long as the peer group moves along as an intact group.

How can schools build transition systems that maximize the positive effects of the social system among the peer group members, while eliminating (or at least minimizing) its negative effects? It seems frighteningly true that we usually don't get a second chance to make a first impression! Schools need to do whatever they can to give all students hope, and that means asking the peer culture to have more of an open mind to those who truly wish to become good students.

— Lawrence W. Lezotte

FREQUENT MONITORING OF STUDENT PROGRESS

CITATION: Fuchs, Lynn S., Douglas Fuchs, Kathy Karns, Carol Hamlett, and Michelle Katzaroff, "Mathematics Performance Assessment in the Classroom: Effects on Teacher Planning and Student Problem Solving," *American Educational Research Journal* 36, 3 (Fall 1999): 609-646.

What Did the Researchers Do?

The National Council of Teachers of Mathematics (NCTM) has recommended that teachers move away from teaching math as a set of isolated, factual skills and move toward an approach that emphasizes the development of conceptual understanding and problem-solving capacity. Unfortunately, this paradigm shift will not happen as long as the educational industry persists in assessing math knowledge as a set of splintered skills and isolated facts. This study focuses on an alternative form of assessment known as performance assessment (PA). "PA's pose authentic problem-solving dilemmas and require students to develop solutions involving the application of multiple skills and strategies." (p. 611) This study seeks to determine what effect a change from traditional achievement tests to a PA model would have on teacher knowledge and instructional practice, as well as on student achievement. The authors hypothesize that, as teachers inspect and evaluate student PA work, their instructional approach would change accordingly, and students' problem-solving ability would increase.

Sixteen second- through fourth-grade teachers were chosen from four schools in a southeastern urban school district to participate in the study. After stratifying by grade level, eight of the teachers were randomly assigned to the PA group and the remaining eight constituted the control group. This study utilized performance data on a representative cross-section of 272 students in 16 classrooms.

The researchers developed six parallel classroom performance assessments. The teachers in the experimental group were taught how to use the PA's to evaluate student work and provide feedback. Each PA "provided students with opportunities to a) apply the core set of skills, b) discriminate relevant from irrelevant information in the narrative, c) generate information not contained in the narrative, d) explain their mathematical work, and e) generate written communication related to the mathematics." (p. 620)

Three instruments were used to collect data on teachers' instructional practices: teacher questionnaires, teacher lesson plans, and student problem solving. Student problem solving was "measured with three types of measures: analogous, related, and novel with respect to the classroom PA's." (p. 623) The analogous measure was most similar in structure to the PA's used in the classroom and required the same computation and application skills. The related problem-solving measure was different from the classroom PA's in structure and required application skills. The novel problem-solving measure was the most different from the classroom PA's "because its appearance, its format, and the nature of the items and problem structures differed greatly." (p. 626)

What Did the Researchers Find?

Based on their analysis, the researchers found that classroom-based PA-driven instruction improved teacher understanding of performance assessment and how it could enhance their teaching practices. As a matter of fact, the PA teachers significantly shifted their emphasis away from basic, isolated, routine content and toward problem solving. For the PA teachers, one of every four activities focused on developing student problem solving and one of every two activities was devoted to helping students demonstrate their problem-solving ability. The remaining activities were directed toward helping students develop the routine skills that might be needed during problem solving. This was a significant contrast to the control group.

The most critical question addressed in the research was: "Does teachers' use of classroom-based PA-driven instruction enhance students' mathematical problem solving?" (p. 632) The results revealed several interesting findings. On the analogous problem-solving measure, "growth for above- and at-grade students was greater in the PA than no-PA condition, whereas growth for below-grade students was comparable." (p. 632) The pattern for the related problem-solving measure was similar for three out of four scores: above- and at-grade level students in the PA classes demonstrated significantly better achievement than their control classes counterparts. "On the remaining score, communicative value, we found a main effect favoring PA over no-PA students . . . across all three grade-level designations." (p. 633) On the third measure, novel problem solving, only above-grade students benefited from PA-driven instruction.

Overall, the researchers concluded "that teachers' use of classroom-based PA-driven instruction led to enhanced problem solving among at least some of their students." (p. 635)

What Are Possible Implications for School Improvement?

Four important implications are suggested by this study. First, performance assessment as a strategy for judging student work can change teacher behaviors and enhance student achievement for at least some students. Second, this study validates the old adage, "What gets measured, gets done." Third, what is effective for some students may not be effective for all students. Four, continuous progress instructional systems, coupled with a commitment to customizing service for students, may be our best hope.

Performance assessment as a strategy. This study suggests that student learning is enhanced by PA-driven classroom instruction. It is impossible to isolate how much of the increased student achievement is due to changes in teacher behavior and how much is due to the change in the feedback system itself. It seems clear that the more precise feedback provided by the PA rubric helps students to understand what they do and do not know.

With tightly aligned performance assessments and rubrics that provide precise feedback to students, schools can meet the challenge of the high-standards, high-stakes accountability system.

What gets measured, gets done. The good news is what gets measured, gets done. The bad news is what gets measured, gets done. The important news is what gets measured, gets done. In this study, changing the measurement system resulted in changes in teacher behavior and, ultimately, in what students were taught.

The power of this strategy for driving changes in teaching and learning can not be overestimated. If we choose to measure the wrong things or in the wrong way, we will still likely get what we measure. Therefore, those responsible for the assessment system must be extremely careful.

Works here, doesn't work there. The performance assessment model was found to significantly improve student achievement if the students were above- or at-grade level for their age. However, this method did not seem to help students who were below-grade level for their age. The fact that this model works for some and not others is typical when diverse learners receive the same instruction. This finding indicates the necessity of customizing instruction to meet individual student needs. The education community will find this a difficult challenge. Nevertheless, if we believe that all students can learn and if we are going to be held accountable for all students' learning, we must meet this challenge. Performance-centered grouping, independent of the age of the learner, should receive serious consideration by those trying to improve schools with limited resources.

Continuous progress systems are needed. One can only wonder if the performance assessment model used in this study would have worked for all students (above-, at-, or below-grade level) if the level of the instruction students received was matched to their achievement level, as would be the case in a continuous progress model.

School improvement specialists and leaders should seriously consider using the performance assessment model, being careful to monitor student achievement so that all students benefit from a particular strategy. Continuous progress must be the underlying system on which students are placed and instructed.

— Lawrence W. Lezotte

EFFECTIVE SCHOOLS RESEARCH ABSTRACTS

FREQUENT MONITORING OF STUDENT PROGRESS

CITATION: Hess, Caryl, Michael Wronkovich, and James Robinson, "Measured Outcomes of Learning Under Block Scheduling," *NASSP Bulletin* 83, 611 (December 1999): 87-95.

What Did the Researchers Do?

In the fall of 1994, Coventry Local Schools in Akron, Ohio implemented a reform movement which included using the Copernican 4 x 4 block schedule model. In the 1996-97 school year, the administration began a study to determine the effectiveness of block scheduling, specifically in math outcomes. The team conducting the study was asked to look at the differences in test scores between students studying the same material in the block schedule model and the traditional model.

Though the article does not provide details on this first study, the authors note that it "cast serious doubt on the efficacy of block scheduling in mathematics." (p. 88) They point to limitations in the study, including "the observations of teachers whose judgment may be clouded by their biases toward intensified scheduling" and "the observations of students whose experience in math is subject to many different variables, including the type of instruction, the effectiveness of the teacher, and their own enthusiasm for the subject." (p. 93) In response to the outcome of the first test, two new questions were developed by school administration: "Could the study be replicated with a larger population? Could the study be generalized to other curriculum fields?" (p. 88)

From these questions, a new model was developed, using gender and ability differences as control variables. The 1997-98 sophomore class at Coventry High School was chosen as the population. The class included 270 sophomores registered in a core curriculum of English, biology, geometry, and world history.

Students were allowed to make a choice between block or traditional classes when they registered. "The challenge is to establish a master schedule that will allow students to mix and match block classes and single-period traditional classes." (p. 89) Coventry High School has carefully blended the Copernican block schedule with their traditional nine-period schedule. The success of the interlocking of these two schedules is due in part to a prescheduling process which involves input from teachers, parents, and students. "Students are free to choose the level of block scheduling most amenable to their learning skills and style." (p. 89)

For example, a student can take English and world history under the block format, but choose to take geometry under the traditional format. In addition to student choice, teachers are also given a choice of the type of model they prefer to teach in. "Those choosing to teach in the block were given inservice training to help them learn new classroom approaches for teaching under the block format." (pp. 89-90)

Tests from the Educational Testing Service (ETS) were used to assess student achievement in English, geometry, biology, and history. Students in the traditional classes took the pretest during the first grading period. Students in the block classes took the pretest during the first four weeks of class. All students were retested in the final month of the course. To ensure standardization with the test and retest, teachers gave each test during a certain allotted time frame. In addition, students were given "careful instructions regarding the importance of the test results to the overall research project." (p. 90)

What Did the Researchers Find?

More students enrolled in the block schedule model for English and geometry. In biology and history, the number of students enrolled in block and traditional was nearly even. Because not all students took all four tests, the data were analyzed using separate subsets for each subject.

Average posttest scores on the ETS were better than average pretest scores for all subjects. In English and biology, the type of schedule made a difference in pretest and posttest results. (The difference was not significant in history or geometry.) The students who were enrolled in the block schedule for English and biology showed greater gains on the posttest than the students taking the traditional schedule. There was also a "significant three-way interaction between gender, type of instruction, and test time" in predicting scores over and above ability and individual differences. (p. 92)

Cumulative grade-point averages, along with scores from the Otis-Lennon Scholastic Aptitude Test (OLSAT), were also compiled from student records. Block-scheduled groups had higher means on both measures for all four subject areas than did the traditional groups.

Males and females who were enrolled in block scheduling both showed an increase in posttest OLSAT scores. In the traditional schedule, the difference between pretest and posttest OLSAT scores tended to drop for females and remain the same for males.

The researchers put a strong focus on setting goals prior to making any changes to the schedule. "These goals should include issues of student discipline, the curriculum, teacher training, and district finances." (p. 93) When block scheduling was established at Coventry, "goals were established primarily in the curriculum. As a result, block scheduling as practiced at Coventry allows for some important classroom information processing time." (p. 93)

While the number of concepts covered in block scheduling is reduced, the "opportunity to cement the concepts covered through a process-oriented classroom approach is evident in direct observation of the block schedule. Thus, learner outcomes really need to be discussed prior to adopting any alternative schedule." (p. 93). It was also noted that classes such as Advanced Placement courses have many concepts that must be mastered and may not fit into a block schedule. "It seems that accommodations must be made regarding Advanced Placement if a school system expects to maintain and improve performance on these tests. But not all courses have such specific and massive content goals." (pp. 93-94)

What Are Possible Implications for School Improvement?

It may be time to change scheduling to fit the needs of a changing world. When looking at changing time management, these researchers remind us of the importance of looking at the other aspects (such as curriculum and teacher training) that are tied into scheduling.

There are many different ways to implement schedule changes. As seen with Coventry, there can be alternatives. A choice can be given between traditional and block schedules. Each school should look at implementing a time management program that fits its needs. Those needs should be determined carefully and as part of other important factors in improving schools in general.

"As we search for improved models for delivering learning to students, we should avoid the tendency to return to an old way just because it is more comfortable." (p. 94) Perhaps by considering changing time management at the secondary level, administration will look at time management at other levels, opening the door "to better time management for schools in general, including the yearly calendar, the school day, and movement from grade to grade. Block scheduling is just one part of this process." (p. 94)

— Molly O'Neill

EFFECTIVE SCHOOLS RESEARCH ABSTRACTS

FREQUENT MONITORING OF STUDENT PROGRESS

CITATION: Lange, Cheryl M. and Camilla A. Lehr, "At-Risk Students Attending Second Chance Programs: Measuring Performance in Desired Outcome Domains," *Journal of Education for Students Placed At Risk* 4, 2 (1999): 173-192.

What Did the Researchers Do?

As the number of at-risk secondary students increases across our nation, parents, educators, and community leaders struggle to find ways to meet their needs. One response is Minnesota's Second Chance Option which gives at-risk students the opportunity to attend a traditional high school or an alternative school or program. To qualify, students must meet at least one of the following criteria: "a) one or more years behind academically, b) pregnant or a custodial parent, c) assessed as chemically dependent, d) expelled by the school district, or e) experiencing a life event that interferes with learning." (p. 176)

The goal is to improve student achievement, not just prevent dropping out. To determine if students are reaching this goal, this study addressed two questions: " To what extent are there differences in student performance variables between students who persist in the second-chance alternative program and those who drop out of the program? To what extent do indicators of student performance change for at-risk students attending second-chance alternative programs over one academic year?" (p. 176)

The researchers selected one urban and two suburban alternative education sites with many common characteristics—low enrollment (75 to 125 students); school hours beyond those in a traditional school day; innovative instructional strategies; enrollment by choice; teachers who chose to be at these schools; and student progress measured by earning credits. Fifty-nine newly enrolled students volunteered to participate in the study. By springtime, 31 students dropped out; 22 students completed the academic year and missed less than 30 days of school. (Six students did not meet the criteria for the label of dropout or persister and, therefore, were not included in the analysis.)

A stakeholder group of alternative educators, secondary administrators, and researchers reached consensus on seven outcomes that should be assessed for students in these programs: presence and participation; academic literacy; personal and social adjustment; responsibility; physical health; contribution and citizenship; and satisfaction. Assessment instruments included student checklists and rating scales; teacher rating scales; attendance records; credit accumulation; and the administration of math, writing, and reading subtests of the Wechsler Individual Achievement Test (WIAT).

Researchers gathered data on each student in all domains in the fall and spring of one academic year (1995-1996). First, they compared student performance in each domain from the fall assessment between the persisters (those students who completed the academic year and missed less than 30 days of school) and the dropouts. Second, the performance of the persisters was compared from the fall assessment to the spring assessment.

What Did the Researchers Find?

Persisters Versus Dropouts: Comparisons on the Fall Assessment

Presence and participation. Persisters attended 80 percent of the school days for which they were enrolled while dropouts attended only 59 percent. Not surprisingly, the number of credits earned was directly related to a student being a persister (nearly 11 credits earned on average) or a dropout (three credits on average). On a teacher rating scale, dropouts "consistently received lower average ratings on individual items than students who persisted." (p. 182) Overall, dropouts completed less work, were less compliant with rules, and communicated less with both teachers and students.

Academic literacy. For all students, test scores fell within one standard deviation of the mean on the subtests for reading and math. There was, however, a significant difference on the writing subtest, with the persisters scoring within one standard deviation of the mean and the dropouts scoring lower.

Personal and social adjustment. The scores for the dropouts on a teacher rating scale tended to be a bit lower. This was especially true for items about knowledge of boundaries in relationships, socially acceptable ways of expressing feelings, responsibility for one's behavior, having an optimistic outlook on life, and relating to teachers and staff.

Responsibility. On a teacher rating scale, there was a significant difference between persisters and dropouts, with dropouts rating lower on "items that asked about follow-through on school-related activities, appropriate expression of concern for other students, goal setting, effective time management, and responsible interaction in a group." (p. 183) On a student rating scale, however, no significant difference was evident between the two groups.

Physical health. Both groups engaged in many high-risk behaviors, the most common of which were marijuana use, alcohol use, and protected and unprotected sexual activity.

Contribution and citizenship. Drunkenness, minor in possession/consumption of liquor, shoplifting, and truancy were the top four illegal behaviors for both groups. Additionally, on a student survey about positive contributions within the classroom, dropouts "consistently scored lower on items relating to classroom participation, school rule compliance, and environmentally conscious behaviors." (p. 184)

Satisfaction. No significant difference about satisfaction levels with the school was evident between the dropouts and the persisters.

When looking at this data as a whole, some surprises emerge. "Persisters and dropouts do not differ in areas that traditionally define students who are at risk of school failure." (p. 187) Both groups score in the average range for reading and math, engage in high-risk behavior, and see themselves as more responsible than their teachers view them. The differences between dropouts and persisters emerge in the areas of school and social behaviors. Persisters participate in class more, complete their school work more often, and strive to meet goals. Dropouts tend not to exhibit these particular behaviors from the beginning and also consistently scored lower on social items, such as knowing appropriate boundaries in relationships, expressing feelings in a socially acceptable manner, and demonstrating responsibility for personal behavior.

Persisters: Comparisons between the Fall and Spring Assessments

Out of the seven domains, significant change occurred in only one from fall to spring—academic literacy. The increase in reading scores was statistically significant, thus suggesting a healthy gain in reading achievement during the school year. In addition, "an upward trend is evident in academic areas of math and writing." (p. 188) Trends of increasing attendance and decreasing suspensions were evident. Truancy and disorderly conduct also were reduced throughout the year. Thus, the "outcome areas in which persisters show positive results are in areas traditionally used to gauge student progress, academic achievement, and attendance." (p. 188)

What Are Possible Implications for School Improvement?

A key finding of this study was that dropouts and persisters do not differ in the areas of low academic achievement and involvement in high-risk behavior that traditionally define at-risk students. Instead, researchers found that students who persist "are more likely to have higher ratings in outcome areas relating to school and social engagement after entry in the program." (p. 187) These results could be used to create a screening test that would help identify students who are most at risk upon enter into a new program. An intensive intervention program could be created to help these students learn appropriate social skills for a variety of school and social settings, create goals, and then work to achieve them.

— Martha Osterhaudt

EFFECTIVE SCHOOLS RESEARCH ABSTRACTS

FREQUENT MONITORING OF STUDENT PROGRESS

CITATION: Deojay, Trisia R. and Lynn LeLoup Pennington, "Reaching Heather," *Journal of Staff Development* 21, 1 (Winter 2000): 42-46.

What Did the Researchers Do?

Schools are constantly seeking ways to meet overall district goals for student performance, but according to these authors, often "overlook the immediate needs of teachers, whose concerns and energies are focused on the particular students they encounter in the classroom each day." (p. 42) Staff development too often consists of "one-shot workshops, through which teachers are supposed to absorb information presented by an 'expert' and incorporate it into their practice," say the authors. (p. 42) Moreover, such workshops cannot provide support and feedback to individual teachers applying and practicing the new ideas in their classrooms.

In this article, the authors offer a three-step framework that gives teachers a "much-needed measure of control over their own staff development, and links these self-selected professional development activities to measurable student outcomes." (p. 42)

The first step is to specify the current level of student performance. This calls for an analysis of the factors that have an impact on both teaching and learning—what the student does and doesn't know within a curricular area, and what he or she is doing to promote or hinder learning. This requires taking an in-depth look at the learning and performance demands on the student, analyzing how the classroom is organized for instruction and how lessons are presented. The teacher then writes a preliminary statement of the student's needs. A variety of assessment tools (e.g., portfolio assessments, curriculum-based assessments, checklists, journals and logs, samples of student performance, video or audio tapes, and systematic teacher observations) may be needed to validate this statement.

"This step may appear simple," observe the authors, "but it can be difficult to tease out certain student performance levels or behaviors within the context of a classroom, and assemble meaningful information regarding the learning and performance demands on the student." (p. 43) The goal is to "clarify the initial picture of the learner and create a reliable baseline so that later images of the student's performance can guide instructional decision making in subsequent steps." (p. 43)

Creating an action plan is the next step. After student performance has been precisely assessed and documented, the teacher's action plan must specify a measurable instruction objective that reflects what the student knows and needs to learn to meet classroom expectations or curriculum standards. It must also describe the teaching practices that will be used in the classroom, distinguishing between current practices and proposed innovations. Finally, it must describe ongoing assessment procedures that will provide the teacher with feedback as to whether the objective has been met.

The third step is to evaluate and communicate progress. As the action plan goes into effect, "observable documentable performance data direct the teacher's decision making about instruction. Each new piece of data provides another insight into what's working and what isn't. As objectives are met—or it becomes clear they have not been met—the action plan can be revised." (p. 43)

The researchers include a chart listing student-focused questions that can be asked and teacher-focused actions during each of the three steps that will help teachers evaluate and modify their work. "The framework also can be easily used as a basis for a professional development plan, because it generates concrete evidence of teacher action, student performance, and professional development activities." (p. 43)

What Did the Researchers Find?

The second part of this article provides a real-life case study of how one fourth-grade teacher made use of the framework to pinpoint a student's writing problems and design and implement a change in practice to help improve that student's performance. In the case study, the teacher records the student-focused questions she asked, the teacher-focused actions she took, and how professional development guided her progress.

Initially, the teacher reported that she was concerned about the lack of progress her student, Heather (not her real name), showed in writing. Though Heather completed classroom and homework assignments on time, stayed on task, and participated in cooperative learning groups, she had difficulties with concept and construction. In a conference with Heather's parents, the teacher learned Heather enjoyed writing in her journal at home. "Having attended a number of district workshops on curriculum standards and assessments for the classroom, I felt comfortable and competent answering the student-focused questions at this step," the teacher notes. (p. 45) In addition, "I referred to some of the materials from the workshops, which reminded me that the information from parent conferences and records was critical when verifying current performance levels." (p. 45)

In step two, the teacher created an action plan. Heather was to design and develop a topic, and organize it with a clear beginning, middle, and end, with effective use of transitional sentences, all written coherently and effectively. The teacher specified the following measurable instructional objective: "Given a story starter and directions to complete the story, Heather will work independently to write a related story using a topic sentence, at least four supporting sentences, and an ending sentence, with correct punctuation throughout." (p. 45)

The teacher described her current practice, which had included presenting students with story starters and asking them to write a related story within cooperative groups. Students did this twice a week in cooperative groups and one day a week independently. Students were asked to assess whether stories had a beginning, middle, and end. The teacher's new practice was to provide students with check sheets they could use to check that the required elements had been included in a story. She also met with Heather and her parents to explain how Heather could use the check sheet with her journal homework.

Professional development at this step included sharing concerns and asking grade-level colleagues for ideas every other week during planning time. Two teachers provided examples of check sheets their students used in writing. A district language arts coordinator sent materials on strategies for student self-monitoring during the writing process; other ideas came from journal articles and an educational chat room on the Internet.

In step three, the teacher met weekly with Heather to review her stories and help her analyze them for the expected criteria. By the end of four weeks, Heather was meeting the expected criteria in her writing and she commented that the check sheet helped her remember what to include when writing a paragraph. "At a grade-level team meeting, I shared results of the new practice with my colleagues, commenting that it helped more students than the one with whom I was initially concerned," the teacher wrote. (p. 46) In fact, most of the class was now proficient, according to the monthly districtwide writing assessment.

Professional development at step three took the form of collaborative supports, with colleagues stopping by the classroom to see how the new plan was working.

What Are Possible Implications for School Improvement?

While the debate over improving student achievement is being carried on in state legislatures and at school board meetings, one essential factor is often left out of these discussions: the role of the classroom teacher, working day by day to help students meet the expected criteria for performance. Students' needs vary enormously, and teachers must have support and feedback when trying out new practices to meet those specific needs.

The three-step framework offered in this article, along with a case history of how one teacher made use of that framework, should provide teachers everywhere with a useful tool in their continuing endeavor to help all their students learn.

— Kate O'Neill

FREQUENT MONITORING OF STUDENT PROGRESS

CITATION: Liddle, Keith, "Data-Driven Success," *Electronic School* 187, 3 (March 2000): 30-32.

What Did the Researcher Do?

This descriptive case study of a Colorado elementary school highlights the success of data-driven instruction, as evidenced by the students' remarkable gains on the state reading and writing tests. In just one year, from 1997 to 1998, the percentage of fourth-grade students at the Carrie Martin Elementary School who passed the reading test rose from 65 to 80. The percentage of those passing writing climbed from 33 to 65. In 1998, Carrie Martin compared very favorably with the statewide averages of 60 percent in reading and 30 percent in writing. How could such dramatic gains be realized so quickly? According to Keith Liddle, Carrie Martin's principal and author of this report, their data-driven assessment program was the key.

Carrie Martin is a rural school located in northern Colorado. Over 25 percent of its students qualify for free and reduced-price lunches; 22 percent are special education students with individual education plans. As in other Colorado schools, Carrie Martin students are required to take state tests every year.

"Frustrated with the limited information that standardized tests gave us, district officials began using Northwest Evaluation Association (NWEA) achievement level tests 10 years ago." (p. 30) But only in the past four years have more serious efforts been made to use the data from these tests to predict how students will perform on the state tests; to measure student progress and pinpoint areas of weakness; to monitor changes in the curriculum; to identify student learning styles and needs; and to guide the use of teaching strategies. Essentially, school officials have used the tests to measure all the variables and factors that influence student achievement at Carrie Martin. Anything that doesn't improve performance is either changed or cut from the program.

What Did the Researcher Find?

In the past, Carrie Martin's teachers had been "teaching to the middle"—to the average student. Now each student is taught at his or her own achievement level. Students take locator, or placement, tests to determine their grade level. Students also take achievement-level tests in the fall and the following spring of the school year. NWEA helps with the test administration, scoring, and, perhaps most importantly, the interpretation of the results. Test items are drawn from a bank of 15,000 questions that have been field tested. At-risk students take an additional test mid-year. This computerized version gives positive feedback on student progress and growth. "The mid-year test provides the positive feedback these kids need, and most are never at risk again." (p. 30)

Advanced students also benefit from the results of the achievement-level tests and are pushed to achieve at levels far above their current grade level. Last year, for example, fifth-graders broke a 10-year school record in math. The bar was raised even higher for them, and they were administered achievement-level tests at the sixth-, seventh-, and even eighth-grade level. Results were positive—17 students exceeded the seventh-grade benchmarks; 20 students scored higher than the eighth-grade requirements; and most special education students scored at or above fifth- and sixth-grade benchmarks.

Special education and advanced students, however, are not the only students who benefited. All students have educational goals based on how their scores differ from the expected scores. All parties are involved: teacher, parents, and student. Personal education plans are developed for students whose scores fall below the benchmarks. Tutoring or summer school may be recommended to underachieving students.

The researcher also commented on the abundance and variety of data that are generated with the assessment program. For example, data can be generated by grade level and by gender. Various kinds of data are submitted to users at different levels, such as the school, the district, the state, and the accountability committee. This group is comprised of staff, parents, student council members, and community representatives. Their role is to evaluate the data, recommend changes at the classroom level, and develop surveys to gather additional input from parents and teachers.

One crucial finding is that now school officials know exactly what students need in order to exit from the fifth grade, the highest grade at Carrie Martin. Working backwards, they have been able to pinpoint specific criteria at each grade level.

The researcher reported that some problems arose during the transition to data-driven instruction. Some teachers had initially feared that the assessments (which took four one-hour sessions per year) would rob them of valuable teaching time. "We're not going to have time to teach if we have to administer all these assessments." (p. 31) School officials responded by freeing up time in other areas: they decided, for example, to eliminate the administration of the Iowa Test of Basic Skills, a norm-referenced test; and they cut back significantly on school assemblies and other activities that conflicted with classroom teaching time.

Teachers were also concerned about receiving poor evaluations if their students did not show achievement gains. On the contrary, student learning has improved as a result of using the data derived from the assessments.

Parents, on their part, expressed anxiety when they learned that high school graduation requirements were linked to results of achievement-level tests. Test results from as early as third grade can be used to predict whether or not a student will graduate from high school. School officials addressed this anxiety by informing parents of third graders about the assessment program and its data, thus motivating them to work with their children.

School officials have also worked to reduce test anxiety among their students. No time limits are given on the assessment tests, which typically take under an hour to complete. The two-day test schedule is also less taxing than the six-day state test schedule. The tests are also presented in such a positive manner that many students are excited about being able "to prove what they've learned and what they know." (p. 32)

The researcher also noted that different strategies could be evaluated with the test results. They found, for example, that a strict discipline program increased student achievement. Another factor that improved student achievement was an increase in daily homework, even for kindergartners. Students at all levels are required to read for 30 minutes and write a paragraph as part of their daily homework.

Finally, as the teachers challenged their students with increasingly higher expectations, they were pleased to note that their students rose to meet the high standards set for them.

What Are Possible Implications for School Improvement?

In trying to understand the success of data-driven instruction at Carrie Martin, the observant reader will note many of the Correlates of Effective Schools Research. This report clearly demonstrates such factors as the schoolwide focus on academic achievement, setting high expectations, the principal as academic leader, frequent monitoring of students (assessment program), and a safe and orderly environment (strict discipline program). Schools seeking to improve student achievement will find this case study presents a challenging model to explore.

Schools will also be interested in the information in the sidebar on computerized testing, accompanying Liddle's article. Written by Allan Olson, executive director of NWEA, it describes an NWEA Internet-enabled assessment system in the final stages of development. It "adapts questions to the performance of each student. When a student answers questions correctly, the questions become more and more difficult; incorrect answers lead to easier questions. . . . As with NWEA's paper-and-pencil achievement-level tests, the computerized tests can be customized according to a school district's curriculum and state standards. Each test draws from a large calibrated pool of questions that vary according to each student's answers. No test items will be repeated for a student who takes the test more than once." (p. 31) More information is available on the NWEA web site: http://www.nwea.org.

— Elizabeth A. Ferris

FREQUENT MONITORING OF STUDENT PROGRESS

CITATION: Shepard, Lorrie, "The Role of Assessment in a Learning Culture," *Educational Researcher* 29, 7 (October 2000): 4-14.

What Did the Researcher Do?

"Yes, end-of-year tests can be used to evaluate instruction and even tell us something about individual students; but such exams are like shopping mall medical screenings compared to the in-depth and ongoing assessment needed to genuinely increase learning." (p. 13) This author offers a vision of assessment that is different from the traditional form, one that "can be used as a part of instruction to support and enhance learning." (p. 4) However, this vision contains elements that are at odds with many of the principles that underlie the high-stakes accountability testing that is sweeping the nation.

In this article, the author explores traditional views of curriculum, the psychology of learning, and scientific measurement. She contrasts these tenets with the newer social-constructivist conceptual framework and then discusses how assessment practices should change to be consistent with and support this pedagogy to promote learning in the classroom.

What Did the Researcher Find?

Present-day views of curriculum and assessment are strongly influenced by traditional tenets dating back to the early 20th century. Taking a cue from industry, educators sought to increase their efficiency using the principles of scientific management. Just as raw materials were screened prior to manufacturing, so too were students sorted according to their potential for success in various vocations. According to the proponents of this sorting process, tracking students into appropriate classes enabled schools to eliminate waste from their curricula because "it was wasteful to teach people things they would never use." (p. 4)

At that time, intelligence was thought to be both innate and fixed, and the IQ test became a widely used vehicle by which to sort students. Very few students were allowed to study academic, college-prep subjects. Skilled crafts, such as bricklaying, were analyzed and their skills broken down into smaller parts which were taught to students sequentially. Objective tests were developed to measure students' achievement.

The development of the objective test is "the most striking feature of achievement testing in the United States from the beginning of the century to the present day." (p. 5) While these tests fit closely with what was deemed important to learn 100 years ago, they have failed to adapt to new academic subject matter and our increased understanding of how children learn. Today, objective tests have become part of a larger system of high-stakes testing with a whole array of rewards and punishments being meted out according to test scores. Often missing, though, is the kind of learning that is open to new ideas simply because of a love for learning.

The author contrasts this historical view with a newer social-constructivist conceptual framework. Years ago, skills and information were broken down into their simplest components. "We now understand that learning is an active process of mental construction and sense-making. . . . and that 'expertise' develops in a field of study as a principled and coherent way of thinking and representing problems, not just an accumulation of information." (pp. 6-7) We also now realize that equal educational opportunities must be made available to an increasingly diverse group of learners with the attitude that all students can learn. Rote memorization has been replaced by the need for today's students to be able to think critically, solve complicated problems, and apply what they've learned in real-life contexts. Consequently, good assessment tasks need to expand beyond simple objective test questions and, in fact, become an integral part of instruction.

This author enumerates several ways that assessment practices should change to promote and increase learning in accord with a social-constructivist framework.

Dynamic ongoing assessment. Good assessment should occur throughout the instruction process, and not merely at the end of a unit or semester. In addition, a student's degree of independence in acquiring new understanding and skills should be assessed. How much help does the student need from the teacher? When both student and teacher are aware of the need, and when the teacher provides help as part of the assessment process, conditions are ideal for additional learning to occur.

Prior knowledge. What resources and prior experiences (and misconceptions) do students bring to new material? The author recommends open discussions with students to assess their prior knowledge. For those teachers who rely on pre- and posttests, she urges them to use test results to drive the learning process, and not simply as an indicator of progress.

Feedback. Feedback should not just be the reporting of right and wrong answers. Studies of expert tutors show that they use such techniques as ignoring or forestalling errors as the student proceeds towards a solution. Only when the process is not working does the tutor intervene with a series of debugging questions designed to help the student self-correct his/her work.

Transfer. Transfer is the ability to take existing knowledge and apply it to new situations. "Learning is more likely to transfer if students have the opportunity to practice with a variety of applications while learning." (p. 11) Unfortunately, limited opportunities to practice result in fragile understandings; that is, the inability of students to apply their knowledge in different contexts. Therefore, a major goal of teaching must be to promote "robust" understandings that are flexible and can be applied in new and varied situations.

Explicit criteria. Students should know the specific standards by which their work is going to be evaluated. The criteria should be clear and apply to both the end product and the process of achieving it. Further, they should be able to recognize qualities of clear writing, sound analysis and experimentation, and good problem solving.

Student self-assessment. Students should be more involved in assessing not only their own work, but also their peers' work. As the teacher-student relationship becomes more collaborative, students gain a sense of responsibility for their own learning.

Evaluation of teaching. Formal action research studies and informal, ongoing assessment of student understanding should propel teachers to change lesson plans and, when necessary, redirect instruction. By modeling this behavior, teachers encourage students to become "a community of learners where students naturally seek feedback and critique their own work." (p. 12)

What Are Possible Implications for School Improvement?

The author acknowledges that her view of assessment is an idealization which will require highly skilled teachers with in-depth knowledge of their subject material to engage in the kind of complex teaching and assessment practices she recommends. However, she also recommends concrete steps toward this ideal.

Additional research should be conducted with emphasis on developing classroom practices, effective feedback, and motivation. Educators in the United Kingdom also have much to offer American educators. For years, our overseas colleagues have been studying formative assessment as a means to improve and accelerate learning. They have lobbied for "a) reframing of bureaucratic requirements, such as standards for teacher education and school inspections, to ensure that teachers are skilled assessors of students' learning; b) increased funding, especially for teacher professional development; and c) reducing obstacles, especially the influence of external tests that dominate teachers' work." (p. 13)

Many obstacles stand in the way of implementing this new vision of assessment. Rote learning and rote testing, however, must give way to critical thinking and problem solving and new forms of assessment must be developed so that all students can learn.

— Elizabeth A. Ferris

FREQUENT MONITORING OF STUDENT PROGRESS

CITATION: Goff, Loretta, Amy Colton, and Georgea Mohlman Langer, "Power of the Portfolio," *Journal of Staff Development* 21, 4 (Fall 2000): 44-48.

What Did the Researchers Do?

Educational reforms have "focused on raising standards, implementing new testing programs, restructuring schools, and increasing graduation requirements. These reforms have failed because they avoid the crucial role teachers play." (p. 44) In this case study, the authors offer evidence that professional development can indeed make a difference in student performance.

In George County, Mississippi, the school district sought new ways to improve student outcomes. "Leaders believed that by providing support for teachers to analyze student work and plan improvements, teacher competence would grow and translate into improved student learning." (p. 44) To this end, the school district chose a process developed by Colton and Langer called Collaborative Analysis of Student Learning (CASL).

CASL focuses on the analysis of student work through collaborative assessment and planning with fellow professionals, action research, and cognitive coaching. This process is based on the premise that teachers too often collect and record student data without taking sufficient time to analyze how their own teaching is impacting student learning.

The George County School District has been particularly motivated to improve student achievement. The 1990 Census reported that 80 percent of the adults in the county were high school dropouts. Many of the district's 4,000 students are deemed at-risk, "coming from low-income homes, with a functionally illiterate and/or single parent or with culturally deprived backgrounds." (p. 45) About 20 percent fall below federal poverty levels and 56 percent qualify for reduced or free lunches.

George County initiated the CASL process in Fall 1995 by assembling a group of 22 teachers and seven administrators. They spent two days analyzing achievement data and developing their focus on improving student writing. "Each teacher then developed individual classroom goals around which teacher portfolios would be developed." (p. 45)

In January 1996, Colton and Langer trained the group in several areas. They introduced the National Board for Professional Teaching Standards; described the upcoming portfolio process; facilitated effective communication skills; and reviewed their model of teachers' reflective thinking. Finally, they reviewed the CASL inquiry model.

Teachers learned that the CASL inquiry model is a comprehensive guide that structures the analysis of student work within these areas:

- **Background information.** The teacher is guided to describe the student, the learning objectives, the student experiences that led to this work, and the teacher's reasons for assigning this task.
- **Observation.** The teacher is asked to describe, without judging, the student's work and to formulate additional questions.
- **Subject matter/knowledge.** The teacher is asked to provide specific evidence of the analysis, taking into account student factors, instructional factors, and environmental factors, in or outside the classroom, that might be affecting student performance.
- **Future teaching action.** The teacher is asked to identify teaching strategies that may improve this student's learning.

- **Action.** Here, the teacher describes what s/he did and analyzes how it worked. The cycle of analysis is then repeated.

"Each teacher then selected two or three students (representing different instructional challenges) as the focus of the portfolio inquiry." (p. 45) The teachers met monthly for three months in work groups to analyze the students' work. The teachers progressed through a four-step process in their analyses. First, they observed and gathered data on their students. Second, the teachers collaboratively analyzed and interpreted students' most recent works. Third, they developed a hypothesis and related action plans, which were then implemented in the fourth step.

At the end of the twelve-week time, the teachers finished the portfolio "by writing concluding reflections. This included a summary of what had been learned about the students, the process of student learning, the teacher's thinking processes, and the teacher's practice." (p. 45)

At the end of the first school year using CASL, the teachers and administrators met with Colton and Langer. The researchers and the team reviewed the portfolios, more fully discussed student work, listened to teachers' reactions, further clarified the process, and chartered future developments.

George County added 27 more teachers to the program in the second year. The original team mentored the newcomers; the school district also adjusted the schedule so that the CASL process occurred during the second and third quarters to avoid beginning and end-of-year pressures. For their annual teacher evaluation, teachers in the project also had the option of using the portfolio rather than a teacher evaluation checklist. During the third year, the work expanded to include "the analysis of class sets of student work, assessment strategies, and curriculum alignment." (p. 47)

What Did the Researchers Find?

The researchers found that the CASL process benefited both teachers and students in the George County School District. Over time, 49 teachers had developed portfolios for a total of 110 students. Of these students, 82 percent showed improvement according to their work samples. Of those students who did not meet the goals set by their teachers, improvement still occurred and their teachers benefited from increased understanding of the process.

The teachers also seemed to benefit professionally, according to written statements and interviews. Many indicated that their thinking had changed; others noted an increase in confidence, especially in facing learning challenges. One teacher reflected: "I would think, 'The student's not doing well,' but I never had any training to analyze their work. I would even think, 'Well, they just don't have the background.' . . . Now I think, 'Is there something I could do or say or some type of instruction that would get the light bulb to come on?'" (p. 47)

What Are Possible Implications for School Improvement?

"If the nation is truly invested in improving student achievement, it is time to provide effective professional development for teachers." (p. 44) Teachers are the frontline in school reform. Any process that can improve their thinking, teaching practices, analyses of their students' work, and confidence is bound to pay off in improved student achievement, as shown in this Mississippi community. The CASL process provides teachers with a structured process and also emphasizes collegiality among professionals. Through this process, "teachers develop a richer repertoire of teaching strategies and deepen their content knowledge." (p. 44) Teachers involved in CASL gained a strategy for thinking about, and the confidence to solve, the instructional problems they regularly face. Educators in other school districts may want to look more closely at this reflective, analytic process as one more way to empower teachers so that all students can achieve.

— Elizabeth A. Ferris

FREQUENT MONITORING OF STUDENT PROGRESS

CITATION: Wolicki, John, "Teaching Accountability and Monitoring Progress," *Principal Leadership* 2, 3 (November 2001): 52-57.

What Did the Researcher Do?

It's the day often dreaded by students and parents alike: Report Card Day. No matter how well students tell their parents how they are doing in a certain class, and no matter how much parents try to check their child's progress, reading the final report card can come as a shock. "Why couldn't we have known sooner?" parents ask.

When this scenario arises, the problem, according to Wolicki, is a breakdown of communication. The blame for this lack of communication, he says, can be spread everywhere, among the students themselves, teachers, counselors, and administrators. But even if a problem is identified, what might be the solution?

To address this communication deficit and the needs of failing students, Hempfield Area High School in Greensburg, PA, developed a plan of action they called MAPPS: Monitoring Accountability and Progress by Parents/Guardians & Principals of Students. MAPPS, developed to aid failing ninth-grade students at the school, began in 1998 under Wolicki's supervision. (Wolicki, now assistant principal at the school, was the dean of students at the time of the launching of MAPPS.)

The MAPPS program began its initial year with 12 students and utilized a team approach to provide direction, accountability, and communication skills to the students. The team consisted of a student, an administrator, the student's teachers, a school counselor, study mentors, and a parent or guardian.

What Did the Researcher Find?

During the development of the MAPPS dropout prevention program, 10 strategies evolved that helped the team deal with failing students. These strategies, Wolicki says, "are basic and employ more elbow grease than philosophy." (p. 52)

Student and instructor surveys. The initial step in involving a student in the MAPPS program is to ascertain that student's perception of his or her performance in each subject area. To get a full perspective, the student's instructors are surveyed as well. The student and instructor both rate the student's motivation to learn, level of academic accomplishment, and productive in-class behavior on a scale of one to 10, with 10 being the highest. Both student and instructor also give their perceptions of the student's current grade.

Results are tallied and reviewed with the student, highlighting potential problem areas. Members of the support team also review the results, which, according to Wolicki, become one source from which appropriate learning and teaching strategies are developed.

The ladder. According to Wolicki, "Failing students bury themselves in a deep hole because of incomplete or missed assignments." (p. 53) In the MAPPS program, such students construct a "ladder" of missed assignments to help them climb out of this hole. The objective is to address each failed or missed assignment and climb the ladder one rung at a time. Students work with instructors to complete a ladder for each problem subject area and form a plan with the help of the support team to complete the missed assignments.

Awareness and accountability. Wolicki says that, in order for students to succeed, they must ultimately come to the realization that they are "responsible for the actions that lead to their success." (p. 54) To foster this awareness, the MAPPS program develops a communiqué between instructor and student. On a mutually agreed-upon frequency, students present the communiqué to their instructors, who fill them out and return them to the students. The students present this information to at least one member of their support team. Information listed on the communiqué includes the student's current grade, status of required assignments, absenteeism, and classroom behavior.

Time management and resources. Poor time management can be one of the most important factors involved in academic failure. The MAPPS program counters poor time management skills by helping students set goals for their time spent in study hall and other study environments. In addition, the MAPPS program makes other resources available to students, including tutorial opportunities and a peer-mentoring program.

The principles of teamwork. The goal of the MAPPS team approach, according to Wolicki, "is to have the student achieve a level of academic success directly proportional to his capacity to learn." (p. 55) To meet this goal, each member of the team must play a specific, but interrelated, part. Teachers, for instance, must facilitate learning through a variety of pedagogical strategies, while also playing the role of communicator with all parties involved. Counselors must provide not only solid academic support, but nurturing advice as well.

Goals. Each student's school plan must include short-term and long-term goals. Short-term goals may include planning activities to be accomplished the next school day, preparing for cocurricular activities, and participating in school-sponsored activities. Long-term goals might include what a student might dream for their lives. Such dreams, Wolicki says, are unrealized unless the student succeeds at the short-term goal level.

Failure and the me-now agenda with patience. The MAPPS program is fostered on the notion that a successful life does not always "hinge on the satisfaction of immediate desires." (p. 56) The program preaches patience, instilling in students the idea that failure happens to everyone and is an inevitable part of success. Most importantly, the program stresses that there is more to life than the satisfaction of "me-now" feelings.

The drawing board. The MAPPS program assumes that even the best teams and individuals occasionally fall and fail. Those teams and individuals that succeed are able to regroup and "go back to the drawing board," employing resolve and hard work to meet long-term goals. (p. 56) To assist MAPPS students when they fail, the MAPPS team has each student list their abilities and limitations, providing special help in areas of weakness.

Student involvement. The MAPPS program teaches every student that some form of student involvement completes a quality education. Students are encouraged to make interscholastic teams, clubs, groups, and special activities a part of their educational portfolio.

The source of inspiration. The MAPPS philosophy assumes that "inspiration is . . . all around us." (p. 57) The key is to look around and find it, releasing its untapped power. Schools and other sources offer resources for students from which to draw inspiration to tackle the difficulties involved in educational achievement. MAPPS students are also encouraged to look within to derive the personal pride necessary for achievement.

What Are Possible Implications for School Improvement?

Of the 12 students enrolled in the MAPPS program during its first year, all but one went on to their sophomore year the next term. The group, as of their senior year, lost three more students for a variety of reasons, perhaps indicating that the program's scope should extend beyond ninth grade. In the fall of 2002, Wolicki will start with a new group of freshmen.

The power of the program is both in its team approach and in the intervention strategies that address student deficiencies before final grades are handed out. One wonders what role educational technology might play in the future development of such programs, both in the improvement of communication and in the monitoring of student progress.

— Brian Willats

EFFECTIVE SCHOOLS RESEARCH ABSTRACTS

FREQUENT MONITORING OF STUDENT PROGRESS

CITATION: Roderick, Melissa and Mimi Engel, "The Grasshopper and the Ant: Motivational Responses of Low-Achieving Students to High-Stakes Testing," *Educational Evaluation and Policy Analysis* 23, 3 (Fall 2001): 197-227.

What Did the Researchers Do?

Ever since *A Nation at Risk* was published, there has been a high level of concern that America's students are not achieving as well as they should. This concern increased when several international comparisons of student achievement found that America's students ranked at or near the bottom.

One response to this concern was to mandate testing and publicly report the results. Those who advocate such measures maintain that they will cause students, teachers, and parents to work harder. Hence children, whether they be grade or high school, will learn more. Proponents maintain that all students will respond positively to this stimulus, including low-achieving students. Scores for all students and the school will rise to "acceptable" levels.

Critics, however, maintain that high-stakes tests cause teachers to narrow the curriculum by teaching only what is tested. They further assert that gains on high-stakes tests are not seen in other measures of learning. In addition, critics believe that a high-stakes testing environment causes greater anxiety and disengagement from school, especially among low-achieving students, because negative incentives—such as the threat of retention—only undermine their motivation and effort.

Previous studies of the impact of high-stakes testing did not address this issue, so the researchers set out to do so. Their sample was drawn from the Chicago Public School System which, beginning in 1996, required all third-, sixth-, and eighth-grade students to achieve a minimum score on the Iowa Test of Basic Skills (ITBS) to pass to the next grade.

This qualitative and quantitative study followed 102 low-achieving African-American and Latino sixth- and eighth-graders in five Chicago public elementary schools. Twenty-six percent were classified as high risk for not meeting the cutoff score in reading, 57 percent were classified as moderate risk, and 15 percent as low risk.

What Did the Researchers Find?

Students responded to the policy in four ways. Those who worked hard in school (53 percent) said that the policy changed their experiences in school and their attitudes toward learning, causing them to work harder. They reported that their teachers increased both academic press and support, and that they aligned the curriculum with the tests. The students also spent more time studying at home.

The second group—those who worked harder, but only outside of school (nine percent)—believed that their classes would not adequately prepare them to pass the test. These students had highly involved parents and family members who helped them.

The third group—those who worried, but did not work (34 percent)—"seldom related what they were doing in school to prepare for the ITBS." (p. 208) Their responses to the interviewer were vague and reflected little engagement in the test preparation process.

The fourth group consisted of students who were confident that they would pass the test and did not worry (four percent). These were the most highly skilled students in the sample.

Four reasons explain why students responded as they did. The first was skill differences. Over one-half of the students who had a high risk of not attaining the cutoff score were in the group that worried, but did not work. These students were more likely to have significant home, personal, mental, or health problems. This group did not respond to the threat of retention and had poor outcomes. The characteristics of this group raise serious doubt whether high-stakes testing policies and practices will work for them.

The second reason why students responded the way they did to the policy is related to the first. Those students who had little support at home, low skills, and major problems were less likely to work harder to pass the tests than other students.

The third reason is related to age and gender. More eighth-graders worked harder than sixth-graders because they wanted to go to high school. Boys were 10 percent less likely than girls to work harder and had slightly lower test scores. "Research on gender and stress has found that boys are less likely than girls to seek support when faced with problems." (p. 214)

The fourth reason is teacher effects. "The classrooms students were in were . . . very important predictors of their response to policy." (p. 214) Consequently, the researchers examined the data for two schools that served the same neighborhood and had comparable student demographics. One school had below-average outcomes and the other had above-average outcomes.

Teachers in the above-average outcomes school created an environment of academic and social support that led students to value achievement and want to succeed; worked hard to raise students' sense of efficacy; inspired students to see their work as task-centered rather than ability-centered (task-centered goals measure individual student achievement whereas ability-centered goals stress performance relative to others, i.e., having winners and losers); helped students understand the goals they were working for and determine ways of achieving them; and conveyed "a strong sense of responsibility for helping students succeed." (p. 215) As a result, 85 percent of low-achieving students were able to pass the ITBS.

In contrast, teachers in the below-average outcomes school did not believe that "meeting the cutoffs was a meaningful or attainable goal"; seldom talked with students about the policy; often talked about their students' negative qualities; "seldom described their students as having goals"; did not talk about working with students to help them meet the cutoff scores; "seemed to go through the motions of supporting students but . . . did not engage them by translating the need to work harder into concrete and meaningful activities"; or recognize changes in student motivation to pass the test. (pp. 215-216) Not surprisingly, only 45 percent of low-achieving students were able to pass the ITBS.

The major differences observed in the teachers in the two schools "were less in their instructional approaches to raising students' scores than in the social context teachers created regarding the policy." (p. 216) Clearly, these differences were reflected in the substantial gap between the two schools in the percentages of students passing the ITBS.

What Are Possible Implications for School Improvement?

Advocates of high-stakes testing believe that it will cause high student achievement. Critics wonder if this is so. This study found a high-stakes testing environment coupled with a negative incentive (threat of retention) resulted in a majority (64 percent) of the low-achieving students working harder and passing the test. More likely than not, those who failed the test had serious, multiple problems. Clearly, merely passing and implementing a high-stakes testing policy will not meet their needs. "Even if such policies produce benefits to the majority of students, they may do so by making sacrificial lambs of the most vulnerable." (p. 221)

"Perhaps, most important, this study highlights the important role that teachers play in shaping student outcomes in high-stakes testing environments." (p. 221) A high-stakes testing policy "increases the importance of teacher and school environments by creating new roles for teachers." (p. 221)

This study reinforces the fact that teachers and schools make a crucial difference. What they do, or do not do, significantly lowers or raises student outcomes. If the behaviors and environments in your school are similar to what was found in the below-average outcomes school, you have a choice: change practices and improve, or continue with "business as usual" and be responsible for low student achievement.

The message of hope that this study and the school effects research offers is that we know what should be done, should we desire to change.

— Robert E. Sudlow

EFFECTIVE SCHOOLS RESEARCH ABSTRACTS

FREQUENT MONITORING OF STUDENT PROGRESS

CITATION: Protheroe, Nancy, "Improving Teaching and Learning with Data-Based Decisions: Asking the Right Questions and Acting on the Answers," *ERS Spectrum* (Summer 2001): 4-9.

What Did the Researcher Do?

If a faculty and its school improvement team seek to raise student achievement by implementing data-based decision making, what questions should they ask? What should they do? Further, does data-based decision making work? These questions are commonly asked as school improvement teams embark upon their journey. They will be asked even more frequently as the No Child Left Behind law is implemented over the next few years. The author addressed these questions when she examined research and proven practices pertaining to using assessment data to increase student achievement.

What Did the Researcher Find?

Strong evidence is accumulating that a well-organized process for using high-quality, targeted assessment data will improve instruction. Key elements of the process are:

- Assessing students for diagnostic purposes and disaggregating the data throughout the year, not just once annually.
- Aligning instruction with test content.
- Taking immediate and appropriate corrective action identified through a detailed analysis of student responses.
- Involving principals in the process.

When a faculty analyzes assessment data, what questions should it ask? What are the *right* questions? The author recommends starting with these five guiding questions:

- "What should students know, and how should they be able to use what they know?
- "How well should students perform?
- "What will we do to assess student performance?
- "How well do students actually perform?
- "What will we do to improve student performance?" (p. 5)

While apparently simple, the answers to these profound questions will require considerable thought and discussion. Answering them should cause the faculty to have "purposeful conversations . . . about improving student performance." (p. 5) However, these questions are not the only ones one should ask. Different purposes require different questions. For example:

Program evaluation. Are our programs producing student learning? Which schools need more assistance?

Instructional leadership. Are teachers and instructional strategies producing results? What kinds of professional development would help? How shall we spend building resources in support of instruction? What does this teacher need to ensure student competence?

Classroom instruction. Are my teaching strategies working? What do these students need help with? What do students understand and what can they apply?

Individual diagnosis and instruction. What does this student need help with? What misconceptions/ strengths does s/he have?

Excellent questions, however, are not sufficient. Good answers to the questions are crucial and depend upon an "assessment-literate" faculty. Assessment literacy requires two skills—the ability to collect dependable, quality student achievement data and the ability to use that information to improve student performance. A variety of techniques have been used to increase the assessment literacy of a staff: staff development on how to read and analyze test results; presentations to a school's staff followed by a discussion of possible next steps; individual sessions with a principal to review and discuss results from that teacher's classes; and an in-school data expert to work with grade levels, teams, or departments.

Targeted data formatted to address each question are needed. State assessment data, while crucial, are not sufficient since state tests are administered only once a year. Excellent classroom assessment that occurs throughout the year is needed. This should be part of a continuous cycle: *plan for instruction; teach; gather data; interpret the data; adjust and take action; plan for instruction.*

How do successful school districts typically respond after they have gathered and analyzed the data? Usually the first step is to align the local curriculum and assessments with state standards and assessments. This is an essential step.

A second essential step is to improve teaching strategies by analyzing performance data at the individual and small group level to ascertain strengths, weaknesses, and needs. Then targeted instruction or reteaching can occur, as well as appropriate support provided to teachers in need, e.g., staff development or assistance by a specialist. Teacher collaboration and discussion of individual student and class profiles is "a powerful tool for improvement." (p. 7)

Beyond these steps, one study of six low-performing school districts that changed into high-performance districts found that district support is needed for "instructional processes that enable teachers to actually accomplish three things on a daily and weekly basis: 1) organizing instruction to regularly administer interim assessments of skills taught before moving on to new material; 2) providing tutoring or extra help for those students who fail to master the skills taught and enrichment learning activities for those who have mastered the skills; and 3) providing frequent practice throughout the year to ensure retention for students who have initially mastered the skills needed." (p. 7)

What Are Possible Implications for School Improvement?

The five guiding questions that a faculty should ask and answer are excellent. But it is essential that one more question be asked: How well do students in various subgroups perform?

Without disaggregated data, it is impossible to know if some subgroups in the student population are achieving at levels lower than other subgroups. If achievement gaps are found, then other questions become appropriate: Is this morally acceptable? How do we look at the parents of a child in a lower-achieving subgroup and say that this is "OK" because it is comparable with others in the subgroup? Did we become teachers so that only some children may learn?

Disaggregation is no longer optional as a result of the No Child Left Behind law with its emphasis on the achievement of demographic subgroups as well as the overall achievement of the student population. This only strengthens the reason for disaggregating data and ensuring both quality and equity in education—ensuring "learning for all" regardless of gender, ethnicity, or socioeconomic status.

This article deals solely with gathering, analyzing, and using student achievement data to improve instruction and achievement. It does not address the findings of the school effects research that consistently reveal that there are key processes in the culture of a school that sustain and support improving and high levels of achievement. Without also addressing these variables, efforts to raise student achievement become like putting your finger in a leaking dike—when one hole is plugged, water squirts out of another. When one achievement problem is "solved," it either reappears a few years later and/or another achievement problem appears because the culture of the school has not changed.

This observation is reinforced through the fact that several times throughout the article the researcher cites findings from a study of the Brazosport, Texas, Independent School District. Not only did that district work both hard and smart to use assessment data to improve student achievement, it also worked hard and smart to implement the processes of Effective Schools to develop and strengthen school cultures that support sustained and high levels of achievement.

— Robert E. Sudlow

Section IV

Reaching Consensus on Standards

Reaching Consensus on Standards

No doubt about it—setting standards can establish clear, high expectations for student achievement and provide a basis to hold students and educators accountable. But who sets the standards? Can the federal government best identify what students need to know, or is this a task better suited for the states, districts, or individual faculties? Further, do standards ignore the fact that learners enter schools with varying backgrounds, needs, and abilities?

- On the pro side, standards can coordinate the functioning of a district, help align instruction to curriculum, and refocus efforts on student learning. Just as important, they can ensure consistency for students moving from district to district, or state to state.

- On the con side, many feel standards can be unfair to minorities and special needs students. From a regulatory perspective, the focus is on minimum levels of acceptable performance. Few districts have come up with fair ways to hold educators accountable. In general, top-down mandates have not been the best way to spur real change.

- Standards should be narrowed down to those that have withstood the test of time. They must have applications in other disciplines and prepare students for the next level of instruction.

- Investing in teachers may be the best thing any standards-based district can do. Research has shown that teacher quality can account for 50 to 60 percentile points on standardized tests.

- A quality assessment system should not only be tailored to state standards, but should be able to give specific information about each concept and skill being tested for every student. Student assessment data must be disaggregated across subgroups to highlight disparities in achievement that could otherwise remain hidden. Information must be immediately relayed to teachers and students, so action can be taken without delay.

- Judy F. Carr and Douglas E. Harris tell us that, if standards are to be more than lists of hoped-for performance indicators, we need a system of organizing and utilizing data. This should include assessment profiles for each student, with data placed in proper context so that sound decisions can be made. Effective practice for attaining the standards needs to be defined, followed closely by action planning teams charged with setting priorities for programs, practices, and resources.

- Data envelopment analysis shows promise as a new statistical method for judging the effectiveness of schools. It searches for the most efficient schools from a larger set, and ranks these by the criterion of resource use. By emphasizing how resources are combined, it can point us toward alternative resource arrangements that may result in increased student achievement.

- Douglas Reeves says we need five essential transformations of standards, particularly in secondary education. According to Reeves, we need to move from: 1) test preparation to thinking, reasoning, and writing; 2) mystery grading to assessments that are fair and accurate; 3) seniority to equity in teacher assignment; 4) high stakes to meaningful evidence; and 5) coverage to "power standards" which are endurable, applicable across a wide spectrum, and required for the next level of learning.

- Many states are using old tests to evaluate new standards, and this certainly doesn't do much to motivate teachers to use new methods, especially those which require effort and change.

- Increasing evidence points to the need for a new system—one based not on age or grade level, but on demonstrated performance at selected transition points. This means the system must reflect what we know about the variability in rates of learning, and not force students to wait until end-of-the-year tests are given to demonstrate mastery. Instruments must measure student performance in relation to a standard, not to other students or even national norms.

- One study of 10 kindergarten classrooms using exit testing revealed that as many as seven of these classrooms experienced enough variations in the testing environment, teacher procedural error, or children's behavior to significantly affect student performance. Districts using exit testing in the primary grades as a way to raise standards need to carefully study their practices.

- Mike Schmoker's study of five school systems which overcame obstacles to achieve significant results found some common threads. Student achievement data are disaggregated by group and in the hands of every educator. Performance gaps are considered opportunities for targeted action. Precise measurable goals (limited to one or two a year) are grounded in performance indicators, with timelines for instruction. Weekly objectives are posted throughout the schools. Students are assessed on an ongoing basis to identify where they are and to facilitate placement for tutorial time or elective slots. "Dress rehearsals" are held before high-stakes assessments to identify weaknesses and build in time for additional instruction on subskills.

Making standards work means making them everyone's business. It means committing time and resources to identifying where students are deficient, and working on solving those deficiencies with early intervention and ongoing help.

EFFECTIVE SCHOOLS RESEARCH ABSTRACTS

FREQUENT MONITORING OF STUDENT PROGRESS

CITATION: Labaree, David F., "Setting the Standards: Alternative Policies for Student Promotion," *Harvard Education Review* 54, 1 (February 1984): 67-87.

What Did the Researcher Do?

Labaree conducted a historical review of promotion and retention policies in U.S. public schools, using the Philadelphia schools as the substantially representative case summary. He reviewed the *New York City Gates Promotional Program*, noting that the pendulum has swung toward merit promotion in the last two decades. Additionally, he reviewed the literature search of Gregg Jackson. Finally, he made suggestions to help districts avoid any "quick fix" approach to raising levels of student achievement. He noted that, to date, neither retention nor promotion policies and practices provide clear evidence linking social promotion or retention to improvement in student achievement.

What Did the Researcher Find?

Jackson's 1975 review and a subsequent 1983 ERIC Search unearthed 54 promotion-and-retention-related studies, which were "so poor that valid inferences could not be drawn concerning the relative benefits of the two options." (p. 78)

Purely conceived, social promotion is the automatic advancement of an age cohort from grade to grade, with an achievement level convergence expected over time; merit promotion means that students are promoted or retained in relation to their ability and performance on a fixed set of standards. Tracking is the result of society's pressure to include all children in the elementary through high school process by placing students in highly differentiated curricula.

When public schools emerged, few students matriculated into the upper years of school beyond elementary. "Until the very end of the century, public high schools accounted for no more than two percent of the population, which emerged from a rigorous selection process." (p. 70)

From 1850 to 1910, elementary/secondary promotion was based upon merit. The swing toward social promotion was influenced by industrialization. Families pushed for high school diplomas. Larger proportions of students were advanced beyond eighth grade based on a principal's perception of students' readiness, rather than on a challenging exam. Eighth grade often became a holding tank until a student was "promotable." Costs of retention soared. Consequently, high school curricula, with academic, commercial, and manual training tracks, was developed.

In the past 20 years, reforms have surfaced to combat the perceived lowering of standards. Vocal critics decry that lower promotional standards cause lowered standards for all society. Students pass, but do not master the curriculum, thereby getting something for nothing. The return to merit promotion has resulted in current programs such as "back to basics," "minimum competency testing," and "remediation."

New York City Promotional Gates Program is a well-documented, large-city response to promotion-by-merit, modern style. Earlier nineteenth-century promotion-by-merit focused on high achievement models with incentives for upward mobility.

The essence of the New York plan was to erect promotional gates at certain points on the California Achievement Test at a specified grade-level mark. Students who do not pass are held back. The school system expressed a strong commitment to provide intense instructional support to retained students. New York has spent extraordinary amounts of time, effort, and money to raise achievement levels, with the positive intention of helping, not punishing retained students. Massive centralization efforts were necessary to fix citywide promotional standards.

Labaree suggests that policymakers bring up these questions when considering policies:

- Is one standardized test score a valid cut point?
- How valid are all retention criteria?
- Is there a balance between remediation and retention?
- Are students being helped while they are being held back?
- Are there explicit and meaningful policies for dealing with those held back for several years?
- Do all the policies involved really contribute to overall student achievement?
- Can one rule out any programmatic and documented rise in achievement to natural maturation, prior achievement level, or the regression which occurs when a marginal subpopulation is retested?

Labaree urges educators to retain students only if they are willing to provide enhanced remediation, specially trained and motivated teachers, new curricula, and more supervisory interest and emphasis on the instructional component of retention.

The public is going to want to see immediate gains. But since positive evidence is never gathered quickly, schools so far haven't had time to evaluate their efforts against both broad and narrow educational objectives.

What Are Possible Implications for School Improvement?

When considering a promotional standard based upon a student reaching a specified achievement level, Labaree suggests a flexible approach, based on multiple measures. Knowing that the public expects quick fixes, educators must get all stakeholders to agree up front on an evaluation system for the program which will reveal success *over time*. This prevents the temptation to present favorable data through inflated test scores. Contingency plans should be built in for changing or scrapping any such plan.

A retention plan should be based on more than a student's reaching a certain achievement level in reading or mathematics. The researcher warns of a boiled-down curriculum, unchallenging and devoid of breadth. A generalized pass/fail mentality can encourage all students to "coast." Labaree stresses principal, teacher, and school accountability for retained students; otherwise schools are merely assigning blame. "Retention puts students on a slow track, and only instruction can get them out of it." (p. 86)

Labaree suggests one alternative, the Effective Schools Research Framework for School Improvement, as exemplified in Milwaukee's Project RISE. The RISE mission of "All Children Can Learn" is a positive context for raising student achievement through the Correlates of Effective Schools.

When educators raise their expectations for students, they must focus on each child's instructional needs rather than on the perception about any pupil's inability to learn what is being taught.

— Beverly A. Bancroft

EFFECTIVE SCHOOLS RESEARCH ABSTRACTS

FREQUENT MONITORING OF STUDENT PROGRESS

CITATION: Entwisle, Doris R. and Karl L. Alexander, "Factors Affecting Achievement Test Scores and Marks of Black and White First-Graders," *Elementary School Journal* 88, 5 (May 1988): 449-471.

What Did the Researchers Do?

What factors affect the marks which students receive from teachers? What factors affect a student's score on a standardized achievement test? Are these factors the same or different?

Even when a student's marks and standardized test scores are correlated, these two indicators may be measuring different aspects of a child's growth: "Teachers could mark first-grade students partly on the basis of effort, demographic characteristics, or even their parents' behavior, all criteria to which standardized tests should be insensitive." (p. 449)

The researchers examined the factors which affected both the marks and achievement test scores of first-graders. In addition, they sought to determine why the test scores of minority first-graders do not increase as much over the year as those of majority-group children. They also wished to identify what specific mechanisms are responsible for student achievement.

The researchers drew a stratified random sample of 825 Baltimore first-grade youngsters in 20 schools. This sample was representative of the school system in terms of race and socioeconomic levels. The researchers analyzed the data for 582 children from this group who were promoted at the end of first grade and whose parents and teachers provided information through interviews and questionnaires. An analysis revealed that race was not a factor for holding students back at the end of the grade. All of the schools in the study followed the same curriculum, and about two-thirds of the teachers were African American and one-third were white.

The researchers studied factors that might affect grades and achievement—race, sex, parents' educational attainment, parents' general estimate of their child's ability, parental expectations, personal maturity of the child, any special problems of the child (evidenced by referral for any nonroutine test or service), child's level of expectations, peer popularity, absences, marks, and achievement test scores.

What Did the Researchers Find?

"The children started school on an equal footing. At the beginning of first grade, African-American and white students in this sample tested at comparable levels on the verbal CAT [California Achievement Test] and were only a few points apart on the math CAT. Their parents were almost equivalent in terms of educational attainment, with African Americans slightly higher. Despite the apparent equivalence, however, racial differences in first marks in reading and math were striking." (p. 468)

First quarter reading marks. Even though the data revealed more potential means for African-American children to achieve greater success, their first quarter reading marks were significantly lower. This difference in marks increased as the year progressed. "When all else is accounted for, race makes a very large contribution to the mark." (p. 461)

First quarter math marks. "As before, we would predict substantially higher math marks for African Americans than for whites, but in fact see the opposite." (p. 463)

Third quarter reading and math marks. "Race was a significant determinant of third quarter reading marks, but not third quarter math marks, although the direction of the race effect is the same." (p. 463)

Verbal gains on the CAT. For gains in scores between the fall and spring of first grade, race was "of borderline significance," with whites gaining 62 points as compared to 56 points for African Americans. (p. 466)

One noteworthy finding is that African-American students whom teachers judged as displaying poor conduct gained more in the verbal domain than those judged to be better behaved.

Teachers' marks were more important for African Americans than whites in predicting verbal gains.

Math gains on the CAT. African Americans gained 45 CAT points and whites gained 49 points during the first grade. An initial difference of 5 points thus widened to 9 points by the end of first grade, virtually doubling the difference in scores between the two groups.

For math CAT gains, there are differences by race in effects of gender, personal maturity, parent's ability estimate, child's fall expectation, and third-quarter mark, the same factors that accounted for gains on the verbal CAT. For math, however, differences in the attainment process by race are a function of other people's perceptions. "For African Americans, teachers appear to be important others. Teachers' judgment of African Americans' personal maturity, classroom math performance, and conduct marks were the initial factors predicting math gains." (p. 467)

For whites, parents are the important "others" as evidenced by weaker effects for teachers' estimate of personal maturity and for marks, and the strong estimates by parents of their child's ability.

What Are Possible Implications for School Improvement?

A random sample was drawn of first-grade children in the city of Baltimore, a typical major city. The study was limited to children who were promoted at the end of first grade. Analysis revealed that race was not a factor in nonpromotion. The curriculum that the children in the 20 schools were exposed to was the same, and two-thirds of their teachers were African American.

The amazing finding of this study is that at the beginning of first grade African-Ameican and white children started school on an equal footing. Their input factors were virtually the same. It is commonly assumed that in major urban areas, the terms "African-American" and "poor" are synonymous. By contrast, in this study, the socioeconomic status of the African Americans, as measured by parents' level of education, was virtually the same as the socioeconomic level of the whites.

If African-American children have the same inputs as white children when they enter school, their outputs should be comparable. Yet this study showed that, even though African Americans were comparable to whites at the beginning of first grade, by the first quarter they were at an educationally lower level than white students, and the gap increased as the year progressed.

Two-thirds of the teachers were African American; thus, it could not be said that the African Americans suffered from inappropriate role models.

The notion that urban African-American children who successfully complete first grade began that school year educationally disadvantaged as compared to urban white children is a myth—at least according to the data analyzed in this study.

This study should serve as a potent reminder to teachers and administrators of the critical importance of high expectations and inspire them to: 1) raise their levels of expectations for African-American children; and 2) clearly communicate those expectations to all students, particularly students of color. Finally, we must teach to those expectations so that all children may learn.

— Robert E. Sudlow

FREQUENT MONITORING OF STUDENT PROGRESS

CITATION: Wodtke, Kenneth H., et al., "How Standardized Is School Testing? An Exploratory Observational Study of Standardized Group Testing in Kindergarten," *Educational Evaluation and Policy Analysis* 11, 3 (Fall 1989): 223-235.

What Did the Researchers Do?

School districts and some states have begun to base decisions regarding student promotion, retention, evaluation of personnel, and allocation of funds to schools or districts on test results. G. F. Madaus (1988) coined the term "high-stakes testing" to characterize this type of assessment. In the primary grades, especially kindergarten, such high-stakes testing has taken the form of "exit" or "gatekeeping testing," in which tests are used to promote or retain children. This practice raises a vexing question: "Can the testing of groups of children as young as kindergartners or first-graders conform to the requirements of scientific measurement and produce results that are reliable and valid enough to be used in such important decisions?" (p. 224)

In this study, the researchers examined how well proper testing procedures were maintained in testing kindergartners. They observed a total of 10 kindergarten classrooms during the annual testing program in schools around a large industrial metropolitan area. Students in the 10 classrooms represented both extremes of the socioeconomic continuum. Five classrooms served primarily lower-income, African-American, working-class families and white, blue-collar families. The remaining classrooms served upper-middle-class children from surrounding suburbs. The kindergarten teachers were all certified to teach at the primary grade level. The average length of teaching experience was 14 years, with a range of two to 40 years of experience.

Four individuals observed the testing in each of the 10 classrooms, coding the information obtained according to three dimensions of the testing process:

- physical environment and general testing conditions;
- teacher behavior; and
- children's behavior during testing.

What Did the Researchers Find?

Observers of the testing procedures noted variations in teachers' testing practices sufficient to spuriously affect test performance in four of the 10 classrooms. In at least four classrooms, the children's behavior during the procedure could have significantly affected test performance. In one case, where children called out the answers, their behavior could have invalidated portions of the test. In another classroom, the children's behavior was acceptable and the teacher met the standards for test administration, but the testing was done in a poorly lighted cloakroom and a nurse's room, where there were frequent interruptions from children passing through. "Altogether, 7 of the 10 classrooms revealed variations in either the testing environment, teachers' procedural errors, or children's behavior that could have significantly affected test performance." (p. 231)

The testing practices, observed in this study, were in violation of several critical standards of the Standards for Educational and Psychological Testing published by the American Psychological Association. (1985) The researchers also suggest that the misclassification of children on the basis of some of the practices observed in the study could, in some cases, "come close to qualifying as a case of professional malpractice." (p. 232)

Although researchers concede that it may be questionable to generalize these findings to a larger population, they cite three other studies in which similar results were found.

What Are Possible Implications for School Improvement?

The emphasis from state departments of education and district central offices to raise test scores has unfortunately had a negative impact on one of the Correlates of Effective Schools—Frequent Monitoring of Student Progress. These high-stakes testing policies distort the essential purpose of frequent monitoring—that is to monitor and adjust instruction to increase mastery by all students.

Such high-stakes testing policies prompted a criticism from L. Cuban (1984) that: "Buried in the language of principals as instructional leaders and effective teachers . . . is a crisp accountability for student performance . . . a steel fist encased in velvet." (p. 233) According to Cuban, the "steel fist" exists in the form of an unspoken threat to remove teachers or principals whose test scores do not increase.

Under such pressure, principals and teachers may intentionally or unintentionally vary testing procedures that have significant impact on the outcomes and the decisions which subsequently are made. For kindergartners, in particular, the decision to promote or retain, when based on faulty testing, can result in long-term damage to their schooling careers. To contend with problems, school districts and state departments of education should:

- Consider a variety of ways of assessing student progress other than standardized tests. The school improvement process relies on multiple sources of information which are collected throughout the school year. Frequent monitoring of student progress in an effective school refers to a faculty which constantly monitors various indicators of student progress and uses those indicators to decide how to adjust instruction so that children are mastering what is being taught. By contrast, the faculty of an ineffective school views the monitoring of student progress as a single event associated with the end-of-the-year standardized testing program.

- Provide training to teachers and principals regarding the administering of a standardized test which would include: a) physical environment and general testing conditions; b) teacher behavior; and c) children's behavior during testing. Also, provide training in how to interpret and use test results.

- Have the school compare its results against itself. Part of the pressure for principals and teachers occurs because schools are being compared with other schools. True school improvement happens one school at a time, and does not come about because schools are compared with each other. Comparison of schools causes fear and subversion of the school improvement process.

Initiating exit testing at the primary grades is a poor way to raise standards. This was the same strategy used by most school districts after *A Nation at Risk* was released—that of raising graduation requirements instead of looking at different ways of delivering instruction and checking for mastery. In the light of the extensive research on the negative impact of retention, it could be argued that districts using exit testing at the primary grades are, in reality, contributing to their own dropout problems.

— J. Mark Lubbers

EFFECTIVE SCHOOLS RESEARCH ABSTRACTS

FREQUENT MONITORING OF STUDENT PROGRESS

CITATION: Wiggins, Grant, "Standards, Not Standardization: Evoking Quality Student Work," *Educational Leadership* 48, 5 (February 1991): 18-25.

What Did the Researcher Do?

The quality of education in America is poor! Students are not learning what they need in order to be successful in business and industry! Schools must improve! And what is evidence of improvement? Higher test scores! More students passing tests! Harder tests!

This litany is familiar. But will improved test scores, more difficult tests, and a higher proportion of students passing examinations demonstrate that the problems of American education have been solved? Grant Wiggins, a respected expert in educational assessment, thinks not. "The only way to improve schools . . . is to ensure that faculties judge local work using authentic standards and measures . . . relating to the quality of work expected from all students, not just those in advanced classes." (p. 19) His article is a thoughtful, well-written essay on standards and their relationship to school improvement.

What Did the Researcher Find?

The author begins by asking us to imagine a diving meet where the judges change their standard for each dive according to the diver's effort, "track," and background. Further imagine that the judges do not agree on the elements of a well-executed dive or the level of difficulty of a dive—and feel no obligation to agree. This would be intolerable; there would be no way of objectively determining who won the diving meet. Yet this is business as usual in the classrooms of America today!

"The solution," says Wiggins, "is not to mandate a few paper-and-pencil items on diving that can be objectively scored. Standards have nothing to do with standardized proxy tests and arbitrary cut-off scores. Standards are educative, specific examples of excellence. . . [which] are upheld by the daily, local demand for quality and consistency at the tasks we deem important. . . . Standards. . . are met by rigorous evaluation of necessarily varied student products and performances against those standards." (p. 19) They provide benchmarks for judging student performance on essential tasks. If the results are unsatisfactory, we need to feel duty bound to develop self-imposed targets to improve the work of all students, not just those in advanced classes.

Standards are specific and guiding pictures of worthy goals which enable all, students and teachers, to understand their daily work in terms of specific exemplars. Standards are benchmarks with which to monitor daily work and provide a goal for raising what is expected. "Progress involves successive approximations in the direction of the exemplary." (p. 19)

But there is no single exemplar. Just as it is not possible to choose a single exemplary writer from among Emily Dickinson, Ernest Hemingway, and Robert Frost, so there is "no possible generic test of whether student work is 'up to standard.' Rather, the 'test' of excellence amounts to applying a set of criteria that we infer from various idiosyncratic excellent performances, in the judging of diverse forms of local student work." (p. 19)

Standards should be applied at all grade levels, not just at graduation. As far back as 1913, Thorndike called for comparing students' work to standards, instead of to each other's work. Great Britain recently developed a scoring system for its new national assessment. Students' work is to be judged on a 10-point scale, built from a standard of exit-level excellence, which is to be applied over a student's entire career. Thus, the best work from an elementary student could be a 3 or 4 out of 10. "No stigma to low scores here," Wiggins stresses, "the point is to give students a realistic sense of where they are in terms of where they ultimately need to be." (p. 20)

Wiggins goes on to elaborate his definition of standards. "Higher standards are not stiffer test-result quotas, but a more vigorous commitment to intellectual values, upheld consistently and daily." (p. 20) High standards are found only in completed performances, products, and tasks that require craftsmanship, self-criticism, and persistence. Standards are intellectual virtues—habits that are reinforced, or undermined, by what is valued daily in the school.

"To meet standards is not merely to comply with imposed quotas. It is to produce work that one can be proud of; it is to produce quality. . . . Until we send the message from day one in each classroom, that quality matters and that work will be rejected unless and until it is up to standard, then students will know we do not require excellence. Why don't we routinely require poorly done work to be resubmitted in acceptable form?" (p. 22)

Wiggins says that the standards question is ultimately twofold: "What are the essential tasks worth mastering? And how good is good enough at those tasks? What are the criteria student work must meet, and how demanding should the standard be?" (p. 23) Then, once the standards are developed, to whom do they apply?

"A quality school is not judged by the work of its best students or its average performance. An exemplary school is one in which the gap between its best and worst student performances is approaching zero or at least far narrower than the norm. In quality organizations there is a team ethos: our performance is only as good as our weakest members . . . Standard-setting in schools thus begins with specific targets and public plans to reduce performance differences by school subgroups—track, socioeconomic status, gender, courses, and departments—to near zero, over a set period of time. Otherwise we remain imprisoned in low (and sometimes racist) expectations that doom schools to mediocrity and students in lower tracks to an alienated intellectual life." (p. 21)

What Are Possible Implications for School Improvement?

The basic purpose of education, as can be seen from the preceding paragraphs, is to cause all students to learn. Although today this is a commonplace idea, it was a revolutionary concept when it was set forth by the early effective schools researchers and advocates. But, what should students learn?

Early effective schools studies were criticized because the only student outcomes they studied were performances on standardized norm-referenced achievement tests. Their response, their defense, was that these were the only tests they found the schools using. They did not find schools using excellent criterion-referenced tests and other indicators of student achievement, such as essays, declamations, etc. Edmonds, Lezotte, and others have stated that schools should move to modern sophisticated assessments of students' skills and knowledge.

But relatively few schools throughout the nation have done this. Wiggins' paper raises important issues for schools to consider. He mentions the example of two high schools in Colorado which require an essay for graduation that is scored in terms of standards used in scoring the local university's freshman placement exam. "Once such high standards were set, younger students could obtain practical insight about exit-level standards by having to regularly submit some work to be judged against such standards." (p. 24) He also cites several organizations which have begun to establish and uphold standards. It should be possible to obtain information and build on the work of such educators to develop standards for your own school and school system.

"Few teachers and administrators are compelled now to answer the questions: What are you willing to guarantee? What exit-level results for the cohort will you regard as 'up to standard'? Effective reform begins with such self-obligating standards." (p. 22)

— Robert E. Sudlow

EFFECTIVE SCHOOLS RESEARCH ABSTRACTS

FREQUENT MONITORING OF STUDENT PROGRESS

CITATION: Waters, Tim, Don Burger, and Susan Burger, "Moving Up Before Moving On," *Educational Leadership* 52 (March 1995): 35-40.

What Did the Researchers Do?

Test scores are low. There is a large and growing minority population. There are large gaps in achievement level between Hispanic and Anglo students, poor and middle-class students, boys and girls. What is a school district to do? The successful response of one central office is described in this case study.

The 13,500 students in Weld County School District 6 in Colorado are 65 percent Anglo, 33 percent Hispanic, and 2 percent "other." They are both affluent and very poor, although the number of disadvantaged students is growing rapidly. Faced with the need to teach all children successfully, raise the overall achievement level, and narrow the learning gap among groups of students, the district installed a system of evaluation. Before a student can move from one level to the next, s/he must demonstrate mastery of key concepts and skills. "In short, it is no longer acceptable to send students from one level of the system to the next knowing they have not met minimum standards." (p. 35)

Standards and an assessment system were developed and implemented. This effort included extensive staff development in cooperative learning, team building, total quality practices, conflict resolution, and coaching for high performance. In addition, the district decentralized decision making, developed partnerships with the business community, and worked with community agencies and private organizations to improve service delivery to low-income families. Finally, a local university helped develop programs to prepare teachers for the classrooms of the future.

In establishing standards, the district identified important skills and concepts that students should possess upon graduation from high school. A business advisory council ensured that the skills were essential for employment. Then performance criteria and standards to assess whether graduates were well prepared were developed and approved by various groups in the district. At the same time, a strategic objective was adopted: "the expectation that all students would meet or exceed these standards by 1995, regardless of ethnicity, socioeconomic status, or gender." (p. 36)

The next step was to create a districtwide assessment system congruent with the chosen standards. This process was guided by the following principles:

- "The system must not be based on age or grade level, but on demonstrated performance at selected transition points." (p. 37) Before a student can move from one level to the next (such as from elementary to middle school), a transition assessment must demonstrate student mastery of content, skills, and concepts.

- "The system must reflect what we know about the variability in learning rates among students." (p. 37) Students should be allowed to demonstrate mastery when they are ready to do so; the system should not require them to wait until the year-end tests are given.

- "The system must immediately relay assessment scores to students and teachers." (p. 37) Prompt feedback is needed for early and continuous improvement in the instructional process. In 1993-94, when the district first provided achievement data to students and teachers within two weeks of the assessment, there was a marked decrease in achievement gaps among ethnic and socioeconomic groups. To better fulfill this principle, the district increased the frequency of assessment tests increased from four times annually to once a month.

- "The information on student achievement must be disaggregated across student subgroups." (p. 37) Only when test data are broken down do the staff and public see the large disparities in student achievement common to all school systems. For the Weld County School District, "the initial disaggregated student data was a shock to everyone in District 6." (p. 38)

- "Instruments must measure student performance in relation to a standard rather than compare students to other students or to a national norm." (p. 38)

- "Student performance on our new standards-based instrument must correlate with an acceptable standardized norm-referenced test." (p. 38) To enable comparison of overall achievement levels in the district with national levels, a study linked the district's transition assessments to the *Comprehensive Test of Basic Skills, Fourth Edition.*

What Did the Researchers Find?

What were the results of this massive effort to improve student achievement? The first was a dramatic increase in the percentage of students who met or exceeded the performance standard—the Essential level or higher—in reading, writing, and mathematics. (The four performance ratings on the transition assessments are *Advanced, Proficient, Essential,* or *In Progress* [needs more instruction].)

The second result was that all ethnic groups improved in comparison to 1988-89. The increase in those meeting or exceeding the performance standard in 1993-94 rose from 50 to 91 percent for Anglos and from 23 to 83 percent for Hispanics. Similarly, the percentage of poor children in this category rose from 26 to 75 percent. The data are confirmed by results on the ACT tests.

"Overall, our progress has been encouraging and exciting. Each year, more and more students are moving to the next level with the skills required to be successful. Teachers report that new classes of students are better prepared than ever. And as student performance continues to improve, teachers expect more of children." (p. 38)

What Are Possible Implications for School Improvement?

Three important lessons can be drawn from the Weld County experience. First, if a school district wishes to do so, it can cause all students to learn at high levels. If one school system can achieve this, so can others! Dramatic improvements do not occur by "doing things as we did them yesterday," and the major changes made in Weld County undoubtedly required a significant expenditure of time. People at all levels of the school system had to learn about new research, ideas, strategies, and techniques, about how to do things differently, about how to work smarter and harder.

Second, the experience of the Weld County School District affirms the increasing recognition that the central office plays an important role in fostering school improvement.

Third, the basic precepts of the Effective Schools Movement have entered the thinking of the profession. Underlying the Weld County effort is the strategic goal that all children will learn at high levels, that all children will be adequately prepared for their future life upon graduation from high school, and that gaps in achievement between groups are unacceptable. These ideas were not being seriously considered by our profession when the Effective Schools Research emerged in the late 1970's and early 1980's. For instance, the concept of disaggregation was then unknown, but the authors of this article consider it such a basic idea that they assume the reader knows and understands it.

By inference, the Weld County experience clearly illustrates a number of Effective Schools Correlates: *Clear and Focused Mission, Frequent Monitoring of Student Progress, High Expectations for Success, and Instructional Leadership.* Although these terms were not used, the concepts served as the basis for an important and successful school improvement effort.

— Robert E. Sudlow

EFFECTIVE SCHOOLS RESEARCH ABSTRACTS

FREQUENT MONITORING OF STUDENT PROGRESS

CITATION: *Designing and Implementing Standards-based Accountability Systems.* Education Commission of the States, 707 17th Street, Ste. 2700, Denver, CO, March 1998.

What Did the Researchers Do?

Standards-based accountability systems are being adopted by an increasing number of states today. Policymakers, educators, and the public are concerned about global competition, the quality of the American workforce, and the quality of our schools. Many feel that the key to academic success is to have high standards, and that today's students and schools need to demonstrate results.

These researchers define accountability systems as "the systematic collection of input, process, and outcome data, as well as the use of these data, to make decisions about the effectiveness of schools, districts, or states." (p. 3) Standards-based accountability systems focus on whether or not students and schools meet clearly defined standards.

Traditionally, emphasis was placed on input, such as teachers' qualifications, number of students, and amount of money spent on education. The emphasis today, however, has shifted to output—namely, test scores, grades, graduation rates, and number of students entering college or getting jobs.

The researchers examine the experiences of several states who either have developed or are in the process of developing standards-based accountability systems, and define 10 policy issues that affect successful development.

What Did the Researchers Find?

Goals. The primary goal or purpose of a standards-based accountability system "is to monitor, evaluate, and publicly report the progress of students, schools, and districts toward achievement of content standards and other established goals." (p. 10) Other purposes may also be defined, such as "to provide information for policy decisions" and "program improvement." (p. 11)

Principles. Many states have appointed independent panels or work groups to design their accountability systems. Often the first task of these groups is to determine the principles by which the system will operate. Delaware, for example, desires that their system "be easily understood" and "perceived as fair" by the public and educators. (p. 13) Their system must also be integrated with professional development, tied to the state's academic standards, and able to measure progress with "technically adequate and fair assessment tools." (p. 13)

Measurement. Each state must decide who is to be held accountable and for what. Increasingly, accountability is being extended beyond students and schools to include teachers, administrators, and even state department of education staff. States also need to decide whether to administer standards-based assessments (criterion-referenced tests, which are often closely matched with state standards) or to use traditional, cost-effective, norm-referenced tests. Colorado created an analogy to help parents understand the difference between the two main types of tests. "Picture a group of students climbing a mountain. A norm-referenced test tells whether a given student is in the lead, near the middle of the group, or lagging behind. It will not show where on the mountainside (near the top, middle, or bottom) each student is—only their relative position to one another." (p. 26) The state assessment, however, with its proficiency levels, will indicate "where the student is located on the mountain." (p. 26)

Comparison. Each state needs to determine its target levels of satisfactory performance. Kentucky, for example, ranks students in four categories, ranging from 140 down to 0: distinguished (140), proficient (100), apprentice (40), and novice (0). Each school is eventually expected to average 100.

Collection and reporting levels. The purposes of the accountability system determine at what level data is reported. Cost also plays a factor. Individual student scores are reported primarily for promotion to the next grade level or graduation. Data are reported at the classroom level to assess teacher and/or curriculum effectiveness. Most accountability systems target the school as the primary reporting unit. This is where states give rewards, sanctions, and remedial assistance. Some states, such as Arkansas and South Carolina, report data at the district level. While being more cost-effective, a disadvantage is that differences among schools within a district can be masked. Some states reduce costs further by only reporting at the state level. This is an example of "low-stakes" monitoring, with few consequences attached to the results. More recently, state-to-state comparisons have been conducted via the National Assessment of Educational Progress (NAEP).

Costs. Good standards-based accountability systems cost money. "Off-the-shelf" norm-referenced tests are less expensive than custom-developed tests that more closely match the standards set by each state. High-stakes tests, in particular, must be technically accurate and legally defensible, as they determine the fate of students in terms of promotion or graduation. New versions of tests need to be frequently developed to ensure their integrity. This all adds to the price tag. "Hand-scored" tests (which often include short answer and essay questions) also are more expensive, both to administer and grade, than those with machine-scored multiple-choice questions.

Rewards and sanctions. Currently, Georgia, Indiana, Kentucky, North Carolina, South Carolina, and Texas use a system of rewards and sanctions to motivate school improvement efforts. Rewards include cash, public recognition, and relief from some state regulations. Sanctions range from school assistance to school closing and takeover. Such high-stakes systems, unfortunately, can also generate some undesired consequences, such as inflation of test scores, staff morale problems, and emphasis on teaching to the test to the exclusion of other subject matter.

The public. State policymakers should inform the public, educators, and especially parents. The accountability system's goals, principles, measurements, reporting, costs, rewards, sanctions, and support systems need to be perceived as fair, clearly understood, and workable. These groups "need to understand how the accountability system works, what led to specific rewards and sanctions being used, and why such actions are likely to be productive." (p. 25)

Support systems. States with sound accountability systems also should have good support systems in place to assist schools and teachers in their efforts to be more effective. Many states have clear standards for teacher licensure and certification. Professional development is supported and funded in diverse ways. Ohio has set up 12 regional centers for professional development for teachers. Vermont recruits teachers to help score state assessments. New Jersey targets at-risk students and also runs nontraditional high schools. Kentucky sends teaching ambassadors to low-performing schools.

Refinement. Good accountability systems need to be fine-tuned and updated. Feedback from local schools needs to be gathered; reports to the state should be made; budgets need to be aligned with the accountability system's design; and longitudinal studies need to be conducted to determine the effectiveness of the accountability system.

What Are Possible Implications for School Improvement?

Designing and implementing a standards-based accountability system is a difficult and complex process. The costs of such a system need to be weighed against the costs of school improvement. If schools are to be held accountable, then schools and teachers must be given authority, flexibility, and assistance. "When designed thoughtfully and implemented successfully, accountability systems can help more students achieve at higher levels and help improve the overall efficiency and effectiveness of public education." (p. 2)

— Elizabeth A. Ferris

FREQUENT MONITORING OF STUDENT PROGRESS

CITATION: Harrington-Lueker, Donna, "Retention vs. Social Promotion," *The School Administrator* 7, 55 (August 1998): 6-12.

What Did the Researcher Do?

"When we promote a child who hasn't mastered the work, we don't do that child any favors." (p. 9) With this comment, President Clinton drew national attention to the emerging popularity of retention policies.

For years, social promotion has been the norm in many schools across the nation. But now, the pendulum is swinging back towards policies of retention. Critics of social promotion point to a range of problems it has caused—growing illiteracy rates; lack of basic reading and math skills for high school graduates; vague criteria for promotion; prohibitions against retention at certain grade levels; lack of uniform grading policies; and school administrators overriding teacher-assigned grades for the sake of passing students along.

California Governor Pete Wilson and Texas Governor George W. Bush are both involved in eliminating social promotion in their states. State legislators and the public are also demanding higher academic standards and accountability. According to a 1995 public opinion survey, 90 percent surveyed would like the schools to have higher standards in core subjects, and 68 percent favored standardized national exams.

What Did the Researcher Find?

While social promotion has come under increasing attack, the renewed interest in retention is also raising concerns:

- Research has "shown consistently that one of the strongest predictors of students' dropping out of school is the number of times a child has been retained in grade." (p. 8)
- Retained students continue to follow the same curriculum. Over time, they study a watered-down curriculum on the school's lowest track.
- First-graders, in particular, fall further behind and are some of the most underachieving students. In Boston, for example, 30 percent of first-graders failed in 1985. Many of these same students will fail again under recently revised promotion policies.
- Poor and minority students are retained more often than other students. As many as 40 percent of poor, African-American, and Latino students are retained at least once, according to the National Education Longitudinal Survey for 1988.

Some high schools are requiring exit exams as a criteria for graduation. In Texas this year, 16,000 high school seniors failed portions of the Texas Assessment of Academic Skills (TAAS). They were not allowed to graduate.

In Durham, North Carolina, eighth-graders must perform at grade level in reading and math. In 1998, almost one of every three eighth-graders in the district (661 students) failed. Strict policies have also passed down to both second- and fifth-grade levels. However, Durham Public Schools was one of several school districts cited in a complaint filed with the U.S. Department of Education Office of Civil Rights on behalf of African-American students who scored well below other students on tests. The complaint alleges "that African-American students score disproportionately below the level needed to pass new competency exams and that districts vary widely in their efforts to raise achievement." (p. 9) Will schools be held responsible for ineffective education when certain subpopulations score poorly?

Districtwide efforts. The President's quote was specifically in praise of the Chicago Public Schools' new get-tough policies of retention. The district identified 42,000 students in 1997 who performed below grade level on standardized tests in reading and math. These students all attended mandatory summer school which has cost the district $34 million. Sessions lasted six hours a day for six to seven weeks and consisted of a back-to-basics curriculum in reading and math. Students were tested at the beginning and then at the end of summer school.

Forty-four percent of third-graders attending summer school did pass and were allowed to go on to fourth grade. The remainder repeated third grade, but were given additional assistance via an extended-day program with emphasis on reading comprehension, math, and problem-solving. Fifty-seven percent of the sixth-graders who attended summer school passed, and 65 percent of the eighth-graders did. The older students who didn't pass were required to attend one of nine "transitional" schools. The 1,077 students at these schools receive a highly structured curriculum in reading and math. However, at mid-year, only 370 of these students had made enough progress to do high school work.

In Kentucky, the Fayette County Public Schools are involved in standards-based reform, having established "benchmarks for student performance and provisions for retaining students who don't meet the standard. At the same time, though, the district is investigating ways it can help students keep up." (p. 10) One of their schools has initiated quarter-long courses rather than yearlong ones. That way, a student who is behind at mid-year still has the chance to catch up. Another option being considered is a language immersion program for students having trouble reading at grade level. "You don't want students to find themselves in a position where no matter what they do, they're going to fail," says Superintendent Peter Flynn. (p. 10)

Schoolwide solutions. A variety of programs, strategies, and solutions is essential to provide the support for successful retention policies. One outstanding school with a package of creative solutions is Atlantic High School in Port Orange, Florida. It has the advantage of being a new school, without entrenched ways. The school abolished low-level courses; increased graduation requirements; required more core academic subjects; required students to maintain a C average (which is greater than or equal to 77 percent); instituted daily and weekly tutoring sessions in both general concepts and specific skill areas; adopted a trimester system; and began block scheduling with three classes per day, including two core academic classes.

Results have been outstanding. The graduation rate is 100 percent and the dropout rate decreased to one percent last year—all with high standards and no social promotion.

Summer school. The revival of summer school is notable among the many interventions now being employed. Summer school at the Denver Public Schools focuses on improving literacy skills. In Corpus Christi, Texas, specific skills are emphasized. "For instance, English students who haven't met the standard for analyzing a nonfiction work would be placed in a class devoted to that standard and work on thesis statements, paragraphs, and essays." (p. 11) Chicago uses a standard curriculum with common lesson plans and emphasis on basic reading and math. Some school systems are hiring for-profit firms or buying packaged programs in science-based math and reading.

What Are Possible Implications for School Improvement?

Educators should be aware of the failings of both social promotion and retention policies. They should also be aware that the implementation of intervention and support strategies is critical.

At the state level, departments of education need to articulate clear and specific goals to specify what students should learn at each grade level. While district-level efforts are important, school-level solutions to retention "such as double-dosing, flexible scheduling, after-school tutoring, student contracts, parental involvement programs, and even truancy reduction programs are crucial as well." (p. 12)

Ultimately, educators should ask themselves: *What is best for the child?* In the words of Anne Wheelock, a consultant with the National Coalition of Advocates for Children, "alternatives to retention must be 'woven into the very fabric of the school' if they're to be successful." (p. 10)

— Elizabeth A. Ferris

EFFECTIVE SCHOOLS RESEARCH ABSTRACTS

FREQUENT MONITORING OF STUDENT PROGRESS

CITATION: Mayer, Daniel P., "Do New Teaching Standards Undermine Performance on Old Tests?" *Educational Evaluation and Policy Analysis* 20, 2 (Summer 1998): 53-73.

What Did the Researcher Do?

New mathematics standards have been sweeping the nation, led by the National Council of Teachers of Mathematics (NCTM). This is in response to our growing need in the workplace to have mathematically literate workers with high-level abilities in problem-solving and oral and written communication skills. To achieve these objectives, curriculum standards are being published; states are setting curriculum frameworks; and the federal government has a Goals 2000 initiative. Teachers are being trained in the new methods and practices during summer institutes and workshops.

Despite these massive efforts, a potentially deadly factor could derail, or at least slow down, this reform movement. Many states continue to use old tests to evaluate the new standards. In this study, the researcher asked the question: "Do students taught in NCTM-like classrooms perform differently on standardized assessments than students taught in traditional classrooms?" (p. 54)

The researcher collected data from a large school system in a state which has implemented NCTM-like standards in the math curriculum. Thus, there is a good likelihood that NCTM standards were actually being applied in the classroom. Data was collected from 2,369 students, 94 teachers, and 41 schools. The researcher specifically focused on both African-American and white students in Grades 8 and 9, who took Algebra I with the same teacher for the entire school year. These students were given algebra tests in September, January, and May of the 1995-96 school year. The first test was created specifically for this study and contained 50 multiple-choice items. The second and third tests were routinely given to all algebra students in the district and each contained 25 multiple-choice items.

The controls for this study included the students' previous year's GPA, scores from a mathematics basic skills test, and the Fall algebra test. The researcher also examined other factors including the teacher's preferred pedagogical style; teacher's background characteristics, such as number of years teaching; student background characteristics, including socioeconomic status (SES); and the school environment (school size, percentage of students receiving reduced-price or free lunches, and percentage of students absent more than 20 days out of the year).

What Did the Researcher Find?

The teachers in this study were surveyed as to how often they used various teaching methods in their classrooms. A total of 17 instructional approaches were identified, including four categorized as traditional. Students in traditional classrooms typically listen to lectures; work from a textbook; practice computational skills; and take computational tests.

The NCTM-like approaches require more intense teacher-student interactions. Students in these classrooms may at various times use calculators; work in small groups; use manipulative materials; make conjectures; engage in teacher-led discussion; engage in student-led discussion; work on group investigations; write about problems; solve problems with more than one correct answer; work on individual projects; orally explain problems; use computers; and discuss different ways of solving problems. (p. 59)

Students in both traditional and NCTM-like classrooms took standardized tests. These criterion-referenced algebra tests were administered three times during the school year. A sample multiple-choice question included the following:

An automobile is moving at "r" miles per hour, and an airplane is moving four times as fast. How many hours will the plane require for a 600-mile flight?

A) 1600/r

B) 4r/600

C) 600 - 4r

D) 600/4r (p. 59)

Statistical data were generated for both eighth- and ninth-grade algebra students. In contrast with the ninth-graders, the eighth-graders included more females (57 vs. 51 percent); more whites (31 vs. 16 percent); had higher SES; and had higher GPA's, higher scores of math basic skills, and higher scores on each of the three algebra tests administered throughout the school year. In short, these eighth-graders were more academically advanced.

The eighth-grade teachers, in contrast to the ninth-grade teachers, also employed NCTM approaches more often (80 vs. 63 percent); had more years of teaching experience; had more NCTM summer training; and had higher expectations regarding the percentage of students passing algebra.

Use of the NCTM teaching approaches resulted in positive effects for the eighth-graders. These results were obtained on traditional multiple-choice tests as well as by a newer "authentic" test as required by the state. "The most important message is that the algebra knowledge of a low-GPA, as well as high-GPA, student is predicted to grow faster in the middle schools if they are in high-NCTM classrooms." (p. 67) Higher-GPA students showed the most growth.

The ninth-graders were disproportionately poor, African-American, and lower-achieving. In the school system studied, higher-achieving students received algebra instruction in the eighth grade; thus, a sorting effect occurred so that, by ninth grade, only the lower-skilled students remained. Their teachers employed NCTM approaches less frequently than the eighth-grade teachers, were more traditional in their classroom pedagogy, and expected that a lower percentage of their students would pass algebra.

For these students, in particular, the use of NCTM approaches had neither a positive nor negative effect. It should be noted that the "state's eighth grade, not ninth grade, testing program uses an 'authentic' assessment to hold schools accountable." (p. 70) Thus, high school teachers may be less motivated to use NCTM approaches with their students.

What Are Possible Implications for School Improvement?

Given the challenges of today's workplace, NCTM-like standards need to be implemented in today's classrooms. This is particularly true for algebra instruction, which is seen as the gatekeeper for future opportunities. Teachers should be encouraged not to fear these new approaches, but rather to embrace them. Even if test scores remain "flat" for many students, the problem-solving and communication skills taught are economically beneficial to the students down the road.

Teachers often adapt their teaching styles to the intelligence and capabilities of their students. Thus, slower students generally receive more traditional instruction, whereas brighter students are exposed more often to innovative and cutting-edge approaches. NCTM-like standards are beneficial to all students. They do not harm any students, including lower-achieving students as measured by traditional tests.

To encourage the use of approaches that foster higher-level thinking and problem-solving, new assessment measures should also be developed. Teachers are not going to be motivated to use new methods, which require effort and change, if old assessment measures remain the same.

Finally, additional studies are needed to examine more fully the relationship between both traditional tests and newer NCTM-like teaching methods. Algebra studies in particular would be helpful. Research should also focus on why higher-achieving students tend to benefit the most from NCTM-like instruction. "Could it really be that only the more 'talented' students respond to the NCTM teaching approach?" (p. 69) Or, are there other factors at the school, teacher, and student level that need to be explored?

— Elizabeth A. Ferris

EFFECTIVE SCHOOLS RESEARCH ABSTRACTS

FREQUENT MONITORING OF STUDENT PROGRESS

CITATION: Anderson, Lascelles, Herbert J. Walberg, and Thomas Weinstein, "Efficiency and Effectiveness Analysis of Chicago Public Elementary Schools: 1989, 1991, 1993," *Educational Administration Quarterly* 34, 4 (October 1998): 484-504.

What Did the Researchers Do?

Schools consistently struggle with the problem of making fair and defensible judgments about their performance. One reason is that schools produce multiple outcomes, and standardized test results measure only one kind. This calls for analysis methodologies that can facilitate a more appropriate representation.

A second and related problem is that school evaluations totally ignore the question of the degree to which the school achieved its results *efficiently*. The researchers define this as the degree to which a school has succeeded in "combining resources to maximize the outcomes of interest." (p. 485)

The purpose of this study was to respond specifically to these problems, using the Chicago Public Schools as the backdrop. It addresses the following basic questions: "Are there discernible changes in performance of Chicago elementary schools following the fundamental school reforms of 1988-1989? Are these changes in the desired direction?" (p. 485)

Prior to the enactment of the 1989 Chicago School Reform Act, 85 percent of the Chicago Public Schools fell below national norms in achievement. Even so, some inner-city schools were doing and continue to do better than others. The researchers believe the observed variability in school achievement has more to do with internal adjustments among a set of seemingly obvious variables than simply ensuring that these variables are present in a particular school.

Recent theoretical and empirical attention has been given to the idea that school resources may differentially influence desired goals in different combinations. In this context, a school may be thought of as an allocation mechanism capable of matching resources with the objective conditions it faces. If this theoretical assumption is true, optimizing each school's individual performance might lead to increased district productivity.

Generally speaking, two problems have been associated with the educational productivity research. First, it requires knowledge of the relationship between means and ends; second, there must be an understanding of how to efficiently employ resources to attain these ends. Most large-scale evaluations have employed linear regression models that represent educational output as a linear additive function of schooling resources. Such models do not identify best-level performance, although these measures are needed for effective system guidance and improvement. For example, if "time on task" were related to student reading achievement, a linear additive model would predict that increasing time would yield improved performance. However, it would not give any indication of how much to increase time for best results.

Two types of models were used in this study. The first is a relatively new methodology, at least to the field of education, called data envelopment analysis. Data envelopment analysis "searches for the most efficient schools from a larger set of similarly placed decision units. It ranks these units by the criterion of efficient resource use." (p. 489) By emphasizing how resources are combined, it can show alternative resource arrangements that may result in enhanced performance, even if resources aren't increased in any way.

The second type of methodological change used in the study was to normalize the year-to-year changes in grade-equivalent scores for specific grades and in specific subject areas. This provides measures of relative performance gains for each school.

What Did the Researchers Find?

Data from all public elementary schools in Chicago were used to calculate estimates of efficiency and effectiveness. Sample sizes ranged from 390 to 420 schools, depending on the year for which the data were being analyzed. Three years of data were included—1989, 1990, and 1991.

Using the data envelopment analysis model, 24 schools qualified as highly effective and efficient, and 24 were classified as low in effectiveness and inefficient over the same observation period. In an attempt to isolate the kinds of enduring characteristics that distinguish the successful from the less successful schools, an intensive analysis was conducted using teacher surveys and other on-site class and school observations. "Schools that were both effective and efficient in various years had more stable student populations, greater attendance, fewer students for whom English was [not] their primary language, more nonpoverty students, and lower student expenditures." (p. 500)

The data analysis that looked at each of these more and less effective schools revealed that the effective schools, while maintaining their effectiveness, did fluctuate more from year to year in their efficiency. On the other hand, the less successful schools were found to be more stable in both their effectiveness and efficiency from year to year. "What is clear is that, in the best of all possible worlds, the imperatives of standards-based reform need to be interfaced with efficiency concerns because stressing input-side issues as has traditionally been done in school effectiveness research tells only half of the story." (p. 502)

What Are Possible Implications for School Improvement?

The educational accountability movement, performance-based promotion standards, and high-stakes testing demand that new and better statistical models for judging schools are needed. The data envelopment analysis procedure used in this research seems to show real promise. To determine whether a school is doing a good job, given the multiple demands, variable resources, and multiple outcomes, requires very sophisticated models and powerful analysis technologies. Perhaps this tool is an answer, and should be carefully considered by those research and evaluation specialists responsible for conducting the analyses on which school judgments will be rendered.

We have known for a long time that schools serving middle-class children have been able to claim a disproportionate amount of the credit for the observed achievement of its students. Unfortunately, schools serving disadvantaged students have had to bear a disproportionate share of the blame for the lower achievement of their students. In both cases, a more accurate picture of the true "value added" by the school might show that many schools serving disadvantaged students are much more efficient in getting greater value-added achievement from the same or even less resources than the middle-class school. More complex methodologies such as those used in the current study may help address the justice issues that we hear so much about by those who are serving the children of the poor.

The current study, in focusing on both effectiveness and efficiency, should remind school leaders of the untenable situation that can exist for the teachers. For example, take the case where a school allocates equal amounts of instructional time to reading, math, art, and music. The policymakers announce they are going to hold schools accountable for results in reading and math. Assume the school serves mostly middle-class children. What would they have to do to achieve good results on the accountability measures? The school probably wouldn't have to change the allocations of time very much at all. Now assume the school is serving mostly poor and disadvantaged children, and their reading and math performance is well below the expected standard. What should or could they do to address the problem? One obvious answer would be to eliminate art and music and reallocate that time to reading and math. Is that the action the accountability policymakers had in mind?

The current research does a good job of reminding us that a school has finite resources like staff, time, and technology. Decisions regarding the efficient and effective use of those resources are filled with value choices that quickly add up to moral dilemmas for teachers and school leaders. We should be able to provide them with either more resources or better tools when the school's students require more educational inputs to achieve more comparable outputs.

— Lawrence W. Lezotte

EFFECTIVE SCHOOLS RESEARCH ABSTRACTS

FREQUENT MONITORING OF STUDENT PROGRESS

CITATION: Berger, Jeff, "Does Top-Down, Standards-Based Reform Work? A Review of the Status of Statewide Standards-Based Reform," *NASSP Bulletin* 84, 612 (January 2000): 57-65.

What Did the Researcher Do?

During the past 10 years, a wave of standards-based educational reform has been sweeping our country. Precipitated by the 1983 publication of *A Nation at Risk*—which documented deficiencies in the national education system—and promoted in President Bush's 1989 National Education Goals, the establishment of student achievement standards has been attempted repeatedly from the local to the national level. Federal and state initiatives have endeavored to define a set of standards, and many states mandate that local districts develop their own content standards, at least for core academic areas.

Will this type of activity result in improved student achievement? Can state mandates lead to true school reform? In this article, the author analyzes the advantages and disadvantages of this type of educational reform and attempts to bring clarity to the meaning of a "standards-based educational system." (p. 57)

What Did the Researcher Find?

The author provides the following arguments for standards, based on research studies which document positive effects of standards implementation:

- Standards "improve student achievement by clearly defining what is to be taught and what kind of performance is expected." (p. 59) The author notes that controlled studies have measured this effect, and points to a 1996 study showing that student achievement "increased from 10 percent to 35 percent when content standards were clearly stated and reinforced." (p. 59)

- Standards "coordinate the functioning of a district." (p. 59) All district activities can be examined in light of clearly established standards, "eliminating duplication of effort and remediating gaps in service." (p. 59)

- Standards "refocus the efforts of an educational system on student learning," in times when special interest groups may be swaying the focus of overall programming. (p. 59)

- Standards can serve to level the playing field, by creating "equality of opportunity" (balancing inequities in expectations and resources), by helping to "ensure more consistency for students moving from district to district and from state to state," and by helping to create "high expectations for students and accountability for those standards." (p. 59)

- Standards and their related assessments "provide consumer protection by supplying more accurate and specific information to students and parents on student achievement progress." (p. 59)

- Standards "serve as a watermark for expectations," communicating to all stakeholders what the system deems important and expects from its graduates. (p. 59)

- Standards "serve to align instruction to curriculum." (p. 60)

Arguments against standards are centered on reasons why opponents believe that standards-based reform has not had the desired impact:

- "Student achievement is strong in some districts where standards-based reform is not present." (p. 60)

- "Top-down mandates are a poor way to effect real change." (p. 60)

- "Few educators truly understand how to undertake standards-based reform." (p. 60)
- No clear consensus exists regarding the terms "standards" and "standards-based reform." (p. 60)
- Standards-based reform is "unfair to minority populations and special needs learners." (p. 60) Students come to school with varying levels of readiness, and "one uniform set of standards is a recipe for failure" for disadvantaged groups. (p. 61)
- "There are differing ideas on 'who decides' which standards are THE standards." (p. 61)
- How do you effectively measure student achievement or hold educators accountable for lack of improvement?
- The process of developing standards, particularly state standards, is "too politicized to be functional." (p. 61)
- "A focus on the enforcement of state standards from a regulatory perspective puts the focus on minimum levels of acceptable performance." (p. 61)
- "Federal, state, and regional education agencies cannot meet the local school's demands for technical assistance on how to implement this type of reform." (p. 62)

Acknowledging the disadvantages to standards-based reform, the author concludes that the "factors supporting the implementation of a standards-based system of educational reform appear to outweigh viewpoints opposing it." (p. 62)

Polls show that the public supports this type of initiative, with 87 percent of respondents stating they believe "students should not be allowed to graduate from high school without meeting school-established standards." (p. 62) People report dissatisfaction with American education, with 79 percent believing students are not receiving the education they need and 93 percent believing the education our students receive could be improved. (p. 62)

Berger admits the state standards movement is still so new there is not enough data to evaluate the full impact of such a system. He maintains, however, that the impact is positive if the result has been local districts engaging in "conversations about what they think is important and how to better affect students." (p. 64)

What Are Possible Implications for School Improvement?

The entire list of arguments for and against standards in education is worthy of discussion among educators at any level of the system. It seems that if schools are to improve, there must be agreed-upon goals or expectations for student achievement. The debate arises when one considers who the source of such standards should be. While district, state, or national standards do help promote high expectations, they may, at the same time, ignore the fact that learners are individuals who enter schools with varying backgrounds, needs, and abilities. Can a state best identify what kids need to know, or is this task better suited for the local district or individual faculty?

Perhaps even more fundamental are the questions concerning the content of the standards themselves. Teachers could benefit greatly from creating their own lists of what they deem important in their students' education, then meeting together for discussions, comparisons, planning, and goal-setting. Standards in education will contribute to reform only to the extent that classroom teachers buy into them. Such buy-in usually comes only after teachers have participated in the philosophical discussions that move their thinking beyond "What I am going to do in my classroom tomorrow?" to "What am I really going for here?"

Furthermore, in the process of considering what's important, teachers must acknowledge the types of skills and strategies that society is demanding of today's graduates. Content standards which were once appropriate in the factory model of education will surely fall short, regardless of who created them or who buys into them.

— Deb Hubble

EFFECTIVE SCHOOLS RESEARCH ABSTRACTS

FREQUENT MONITORING OF STUDENT PROGRESS

CITATION: Jones, Rebecca, "Making Standards Work," *American School Board Journal* 187, 9 (September 2000): 27-31.

What Did the Researcher Do?

"Now that your state or school district has adopted academic standards, what do you do? a) Continue with business as usual and wait for this latest educational fad to pass; b) Limit the number of students obliged to meet the standards by putting more kids in special education or bilingual classes; c) Stroll through classrooms on test days, looking over students' shoulders and quietly pointing out answers they might want to reconsider; d) Complain to the local newspaper about the unfairness of standards—the way they destroy teachers' creativity and discriminate against poor children, who can't possibly be expected to learn as much as the state standards require; e) Learn how to use standards to improve student learning." (p. 27)

This question should be an easy one to answer, now that 49 states have established academic standards and the 50th state, Iowa, requires every school district to formulate its own standards. But cheating scandals, transfers of students into special education, and standards-based anxiety indicate that "many educators are still fumbling for the right answer." (p. 28)

In this article, the author examines what works when public schools adopt academic standards, and provides some basic recommendations.

What Did the Researcher Find?

Make academic standards everybody's business. "Everybody—students, parents, teachers, businesses, everybody—needs to know what the standards are and why they're important." (p. 28) When students and teachers know what is expected, they perform better. When business and community leaders understand the importance of academic standards, they are more likely to support their school district. It is also important for school districts to understand state expectations. "Once you have all of the state's materials, study them." (p. 28) Districts need to compare their students' achievement to the state's definition of proficiency and make instructional decisions accordingly.

Focus, focus, focus. Researchers have found "that a school's focus [on standards] had more impact on schoolwide performance, even, than teacher quality." (p. 29) However, complying with standards is easier said than done. "Each state's standards are different, but they all have one thing in common: They're not perfect." (p. 28) State standards range from so vague that teachers aren't sure what they mean to so specific and numerous that it's impossible to cover everything in 13 years. This is, in large part, because the standards are set at the state level "where bureaucrats and legislators have a hard time saying no to proponents with pet subjects." (p. 28)

School districts must narrow the state standards down to those "that have stood the test of time, have application in other disciplines, and prepare students for the next level of instruction." (p. 28) Using this criteria, districts can pare down the number of academic benchmarks for a particular grade level from 200 to 20 which will typically account for 85 percent of the material on standardized tests.

Make standards-based decisions. Each decision a school makes must be oriented toward helping students meet standards. Whether it means making decisions based on research or supporting an identified focus area, schools "should put their money where their standards are." (p. 29) They may need to hire additional teachers to teach smaller classes linked to identified standards or "limit course offerings to courses that support standards." (p. 29) This doesn't mean eliminating elective courses such as music and art; it does mean they must support the standards.

Invest in teachers. "Teacher quality—as measured by teachers' education, experience, and test scores on teacher-licensing exams—has more impact on student achievement than any other single factor, including family income and the level of parents' education." (p. 29) Indeed, research shows that teacher quality can account for 50 to 60 percentile points on standardized tests.

These findings reinforce the concern that low student achievement in low-income schools is due to poorly qualified teachers. The Public Policy Institute of California found that "22 percent of teachers in low-income communities are not fully certified, compared to 2 percent in wealthy districts." (p. 29) Some suggest offering monetary incentives for highly qualified teachers, especially in science and math, to teach in high-poverty schools. These incentives would be affordable if schools "reorganize their budgets away from paraprofessionals and toward hiring bonuses for well-qualified teachers who know their content area." (p. 30)

Once hired, teachers need effective professional development that is linked to the subject they teach and to what's happening in their classrooms. In addition, teachers need feedback as they practice concepts they've learned. This cycle of theory and practice must continue until teachers can integrate new practices into their teaching.

Demand helpful assessments that align with the curriculum. "When the curriculum and the assessment don't align, assessment standards trump content standards every time." (p. 30) A good assessment program must be tailored to state standards and should be able to provide specific information about the concepts and skills tested for every student. Misalignment of assessments creates confusion and undoes a lot of hard work.

Approach accountability cautiously. "One of the hallmarks of the standards movement has been the ability to use test scores to assess the effectiveness of schools, programs, and even individual employees." (p. 31) It has been helpful to use test scores and other standards-based data to make critical school decisions; however, schools are uncertain about what to do with students who do not meet standards.

Many urban school districts have eliminated social promotion and require after-school tutoring programs and summer school for failing students. This has made an impression on students and parents and has resulted in improved test scores.

For those students who do not pass, even after summer school, the outcome is dismal. Students "who are sent back to repeat a grade have a much higher dropout rate than children who progress with their classmates." (p. 31) Those who do support retention stress that retained students need more effective intervention strategies.

When students are in trouble, intervene. "Researchers have long touted the benefits of early intervention. Studies show, for instance, that a few weeks of one-on-one tutoring aimed at teaching first-graders to decode words can save many children from special education." (p. 31) Some districts are achieving success using interventions with older students as well. Chicago is finding good results with eighth-grade students "largely because kids are motivated to fill in their learning gaps so they can go to high school, without spending time in summer school or a transition center." (p. 31) In addition, Chicago's eighth-grade summer school program has been very effective. Research shows that the positive effects of this program are still evident two years later.

What Are Possible Implications for School Improvement?

Standards set clear, high expectations for student achievement; they provide a basis to hold educators and students accountable; they promote educational equity by demanding that all students achieve at high levels; and they help guide efforts to measure student achievement, improve teacher training, develop more effective curricula and instructional strategies, and allocate resources more effectively.

Making standards-based education work means identifying where students are deficient, and saying that we are going to work on this. Public schools can no longer mask "the truth about student achievement by offering excuses and accepting low performance." (p. 31) Schools must make a commitment to use standards to accurately diagnose student needs, identify appropriate interventions, and provide support to help all children meet the standards.

— Sam LoPresto

EFFECTIVE SCHOOLS RESEARCH ABSTRACTS

FREQUENT MONITORING OF STUDENT PROGRESS

CITATION: Firestone, William A. and David Mayrowetz, "Rethinking 'High Stakes': Lessons from the United States, and England and Wales," *Teachers College Record* 102, 4 (August 2000): 724-749.

What Did the Researchers Do?

Bane or blessing? That is a question that continues to plague educators when asked to think about high-stakes testing. More importantly, is the pressure imposed by high-stakes testing a catalyst to instructional change? To what extent do other factors impede or augment this pressure for change? These are critical questions in an era of increasing accountability through standardized statewide testing. Currently, 47 states and many countries now use government tests to assess student progress. The stakes associated with testing include reporting school or district results publicly (36 states), linking rewards to high scores (14 states), and applying sanctions to professionals when scores are low (14 states).

In this paper, the researchers explore the nature of the stakes that are attached to testing, and their relationship to changes in instructional practice, focusing primarily on mathematics. Supporting data were taken from two related studies. One study used teacher responses from two American eighth-grade state testing programs in Maryland and Maine. The other used similar data from National Assessment in England and Wales.

What Did the Researchers Find?

Six themes emerged from the national and international data comparisons.

Theme 1: Not all stakes are perceived to be equally high. Stakes in Maine involve the negative press that could result from publishing low scores in the newspaper. Because of the relatively low stakes of negative publicity, educators felt the state tests had little influence on instructional practices. In Maryland, stakes were higher because test scores were used to determine which schools could be subject to state removal of teachers and administrators in a process called reconstitution. Although almost all reconstituted schools were in Baltimore City, it concerned educators throughout the state, and resulted in a greater perceived influence of the tests than in Maine.

Theme 2: Pressure to respond to a test comes from more than just formal stakes. The strength of the sanctions varies between the states/countries studied. In Maryland, there is a strong connection between state authority and its local agents. This results in administrative compliance, at least on a surface level, to state requirements. For example, the state requires individual schools to establish school improvement teams that are charged with creating and reporting building-wide strategies to improve state test scores.

In Maine, the state has a more decentralized political culture and less state-mandated educational policy. Thus, educators are less likely to attach great importance to state assessments.

The response in England and Wales has been very different. The tests resulted in the development of a national curriculum and assessment.

Theme 3: External pressure leads to symbolic responses. In Maine, where external pressures were the lowest, there was virtually no impact on instructional practice. Efforts were focused on student effort, which was encouraged in pep rallies and rewarded with ice cream or pizza parties, and parents were sent letters about the importance of adequate sleep and nutritious meals for children taking the test.

In Maryland, where the state test was considered to be a difficult test with high performance standards, schools responded by controlling the release of test results, focusing on yearly improvements, and de-emphasizing comparisons of results to the standards.

External pressures were highest in England and Wales where the concept of the neighborhood school has given way to parental choice of schools. Test results are seen as affecting the quality and quantity of enrollment. Despite higher stakes, "much of the response to these sanctions takes the form of marketing . . . instead of instructional reform." (p. 732)

Theme 4: External pressure can be useful for changing content taught. The degree of external pressure felt appeared to change the content taught. Seventy-five percent of Maryland teachers reported making some changes in content to accommodate the state test. Teachers report "teaching to the test." They "used items like those on the tests in their teaching . . . explained to children how the tests were scored and how to do well on them." (p. 733)

In England and Wales, it was more difficult to determine what teachers were responding to, since the national assessment and national curriculum came at the same time. However, teachers and administrators both reported test preparation activities, such as adjusting the order of the topics taught to cover areas expected to be on the test, and explicit practice with tests from the previous year.

Theme 5: External pressure is less effective in changing instructional strategy than content taught. Researchers and critics concur that a persistent pattern of teaching exists in the United States that is characterized by "lectures and recitation, students using worksheets requiring simplistic answers, and too many topics covered too shallowly." (p. 735) The researchers examined math instruction to explore this theme. Their findings substantiated the widespread use of these less desirable teaching strategies in all locales included in the study.

Teacher interviews repeatedly found a lack of ability to import instructional change into the classroom even though teachers realized the external pressure from state/national tests represented a change in the practice of teaching mathematics. Teachers overwhelmingly continued to teach by telling rather than developing mathematical concepts, regardless of the nature of the test or stakes attached.

Theme 6: The effects of external pressure will depend on a variety of other policy factors. The authors suggest that three factors combine with external pressure to encourage or discourage changes in instructional practices: "the policymakers' intent, the design of the assessments, and learning opportunities [for teachers]." (p. 739)

Maryland, England, and Wales all sought to design assessments and learning opportunities that focused on investigational research and other teaching practices that provide increased opportunity for math reasoning and problem solving. Support from policymakers in each locale varied widely. In Maryland, the state adopted the National Council of Teachers of Mathematics Curriculum and Evaluation Standards as a guideline for local and state agencies. In England and Wales, the conservative political party in power steered the national curriculum back to a more traditional format.

Politics clearly affected assessment procedures as well. In Maryland, the state test de-emphasizes pure calculation and follows the National Council of Teachers of Mathematics standards. These provide for greater emphasis on complex problem-solving situations involving topics such as probability, statistics, geometry, and rational numbers. In Britain, political influence resulted in conventional assessments that use traditional measures of pupil achievement.

The learning opportunities to help teachers change from their conventional practices were especially important. Throughout Maryland, a considerable amount of time was made available throughout the state, although many eighth-grade math teachers still did not have direct access to informational resources. In Maine, both at the state and local level, teachers were critical of the efforts to support instruction. Teachers in England and Wales also felt a lack of adequate professional development.

What Are Possible Implications for School Improvement?

These findings suggest that high-stakes testing is only one source of pressure for reform. But without meaningful professional development for teachers, pressure alone will not bring about desired changes in instructional practices. "Changing practice requires less time thinking about how to best the test and more time thinking about what mathematics is and how to teach it." (p. 745)

— Lee Gerard

EFFECTIVE SCHOOLS RESEARCH ABSTRACTS

FREQUENT MONITORING OF STUDENT PROGRESS

CITATION: Reeves, Douglas B., "Standards are Not Enough: Essential Transformations for School Success," *NASSP Bulletin* 84, 620 (December 2000): 5-19.

What Did the Researcher Do?

"Academic standards"—words that can make the blood of a seasoned teacher run cold. It feels like states and local school districts are obsessed with academic standards . . . frameworks . . . postholes . . . themes. Call them what you will, they all articulate what children should know and be able to do. This notion is basically sound—after all, educators should be able to articulate what children should know and be able to do. However, its implementation can be disastrous for children's education.

In this article, the author challenges the way that standards are frequently implemented in the classroom. He proposes five essential transformations that challenge some sacred traditions in secondary education, but that are necessary if standards are to be implemented in a collaborative and thoughtful manner. Otherwise, implementation will be a combination of state politics, state intervention, and litigation. The latter combination will not result in meaningful student learning or improved test scores.

What Did the Researcher Find?

Transformation 1: From test prep to thinking, reasoning, and writing. Frequently, preparation for state and/or local testing consists of repetitious practices using mock test items. A curriculum can become overburdened with these activities which generally do not positively affect student test results. If repetitious practices do not result in better test results, what does? The way to improve test results is to teach students to think rather than simply memorize. Teachers of Advanced Placement courses have known for years that teaching students to communicate through thoughtful writing leads to good AP scores. In addition, case study data clearly shows that, when students write more frequently and score higher on writing performance assessments, their scores on multiple-choice tests improve. Furthermore, in Riverview Gardens, Missouri, collaboratively scored writing assessments in every class on a regular basis not only improved the number of students proficient in writing, but increased state test scores in science and social studies.

Transformation 2: From mystery grades to assessments that are accurate, fair, and educative. For years, assessments have been viewed as summative rather than diagnostic of student achievement. To move toward an assessment that is more educationally evaluative, educators must abandon the average, whereby grades are computed for a semester based on work submitted and test results. Abandoning the average means that students would be evaluated on achievement rather than pace. The schedule would then become the variable so that some students may take four semesters to become proficient in algebra and others one.

The author also suggests a "fundamental change in the reaction to unacceptable student work. The consequence for a student who fails to meet the standard [should not be] a low grade, but rather the opportunity—indeed, the requirement—to resubmit his or her work." (p. 11)

Further, the accuracy of the grading system must be improved and the grading system should be expanded to include what teachers already know and do—identify what standards are being assessed in each assignment. For example, a science lab grade would be reflected in a column under cell structure rather than just as a lab grade. This would provide students and parents with more specific feedback on learning.

Transformation 3: From coverage to power standards. How can teachers cover the vast number of state-mandated standards in a way that positively impacts student achievement? They can't. Instead, teachers must identify the "power standards"—those that meet three criteria. Power standards are enduring, they are applicable across a wide spectrum of other standards, and they are required for the next level of learning. Power standards sort the wheat from the chaff and provide the building blocks for the next level of educational understanding that will be required of students.

Transformation 4: From seniority to equity in teacher assignment. Typically, the least experienced teachers work with the students with the greatest learning difficulties. All children, not just the brightest and best or the wealthiest students, should have the opportunity to learn from teachers who have a wealth of experience and training.

Transformation 5: From high stakes to meaningful evidence. By 2003, the majority of states will use some version of a high-stakes test as criteria for a high school diploma. With such an important milestone now dependent on these results, the test must be both reliable and valid. Reliability requires a single instrument, consistently administered. Standardized tests generally fulfill this requirement. While the SAT and ACT college admissions tests meet this requirement, there is increasing debate about their ability to accurately predict how students will perform in college.

The other critical requirement of high-stakes tests is validity. To be valid, the test must measure what it is intended to test. For example, in writing, it must test the ability of the student to write as opposed to a student's knowledge of a specific content area based on a writing prompt. To accurately assess a student's writing ability, a larger body of the student's writing must be examined. Thus, a state test that includes only one writing sample is less likely to yield valid results. Since many state standards now emphasize deep understanding rather than simply factual recall, this is less likely to be adequately measured on one short test.

A better way to judge is to use a body of evidence collected throughout an academic career. Continuing the example of writing assessment, a portfolio of writing samples of various types will likely provide a more accurate assessment of a student's mastery of writing than simply the results of a single test.

What Are Possible Implications for School Improvement?

While the use of a body of evidence rather than a single test for assessment of student ability and mastery is more difficult for educators, it is not impossible. There are high schools throughout the country that now require evidence based on multiple assessments with multiple opportunities for student success as part of their criteria for high school graduation.

This does not mean that there is no longer a use for standardized tests. It does mean that a better understanding of the limits and strengths of such tests is needed at both the school and state level. While testing can still provide school personnel with valuable data about overall student performance, it should not result in a valid and reliable standardized test being used to make invalid and unreliable policy.

For standards to endure over time, educators must embrace and value thinking, reasoning, and communication. Grades must be accurate and meaningful. Mere coverage of material must be replaced with standards that are thought through carefully and represent, at each grade level, those powerful concepts needed for further and deeper understanding at the next grade level. Every effort should be made as a school district, and at the state and national levels, to ensure that each student is taught by well-qualified teachers who are well grounded in their subject matter and in teaching pedagogy.

Without these components, standards will remain a shallow judge of student ability and mastery and result in the continued lack of meaningful assessment of students. With high school diplomas resting on these assessments, this will represent the ultimate failure of education for many students. This does not mean that raising the level of discourse or practice relative to testing and state standards will be easy. It is an enormous task with truly "high stakes." Our students deserve to see the adults who are involved in all aspects of education take on this challenge, putting aside politics and selfish interests. Only then will students benefit from a well-thought-out policy and practices regarding criteria for earning a high school diploma.

— Lee Gerard

EFFECTIVE SCHOOLS RESEARCH ABSTRACTS

FREQUENT MONITORING OF STUDENT PROGRESS

CITATION: Carr, Judy F. and Douglas E. Harris, *Succeeding with Standards: Linking Curriculum, Assessment, and Action Planning.* Association for Supervision and Curriculum Development, Alexandria, VA, 2001.

What Did the Researchers Do?

Increasingly, schools are expected to incorporate performance standards from local, state, and national levels. Committees of curricular experts at all layers recommend what teachers should be teaching and what students at various ages should be doing, as parents utilize published standards as yardsticks for their local school's performance. How is a teacher to handle multiple sets of standards? What if the content list is fragmented when actually put into practice? How does a system handle inconsistency when teachers choose to emphasize certain standards at the expense of others? Can a school turn all the piecemeal standards initiatives into a coherent, educationally sound plan for students?

The authors promote the use of academic standards as a catalyst for linking curriculum, assessment, and action planning at the campus level. They discuss how to determine who is to teach and assess each standard. They provide a school-tested method to create a curriculum and instruction plan, define effective practice, create a comprehensive assessment system, and map out a path to success through action planning. Most importantly, they keep improved student performance as the centerpiece to all recommended processes.

What Did the Researchers Find?

The process recommended by Carr and Harris begins with the establishment of standards, evidence, and learning opportunities to which the school or district is committed. An analysis is then conducted to determine who is currently teaching and assessing which standards, and the nature of the instruction and assessment. Often, some standards are taught, but not tested; some assessed, but not taught; and some inconsistently taught and assessed within or across a grade level.

Curriculum and assessment plan. After identifying what is currently being taught, a school must decide what should be taught and assessed in each grade or course so that continuity of instruction can be checked and decisions about emphasis can be made more effectively. Charts and matrices can help teachers physically see which concepts appear where in the student's career. The resulting curriculum and assessment plan should express clear targets for learning based on the identified standards. It should be organized coherently with increasing rigor, and should support rich interactions among the standards, learner strengths and needs, effective instruction, and multidimensional assessment.

A student assessment profile should then be created to track assessment data for each student. Effective assessments are ongoing, comprehensive, inclusive, and technically sound. Selected response, short answer, constructed response products, and performance assessments should all be incorporated into the overall assessment plan to better inform instruction and improve learning.

Defining effective practice for attainment of standards. "Every student needs high-quality opportunities to learn and be assessed in relation to standards." (p. 41) Beginning with the standards, districts and schools can formulate the classroom curriculum through four sources: new units, existing units, published materials, and learning experiences and routines. Instructional guidelines serve as "public commitments to the supports students require if they are to reach the identified standards." (p. 42) The authors offer sample instructional guidelines that include access to content and time, multiple student roles, student involvement in assessment, and interdisciplinary connections.

Comprehensive assessment system. Representing progress in the school or district, "a comprehensive assessment system incorporates student performance data, but the system places these data in context so that sound, data-driven decisions are used to move the school and district forward." (p. 59) School personnel ask themselves, *What are the student results? Why are the results what they are? How can we set priorities to improve the results?*

Student results, programs and practices in the district, and resource allocations are all part of this comprehensive assessment system. Data sources include the state, district, and classroom levels. The instructional leader must set a clear purpose for student assessment (to improve education, to determine success, to communicate results), ensure student assessment is worth the time and effort, and establish the role of standards as a common ground (i.e., consensus about what to assess, the basis for curriculum development, the basis for assessment criteria). The standards themselves need assessment criteria as well, to determine how a teacher will know if a student meets the standard. Performance levels must be described and understood by teachers so they can define "how good is good enough."

Action planning. Action planning teams of teachers, parents, community members, building-level administrators, and district administrators should then use the comprehensive assessment plan to "set priorities for programs, practices, and resources." (p. 82) Over a defined time period, this group should examine student performance results, summarize the information, interpret the findings, and link each finding to action steps. Strategies, timelines, and performance data must all be specified, resulting in a shared knowledge and expectation of results.

Reporting in relation to standards. Reporting to the public is of two types: individual student learning and performance of schools or districts. Parents can better understand the use of standards when reporting is expanded beyond a simple report card system. Many schools use parent information nights, open houses, newsletters, web pages, rubrics, phone calls, and conferences to supplement report card data. For reports on the whole school or district, public awareness needs to be built regarding the standards themselves, as well as the assessment tools and procedures. Having parents take the student test can prove to be quite valuable! The results of the assessments can then be shared in context of the resources, programs, and practices in place at each school. Districts should provide workshops dedicated to involving the public in improving standards-based learning.

Professional development, supervision, and evaluation. Effective professional development experiences "provide opportunities for teachers to build their knowledge and skills. . . . model the strategies teachers will use with their students. . . . build the learning community. . . . and support teachers to serve in leadership roles." (pp. 124-126) The professional development plan must be needs-driven, long-term, and directly linked to the district's vision, curriculum and assessment plans, and instructional guidelines. Supervision and evaluation should be done at three levels: goal setting and formative evaluation by the teachers themselves; colleague consultation and support; and administrative evaluation, support, and summative evaluation. Rubrics for what instruction should look like in a standards-based classroom are helpful in all three levels of evaluation.

What Are Possible Implications for School Improvement?

If standards are to be more than lists of hoped-for performance indicators, teachers need some system of organizing, combining, and utilizing these documents. The standards linking system described in this book goes further than simply joining the various standards together; it ties them to curriculum, assessment, and a school's action planning. Creating such a comprehensive system requires a long-term commitment, but is well worth the effort. An excellent professional development activity entails the faculty's setting of acceptable performance levels for each standard. When teachers are required to examine performance criteria directly and discuss which levels meet a certain standard, they are better equipped to provide students with the necessary learning opportunities. With student achievement as the centerpiece, this standards linking system offers coherence and sensibility to the often disparate components of school improvement plans.

— Deb Hubble

EFFECTIVE SCHOOLS RESEARCH ABSTRACTS

FREQUENT MONITORING OF STUDENT PROGRESS

CITATION: Schmoker, Mike, *The Results Fieldbook.* Association of Supervision and Curriculum Development, Alexandria, VA, 2001.

What Did the Researcher Do?

In today's age of educational accountability, all schools are interested in improvement. Whether trying to raise test scores, eliminate performance gaps between various groups of students, or eradicate complacency concerning relatively "good" scores, most instructional leaders are continually on the lookout for successful school improvement strategies. The author of this book describes in great detail how five school systems overcame obstacles and achieved exceptional results for all students.

Adlai Stevenson is a Chicago-suburb high school of 4,000 students. As an affluent, high-achieving school with respectable test scores, certain problems had been masked until recently. Disadvantaged students were performing below proficiency levels, mediocre teaching was the norm, and top students were not being adequately challenged. But by 1995, "they were ranked by the College Board as the top high school in the Midwest and sixth in the world . . . [by raising] achievement in every measurable category." (p. 9) The percentage of students receiving A's and B's went from 48 to 74 percent, ACT scores increased from 21.9 to 24.2, and participation in the AP exam rose from 182 students to 1,375 with a corresponding increase in the achievement rate from 83 to 88 percent. The number of merit scholars nearly quadrupled, from four to 27.

Milwaukee Public School District is the 16th largest in the United States, and the most racially-diverse and economically-disadvantaged district in Wisconsin. Founded on the belief that all children can learn at high levels, this district celebrated a banner year in 1999, making "remarkable improvement on the Wisconsin State Assessment System at every level—from elementary through high school." (p. 30) More than 70 percent of the elementary schools realized increases in reading, achievement in math doubled from 23 to 46 percent, there were districtwide gains on math and science performance assessments, and the proficiency levels on the grade five science assessment tripled. Perhaps most notably, the number of 90/90/90 schools—schools in which more than 90 percent of the students receive free or reduced lunch, more than 90 percent are from ethnic minorities, and more than 90 percent are reading at or above grade level on standardized tests—increased from seven to 18 schools in just three years.

Despite more than 40 percent of its students receiving free or reduced lunch, Oak Park Schools in the Detroit area is one of Michigan's most improved districts. Schools with the highest poverty rates (80-90 percent) now achieve at the same high levels as the more advantaged schools. For the last five years, scores for all subjects and at all levels have increased 80 percent of the time. Since 1994, the number of K-12 students succeeding has almost tripled in reading and quadrupled in math. At the high school level, "significant increases have been virtually uninterrupted in every subject area since 1994." (p. 49)

The students in the Glendale Union High School District near Phoenix, Arizona, have consistently scored above the state and national averages on various standardized tests even though over 40 percent of students receive free or reduced-price lunch, and 11 percent are limited English proficient.

With 43 percent of its students living below the poverty line, Brazosport, a Houston-suburb district, is all but erasing the achievement gap! In 1992, the Texas State Board of Education labeled half of Brazosport's schools "accredited/warned"; within five years, Brazosport was the highest-achieving school district in the state. Every one of the district's 18 schools earned "exemplary" status—meaning that 90 percent or more of every subgroup (white, black, Hispanic, and economically disadvantaged) had achieved mastery on the state assessment test in reading, writing, and math.

How have these school districts shown such marked increases in student performance? What are the common denominators to genuine and successful school improvement?

What Did the Researcher Find?

The author found that, although these schools used various specific strategies on their roads to school improvement, there were clearly some common threads.

Teamwork and collaboration. Collaboration in highly successful schools is structured and regularly scheduled, existing for the sole purpose of increasing student achievement. Transcending personal relationships, teachers realize that the best can only be achieved through collective effort and intelligence. Time is spent sharing instructional strategies, cataloging best lessons, creating and refining final exams, and developing instructional units. All professional dialogue is based on performance data, and teachers document the ideas and plans discussed in their meetings. Teachers frequently visit and observe the classrooms of their most effective colleagues.

Use of achievement data. Student achievement data (i.e., state assessments, national assessments, even local exams) are in the hands of every teacher in dramatically improved schools. Data are annually disaggregated by student group and performance gaps are considered opportunities for targeted action that can overcome socioeconomic "inevitabilities." Comparative use of data, or benchmarking, allows teachers to set goals for all students involved—even those whose test performance is adequate.

Planning for measurable goals. Successful schools establish precise, measurable goals grounded in performance-based indicators. There is an insistence on reaching incremental, annual student achievement goals. Less is more; most schools find greatest success with one or two goals per year. Teachers create a timeline and schedule for instruction, with weekly objectives being posted throughout the school. Many schools focus on a common instructional strategy throughout all grade levels. Periodic, common assessments are utilized to continually identify mastery/nonmastery students and to facilitate placement decisions for elective and tutorial time slots. One or two months before a high-stakes assessment, a "dress rehearsal" occurs; results determine which students receive additional instruction in various subskills.

Leadership, recognition, and praise. Effective leaders have a vision for results. They are "boorishly redundant" in their cry for specific, measurable improvement. While accepting conflict as a natural part of any system, they persuade rather than coerce. They lead by asking questions. How did you decide to teach this lesson? How does it fit into the bigger picture? They share leadership with effective teachers, delegating powers to team leaders, directors, and department chairs. Teachers and teams who help achieve the school vision receive various tokens of recognition and appreciation. These principals connect with students as well; they visit classrooms daily and meet with teams regularly to monitor students' instructional progress. Some even meet with every student taking the test to discuss strengths, weaknesses, and potential status.

What Are Possible Implications for School Improvement?

These five school systems are testaments to the simple power of clear standards, focused teaming, and goal-oriented, data-driven structures. The good news is that their experiences and strategies, as described by Mike Schmoker, can be replicated anywhere. When teachers closely examine student work and use these data to guide decisions about student instruction, students achieve at higher rates. Schools just beginning this venture should start small: analyze the data, focus on one weak area, and build a plan through regular team planning sessions. Schools currently using data analysis and team planning should use this book as a self-check to ensure thoroughness, and as a resource for ideas (i.e., instructional unit sharing, data analysis charts and checklists, timeline tools, etc.) The author has provided a very practical approach to school improvement, with substantial proof that it works!

— Deb Hubble